俄罗斯物理奥林匹克

黄 晶 俞 超 申 强 编著

中国科学技术大学出版社

内容简介

本书是作者在长期研究国内外物理竞赛尤其是俄罗斯物理竞赛基础上精心编译而成的，收录2009～2020年全俄中学生物理奥林匹克区域赛和决赛的试题，与《加拿大物理奥林匹克》《美国物理奥林匹克》相得益彰，互为补充。

本书可以作为初中、高中物理综合学习和素质提高的辅导书，适合有志于参加初中、高中国内外各级物理竞赛和高校三位一体综合评价、强基计划选拔的广大初、高中学生，同时也为中考、高考选考物理的学生提供了合适的思维训练题目。

图书在版编目(CIP)数据

俄罗斯物理奥林匹克/黄晶，俞超，申强编著. 一合肥：中国科学技术大学出版社，2020. 9
ISBN 978-7-312-04988-0

Ⅰ. 俄… Ⅱ. ① 黄… ② 俞… ③ 申… Ⅲ. 中学物理课—竞赛题 Ⅳ. G634. 75

中国版本图书馆 CIP 数据核字(2020)第 099527 号

俄罗斯物理奥林匹克
ELUOSI WULI AOLINPIKE

出版 中国科学技术大学出版社
安徽省合肥市金寨路 96 号，230026
http://press. ustc. edu. cn
https://zgkxjsdxcbs. tmall. com
印刷 安徽国文彩印有限公司
发行 中国科学技术大学出版社
经销 全国新华书店
开本 787 mm×1092 mm 1/16
印张 25. 5
字数 648 千
版次 2020 年 9 月第 1 版
印次 2020 年 9 月第 1 次印刷
定价 68. 00 元

前　言

苏联是开展中学生物理竞赛活动最早、物理竞赛内涵最丰富和水平最高的国家。苏联及苏联解体后的俄罗斯的中学生物理竞赛资料具有很高的学术价值，这些题目新颖独创、别具风格，摒弃冗长复杂的数学运算、突出考查学生的核心科学素养，设问和解答精彩绝伦，让人叹为观止。

本书是作者在长期研究国内外物理竞赛尤其是俄罗斯物理竞赛基础上精心编译而成的，收录 2009～2020 年全俄中学生物理奥林匹克区域赛和决赛的试题(2020 年决赛因疫情影响未举办)。每年的试题按年级分类给出，难度有梯度，可供不同层次的读者选做。本书旨在有效地帮助学生加深对物理概念的理解、开阔视野，启发学生的物理思维，培养学生物理学科的核心素养。

本书的编写起意于 2016 年，由黄晶、俞超、申强三人组建团队合作编译。其间参加过部分内容讨论的人员有刘坤、姚天波、兰晨峻、陶凝骁、杜逸恒，我们还得到邱为钢博士的指导和帮助，在这里向他们致以深深的谢意。本书编译后期恰处于新冠肺炎疫情防控期，作者在网络教学时，曾将本书部分试题作为“爱做不做”系列趣味问题提供给杭州学军中学 2018 级学生进行了教学实践和教学研究，其中吴哲、陈鹭、朱语轩、曹咿言、张睿扬、李平川、潘子洋、楼熠、陈嘉康、孙肇星、谢箫扬、严雯乐、韩骁扬、林袁艺、曾瑞泽、毛文越、黄婧扬、刘宗顺、蔡志翔、杨晶城、戴凝泽、李页丹、黄智霖、江乐怡、杨安驰、刘清元、徐阳、王若颖、李夏盈、陈余韬、王安彤、丁世荃等同学发现了个别错误、做了部分验算，在此谨向他们表示衷心的感谢。

由于本书试题与解答较多，因此对应示意图较多，如果将各示意图按年份、年级编号会造成图号复杂、可读性差，又本书各试题之间无关联，故本书中的示意图均以每道试题为单位连续编号，如 2009 年全俄物理奥林匹克区域赛九年级问题 9－4，按“图 1”“图 2”进行编号。试题中仅有一图

的则不编号，标注为“图”。本书对表格编号的处理方式同图。

“问渠那得清如许，为有源头活水来。”知识需要不断更新。在编写本书的过程中，作者认识到自身水平有限，加之国外有些物理术语和国内表述存在差异，书中难免有不足或疏漏之处，本着开放、学习的原则，诚恳地希望读者批评指正(邮箱:huangjing96@163.com)，以便再版时订正。

作　者

2020年4月17日于杭州学军中学

目　录

全俄物理奥林匹克区域赛(理论部分)

全俄物理奥林匹克决赛(理论部分)

全俄物理奥林匹克区域赛(理论部分)

2009 年全俄物理奥林匹克区域赛(理论部分)

九年级

问题 9-1 板凳

如图所示,油漆刷得锃亮的木板凳的木板厚度等于腿的宽度。对木板凳的主要评价指标是它对地面的压强 $p_0=2.8\ \text{kPa}$,以及它对地面的压强和木板对一条腿的压强之比 $\beta_0=1.6$。实验员格鲁克带来了一个坏掉的板凳:它缺少一对相对的腿。这个坏掉的板凳的指标 p_1 和 β_1 等于多少?

图

解 设板凳的密度为 ρ,由题意得

$$p_0=\frac{\rho[b^2a+4a^2(b-a)]g}{4a^2}=\rho\left(\frac{b^2}{4a}+b-a\right)g$$

$$\beta_0=\frac{b^2a+4a^2(b-a)}{b^2a}=1+4\frac{a}{b}-4\left(\frac{a}{b}\right)^2$$

解得

$$\frac{a}{b}=\frac{1}{2}-\frac{\sqrt{10}}{10}$$

进一步分析得

$$p_1=\frac{\rho[b^2a+2a^2(b-a)]g}{2a^2}=\rho\left(\frac{b^2}{2a}+b-a\right)g$$

$$\beta_1=\frac{b^2a+2a^2(b-a)}{b^2a}=1+2\frac{a}{b}-2\left(\frac{a}{b}\right)^2$$

联立解得

$$p_1=4.55\ \text{kPa},\quad \beta_1=1.3$$

问题 9-2 水和油

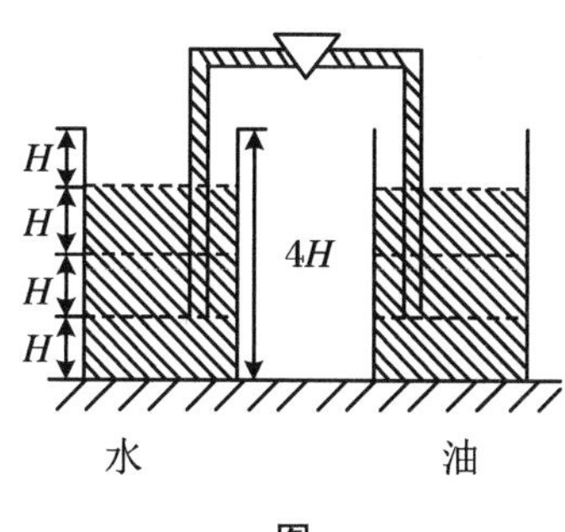

图

如图所示,两个杯子的高度为 $4H$,分别装有高度为 $3H$ 的水和油。水的密度为 $\rho_0=10^3\ \text{kg/m}^3$,油的密度为 $\rho_{油}=0.8\times10^3\ \text{kg/m}^3$。在上方,将它们用装有水的、有阀门的细管连接起来。管的两个开放端分别浸入液体 $2H$ 深。如果打开阀门,两个杯子里的液体高度分别变为多少?

解 显然,打开阀门后,由于压强差,会有水流入油杯中,假设流入右侧的水最终高度 $h<H$。由平衡条件得

$$\rho_0 g(2H-h)=\rho_{油}\, g(2H+h)$$

解得

$$h=\frac{2}{9}H<H$$

故假设成立。

所以两个杯子里的液体高度分别为

$$h_1=3H-h=\frac{25}{9}H \quad (左侧)$$

$$h_2=3H+h=\frac{29}{9}H \quad (右侧)$$

问题 9-3　电子开关

在如图所示电路中，电阻的阻值分别为 $R_0=15\ \Omega$，$r=16\ \Omega$。将电子开关 D(二极管)与电阻 r 并联。如果电阻 R_1 和 r 的总功率不取决于接入的电源的极性，求电阻 R_1 的阻值。

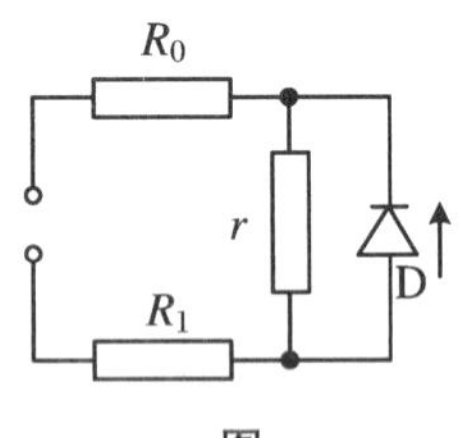

图

注：半导体二极管是一种只能单向导电(如图中箭头所示)的电子元件。二极管的阻值可以忽略。

解　由题意知

$$U^2\frac{R_1}{(R_0+R_1)^2}=U^2\frac{R_1+r}{(R_0+R_1+r)^2}$$

解得

$$R_1=9\ \Omega$$

问题 9-4　旧图

在实验员格鲁克的档案中找到了一张用气枪从 17 楼的阳台向上射出的球的速度在竖直方向上的投影与时间的关系图。因为年久，速度轴的刻度褪色了，时间轴的刻度留下来一部分(见图 1)。求球的初始速度和球落地时的速度。(进行试验的那天没有风)

解　注意到，当 $v_x=0$ 时，$a=g$。

作图 1 中 $v_x=0$，即 $t=2\ \text{s}$ 点的切线(见图 2)，考虑到 $k=a=10\ \text{m/s}^2$，可知纵轴每一格对应 5 m/s。

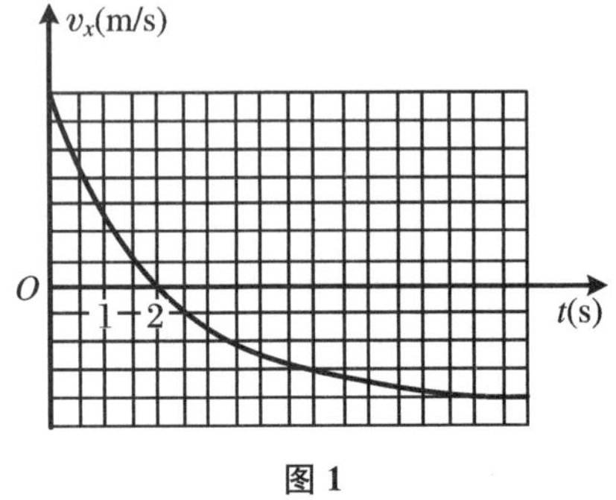

图 1

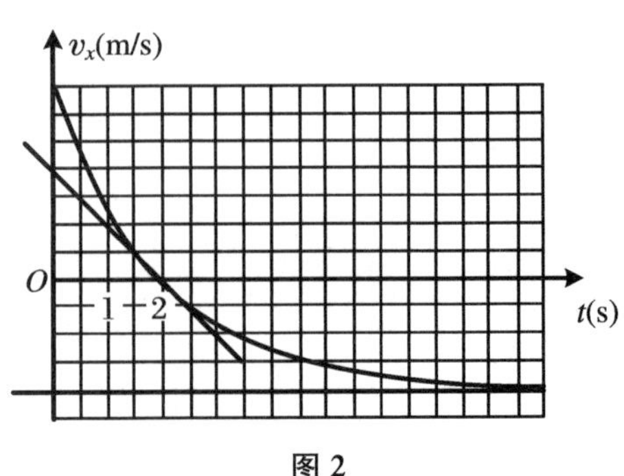

图 2

进一步可知，初速度为 35 m/s，最终落地速度为 20 m/s。

十年级

问题 10-1　二对一

三根相同的橡皮筋在拉伸时满足胡克定律，把它们平行放置，将一端系起来。瓦夏拿着两个自由端，而第三个自由端由彼得拿着。瓦夏拿着橡皮筋的一端向北以 8 m/s 的速度跑，彼得拿着橡皮筋的另一端向东以 9 m/s 的速度跑。橡皮筋拉直并略有拉伸时呈东西走向。在此时刻系着的结的速率等于多少？

解　如图所示，橡皮筋拉直并呈东西走向时，瓦夏在 B 处，彼得在 A 处，结点在 B' 处。

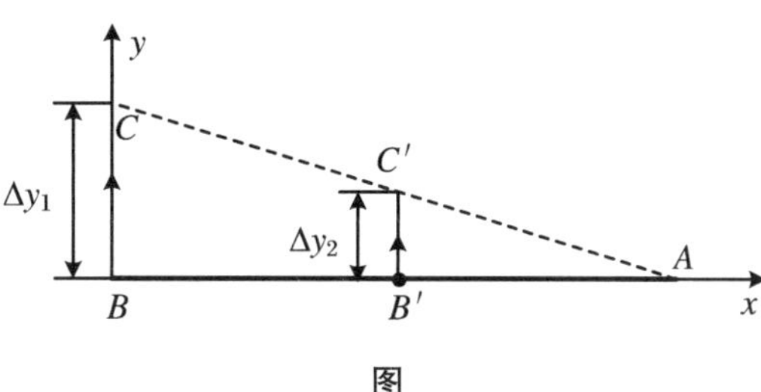

图

经过 Δt 后，从图中可知，结点竖直方向的速度

$$v_y = \frac{1}{2}v_B = 4\ \text{m/s}$$

在水平方向上，考虑到

$$2k\Delta x_1 = k\Delta x_2,\quad \frac{\Delta x_1 + \Delta x_2}{\Delta t} = v_A$$

结点水平方向的速度

$$v_x = \frac{\Delta x_1}{\Delta t} = \frac{v_A}{3} = 3\ \text{m/s}$$

故结点的速度

$$v = \sqrt{v_x^2 + v_y^2} = 5\ \text{m/s}$$

问题 10-2　弹簧测力计

在如图 1 所示装置中，弹簧测力计的质量为 M，重物的质量分别为 m_1 和 m_2，弹簧测力计与桌面的摩擦系数为 μ，绳的 AB 和 CD 部分是水平的。两侧的线和滑轮以及弹簧的质量可以忽略。若弹簧测力计的示数是恒定的，求示数值。

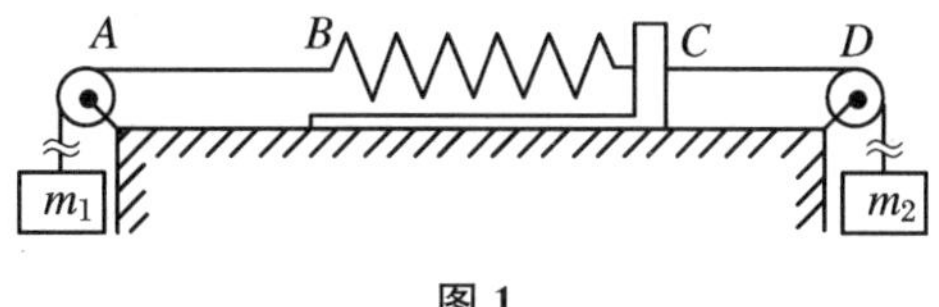

图 1

解　(1) $m_2 > m_1$。

显然当 $m_2g - m_1g \leqslant \mu Mg$，即 $m_2 - m_1 \leqslant \mu M$ 时，系统不发生运动，弹簧测力计的示数 $F = m_1g$。

反之，当 $m_2 - m_1 > \mu M$ 时，稳定情况下，系统向右做匀加速运动，令左、右绳上的张力

分别为 T_1、T_2(见图 2),三部分分别满足

$$T_1 - m_1 g = m_1 a$$
$$T_2 - T_1 - \mu Mg = Ma$$
$$m_2 g - T_2 = m_2 a$$

解得弹簧测力计的示数

$$F = T_1 = \frac{M(1-\mu) + 2m_2}{m_1 + m_2 + M} m_1 g$$

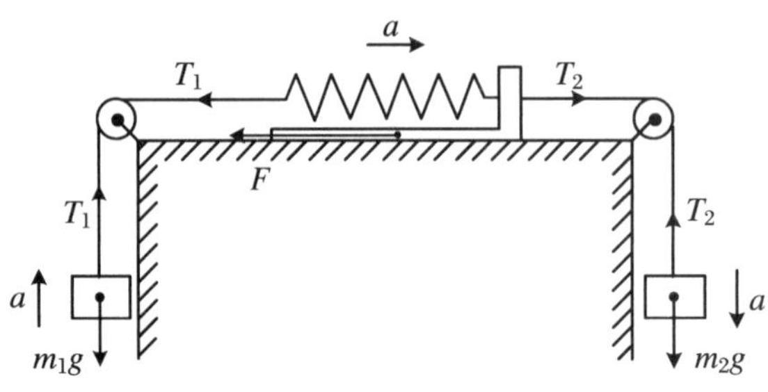

图 2

(2) $m_2 < m_1$。

同理,当 $m_1 - m_2 \leqslant \mu M$ 时,系统不发生运动,弹簧测力计的示数 $F = m_1 g$。

反之,当 $m_1 - m_2 > \mu M$ 时,稳定情况下,系统向左做匀加速运动,令左、右绳上的张力分别为 T_1、T_2,三部分分别满足

$$m_1 g - T_1 = m_1 a$$
$$T_1 - T_2 - \mu Mg = Ma$$
$$T_2 - m_2 g = m_2 a$$

解得弹簧测力计的示数

$$F = T_1 = \frac{M(1+\mu) + 2m_2}{m_1 + m_2 + M} m_1 g$$

问题 10 - 3　水和汽油

如图所示,两个杯子的高度为 $11H$,分别装有高度为 $9H$ 的水和汽油。水的密度为 $\rho_0 = 10^3\ \text{kg/m}^3$,汽油的密度为 $\rho_{汽油} = 0.72 \times 10^3\ \text{kg/m}^3$。在上方,将它们用装有水的、有阀门的细管连接起来。管的两个开放端分别浸入液体 $8H$ 深。如果打开阀门,两个杯子里的液体高度分别变为多少?

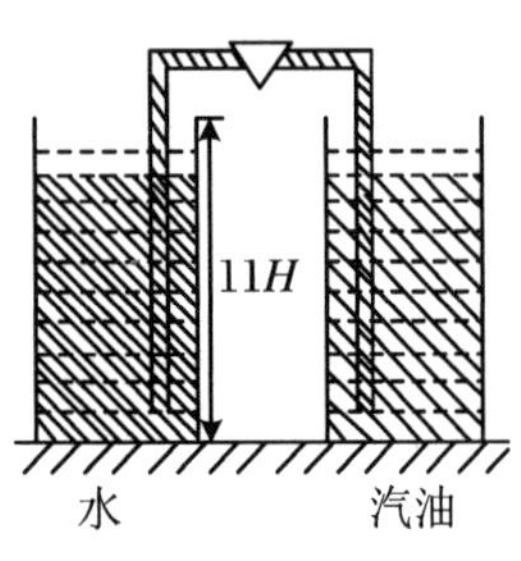

图

解　显然,打开阀门后,由于压强差,会有水流入汽油杯中,假设流入右侧的水最终高度 $h < H$。由平衡条件得

$$\rho_0 g(8H - h) = \rho_{汽油} g(8H + h)$$

解得

$$h = \frac{56}{43} H > H$$

故假设不成立。

水将没过右侧细管下端，再由平衡条件得到

$$\rho_0 g(8H-h)=\rho_{汽油}g\cdot 9H+\rho_0 g(h-H)$$

解得

$$h=\frac{63}{50}H$$

所以两个杯子里的液体高度分别为

$$h_1=9H-h=\frac{387}{50}H\quad（左侧）$$

$$h_2=9H+h=\frac{513}{50}H\quad（右侧）$$

问题 10-4　探究最大值

电路接入恒定电源。当可变电阻 R 的阻值变化时，电流 $I_1=2$ A 和 $I_2=4$ A 对应的功率均为 $P_0=16$ W。求电阻 R 的最大功率 P_{max}。

解　电阻 R 的功率 $P=I(U-Ir)$，其中 U、r 分别为电源电动势和内阻，P-I 图线如图所示，从图中可知，P 最大时，

$$I_0=\frac{U}{2r}=\frac{1}{2}(I_1+I_2)$$

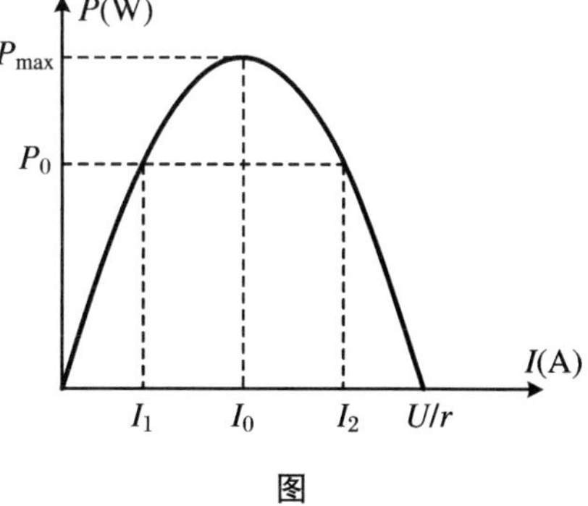

图

再结合题意

$$P_0=I_1(U-I_1r)=I_2(U-I_2r)$$

解得

$$r=2\,\Omega,\quad U=12\text{ V}$$

进一步得到

$$P_{max}=18\text{ W}$$

问题 10-5　不寻常的热容量

用理想稀有气体通过多方过程进行膨胀。此时发现气体做的功与吸收的热量之比为 $\alpha=2.5$。求此过程中气体的摩尔热容量 C。

注：多方过程发生在热容量恒定时。

解　由题意得

$$\alpha=\frac{W}{Q}=\frac{Q-\Delta U}{Q}$$

其中

$$Q=nC\Delta T,\quad \Delta U=nC_V\Delta T$$

整理得到

$$C=\frac{\frac{3R}{2}}{1-\alpha}=-R$$

十一年级

问题 11－1　非平面过程

用理想稀有气体进行复杂的循环过程，由六段基本过程组成。点 1 的坐标为(p,V,T)，而点 4 的坐标为$(3p,3V,3T)$。每一段基本过程的图像都与一条坐标轴平行，如图所示。

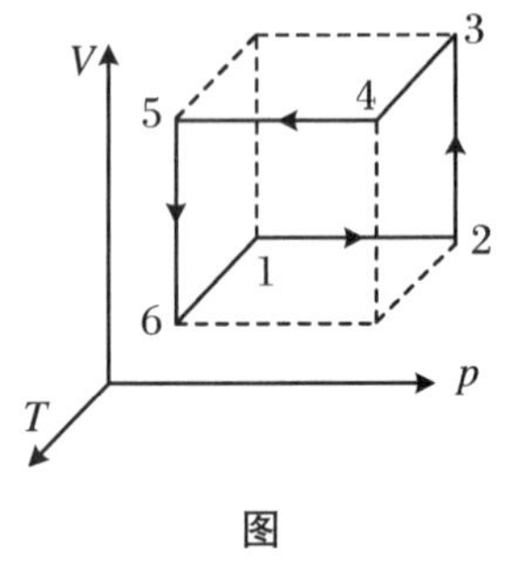

图

(1) 找出所有的恒温基本过程；

(2) 求在这些过程中气体内能的变化；

(3) 求所有的内能变化量 $\Delta U=0$ 的过程。

解　(1) 由图可知，恒温过程为 1→2，2→3，4→5，5→6。

注：以 1→2 过程为例，T、V 不变，p 增加，由理想气体方程 $pV=nRT$，说明在该过程中，$n\propto p$，其他过程亦有类似分析，气体物质的量不再是常量。

(2) 稀有气体的摩尔热容

$$C_V=\frac{3}{2}R$$

故气体内能

$$U=nC_VT=\frac{3}{2}nRT=\frac{3}{2}pV$$

在此基础上得到

$$\Delta U_{1\to2}=\frac{3}{2}(3pV-pV)=3pV$$

$$\Delta U_{2\to3}=\frac{3}{2}(9pV-3pV)=9pV$$

$$\Delta U_{4\to5}=\frac{3}{2}(3pV-9pV)=-9pV$$

$$\Delta U_{5\to6}=\frac{3}{2}(pV-3pV)=-3pV$$

(3) $\Delta U=0$，即 V 不变或者 p 不变，从图中可知为 3→4，6→1 过程。

问题 11－2　空间站

如图所示，航天飞行控制中心的大屏幕显示了所追踪的国际空间站的轨迹——地球中心和空间站的连线与地球表面的交点。空间站沿圆形轨道运行。

根据图估计空间站与地面的距离。设地球半径 $R=6380$ km，地球表面重力加速度 $g=9.81\ \mathrm{m/s^2}$。

解　由图可知，由于地球自转，运动轨迹在地球上的投影会发生平移，注意到空间站每绕地球一周，地球转过的角度约为$\frac{0.75}{12}\times360°$，即空间站的周期约为

$$\frac{0.75}{12}\times 24\ \text{h}=1.5\ \text{h}$$

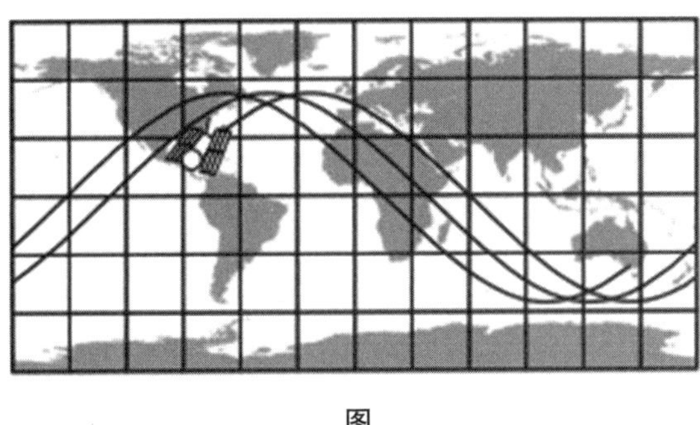

图

对于空间站，有

$$G\frac{mM}{(R+h)^2}=m(R+h)\frac{4\pi^2}{T^2}$$

同时考虑到

$$G\frac{mM}{R^2}=mg$$

解得 $h\approx 280$ km。

问题 11－3　振荡系统

如图 1 所示，系统在平衡位置附近进行小幅振动的周期等于 $2\pi\sqrt{\frac{m}{k}}$，其中，m 为每个小球的质量，k 为劲度系数。两根轻棒之间可以像铰链一样活动，固定于点 O。求弹簧未拉伸状态下的长度 L。

解　令弹簧原长时，两轻杆夹角为 2γ，当系统振动，小球离开平衡位置 x 时，由对称性，弹簧形变量为 $2x\cos\gamma$，如图 2 所示。故系统势能

$$E_p=\frac{1}{2}k\,(2x\cos\gamma)^2$$

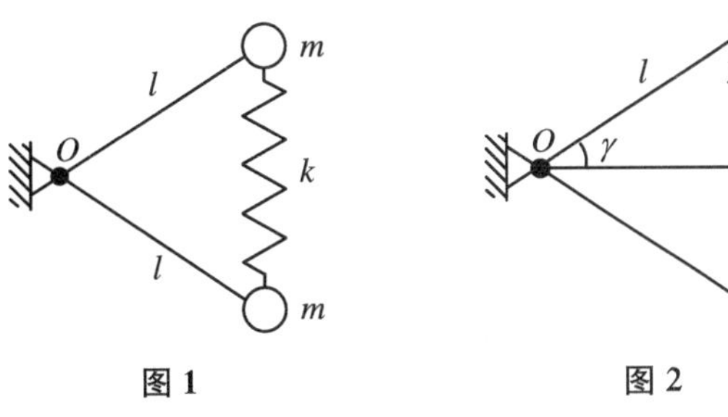

图 1　　图 2

系统动能

$$E_k=\frac{1}{2}\cdot 2m\dot{x}^2$$

由能量守恒，有

$$m\dot{x}^2 + 2kx^2\cos^2\gamma = E_0$$

两边对时间求导，得

$$\ddot{x} + \frac{2k\cos^2\gamma}{m}x = 0$$

即

$$\omega^2 = \frac{2k\cos^2\gamma}{m}, \quad T = \frac{2\pi}{\omega} = \frac{2\pi}{\cos\gamma}\sqrt{\frac{m}{2k}}$$

再结合题意 $T = 2\pi\sqrt{\frac{m}{k}}$，得

$$\cos\gamma = \frac{\sqrt{2}}{2}, \quad \gamma = \frac{\pi}{4}$$

即 $L = \sqrt{2}l$。

问题 11-4　含线圈的电路

如图所示的电路中有电动势为 ε、内阻为 r 的恒定电源，电感 L 和未知电阻。

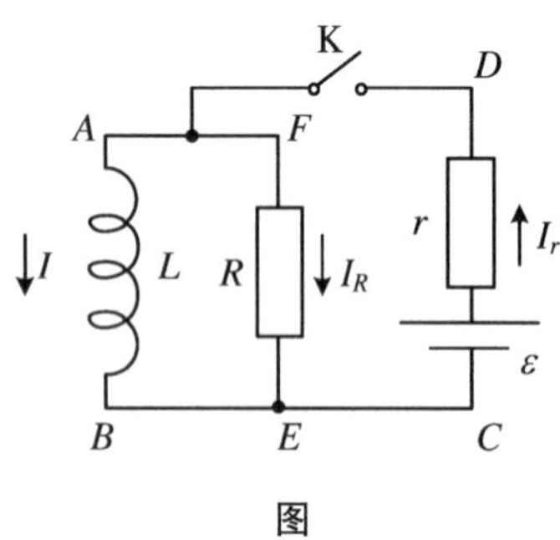

图

先将开关 K 闭合，再当电感储存的能量的变化率达到最大值时断开。断开开关后，电路中会放出多少热量？

解　由于电感能量为 $W = \frac{1}{2}LI^2$，其变化率

$$\frac{dW}{dt} = L\frac{dI}{dt}\cdot I = UI$$

令电感两端电压为 U，则内电压

$$U_r = \varepsilon - U$$

干路电流

$$I_r = \frac{U_r}{r}$$

R 上的电流

$$I_R = \frac{U}{R}$$

电感上的电流

$$I = I_r - I_R$$

联立得到

$$\frac{dW}{dt} = U\frac{\varepsilon}{r} - U^2\frac{R+r}{Rr}$$

即当 $U = \frac{R}{2(R+r)}\varepsilon$ 时，$\frac{dW}{dt}$ 最大。此时 $I = \frac{\varepsilon}{2r}$，进一步由能量守恒可得

$$Q = W = \frac{1}{2}LI^2 = \frac{L\varepsilon^2}{8r^2}$$

问题 11-5　感兴趣的邻居

如图 1 所示，从河里捉到一条鲫鱼，放到半径为 R 的球形玻璃鱼缸里进行养殖。之后，

在相邻的相同鱼缸里放入一条金鱼。鲫鱼看到这个邻居不寻常,在鱼缸的中心不动,开始很感兴趣地看着它。金鱼发现自己在被观察,也在中心不动,盯着它的邻居。

(1) 如果鱼缸里水的折射率 $n=4/3$,在鲫鱼看来金鱼和它之间的距离是多少?

(2) 金鱼看起来的大小是其实际大小的多少倍?

(3) 在鲫鱼的邻居看来它是正立的还是倒立的?

注:设鱼的大小远小于 R。

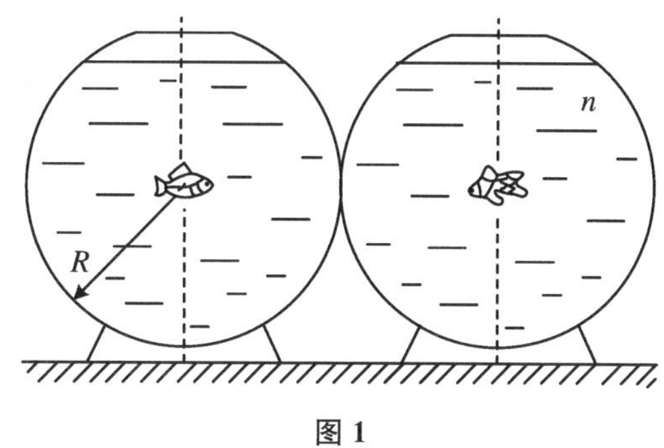

图 1

解 (1) 由透镜公式,得

$$\frac{n}{u}+\frac{n}{v}=-\frac{1-n}{R}-\frac{1-n}{R}$$

将 $n=4/3$ 代入,可得

$$\frac{1}{u}+\frac{1}{v}=\frac{1}{2R}$$

金鱼成像满足

$$\frac{1}{R}+\frac{1}{x_1}=\frac{1}{2R}$$

解得

$$x_1=-2R$$

结合光路图(见图 2)可知在鲫鱼看来金鱼和它之间的距离等于 $3R$。

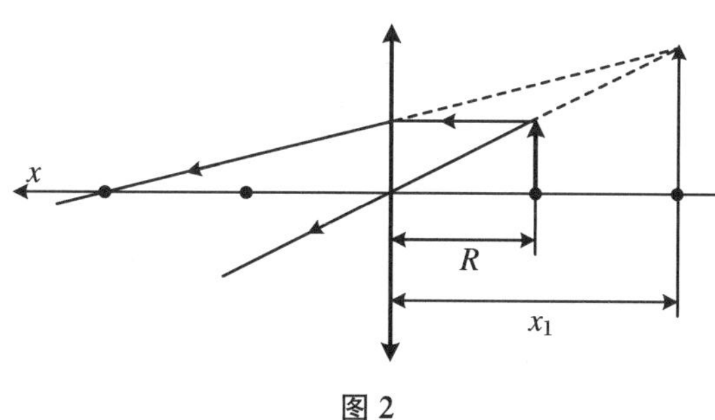

图 2

(2) 从光路图可知,金鱼看起来的大小为实际的 2 倍。

(3) 从光路图可知,鲫鱼成正立的虚像。

2010 年全俄物理奥林匹克区域赛(理论部分)

九年级

问题 9-1　木筏和船

实验员格鲁克从“橡树”码头出发,坐木筏出行。经过 1 h 后,他恰好到达“蘑菇”码头,发现把背包忘在了“橡树”码头。

幸运的是,格鲁克看到理论家朋友巴格在岸上,他有一艘电动船。他们乘船返回,拿走背包,再回到“蘑菇”码头。

如果电动船的整个行程用了 32 min,那么它逆流行驶了多长时间?(船的发动机在全程以最大功率工作,拿背包的时间忽略不计)

解　令两地的间距为 L,水流速度为 u,船在静水中的速度为 v,$t_0=1\ \text{h}$。由题意得

$$L = ut_0,\quad t_1 = \frac{L}{v-u}$$

$$t_2 = \frac{L}{v+u},\quad t_1 + t_2 = \frac{32}{60}\ \text{h}$$

联立解得

$$t_1 = 20\ \text{min}$$

问题 9-2　线性比热

某些物质的比热与温度有关。考虑质量为 $m_1=1\ \text{kg}$ 的一块物体,由一种比热与温度 t 有关的物质组成,法则如下:$c=c_1(1+\alpha t)$。其中,$c_1=1.4\times10^3\ \text{J/(kg·℃)}$,$\alpha=0.014\ ℃^{-1}$。把该物体加热到 $t_1=100\ ℃$,放入装有质量为 m_2、温度为 $t_2=20\ ℃$ 的热量计的水中。达到热平衡后,热量计里的温度变成 $t_0=60\ ℃$。

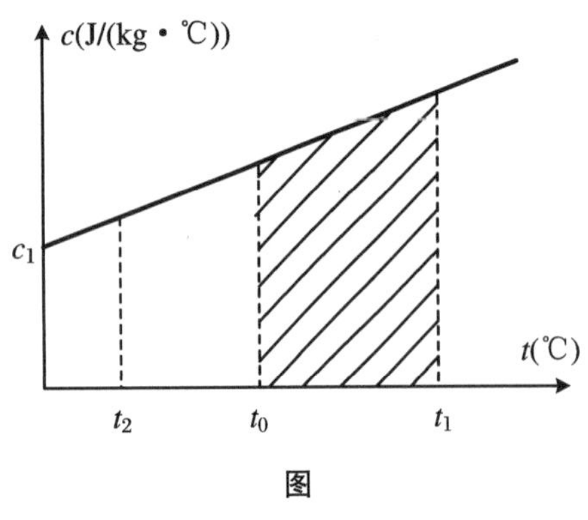

图

不考虑热量计的热容量和热量损耗,求热量计里水的质量 m_2。(已知水的比热为 $c_2=4.2\times10^3\ \text{J/(kg·℃)}$)

解　由于

$$Q_{吸} = c_2m_2(t_0-t_2)$$

$$Q_{放} = m_1\sum c_1\Delta t$$

其中$\sum c_1\Delta t$对应图中阴影面积，有

$$\sum c_1\Delta t=\frac{1}{2}c_1(1+\alpha t_1+1+\alpha t_0)(t_1-t_0)$$

热平衡时

$$Q_{吸}=Q_{放}$$

解得

$$m_2\approx 0.707\ \mathrm{kg}$$

问题 9－3 包含两个电流表的电路

在图1中，经过电阻R_3的电流为1 mA。电阻的阻值$R_1=1\ \mathrm{k\Omega}$，$R_3=3\ \mathrm{k\Omega}$。

在答题纸上画出该图并标出经过电阻的电流方向。电池的电压U等于多少？电流表A_1与A_2的示数相差多少？（电流表视为理想电流表）

解 简化电路如图2所示，电源电压

$$U=I_cR_3=3\ \mathrm{V}$$

$$I_a=\frac{U}{R_1}=3\ \mathrm{mA}$$

从图2中可知

$$I_2=I_a+I_b,\quad I_1=I_c+I_b$$

即

$$I_2-I_1=I_a-I_c=2\ \mathrm{mA}$$

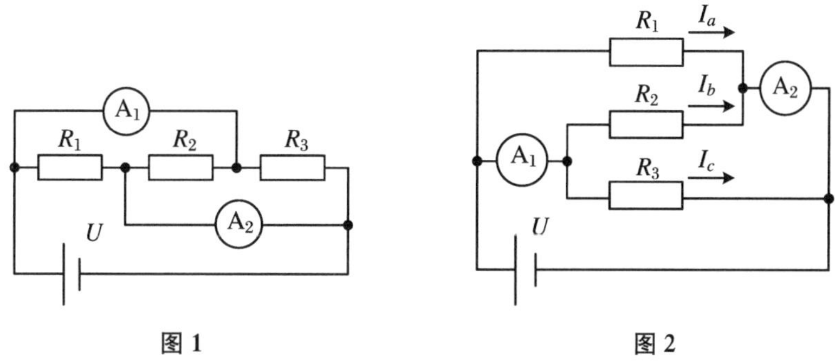

图1　　图2

问题 9－4 电影制片厂

拍摄故事片时，有一个片段需要拍摄火车车厢从桥上掉到河里的镜头。为了达到这个效果，用1∶50的比例制作了铁路、桥和车厢的模型。需要用什么样的帧率N_1拍摄这个片段，能够使得用标准帧率$N_0=24$帧/秒观看时显得逼真？

解 令总帧数为n，由$h=\frac{1}{2}gt^2$，得到

$$t\propto\sqrt{h}$$

$$\frac{h_1}{h_2}=\frac{1}{50},\quad 即\quad \frac{t_1}{t_2}=\sqrt{\frac{h_1}{h_2}}$$

考虑到

$$n = N_1 t_1 = N_0 t_2$$

解得

$$N_1 = \sqrt{\frac{h_2}{h_1}} N_0 \approx 170\ 帧/秒$$

问题 9－5　两面镜子

在由镜子 M_1 和 M_2 组成的系统前放置有俄语字母 Ь。画出这个字母在图 1 系统中的所有像，并证明不能有其他像了。每面镜子的长度等于它们之间的距离。

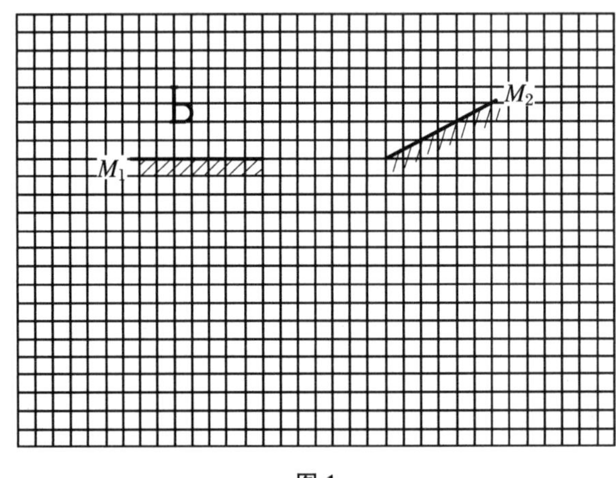

图 1

解　如图 2 所示，可知物体经 M_1 反射的光线无法再次被 M_2 反射。同理，物体经 M_2 反射的光线无法再次被 M_1 反射，即没有其他的像。

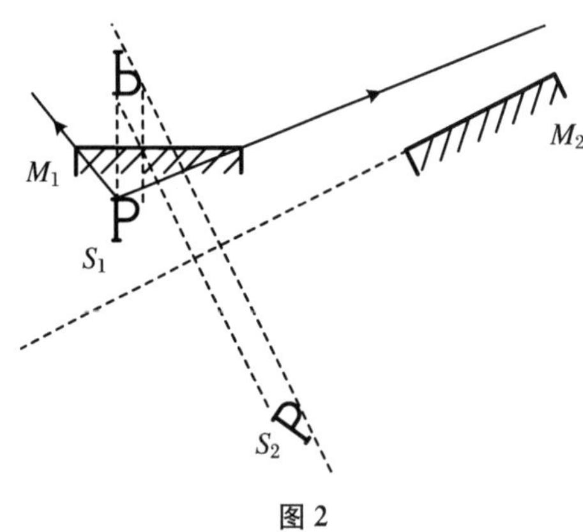

图 2

十年级

问题 10-1 “完全”弹性碰撞

如图1所示,木板的质量为 M,长度为 L,以速度 v_0沿光滑水平面滑动。在木板的左端有一个质量为 $m(m<M)$的正方体木块。木块与木板之间的滑动摩擦系数为 μ。

木板与墙发生完全弹性碰撞。木板的速度的最大值 $v_0 = v_{max}$为多少时,木块不会掉下去?(木块的尺寸和 L 相比可以忽略;在整个运动过程中,木块不会翻倒)

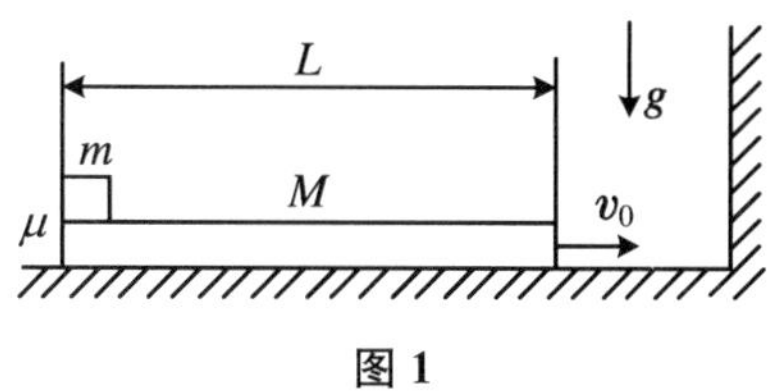

图 1

解 (法1)碰撞后,木板速度等大反向,以碰撞后木板速度方向为正方向。由动量守恒,有

$$Mv_0 - mv_0 = (M + m)v$$

对于木板用动量定理,有

$$-\mu mgt = Mv - Mv_0$$

v-t 图如图2所示,考虑临界情况,两者的相对运动距离恰好为木板长度,即

$$L = \frac{1}{2} \cdot 2v_0 t$$

解得

$$v_{max} = v_0 = \sqrt{\frac{\mu gL}{2}\left(1 + \frac{m}{M}\right)}$$

(法2)由能量守恒,有

$$Q = \mu mgL = \frac{1}{2}mv_0^2 + \frac{1}{2}Mv_0^2 - \frac{1}{2}(m + M)v^2$$

同样可以得到结果。

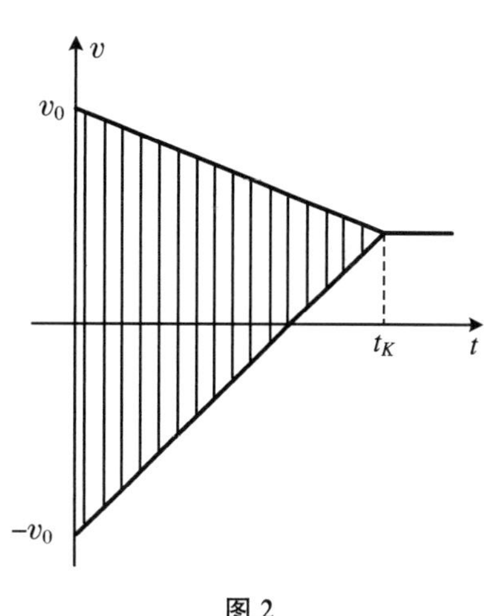

图 2

问题 10-2 静电作用力

求两个质量均为 m 的带电小球的静电排斥力的大小。其中一个吊在长度为 L 的绳子上,另一个吊在长度为 $2L$ 的绳子上,两根绳子的夹角为60°,如图1所示。

解 如图2所示,由几何关系知

$$BC^2 = (2L)^2 + L^2 - 2 \cdot 2L \cdot L\cos 60^\circ$$

得到

$$BC = \sqrt{3}L, \quad \angle C = 90^\circ$$

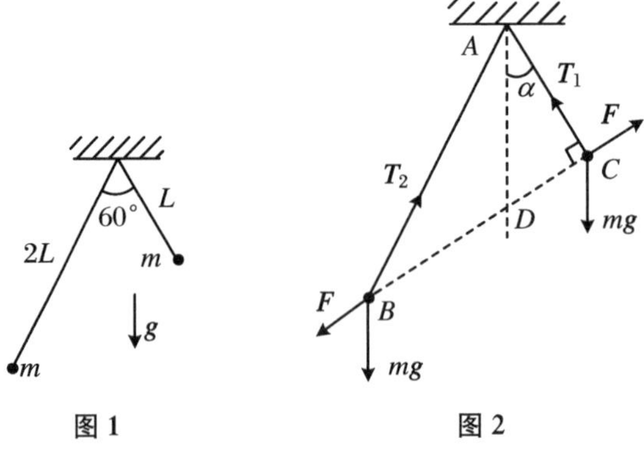

图 1　　　　图 2

系统对 A 点力矩平衡，有

$$mg\cdot 2L\sin(60^\circ-\alpha)=mgL\sin\alpha$$

得到

$$\sin\alpha=\sqrt{\frac{3}{7}}$$

进一步可得

$$F=mg\sin\alpha=\sqrt{\frac{3}{7}}mg$$

问题 10-3　用理想气体进行的过程

用 ν mol 理想气体进行过程 AB，图为 ρ-T 坐标图，其中 ρ 为气体的密度，T 为温度。在什么温度条件下，气体的压强比其最大值小 25%？（温度 T_0 是已知的）

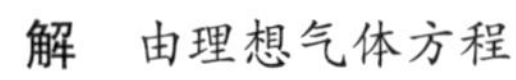
解　由理想气体方程

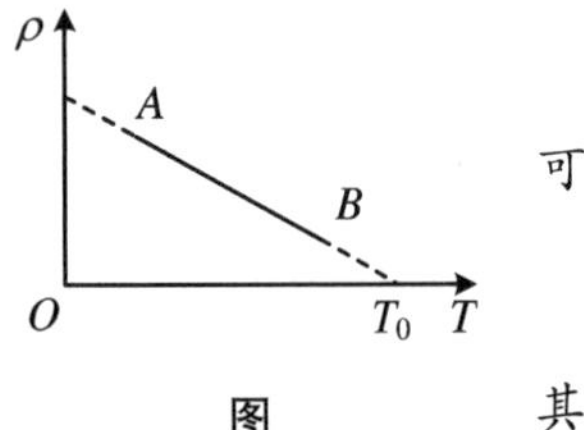

图

$$pV=nRT$$

可得

$$p\frac{V}{M}=\frac{n}{M}RT$$

其中

$$\frac{V}{M}=\frac{1}{\rho},\quad \frac{n}{M}=\frac{1}{\mu}$$

整理得到

$$\rho=\frac{p\mu}{RT} \tag{①}$$

由图像得到

$$\rho=k(T-T_0) \tag{②}$$

由①②得到

$$p\propto T(T-T_0)$$

当 $T=T_0/2$ 时，压强最大，有

$$p_{max}\propto T_0^2/4 \tag{③}$$

$$p = 0.75p_{\max} \propto T(T - T_0) \quad ④$$

由③④得到

$$T_1 = \frac{1}{4}T_0, \quad T_2 = \frac{3}{4}T_0$$

问题 10－4 “球形”电阻

有三根导线，每根的阻值均为 $R = 96\ \Omega$，制成三个环，把它们连接起来，使得任意两个最近的节点之间的长度都相等，如图 1 所示。节点 A 与 B 之间的电阻阻值 R_{AB} 等于多少？

解 由对称性可知 E、F 等电势，在 E、F 间可增加一导线而不影响 A、B 间的电阻，等效电路如图 2 所示，进一步简化至图 3，再由对称性简化至图 4，分析得到

$$R_{AB} = \frac{5}{48}R = 10\ \Omega$$

图 1

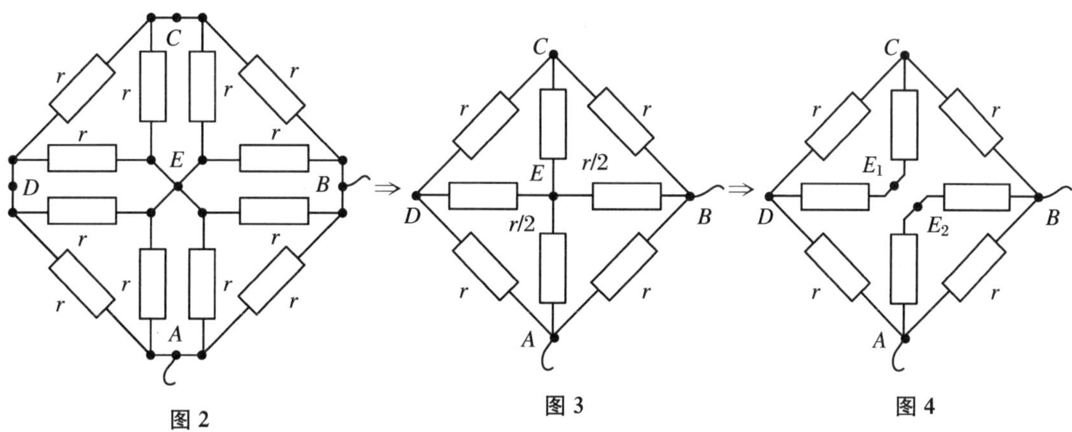

图 2　　图 3　　图 4

问题 10－5 墙里的空洞

如图 1 所示，在厚的混凝土墙里有一块空洞。为了求出墙里空洞的体积，在墙上钻了一个小孔，使得空洞与外界空气相通。用管子不透气地将空洞连接至活塞泵和压力计。一开始，泵里的活塞在最上面的位置，泵与空洞组成的系统的压强等于大气压。然后研究系统的压强与泵里空气的体积的关系 $p(V)$。实验结果如表所示。

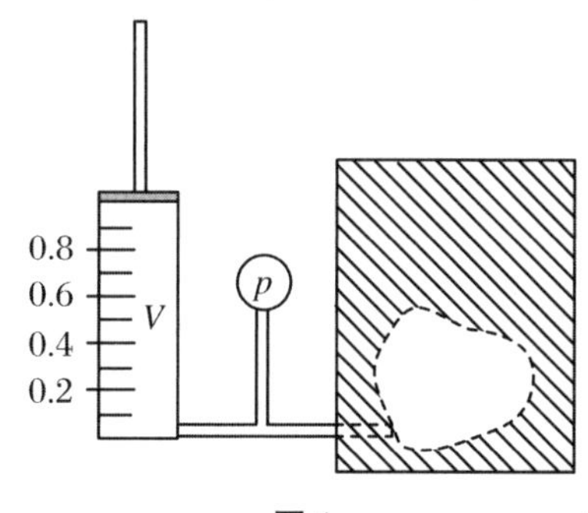

图 1

请根据实验结果，通过作图分析来求空洞的体积。实验中测量压强的误差为 3%，测量活塞下面气体体积的误差可以忽略。对泵中气体的压缩是准静态的，也就是说，非常缓慢，在整个实验过程中泵与空洞组成的系统的气体温度可以视为室温。

表

V(L)	p(kPa)
1.0	100
0.8	110
0.6	130
0.4	150
0.2	175

解 由

$$p(V+V_0)=nRT$$

整理得到

$$V=\frac{nRT}{p}-V_0$$

即 V 与 $\frac{1}{p}$ 呈线性关系，空洞的体积 V_0 为 V-$\frac{1}{p}$ 图线的截距。

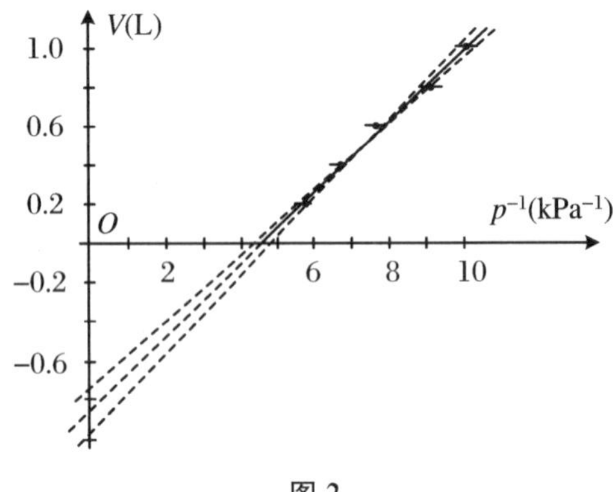

图 2

考虑到压强测量存在的误差为 3%，则 $\frac{1}{p}$ 同样会存在误差，其误差分析如下：

$$\left|\Delta\frac{1}{p}\right|=\frac{\Delta p}{p^2}=\frac{3\%p}{p^2}=\frac{3\%}{p}$$

在此基础上描点作图，作出临界情况下（截距最大和最小）的 V-$\frac{1}{p}$ 图线，如图 2 所示，得到空洞体积的最大值与最小值。可知空洞体积

$$V_0\approx(0.82\pm0.05)\text{ L}$$

十一年级

问题 11－1　山上的木块

如图所示，质量为 M 的小山在光滑的水平面上从左向右滑行，它上面有质量为 m 的轻木块。木块的动能 K_1 等于其势能 P 的 1/4，木块无摩擦地离开小山，求它着地时的动能 K_2。（设 $P=1$ J，且 $M\gg m$）

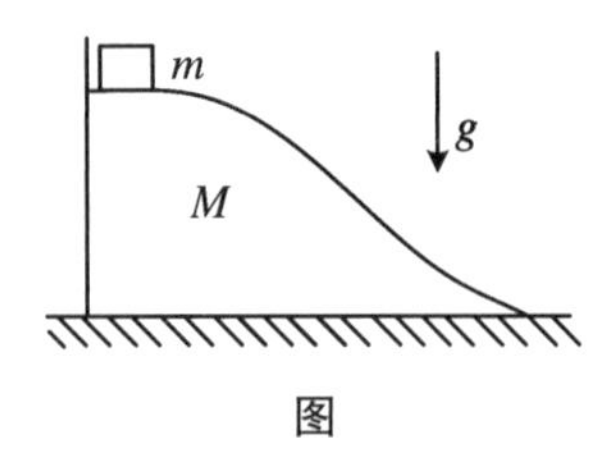

图

解 由能量守恒，得

$$mgH+\frac{1}{2}(m+M)v_0^2=\frac{1}{2}Mv_1^2+\frac{1}{2}mv_2^2$$

由水平方向动量守恒，得

$$(m+M)v_0=Mv_1+mv_2$$

解得

$$v_2 = v_0 + \sqrt{2gH \cdot \frac{M}{m+M}}$$

考虑到 $M \gg m$,可得

$$v_2 = v_0 + \sqrt{2gH}$$

木块的动能

$$K_2 = \frac{1}{2}mv_2^2 = \frac{1}{2}mv_0^2 + mgH + mv_0\sqrt{2gH}$$

再由题意得

$$\frac{1}{2}mv_0^2 = \frac{1}{4}mgH = \frac{1}{4}P = \frac{1}{4}\ \text{J}$$

得到

$$K_2 = 2.25\ \text{J}$$

问题 11-2 扰动平衡

实验员格鲁克进行了一系列实验来研究图中系统的稳定性。

一根均匀的木板有两个支点,在伸出的一端上方 H 高度处有一个沙箱,打开阀门后,沙子开始以 μ kg/s 的速度流下。支点之间的距离等于木板长度的 2/3。系统中还有一个固定在木板边缘的轻碗,使得流下的沙子能够装在里面。

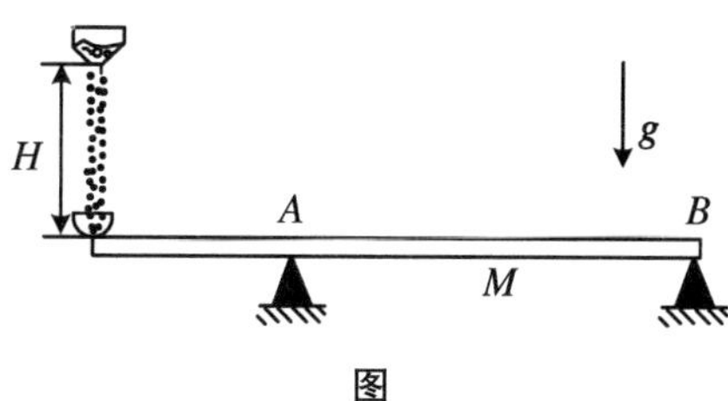

图

格鲁克进行第一次实验时发现从打开阀门起经过时间 $\tau_1 = 1.00$ s 后,木板的边缘脱离支点 B。然后他将沙子的流速减半,发现还是经过时间 τ_1 后脱离支点 B。第三次实验再次将沙子的流速减半,木板经过 $\tau_2 = 1.75$ s 后脱离支点 B。

已知木板的质量 $M = 700$ g,求沙子下落的高度 H 和第一次实验中沙子的流速。

解 分析沙子下落时间 T 后对碗的压力,令沙子做自由落体运动的时间为 t,即落在碗中沙子的重力为 $\mu(T-t)g$,在此基础上,沙子下落过程对碗的冲击力满足

$$F = \frac{\Delta m}{\Delta t}v = \mu gt$$

对碗的压力

$$F' = F + \mu(T-t)g = \mu Tg$$

即可认为压力为碗中及空中沙子的总重力。

由力矩平衡易知 B 脱离支点的临界值为压力等于 $Mg/2$,在上述分析基础上分析题中的三次实验。

若第一次实验 1 s 后压力恰好达到临界值 $Mg/2$,则第二次实验 1 s 后压力将减半,与题

设矛盾。所以第一次实验 1 s 后，沙子恰好落到碗中，且压力大于临界值 $Mg/2$，即

$$H = \frac{1}{2}gt_1^2 = 5\ \mathrm{m}$$

同理第二次实验与第一次实验类似，沙子一落到碗中，冲击力大于临界值 $Mg/2$。

第三次实验 1.75 s 后，沙子对碗的压力恰好为 $Mg/2$，即

$$\mu_3 = \frac{0.5Mg}{gt_2} = 0.2\ \mathrm{kg/s}$$

所以

$$\mu_1 = 4\mu_3 = 0.8\ \mathrm{kg/s}$$

问题 11-3　电容电路

电路中有电动势为 ε、内阻为 r 的直流电源，电容为 C 的电容器，以及阻值为 R 的电阻。一开始，电容器不带电。先将开关 K 闭合，然后当电容器里面储存的能量的变化率达到最大值的一瞬间断开。断开开关之后，电路中一共放出多少热量？

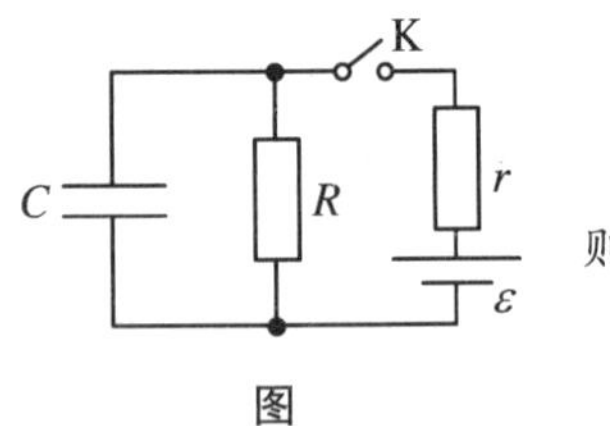

图

解　电容器的能量

$$E = \frac{q^2}{2C}$$

则

$$\frac{\mathrm{d}E}{\mathrm{d}t} = \frac{q}{C}\cdot\frac{\mathrm{d}q}{\mathrm{d}t} = I_C U_C$$

由基尔霍夫定律可得

$$Ir + U_C = \varepsilon, \quad U_C = (I - I_C)R$$

即

$$I_C = \frac{\varepsilon R - U_C(R + r)}{Rr}$$

所以

$$\frac{\mathrm{d}E}{\mathrm{d}t} = \frac{\varepsilon}{r}U_C - \frac{(R + r)}{Rr}U_C^2$$

当 $U_C = \dfrac{R}{2(R + r)}\varepsilon$ 时，$\dfrac{\mathrm{d}E}{\mathrm{d}t}$ 最大。

由能量守恒得

$$Q = \frac{1}{2}CU_C^2 = \frac{C\varepsilon^2}{8}\left(\frac{R}{R + r}\right)^2$$

问题 11-4　水上的棱镜

如图 1 所示，等腰三角形玻璃棱镜 ABC 与水面接触。从空中以入射角 φ_0 入射光线后从 AB 面以同样的角 φ_0 离开棱镜。折射角 φ_1 等于多少？（水的折射率 $n_0 = 4/3$，棱镜顶部的 $\angle C = 90°$，φ_0 未知）

解　令玻璃的折射率为 n，第一次折射：

$$\sin\varphi_0 = n\sin\varphi_1$$

第二次折射：

$$n_0 \sin \varphi_0 = n \sin \varphi_2$$

如图 2 所示，由几何关系可得

$$\varphi_1 + \varphi_2 = \alpha_1 = 45^\circ$$

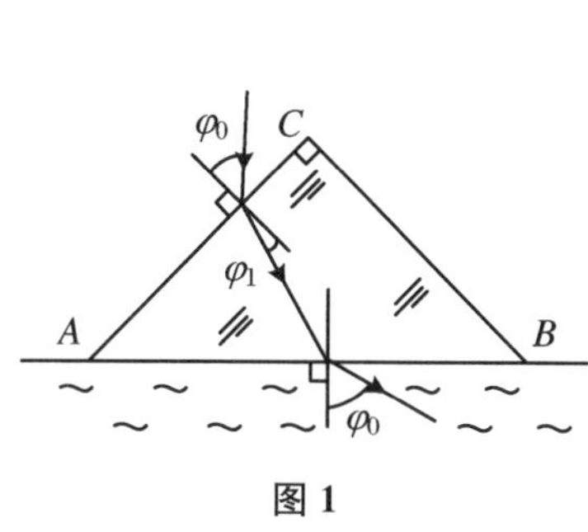

图 1

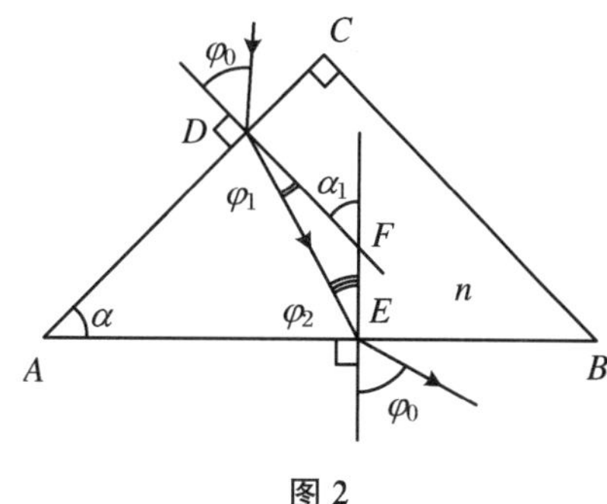

图 2

联立解得

$$n_0 = \frac{1 - \tan \varphi_1}{\sqrt{2} \tan \varphi_1}$$

所以

$$\tan \varphi_1 = \frac{3}{4\sqrt{2} + 3}, \quad \varphi_1 \approx 19.1^\circ$$

问题 11－5　热力学"迷宫"

用 1 mol 甲烷（CH_4）进行图 1 中的过程。在答题纸上画出该图并标出气体吸热的段。整个过程中气体一共吸收了多少热量？（p_0和 V_0视为已知）

解　吸热部分标注在图 2 中，在吸收热量的过程中，对外做功为

$$W = (0.9 \times 0.9 + 0.8 \times 0.7 + 0.7 \times 0.5 + 0.6 \times 0.3 + 0.5 \times 0.1) p_0 V_0 = 1.95 p_0 V_0$$

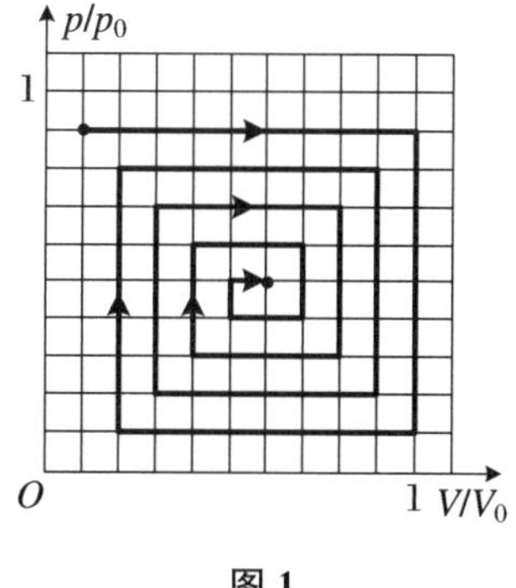

图 1

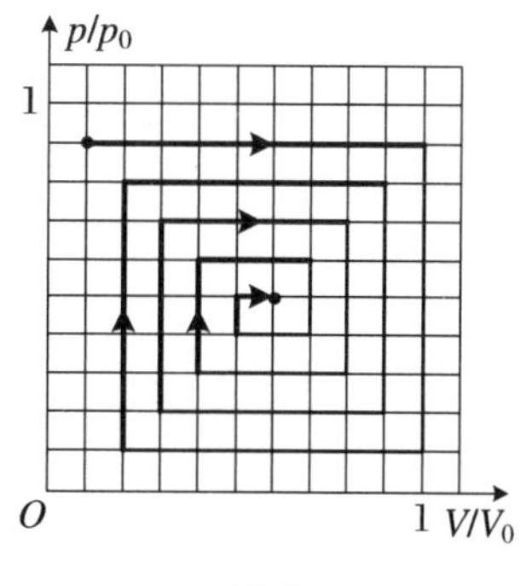

图 2

吸收热量的过程中，内能增加

$$\Delta U = n C_V \Delta T$$

因为甲烷 $C_V = 3R$，所以

$$\Delta U = 3nR\Delta T = 3(p_2 V_2 - p_1 V_1)$$

对应图像中的过程：

$$\begin{aligned}\Delta U &= 3[(1\times 0.9-0.1\times 0.9)+(0.9\times 0.8-0.2\times 0.1)+(0.8\times 0.7-0.3\times 0.2)\\ &\quad +(0.7\times 0.6-0.4\times 0.3)+(0.6\times 0.5-0.5\times 0.4)]p_0V_0\\ &= 7.23p_0V_0\end{aligned}$$

由热力学第一定律可得吸收的热量为

$$Q=\Delta U+W=9.18p_0V_0$$

2011 年全俄物理奥林匹克区域赛(理论部分)

九年级

问题 9-1　洗衣室里

如图所示,正方形浴缸的边长 $a=80\ \text{cm}$,高度 $h=20\ \text{cm}$。为了洗里面的衣物,一家庭主妇使用正方形盆,里面装有部分水和衣物,边长为 $a/2$,高度为 h,总质量 $m=2.4\ \text{kg}$。为了漂洗,她将圆柱形盆也放在同一个浴缸里,装满水,其半径 $R=a/4$,高度为 h。如果将圆盆里的水都倒入浴缸里(把水倒出后,将圆盆从浴缸里拿出来,浴缸的排水口用塞子堵上了),浴缸里面的水位 H 会是多少?

注:水的密度 $\rho=1000\ \text{kg/m}^3$,圆的面积 $S=\pi R^2$,其中 $\pi=3.14$。

图

解　设圆盆中的水倒入浴缸对应高度为 h_1,则有

$$a^2h_1=\pi R^2h$$

分析可知,正方形盆会在其中悬浮。排水体积满足

$$\rho V_{排}g=mg$$

其中 $V_{排}=a^2h_2$,而

$$H=h_1+h_2$$

联立得到

$$H\approx 4.3\ \text{cm}$$

问题 9-2　漏水的水龙头

在一个气温为 $t_0=20\ ^\circ\text{C}$ 的大房间里有一个漏水的水龙头。它每秒以细流漏出 $\mu=0.1\ \text{g}$ 水,从水龙头出来的水温度为 $t_1=54\ ^\circ\text{C}$。水流进薄壁金属盥洗盆里,其横截面为正方形 $a^2=30\ \text{cm}\times 30\ \text{cm}$。盥洗盆的排水口被盖住,但水仍有一部分会从中流出。于是,盥洗盆里的水位为 $H=10\ \text{cm}$,与其深度相等。不考虑盥洗盆的热容量,假设其导热性能非常好,求盥洗盆里面水温的稳定值。假设盥洗盆里的水的热通量与温度差 $t-t_0$ 以及水的总表面积(包括盆壁)成正比。该比例系数 $k=0.3\ \text{W/(m}^2\cdot{}^\circ\text{C)}$,水的比热 $c_{水}=4200\ \text{J/(kg}\cdot{}^\circ\text{C)}$。

盥洗盆里的水能够混合均匀。

解　令水温稳定值为 t,由能量守恒,在 $T=1\ \text{s}$ 内,有

$$\mu(t_1-t)c_{水}=k(2a^2+4aH)(t-t_0)T$$

代入数据得到

$$t=48\ ^\circ\text{C}$$

问题 9-3 小口径步枪

如图1所示，小口径步枪固定在台上，使得枪管水平放置。然后对距离为 $L=50\ \text{m}$ 的靶子进行射击。因为子弹的速度有小范围的分散 Δv，它们击中靶子的高度有所不同，与平均值最远的偏差为 $\Delta h=17\ \text{mm}$（见图2）。求子弹速度与平均值 $v_0=350\ \text{m/s}$ 最远的偏差 Δv。

重力加速度 $g=10\ \text{m/s}$。空气阻力导致的子弹速度变化忽略不计。

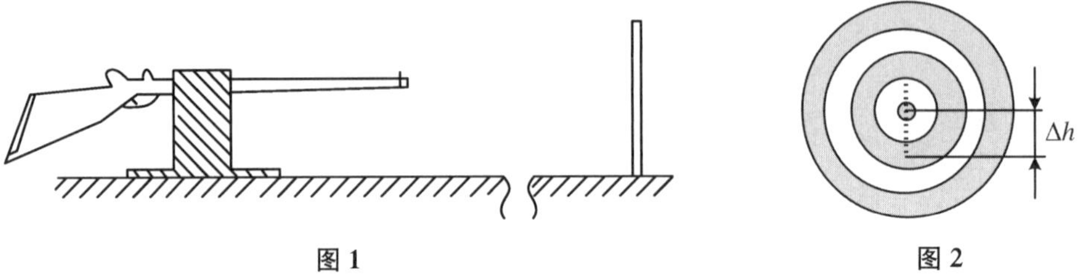

图1　　图2

解　子弹在水平方向做匀速直线运动，有

$$L = vt$$

其在竖直方向做自由落体运动，有

$$h = \frac{1}{2}gt^2$$

联立可得

$$h = \frac{1}{2}g\frac{L^2}{v^2}$$

两边取微分，得到

$$\Delta h = -\frac{gL^2}{v^3}\Delta v$$

代入数据得到

$$\Delta v \approx 29\ \text{m/s}$$

问题 9-4 很滑的路

一名九年级的学生站在草坪和宽度为 L 的结冰路段的边界上。他的鞋和冰面之间的摩擦基本不存在。他决定先往回跑，再经过加速，利用惯性冲过结冰路段。鞋与草坪之间的摩擦系数为 μ，重力加速度为 g。

(1) 为了使这名学生能够先往回跑再回到冰面的边界，加速到速度 v_0，他所需要的最短时间 T_1 等于多少？

(2) 从开始运动的时刻起到通过整段结冰路段，所需要的最短时间 T 等于多少？

解　(1) 显然，全程以最大加速度 $a=\mu g$ 运动时，再回到冰面的边界，加速到速度 v_0 所需时间最短，结合 v-t 图（见图），有

$$2\cdot\frac{1}{2}at_1^2 = \frac{1}{2}at_2^2,\quad t_2 = \sqrt{2}t_1$$

t_1，t_2 分别为两次加速所用时间。

又因为

$$at_2 = v_0, \quad T_1 = 2t_1 + t_2$$

联立解得

$$T_1 = (\sqrt{2}+1)\frac{v_0}{\mu g}$$

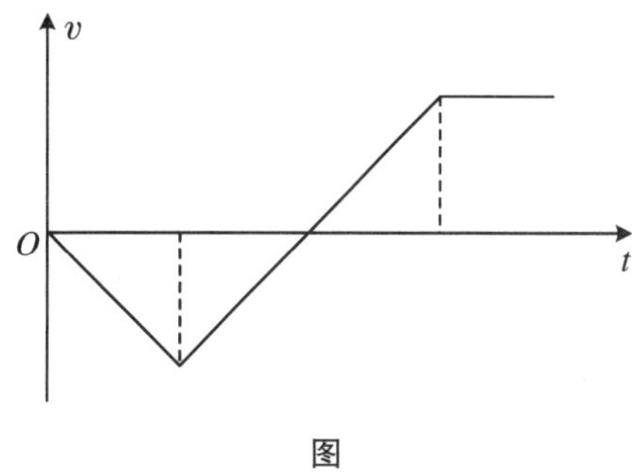

图

（2）全程总时间

$$T = 2t_1 + t_2 + \frac{L}{at_2}$$

又因为

$$t_2 = \sqrt{2}t_1$$

得到

$$T = (\sqrt{2}+1)t_2 + \frac{L}{at_2} \geqslant 2\sqrt{(\sqrt{2}+1)t_2 \cdot \frac{L}{at_2}} = 2\sqrt{(\sqrt{2}+1)\frac{L}{a}} = 2\sqrt{(\sqrt{2}+1)\frac{L}{\mu g}}$$

即全程最短时间为 $2\sqrt{(\sqrt{2}+1)\frac{L}{\mu g}}$。

问题 9－5　电流表与电压表

实验员格鲁克和理论家巴格有5个理想电流表和5个理想电压表。他们将电流表与电压表串联，再接入电阻 $R_1=1\ \text{k}\Omega$，$R_2=2\ \text{k}\Omega$，$R_3=3\ \text{k}\Omega$，$R_4=4\ \text{k}\Omega$，$R_5=5\ \text{k}\Omega$，$R_6=6\ \text{k}\Omega$，得到了图1和图2中的电路，把它们接入 $U_0=12$ V 的直流电源。

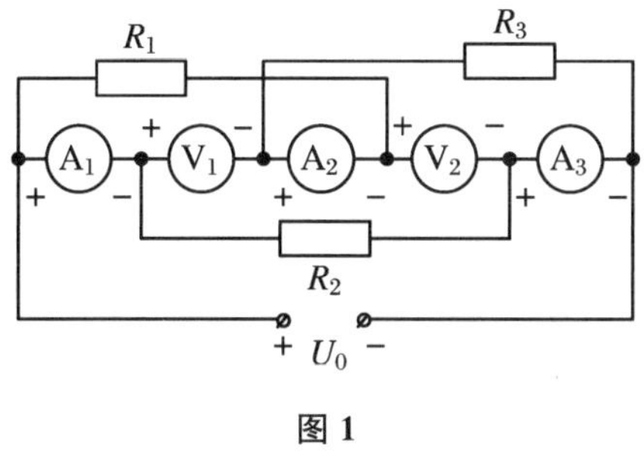

图 1

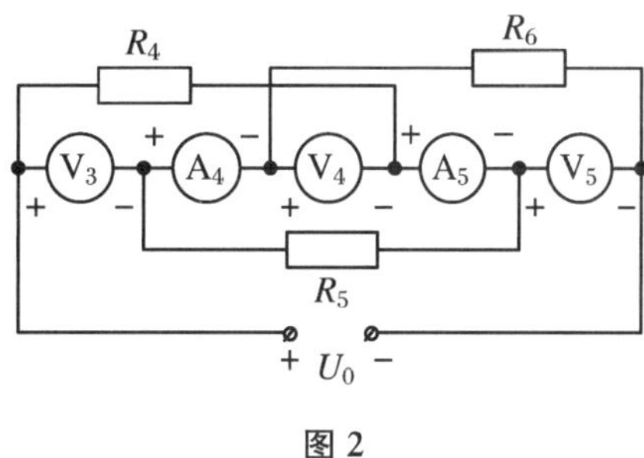

图 2

（1）求在格鲁克的电路图中，电压表 V_1，V_2 和电流表 A_1，A_2，A_3 的读数。它们的指针分别向哪边偏转？如图3所示，如果“＋”接线柱接入电池正极，“－”接线柱接入电池负极，则指针向右偏转。

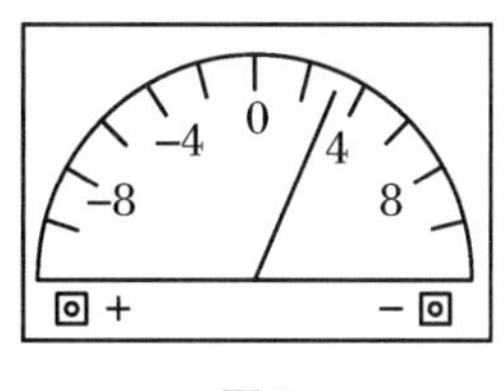

图 3

（2）求在巴格的电路图中，电压表 V_3，V_4，V_5 和电流表 A_4，A_5 的读数。它们的指针分别向哪边偏转？

解　（1）部分电路简化后如图4所示，显然两只电压表的指针都向右偏，且有

$$U_1 = \frac{R_1}{R_1+R_3}U_0 = 3\ \text{V}$$

$$U_2 = \frac{R_3}{R_1+R_3}U_0 = 9\ \text{V}$$

完整电路简化后如图5所示,可知 A_1,A_3 两只电流表的指针向右偏,电流表 A_2 的指针向左偏,且有

$$I_1 = I_3 = \frac{U_0}{R_2} = 6\ \text{mA}$$

$$I_2 = \frac{U_0}{R_1 + R_3} = 3\ \text{mA}$$

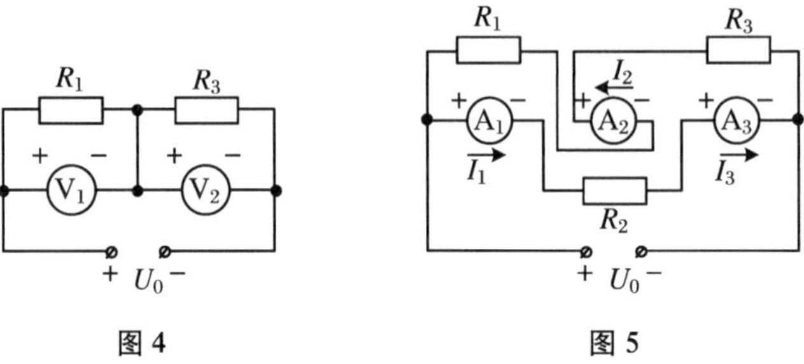

图4　　图5

(2) 将电流表视作导线,电路简化后如图6所示,V_3,V_5 两只电压表的指针向右偏。电压表 V_4 的指针向左偏,且有

$$U_3 = \frac{R_4 + R_5}{R_4 + R_5 + R_6} U_0 = 7.2\ \text{V}$$

$$U_4 = \frac{R_5}{R_4 + R_5 + R_6} U_0 = 4\ \text{V}$$

$$U_5 = \frac{R_5 + R_6}{R_4 + R_5 + R_6} U_0 = 8.8\ \text{V}$$

将电压表视作断开,电路简化后如图7所示,A_4,A_5 两只电流表的指针均向右偏,且有

$$I_4 = I_5 = \frac{U_0}{R_4 + R_5 + R_6} = 0.8\ \text{mA}$$

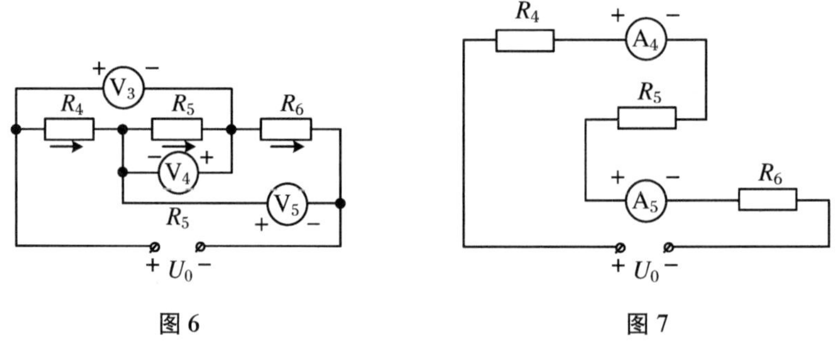

图6　　图7

十年级

问题 10-1　关于盆

如图1所示,正方形浴缸的边长 $a = 80$ cm,高度 $h = 20$ cm。为了洗里面的衣物,一家庭

主妇使用正方形盆，里面装有部分水和衣物，边长为 $a/2$，高度为 h，总质量 $m=16$ kg。为了漂洗，她在浴缸里还放了圆柱形盆，其半径为 R，高度为 h，如图 2 所示。圆盆半径的最大值 R_{max} 等于多少时，可以将满圆盆的水都倒入浴缸里（把水倒出后，将圆盆从浴缸里拿出来，浴缸的排水口用塞子堵上了），而正方形盆不会浮起？

注：水的密度 $\rho=1000$ kg/m^3，圆的面积 $S=\pi R^2$，其中 $\pi=3.14$。

解 恰好浮起时，由平衡条件可得

$$mg = \rho g\left(\frac{a^2}{4}\right)y,\quad \pi R^2 h < \frac{3}{4}a^2 y$$

解得

$$R < \sqrt{\frac{3m}{\pi\rho h}} \approx 27.6\ \text{cm}$$

浴缸需放得下圆盆，分析临界情况如图 2 所示，因此

$$R_2 + \frac{R_2}{\sqrt{2}} = \frac{a}{2}$$

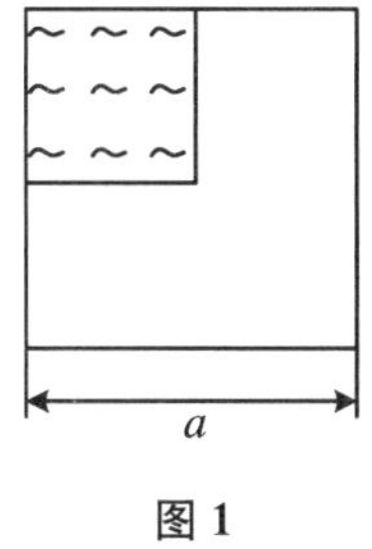

图 1

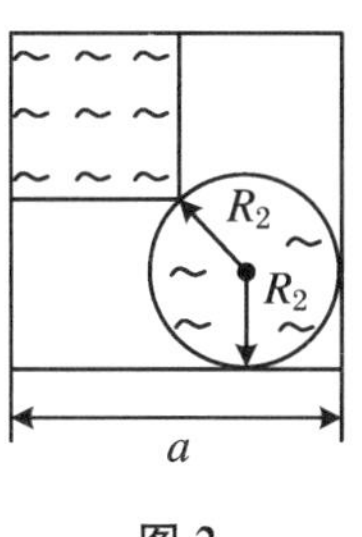

图 2

解得

$$R_2 \approx 23.4\ \text{cm}$$

综上所述，有

$$R_{max} \approx 23.4\ \text{cm}$$

问题 10－2 滑轮与绳索

如图 1 所示，金属正方体和均匀的重绳索连接于点 A，穿过两个轻滑轮。绳索的另一端固定在支点 B 上，使得点 A 与 B 位于同一高度。力 $F_1=100$ N，$F_2=90$ N，作用于滑轮的轴上，保持系统平衡。求绳索的长度 L。

绳索的线密度（单位长度的质量）$\rho=0.25$ kg/m，$g=10$ m/s^2。滑轮的轴没有摩擦。滑轮的半径与绳索的长度相比不能忽略。

解 对绳索与滑轮系统受力分析如图 2 所示，由受力平衡，有

$$F_1 + T_B = T_A + F_2 + \rho g L$$

由于 A，B 两点等高，分析可知

$$T_B = T_A$$

解得

$$L = \frac{F_1 - F_2}{\rho g} = 8\ \text{m}$$

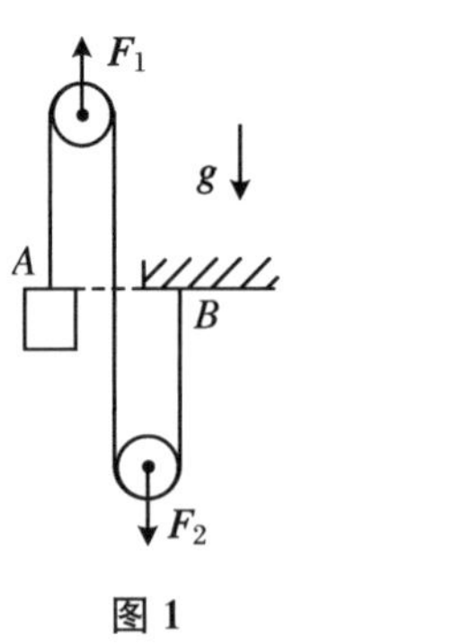

图 1

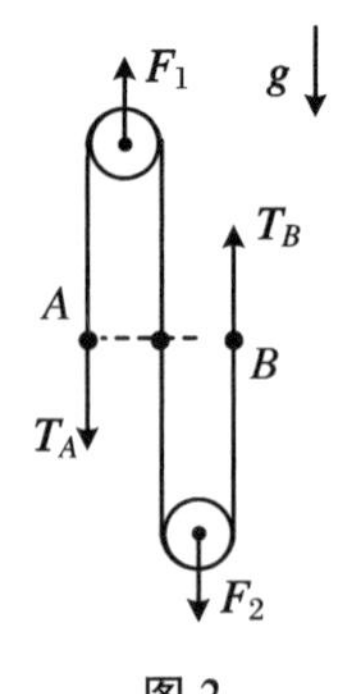

图 2

问题 10－3 木块

如图 1 所示，系统中有两个相同的木块，质量均为 m，在光滑的水平面上以恒定速度 v_0 朝着竖直的墙运动。上面的木块和下面的木块沿着运动的方向错开了 b_0 的距离。过了一段时间，系统与墙发生碰撞。每个木块与墙的碰撞都可以视为完全弹性的。木块之间的摩擦系数为 μ。

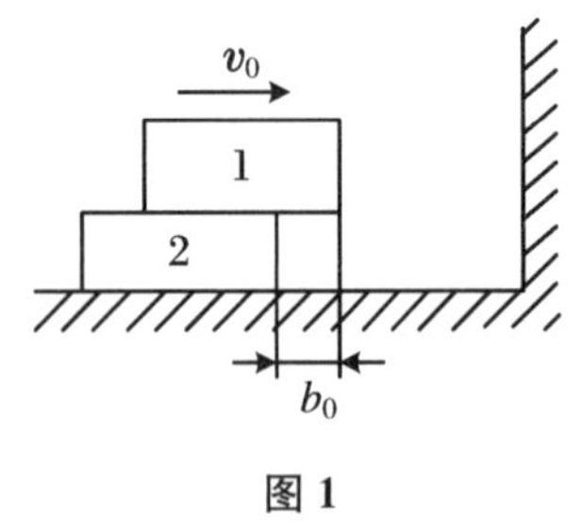

图 1

（1）当木块系统与墙的碰撞终止，且上面的木块停止在下面的木块上滑动之后，求上面的木块相对于下面的木块所错开的距离 b（包括大小和方向）。

（2）系统此时会以什么样的速度 v_k 运动？

（3）在什么样的坐标系下，b 与 v_0 的关系是线性的？在该坐标系下画出 b 与 v_0 的关系图像。

解 （1）木块 1 碰墙后，以等大的速度反弹，受力状态如图 2 所示，此后两木块的运动对称。对于木块 2，若

$$\frac{1}{2}mv_0^2 \leqslant \mu mgb_0$$

即

$$b_0 \geqslant \frac{v_0^2}{2\mu g}$$

则木块 2 不会与墙碰撞。

由运动对称性，两木块对地位移大小均为

$$x = \frac{v_0^2}{2\mu g}$$

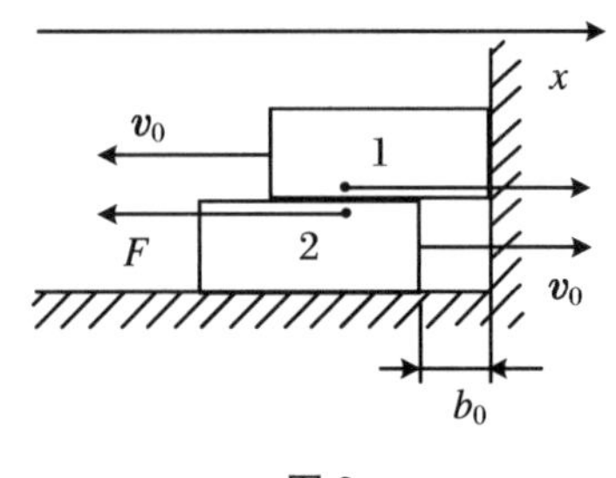

图 2

则两木块的相对位移

$$x_{相对} = \frac{v_0^2}{\mu g}$$

上面的木块相对于下面的木块所错开的距离 b 为

$$b = b_0 - x_{相对} = b_0 - \frac{v_0^2}{\mu g}$$

若 $b>0$，则木块 1 仍在木块 2 右侧，反之则在左侧。

若 $b_0 < \frac{v_0^2}{2\mu g}$，则木块 2 会与墙相碰，从木块 1 碰墙到木块 2 碰墙，两木块对地位移均为 b_0，则 $x_{相对} = 2b_0$。

木块 2 与墙碰撞后，两木块共速，将不再相对运动，故错开距离为 $-b_0$。

综上所述，当 $b_0 \geqslant \frac{v_0^2}{2\mu g}$ 时，$b = b_0 - \frac{v_0^2}{\mu g}$；当 $b_0 < \frac{v_0^2}{2\mu g}$ 时，$b = -b_0$。

(2) 结合上一问分析：

当 $b_0 \geqslant \frac{v_0^2}{2\mu g}$ 时，$v_k = 0$。

当 $b_0 < \frac{v_0^2}{2\mu g}$ 时，由能量守恒可得

$$\frac{1}{2}mv_k^2 - \frac{1}{2}mv_0^2 = -\mu mgb_0$$

故

$$v_k = \sqrt{v_0^2 - 2\mu gb_0}$$

(3) 显然，b-v_0^2 为线性关系，结合(1)问结果，得到图 3。

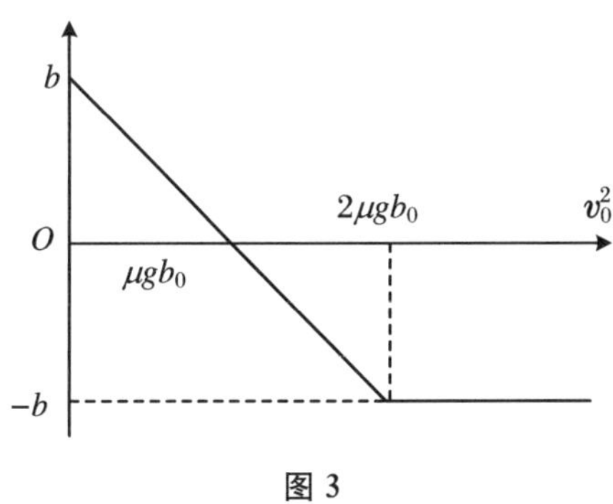

图 3

问题 10-4 丢失的坐标轴

据说人们在开尔文男爵的档案中找到了用 1 mol 氦气进行过程 1→2→3 的手绘图(见图)。随着时间的流逝，墨水褪色了，无法看出压强 p 和体积 V 的坐标轴在哪。但是，根据文字，状态 1 和 3 位于对应体积 V_1 的同一条等容线上。另外还提到，过程 1→2→3 提供给气体的热量为 0。求体积 V_2。

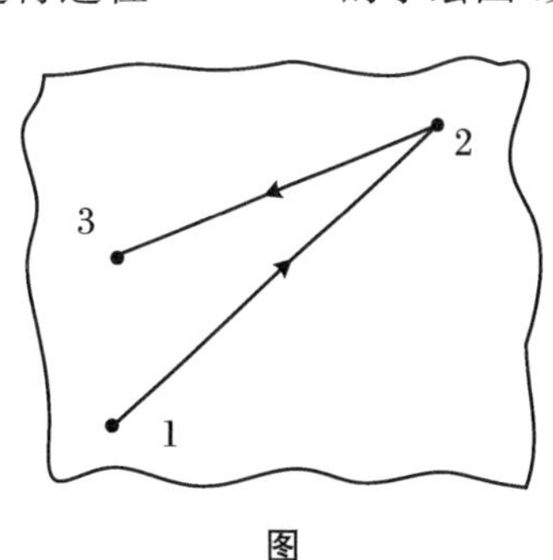

图

解 在 1→2→3 过程中，外界对系统做功：

$$W = \frac{1}{2}(p_3 - p_1)(V_2 - V_1)$$

气体内能增加

$$\Delta U = nC_V(T_3 - T_1)$$

由于与外界没有热量交换，故

$$\Delta U = W$$

再考虑到氦气 $C_V=\frac{3}{2}R$ 以及 $pV=nRT$，联立解得

$$V_2 = 4V_1$$

问题 10－5 电桥

在图 1 所示的电路图中，将四个电阻 $R_1=3\,\Omega$，$R_2=4\,\Omega$，$R_3=7\,\Omega$，$R_4=6\,\Omega$ 接入电压为 $U_{01}=9.1\,\mathrm{V}$ 的电池，不计电池内阻。

(1) 将理想电压表连接在电阻之间，求其读数。它的指针会向哪边偏转？如图 2 所示，如果"＋"接线柱接入电池正极，"－"接线柱接入电池负极，则指针向右偏转。

(2) 过了一段时间，电池的电量降低了一些，变为 $U_{02}=9.0\,\mathrm{V}$。如图 3 所示，将电压表换成电流表，内阻可以不计。求电流表的读数和它的指针偏转方向。

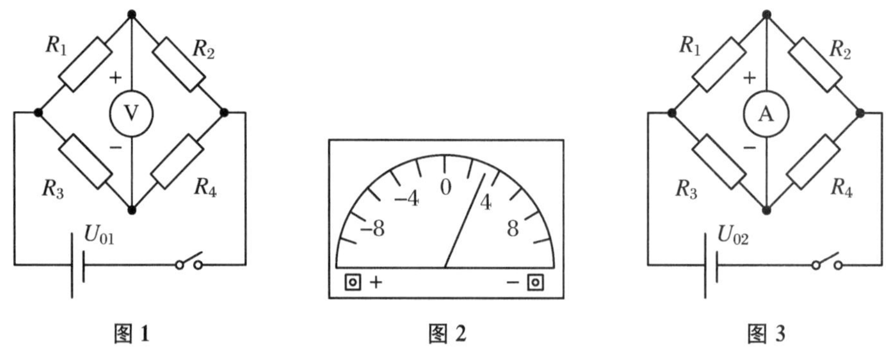

图 1　　图 2　　图 3

解　(1) 令电源负极电势为 0，则有

$$\varphi_+ = U_2 = \frac{R_2}{R_1+R_2}U_{01} = 5.2\,\mathrm{V}$$

$$\varphi_- = U_4 = \frac{R_4}{R_3+R_4}U_{01} = 4.2\,\mathrm{V}$$

电压表的示数 $U=\varphi_+-\varphi_-=1\,\mathrm{V}$，指针向右偏。

(2)

$$\frac{U_1}{R_1}+\frac{U_1}{R_3}=\frac{U_2}{R_2}+\frac{U_2}{R_4}$$

$$U_1+U_2=U_{02}$$

解得

$$U_1 = 4.2\,\mathrm{V},\quad U_2 = 4.8\,\mathrm{V}$$

$$I_\mathrm{A} = I_1 - I_2 = \frac{U_1}{R_1} - \frac{U_2}{R_2} = 0.2\,\mathrm{A}$$

指针向右偏。

十一年级

问题 11－1　棒子与水

有一根横截面积一定的细棒子由两段组成。第一段的长度为 $l_1=10$ cm，密度为 $\rho_1=1.5$ g/cm^3；第二段的密度为 $\rho_2=0.5$ g/cm^3。如果棒子能在水中（水的密度 $\rho_0=1$ g/cm^3）以竖直状态漂浮，第二段的长度 l_2 应该等于多少？

解　设细棒截面积为 S，静止时系统在水中部分的长度为 L。

由受力平衡可得

$$\rho_1 Sl_1 g+\rho_2 Sl_2 g=\rho_0 SLg$$

设系统重心距下端为 x，由定义可得

$$\rho_1 Sl_1\cdot\frac{l_1}{2}+\rho_2 Sl_2\left(l_1+\frac{l_2}{2}\right)=(\rho_1 Sl_1+\rho_2 Sl_2)x$$

要使其以竖直状态漂浮，则需处于稳定平衡状态。如图所示，浮力中心应处于重心上方，即

$$\frac{L}{2}>x$$

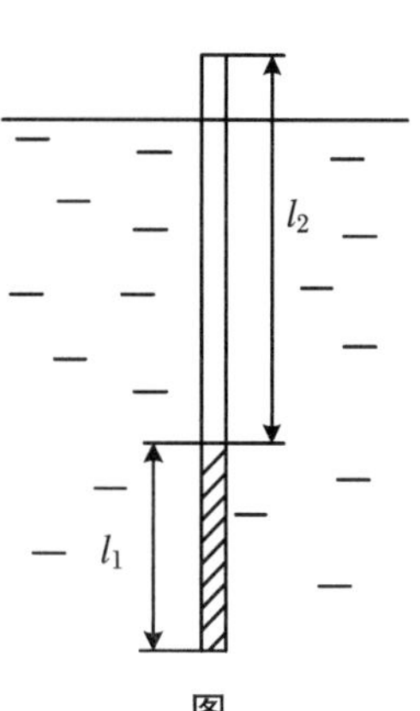

图

联立解得

$$l_2<3l_1=30\text{ cm}$$

问题 11－2　重物与滑轮

如图所示，在光滑的水平面上，质量为 M 的角形通过两个滑轮与墙和质量为 m 的木块连接。木块与角形的内表面接触。绕过固定在墙上的滑轮的线被水平拉直。

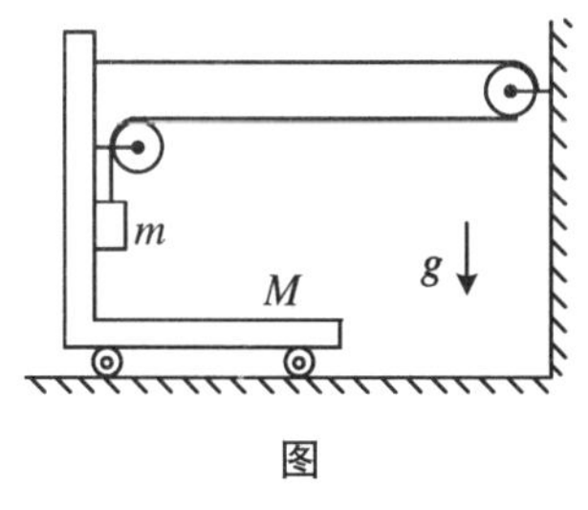

图

一开始，将系统固定为静止状态，再进行释放。求角形的加速度 a。滑轮是轻质的，系统中没有摩擦。

解　（法 1）令绳中张力为 T，角形和木块构成的系统水平方向上有

$$2T=(m+M)a$$

对 m 而言，在竖直方向由牛顿第二定律可得

$$mg-T=ma_y$$

由几何约束可得

$$a_y=2a$$

联立解得

$$a=\frac{2m}{5m+M}g$$

（法 2）当车由静止开始前进 x 时，由几何约束，物块下降了 $2x$，令系统水平方向的速度为 v，同样由几何约束可得木块竖直方向的速度为 $2v$。根据能量守恒可得

$$mg \cdot 2x = \frac{1}{2}Mv^2 + \frac{1}{2}m[v^2 + (2v)^2]$$

又考虑到

$$v^2 = 2ax$$

解得

$$a = \frac{2m}{5m + M}g$$

问题 11－3　丢失的坐标轴

据说人们在开尔文男爵的档案中找到了用 1 mol 氮气进行过程 1→2→3 的手绘图(见图)。随着时间的流逝,墨水褪色了,无法看出压强 p 和体积 V 的坐标轴在哪。但是,根据文字,状态 1 和 3 位于同一条等容线上,且在过程 1→2 和 2→3 中,气体体积的变化量为 ΔV。另外还提到,过程 1→2→3 提供给 N_2 的热量为 0。求经过点 1 和 3 的等容线与 p 轴(压强轴)的距离(体积单位)。

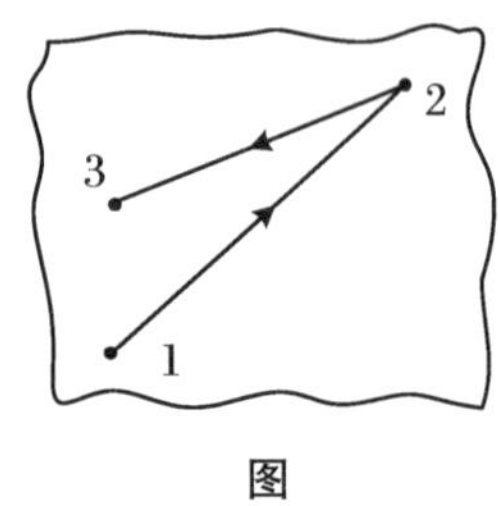

图

解　解法同"2011 年全俄物理奥林匹克区域赛"中的问题 10－4,考虑到氮气 $C_V = 5R/2$,解得 $V_1 = \Delta V/5$。

问题 11－4　可变电阻器

在如图 1 所示的电路图中,电源的电动势分别为 3ε 和 2ε,电阻器的阻值分别为 $R_1 = R$, $R_2 = 2R$, $R_x = 3R$。

如果可变电阻器 R_x 的阻值增加 5%,电流表的示数会变化多少(用百分数表示)?

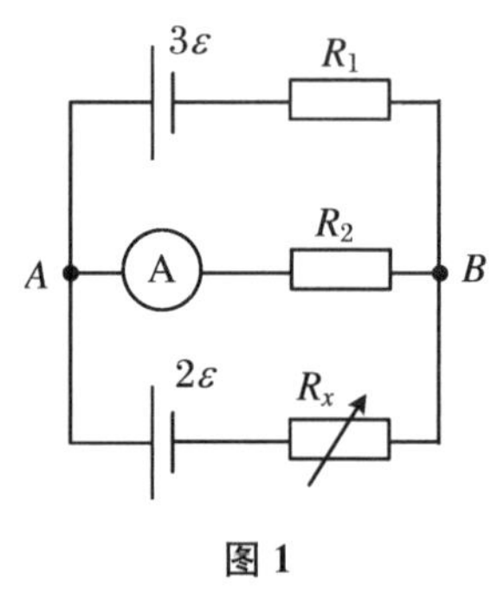

图 1

解　(法 1)根据电路叠加原理,通过电流表的电流可由两电源独立存在时通过电流表的电流叠加得到。

当只存在 3ε 电源时,有

$$I_1 = \frac{3\varepsilon}{R + \dfrac{2RR_x}{2R + R_x}} \cdot \frac{R_x}{2R + R_x}$$

当只存在 2ε 电源时,有

$$I_2 = \frac{2\varepsilon}{R_x + \dfrac{2R}{3R}} \cdot \frac{1}{3}$$

将两者叠加后可得

$$I_A = I_1 + I_2$$

解得

$$I_A = \frac{\varepsilon}{R}$$

这说明 I_A 与 R_x 无关,即 R_x 的阻值增加 5%, $I_A = \varepsilon/R$ 不变。

（法2）当电路去掉 2ε 电源一路时，电路图如图2所示。容易得

$$U_{AB} = \frac{2R}{2R+R}\cdot 3\varepsilon = 2\varepsilon$$

这说明 U_{AB} 与 2ε 电源电动势相同，即此时将 2ε 电源一路放回电路中，并无电流通过 R_x，即 R_x 不对电路产生影响，即 R_x 的阻值增加5%，$I_A=\varepsilon/R$ 不变。

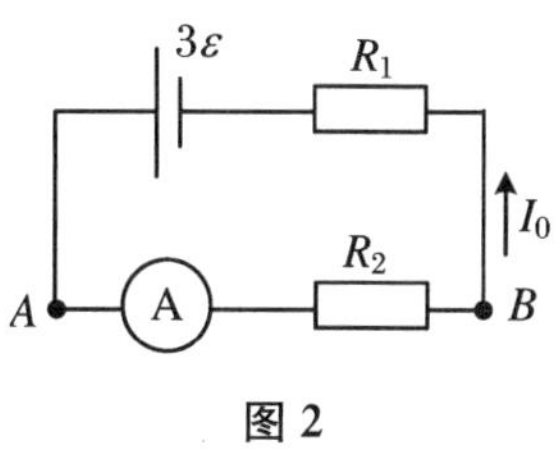

图2

问题11－5　振荡电路中的二极管

如图1所示，电路中有电动势为 ε 的理想电源，电容分别为 C 和 $2C$ 的电容器，电感器 L，电阻 R 和 r，理想二极管D，开关 K_1 和 K_2。一开始，电容器不带电，开关断开。首先，闭合开关 K_1。

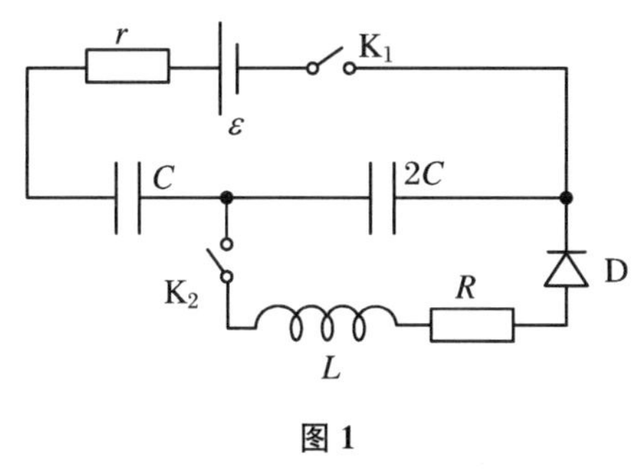

图1

（1）求电容器 $2C$ 的稳定带电量 U_{2C}。

（2）求电源做的功 W。

电容器充电后，断开开关 K_1，闭合开关 K_2。所得到的 RLC 电路中的阻尼很小，也就是说振荡的每半个周期内电阻 R 放出的热量远小于电容器 $2C$ 一开始所储存的能量。

（3）求电流强度与时间的关系 $I=I(t)$。

（4）画出相应的图像。

（5）求电阻放出的热量 Q_R。

（6）求二极管上的稳定电压 U_D。

解　（1）根据闭合电路欧姆定律可得

$$\varepsilon = U_C + U_{2C}$$

根据电容器串联特点可知

$$CU_C = 2CU_{2C}$$

解得

$$U_{2C} = \frac{\varepsilon}{3},\quad q = \frac{2\varepsilon C}{3}$$

（2）电源做功

$$W = \varepsilon q = \frac{2\varepsilon^2 C}{3}$$

（3）考虑到电路中电阻极小，可近似成 LC 振荡电路的一部分。

$$I = I_m \sin \omega t$$

其中

$$\omega = \frac{1}{\sqrt{2LC}}$$

当电流最大时，电场能几乎全部转化为磁场能，有

$$\frac{2CU_{2C}^2}{2} = \frac{LI_m^2}{2}$$

得到

$$I_m = \frac{2}{3}\varepsilon\sqrt{\frac{C}{L}}$$

再考虑到二极管的单向导通性，可得：

当 $t \leqslant \frac{T}{2}$ 时，$I = I_m \sin \omega t = \frac{2}{3}\varepsilon\sqrt{\frac{C}{L}}\sin\left(\frac{1}{\sqrt{2LC}}t\right)$。

当 $t > \frac{T}{2}$ 时，$I = 0$，其中 $T = \frac{2\pi}{\omega}$。

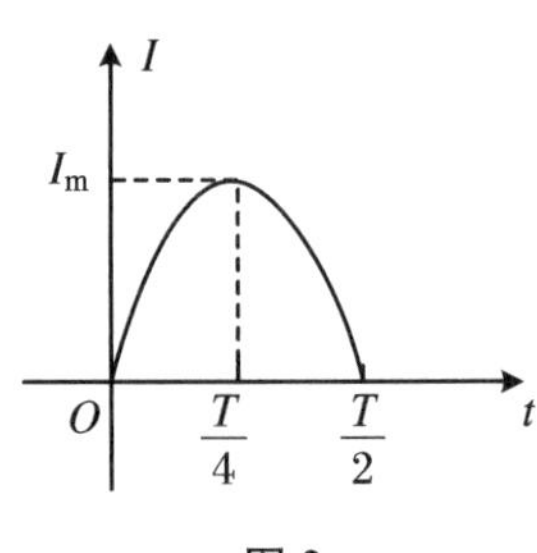

图 2

(4) 相应的 $I(t)$ 图像如图 2 所示。

(5) 正弦式电流有效值为 $I_m/\sqrt{2}$，所以电阻放出的热量

$$Q_R = \left(\frac{I_m}{\sqrt{2}}\right)^2 R\frac{T}{2} = \frac{I_m^2}{4}RT = \frac{\pi\sqrt{2}}{9}\sqrt{\frac{C^3}{L}}R\varepsilon^2$$

(6) 经过 $T/2$ 后，二极管上电压恒定为 $\varepsilon/3$。

2012 年全俄物理奥林匹克区域赛(理论部分)

九年级

问题 9-1　楼层

大耳猴切布拉什卡和鳄鱼盖纳决定爬友谊楼。结果,大耳猴上了四楼又回到一楼往复三次,而鳄鱼爬上了十六楼。

如果鳄鱼从一楼爬到六楼再回到一楼,而大耳猴一直向上爬,它能到达几楼?假设大耳猴和鳄鱼的速度都是恒定的。

解　显然大耳猴与鳄鱼的速度大小之比为 18∶15,故可到达 13 楼。

问题 9-2　拴在绳子上的冰

如图所示,在底面积为 s 的容器里,用绳子拴着一块有空洞的冰。冰的体积(含空洞)为 V,冰的密度为 $\rho_{冰}$。当冰融化后,容器里的水位下降了 h。求:

(1) 空洞的体积 $V_{空}$。

(2) 实验一开始时绳子的张力 T。

注:水的密度 $\rho_{水}$ 和重力加速度 g 视为已知。

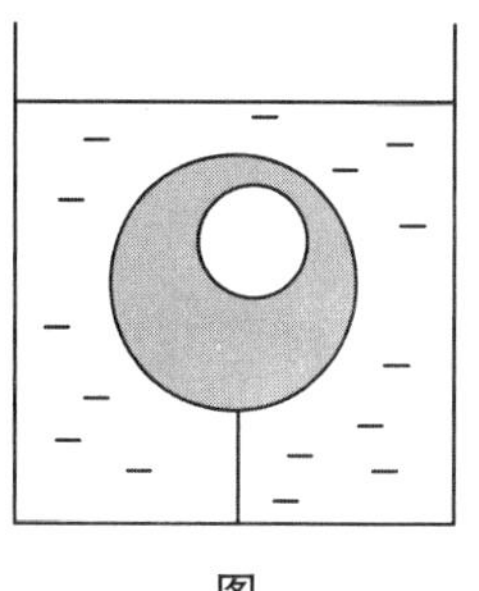

图

解　(1) 融化前,有

$$V_{冰} + V_{空} = V$$

融化后,冰化成水,有

$$V_{水} = \frac{\rho_{冰}}{\rho_{水}} V_{冰}$$

再由体积关系

$$sh = V - V_{水}$$

联立解得

$$V_{空} = sh\frac{\rho_{水}}{\rho_{冰}} - V\frac{\rho_{水} - \rho_{冰}}{\rho_{冰}}$$

(2) 由受力平衡可得

$$T + \rho_{冰}V_{冰}g = \rho_{水}Vg$$

解得

$$T = \rho_{水}gsh$$

问题 9-3 石头

如图所示，以初速度 v_0、与水平面夹角 $\varphi=60°$扔出一块石头，其速度经过 $\Delta t=1$ s 后减为原来的一半。求这段时间内，石头的位移大小。

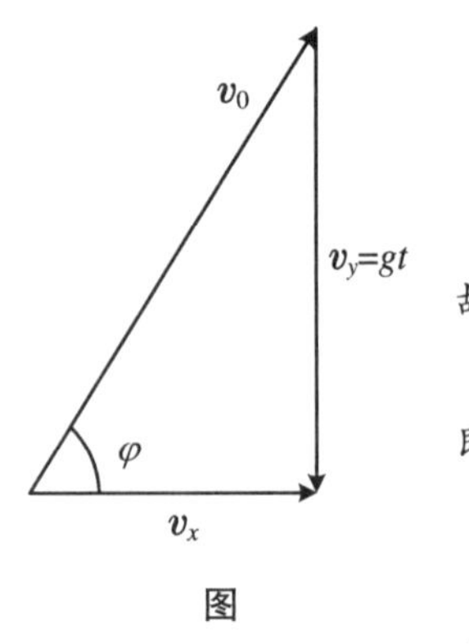

图

注：重力加速度 $g=10\ \text{m/s}^2$。

解 考虑到

$$v_x = v_0\cos 60° = \frac{v_0}{2}$$

故

$$v_y = v_0\sin 60° = g\Delta t = 10\ \text{m/s}$$

即

$$v_0 = \frac{20}{\sqrt{3}}\ \text{m/s},\quad x = \frac{v_0}{2}\Delta t,\quad y = \frac{g}{2}\Delta t^2$$

所以石头的位移为

$$r = \sqrt{x^2+y^2} \approx 7.64\ \text{m}$$

问题 9-4 “电链”

如图 1 所示，用质量为 $m=3.91$ g 的银导线制成若干个直径不同的环，连成一条链。链两端之间的电阻为 $R=1.00\times10^{-2}\ \Omega$。已知银的密度 $d=10.5\ \text{g/cm}^3$，电阻率 $\rho=1.49\times10^{-6}\ \Omega\cdot\text{cm}$，求链的长度。

导线横截面积的直径远小于最小的环的直径。接触点处的电阻可以忽略。

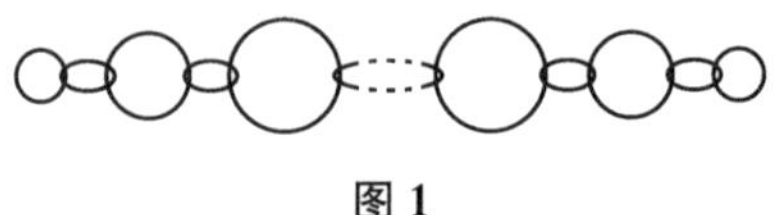

图 1

解 等效电路如图 2 所示，其中 $R_i=\rho\dfrac{l_i}{S}$，总电阻

$$R = \frac{1}{2}(R_1+R_2+\cdots+R_N)$$

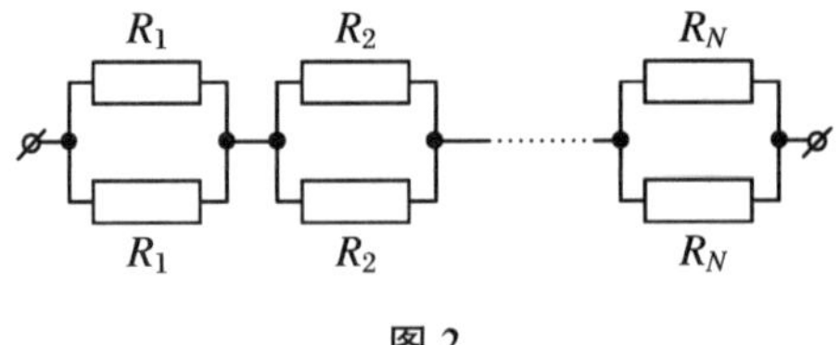

图 2

考虑到

$$l = l_1+l_2+\cdots+l_N$$

解得

$$l = \frac{2RS}{\rho}$$

问题 9-5　有镜子的房间

如图1所示，在 $a\times b\times H=9.0\ \text{m}\times 3.5\ \text{m}\times 4.0\ \text{m}$ 的房间的角落里有两面从地板到天花板的高镜子，宽度各为 $c=1\ \text{m}$，紧挨着彼此。在距离镜子 c 处有一个点光源，用适当的反射器使得它发出的光只照到镜子上。

房间里是否存在一部分墙没有被光照亮？如果是，没有被照亮的墙的面积等于多少？

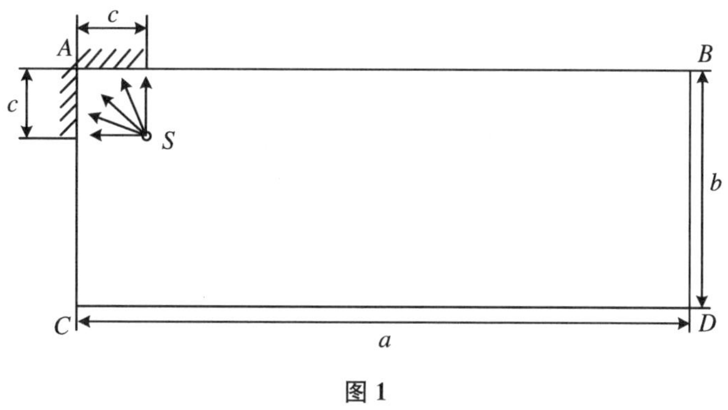

图 1

解　如图2所示，找出点光源的像，作图得到图中 C_1C_2，D_1DB_1 处没有光照到，由几何关系得

$$C_2D_1=\frac{3}{2}(c+b)$$

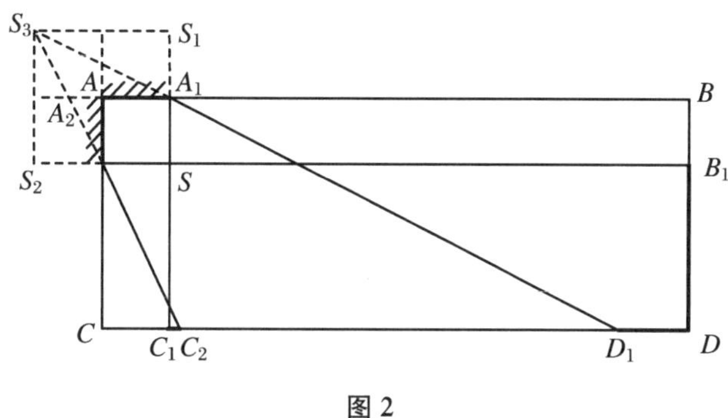

图 2

所以光没有照到的区域长度

$$x=C_1C_2+D_1DB_1=(a+b)-2c-C_2D_1=3.75\ \text{m}$$

面积

$$S=Hx=15\ \text{m}^2$$

十年级

问题 10-1　有空洞的冰

圆柱形容器的底面积为 s，装有部分水，往里面放一块有空洞的冰，空洞里有一个铝球，

其质量与冰相等。此时，水位上升了 h，冰完全浸入水中，在里面悬浮，不接触容器的底面和侧壁。

(1) 求空洞的体积 $V_{空}$。

(2) 所有的冰融化后，容器里的水位上升还是下降？

(3) 冰融化后容器里的水位会变化多少？

水的密度为 $\rho_{水}$，冰的密度为 $\rho_{冰}$，铝的密度为 $\rho_{铝}$，重力加速度为 g。

解 (1) 冰与空洞总体积为

$$V_{总} = sh, \quad V_{空} + V_{冰} = V_{总}$$

考虑到其悬浮在水中，则有

$$\rho_{水} gV_{总} = 2m_{冰}g$$

其中

$$m_{冰} = \rho_{冰}V_{冰}$$

联立解得

$$V_{空} = sh\left(1 - \frac{\rho_{水}}{\rho_{冰}}\right)$$

(2) 考虑到 $\rho_{水} < \rho_{铝}$，冰完全融化后，铝球将沉入水底。排水体积不变，冰融化成水，体积减小，故水位降低。

(3) 冰的体积为

$$V_{冰} = sh \cdot \frac{\rho_{水}}{2\rho_{冰}}$$

冰融化成水后相应的水的体积为

$$V_{水} = \frac{\rho_{冰}V_{冰}}{\rho_{水}} = \frac{1}{2}sh$$

铝球的体积为

$$V_{铝} = \frac{\rho_{冰}V_{冰}}{\rho_{铝}} = sh\frac{\rho_{水}}{2\rho_{铝}}$$

所以减小的体积

$$\Delta V = V_{总} - V_{水} - V_{铝} = \frac{1}{2}sh\left(1 - \frac{\rho_{水}}{\rho_{铝}}\right)$$

故

$$\Delta h = \frac{\Delta V}{s} = \frac{h}{2}\left(1 - \frac{\rho_{水}}{\rho_{铝}}\right)$$

问题 10－2　最大高度

以与水平面成一定角度的初始速度 $v_0 = 25\ \mathrm{m/s}$ 投掷一块石头。经过时间 t，石头到达最大高度，与初始位置相比移动的水平距离为 $L = 30\ \mathrm{m}$。求时间 t。设重力加速度 $g = 10\ \mathrm{m/s^2}$。

解 由题意得

$$v_x = \sqrt{v_0^2 - (gt)^2}$$

则

$$L = v_x t = t\sqrt{v_0^2 - (gt)^2}$$

整理得到

$$t^4 - \left(\frac{v_0}{g}\right)^2 t^2 + \left(\frac{L}{g}\right)^2 = 0$$

解得

$$t_1 = 2\ \mathrm{s}, \quad t_2 = 1.5\ \mathrm{s}$$

问题 10 - 3　拐弯(1)

质量为 $m = 1400$ kg 的汽车在水平直路上以恒定速度 $v = 90$ km/h 行驶。此时，发动机的功率为 $P = 25$ kW。然后汽车进入了水平弯路，曲率半径为 $R = 350$ m，以相同的速度行驶。

车轮与路面之间的摩擦系数至少多大，汽车才能：

(1) 在直路上行驶；

(2) 在弯路上行驶？

所有车轮均视为主动轮。车轮不打滑。设 $g = 10\ \mathrm{m/s^2}$。

解　(1) 当汽车做直线运动时，摩擦力提供动力，故有

$$\mu mg \geqslant \frac{P}{v}$$

解得

$$\mu \approx 0.07$$

(2) 当汽车做曲线运动时，地面对汽车的摩擦力有两部分效果，一是切向提供动力，二是法向提供向心力。分别有

$$f_1 = \frac{P}{v}$$

$$f_2 = m\frac{v^2}{R}$$

切向和法向合成可得

$$\mu mg \geqslant \sqrt{f_1^2 + f_2^2}$$

解得

$$\mu \approx 0.19$$

问题 10 - 4　灯泡

白炽灯上的电压 U 与通过它的电流强度 I 的关系由公式 $I \propto U^{\frac{3}{5}}$ 给出。两盏灯的额定电压均为 220 V，额定功率分别为 $P_1 = 40$ W，$P_2 = 100$ W，将它们串联接入 220 V 的网络。额定功率较低的灯上的电压等于多少？

解　令 $I = kU^{\frac{3}{5}}$，则

$$P = UI = kU^{\frac{8}{5}}$$

电压相同时有

$$\frac{k_1}{k_2} = \frac{P_1}{P_2} = \frac{2}{5}$$

串联时,电流相同,有

$$U = \left(\frac{I}{k}\right)^{\frac{5}{3}}$$

所以

$$\frac{U_1}{U_2} = \left(\frac{k_2}{k_1}\right)^{\frac{5}{3}}$$

再考虑到

$$U_1 + U_2 = 220\ \mathrm{V}$$

解得

$$U_1 = \frac{U_0}{1 + \left(\frac{k_1}{k_2}\right)^{\frac{5}{3}}} \approx 181\ \mathrm{V}$$

问题 10-5　是哪种气体?

将 100 g 某种气体加热,使得温度提高 4 ℃,在压强与体积成正比的情况下所需要的热量比恒定体积情况下多 831 J。它是哪种气体?

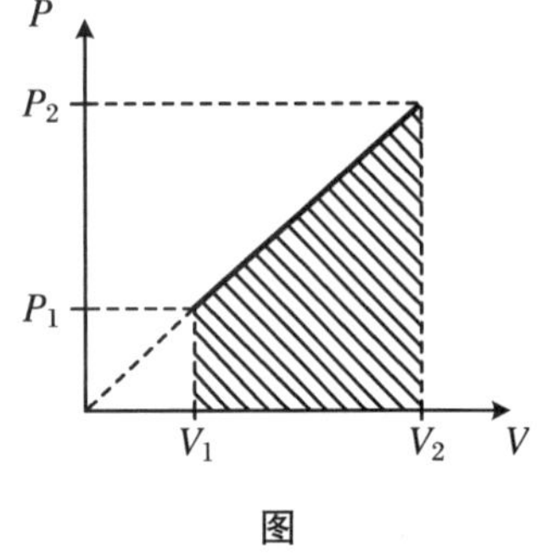

图

解　由热力学第一定律,额外所需的热量对应气体对外做功数值,结合图像(见图)可知

$$W = \frac{1}{2}(P_2V_2 - P_1V_1) = \frac{1}{2}(nRT_2 - nRT_1)$$

$$= \frac{1}{2}\frac{m}{\mu}R\Delta T$$

解得

$$\mu = 2\ \mathrm{g/mol}$$

即为氢气。

十一年级

问题 11-1　空瓶

玻璃瓶漂浮在圆柱形水槽里。水槽的底面积为 $S = 250\ \mathrm{cm}^2$。从茶壶缓慢向瓶子里倒水,当水的质量达到 $m = 300$ g 时,瓶子开始下沉。结果当瓶子里的空气排净时,水槽里的水位与刚开始倒水的时候相比变化了 $\Delta h = 0.60$ cm。求瓶子的容量 V。

水的密度 $\rho = 1.0\ \mathrm{g/cm^3}$。

解　倒水过程,水位上升

$$\Delta h_1 = \frac{m}{\rho S}$$

瓶子下沉，空气排净后，水位下降

$$\Delta h_2 = \frac{V - \frac{m}{\rho}}{S}$$

结合题意

$$\Delta h_1 - \Delta h_2 = \pm \Delta h$$

解得

$$V = \frac{2m}{\rho} \pm S\Delta h$$

代入数据得到

$$V_1 = 750\ \text{mL}, \quad V_2 = 450\ \text{mL}$$

问题 11－2　充电的电容器

在电路图中，将电容器充电至电压为 3ε。然后将开关 K 闭合。求：

(1) 电路中的最大电流。

(2) 当电容器上的电压为 0 时，电路中的电流。

(3) 当电路中的电流为 0 时，电容器上的电压。

所有元件视为理想的。

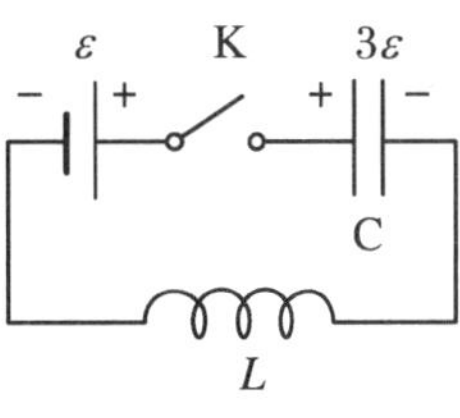

图

解　(1) 开关闭合瞬间，由基尔霍夫定律可知电容器放电。由能量守恒得

$$\frac{q_0^2}{2C} - \frac{q^2}{2C} = (q_0 - q)\varepsilon + \frac{1}{2}LI^2 \qquad ①$$

进一步得到

$$\frac{1}{2}LI^2 = \frac{q_0^2}{2C} - q_0\varepsilon + \frac{q^2}{2C} + q\varepsilon$$

这是关于 q 的二次函数。

考虑到 $q_0 = 3\varepsilon C$，所以当 $q = \varepsilon C$ 时，电流最大：

$$I_{\max} = \varepsilon\sqrt{\frac{4C}{L}}$$

(2) 当电容器上电压为 0 时，$q = 0$。由①得

$$I = \varepsilon\sqrt{\frac{3C}{L}}$$

(3) 当电路中电流为 0 时，由①得

$$q_1 = 3C\varepsilon, \quad q_2 = -C\varepsilon$$

即

$$u_1 = 3\varepsilon, \quad u_2 = -\varepsilon$$

问题 11－3　拐弯(2)

四轮驱动的汽车(发动机转动所有的四个轮子)质量为 $m = 1400$ kg，以恒定速率经过半径

为 $R=500$ m 的弯道。汽车发动机的最大功率 P_{max} 不取决于速度。空气阻力为 $\boldsymbol{F}_{阻}=-\alpha\boldsymbol{v}$，其中 $\boldsymbol{v}$ 为汽车的速度，$\alpha=40$ N·s/m。车轮与路面的摩擦系数 $\mu=0.52$。

求使得汽车能够通过弯道的最大速率 v_{max}。画出 v_{max} 与 P_{max} 的关系图。

解 同"2012 年全俄物理奥林匹克区域赛"中问题 10－3 的分析，可得汽车所受到的摩擦力

$$F=\sqrt{\left(\frac{P}{v}\right)^2+\left(m\frac{v^2}{R}\right)^2}$$

又因为

$$\frac{P}{v}=\alpha v$$

以及

$$F\leqslant\mu mg$$

由上述分析可知，当发动机功率增加，汽车相应的速度增加时，其所受地面摩擦力也会增加。故速度最大时，汽车所受摩擦力达到最大，即

$$\mu mg=\sqrt{\left(\frac{P}{V_{max}}\right)^2+\left(m\frac{V_{max}^2}{R}\right)^2}$$

解得

$$V_{max}=50\text{ m/s}$$

相应的临界功率

$$P_0=\alpha V_{max}^2$$

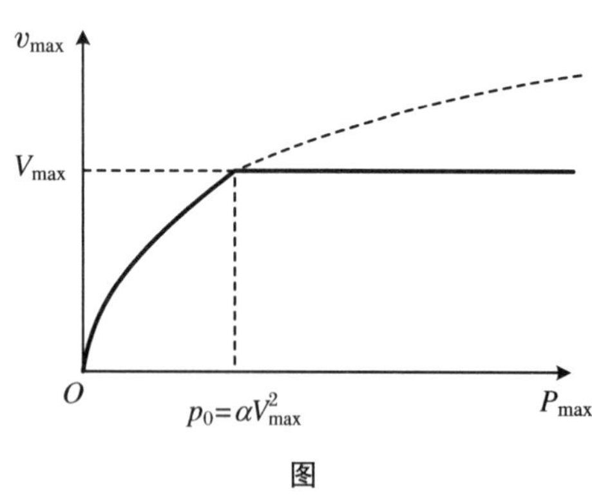

图

当 $P_{max}>P_0$ 时，汽车功率只能达到 P_0，无法进一步增加。

综上所述，画出 v_{max} 关于 P_{max} 的关系图如图所示。

问题 11－4 "浮空"

在地面上方有质量为 M 的平板。质量为 m 的小球在它和地面之间运动。每当小球与平板碰撞时，平板距离地面的高度为 H，简直就像"吊"在空中。

假设平板总是和地面平行，且只能竖直运动，在条件 $m\ll M$ 下，求小球在地面时的动能 E_k。（小球每次与平板碰撞时的速度都相等）

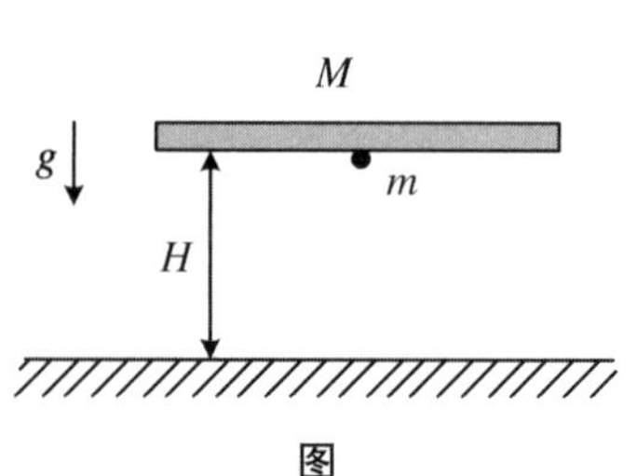

图

解 由运动对称性可知，碰撞前后两物体动量等大反向，即

$$MV=mv$$

且再次回到该位置时间相同。

对于 m，有

$$vt+\frac{1}{2}gt^2=H$$

对于 M，有

$$\frac{2V}{g}=2t$$

进一步得到

$$gH=\frac{mv^2}{M}\left(1+\frac{m}{2M}\right)\approx\frac{mv^2}{M}$$

小球落地时的动能

$$E_k=\frac{1}{2}mv^2+mgH$$

即

$$E_k\approx\frac{1}{2}mv^2\approx\frac{1}{2}MgH$$

问题 11－5　潮湿的空气

在圆柱体容器里的活塞下面有潮湿的空气。经过恒温过程，圆柱体的活塞下面气体的体积减为原来的 $1/\alpha(\alpha=4)$，压强变为原来的 $\gamma=3$ 倍。一开始的水蒸气有多大比例冷凝了？

一开始干空气的分压是水蒸气的 $\beta=3/2$ 倍。

解　令开始时气体压强、体积、物质的量分别为 p_0，V_0，n_0。根据理想气体状态方程可得

$$p_0V_0=n_0RT$$

其中

$$n_0=n_{空气}+n_{水蒸气}$$

结合题意，有

$$n_{空气}=\beta n_{水蒸气}$$

即

$$n_{空气}=0.6n_0,\quad n_{水蒸气}=0.4n_0$$

经过恒温过程后，由题意可得

$$\gamma p_0\frac{V_0}{\alpha}=nRT$$

$$n_{空气}+n'_{水蒸气}=n$$

解得

$$n'_{水蒸气}=0.15n_0$$

即冷凝的水蒸气比例为

$$\eta=\frac{n_{水蒸气}-n'_{水蒸气}}{n_{水蒸气}}=62.5\%$$

2013 年全俄物理奥林匹克区域赛(理论部分)

九年级

问题 9-1　杯子下沉的速度

如图所示,在内直径 $D=10\ \text{cm}$ 的圆柱形容器内,竖直地漂浮着圆柱形薄壁的杯子,半径 $d=8\ \text{cm}$。用喷头向杯子里喷水,水流速度 $\mu=14\ \text{g/s}$。杯子相对于圆柱形容器底面的速度 v 等于多少? 水的密度 $\rho=1000\ \text{kg/m}^3$。

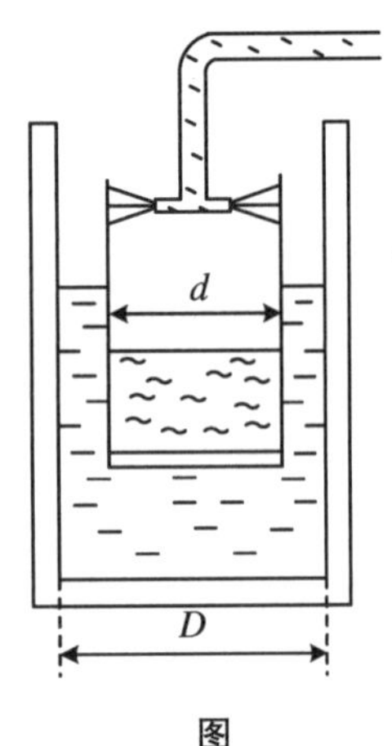

图

解　设漂浮的杯子的下底面下降距离 Δx_1,容器内液面上升 Δx_2,考虑到液体不可压缩,两者满足

$$\frac{\pi d^2}{4}\Delta x_1 = \frac{\pi(D^2-d^2)}{4}\Delta x_2$$

再由平衡条件得到

$$\Delta mg = p\,\frac{\pi d^2}{4}(\Delta x_1+\Delta x_2)$$

又因为

$$v=\frac{\Delta x_1}{\Delta t},\quad \mu=\frac{\Delta m}{\Delta t}$$

联立得到

$$v=\frac{4\mu(D^2-d^2)}{\rho\pi d^2D^2}=1\ \text{mm/s}$$

问题 9-2　隔热容器

在天才儿童实验室,实验员格鲁克发现了两个隔热容器。一开始两个容器中有相同质量的未知液体。在第一个容器中,他用水几乎装满容器,倒入一些热的金属屑,使得容器装满。达到热平衡时,容器里的温度增加了 $\Delta t_1=2\ ℃$,金属屑冷却了 $\Delta t_2=60\ ℃$。然后他用第二个容器进行实验。他往里面倒入了第一次实验 10 倍的金属屑,容器也装满了。达到热平衡时,容器里的温度的增加量等于金属屑的温度的减少量。求金属屑的比热。如果其密度为 $\rho_{金}=1.72\ \text{g/cm}^3$,水的比热 $c_{水}=4.20\ \text{J/(g·℃)}$。

解　令未知液体的热容量为 C。

第一次:

$$(C+c_{水}\rho_{水}V_{水})\Delta t_1 = c_{金}\rho_{金}V_{金}\ \Delta t_2$$

第二次:

$$(C+c_{水}\rho_{水}V_{水})\Delta t_1' = c_{金}\rho_{金}V_{金}\ \Delta t_2'$$

由题意得

$$\Delta t_1' = \Delta t_2'$$

再考虑到体积关系

$$V_{水} + V_{金} = V_{金}' = 10V_{金}$$

联立得到

$$c_{金} = \frac{9\rho_{水}}{20\rho_{金}}c_{水} = 1.1\ \mathrm{J/(g \cdot ℃)}$$

问题 9－3　苹果时钟

参加计算机展览会后，沃沃奇卡得到了苹果形状的电子时钟作为纪念，可以显示时间到百分之一秒。如图所示，站在下降的扶梯上，他把苹果抛向空中，发现在运动轨迹的最高点时，时钟的示数为 11:32:45:81。与此同时，他的老师玛丽万娜在附近的上升的扶梯上，注意到在最高点时钟的示数为 11:32:45:74。根据这些数据，求扶梯的运行速度。如果已知它们的速度相等，且与水平面夹角 $\alpha = 30°$。忽略空气阻力。设 $g = 10\ \mathrm{m/s^2}$。

图

解　令苹果对地竖直方向的速度为 v_y，扶梯对地速度竖直分量为 v_y'。在下降扶梯上的人看来，苹果竖直方向的速度分量

$$v_{y1} = v_y + v_y'$$

在上升扶梯上的人看来，苹果竖直方向的速度分量

$$v_{y2} = v_y - v_y'$$

则

$$\Delta t = \frac{v_{y1}}{g} - \frac{v_{y2}}{g} = \frac{2v_y'}{g}$$

扶梯的速度

$$v = \frac{v_y'}{\sin 30°}$$

联立代入数据得到

$$v = 0.7\ \mathrm{m/s}$$

问题 9－4　机器人掷球

如图 1 所示，在光滑的水平地面上有两根杆，上面有小环。小环之间的距离为 d，小环所在平面与杆的顶端连线垂直。小机器人沿着地面移动并以固定速度 v_0、与水平面夹角 $\alpha = 45°$投掷小球。速度 v_0满足 $v_0^2 > 4gH$。能够使得小机器人投掷小球穿过两个环的最短非零距离 d 等于多少？小球与地面的碰撞是完全弹性的。如果 $gH \ll v_0^2$，情况会是什么样？

解　如图 2 所示，建立坐标系，A 到 D 水平方向做匀速直线运动，竖直方向做匀变速直线运动，故有

$$x = (v_0\cos\alpha)t$$

$$y = (v_0\sin\alpha)t - \frac{1}{2}gt^2$$

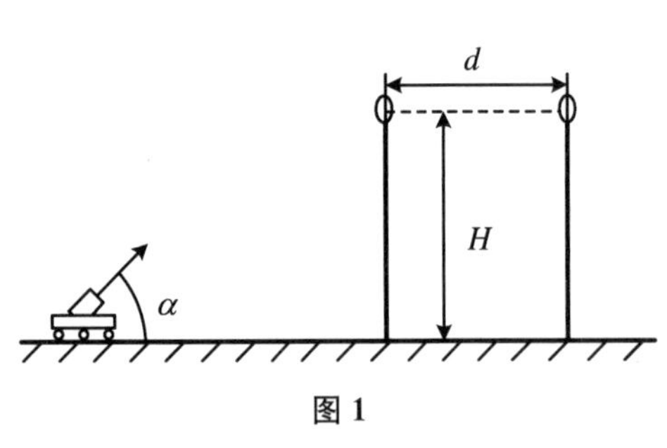

图 1

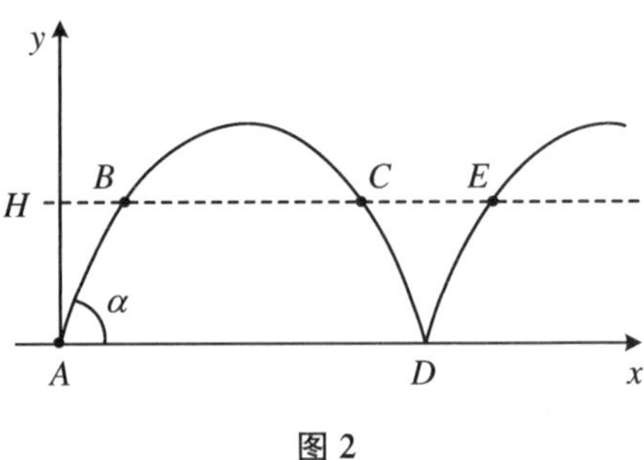

图 2

消去 t 得到轨迹方程

$$y = x\tan\alpha - \frac{gx^2}{2v_0^2\cos^2\alpha} = x - \frac{gx^2}{v_0^2}$$

当 $y = H$ 时,

$$x_{B,C} = \frac{v_0^2}{2g}(1 \mp \sqrt{1-\beta}),\quad \beta = \frac{4gH}{v_0^2} < 1$$

进一步得到

$$BC = x_C - x_B = \frac{v_0^2}{g}\sqrt{1-\beta}$$

$$CE = 2x_B = \frac{v_0^2}{g}(1 - \sqrt{1-\beta})$$

当 $BC > CE$ 时,解得

$$\beta < \frac{3}{4}$$

故当 $\frac{3}{4} < \beta = \frac{4gH}{v_0^2} < 1$ 时,

$$d = BC = \frac{v_0^2}{g}\sqrt{1-\beta}$$

当 $\beta = \frac{4gH}{v_0^2} < \frac{3}{4}$ 时,

$$d = CE = \frac{v_0^2}{g}(1 - \sqrt{1-\beta})$$

当 $gH \ll v_0^2$, $\beta = \frac{4gH}{v_0^2} \ll 1$ 时,

$$d = CE = \frac{v_0^2}{g}(1 - \sqrt{1-\beta}) \approx \frac{\beta v_0^2}{2g} = 2H$$

问题 9 - 5　电压表与电流表

如图所示,电路图中有两个相同的电压表和两个电流表。它们的示数分别为:$U_1 =$

10.0 V，$U_2=5.0$ V，$I_1=50$ mA，$I_2=70$ mA。求电阻 R 的阻值（给出 R 的一般代数式）。

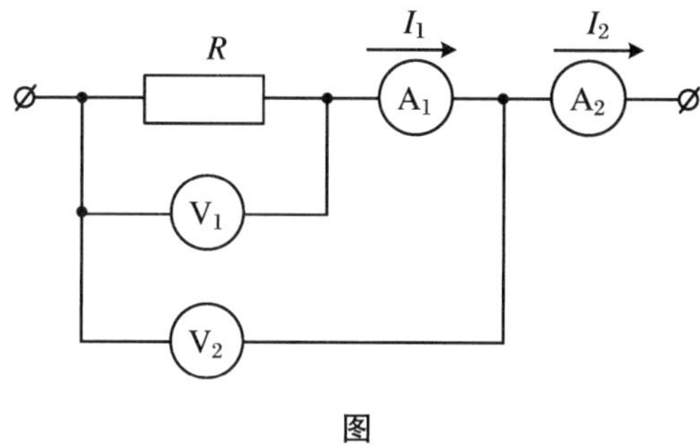

图

解 令 R 上的电流为 I，电压表、电流表 A_1 的内阻分别为 R_V，R_A。由基尔霍夫定律，得

$$U_1 = IR$$

$$U_2 = U_1 + I_1 R_A$$

$$I_1 = I + \frac{U_1}{R_V}$$

$$I_2 = I_1 + \frac{U_2}{R_V}$$

联立解得

$$R = 323\ \Omega$$

十年级

问题 10－1 量杯里的圆柱

木制圆柱的直径为 d，漂浮在内直径为 D 的量杯里。圆柱的底面位于量杯的 $V_{0底}=70$ mL的刻度位置，量杯里的水位位于 $V_{0水}=120$ mL 的刻度位置。如果用细针将圆柱平稳地浸入水中，使得它的轴保持竖直，量杯里的水位 $V_水$ 和圆柱底面的位置 $V_底$ 会变化。实验数据（当然会有些误差，但不超过 1 mL）如表所示。

表

$V_底$(mL)	70	60	50	40	30	20	10	0
$V_水$(mL)	120	127	134	140	147	150	150	150

根据这些数据，求：

(1) 制成圆柱的木头的密度。

(2) 直径之比 D/d。

(3) 浸入木制圆柱之前，量杯里水的体积。

解 (1) 结合表格不难得到当 $V_底=25$ mL 时，$V_水=150$ mL，此时水恰好没过圆柱上端。

自然状态时，圆柱在水中的长度为 $h=50$，圆柱总长度为 $H=150$，由平衡条件得

$$\rho_{木}gSH = \rho_{水}gSh$$

得到

$$\rho_{木} = \frac{h}{H}\rho_{水} = 400\ \text{kg/m}^3$$

（2）由体积约束条件可知

$$\frac{\pi d^2}{4}\Delta h_{底} = \frac{\pi(D^2-d^2)}{4}\Delta h_{水}$$

得到

$$\left(\frac{D}{d}\right)^2 - 1 = \frac{\Delta h_{底}}{\Delta h_{水}}$$

从表中数据可知

$$\frac{\Delta h_{底}}{\Delta h_{水}} \approx \frac{10}{7}$$

进一步得到

$$\frac{D}{d} \approx 1.56$$

（3）结合体积关系可得

$$V = \left[70 + \frac{\pi(D^2-d^2)/4}{\pi D^2/4}\cdot 50\right]\text{mL} \approx 100\ \text{mL}$$

问题 10－2　链式反应

实验员格鲁克决定研究均匀的锁链在下落的过程中对托盘压力的变化情况。为了研究这点，他把锁链的顶端吊起来，使得底端几乎接触到电子秤的托盘，然后将其释放。开始下落时，电子秒表自动开始计时。电子秤的读数 P 和秒表的读数 t 传送到计算机。测量结果（见表）让实验员有些疑惑。

表

t(s)	0.2	0.4	0.6
P(g)	50	200	100

根据这些数据，求锁链的质量 m、长度 L 以及下落时间 t_1。忽略空气阻力，$g=10\ \text{m/s}^2$。

解　在下落过程中，电子秤示数还需考虑由锁链下落所带来的冲力。稳定后，电子秤示数即锁链重力，不难从表中得到，锁链质量为 0.1 kg。

当锁链下落长度为 x 时，满足

$$\frac{1}{2}gt^2 = x$$

由动量定理，微元冲击电子秤的过程满足

$$F = \frac{\Delta m}{\Delta t}v = \frac{\frac{\Delta x}{L}m}{\Delta t}v = \frac{m}{L}v^2$$

电子秤的示数

$$F' = \frac{x}{L}mg + \frac{m}{L}v^2 = \frac{3m}{2L}g^2t^2$$

结合表中数据得到

$$L = 1.2\ \text{m},\quad t \approx 0.49\ \text{s}$$

问题 10－3 气球

半径 $r=12$ cm 的气球膨胀至压强 $p_0=1.2\times10^5$ Pa，气球皮的质量 $M_{皮}=20$ g。将气球浸入深度为 h 的水中。当 h 为多少时，气球开始下沉？

设水的温度 $t=4$ ℃，密度 $\rho=10^3$ kg/m^3 不取决于深度。空气为理想气体。气球皮的体积可以忽略。

解 气球在空气中时满足

$$\frac{m}{\mu}RT = p_0V_0$$

其中

$$V_0 = \frac{4}{3}\pi r^3$$

$$M_{总} = M_{皮} + m$$

临界情况：

$$M_{总}g = \rho gV$$

由于水温不变，故

$$p_0V_0 = (p + \rho gh)V$$

其中 p 为标准大气压。联立解得

$$h = 2973\ \text{m} \approx 3000\ \text{m}$$

注：严格来讲，在分析气球在水下时气体的气压时，还有气球本身带来的附加压强，题中做了近似，而考虑到在近 3000 m 深的水下，水带来的附加压强远远大于大气压，结合题意可知空气中气球附加压强约为 0.2×10^5 Pa，故上述近似是合理的。

问题 10－4 热风扇

如图所示，热风扇的入风口的直径 $D_1=20$ cm，出风口的直径 $D_2=22$ cm。当热风扇里面的加热器保持静止状态工作时，在入风口的速度 $v=1.5$ m/s，在出风口的速度与其相同，但压强不同，$p_1=10^5$ Pa，$p_2=1.05\times10^5$ Pa。求出风口的温度 T_2 和热风扇消耗的功率 P。入风口的温度 $T_1=7$ ℃。

解 分析物质的量为 n 的气体。

加热前：

$$p_1\frac{\pi D_1^2}{4}v\Delta t = nRT_1$$

加热后：

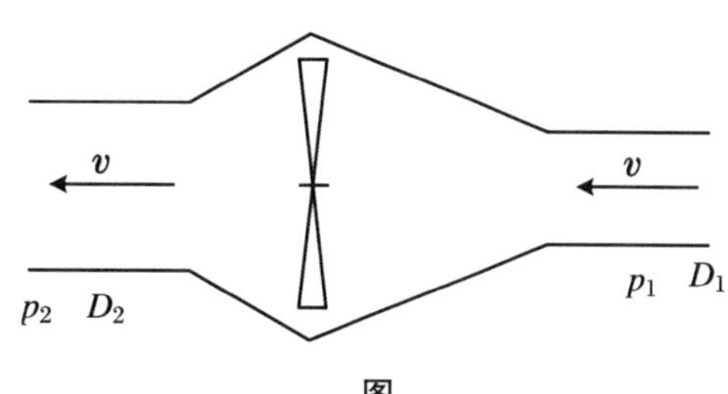

图

$$p_2\frac{\pi D_2^2}{4}v\Delta t = nRT_2$$

解得

$$T_2 = T_1\frac{p_2}{p_1}\frac{D_2^2}{D_1^2} = 356\ \text{K}$$

即出风口的温度为

$$T_2 = 83\ ^\circ\text{C}$$

考虑到 $p_1 \approx p_2$，故可认为是等压膨胀。

由于等压热容为

$$c_p = c_V + R = \frac{7}{2}R$$

因此热风扇消耗的功率为

$$P = \frac{\Delta Q}{\Delta t} = \frac{\frac{7}{2}nR(T_2 - T_1)}{\Delta t} \approx 4.46\ \text{kW}$$

问题 10-5　电路

如图所示，电路图中有电池，六个电阻，阻值分别为 $R_1 = 1\ \text{k}\Omega$，$R_2 = 2\ \text{k}\Omega$，$R_3 = 3\ \text{k}\Omega$，$R_4 = 4\ \text{k}\Omega$，以及三个相同的电流表，内阻 r 很小（$r \ll R_1$）。如果电池的电压为 $U = 3.3\ \text{V}$，求各电流表的读数。

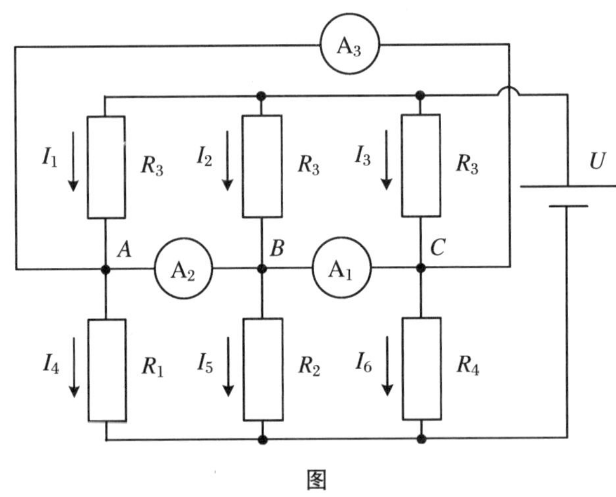

图

解　考虑到 $r \ll R_1$，故可将电流表视作导线。

电路等效为 R_1，R_2，R_4 并联，三个 R_3 并联，两者再并联，所以回路总电阻

$$R_{总} = \frac{R_3}{3} + \left(\frac{1}{R_1} + \frac{1}{R_2} + \frac{1}{R_4}\right)^{-1} = \frac{11}{7}\ \text{k}\Omega$$

干路电流

$$I_0 = \frac{U}{R_{总}} = 2.1\ \text{mA}$$

由对称性，图中

$$I_1 = I_2 = I_3 = 0.7\ \mathrm{mA}$$

又因为 I_4, I_5, I_6 满足

$$I \propto \frac{1}{R}$$

而

$$I_4 + I_5 + I_6 = 2.1\ \mathrm{mA}$$

解得

$$I_6 = 0.3\ \mathrm{mA},\quad I_5 = 0.6\ \mathrm{mA},\quad I_4 = 1.2\ \mathrm{mA}$$

在 $ABCA$ 回路中以逆时针方向为电流正方向，对 A, B, C 三个节点根据基尔霍夫电流定律可得

$$I_{CA} + I_1 = I_4 + I_{AB} \quad (\text{对 } A)$$
$$I_{AB} + I_2 = I_{BC} + I_5 \quad (\text{对 } B)$$
$$I_{BC} + I_3 = I_{CA} + I_6 \quad (\text{对 } C)$$

解得

$$I_{AB} = -0.2\ \mathrm{mA},\quad I_{BC} = -0.1\ \mathrm{mA},\quad I_{CA} = 0.3\ \mathrm{mA}$$

十一年级

问题 11-1　两个滑轮

如图所示，两个轻质滑轮用不可延伸的线连接。在下面的滑轮的边上固定有质点 M，与线连接。重物 m 与线的另一端连接，且 $M>m$。求系统在平衡位置附近进行小幅振动的周期 T。

解　平衡位置满足

$$MgR\cos\alpha_0 = mgR$$

即

$$M\cos\alpha_0 = m$$

从平衡位置拉开小角度 α，以顺时针为正方向，对于下面的滑轮，有

$$MgR\cos(\alpha_0 + \alpha) - TR = (MR^2)\beta$$
$$T - mg = ma$$

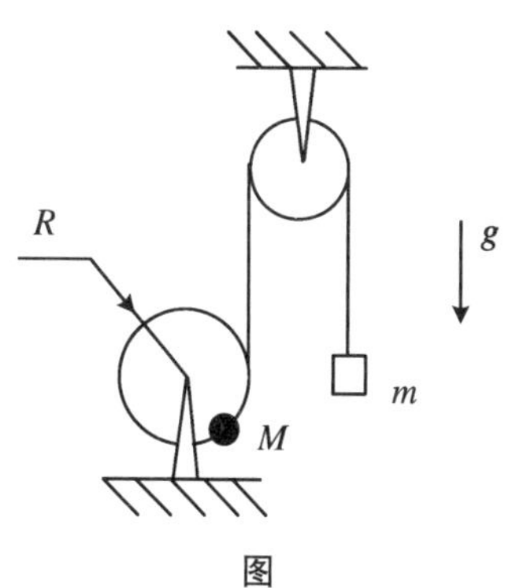

图

考虑到

$$a = R\beta$$

以及

$$\cos(\alpha_0 + \alpha) = \cos\alpha_0\cos\alpha - \sin\alpha_0\sin\alpha \approx \cos\alpha_0 - \sin\alpha_0 \cdot \alpha$$

联立得到

$$-Mg\sin\alpha_0 \cdot \alpha = (MR + mR)\beta$$

其中 $\beta = \ddot{\alpha}$。整理得到

$$\ddot{\alpha} + \frac{Mg\sin\alpha_0}{MR + mR} \cdot \alpha = 0$$

令$\frac{Mg\sin\alpha_0}{MR + mR} = \omega^2$,而 $T = \frac{2\pi}{\omega}$,解得

$$T = 2\pi\sqrt{\frac{R}{g}}\left(\frac{M+m}{M-m}\right)^{\frac{1}{4}}$$

问题 11－2　三角循环

据说人们在开尔文男爵的档案中找到一张 p-V 图像,里面描绘了形如直角三角形 ACB 的循环过程。还知道$\angle C$ 为直角,点 K 为 AB 的中点,在该点处多原子气体(CH_4)的热容量为 0。气体视为理想的。随着时间的流逝,墨水褪色了,只有坐标轴和点 C,K 能看到(见图 1)。使用圆规和没有刻度的直尺还原$\triangle ACB$ 的位置。已知在点 A 处的体积比在点 B 处的小。

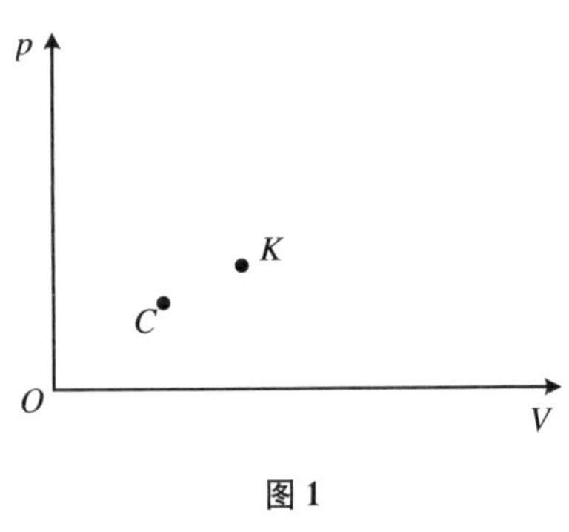

图 1

解　考虑到 K 点处热容量为 0,即 AB 斜率与过 K 点的绝热图线斜率相同。

对于绝热过程,有

$$pV^{\gamma} = C$$

两边对 V 求导得

$$\frac{\mathrm{d}p}{\mathrm{d}V}V^{\gamma} + p\gamma V^{\gamma-1} = 0$$

整理得到

$$\frac{\mathrm{d}p}{\mathrm{d}V} = -\gamma\frac{p}{V}$$

其中

$$\gamma = \frac{c_p}{c_V} = \frac{4R}{3R} = \frac{4}{3}$$

在图中作出 AB 所在直线,再考虑到$\angle C$ 为直角,点 K 为 AB 的中点,即 $AK = BK = CK$,确定 A,B 两点,如图 2 所示。

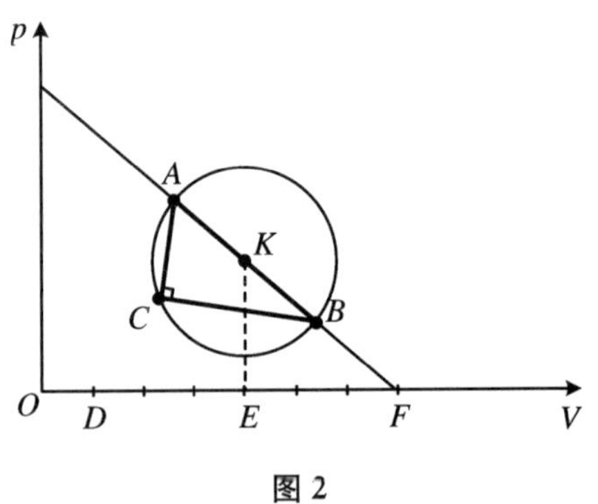

图 2

问题 11－3　翻身

置于粗糙水平面上的竖直圆柱的横截面积为 S,里面有质量为 m 的笨重的活塞。圆柱的上、下都有孔,里面有 ν_0 mol 空气。将孔封闭,将圆柱翻过来。然后将上面的孔打开,等待平衡。之后将孔封闭,再将圆柱翻过来。再将上面的孔打开,等待平衡,如此反复。求圆柱里面空气的量的最大值。反复翻转圆柱之后,圆柱里的空气的量 ν 等于多少?

大气压强为 p_0,温度恒定,活塞与圆柱之间无摩擦。重力加速度为 g。

解　开始时,圆柱内气体满足

$$p_0 S h_0 = \nu_0 RT \quad ①$$

令某次活塞上方空气物质的量为 ν_n,气体高度为 h_n,满足

$$p_0 S h_n = \nu_n RT \quad ②$$

则圆柱翻转后满足

$$(p_0 + \Delta p)S(h_0 - h_{n+1}) = \nu_n RT \quad ③$$

其中

$$\Delta p = \frac{mg}{S} \quad ④$$

由②③得到

$$h_{n+1} = h_0 - \frac{p_0}{p_0 + \Delta p} h_n \quad ⑤$$

试管中总的空气的物质的量

$$\nu = \frac{h_{n+1} + h_n}{h_0}\nu_0 = \left(1 + \frac{\Delta p}{p_0 + \Delta p} \cdot \frac{h_n}{h_0}\right)\nu_0 \quad ⑥$$

显然 $(h_n)_{\max} = h_0$,即

$$\nu_{\max} = \left(\frac{p_0 + 2\Delta p}{p_0 + \Delta p}\right)\nu_0$$

无穷多次之后,系统趋于稳定,则

$$h_{n+1} = h_n$$

由⑤得到

$$h_\infty = \left(\frac{p_0 + \Delta p}{2p_0 + \Delta p}\right)h_0$$

再由⑥得到

$$\nu_\infty = \frac{2p_0 + 2\Delta p}{2p_0 + \Delta p} \cdot \nu_0$$

问题 11-4 肖特基势垒

可以认为在室温下,N 型半导体(具有电子导电性)的施主杂质的所有原子都发生电离(各提供 1 个电子)。这些原子的电子为自由载流子(多数载流子),且电离的施主在晶格的位置“固定”。如图 1 所示,当金属与这样的半导体的表面接触时,半导体与金属接触的部分厚度为 D 的多数载流子全部进入金属里面,在接触处下方的空间内,电离的施主形成一定体积的带电区域(肖特基势垒)。在接触金属和一定体积的半导体之间形成接触电势差 U_k。

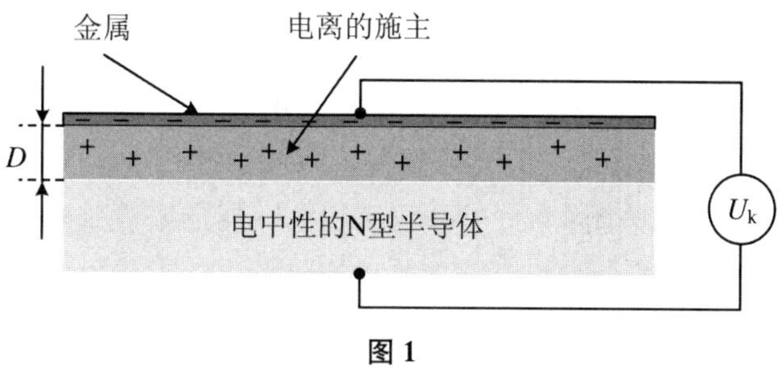

图 1

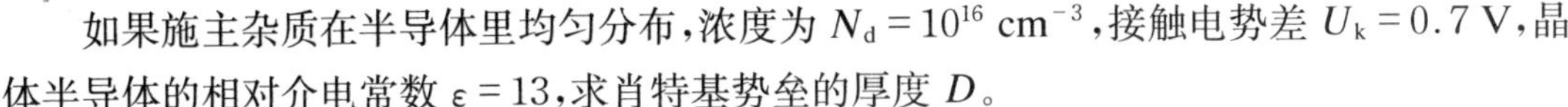

如果施主杂质在半导体里均匀分布，浓度为 $N_d = 10^{16}\ \text{cm}^{-3}$，接触电势差 $U_k = 0.7\ \text{V}$，晶体半导体的相对介电常数 $\varepsilon = 13$，求肖特基势垒的厚度 D。

电子电量 $e = 1.6\times10^{-19}\ \text{C}$，真空介电常数 $\varepsilon_0 = 8.85\times10^{-12}\ \text{F/m}$。

解 如图 2 所示建立坐标系，取图中的高斯面，由电介质高斯定理，有

$$\oiint \varepsilon\varepsilon_0 \boldsymbol{E}\cdot \mathrm{d}\boldsymbol{S} = -\left(q - \frac{x}{D}q\right)$$

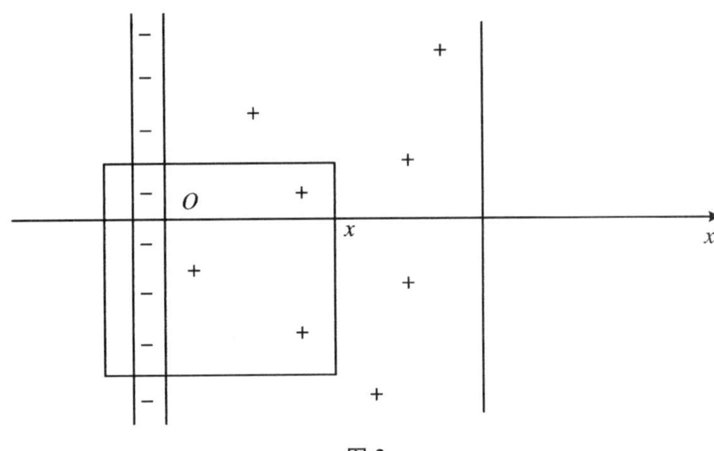

图 2

其中

$$q = SDN_d e$$

解得

$$E(x) = -\frac{\sigma}{\varepsilon\varepsilon_0}\left(1 - \frac{x}{D}\right)$$

其中

$$\sigma = \frac{q}{S} = DN_d e$$

结合题意可得

$$U_k = \int_0^D |E(x)|\,\mathrm{d}x = \frac{\sigma D}{2\varepsilon\varepsilon_0} = \frac{eD^2 N_d}{2\varepsilon\varepsilon_0}$$

代入数据解得

$$D = 0.32\ \text{mm}$$

问题 11－5　带开关的电路

如图 1 所示，电路图里有电容为 $C = 125\ \mu\text{F}$ 的电容器，未知电阻 R，以及电动势 $\varepsilon = 70\ \text{V}$、内阻 $r = R/2$ 的直流电源。一开始，电容器不带电，电路中没有电流。闭合开关 K，过一段时间再断开。已知在开关闭合的一瞬间，流过电容器的电流强度等于在开关即将断开的一瞬间的 2 倍。求断开开关 K 后，电路中放出的热量。

解 如图 2 所示，由基尔霍夫定律得

$$\varepsilon = (I_C + I_R)r + I_R R$$

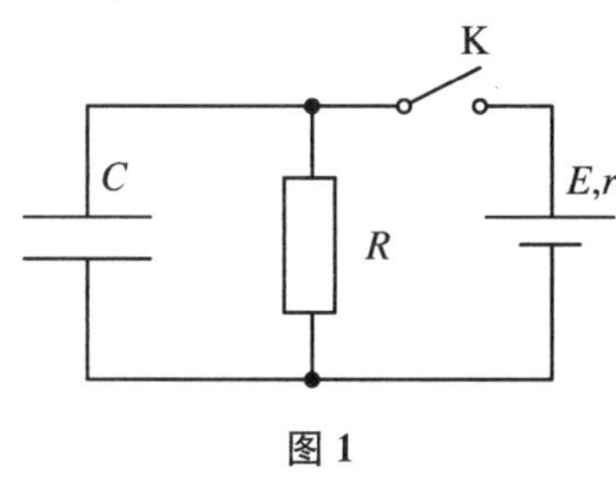

图 1

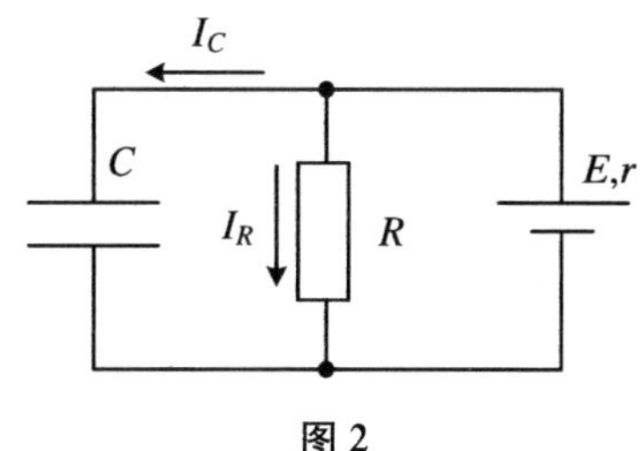

图 2

其中 $r=R/2$。整理得到

$$\varepsilon = I_C\frac{R}{2} + \frac{3}{2}I_R R$$

因为 $U_C = I_R R$，所以

$$I_C = \frac{2}{R}\left(\varepsilon - \frac{3}{2}U_C\right)$$

刚开始时，$U_C=0$，I_C 减半，即

$$\varepsilon - \frac{3}{2}U = \frac{\varepsilon}{2}$$

解得

$$U = \frac{\varepsilon}{3}$$

所以断开开关后，电路中放出的热量为

$$Q = \frac{CU^2}{2} = 0.03\ \mathrm{J}$$

2014 年全俄物理奥林匹克区域赛(理论部分)

九年级

问题 9－1 危险的想法

如图 1 所示,质量为 m 的木板有七分之三的长度悬空。木板七分之一的长度 $L=1\ \text{m}$。在木板的悬空端用不计质量的滑轮和线挂一质量为 $4m$ 的用于平衡的重物。质量为 $3m$ 的人可以站在距离悬崖边多远的位置,使得木板保持水平?

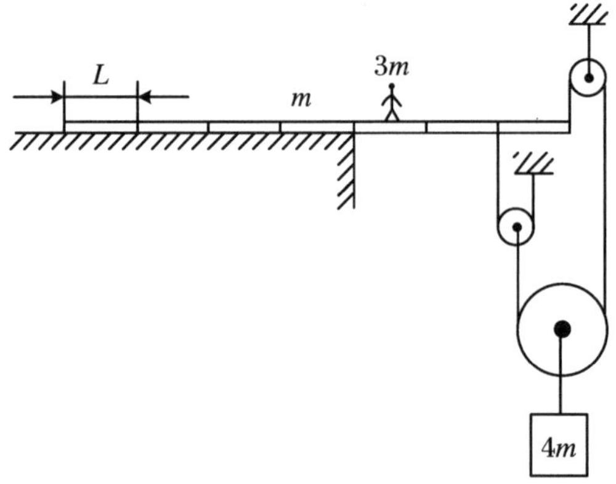

图 1

解 系统受力如图 2 所示,临界情况下,以悬崖边缘为参考点力矩平衡,有

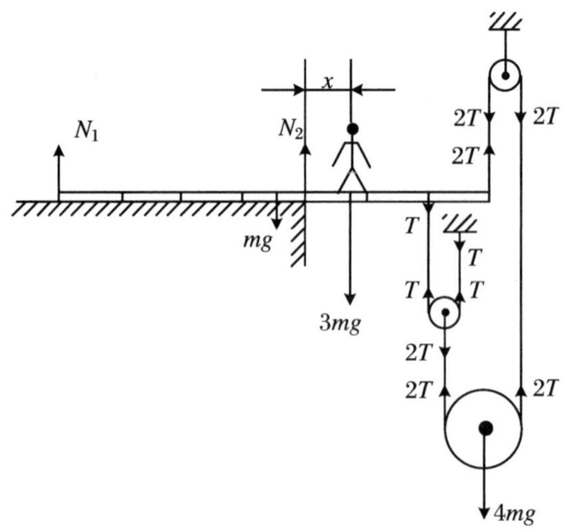

图 2

$$mg\frac{L}{2}+2T\cdot 3L=3mgx+T\cdot 2L$$

解得

$$x=\frac{3}{2}L=1.5\ \text{m}$$

问题 9-2　来回往返

在图 1 所示的系统中,外力 F_1 与 F_2 的方向已标出,力的大小与时间的关系分别如图 2 和图 3 所示。木块的质量 $m=1$ kg,木块与水平面之间的摩擦系数 $\mu=0.4$,重力加速度 $g=10\ \text{m/s}^2$。轻质细线不可延展且足够长。不计滑轮质量。如果木块一开始时静止,10 s 内会移动多长的距离?

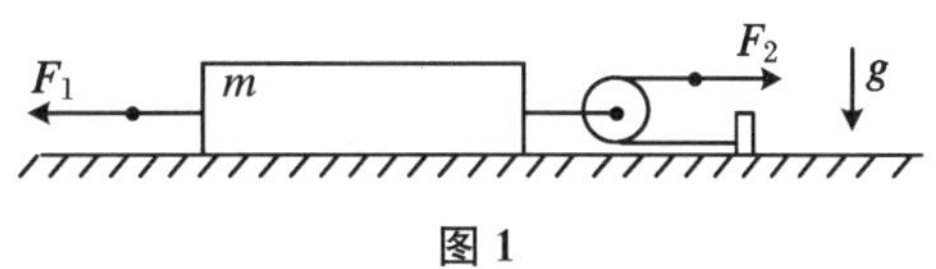

图 1

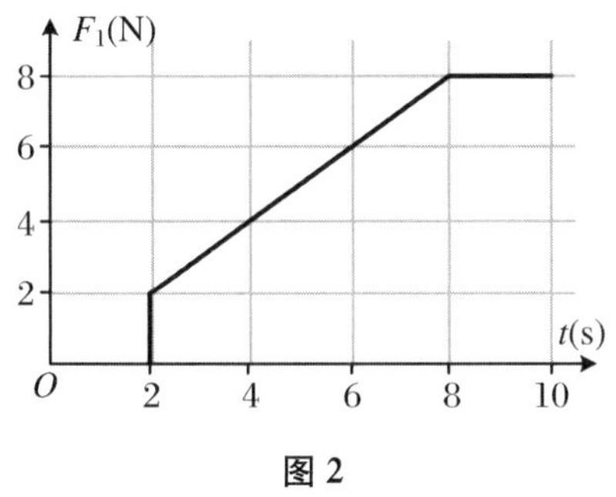

图 2

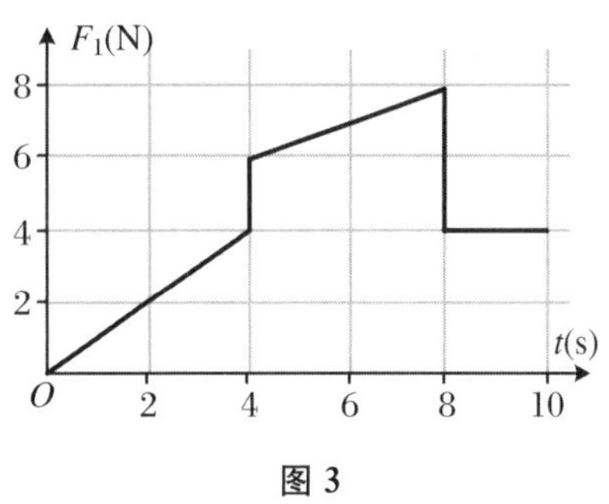

图 3

解　结合题意分别作出 $F\text{-}t$, $a\text{-}t$, $v\text{-}t$ 图像,如图 4～图 6 所示。从 $v\text{-}t$ 图中得到 $x=56$ m。

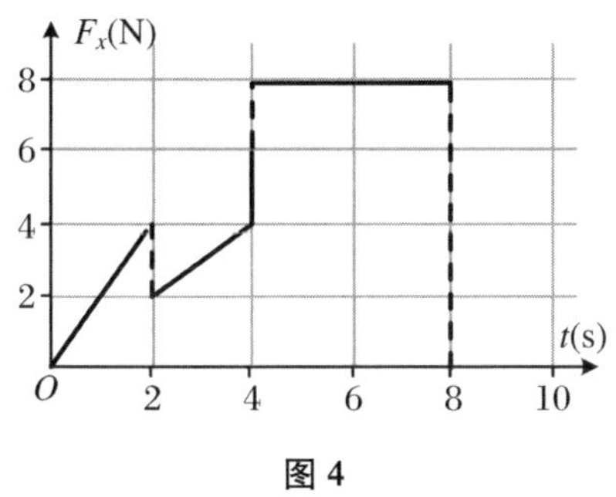

图 4

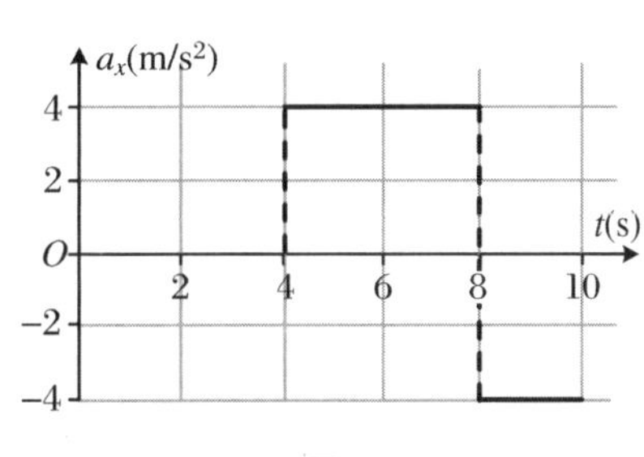

图 5

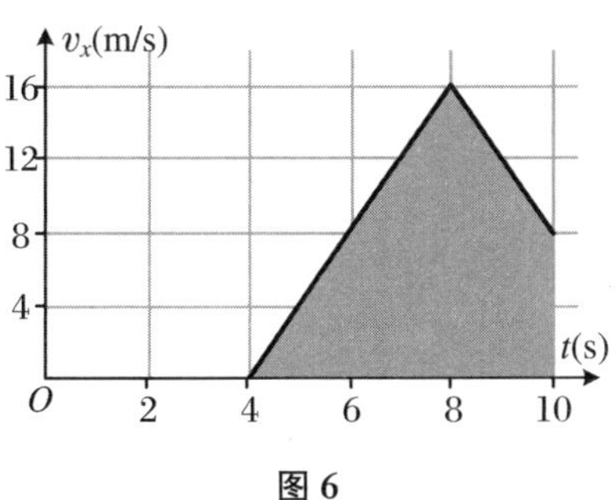

图 6

问题 9－3　两个零件

将隔热容器中装满温度为 $t_0=19$ ℃的水。将一块密度为 $\rho_1=2700$ kg/m^3、加热到温度 $t_{件}=99$ ℃的金属零件快速且小心地放入容器中，并将盖子盖上。达到热平衡时，容器里水的温度为 $t_x=32.2$ ℃。再将同一个容器装满温度为 $t_0=19$ ℃的水，将两个相同的零件都加热到 $t_{件}=99$ ℃，快速且小心地放入容器中，并将盖子盖上。这种情况下，达到热平衡时，容器里水的温度为 $t_y=48.8$ ℃。零件所使用的金属的比热 c_1 等于多少？

水的密度 $\rho_0=1000$ kg/m^3，水的比热 $c_0=4200$ J/(kg・℃)。

解　令容器的容积为 V_0，铁块的体积为 V_1。

第一次热平衡：

$$c_1\rho_1V_1(t_{件}-t_x)=c_0\rho_0(V_0-V_1)(t_x-t_0)$$

第二次热平衡：

$$2c_1\rho_1V_1(t_{件}-t_y)=c_0\rho_0(V_0-2V_1)(t_y-t_0)$$

解得

$$c_1=920\ \text{J/(kg・℃)}$$

问题 9－4　等价电路

图 1 为可调节直流电源的电路图。理想电池提供恒定电压 U_0，防短路电阻为 r。输出电压由电阻 R 调节。将其接入阻值为 $R_{载}$的负载电阻的接线端 A 和 B。

为了简化计算负载电阻 $R_{载}$上的电流强度，习惯用与可调节电源电路等价的电路代替(图 2)，它与图 1 的电源提供的电流相等。用参数 U_0，R，r 来表示 U_1 和 r_1。

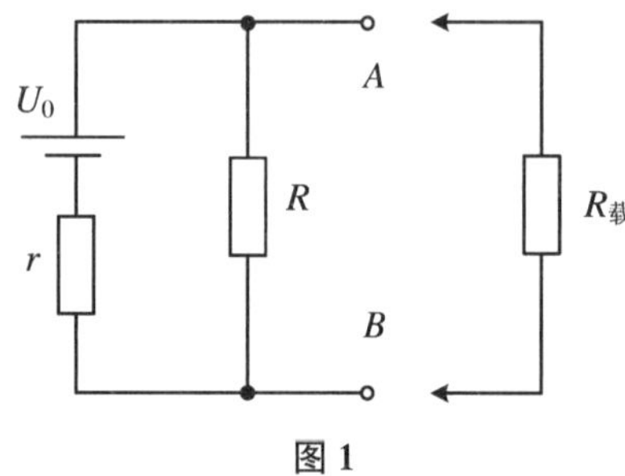

图 1

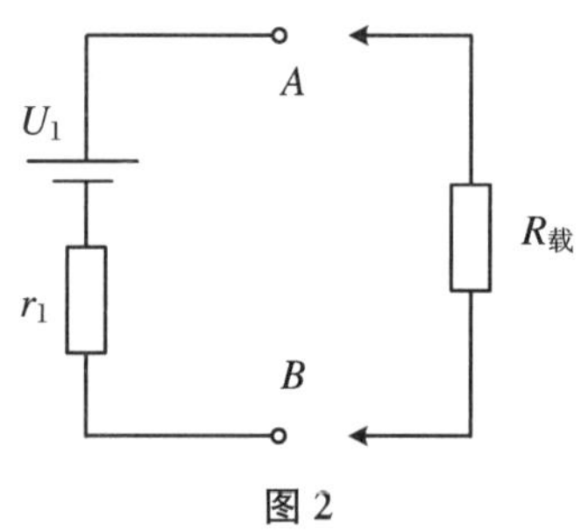

图 2

解　由戴维南定理分析等效电动势及等效内阻。先分析等效电动势：

因为电动势大小等于 $R_{载}\to\infty$ 时的开路电压，所以有

$$U_1=\frac{R}{R+r}U_0$$

再分析等效内阻：因为外电路短路时即 $R_{载}=0$，$r_1=\dfrac{U_1}{I_{短}}$，所以有

$$I_{短}=\frac{U_0}{r}$$

解得

$$r_1 = \frac{Rr}{R + r}$$

问题 9－5　水与汞

如图所示，细的U形管横截面积恒定，里面水与汞的体积相等。管的横段长度为 $l = 40$ cm。将管绕着有水的一段旋转，结果管两侧的液面相平，均为 $h = 25$ cm。不考虑浸润效果，求管旋转的周期 T。

参考数据：重力加速度 $g = 9.8$ m/s^2，水的密度 $\rho_{水} = 1.0$ g/cm^3，汞的密度 $\rho_{汞} = 13.5$ g/cm^3。

图

解　在U形管横段转动中心处有

$$p_1 = p_0 + \rho_{水}gh$$

在U形管横段最外侧有

$$p_2 = p_0 + \rho_{汞}gh$$

在U形管横段中取长为 Δx 的微元分析，其距中心为 x，则

$$\Delta pS = \Delta m x\omega^2$$

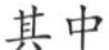

其中

$$\Delta m = S\Delta x\rho$$

得到

$$\Delta p = \rho x\omega^2\Delta x$$

进一步得到

$$p_2 - p_1 = \int_0^{\frac{l}{2}} \rho_{水}x\omega^2 \mathrm{d}x + \int_{\frac{l}{2}}^{l} \rho_{汞}x\omega^2 \mathrm{d}x$$

再考虑到

$$T = \frac{2\pi}{\omega}$$

联立代入数据解得

$$T \approx 1\ \mathrm{s}$$

十年级

问题 10－1　三个滑轮

如图1所示，在两个轻质动滑轮上悬挂上两个重物，质量分别为 m_1 和 m_2。用轻质不可延长的线穿过滑轮，挂有重物 m_1 的滑轮上的线与水平方向夹角为 α。让重物处于平衡状态。求当释放的时刻重物的加速度。

滑轮的半径 $r \ll L$。

解　以 m_2 下落方向为正，对两物体用牛顿第二定律可得

$$2T\sin\alpha - m_1 g = m_1 a_1 \quad (对\ m_1) \qquad ①$$

$$m_2 g - 2T = m_2 a_2 \quad (对\ m_2)$$ ②

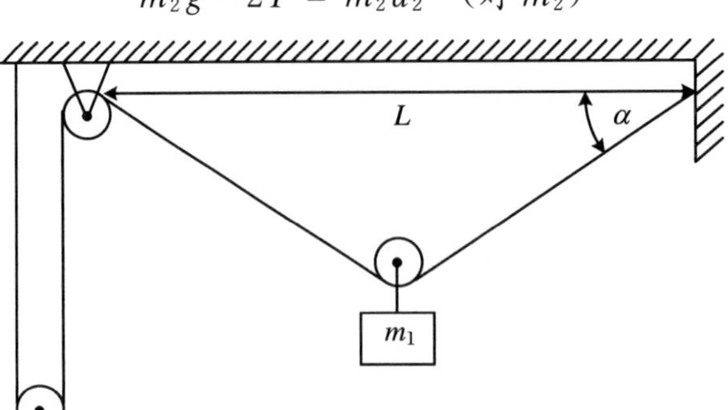

图 1

令左、右动滑轮与定滑轮间绳长分别为 l_2,l_1,由几何约束可知

$$l_1 + l_2 = 定长$$

两边对时间求二阶导数,得

$$\frac{\mathrm{d}^2 l_1}{\mathrm{d}t^2} = -\frac{\mathrm{d}^2 l_2}{\mathrm{d}t^2}$$ ③

显然

$$a_2 = \frac{\mathrm{d}^2 l_2}{\mathrm{d}t^2}$$ ④

右边动滑轮对定滑轮法向加速度

$$a_1 \sin\alpha = -\frac{\mathrm{d}^2 l_1}{\mathrm{d}t^2} + \frac{v_\tau^2}{l_1}$$ ⑤

其中 $v_\tau = 0$。

由③~⑤解得

$$a_1 \sin\alpha = a_2$$

进一步由①②⑥解得

$$a_1 = \frac{m_2 \sin\alpha - m_1}{m_1 + m_2 \sin^2\alpha} g$$

$$a_2 = \frac{(m_2 \sin\alpha - m_1)\sin\alpha}{m_1 + m_2 \sin^2\alpha} g$$

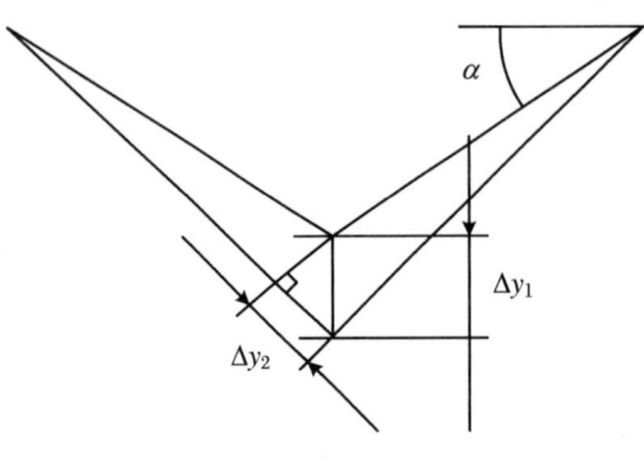

图 2

注意:当物体速度不为 0 时,两物体加速度的关系为

$$a_1 \sin\alpha = a_2 + \frac{v_\tau^2}{l_1}$$

其中 v_τ 为右边动滑轮对定滑轮的切向速度。

两者的加速度关系还可基于微元法分析,在重物释放后极短时间内,两物体位移关系如图 2 所示,即

$$\Delta y_2 = \Delta y_1 \sin \alpha$$

再将该式两边对时间求二阶导数，得到 $a_2 = a_1 \sin \alpha$。

问题 10-2　可变摩擦

如图 1 所示，一小块重物沿着斜面无初速下滑。已知重物与平面之间的摩擦系数满足规则 $\mu(x) = \alpha x$，其中 x 为重物在斜面上与初始位置的距离。下落的竖直高度为 H 后，重物停止。求重物运动过程中的最大速度。

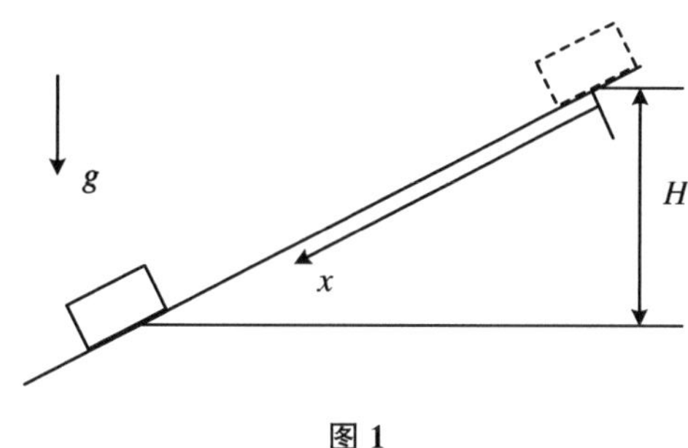

图 1

解　（法 1）摩擦力做功

$$W_f(x) = \int_0^x \mu mg\cos\varphi \mathrm{d}x = \int_0^x \alpha x mg\cos\varphi \mathrm{d}x = \frac{1}{2}\alpha x^2 mg\cos\varphi$$

由题意得

$$mgH = W_f(x_{\mathrm{m}})$$

其中

$$\sin\varphi = \frac{H}{x_{\mathrm{m}}}$$

当速度最大时，有

$$mg\sin\varphi - \alpha x_0 mg\cos\varphi = 0$$

$$\frac{1}{2}mv_{\mathrm{m}}^2 = mgx_0\sin\varphi - W_f(x_0)$$

联立解得

$$v_{\mathrm{m}} = \sqrt{\frac{gH}{2}}$$

（法 2）注意到下滑过程

$$F_{合} = mg\sin\varphi - \alpha x_0 mg\cos\varphi$$

$F_{合}$-x 图像如图 2 所示，考虑到 $F_{合}$-x 图像与坐标轴所围成面积即为 $F_{合}$ 所做的功，从图中易知当 $x = L/2$ 时，速度最大。从图中得到

$$W_{合} = \frac{1}{2}mg \cdot \frac{L}{2} = \frac{1}{2}mv_{\mathrm{m}}^2$$

同样解得

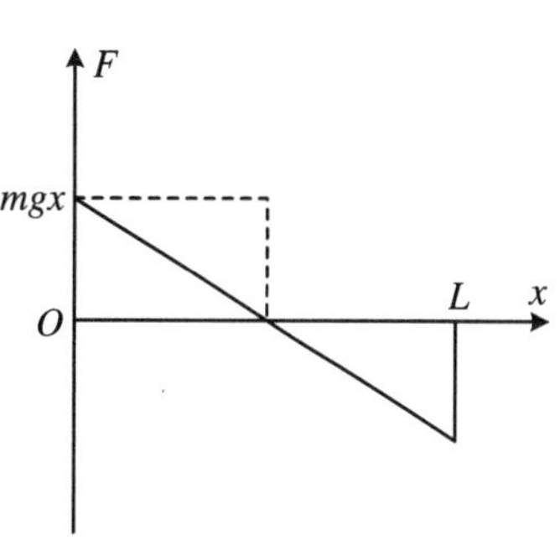

图 2

$$v_m = \sqrt{\frac{gH}{2}}$$

问题 10－3　循环做功

热机的工质为理想稀有气体。循环过程包括等压膨胀 1→2、绝热膨胀 2→3 和恒温压缩 3→1。在恒温压缩过程中，气体做功的绝对值为 $W_{3\to1}$。如果循环的能量转换效率 $\eta \leqslant 40\%$，在绝热过程中气体做功 $W_{2\to3}$ 可能等于什么？

解　能量转换效率定义：

$$\eta = \frac{W}{Q_{1\to2}} \quad ①$$

其中

$$W = W_{1\to2} + W_{2\to3} + W_{3\to1} \quad ②$$

考虑 1→2 过程，由热力学第一定律，有

$$\Delta U_{1\to2} = Q_{1\to2} - W_{1\to2}$$

其中

$$\Delta U_{1\to2} = \frac{3}{2} nR\Delta T_{1\to2}$$

$$W_{1\to2} = p\Delta V = nR\Delta T_{1\to2}$$

进一步得到

$$Q_{1\to2} = \frac{5}{2} W_{1\to2} \quad ③$$

$$\Delta U_{1\to2} = \frac{3}{2} W_{1\to2} \quad ④$$

再考虑到全过程内能不变，有

$$\Delta U_{1\to2} + \Delta U_{2\to3} + \Delta U_{3\to1} = 0$$

其中

$$\Delta U_{3\to1} = 0, \quad \Delta U_{2\to3} = -W_{2\to3}$$

即

$$\Delta U_{1\to2} = W_{2\to3} \quad ⑤$$

由①～⑤解得

$$W_{2\to3} = \frac{3W_{1\to3}}{5(1-\eta)}$$

由于 $0 < \eta \leqslant 0.4$，得到

$$\frac{3W_{1\to3}}{5} < W_{2\to3} \leqslant W_{1\to3}$$

问题 10－4　黑匣子

理论家巴格想要让实验员格鲁克找出有两个接线端的黑匣子里面的电路。匣子里有两个相同的二极管和两个不同的电阻。图 1 为黑匣子的伏安特性，图 2 为二极管的伏安特性。

请还原黑匣子中的电路图，并求出每个电阻的阻值。

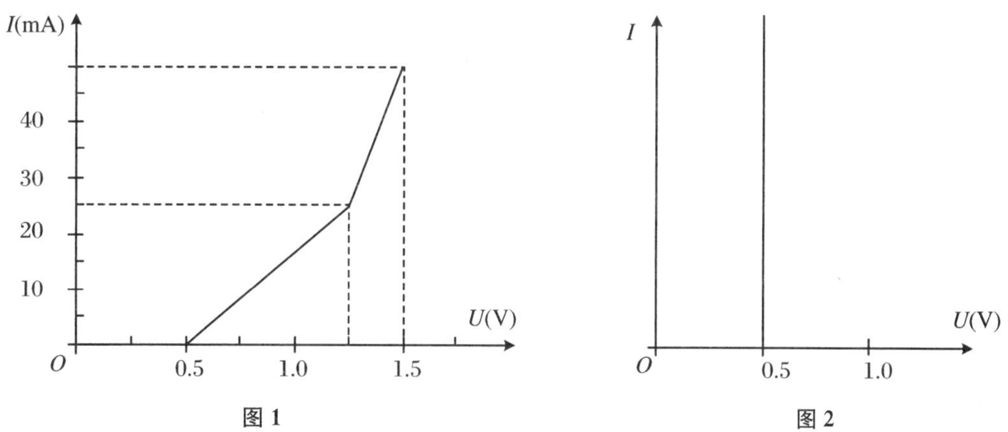

图 1　　　　图 2

解　由图 1 可知，电压在 0.5～1.25 V 时，接入电阻为 30 Ω，电压大于 1.25 V 时，接入电阻为 10 Ω，由此可判定：

当 $U<0.5$ V 时，两二极管均不导通；当 $0.5\ \text{V}\leqslant U<1.25$ V 时，有一只二极管导通；当 $U>1.25$ V 时，有两只二极管导通。

据此可判断，四个元件不可能全部串联，亦不可能全部并联，故为混联。

又考虑到两二极管均导通瞬间，临界电压

$$1.25\ \text{V} > 2\times 0.5\ \text{V}$$

故此时两二极管之间串联有电阻，起到分压作用。又考虑到 $U<1.25$ V 接入电阻大，$U>1.25$ V 接入电阻小，综合分析得到其内部结构及电阻阻值如图 3 所示。

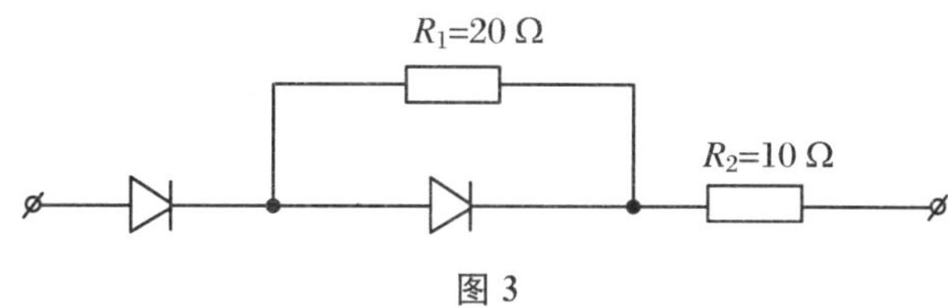

图 3

问题 10－5　两根弹簧

如图所示，两根相同的轻质弹簧用线 AB 连接，下面挂有质量为 m 的重物。每根弹簧的劲度系数为 k。在两根弹簧的线圈中再连接两根线：一根连接天花板与下面的弹簧的上端 B，一根连接重物和上面的弹簧的下端 A。这两根线不松弛，也不绷紧。切断线 AB。过一段时间，系统达到新的平衡状态。求系统势能的变化量。

解　由分析可知，剪断线 AB 前，两弹簧串联。剪断线 AB 后，两弹簧并联。故剪断线 AB 前，每根弹簧的伸长量

$$\Delta x = \frac{mg}{k}$$

弹性势能

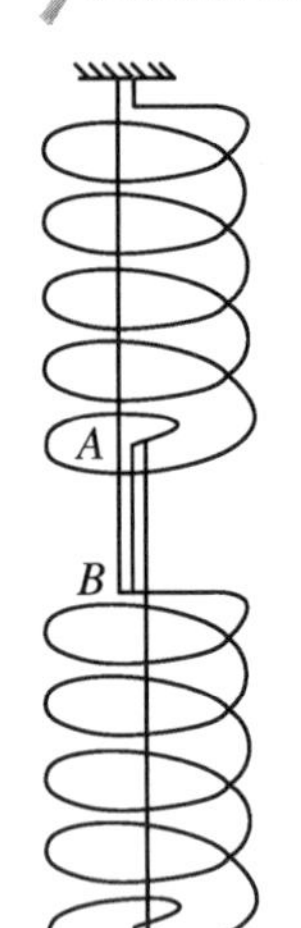

图

$$E_{p1} = 2 \times \frac{1}{2} k \Delta x^2 = \frac{(mg)^2}{k}$$

剪断线 AB 后，每根弹簧的伸长量

$$\Delta x' = \frac{mg}{2k}$$

弹性势能

$$E_{p2} = 2 \times \frac{1}{2} k \Delta x'^2 = \frac{(mg)^2}{4k}$$

故弹性势能改变

$$\Delta E_p = -\frac{3(mg)^2}{4k}$$

重物重力势能改变

$$\Delta E'_p = mg(\Delta x - \Delta x') = \frac{(mg)^2}{2k}$$

故势能变化

$$\Delta E_p + \Delta E'_p = -\frac{(mg)^2}{4k}$$

损失的势能在长时间的阻尼振动中转化为内能。

十一年级

问题 11-1　沙柱

理论家巴格在海岸边行走时，看到了一个人在那里用沙子堆建城堡（见图）。他决定求出用湿沙子最高可以堆成多高的柱体。在莱昂哈德·欧拉的一篇文章中，他发现用均匀、各向同性的材料制作的柱体的最大高度可以用下面的公式计算：$H = 1.25E^{\alpha}R^{\beta}\rho^{\gamma}g^{\lambda}$，其中 α，β，γ，λ 为常数，R 为柱体的半径，ρ 为材料的密度，g 为重力加速度，E 为杨氏模量。巴格通过计算得知，如果用湿沙子堆成柱体，当半径 $R_1 = 5$ cm 时，柱体的高度为 $H_1 = 1.0$ m。巴格的朋友想要堆建更加“结实”的柱体，它的底面半径 $R_2 = 15$ cm。那么，巴格的朋友可以堆建到多高？

图

参考数据：湿沙子的密度 $\rho = 1.5 \times 10^3$ kg/m^3，其杨氏模量 $E = 3.0 \times 10^6$ Pa，重力加速度 $g = 9.8$ m/s^2。

注：杨氏模量是用样本作用于水平面的压强与相对压缩量之比。

解　观察

$$H = 1.25E^{\alpha}R^{\beta}\rho^{\gamma}g^{\lambda}$$

进行量纲分析：

$$L = M^{\alpha}L^{-\alpha}T^{-2\alpha}L^{\beta}M^{\gamma}L^{-3\gamma}L^{\lambda}T^{-2\lambda} = M^{\alpha+\gamma}L^{\lambda-\alpha-3\gamma+\beta}T^{-2(\alpha+\lambda)}$$

对比得到

$$\alpha+\gamma=0$$
$$\alpha+\lambda=0$$
$$\lambda-\alpha-3\gamma+\beta=1$$

解得

$$\alpha=-\gamma=-\lambda,\quad \alpha+\beta=1$$

即

$$H=1.25\left(\frac{E}{\rho g}\right)^{\alpha}R^{1-\alpha}$$

代入数据解得

$$\alpha\approx\frac{1}{3}$$

进一步得到

$$H\propto R^{\frac{2}{3}}$$

得到

$$H_2=\left(\frac{R_2}{R_1}\right)^{\frac{2}{3}}H_1\approx 2.08\ \text{m}$$

问题 11 - 2　爬行的弹簧

如图1所示，在光滑水平的半平面边界附近有两个相同的重物，用一根未伸长的轻质弹簧连接，其长度为 l_0，劲度系数为 k。距离边界较近的重物上通过不可延展的线穿过轻质滑轮，连在另一个具有相同质量 m 的重物上，使得滑轮到后者的线是竖直的。释放下面的重物。求使得弹簧的伸长量 Δl 达到最大值的最短时间 t。求这个伸长量。

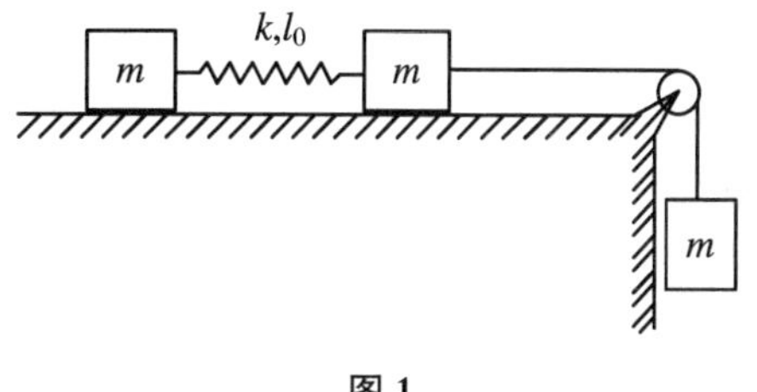

图1

解　对弹簧右侧两物体进行分析，如图2所示。

$$F_3-F_2=ma_2$$
$$mg-F_4=ma_3$$

考虑到

$$F_3=F_4,\quad a_2=a_3=a$$

图2

得到

$$mg - F_2 = 2ma$$

对比图中的过程，会发现其动力学方程形式并无区别，故可将原过程进行简化，进一步利用质心运动定理

$$F = 3ma_C$$

得

$$a_C = \frac{g}{3}$$

质心处于距右侧物块$\frac{1}{3}l_0$处。

如图3所示，在质心系下观察，两物体惯性力

$$F_{惯1} = ma_C = \frac{1}{3}mg$$

$$F_{惯2} = 2ma_C = \frac{2}{3}mg$$

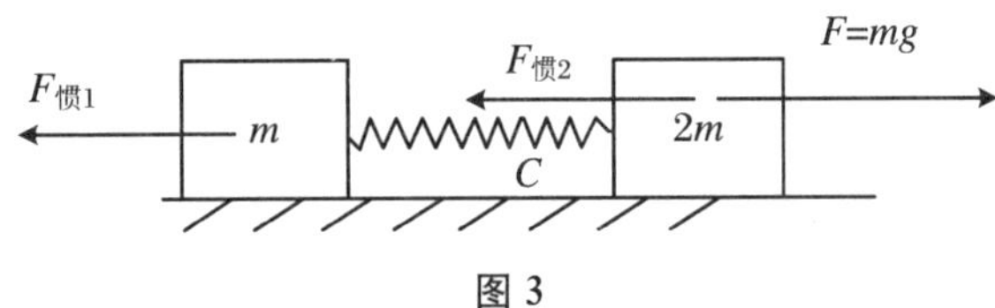

图 3

质心左侧部分弹簧

$$k_1 = \frac{3}{2}k$$

质心右侧部分弹簧

$$k_2 = 3k$$

进一步得到，在质心系下

$$F_{合1} = \frac{1}{3}mg \quad (水平向左)$$

$$F_{合2} = \frac{1}{3}mg \quad (水平向右)$$

不难得到质心系下两物体均做简谐运动，周期满足

$$T_1 = 2\pi\sqrt{\frac{m}{\frac{3}{2}k}} = T_2 = 2\pi\sqrt{\frac{2m}{3k}}$$

故当两物体间距最大时

$$t = \frac{T}{2} = \pi\sqrt{\frac{2m}{3k}}$$

进一步得到，两者振幅分别为

$$A_1 = \frac{\frac{1}{3}mg}{\frac{3}{2}k} = \frac{2mg}{9k}$$

$$A_2 = \frac{\frac{1}{3}mg}{3k} = \frac{mg}{9k}$$

两物体距离最大时

$$\Delta l = 2(A_1 + A_2) = \frac{2mg}{3k}$$

问题 11－3　冷凝塔

在工业厂房中经常使用冷凝塔来冷却大体积的水。如图 1 所示，考虑理想的冷凝塔，它是直径 $D = 15$ m 的宽大的圆柱体，从某个高度 H 从喷嘴 1 喷射温度为 $T_1 = 50$ ℃的热水。当水降落时，冷却到温度 $T_2 = 28$ ℃。在底部使用风扇向上吹风，风速为 $u = 2.0$ m/s，温度为 $T_0 = 29$ ℃。假设路径上气体的温度保持不变，在入口处的湿度为 $\varphi = 40\%$，出口处的湿度为 $\varphi_1 = 100\%$。冷凝塔的效率 q 等于多少，也就是说每小时可以冷凝多少吨水？（可认为水蒸发部分的质量远小于进水质量）

关于水的参考数据：比热 $c = 4.2 \times 10^3$ J/(kg·℃)，汽化热 $L = 2.3 \times 10^6$ J/kg，饱和蒸汽压与温度的关系见图 2。

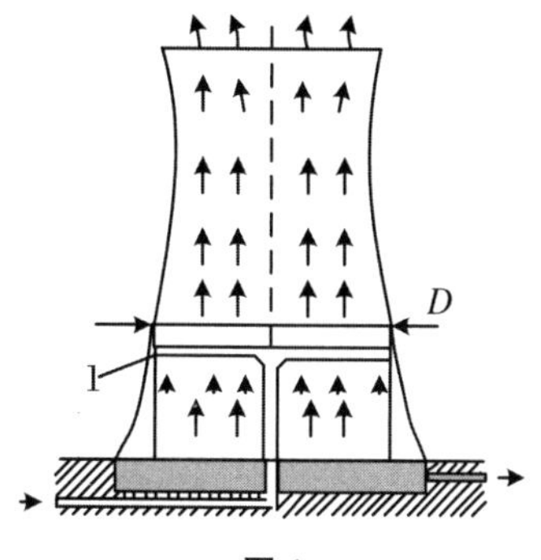

图 1

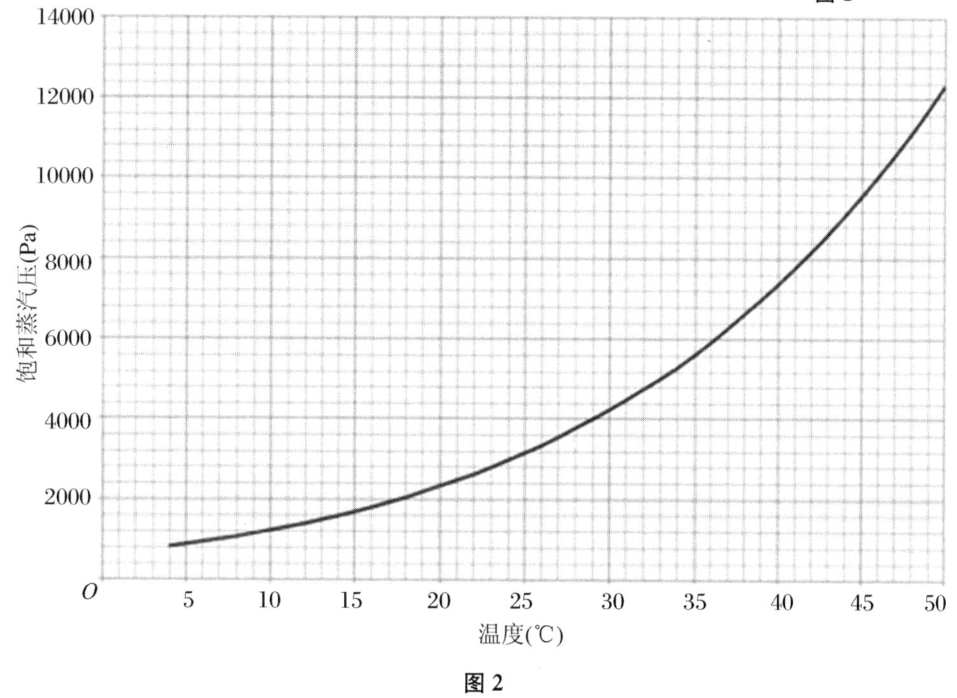

图 2

解　考虑到气体温度不变，故认为水的冷却靠的是蒸发吸热。由能量守恒，在时间 Δt 内，有

$$\Delta mL = c\Delta M(T_1 - T_2)$$

其中 Δm 为汽化质量，ΔM 为冷凝水质量。考虑进管空气中的水蒸气

$$\varphi p_0 = \frac{\rho_1}{\mu}RT_0$$

其中，p_0 为 $T_0=29$ ℃时的饱和蒸气压，可由图2得到，μ 为水的摩尔质量，ρ_1 为进水处水蒸气密度：

$$\rho_1 = \frac{\Delta m_{进}}{\Delta V_{进}},\quad \Delta V_{进} = \frac{\pi D^2}{4}u\Delta t$$

同理，出管空气中的水蒸气

$$p_0 = \frac{\rho_2}{\mu}RT_0$$

ρ_2 为进水处水蒸气密度：

$$\rho_2 = \frac{\Delta m_{出}}{\Delta V_{出}},\quad \Delta V_{出} = \frac{\pi D^2}{4}u\Delta t$$

考虑到进出水蒸气的增量即为蒸发部分的质量，即

$$\Delta m = \Delta m_{出} - \Delta m_{进}$$

联立解得

$$q = \frac{\Delta M}{\Delta t} = \frac{\pi D^2 u\mu p_0(1-\varphi)L}{4RT_0c(T_1-T_2)} \approx 150\ \text{kg/s} = 540\ \text{t/h}$$

问题 11－4　电容器组

如图1所示，电路图中标注了各元件的数据。一开始，开关K是断开的。

(1) 已知接入电路前电容器均不带电。求电容器 C 上的电压。

(2) 求当开关闭合的一瞬间，流过电阻 $3R$ 的电流强度。

(3) 当电路中的瞬态响应过程结束后，求电容器 C 上的电压。

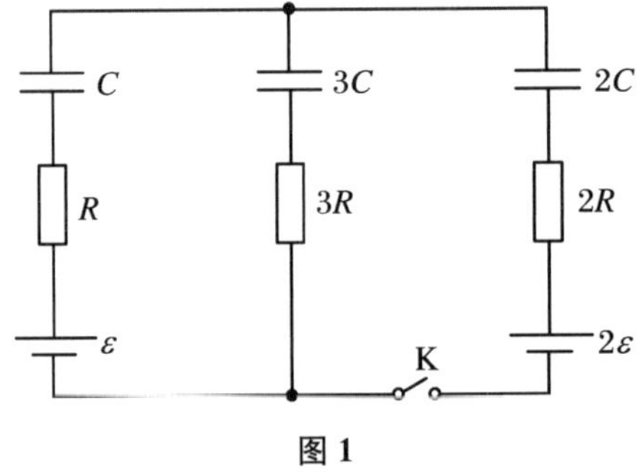

图1

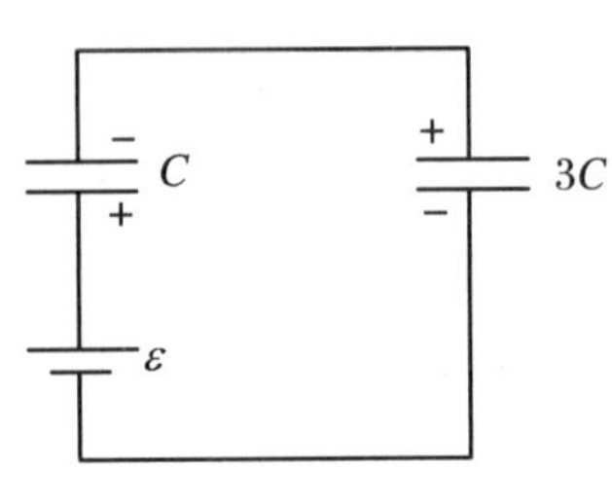

图2

解　(1) 等效电路图如图2所示，由基尔霍夫电压定律有

$$\varepsilon = \frac{q}{C} + \frac{q}{3C}$$

$$U_C = \frac{q}{C} = \frac{3}{4}\varepsilon$$

其中 q 为带电量。

(2) 定义电流流向如图 3 所示，对回路 1,2 分别利用基尔霍夫电压定律列式：

$$\varepsilon = -I_1R + U_C + U_{3C} + I_3R$$

$$2\varepsilon = I_2 \cdot 2R + U_{3C} + I_3 \cdot 3R$$

由基尔霍夫电流定律得

$$I_2 = I_1 + I_3$$

考虑开始瞬间

$$\varepsilon = U_C + U_{3C}$$

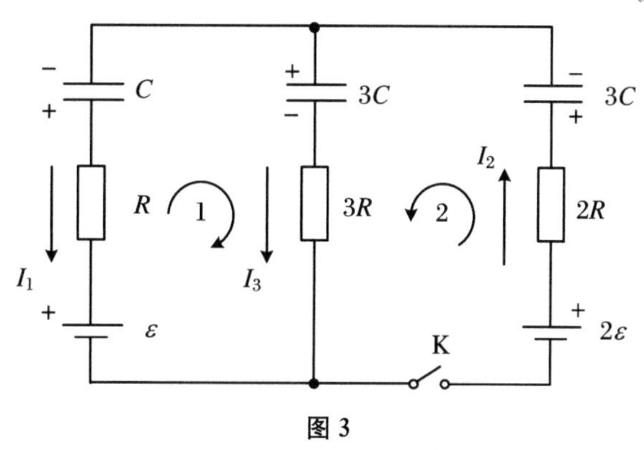

图 3

联立解得

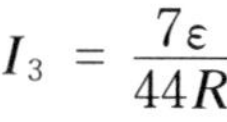

$$I_3 = \frac{7\varepsilon}{44R}$$

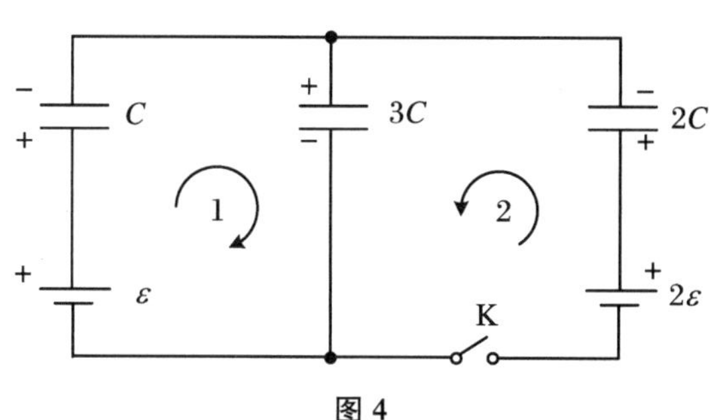

图 4

(3) 假设稳定后状态如图 4 所示，由电量守恒得

$$q_3 = q_1 + q_2$$

对回路 1,2 分别利用基尔霍夫电压定律列式：

$$\varepsilon = \frac{q_1}{C} + \frac{q_3}{3C}$$

$$2\varepsilon = \frac{q_2}{2C} + \frac{q_3}{3C}$$

解得

$$U_C = \frac{1}{6}\varepsilon$$

问题 11 - 5　多个线圈

将六个理想的电感器组成电路，每个线圈占据四面体的一条棱，如图 1 所示。在顶点 A 和 B 之间串联接入阻值为 $R = 100\ \Omega$ 的电阻器，电动势 $\varepsilon = 4.6\ \text{V}$ 的电池，毫安表和开关。线圈的电感 $L = 1\ \text{mH}$。忽略线圈之间的互感现象。

(1) 求开关闭合 1 min 后，毫安表的示数 I_{60}。

(2) 当毫安表的示数为 $I_A = 23\ \text{mA}$ 的时刻，求流过每个线圈的电流强度。

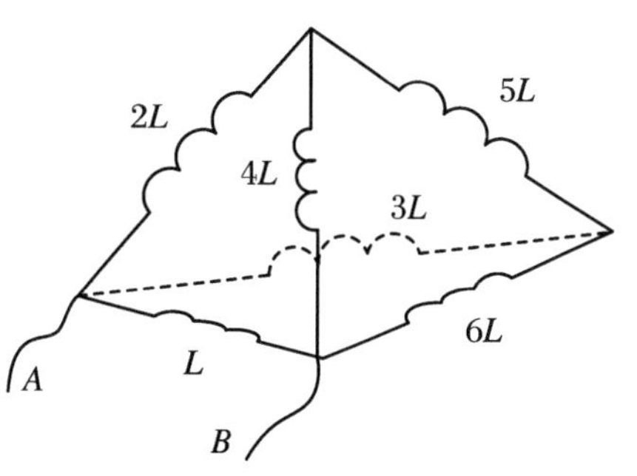

图 1

解　(1) 考虑到 RL 电路弛豫时间的数量级与 $\frac{L}{R}$ 相关，则

$$\frac{L}{R} \sim 10^{-5}\ \text{s} \ll 60\ \text{s}$$

故开关闭合 1 min 后，回路早已经稳定，电感上电流不变，视作导线，即

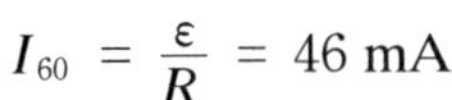

$$I_{60} = \frac{\varepsilon}{R} = 46\ \text{mA}$$

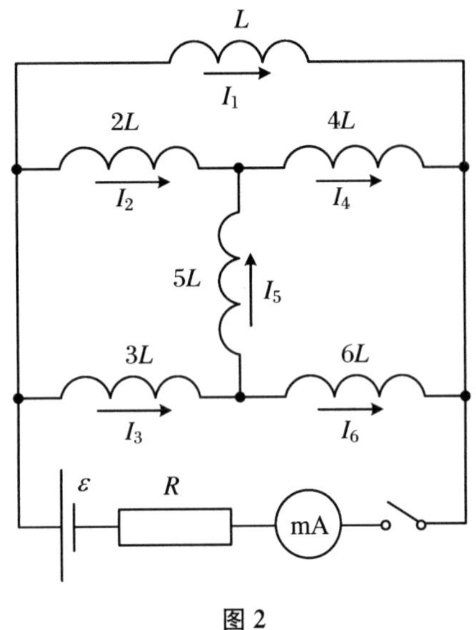

图 2

(2) 画出简化后的电路图,假定电流方向如图 2 所示,首先考虑 $2L$,$5L$,$3L$ 回路,由基尔霍夫电压定律,同时考虑到自感电动势

$$\varepsilon = -L\frac{\mathrm{d}I}{\mathrm{d}t}$$

$$-2L\frac{\mathrm{d}I_2}{\mathrm{d}t} + 5L\frac{\mathrm{d}I_5}{\mathrm{d}t} + 3L\frac{\mathrm{d}I_3}{\mathrm{d}t} = 0$$

对时间积分得到

$$-2I_2 + 5I_5 + 3I_3 = 0$$

同理

$$-I_1 + 4I_4 + 2I_2 = 0$$

$$-4I_4 - 5I_5 + 6I_6 = 0$$

再由基尔霍夫电流定律得

$$I_2 + I_5 = I_4$$

$$I_5 + I_6 = I_3$$

再考虑到已知条件

$$I_A = I_1 + I_2 + I_3 = 23\ \text{mA}$$

联立解得

$$I_1 = 18\ \text{mA},\quad I_2 = I_4 = 3\ \text{mA},\quad I_3 = I_6 = 2\ \text{mA},\quad I_5 = 0$$

2015 年全俄物理奥林匹克区域赛(理论部分)

九年级

问题 9-1　普朗克常量[①]

如图 1 所示,质量 M 取哪些值时,可以在均匀的水平板条上使得物体平衡?不计线和滑轮的质量以及摩擦力。质量 m 是已知量。

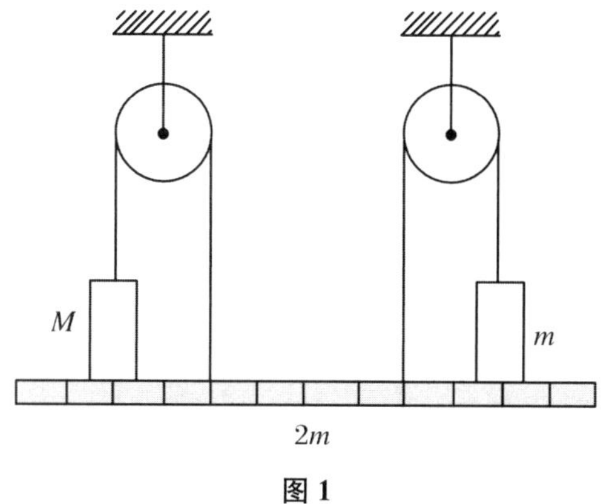

图 1

解　系统受力如图 2 所示,由平衡条件可得

$$2T_1 + 2T_2 = 3mg + Mg$$

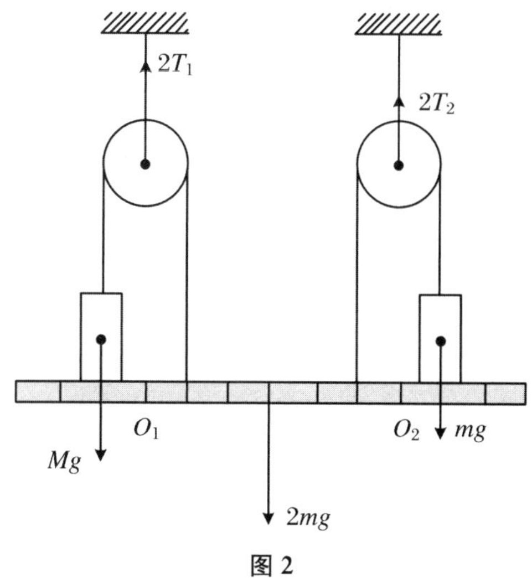

图 2

① 译者注:本题的名称用了双关语。"普朗克常量"和"不动的板条"的俄语相同。

由木板中点力矩平衡可得

$$2T_1 \cdot 3l + mg \cdot 4l = 2T_2 \cdot 3l + Mg \cdot 4l$$

联立解得

$$T_1 = \frac{5mg + 7Mg}{12}$$

$$T_2 = \frac{13mg - Mg}{12}$$

考虑到 $0 \leqslant T_1 \leqslant Mg$，$0 \leqslant T_2 \leqslant mg$，解得

$$m \leqslant M \leqslant 13m$$

问题 9－2　不一样的卡尔森

卡尔森的飞机的发动机出了故障，他以 $v_1 = 6$ m/s 的恒定速度下落。发动机在修好后产生恒定的牵引力。因此，靠竖直向上的牵引力，卡尔森以 $v_2 = 3$ m/s 的恒定速度上升。那么，他能以什么样的速度水平飞行？设空气阻力与速度的平方成正比，飞机可以朝任何方向匀速飞行。

解　受力分析如图所示。

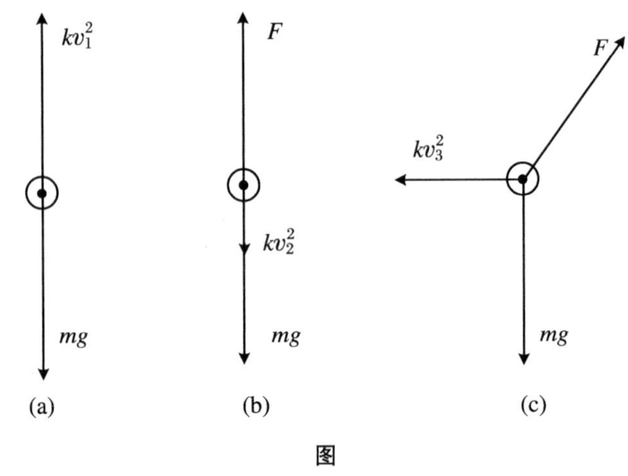

图

下落时，

$$mg = kv_1^2$$

上升时，

$$F = mg + kv_2^2$$

水平飞行时，

$$F^2 = (mg)^2 + (kv_3^2)^2$$

联立解得

$$v_3 = 3\sqrt{3} \text{ m/s}$$

问题 9－3　电流表组

如图 1 所示，用四个相同的电流表组成电路图，将其接入低压电源。已知所有电流表的示数之和为 $I_0=49$ mA，求跨接线 AB 上的电流强度(跨接线和导线的电阻远小于电流表)。

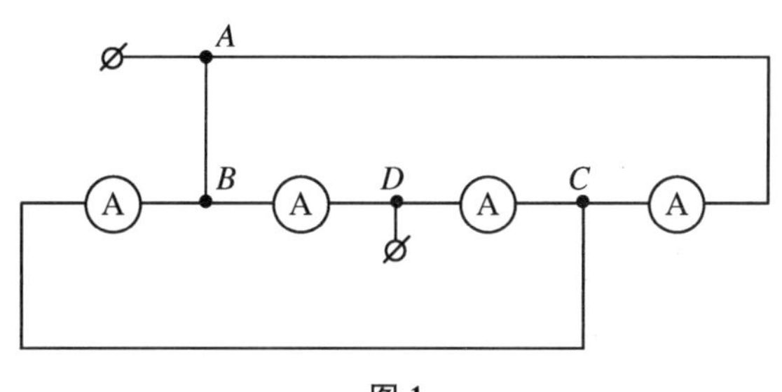

图 1

解　将电路进行简化，如图 2 所示，令 $I_1=I_4=I$，则

$$I_3 = 2I$$

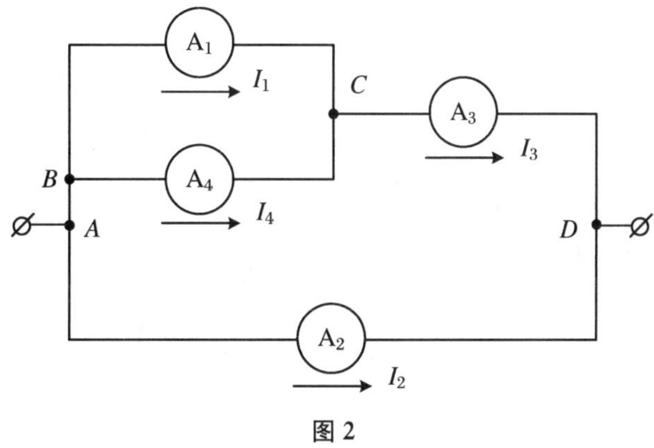

图 2

由基尔霍夫定律得

$$Ir + 2Ir = I_2 r$$

$$I_1 + I_2 + I_3 + I_4 = I_0$$

$$I_{AB} = I_1 + I_2$$

得到

$$I_{AB} = 28\ \text{mA}$$

问题 9－4　飞行

运动员从水平面以与水平面成一定夹角的初速度扔出一块石头。扔出后 0.5 s，速度变成初速度的 80%；再经过 0.5 s，速度变成初速度的 70%。求石头总共的飞行时间，石头的落地位置和初始位置之间的距离。

重力加速度 $g=9.8\ \text{m/s}^2$，忽略空气阻力。

解　令初始时刻水平、竖直方向的初速度分别为 v_{x0}，v_{y0}，合速度满足

$$v_0 = \sqrt{v_{x0}^2 + v_{y0}^2}$$

经过时间 t 后,有

$$v_x = v_{x0}$$
$$v_y = v_{y0} - gt$$

合速度

$$v(t) = \sqrt{v_x^2 + v_y^2} = \sqrt{v_{x0}^2 + (v_{y0} - gt)^2}$$

结合题意得

$$v(t) = 0.8v_0, \quad v(2t) = 0.7v_0$$

其中 $t = 0.5\ \mathrm{s}$,联立解得

$$v_{x0} = 10.53\ \mathrm{m/s}, \quad v_{y0} = 10.85\ \mathrm{m/s}$$

进一步得到

$$t_{总} = \frac{2v_{y0}}{g} = 2.21\ \mathrm{s}$$
$$s = v_{x0}t_{总} = 23.3\ \mathrm{m}$$

问题 9-5 太阳的位置

在图 1 中画出太阳的位置和栅栏的顶端。请在纸上直接作图,考试结束后一并交上,并在答题纸上给出必要的解释。

图 1

解 注意图中背包女子的影子,画出光线 1。

注意到栅栏及其影子与光线共面,对于图中栅栏与其影子共线的那根,可作出光线 2。

光线 1 与光线 2 的交点即太阳的位置,在图中任取两栅栏,结合太阳位置确定其上端

A,B,A 与 B 连线所在直线即为栅栏上端。

进一步分析，注意到图中影子上、下边界交于点 C，不难知道栅栏上边界亦过 C 点，基于这一性质，连接 AC 或者 BC 亦可确定其上边界。作图结果见图 2。

图 2

十年级

问题 10-1 装弹簧的箱子

如图所示，黑箱子里有两个轻质弹簧，劲度系数分别为 k 与 $2k$，用轻质的不可延伸的线和动滑轮连接。一开始对线的自由端施加外力 $F=6$ N，使得下面的弹簧的形变 $x=1$ cm。

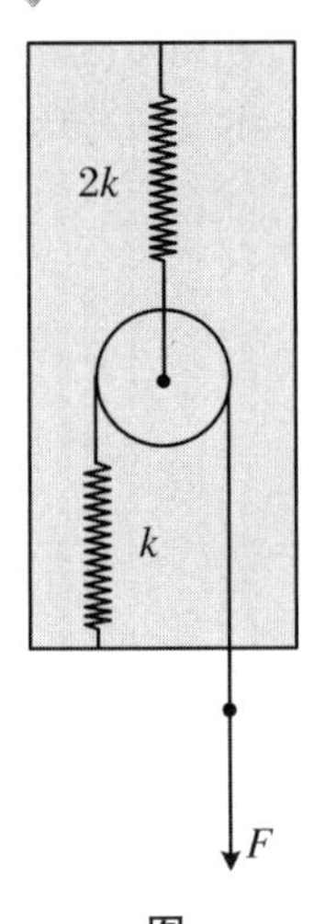

图

要想将自由端再拉出长度 x，求外力所需做功的最小值 W。

解 当滑轮下移 Δx 时，上面弹簧的弹力增加 $2k\cdot\Delta x$，令下面弹簧相应的形变量为 $\Delta x'$，由平衡条件可知

$$2k\Delta x = 2k\Delta x',\quad 即\quad \Delta x = \Delta x'$$

两弹簧伸长量相同。

再由几何约束得到自由端伸长量

$$x = 3\Delta x,\quad 即\quad \Delta x = \frac{1}{3}\ \mathrm{cm}$$

故

$$F_{\max} = \frac{x+\Delta x}{x}F = 8\ \mathrm{N}$$

准静态过程时拉力做功最小为

$$W = \frac{1}{2}(F + F_{\max})x = 0.07\ \mathrm{J}$$

问题 10－2 二合一

如图所示的 p-V 图中表示了用理想气体进行的三种封闭循环过程：1→2→4→1，2→3→4→2 和 1→2→3→4→1。在 1→2 和 3→4 段中气体的温度是常数，而在 2→3 和 4→1 段中气体绝热。已知在 1→2→4→1 过程中做的功为 $W_1 = 5\ \mathrm{J}$，在 2→3→4→2 过程中做的功为 $W_2 = 4\ \mathrm{J}$。如果 1→2→4→1 过程与 2→3→4→2 过程的能量转化效率相等，求 1→2→3→4→1 过程中的能量转化效率。

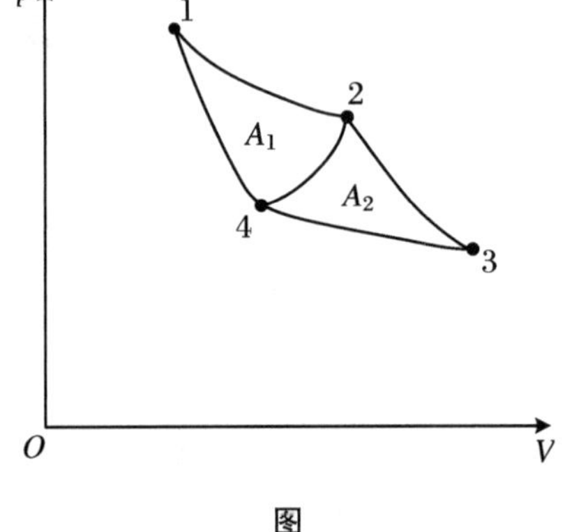

图

解 1→2→4→1 过程与 2→3→4→2 过程的能量转化效率相等，即

$$\frac{W_1}{Q_{1\to2}} = \frac{W_2}{Q_{4\to2}}$$

代入数据得到

$$Q_{4\to2} = 0.8Q_{1\to2}$$

1→2→3→4→1 过程中的能量转化效率

$$\eta = \frac{W_1 + W_2}{Q_{1\to2}}$$

考虑 1→2→4→1 过程内能不变，故

$$Q_{吸} - Q_{放} = W_1$$

即

$$Q_{1\to2} - Q_{2\to4} = W_1$$

考虑到 $Q_{2\to4} = Q_{4\to2}$，解得

$$Q_{1\to2} = 25\ \mathrm{J},\quad \eta = 36\%$$

问题 10－3 试管大冒险

在长度为 $l = 35\ \mathrm{cm}$ 的试管里面，空气的温度为 $T_0 = 300\ \mathrm{K}$，将其倒立，完全浸入密度为

$\rho=13600\ \mathrm{kg/m^3}$ 的汞中，使得试管的底部与液面相平，且试管处于竖直状态。液体进入试管的高度为 $h=10\ \mathrm{cm}$。将试管提升，直到其端口与汞的表面相平（不把试管从汞中拿走）。假设在上升过程中，试管里空气的温度不变。然后改变试管中空气的温度，汞再次进入试管，高度为 h。求试管最后的温度 T。大气压 $p_0=10^5\ \mathrm{Pa}$。

解　在试管端口与汞的表面相平状态，温度改变前有

$$p_0V_0=nRT_0$$

温度改变后有

$$(p_0-\rho gh)V=nRT$$

其中

$$V=\frac{l-h}{l}V_0$$

联立解得

$$T=\frac{(p_0-\rho gh)(l-h)}{p_0 l}T_0=186\ \mathrm{K}$$

注意：若只考虑初末状态，则体积不变，$p\propto T$，得到

$$T=\frac{p_0-\rho gh}{p_0+\rho g(l-h)}T_0=70\ \mathrm{K}$$

这是本题的易错点，忽略了试管上升过程中内部气体的改变。

问题 10－4　复杂的合金

用一种电阻率沿长度线性变化的合金制作两根长度相同、横截面积一个是另一个 2 倍的细导体。每根导体的一端的电阻率为 ρ_1，另一端为 ρ_2。将两根导体并联，接入电压为 U 的理想电源，并将理想电压表接入它们的中点 a 和 b（见图）。求电压表的示数 V。

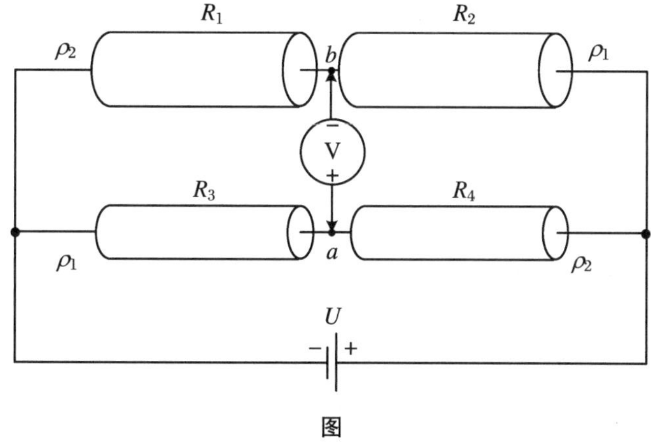

图

解　令线导体的长度均为 L，截面积分别为 S，$2S$，则

$$R_1=\frac{1}{2}\left(\rho_2+\frac{\rho_1+\rho_2}{2}\right)\frac{\frac{L}{2}}{S}$$

$$R_2 = \frac{1}{2}\left(\rho_1 + \frac{\rho_1 + \rho_2}{2}\right)\frac{\frac{L}{2}}{S}$$

$$R_3 = \frac{1}{2}\left(\rho_1 + \frac{\rho_1 + \rho_2}{2}\right)\frac{\frac{L}{2}}{2S}$$

$$R_4 = \frac{1}{2}\left(\rho_2 + \frac{\rho_1 + \rho_2}{2}\right)\frac{\frac{L}{2}}{2S}$$

进一步得到

$$\varphi_b = U_1 = \frac{R_1}{R_1 + R_2}U$$

$$\varphi_a = U_3 = \frac{R_3}{R_3 + R_4}U$$

$$U_{ab} = \varphi_a - \varphi_b$$

联立得到

$$U_{ab} = \frac{(\rho_1 - \rho_2)U}{2(\rho_1 + \rho_2)}$$

问题 10－5　两个滑块

如图 1 所示，在光滑的水平面上有两个相同的半径为 R 的滑块。给予一个滑块沿 x 轴的速度 v_0。过一段时间发生完全弹性碰撞。当变量 d 等于多少时，第二个滑块沿 y 轴方向的速度最大？

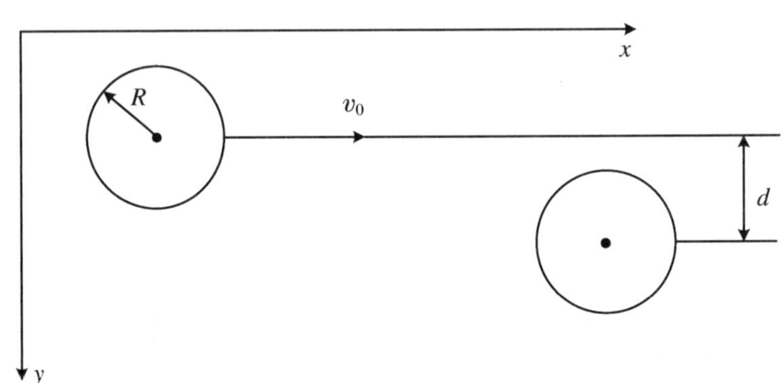

图 1

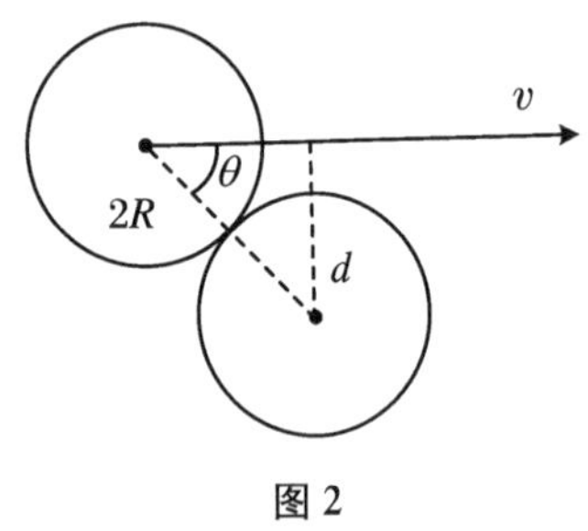

图 2

解　如图 2 所示，等质量的完全弹性碰撞，两球在球心连线方向上速度交换，进一步得到

$$v_y = v\cos\theta\sin\theta = \frac{1}{2}v\sin 2\theta$$

当 $\theta = 45°$ 时，v_y 最大。由几何关系得

$$d = 2R\sin 45° = \sqrt{2}R$$

十一年级

问题 11－1　数学摆

如图所示，小球在轻质不可延长的线上以较大的摆角 α 摆动，重力加速度为 g。求当线的张力为最小值的 4 倍时，小球运动的加速度。求能够使得这种情况发生的最小摆角 $\alpha_{\min}$。

解　根据题意显然有

$$T_{\min} = mg\cos\alpha$$

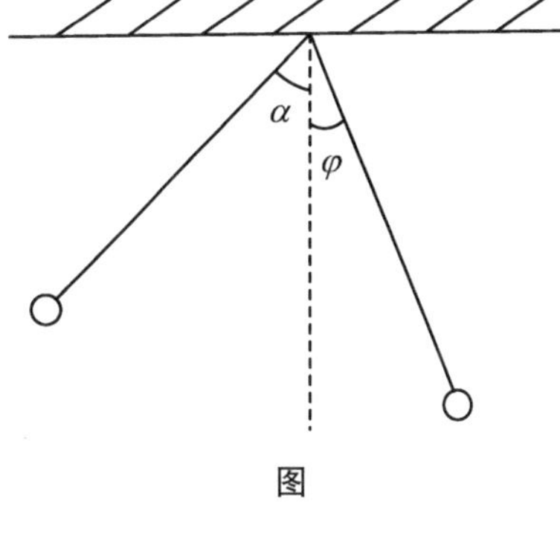

图

设细线与竖直方向成 φ 角时

$$T = 4T_{\min} = 4mg\cos\alpha$$

由能量守恒得

$$\frac{1}{2}mv^2 = mgR(\cos\varphi - \cos\alpha)$$

在细线与竖直方向成 φ 角时，有径向动力学方程

$$T - mg\cos\varphi = m\frac{v^2}{R}$$

联立得到

$$\cos\varphi = 2\cos\alpha$$

进一步得到径向加速度

$$a_{\mathrm{n}} = \frac{T - mg\cos\varphi}{m} = g\cos\varphi$$

法向加速度

$$a_{\tau} = g\sin\varphi$$

故

$$a = \sqrt{a_{\mathrm{n}}^2 + a_{\tau}^2} = g$$

摆角 α 最小时，$\varphi = 0$，故

$$\cos\alpha_{\min} = \frac{1}{2},\quad \alpha_{\min} = 60^\circ$$

问题 11－2　电容器充电

图 1 的电路中有三个相同的电容为 C 的电容器，阻值为 R 的电阻器和二极管。二极管的伏安特性如图 2 所示。一开始，将图 1 左侧的电容器充电，使得其电压为 U_0，上面的板带正电。另两个电容器不带电，开关断开。然后将开关闭合。请求出：

(1) 开关闭合足够长时间后，各电容器上的电压。

(2) 这期间电路放出的热量。

(3) 这期间二极管上放出的热量。

(4) 这期间电阻器上放出的热量。

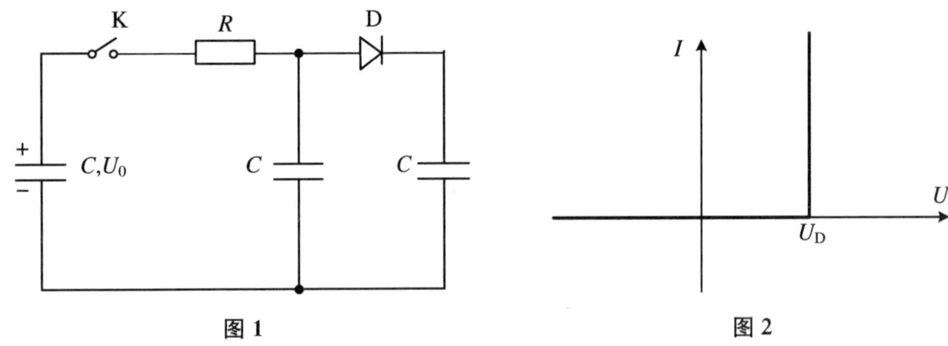

图 1　　　　图 2

解　为分析方便，将电容器从左往右依次编号 1,2,3，开关闭合，1 号电容器先给 2 号电容器充电，当其电压增至 U_D 后，3 号电容器也开始充电，而当 2 号电容器的最大电压仍小于 U_D 时，3 号电容器不会被充电，故需分两种情况讨论：

a. 当 $\frac{U_0}{2}\leqslant U_D$，即 $U_0\leqslant 2U_D$ 时，3 号电容器不会被充电，稳定后

$$U_1 = U_2 = \frac{U_0}{2},\quad U_3 = 0$$

由能量守恒，系统放热

$$Q = \frac{CU_0^2}{2} - 2\cdot\frac{C\left(\frac{U_0}{2}\right)^2}{2} = \frac{CU_0^2}{4}$$

二极管没有工作，故

$$Q_D = 0,\quad Q_R = Q = \frac{CU_0^2}{4}$$

b. 当 $U_0>2U_D$ 时，3 号电容器也被充电，稳定后

$$U_1 = U_2 = U_3 + U_D = U$$

由电量守恒得

$$CU_0 = 2CU + C(U - U_D)$$

得到

$$U = \frac{U_0 + U_D}{3}$$

由能量守恒得

$$Q = \frac{CU_0^2}{2} - 2\cdot\frac{CU^2}{2} - \frac{C(U-U_0)^2}{2} = \frac{C(U_0^2 - U_D^2)}{3}$$

二极管发热为 $Q_D = q_D U_D$，其中 $q_D = CU_3$，得到

$$Q_D = \frac{C(U_0 U_D - 2U_D^2)}{3}$$

进一步得到

$$Q_R = Q - Q_D = \frac{C(U_0^2 - U_0 U_D + U_D^2)}{3}$$

问题 11－3　木板的加速度

在光滑的水平面上有一块长度为 L、质量为 M 的木板。在木板的上表面有一块小木块。用水平恒力推木块，使得它沿木板滑行，加速度大于木板的加速度。如果木块在运动过程中放出的热量为 Q，求木板的加速度。

解　过程中发热量与相对位移有关，相对位移即木板长度，即

$$Q = fL$$

木板加速度满足

$$f = Ma$$

即

$$a = \frac{Q}{ML}$$

问题 11－4　循环过程

如图所示为用多原子理想气体进行循环的过程。求此过程的能量转换效率。

注：热容量为常量 C 的过程是多方的，对理想气体，$pV^{\frac{C_p - C}{C_V - C}}$ 为常量，其中 C_p 为恒压热容量，C_V 为恒容热容量。

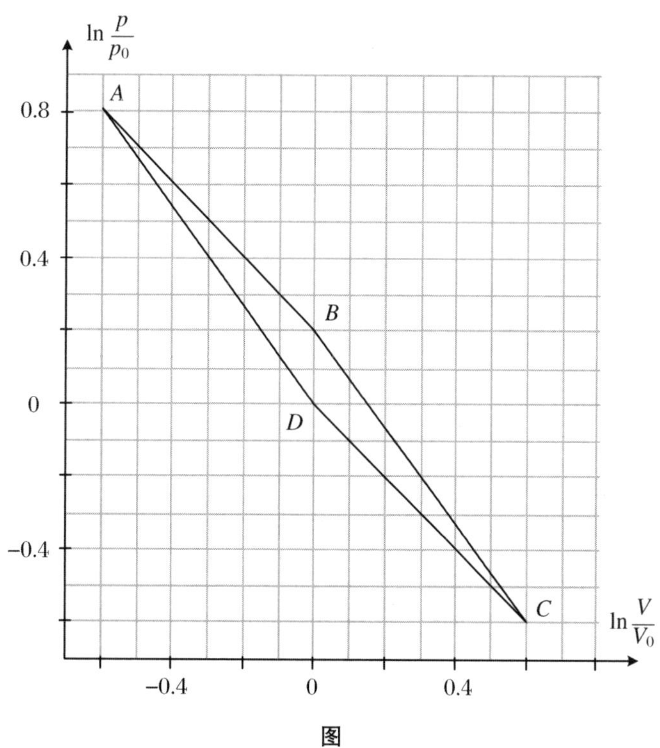

图

解　令 $n = \dfrac{C_p - C}{C_V - C}$，则

$$pV^n = C'$$

其中 C' 为常量。无量纲化得到

$$\frac{pV^n}{p_0V_0^n} = \frac{p}{p_0}\cdot\left(\frac{V}{V_0}\right)^n = \frac{C'}{p_0V_0^n}$$

两边取对数得到

$$\ln\frac{p}{p_0} + n\ln\frac{V}{V_0} = \ln\frac{C'}{p_0V_0^n} = C'' \qquad ①$$

即

$$\ln\frac{p}{p_0} = -n\ln\frac{V}{V_0} + C''$$

对比图像 AB,CD 段,$n=1$,即为等温过程。

对比图像 BC,AD 段,$n=\frac{4}{3}$,

$$\frac{4}{3} = \frac{C_p - C}{C_V - C}$$

考虑到多原子分子,$C_V=3R$,$C_p=4R$,解得

$$C = 0$$

即为绝热过程。

综上所述,该循环由两段等温过程和两段绝热过程组成,即为卡诺循环。

$$\eta = 1 - \frac{T_1}{T_2}$$

考虑到等温过程,$pV\propto T$,联系①得到

$$T \propto e^{C''}$$

对于 AB 段,$C''=0.2$;对于 CD 段,$C''=0$。

综上所述,有

$$\eta = 1 - e^{0.2} = 18\%$$

问题 11－5　松紧带

在光滑的水平面上有三个木块,质量分别为 m_1,m_2 与 m_3。图为从上方看的样子。用轻质松紧带连接木块 1 和 2,并通过滑轮与木块 3 连接。系统不计摩擦。一开始,木块静止,松紧带略微松弛。突然给木块 3 施加速度 V。

(1) 当松紧带的伸长量最大时,求各木块的速度。

(2) 当松紧带再次松弛时,求各木块的速度。

(3) 若 $V=1\ \mathrm{m/s}$,$m_1=1\ \mathrm{kg}$,$m_2=2\ \mathrm{kg}$,$m_3=3\ \mathrm{kg}$,求松紧带的伸长量最大时,3 号木块的速度 v_3。

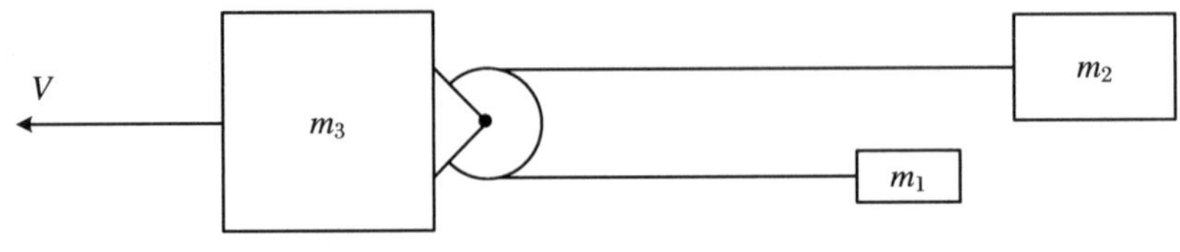

图

解 (1) 由系统动量守恒得

$$m_3 V = m_1 v_1 + m_2 v_2 + m_3 v_3 \quad ①$$

绳上张力相同,故木块1和2受到拉力冲量相同,则

$$I_T = m_1 v_1 = m_2 v_2 \quad ②$$

建立水平向左的坐标系,三木块位置坐标分别为 x_1, x_2, x_3,则绳子的长度

$$L = (x_3 - x_1) + (x_3 - x_2)$$

长度达到最大时

$$\frac{\mathrm{d}L}{\mathrm{d}t} = 0$$

进一步得到

$$\frac{\mathrm{d}L}{\mathrm{d}t} = \frac{\mathrm{d}[(x_3 - x_1) + (x_3 - x_2)]}{\mathrm{d}t} = \frac{2\mathrm{d}x_3}{\mathrm{d}t} - \frac{\mathrm{d}x_1}{\mathrm{d}t} - \frac{\mathrm{d}x_2}{\mathrm{d}t} = 2v_3 - v_2 - v_1 = 0 \quad ③$$

联立①～③得到

$$v_1 = \frac{2m_2 m_3 V}{m_1 m_2 + m_1 m_3 + m_2 m_3}$$

$$v_2 = \frac{2m_1 m_3 V}{m_1 m_2 + m_1 m_3 + m_2 m_3}$$

$$v_3 = \frac{m_3(m_1 + m_2) V}{m_1 m_2 + m_1 m_3 + m_2 m_3}$$

(2) 绳子再次松弛,①②同样成立,在此基础上,由机械能守恒得

$$\frac{1}{2} m_3 V^2 = \frac{1}{2} m_1 v_1^2 + \frac{1}{2} m_2 v_2^2 + \frac{1}{2} m_3 v_3^2 \quad ④$$

联立①②④,其中一组解即为初始状态,排除;另一组解为

$$v_1 = \frac{4m_2 m_3 V}{m_1 m_2 + 4m_1 m_3 + 4m_2 m_3}$$

$$v_2 = \frac{4m_1 m_3 V}{m_1 m_2 + 4m_1 m_3 + 4m_2 m_3}$$

$$v_3 = \frac{(4m_1 m_3 + m_2 m_3 - m_1 m_2) V}{m_1 m_2 + 4m_1 m_3 + 4m_2 m_3}$$

(3) 代入数据得到

$$v_3 = \frac{9}{11}\ \mathrm{m/s}$$

2016年全俄物理奥林匹克区域赛(理论部分)

九年级

问题 9-1　最短路程

汽车以速度 v_0 行驶。在某个瞬间,汽车以某个恒定加速度移动,使得在时间 t 内经过的路程 s 最短。求这个路程 s。

解　易知,若 t 时间内汽车速度方向不发生变化,则其减速为0经过路程最小,即有

$$s_{\min} = \frac{1}{2}v_0 t$$

以下分析汽车减速为0继而反向运动的过程,此时加速度大小

$$a > \frac{v_0}{t}$$

不难得到,汽车减速为0经过的路程为

$$s_1 = \frac{v_0^2}{2a}$$

反向加速时

$$s_2 = \frac{(v_0 - at)^2}{2a}$$

总路程 $s = s_1 + s_2$,整理得到

$$s = \frac{v_0^2}{a} + \frac{1}{2}at^2 - v_0 t$$

由数学知识得

$$s = \frac{v_0^2}{a} + \frac{1}{2}at^2 - v_0 t \geqslant 2\sqrt{\frac{v_0^2}{a} \cdot \frac{1}{2}at^2} - v_0 t = (\sqrt{2} - 1)v_0 t$$

在 $s = \frac{v_0^2}{a} = \frac{1}{2}at^2$ 时取到最小值,即

$$a = \frac{\sqrt{2}v_0}{t}$$

综上所述,汽车经过的最小路程为$(\sqrt{2}-1)v_0 t$。

问题 9-2　飞行中的反射

如图1所示,在弹道实验室里研究移动物体的弹性碰撞时,用放在水平面上的小投石车发射小球。与此同时,从小球本应着地的位置出发,笨重的竖直墙以恒定速度移动。发生弹

性碰撞后，小球落在与投石车有一定距离的位置。然后重复实验，只改变墙的运动速度。结果在两次实验中，小球与墙碰撞的高度均为 h。如果已知在碰撞前球的飞行时间第一次为 $t_1 = 1\ \text{s}$，第二次为 $t_2 = 2\ \text{s}$，高度 h 等于多少？小球飞行的最大高度 H 等于多少？如果小球两次实验中的落地点相距 $L = 9\ \text{m}$，其初速度 v 等于多少？两次实验中墙匀速运动的速度 u_1 和 u_2，以及一开始墙和投石车的距离 S 等于多少？取 $g = 10\ \text{m/s}^2$。

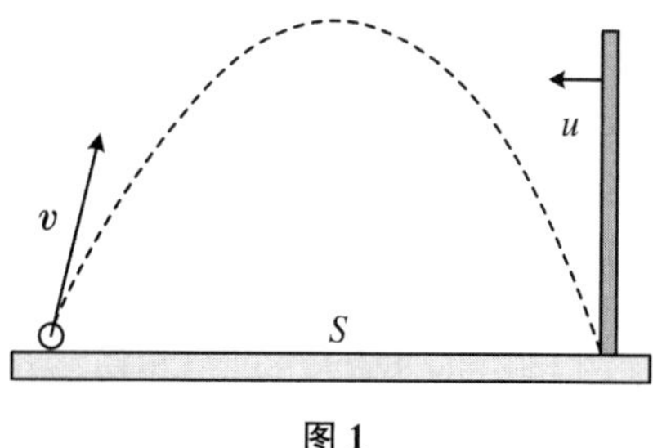

图 1

注：以墙为参照系，碰撞前后小球的速率相等，反射角等于入射角。

解 小球在竖直方向满足

$$h = v_y t - \frac{1}{2}gt^2 \tag{①}$$

v_y 为竖直方向上的初速度。整理得到

$$t^2 - \frac{2v_y}{g}t + \frac{2h}{g} = 0 \tag{②}$$

满足

$$t_1 t_2 = \frac{2h}{g} \tag{③}$$

$$t_1 + t_2 = \frac{2v_y}{g} \tag{④}$$

代入数据解得

$$h = 10\ \text{m},\quad v_y = 15\ \text{m/s}$$

故最大高度

$$H = \frac{v_y^2}{2g} = 11.25\ \text{m}$$

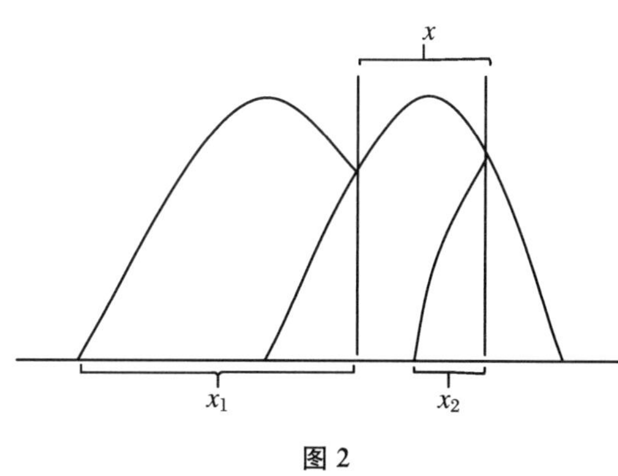

图 2

已知以墙为参照系，碰撞前后小球的速率相等，反射角等于入射角，由此可知竖直方向速度不变，水平方向速度等大反向。转换到地面系，水平方向的速度

$$v'_x = u + (u + v_x) = 2u + v_x \tag{⑤}$$

由于竖直方向速度不变，故碰撞之后小球运动总时间仍为 $2v_y/g$。如图 2 所示，小球第一次与墙碰撞后水平位移

$$x_1 = (2u_1 + v_x)\left(\frac{2v_y}{g} - t_1\right) \tag{⑥}$$

同理，小球第二次与墙碰撞后水平位移

$$x_2 = (2u_2 + v_x)\left(\frac{2v_y}{g} - t_2\right) \tag{⑦}$$

两次落地点距离

$$L = x_1 + x - x_2 \quad ⑧$$

其中 x 为两次碰撞墙的间距：

$$x = v_x(t_2 - t_1) \quad ⑨$$

再根据约束条件，一开始墙和投石车之间的距离 S 满足

$$S = (u_1 + v_x)t_1 = (u_2 + v_x)t_2 = v_x(t_1 + t_2) \quad ⑩$$

由⑥～⑩解得

$$u_1 = 2\ \mathrm{m/s}, \quad u_2 = 0.5\ \mathrm{m/s}, \quad v_x = 1\ \mathrm{m/s}$$

$$v = \sqrt{v_x^2 + v_y^2} = \sqrt{226}\ \mathrm{m/s}, \quad S = 3\ \mathrm{m}$$

问题 9-3 三层圆柱

如图 1 所示，一个物体由三个共轴的圆柱黏合而成，它们的横截面积不同，高度也不同。将其浸入某种液体，然后测量其受到的浮力 F 与浸入的深度 h 的关系（见表）。已知最窄的圆柱的横截面积为 $S = 10\ \mathrm{cm}^2$（不一定像图中那样是最下层的）。试作 F-h 图像，并用它求出每个圆柱的高度，另外两个圆柱的横截面积以及液体的密度。在实验过程中，圆柱的轴保持竖直，取 $g = 10\ \mathrm{m/s}^2$。

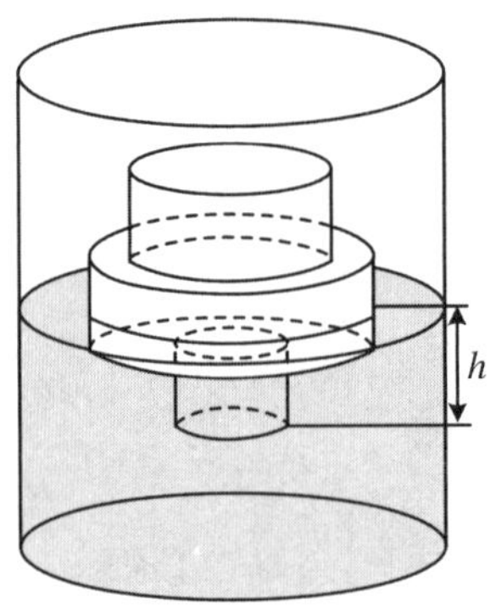

图 1

表

h(cm)	0	1	3	6	8	11	12	13	15	17	18	20	21	22	23	25	27
F(N)	0	0.3	0.9	1.8	2.4	3.6	4.2	4.8	6.0	7.2	7.3	7.5	7.6	7.7	7.8	7.9	7.9

解 根据表中数据作出图像（见图 2），浮力变化与深度变化满足：

$$\Delta F = \rho g S \Delta h$$

得到

$$k = \frac{\Delta F}{\Delta h} = \rho g S \propto S$$

从图 2 中可知

$$k_1 : k_2 : k_3 = 3 : 6 : 1$$

故

$$S_1 : S_2 : S_3 = 3 : 6 : 1$$

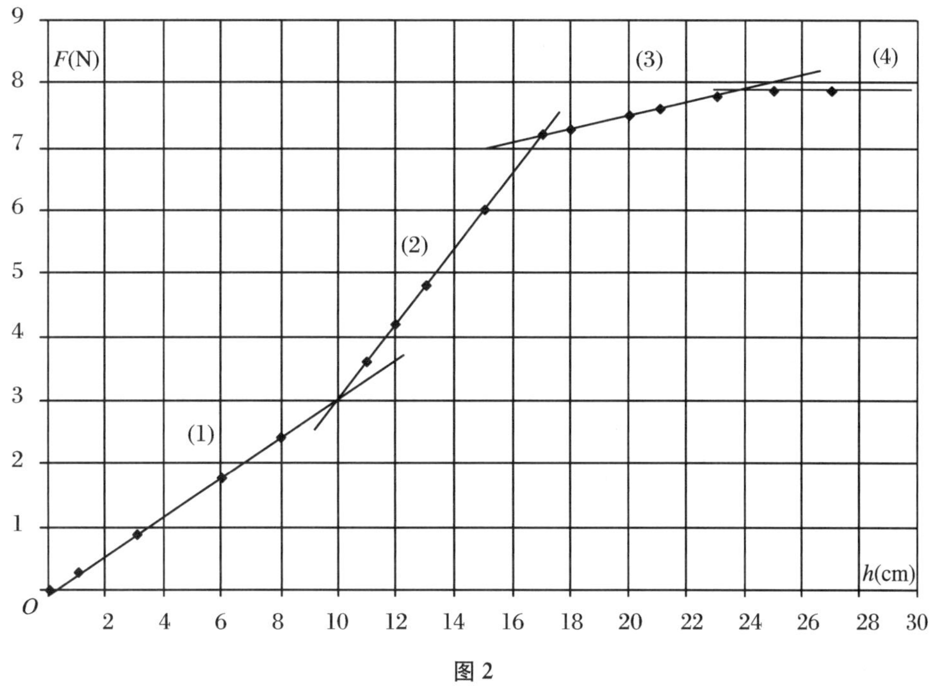

图 2

已知 $S_3=10\ \text{cm}^2$,故 $S_1=30\ \text{cm}^2$,$S_2=60\ \text{cm}^2$。同时,从图 2 中可得

$$h_1 = 10\ \text{cm},\quad h_2 = h_3 = 7\ \text{cm}$$

进一步得到

$$\rho = \frac{\Delta F}{gS\Delta h} = 1000\ \text{kg/m}^3$$

问题 9-4　正方体中的两个

如图 1 所示,正方体由相同的阻值为 R 的电阻器组成。将其中的两个电阻器换成理想的跨接线。

(1) 求接线端 A 和 B 之间的总阻值。

(2) 剩下的电阻器中可以把哪些去掉,仍然不影响系统的总阻值?

(3) 已知大多数电阻器上的电流强度为 $I=2\ \text{A}$,计算接线端 A(或 B)处的电流强度。

(4) 求理想跨接线 AA' 上的电流强度。

解　如图 2 所示画出等效电路图。

由对称性可知,图中 K,C,M,L 等电势,故 K,C 间,M,L 间电阻可去除,即

$$R_{AB} = \frac{2R}{4} = \frac{R}{2}$$

所以有

$$I_{A(B)} = 4I = 8\ \text{A}$$

$$I_{AA'} = 2I = 4\ \text{A}$$

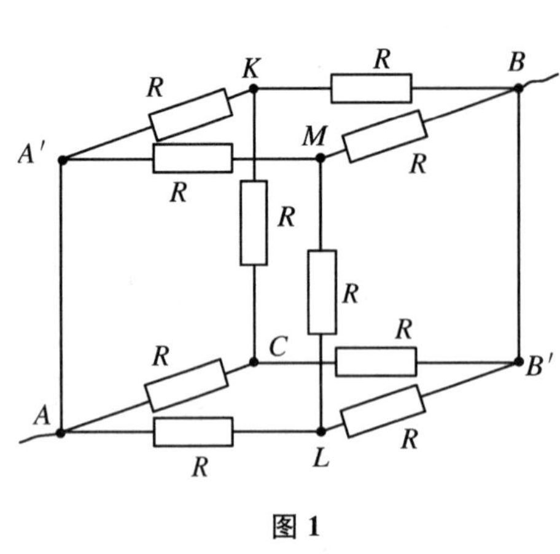

图 1

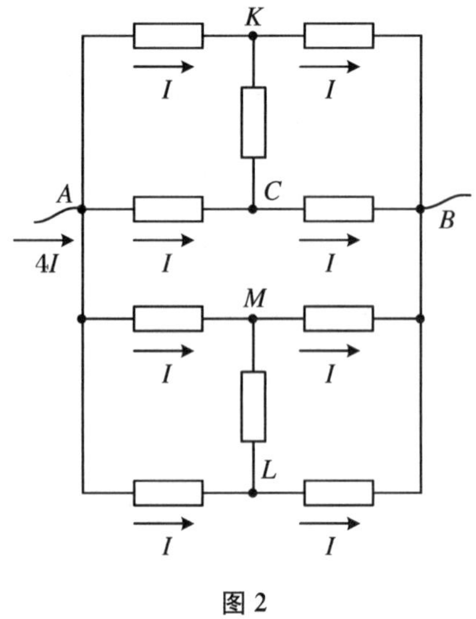

图 2

问题 9 - 5　结冰区域

为了使得热量计中的冰到达熔点(不发生熔化),需要的 100 ℃的水蒸气质量为 $m_汽$。冰的确切质量和初始温度未知,但它们在图 1 中标出的区域内。冰的确切质量和初始温度分别为多少时,水蒸气的质量最大?已知水的汽化热 $L = 2.30$ MJ/kg,冰的熔解热 $\lambda = 340$ kJ/kg,水的比热 $c = 4200$ J/(kg·℃),冰的比热 $c_1 = 2100$ J/(kg·℃)。冰的质量 m 在图中用假定的单位,表示的是冰的质量是 $m_0 = 1$ kg 的几分之一。热量计的热容量和热量损失忽略不计。

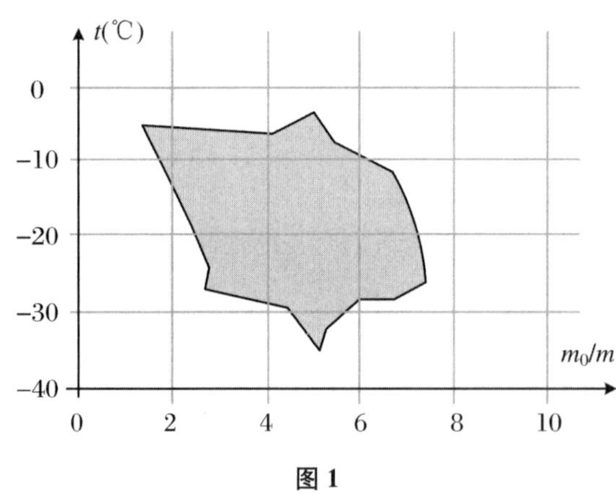

图 1

解　水蒸气放出的热量为

$$Q_1 = m_汽 L + cm_汽(100 ℃ - 0 ℃)$$

冰吸收的热量为

$$Q_2 = c_1 m(0 ℃ - t)$$

由能量守恒得

$$Q_1 = Q_2$$

解得

$$m_{汽} = -\frac{c_1}{L+100c}mt = -\frac{c_1 m_0}{L+100c}\cdot\frac{t}{\frac{m_0}{m}}$$

要使得 $m_{汽}$ 最大,即要求 $t/(m_0/m)$ 最小,即如图 2 所示情况,代入数据可得

$$m_{汽} = 7.72\ \text{g}$$

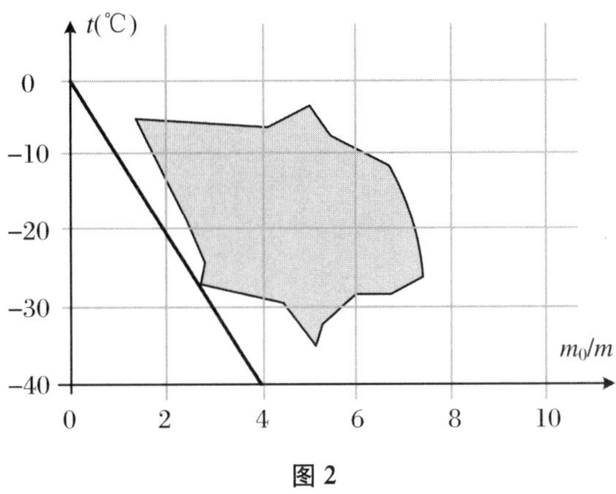

图 2

十年级

问题 10-1 功率的时间

实验员格鲁克根据实验结果(见表)计算了作用在位于光滑水平桌面上、质量为 $m=2$ kg 的物体上的水平恒力的功率 P 与时间 t 的关系。已知物体初速度为 0,有些测量不一定准确。

(1) 求时间 $t=6$ s 时力的功率。

(2) 求力的大小 F。

表

P(W)	1.4	2.8	4.5	5.0	6.0	10.4	14.7	16.6	18.3
t(s)	1.0	1.5	2.0	2.5	3.2	5.0	7.2	8.4	9.0

解 力的功率

$$P = Fv = F\cdot\frac{F}{m}t = \frac{F^2}{m}t \propto t$$

根据数据作出 P-t 图像如图所示。

从图中可得 $t=6$ s 时,$P=12$ W,

$$k = \frac{\Delta P}{\Delta t} = \frac{F^2}{m} = 2\ \text{W/s}$$

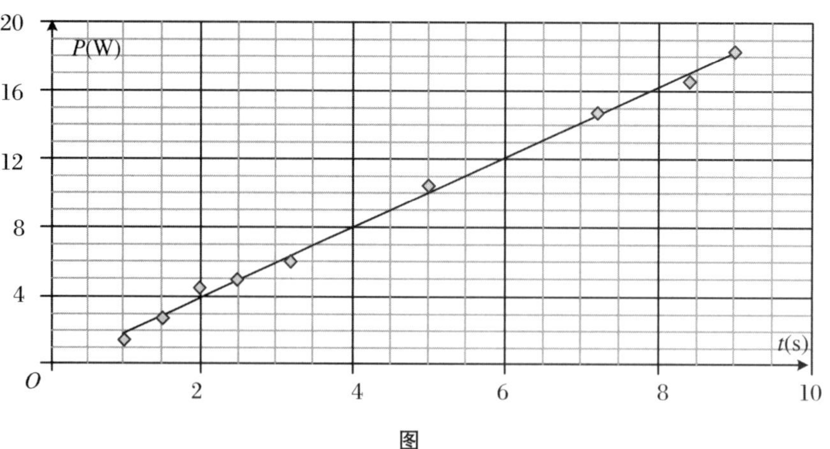

图

解得

$$F = 2\ \mathrm{N}$$

问题 10－2　在洞里运动

如图 1 所示，木棒 AB 与半球形洞的边缘 K 接触。木棒上的 A 端沿洞的表面以速度 v 从最低点 N 匀速移动至 M。求 B 端移动的速率 u 和木棒与水平面的夹角 α 的关系式。木棒 AB 的长度为 $2R$。

解　(法 1)将图中 A，B 两点的速度分解至沿杆及垂直杆的方向(见图 2)，由几何约束得到

$$v_{/\!/} = v\sin\alpha$$

$$\frac{v_{\perp}}{BK} = \frac{v\cos\alpha}{KA} = \omega$$

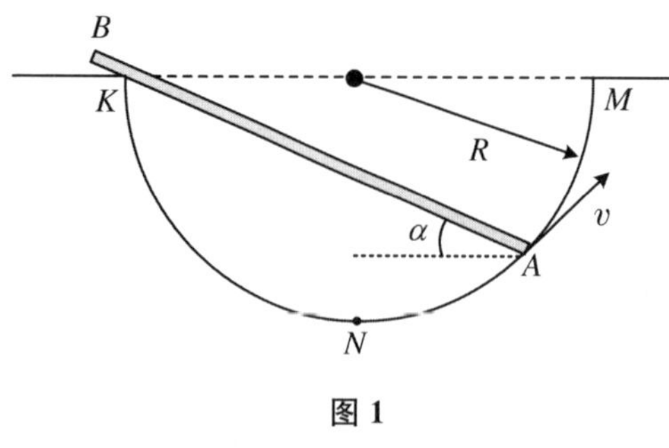

图 1

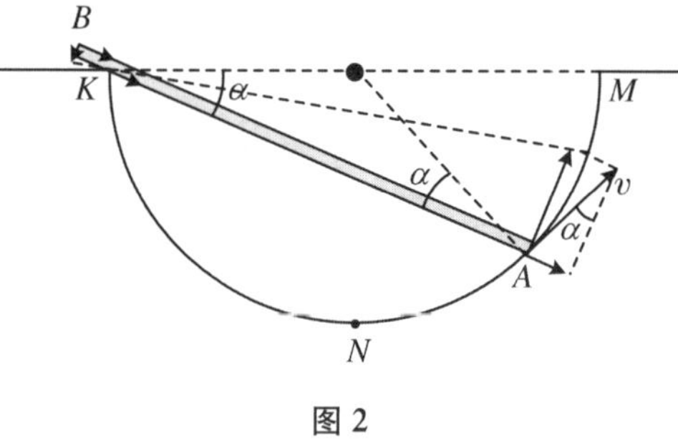

图 2

其中

$$KA = 2R\cos\alpha$$

$$BK = 2R - KA = 2R(1-\cos\alpha)$$

$$u = \sqrt{v_{/\!/}^2 + v_{\perp}^2} = 2v\sin\frac{\alpha}{2}$$

(法 2)由几何约束可知，杆上与 K 接触的点的速度沿杆方向，令该点速度为 v_K，利用基点法有

$$\boldsymbol{v}_B = \boldsymbol{v}_K + \boldsymbol{\omega} \times \boldsymbol{r}_{KB}$$
$$\boldsymbol{v}_A = \boldsymbol{v}_K + \boldsymbol{\omega} \times \boldsymbol{r}_{KA}$$

已知

$$\boldsymbol{\omega} \times \boldsymbol{r}_{KA} = \omega r_{KA} = v\cos\alpha$$
$$v_K = v\sin\alpha$$
$$r_{KA} = 2R\cos\alpha$$
$$r_{KB} = 2R - r_{KA} = 2R(1-\cos\alpha)$$

联立各式得到

$$u = \sqrt{v_K^2 + (\omega r_{KB})^2} = 2v\sin\frac{\alpha}{2}$$

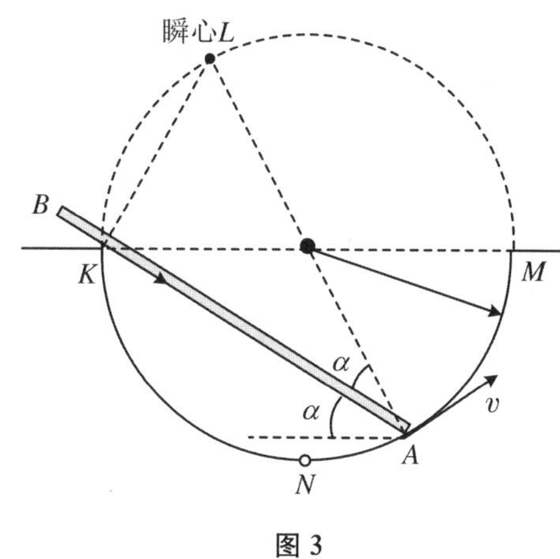

图 3

（法 3）已知 A 点的速度沿切线方向，K 点的速度沿杆方向，由此可得到杆的转动瞬心 L（见图 3），进一步得到

$$\omega = \frac{v}{2R}$$

故

$$v_B = \omega \cdot LB\sqrt{(2R-2R\cos\alpha)^2 + (2R\sin\alpha)^2}$$

其中

$$LB = \sqrt{(2R-2R\cos\alpha)^2 + (2R\sin\alpha)^2}$$

得到

$$u = 2v\sin\frac{\alpha}{2}$$

（法 4）如图 4 所示建立坐标系，其中 A 点的坐标为

$$x_A = R\cos 2\alpha,\quad y_A = -R\sin 2\alpha$$

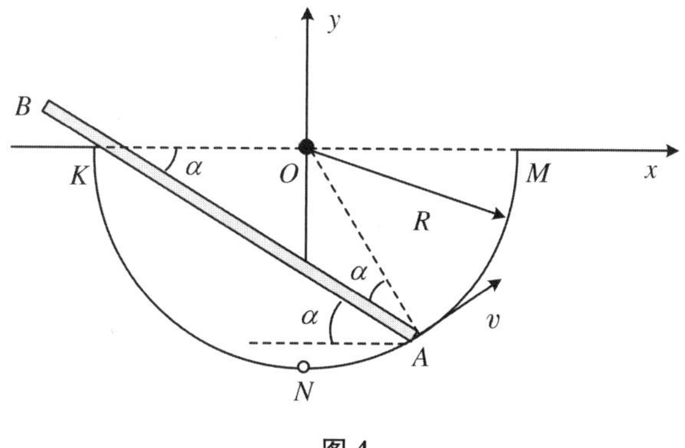

图 4

B 点的坐标为

$$x_B = R\cos 2\alpha - 2R\cos\alpha$$
$$y_B = -R\sin 2\alpha + 2R\sin\alpha$$

A 点的速度为

$$v_x = \frac{\mathrm{d}x_A}{\mathrm{d}t} = -2R\sin 2\alpha \frac{\mathrm{d}\alpha}{\mathrm{d}t} = v\sin 2\alpha$$

$$v_y = \frac{\mathrm{d}y_A}{\mathrm{d}t} = -2R\cos 2\alpha \frac{\mathrm{d}\alpha}{\mathrm{d}t} = v\cos 2\alpha$$

B 点的速度为

$$u = \sqrt{\left(\frac{\mathrm{d}x_B}{\mathrm{d}t}\right)^2 + \left(\frac{\mathrm{d}y_B}{\mathrm{d}t}\right)^2}$$

联立各式解得

$$u = 2v\sin\frac{\alpha}{2}$$

问题 10－3　带冰的水

在热量计中将一些水和冰混合。它们的确切质量和初始温度未知，但它们在图 1 中标出的区域内。如果达到热平衡后冰的质量不变，求从水可以传递给冰的热量的最大值，并求这种情况下热量计里的物质的质量。冰的熔解热 $\lambda = 340\ \mathrm{kJ/kg}$，水的比热 $c = 4200\ \mathrm{J/(kg \cdot ℃)}$，冰的比热 $c_1 = 2100\ \mathrm{J/(kg \cdot ℃)}$。水和冰的质量在图中用假定的单位，表示的是其质量是 $m_0 = 1\ \mathrm{kg}$ 的几分之一。热量计的热容量和热量损失忽略不计。

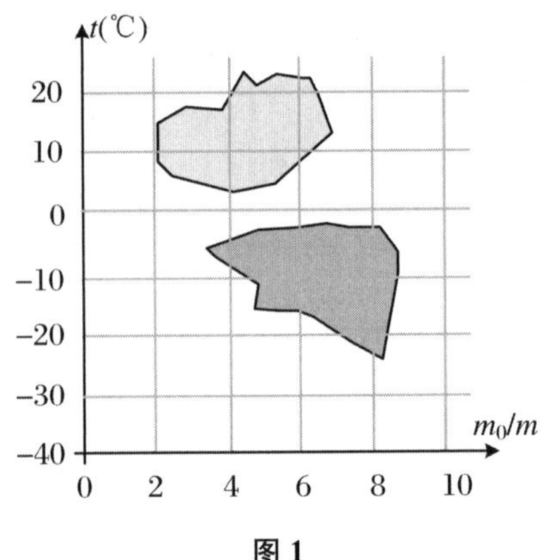

图 1

解　水放出的热量为

$$Q_1 = cm_{水}(t_{水} - 0\ ℃)$$

冰吸收的热量为

$$Q_2 = c_1 m_{冰}(0\ ℃ - t_{冰})$$

由能量守恒得

$$Q_1 = Q_2$$

代入数据整理得到

$$\frac{t_{水}}{\frac{m_0}{m_{水}}} = -\frac{1}{2}\frac{t_{冰}}{\frac{m_0}{m_{冰}}}$$

要使得热传递最大，即要求在符合上式的前提下图 2 中斜率最大，即实线对应情况。虚

线对应情况为 $t_{水}/(m_0/m_{水})$最大，而 $t_{冰}/(m_0/m_{冰})$取到满足条件的数值，代入相应数值可计算得到

$$Q_{max} = 7000\ \mathrm{J}$$

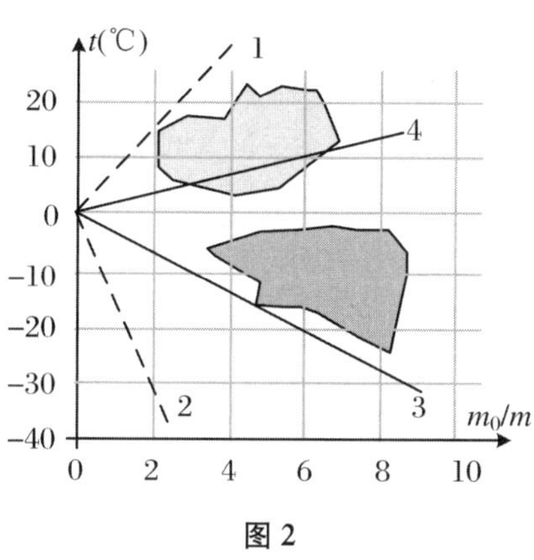

图 2

问题 10－4　正方体中的三个

如图 1 所示，正方体由相同的阻值为 R 的电阻器组成。将其中的三个电阻器换成理想的跨接线。

(1) 求接线端 A 和 B 之间的总阻值。

(2) 剩下的电阻器中可以把哪些去掉，仍然不影响系统的总阻值？

(3) 已知大多数电阻器上的电流强度为 $I=2$ A，计算接线端 A(或 B)处的电流强度。

(4) 求理想跨接线 AA'上的电流强度。

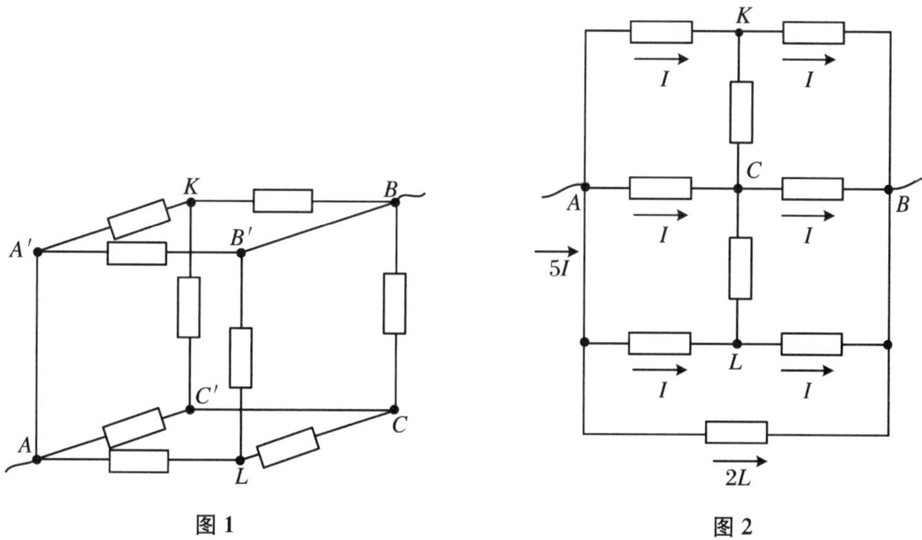

图 1　　图 2

解　画出等效电路图，如图 2 所示，由对称性可知，图中 K，C，L 等电势，故 K，C 间，C，L 间电阻可去除。容易得

$$R_{AB} = \frac{U_{AB}}{I_{AB}} = \frac{2IR}{5I} = \frac{2R}{5}$$

$$I_{A(B)} = 5I = 10\ \mathrm{A}$$

$$I_{AA'} = 3I = 6\ \mathrm{A}$$

问题 10－5　躺着的传送带

在粗糙的水平地面上将传送带躺着放置，使得传送带所在的平面是竖直的。传送带的传送速度为 v。传送带在地面上以速度 u 移动，方向与其主要部分垂直。经过一定的时间，传送带移动了距离 s 到新的位置。传送带推动了地面上的长方体物块。图 1 为该系统从上方看的样子。不考虑传送带的形变，认为物块做匀速直线运动，求在时间 s/u 内物块的位移，并求在这段时间内传送带对物块做的功。物块与地面的摩擦系数为 μ_1，物块与传送带的摩擦系数为 μ_2。

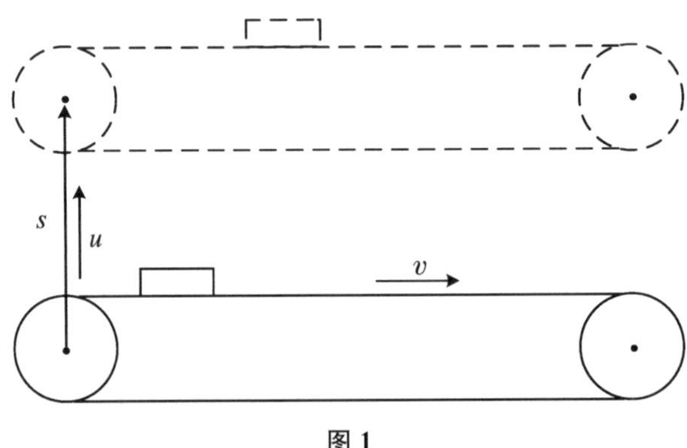

图 1

解　物块与地面间为滑动摩擦，与传送带间可能为滑动摩擦也可能为静摩擦。

如图 2 所示，物块与传送带间的摩擦角

$$\tan\alpha_0 = \mu_2$$

如图 3 所示，当物块与传送带相对静止时，速度方向满足

$$\tan\alpha = \frac{v}{u}$$

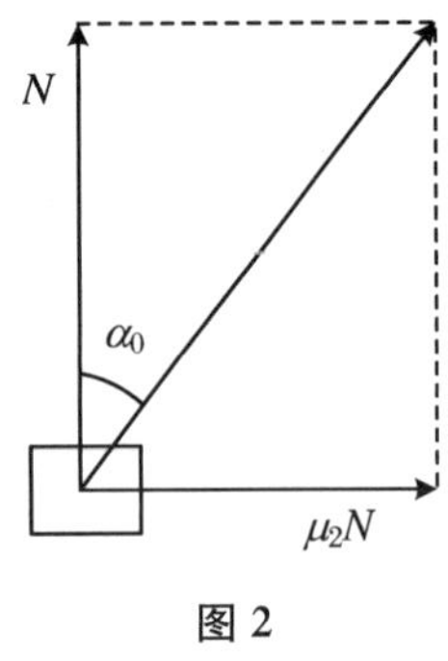

图 2

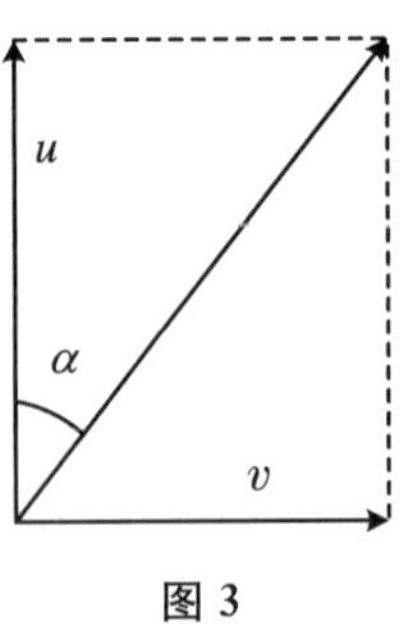

图 3

地面对其滑动摩擦力的方向与速度方向相反。

当 $\alpha \leqslant \alpha_0$，即 $v/u \leqslant \mu_2$ 时，可以保证物块与传送带相对静止，其受力情况如图 4 所示，此时，前进位移

$$x=\sqrt{u^2+v^2}\cdot\frac{s}{u}=s\sqrt{1+\left(\frac{v}{u}\right)^2}$$

传送带对其做功

$$W=f_1x=\mu_1mgs\sqrt{1+\left(\frac{v}{u}\right)^2}$$

当 $\alpha>\alpha_0$，即 $v/u>\mu_2$ 时，无法保证物块与传送带相对静止，即传送带与物块间为滑动摩擦，其受力情况如图5所示。由于物体速度方向与地面对其摩擦力方向相反，故可知其速度如图6所示，前进位移

$$x'=\sqrt{u^2+v_x^2}\cdot\frac{s}{u}=\frac{s}{u}\sqrt{u^2+(u\tan\alpha_0)^2}=s\sqrt{1+\mu_2^2}$$

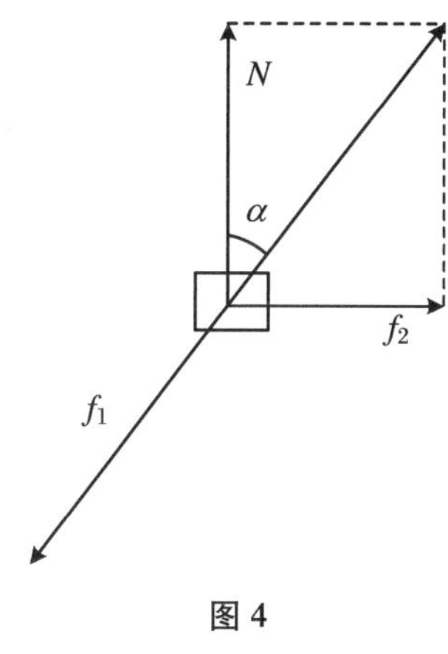

图4

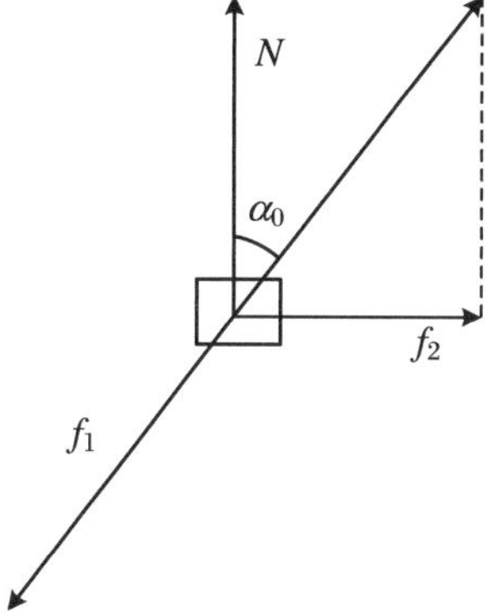

图5

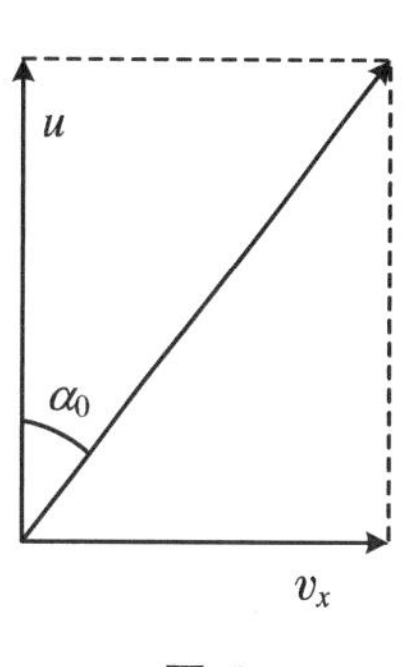

图6

传送带做功

$$W'=f_1x'=\mu_1mgs\sqrt{1+\mu_2^2}$$

十一年级

问题11-1　空间中的功率

质量为 $m=2$ kg 的物体一开始在光滑水平桌面上静止，开始对其施加恒定的水平力 F。结果，得到了功率 P 与物体的位移 s 的关系（见表）。有些测量不一定准确。

在什么样的坐标轴下，功率与位移的关系是线性的？求位移 $s_0=10$ cm 时力的功率，并求出力的大小 F。

表

P(W)	0.28	0.40	0.57	0.75	1.02	1.10	1.23	1.26	1.50
s(cm)	1.0	2.0	4.0	7.0	13	15	19	20	30

解　力的功率为

$$P=Fv=F\cdot\sqrt{2as}=F\cdot\sqrt{2\frac{F}{m}s}=\sqrt{2\frac{F^3}{m}s}\propto s^{1/2}$$

根据数据作出 $P\text{-}s^{1/2}$ 图像，如图所示。

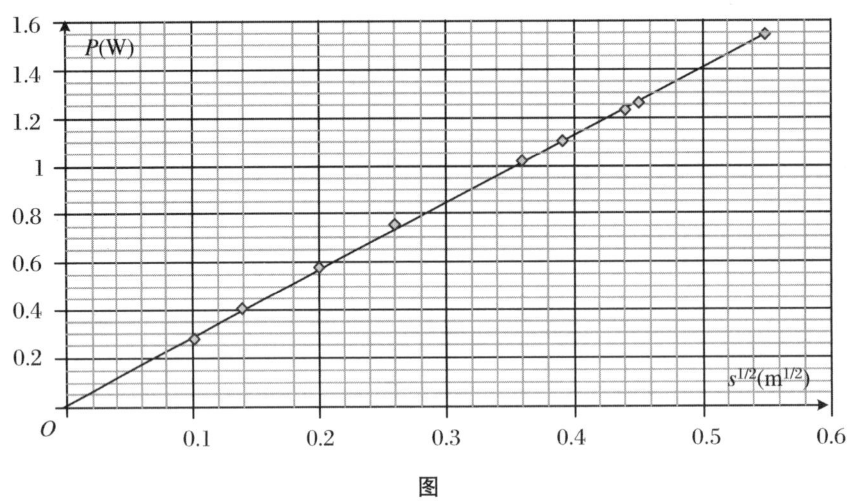

图

从图中可得当 $s_0=10\ \text{cm}$ 时，$P=0.89\ \text{W}$，

$$k=\frac{\Delta P}{\Delta s^{1/2}}=\sqrt{\frac{2F^3}{m}}\approx 2.8\ \text{W/m}^{1/2}$$

解得

$$F\approx 2\ \text{N}$$

问题 11－2 “暗物质”

如图所示，星团形成无碰撞的体系——星系，其中星星绕体系的对称轴的圆形轨道匀速运动。NGC-2885 星系包括一个球形星团组成的核（半径 $r_{核}=4\ \text{kpc}$）和一个薄环，其内半径等于核的半径，外半径为 $15r_{核}$。环里的星球质量与核里的可以忽略不计。在核里，星星是均匀分布的。

图

人们发现，环里的星星的速度不取决于与星系中心的距离：从环的外边界到核的边界，星星的速度为 $v_0=240\ \text{km/s}$。这个现象可以用不发光的“暗物质”的存在来解释，在核的外面，关于星系的中心呈球形对称。

(1) 求星系的核的质量 $M_{核}$。

(2) 求星系的核的平均密度 $\rho_{核}$。

(3) 求“暗物质”的密度与到星系中心的距离的关系 $\rho_{暗}(r)$。

(4) 求影响圆盘里的星星运动的“暗物质”与核的质量比。

注：1 kpc = 1 千秒差距 = 3.086×10^{19} m，万有引力常量 $G=6.67\times10^{-11}\ \mathrm{N\cdot m^2/kg^2}$。

解 (1) 对处于薄环内半径处的星球进行分析，满足

$$G\frac{mM_{核}}{r_{核}^2}=m\frac{v_0^2}{r_{核}} \qquad ①$$

代入数据解得

$$M_{核}\approx1.1\times10^{41}\ \mathrm{kg}$$

(2)

$$\rho_{核}=\frac{M_{核}}{\frac{4}{3}\pi r_{核}^3}\approx1.35\times10^{-20}\ \mathrm{kg/m^3}$$

(3) 对处于薄环半径为 r 处的星球进行分析，满足

$$G\frac{m(M_{核}+M_{暗}(r))}{r^2}=m\frac{v_0^2}{r} \qquad ②$$

由①②得到

$$M_{暗}(r)=\left(\frac{r}{r_{核}}-1\right)M_{核} \qquad ③$$

两边对 r 取微分得到

$$\rho_{暗}4\pi r^2\mathrm{d}r=\frac{M_{核}}{r_{核}}\mathrm{d}r$$

进一步得到

$$\rho_{暗}=\frac{M_{核}}{4\pi r^2r_{核}}$$

(4) 将 $r=15r_{核}$ 代入③得到

$$M_{暗}=14M_{核}$$

问题 11-3 正方体中的四个

如图 1 所示，正方体由相同的阻值为 R 的电阻器组成。将其中的四个电阻器换成理想的跨接线。

(1) 求接线端 A 和 B 之间的总阻值。

(2) 哪些电阻器上的电流强度最大，哪些最小？如果接线端 A 处的电流强度为 $I_0=1.2$ A，求这些电流的值。

(3) 求理想跨接线 AA' 上的电流强度。

解 (1) 画出等效电路，如图 2 所示，由基尔霍夫电压定律得

$$IR+I_1R=I_2R$$

$$IR+(2I-I_1)R+IR=I_2R$$

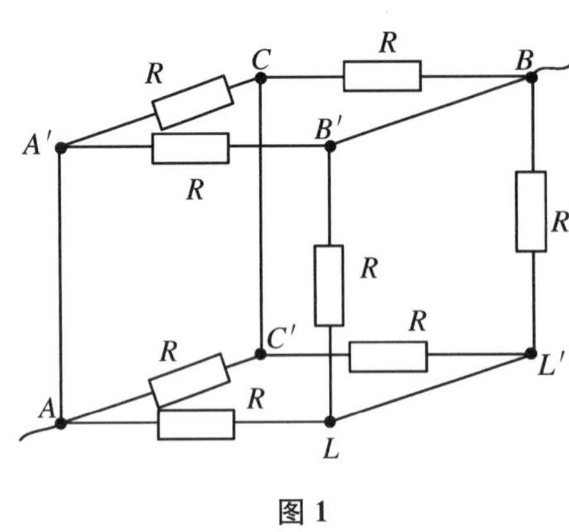

图 1

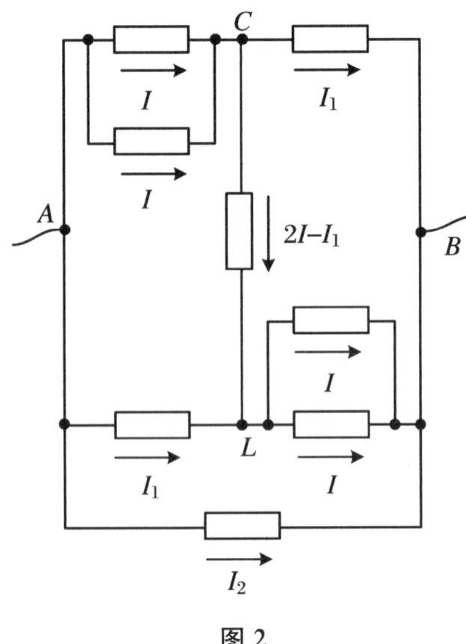

图 2

解得

$$I_1 = 1.5I,\quad I_2 = 2.5I$$

所以

$$R_{AB} = \frac{U_{AB}}{I_{AB}} = \frac{2.5IR}{6I} = \frac{5R}{12}$$

(2) 结合等效电路图可知

$$I_{max} = I_{A'B'} = \frac{5I_0}{12} = 0.5\text{ A}$$

$$I_{min} = I_{CL} = \frac{I_0}{12} = 0.1\text{ A}$$

(3) 结合等效电路图可知

$$I_{AA'} = I_{A'C} + I_{A'B'} = 0.7\text{ A}$$

问题 11-4 菱形

如图 1 所示，用理想气体进行的循环过程在 p-V 平面上的图像是菱形。顶点 1 和 3 位于一条等压线上，顶点 2 和 4 位于一条等容线上。在循环过程中气体做功为 W。

气体在 1→2 段的吸热量 Q_{12} 和在 3→4 段的放热量 $|Q_{34}|$ 相差多少？

解 如图 2 所示，依据图中数据，循环过程气体做功

$$W = 2\Delta p\Delta V \tag{①}$$

分析 1→2 过程，由热力学第一定律得

$$Q_{12} = C(T_2 - T_1) + \left(p_0\Delta V + \frac{1}{2}\Delta p\Delta V\right) \tag{②}$$

两状态分别满足理想气体方程

$$p_0(V_0 - \Delta V) = nRT_1 \tag{③}$$

$$(p_0 + \Delta p)V_0 = nRT_2 \tag{④}$$

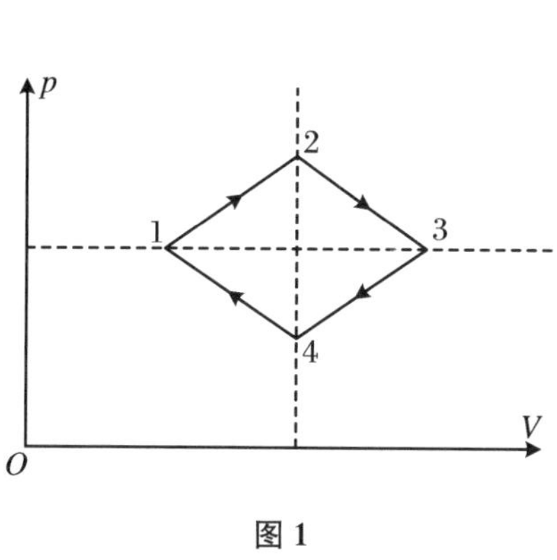

图 1

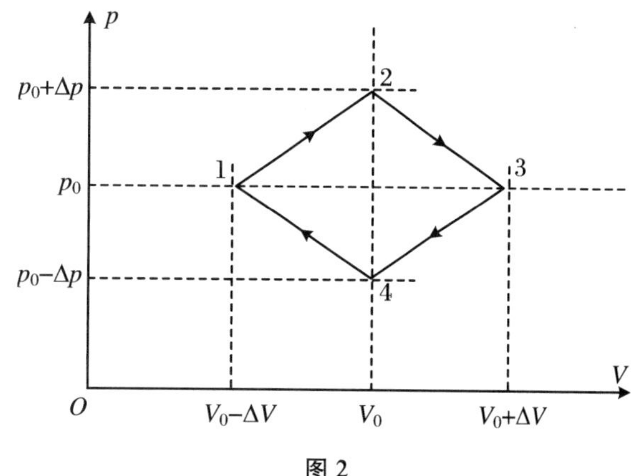

图 2

分析 3→4 过程，由热力学第一定律得

$$|Q_{34}| = C(T_3 - T_4) + \left(p_0\Delta V - \frac{1}{2}\Delta p\Delta V\right) \tag{5}$$

两状态分别满足理想气体方程

$$p_0(V_0 + \Delta V) = nRT_3 \tag{6}$$

$$(p_0 - \Delta p)V_0 = nRT_4 \tag{7}$$

由②⑤得到

$$Q_{1\to2} - |Q_{3\to4}| = C[(T_2 - T_1) - (T_3 - T_4)] + \Delta p\Delta V \tag{8}$$

由③④⑥⑦得到

$$\Delta pV_0 + p_0\Delta V = nR(T_2 - T_1) = nR(T_3 - T_4) \tag{9}$$

由①⑧⑨得到

$$Q_{1\to2} - |Q_{3\to4}| = \frac{1}{2}W$$

问题 11 - 5　不要震荡

如图所示，电路图包含阻值为 R 的电阻器，感应系数为 L 的线圈以及电容为 C_0、带电量为 Q_0的电容器。在某个时刻，将开关 K 闭合，同时改变电容器的电容，使得理想电压表的示数恒定，忽略电路中电阻器之外的所有电阻。

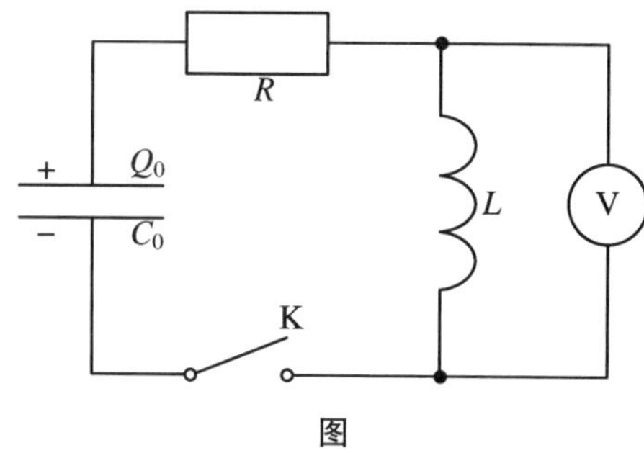

图

(1) 当时间 t 从 0 变化到 $t_1 = \sqrt{C_0 L}$时，求电容器的电容与时间的关系 $C(t)$。

(2) 在 t_1 时间内,外力做的功等于多少?设 $t_1 = L/R = \sqrt{C_0 L}$。

提示:在时间 t_1 内电阻器放出的热量 $Q = \int_0^{t_1} I^2(t) R \mathrm{d}t = \dfrac{Q_0^2}{3C_0}$。

解 (1) 电压表示数恒定,即线圈产生的感应电动势为定值

$$E = L\frac{\mathrm{d}I}{\mathrm{d}t}$$

令 $I = kt$, $q = \int_0^t I\mathrm{d}t = \int_0^t kt\mathrm{d}t = \dfrac{1}{2}kt^2$,故电容器上的电量

$$Q = Q_0 - \frac{1}{2}kt^2 \tag{①}$$

由基尔霍夫电压定律可知电容器上电压

$$U = E - IR = kL - kRt \tag{②}$$

故电容

$$C = \frac{Q}{U} = \frac{Q_0 - \frac{1}{2}kt^2}{kL - kRt}$$

再联系初始条件 $t = 0$ 时,$C = C_0$,解得

$$k = \frac{Q_0}{LC_0}$$

进一步得到

$$C = \frac{1 - \dfrac{t^2}{2C_0 L}}{1 - \dfrac{Rt}{L}} C_0 \tag{③}$$

(2) 由功能关系,外力做的功等于系统能量的增加量,即

$$W = Q + \Delta E_C + \Delta E_L \tag{④}$$

已知

$$Q = \int_0^{t_1} I^2(t) R\mathrm{d}t = \frac{Q_0^2}{3C_0} \tag{⑤}$$

当 $t_1 = \dfrac{L}{R} = \sqrt{C_0 L}$ 时,电流为

$$I_1 = kt_1 = \frac{Q_0}{\sqrt{C_0 L}}$$

故

$$\Delta E_L = \frac{1}{2}LI_1^2 = \frac{Q_0^2}{2C_0} \tag{⑥}$$

当 $t_1 = \dfrac{L}{R} = \sqrt{C_0 L}$ 时,电容器电量

$$Q_1 = Q_0 - \frac{1}{2}kt_1^2 = \frac{Q_0}{2}$$

电容为

$$C_1 = \frac{1 - \dfrac{t_1^2}{2C_0L}}{1 - \dfrac{Rt_1}{L}}C_0 = \frac{C_0}{4}$$

故

$$\Delta E_C = \frac{Q_1^2}{2C_1} - \frac{Q_0^2}{2C_0} = 0 \qquad ⑦$$

由④～⑦得到

$$W = \frac{5Q_0^2}{6C_0}$$

2017年全俄物理奥林匹克区域赛（理论部分）

九年级

问题9-1　碎成两块

将小型爆竹吊在距离水平面高度为 H 的线上。爆竹爆炸后碎成两块，沿同一直线以相同的初速度、相反的方向飞散。两个碎块着地的位置之间的距离 L 最大等于多少？碎块着地后不再运动。

解　令两碎块水平及竖直方向初速度大小分别为 v_x，v_y。

对斜向上的碎块有

$$x_1 = v_x t_1 \tag{1}$$

$$-H = v_y t_1 - \frac{1}{2}gt_1^2 \tag{2}$$

对斜向下的碎块有

$$x_2 = v_x t_2 \tag{3}$$

$$H = v_y t_2 + \frac{1}{2}gt_2^2 \tag{4}$$

两碎块着地位置距离为

$$L = x_1 + x_2 \tag{5}$$

由①～⑤解得

$$L = \frac{2v_x\sqrt{v_y^2 + 2gH}}{g} \tag{6}$$

考虑到

$$v_x^2 + v_y^2 = v^2 \tag{7}$$

其中 v 为碎块初速度的大小。故⑥由均值不等式得到

$$L = \frac{2v_x\sqrt{v_y^2 + 2gH}}{g} \leqslant \frac{v_x^2 + v_y^2 + 2gH}{g} = \frac{v^2}{g} + 2H \tag{8}$$

当 $v_x = \sqrt{v_y^2 + 2gH}$ 时⑧取到等号，联系⑦得到

$$v_x = \sqrt{\frac{v^2 + 2gH}{2}} \tag{9}$$

再考虑到

$$0 \leqslant v_x \leqslant v \tag{10}$$

由⑨⑩解得

$$v \geqslant \sqrt{2gH}$$

故当 $v \geqslant \sqrt{2gH}$ 时，⑧可取到等号。

$$L_{\max} = \frac{v^2}{g} + 2H$$

当 $v < \sqrt{2gH}$ 时，⑧无法取到等号，联系函数单调性可知当 $v_x = v$ 时取到极值，即有

$$L_{\max} = 2v\sqrt{\frac{2H}{g}}$$

问题 9－2　线上的小球

如图所示，质量为 m 的小球在水平面内绕着竖直轴沿半径为 $R = 25.0$ cm 的圆转动。小球上系有两根线，与旋转轴的夹角分别为 $\alpha = 30°$ 和 $\beta = 60°$。求使得两根线上的张力比值为 2 的角速度。重力加速度 $g = 9.81$ m/s^2。

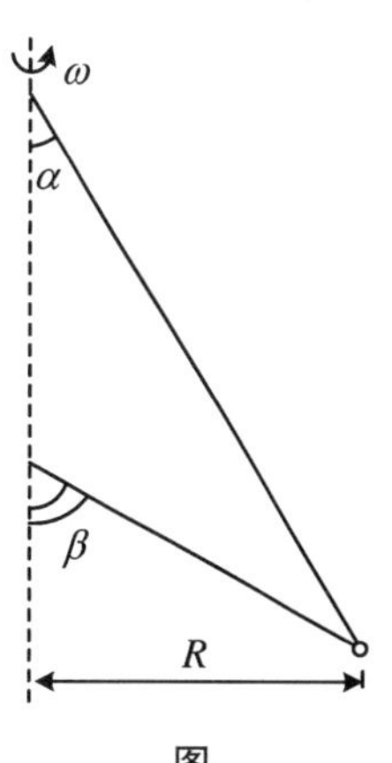

图

解　当上边绳子拉力为下边绳子拉力的两倍时，小球满足：

$$2T\sin\alpha + T\sin\beta = mR\omega_1^2 \quad (\text{水平方向})$$

$$2T\cos\alpha + T\cos\beta = mg \quad (\text{竖直方向})$$

联立解得

$$\omega_1 = \sqrt{\frac{g}{R} \cdot \frac{2\sin\alpha + \sin\beta}{2\cos\alpha + \cos\beta}} \approx 5.7 \text{ rad/s}$$

当下边绳子拉力为上边绳子拉力的两倍时，小球满足：

$$2T\sin\beta + T\sin\alpha = mR\omega_2^2 \quad (\text{水平方向})$$

$$2T\cos\beta + T\cos\alpha = mg \quad (\text{竖直方向})$$

联立解得

$$\omega_2 = \sqrt{\frac{g}{R} \cdot \frac{2\sin\beta + \sin\alpha}{2\cos\beta + \cos\alpha}} \approx 6.8 \text{ rad/s}$$

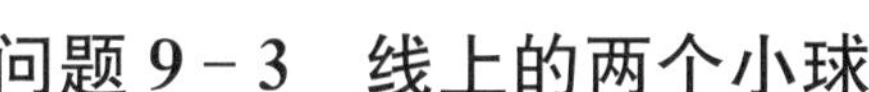

问题 9－3　线上的两个小球

如图 1 所示，轻质圆柱形容器由两个支点支撑，两支点关于圆柱形轴线对称。在一个支点的位置上，将漂浮着的体积 $V = 10$ cm^3、密度 $\rho = 500$ kg/m^3 的小球系在容器底端。在另一个支点的上方，从外面吊着一个小球，体积也为 V，密度为 3ρ。液体的密度为 $\rho_0 = 1200$ kg/m^3。求两个支点的支撑力的差的绝对值。重力加速度 $g = 10$ m/s^2。

解　如图 2 所示，对系统进行整体分析（浮力属于系统内力，整体分析不必画出）。

令两支点间距为 $2L$，以容器底面圆心为参考点写出力矩平衡方程：

$$N_2 L + 3\rho g V L = N_1 L + TL + \rho g V L \quad ①$$

再对左球进行受力分析，得到

$$3\rho g V = T + \rho_0 g V \quad ②$$

由①②解得

$$N_1 - N_2 = (\rho_0 - \rho) g V$$

代入数据得到

$$N_1 - N_2 = 0.07\ \mathrm{N}$$

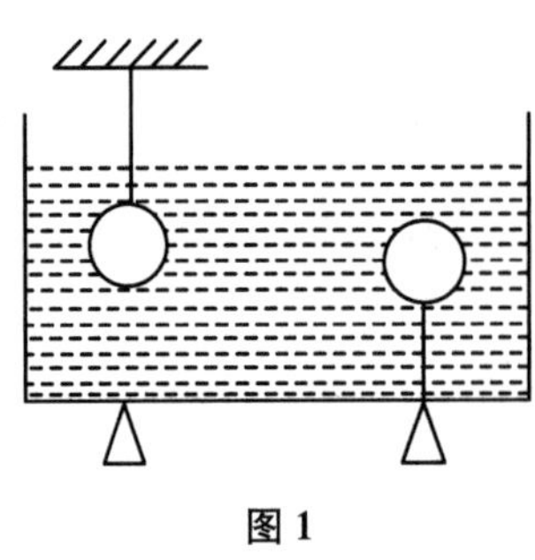

图 1

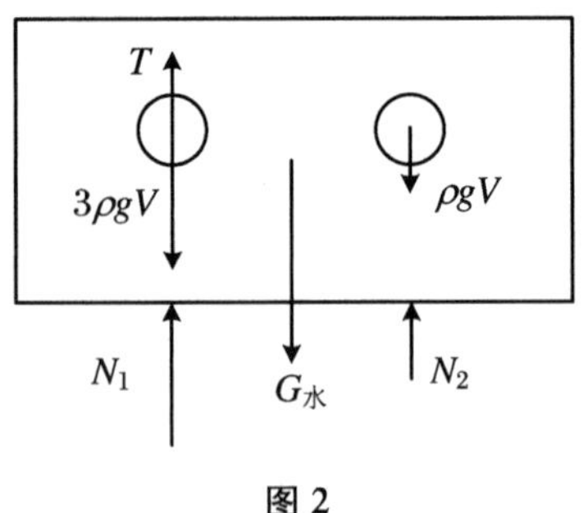

图 2

问题 9-4　阿基米德与温度

一块平坦的冰在装有水的容器中漂浮，温度为 $t_0=0$ ℃。为了使得冰完全浸入水中，在它上面放的重物的最小质量为 $m_1=100$ g。如果将冰冷却到 t_1，再放回装有温度仍为 t_0 的水的容器中，达到热平衡后，为了使得冰完全浸入水中，在它上面放的重物的最小质量为 $m_2=110$ g。求温度 t_1。

注：冰的比热 $c=2100$ J/(kg・℃)，冰的熔解热 $\lambda=340$ kJ/kg。

解　令冰的体积为 V，由平衡方程得

$$m_1 g + \rho_{冰} gV = \rho_{水} gV$$

解得

$$m_1 = (\rho_{水} - \rho_{冰})V = \left(\frac{\rho_{水} - \rho_{冰}}{\rho_{冰}}\right)\rho_{冰} V = \left(\frac{\rho_{水} - \rho_{冰}}{\rho_{冰}}\right)m_{冰}$$

故

$$\frac{m_2}{m_1} = \frac{m'_{冰}}{m_{冰}}$$

进一步得到

$$m'_{冰} = 1.1m_{冰}$$

故

$$\Delta m = 0.1m_{冰}$$

由能量守恒得

$$\Delta m\lambda = cm_{冰}(t_0 - t_1)$$

代入数据解得

$$t_1 = -16.19\ ℃$$

问题 9-5　奥迪环

如图 1 所示，将 N 个相同的环连接，使得交点处均导通（导通的点用粗点表示）。所有环的圆心位于同一条直线上。如果欧姆表连接到单个环的对径点时示数为 R_0，那么连接在此电路的 A 和 B 之间时的示数 R_E 等于多少？设 $N>3$。

解　令单个圆环拉成直线后总电阻为 R，易知

$$R = 4R_0$$

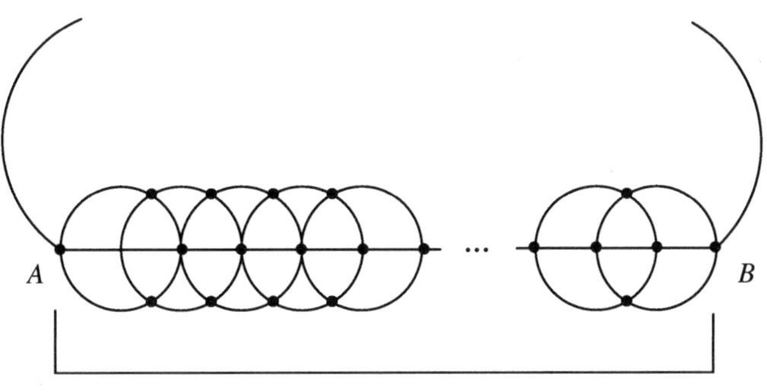

图 1

（法 1）由对称性可知，电路可等效为上、下完全相同的两部分并联，其中上半部分的等效电路如图 2 所示，其电阻

$$R_{上} = \frac{R}{3} + (N-2)\frac{\frac{R}{3}\cdot\frac{R}{6}}{\frac{R}{3}+\frac{R}{6}} + \frac{R}{3} = 4\cdot\left(\frac{N+4}{9}\right)R_0$$

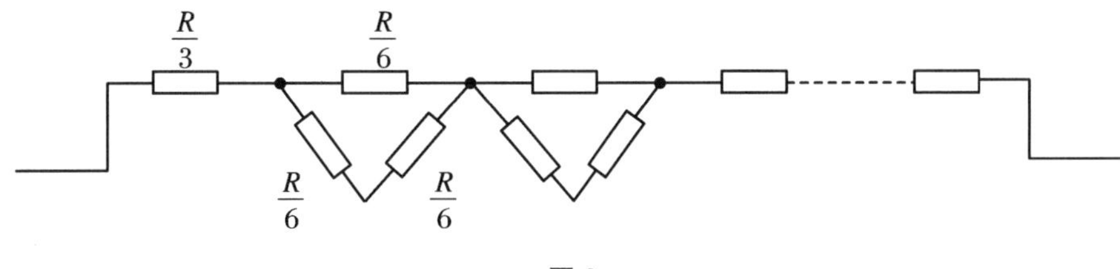

图 2

故总电阻为

$$R_E = \frac{R_{上}}{2} = 2\cdot\left(\frac{N+4}{9}\right)R_0$$

（法 2）将 $6I$ 大小的电流注入 A 端，由对称性得到电流分别如图 3 所示，由基尔霍夫电压定律得到

$$U_{AB} = 3I\cdot\frac{R}{3} + (N-2)\cdot 2I\cdot\frac{R}{6} + 3I\cdot\frac{R}{3} = 4IR_0\left(\frac{4+N}{3}\right)$$

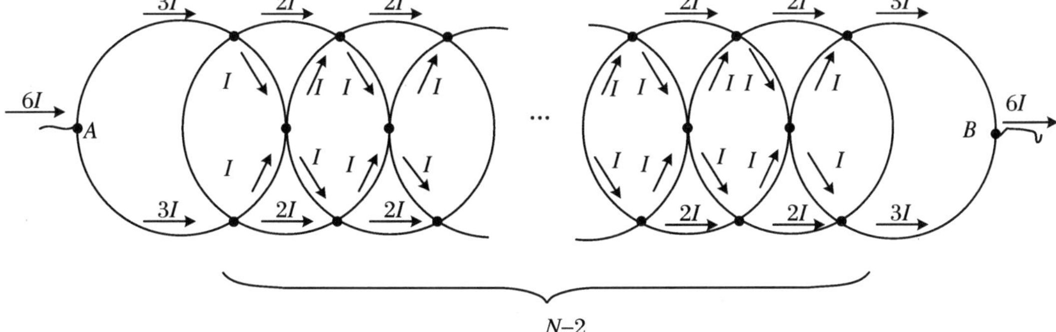

图 3

故

$$R_E = \frac{U_{AB}}{6I} = 2R_0\left(\frac{4+N}{9}\right)$$

十年级

问题 10-1 漂浮的玻璃杯

如图 1 所示,在底面积为 S_2 的圆柱形水槽里漂浮有底面积为 S_1、高为 $h = 24$ cm 的薄壁圆柱形玻璃杯。将玻璃杯缓慢浸入水中,并测量施加的力 F 关于玻璃杯相对于水槽底部移动的距离的关系。结果,力 $F_1 = 1.0$ N 对应 x 的两个值 $x_{11} = 1.5$ cm 和 $x_{12} = 7.5$ cm,力 $F_2 = 2.0$ N 对应 x 的两个值 $x_{21} = 3.0$ cm 和 $x_{22} = 7.0$ cm。设水的密度 $\rho = 1.0$ g/cm^3,重力加速度 $g = 10$ m/s^2,计算:

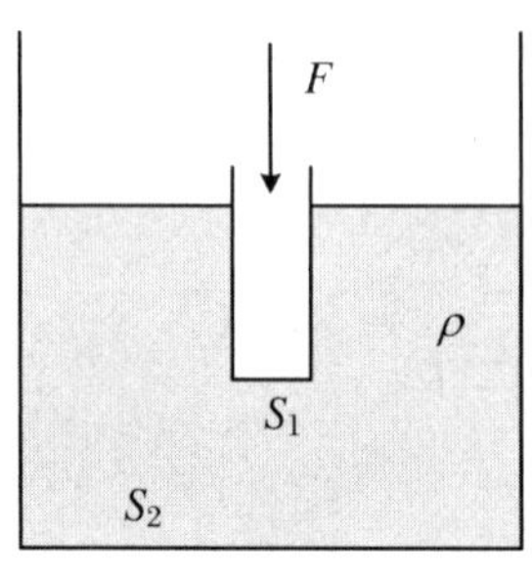

图 1

(1) 玻璃杯的质量。

(2) 玻璃杯的底面积 S_1。

(3) 水槽的底面积 S_2。

玻璃杯的玻璃的体积相对于它的容积可以忽略不计。

解 首先分析玻璃杯上端与水面相平之间的情况,相对水槽底移动 x,水面上升$\frac{xS_1}{S_2 - S_1}$。

玻璃杯浸入水中的体积增加

$$\Delta V = S_1\left(x + \frac{xS_1}{S_2 - S_1}\right) = \frac{xS_1S_2}{S_2 - S_1} \tag{①}$$

故需施加力

$$F = \rho g\Delta V = \frac{\rho g S_1 S_2 x}{S_2 - S_1} \tag{②}$$

F 的最大值 F^* 满足

$$F^* + mg = \rho g S_1 h \tag{③}$$

其中 m 为杯子的质量。

此时,玻璃杯上端恰好与水面齐平,在此过程中,相比不加 F 时,玻璃杯浸入水中的体积增加

$$\Delta V^* = S_1\left(h - \frac{mg}{\rho g S_1}\right) = S_1\left(h - \frac{m}{\rho S_1}\right) \tag{④}$$

由①④得到,此临界情况下,玻璃杯相对水槽底移动距离

$$x^* = \frac{S_2 - S_1}{S_2}\left(h - \frac{m}{\rho S_1}\right) \tag{⑤}$$

在此状态基础上,玻璃杯相对水槽底继续下移 Δx,将会有体积为 $S_2\Delta x$ 的水进入杯中,此时满足

$$F + mg + \rho g S_2 \Delta x = \rho g S_1 h \quad ⑥$$

由③⑥得到

$$F = F^* - \rho g S_2 \Delta x \quad ⑦$$

随着 Δx 的增加，F 将减小，当 $F=0$ 时，Δx 达到最大，在此基础上，得到

$$x_{\max} = x^* + \Delta x_{\max} = h - \frac{m}{\rho S_1} \quad ⑧$$

综合上述分析，可得 F-x 的图像如图 2 所示，联系已知数据可知

$$x^* = 6\ \text{cm}, \quad x_{\max} = 8\ \text{cm}, \quad F^* = 4\ \text{N}$$

再联系③⑤⑧解得

$$m = 0.8\ \text{kg}, \quad S_1 = 50\ \text{cm}^2, \quad S_2 = 200\ \text{cm}^2$$

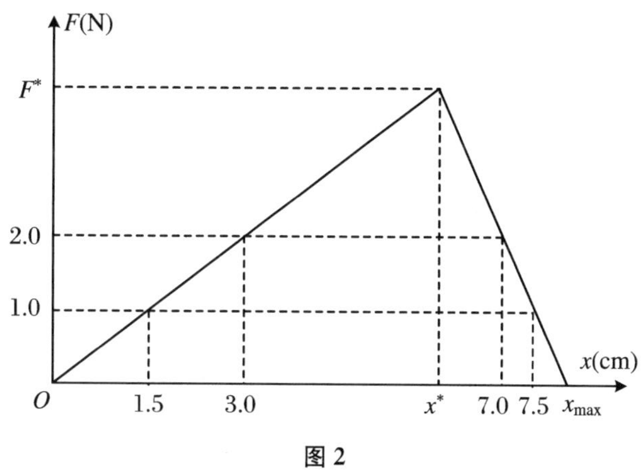

图 2

问题 10－2　黏性滚轴

如图 1 所示，质量为 m、半径为 R、均匀的圆柱与两块平行的、竖直的平板相切，平板分别以恒定速度 v_1 和 v_2 向上运动。在平板和圆柱表面之间是黏性摩擦，此摩擦力与接触面之间的相对速度成正比（$\boldsymbol{F}_{擦} = -\gamma \boldsymbol{v}_{相}$）。两块平板的黏性摩擦系数分别为 γ_1 与 γ_2。

（1）求圆柱处于稳定状态时旋转的角速度 ω，以及中心的速度 v。

（2）在什么情况下圆柱向上移动？

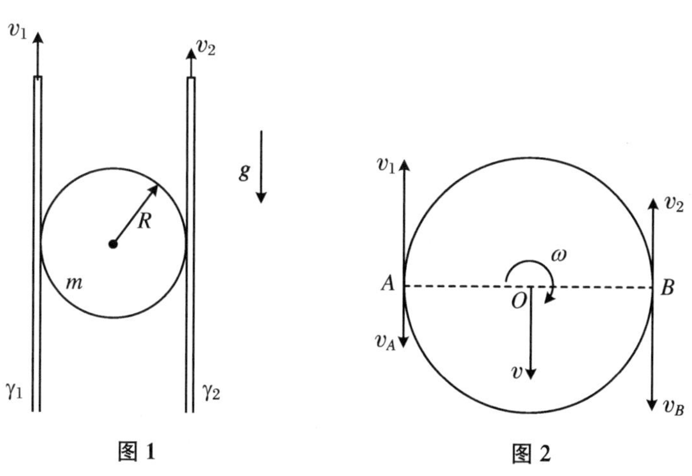

图 1　　　　图 2

解 (1) 如图 2 所示,假设稳定时质心速度向下,角速度方向为顺时针方向,则圆柱左、右两切点对地速度分别为

$$v_A = v - \omega R$$

$$v_B = v + \omega R$$

当圆柱处于稳定状态时,由物体的平衡条件可得

$$mg = F_1 + F_2$$

$$F_1 R = F_2 R$$

其中 F_1,F_2 分别为左、右两侧的摩擦力。根据题意有

$$F_1 = \gamma_1(v_1 + v_A) = \gamma_1(v_1 + v - \omega R)$$

$$F_2 = \gamma_2(v_2 + v_B) = \gamma_2(v_2 + v + \omega R)$$

联立解得

$$\omega = \frac{mg}{4R}\left(\frac{1}{\gamma_2} - \frac{1}{\gamma_1}\right) + \frac{v_1 - v_2}{2R}$$

$$v = \frac{mg}{4}\left(\frac{1}{\gamma_2} + \frac{1}{\gamma_1}\right) - \frac{v_1 + v_2}{2}$$

(2) 圆柱向上运动,即

$$v = \frac{mg}{4}\left(\frac{1}{\gamma_2} - \frac{1}{\gamma_1}\right) - \frac{v_1 + v_2}{2} < 0$$

解得

$$v_1 + v_2 > \frac{mg}{2}\left(\frac{1}{\gamma_2} + \frac{1}{\gamma_1}\right)$$

问题 10-3 两根线上的两个小球

如图 1 所示,轻质圆柱形容器由两个支点支撑。在一个支点的位置上,漂浮着体积 $V = 10\ \mathrm{cm}^3$、密度 $\rho = 500\ \mathrm{kg/m^3}$ 的小球,小球被细线固定在容器底端。在另一个支点的上方,在容器顶部吊着一个小球,体积也等于 V,密度为 3ρ。求两个支点的支撑力的差的绝对值。重力加速度 $g = 10\ \mathrm{m/s^2}$。

解 如图 2 所示,对系统整体分析(浮力属于系统内力,整体分析不必画出)。

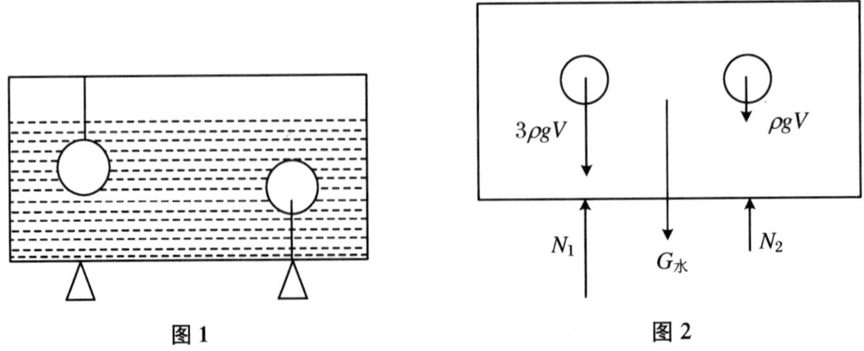

图 1　　　　图 2

令两支点间距为 $2L$,以容器底面圆心为参考点写出力矩平衡方程:

$$N_2L + 3\rho gVL = N_1L + \rho gVL$$

解得

$$N_1 - N_2 = 2\rho gV$$

代入数据解得

$$N_1 - N_2 = 0.1\ \mathrm{N}$$

问题 10 - 4　马略特瓶

如图所示，马略特瓶是一个封闭的圆柱形容器，底面积为 S，将两端开口的管子插入盖子中。管的下端与容器顶端的距离为 H。在边界上接近底部的壁上插入有水龙头的横管。一开始，水相对于管的下端的高度为 x_0，管里充满空气。水龙头处于关闭状态。在 $t=0$ 时刻，实验员格鲁克打开水龙头，水开始从容器里流出来，气泡沿着竖直的管子进入容器。液体的流速为 ω（单位时间内流出液体的体积）。容器的温度 T 和大气压 p_0 已知，且保持恒定，已知空气的摩尔质量为 M。水的饱和蒸汽压忽略不计。假设在整个实验过程中，容器中的液面不会降到竖直管的下端以下。

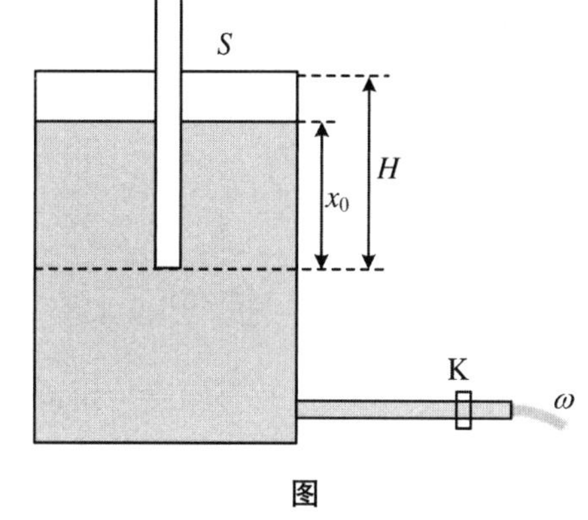

图

(1) 在一开始的瞬间，水面上方的空气的质量 m_0 等于多少？

(2) 在一开始的瞬间，容器里空气质量的变化率 μ 等于多少？

(3) 在水流的过程中，μ（容器里空气质量的变化率）的变化率 β 等于多少？①

解　(1) 设某时刻水面相对管的下端高度下降至 x，此时容器内气体压强为 p，满足

$$p + \rho gx = p_0 \tag{①}$$

其体积

$$V = S(H - x) \tag{②}$$

满足理想气体

$$pV = nRT \tag{③}$$

气体质量

$$m = Mn \tag{④}$$

由①～④得到

$$m(x) = \frac{MS}{RT}(p_0 - \rho gx)(H - x) \tag{⑤}$$

故开始时

$$m_0 = m(x_0) = \frac{MS}{RT}(p_0 - \rho gx_0)(H - x_0)$$

① 译者注：即 $\beta = \dfrac{\mathrm{d}\mu}{\mathrm{d}t}$。

(2)(3) 质量变化率

$$\mu = \frac{\mathrm{d}m}{\mathrm{d}t} = \frac{\mathrm{d}m}{\mathrm{d}x} \cdot \frac{\mathrm{d}x}{\mathrm{d}t} \tag{6}$$

由连续性原理得到

$$\omega \mathrm{d}t = - S\mathrm{d}x \tag{7}$$

由⑤～⑦得到

$$\mu = \frac{M\omega}{RT}(p_0 + \rho gH - 2\rho gx)$$

故开始瞬间

$$\mu = \frac{M\omega}{RT}(p_0 + \rho gH - 2\rho gx_0)$$

$$\beta = \frac{\mathrm{d}\mu}{\mathrm{d}t} = \frac{\mathrm{d}\mu}{\mathrm{d}x} \cdot \frac{\mathrm{d}x}{\mathrm{d}t} \tag{8}$$

由⑦⑧得到

$$\beta = \frac{2M\rho g\omega^2}{RTS}$$

问题 10-5　挂住了!

在直流电动机上装有温度传感器。在工地的顶楼安装有以它为动力的绞车。在工作日的一开始,绞车开始提起质量为 $M = 67.5$ kg 的重物。还没到达顶楼的时候,重物就在什么东西上挂住了,不能动。问:重物是在哪一层楼挂住的?图是电动机的温度与时间的关系图。已知电动机的输入电压保持恒定,电动机的轴承和绞车的摩擦不计。取 $g = 10$ m/s^2,每层楼的高度为 3 m,电动机的热容量为 $c = 4.5$ kJ/℃。

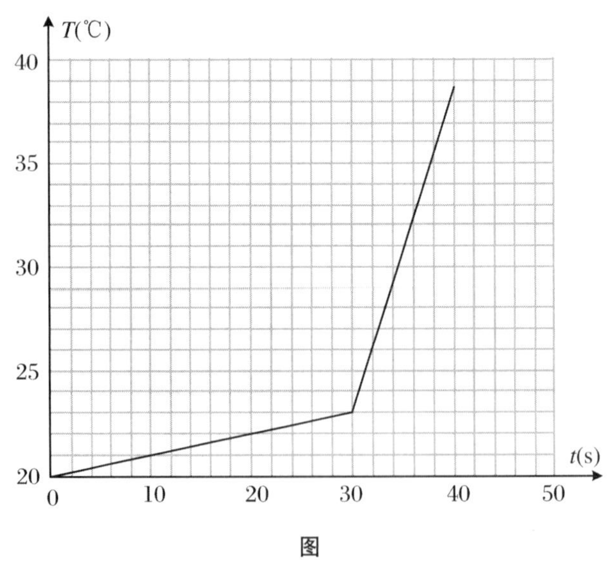

图

解　设 P_Q 为发热功率,则

$$P_Q \Delta t = c\Delta T$$

即

$$P_Q = c\frac{\Delta T}{\Delta t}$$

从图中得到

$$P_{Q1} = 450\ \text{W} \quad ①$$

$$P_{Q2} = 7200\ \text{W} \quad ②$$

结合焦耳定律得

$$P_Q = I^2 R$$

进一步得到

$$I_2 = 4I_1$$

电动机总功率

$$P = UI$$

故

$$P_2 = 4P_1 \quad ③$$

其中

$$P_1 = P_{Q1} + Mgv \quad ④$$

$$P_2 = P_{Q2} \quad ⑤$$

由①～⑤解得

$$v = 2\ \text{m/s}$$

故上升距离 $h = vt = 60$ m，上升到了 20 层天花板处。

十一年级

问题 11－1　连通器

如图 1 所示，在两个连通的相同的竖直圆柱容器中有密度为 ρ 的液体。一开始，液体与容器底部的距离为 $l = 10$ cm。容器底部中间有小孔，用体积可以忽略的管连通。在左边的容器距离底部 $2l$ 的位置有不计质量的活塞，可以在容器壁内无摩擦地运动。在活塞下面是压强为 $p_0 = 2\rho gl$ 的空气。在 $t = 0$ 时刻，实验员格鲁克开始在左边容器的活塞上方空间注入相同的液体，活塞上方液面的上升速度为 $v = 0.2$ mm/s。

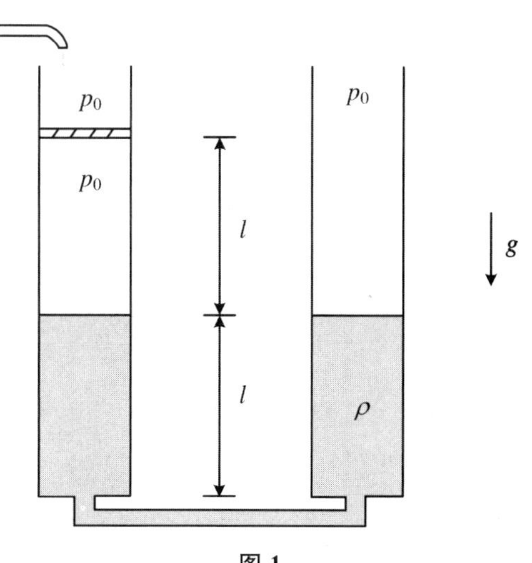

图 1

(1) 一开始，右侧容器的液面的移动速度等于多少？

(2) 一开始，活塞上方的液面的移动速度等于多少，朝哪边移动？

(3) 经过(a) 600 s，(b) 1100 s 后，活塞上方的液面距离容器底的高度等于多少？

容器里的温度视为恒定的,容器里的液体不会溢出来。

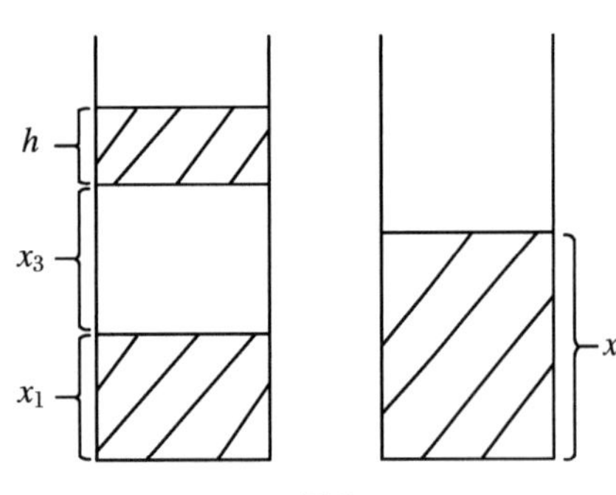

图 2

解 (1) 令刚开始不久的状态如图 2 所示,由压强关系

$$p_0 + \rho gh = p_0 + \rho g(x_2 - x_1) \qquad ①$$

又因液体总体积不变,有

$$x_1 + x_2 = 2l \qquad ②$$

由①②得到

$$h = 2x_2 - 2l$$

两边对时间求导,得

$$\frac{\mathrm{d}h}{\mathrm{d}t} = 2\frac{\mathrm{d}x_2}{\mathrm{d}t}$$

其中

$$\frac{\mathrm{d}h}{\mathrm{d}t} = v = 0.2\ \mathrm{mm/s}$$

所以

$$\frac{\mathrm{d}x_2}{\mathrm{d}t} = 0.1\ \mathrm{mm/s}$$

即右侧液面上升速度为 0.1 mm/s。

(2) 活塞上方液面离容器底部

$$H = h + x_1 + x_3$$

$$\frac{\mathrm{d}H}{\mathrm{d}t} = \frac{\mathrm{d}h}{\mathrm{d}t} + \frac{\mathrm{d}x_1}{\mathrm{d}t} + \frac{\mathrm{d}x_3}{\mathrm{d}t} \qquad ③$$

其中

$$\frac{\mathrm{d}h}{\mathrm{d}t} = v = 0.2\ \mathrm{mm/s} \qquad ④$$

$$\frac{\mathrm{d}x_1}{\mathrm{d}t} = -\frac{\mathrm{d}x_2}{\mathrm{d}t} = -\frac{v}{2} \qquad ⑤$$

由于容器内温度视为恒定,故活塞下方气体满足

$$p_0Sl = (p_0 + \rho gh)Sx_3$$

得到

$$x_3 = \frac{p_0}{p_0 + \rho gh}l$$

考虑到

$$p_0 = 2\rho gl$$

故

$$x_3 = \frac{2l^2}{2l + h} \qquad ⑥$$

则有

$$\frac{\mathrm{d}x_3}{\mathrm{d}t} = -\frac{2l^2}{(2l + h)^2}\cdot\frac{\mathrm{d}h}{\mathrm{d}t} = -\frac{2l^2}{(2l + h)^2}v$$

在 $h=0$ 时

$$\frac{\mathrm{d}x_3}{\mathrm{d}t}=-\frac{v}{2} \tag{7}$$

由③④⑤⑦得到

$$\left(\frac{\mathrm{d}H}{\mathrm{d}t}\right)_{t=0}=0$$

(3) 左侧液体以$\frac{v}{2}$的速度下降，故当 $t=l/(v/2)=1000\ \mathrm{s}$ 时，左侧液体全部进入右侧。此后活塞平衡状态被打破，被迅速压至容器底部。

(a) 因为 600 s<1000 s，所以

$$H=h+x_1+x_3$$
$$h=vt$$
$$x_1=l-\frac{v}{2}t$$

由⑥得到

$$x_3=\frac{2l^2}{2l+h}=\frac{2l^2}{2l+vt}$$

代入数据解得

$$H=22.25\ \mathrm{cm}$$

(b) 因为 1100 s>1000 s，活塞已降至容器底部，$x_1=x_3=0$，故

$$H=h=vt=22\ \mathrm{cm}$$

问题 11－2　玻璃升降器

如图所示，当汽车的一扇车窗的玻璃升降器开启时，玻璃从下面升到上面需要的时间为 t_1。如果两扇车窗的玻璃升降器同时开启，上升需要的时间为 t_2（$t_2>t_1$）。

(1) 如果三扇车窗的玻璃升降器同时开启，上升需要的时间 t_3 等于多少？

(2) 如果四扇车窗的玻璃升降器同时开启，上升需要的时间 t_4 等于多少？

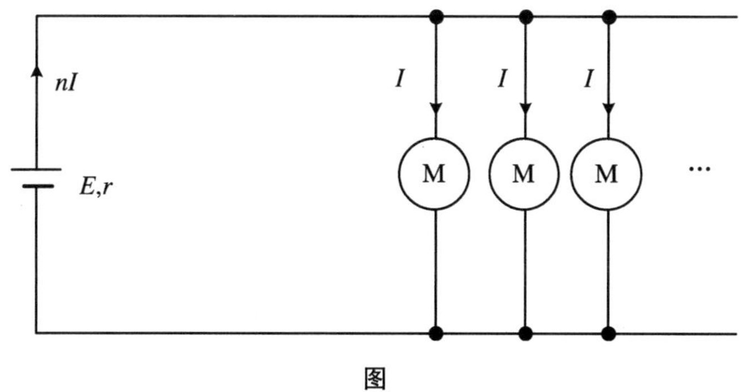

图

注：假设使玻璃上升所需要的力不取决于上升速度，玻璃升降器的电动机的牵引力 F 与电流成正比。

解　由于玻璃匀速上升时，电动机提供的牵引力不变，由题目条件，通过电动机的电流

不变，如图所示，当 n 个电动机并联时，满足

$$nEI = (nI)^2\left(r + \frac{R}{n}\right) + n\frac{Fh}{t_n} \qquad ①$$

其中 R 为电动机内阻，h 为玻璃上升的距离。

由①进一步得到

$$nI^2 r + \frac{Fh}{t_n} = EI - I^2 R = C$$

进一步得到

$$\frac{1}{t_{n+1}} - \frac{1}{t_n} = \frac{1}{t_n} - \frac{1}{t_{n-1}}$$

故

$$\frac{1}{t_3} - \frac{1}{t_2} = \frac{1}{t_2} - \frac{1}{t_1}$$

$$\frac{1}{t_4} - \frac{1}{t_3} = \frac{1}{t_3} - \frac{1}{t_2}$$

联立解得

$$t_3 = \frac{t_1 t_2}{2t_1 - t_2}$$

$$t_4 = \frac{t_1 t_2}{3t_1 - 2t_2}$$

问题 11-3　充放电

如图所示的电路图中的元件均视为理想元件。电容器 C 不带电，电池的电动势 ε 是已知的。将开关 K 闭合，然后当电容器里的能量变化率等于最大值的 75%时断开。求开关闭合期间电路中放出的热量。

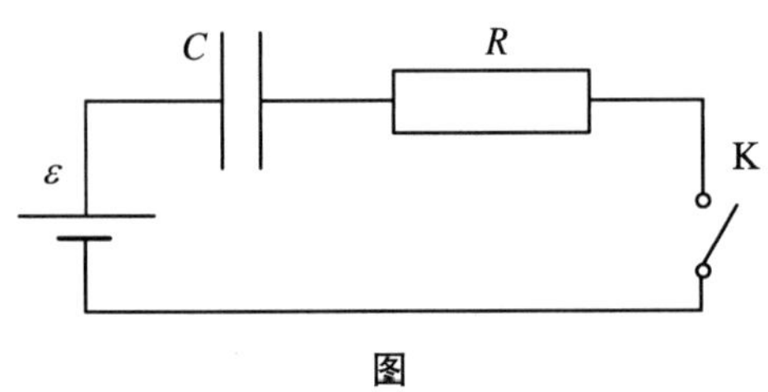

图

解　电容器的能量为

$$E = \frac{q^2}{2C}$$

变化率为

$$\alpha = \frac{\mathrm{d}E}{\mathrm{d}t} = \frac{q^2}{C}\cdot\frac{\mathrm{d}q}{\mathrm{d}t} = UI$$

进一步得到

$$\alpha = UI = U\left(\frac{\varepsilon - U}{R}\right)$$

当 $U = \frac{\varepsilon}{2}$ 时，α 最大为 $\frac{\varepsilon^2}{4R}$。

$$\alpha = U\left(\frac{\varepsilon - U}{R}\right) = 0.75\alpha_{\max}$$

解得

$$U_1 = \frac{\varepsilon}{4}, \quad U_2 = \frac{3\varepsilon}{4}$$

相应电容器的电量

$$q_1 = \frac{C\varepsilon}{4}, \quad q_2 = \frac{3C\varepsilon}{4}$$

由能量守恒可得电路发热为

$$Q = \varepsilon q - \frac{q^2}{2C}$$

代入 q_1,q_2 得到

$$Q_1 = \frac{7}{32}C\varepsilon^2, \quad Q_2 = \frac{15}{32}C\varepsilon^2$$

问题 11-4　有多久?

在宇宙深处远离重力的地方有一根均匀的细棒,长度 $L=10$ m,质量 $M=1.0$ kg。质量为 $m=0.1$ kg 的珠子可以在它上面无摩擦地滑动。一开始,珠子稍微偏离细棒的中点,系统静止。经过多长时间,珠子第一次到达细棒的中点?万有引力常数 $G=6.67\times10^{-11}$ N·m²/kg²。

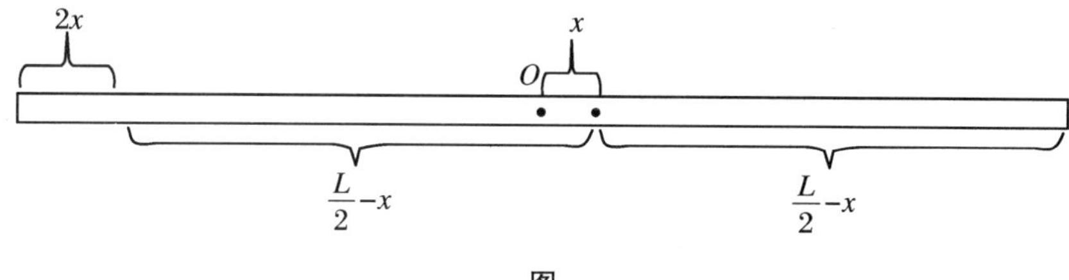

图

解　设珠子偏离中点的距离为 x,$x \ll L$。由对称性可知,细棒对其万有引力等效于距杆最左端长为 $2x$ 的细棒对其的引力:

$$F \approx G\frac{m\cdot\frac{2x}{L}M}{\left(\frac{L}{2}\right)^2} = 8G\frac{mMx}{L^3} \tag{①}$$

以细棒为参考系,珠子折合质量

$$\mu = \frac{mM}{m+M} \tag{②}$$

动力学方程为

$$F = \mu a \tag{③}$$

由①~③得到

$$a = 8G\frac{m+M}{L^3}x \propto x$$

故珠子做简谐运动,其中

$$\omega^2 = 8G\frac{m+M}{L^3}$$

简谐运动周期 $T=\frac{2\pi}{\omega}$,珠子第一次运动到中点所需时间 $t=\frac{T}{4}$。

代入数据解得

$$t \approx 2 \times 10^6 \text{ s}$$

问题 11 - 5　厚透镜

平坦的毛玻璃屏幕的表面被垂直于屏幕的平行光束照亮。用玻璃做的半球形厚透镜置于屏幕前方，使透镜平的一面与屏幕平行，如图 1 所示。透镜玻璃的折射率 $n = 2.0$。透镜的直径比屏幕小。

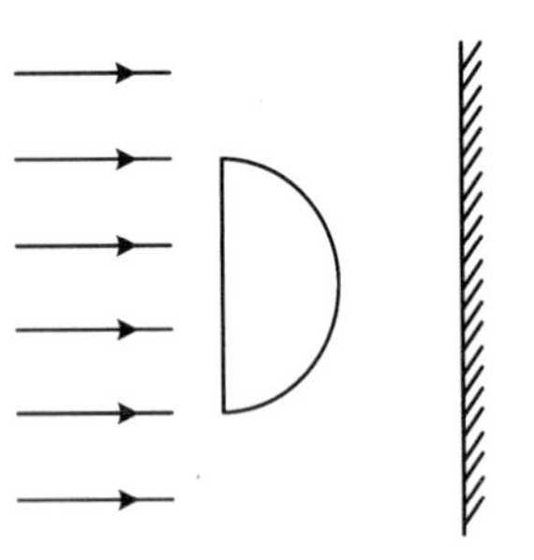

图 1

(1) 如果屏幕上显示的图形如图 2 所示，求透镜的平的一面与屏幕的距离 L_1。虚线与被不同程度照亮的区域的边界相切。

(2) 如果屏幕上显示的图形如图 3 所示，求透镜的平的一面与屏幕的距离 L_2。

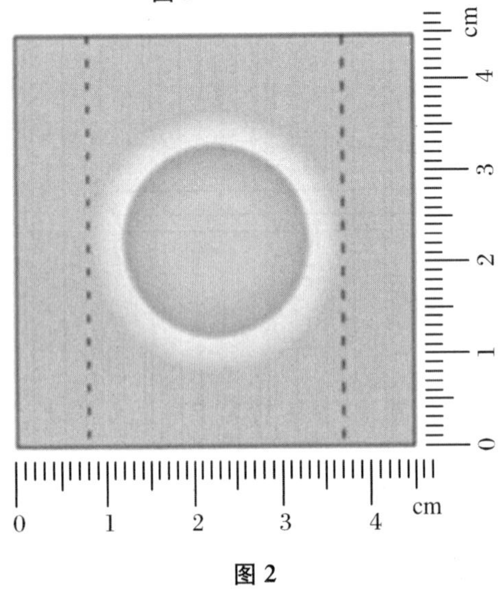

图 2

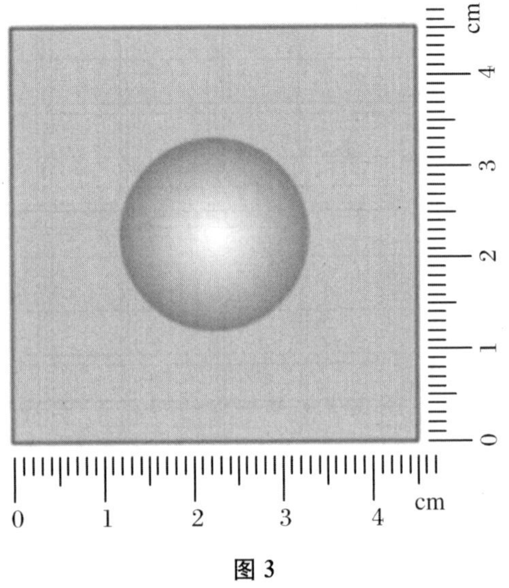

图 3

解　如图 4 所示，透镜玻璃中心附近的入射光线最终会被折射出透镜到达屏幕，离透镜玻璃中心较远的入射光线会被全反射而无法到达屏幕。

当屏幕离透镜较远时，从透镜出射的光线可以到达的区域大于透镜的截面积。而当屏幕离透镜较为接近时，从透镜出射的光线可以到达的区域小于透镜的截面积，图 2、图 3 正好对应这两种情况。

首先分析图 2，结合上述分析，此时的光路图如图 5 所示，透镜射向空气中的临界角满足 $\sin\alpha = \dfrac{1}{2}$，故临界角 $\alpha = 30°$。

由图 2 可知，光斑的直径 $D = 2.90$ cm，故图 5 中

$$CE = \frac{D}{2} = 1.45 \text{ cm}$$

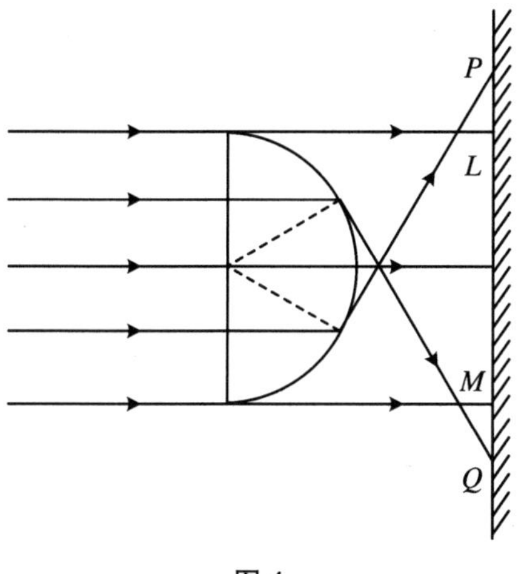

图 4

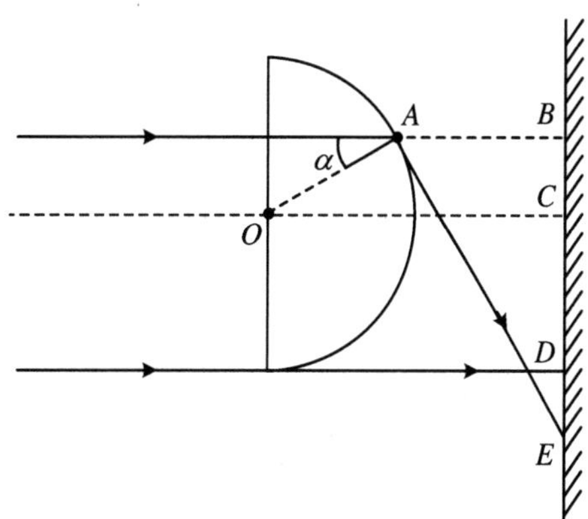

图 5

透镜圆形截面的直径 $d=2.10$ cm,故半球的半径 $R=d/2=1.05$ cm。不难得到

$$AB = L_1 - R\cos\alpha$$

$$BE = \frac{D}{2} + R\sin\alpha$$

又因为

$$\tan\alpha = \frac{AB}{BE}$$

联立解得

$$L_1 = \frac{\frac{D}{2}\sin\alpha + R}{\cos\alpha} = 2.05\ \text{cm}$$

进一步分析,当屏幕离透镜较为接近时,从透镜出射的光线可以到达的区域小于透镜的截面积,对应图 3 所示的情况。临界情况为图 5 中 D,E 两点重合,此时

$$BE = R + R\sin\alpha$$

$$AB = BE\tan\alpha$$

$$AB = L_2 - R\cos\alpha$$

联立解得

$$L_{2\max} = R\,\frac{\sin\alpha + 1}{\cos\alpha} \approx 1.82\ \text{cm}$$

故

$$R \leqslant L_2 \leqslant R\,\frac{\sin\alpha + 1}{\cos\alpha}$$

即

$$1.05\ \text{cm} \leqslant L_2 \leqslant 1.82\ \text{cm}$$

2018 年全俄物理奥林匹克区域赛(理论部分)

九年级

问题 9-1　安全车距

在一段笔直的道路上,两辆车以相同的初速度 v 前后匀速行驶,其中两辆车刹车时的最大加速度分别为 a_1 和 a_2。如果前车司机开始以恒定加速度刹车直到停止,后车司机延迟 $\tau = 0.3$ s 后踩刹车。基于两辆车谁在前边,避免碰撞的安全车距分别为 $L_1 = 6$ m 或 $L_2 = 9$ m。求车行驶的初速度。已知两辆车的加速度约为 5 m/s^2,求加速度之差 Δa。

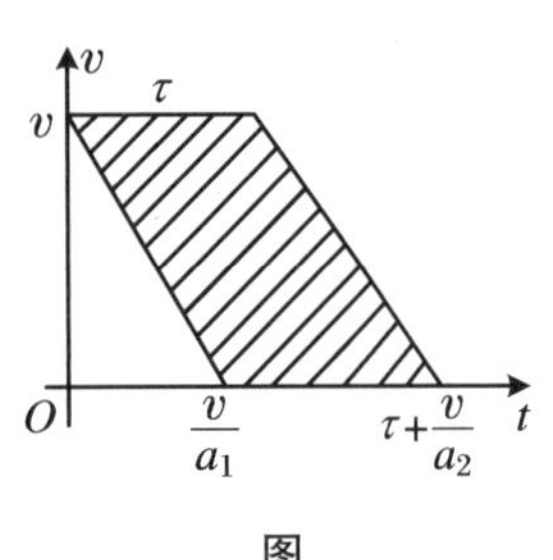

图

解　假设前车最大加速度为 a_1,则两车刹车的 v-t 图如图所示,安全车距为

$$L_1 = v\tau + \frac{v^2}{2a_2} - \frac{v^2}{2a_1}$$

若前车最大加速度为 a_2,类似可得安全车距为

$$L_2 = v\tau + \frac{v^2}{2a_1} - \frac{v^2}{2a_2}$$

可化简为

$$L = v\tau + \frac{\Delta a v^2}{2a_1 a_2}$$

则

$$v\tau = \frac{L_1 + L_2}{2}, \quad \frac{\Delta a v^2}{2a_1 a_2} = \frac{|L_1 - L_2|}{2}$$

考虑到

$$a_1 \approx a_2 \approx 5\ \text{m/s}^2$$

所以有

$$v = \frac{L_1 + L_2}{2\tau} \approx 25\ \text{m/s}$$

$$\Delta a = \frac{|L_1 - L_2| a^2}{v^2} \approx 0.12\ \text{m/s}^2$$

问题 9-2　活塞的质量

如图 1 所示,左侧带有活塞的圆柱形容器与横截面积恒定的管子通过圆锥形转接器连接。开始时右侧与左侧的水位差 $h = 20$ cm。实验员格鲁克将水缓慢倒入管子,并测量倒入

的水的体积 V 与右侧水位的升高量 y。根据 V 与 y 的关系图(见图 2),求活塞的质量和容器的圆台形部分的体积。活塞与圆柱之间的摩擦忽略不计,已知水的密度 $\rho = 1.0\ \mathrm{g/cm^3}$, $g = 10\ \mathrm{m/s^2}$。

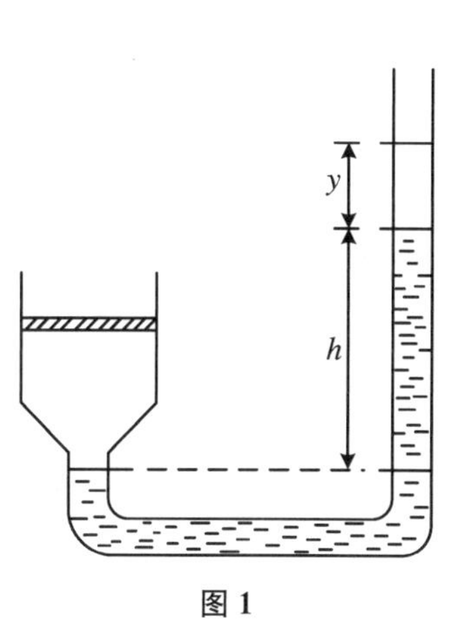

图 1

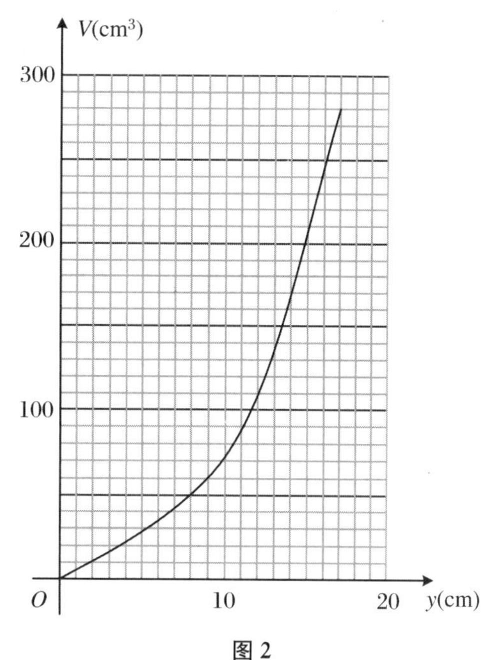

图 2

解 如图 3 所示,设活塞质量为 m,大气压强为 p_0,圆柱形容器内封闭的气体压强 p_1 恒定不变,且有

$$p_1 = p_0 + \frac{mg}{S}$$

因为右侧与左侧的水位差为 h,所以有

$$p_1 = p_0 + \rho g h$$

这说明加水时两侧高度差恒定,且有

$$m = \rho h S$$

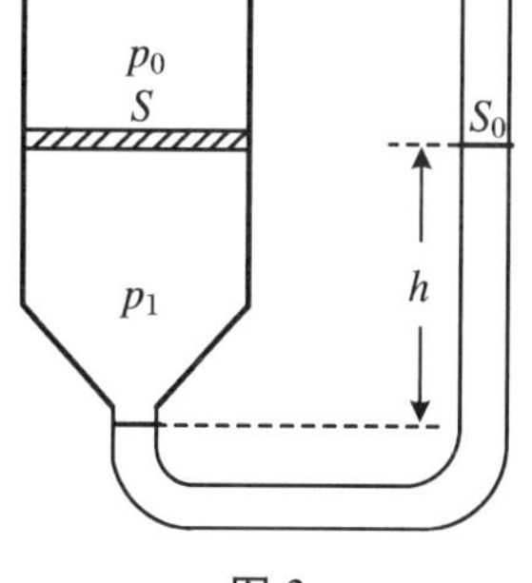

图 3

设右侧水管横截面面积为 S_0,在初始加水阶段(水未灌入圆锥形部分前),倒入水的体积增量 ΔV 与右侧水位的升高增量 Δy 之间的关系为

$$\Delta V = 2S_0 \Delta y$$

由图 2 可知

$$S_0 = \frac{\Delta V}{2\Delta y} = 2.5\ \mathrm{cm^2}$$

在最后加水阶段(水灌入圆锥形部分后),倒入水的体积增量 ΔV 与右侧水位的升高增量 Δy 之间的关系为

$$\Delta V = (S_0 + S)\Delta y$$

由图 3 可知

$$S_0 + S = \frac{\Delta V}{\Delta y} = 35\ \text{cm}^2$$

所以有

$$S = 32.5\ \text{cm}^2$$

则活塞质量为

$$m = \rho h S = 650\ \text{g}$$

由图 3 得 $4\ \text{cm} \leqslant y \leqslant 13\ \text{cm}$ 段为曲线，$\Delta y = 9\ \text{cm}$，相应地，$\Delta V = 120\ \text{cm}^3$。圆台部分的体积

$$V = \Delta V - S_0 \Delta y = 97.5\ \text{cm}^3$$

问题 9－3　液体平衡

如图 1 所示，轻质长方体容器里装有质量为 m 的液体，将其置于质量为 $4m$ 的均匀杠杆上。将质量为 $2m$ 的重物（密度比液体小）吊在线上，穿过滑轮，浸入液体中。在线的另一端需要悬挂质量为 m_x 的物体，将其置于杠杆边上时可以使得系统平衡，求 m_x。已知杠杆与滑轮的轮轴均无摩擦，杠杆尺寸如图 1 所示。

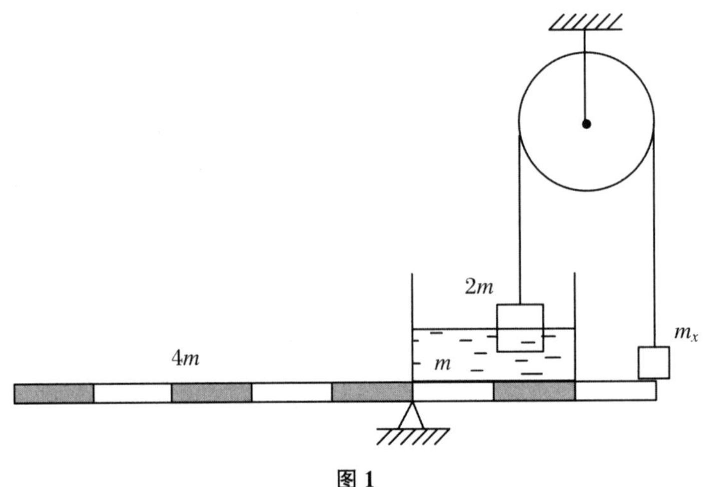

图 1

解　如图 2 所示，将 $2m$ 的重物和液体作为一个整体，其对杠杆的压力大小为 $3mg - T$，质量为 m_x 的物体对杠杆的压力为 $m_x g - T$。

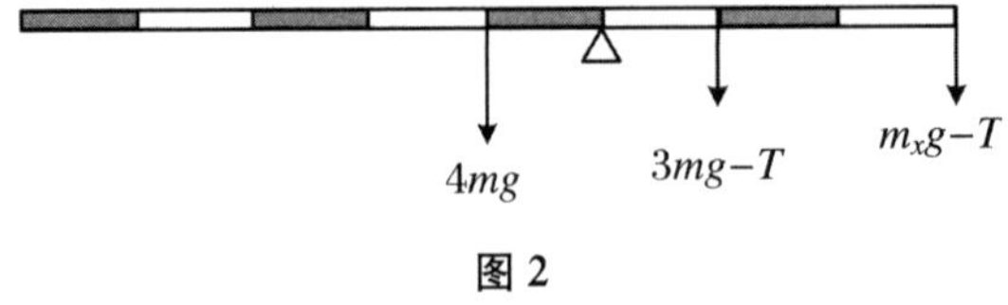

图 2

设杠杆每段长为 l，根据力矩平衡，有

$$4mg \cdot l = (3mg - T) \cdot l + (m_x g - T) \cdot 3l$$

得

$$m_x = \frac{4T}{3g} + \frac{m}{3}$$

由于

$$0 \leqslant T < 2mg$$

故

$$\frac{m}{3} \leqslant m_x < 3m$$

问题 9－4　电热力学

有两根长度不同、直径相同的圆柱形铜导体。它们的电阻和温度(℃)分别等于 R_1，R_2，t_1，t_2。这两根导体衔接面平整，如图所示。当复合导体的各部分达到热平衡后，其阻值等于多少？不计其与环境的热交换和铜的热膨胀。

注：导体在温度 t 的电阻 $R = R_0[1+\beta(t-t_0)]$，其中 R_0 为导体在 $t_0 = 0$ ℃的电阻，β 为电阻温度系数，$\beta t \ll 1$。

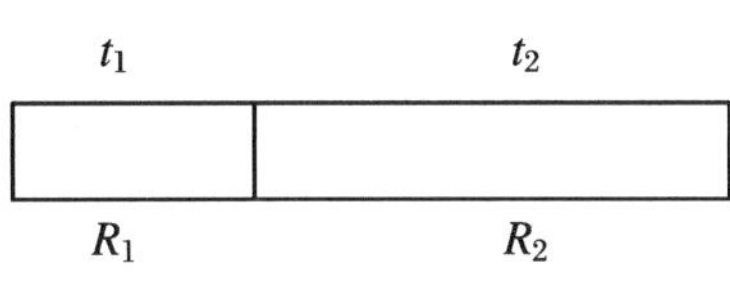

图

解　显然铜导体的电阻与它们的长度是成正比的，设铜导体长度分别为 L_1，L_2，则有

$$\frac{R_1}{R_2} = \frac{L_1}{L_2} \quad ①$$

同理，相应地，热容与长度成正比，则有

$$\frac{c_1}{c_2} = \frac{L_1}{L_2} \quad ②$$

设最后各部分热平衡时的温度为 t，根据热平衡条件，有

$$(c_1 + c_2)t = c_1 t_1 + c_2 t_2 \quad ③$$

由①～③得到

$$t = \frac{R_1 t_1 + R_2 t_2}{R_1 + R_2}$$

两根圆柱形铜导体的温度变化分别为

$$\Delta t_1 = t - t_1 = \frac{R_2(t_2 - t_1)}{R_1 + R_2}$$

$$\Delta t_2 = t - t_2 = \frac{R_1(t_1 - t_2)}{R_1 + R_2}$$

两根圆柱形铜导体的电阻变化分别为

$$\Delta R_1 = R_1\beta\Delta t_1 = \beta\frac{R_1R_2(t_2 - t_1)}{R_1 + R_2}$$

$$\Delta R_2 = R_2\beta\Delta t_2 = \beta\frac{R_1R_2(t_1 - t_2)}{R_1 + R_2}$$

复合导体的电阻变化为

$$\Delta R = \Delta R_1 + \Delta R_2 = 0$$

因此加热后复合导体的电阻为

$$R = R_1 + R_2$$

问题 9－5 四面体电路

如图 1 所示，在四面体 $ABCD$ 的各条棱上有三个内阻为 $R_A=0.1\ \Omega$ 的电流表和三个内阻为 $R_V=10\ k\Omega$ 的电压表。当电压 $U_0=1.5\ V$ 的电源接入(1) A 和 D 时，(2) B 和 C 时，求所有电表的示数。

解 (法 1)(1) 当电源接入 A 和 D 时，等效电路如图 2 所示。AD 支路上的电流为

$$I_{AD}=\frac{U_0}{R_A}=15\ A$$

即为电流表 1 的读数。

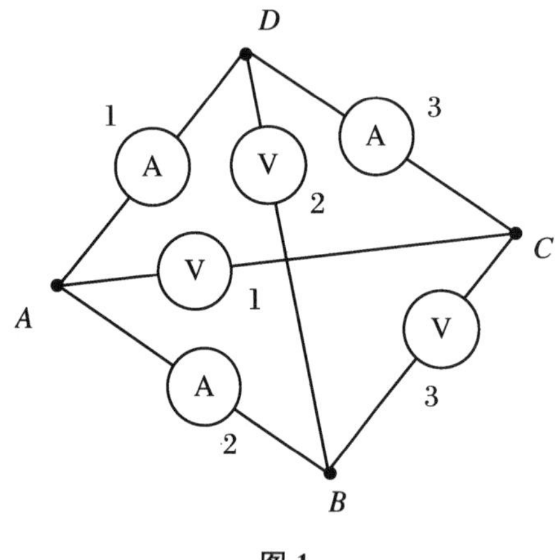

图 1

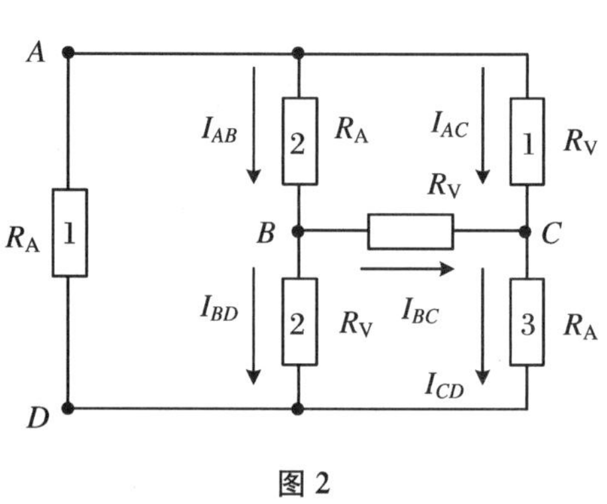

图 2

由于 $R_A \ll R_V$，因此有

$$U_{AC}\approx U_0,\quad U_{BC}\approx U_0,\quad U_{BD}\approx U_0$$

即三只电压表读数都为 1.5 V。

如图 2 所示的各支路的电流值分别为

$$I_{AC}\approx\frac{U_0}{R_V}=1.5\times10^{-4}\ A$$

$$I_{BC}\approx\frac{U_0}{R_V}=1.5\times10^{-4}\ A$$

$$I_{BD}\approx\frac{U_0}{R_V}=1.5\times10^{-4}\ A$$

通过两只电流表的电流分别为

$$I_{AB}=I_{BC}+I_{BD}=3.0\times10^{-4}\ A$$

$$I_{CD}=I_{BC}+I_{AC}=3.0\times10^{-4}\ A$$

即电流表 2 和 3 的读数都为 3.0×10^{-4} A。

(2) 当电源接入 B 和 C 时，等效电路如图 3 所示。显然有

$$U_{BC}=U_0=1.5\ V$$

即为电压表 3 的读数。

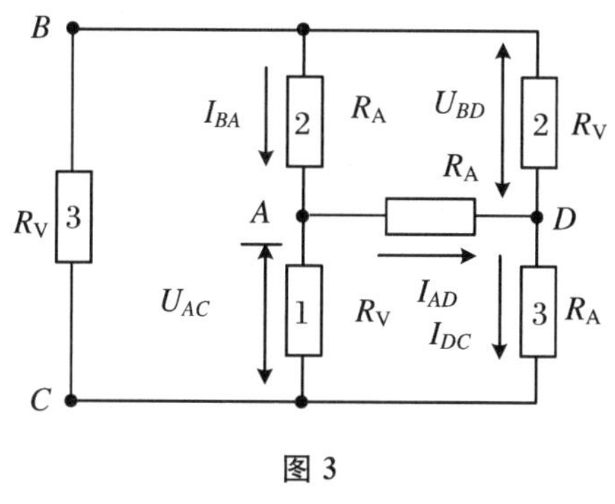

图 3

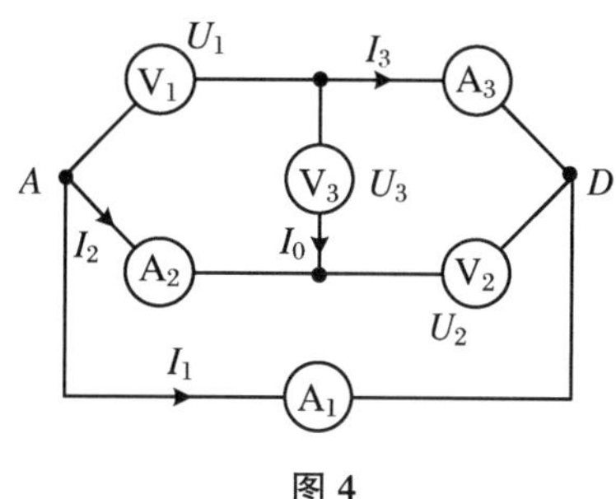

图 4

由于 $R_A \ll R_V$,考虑 $BADC$ 电路可知

$$I_{BA} = I_{AD} = I_{DC} = \frac{U_0}{3R_A} = 5.0\ \text{A}$$

即三只电流表读数都为 5.0 A。

电压表 2 两端电压为

$$U_{BD} = U_{BA} + U_{AD} = 2R_A I_{BA} = 1.0\ \text{V}$$

即为电压表 2 的读数。

电压表 1 两端电压为

$$U_{AC} = U_{AD} + U_{DC} = 2R_A I_{DC} = 1.0\ \text{V}$$

即为电压表 1 的读数。

(法 2)(1) 当电源接入 A 和 D 时,等效电路如图 4 所示,由基尔霍夫定律得

$$I_2R_A + (I_2 + I_0)R_V = U_0$$
$$I_3R_A + (I_3 + I_0)R_V = U_0$$
$$I_2R_A - I_0R_V + I_3R_A = U_0$$
$$I_1R_A = U_0$$

解得

$$I_0 = \frac{U_0}{R_V}\frac{R_AR_V}{3R_A + R_V}$$

$$I_1 = \frac{U_0}{R_A} = 15\ \text{A}$$

$$I_2 = \frac{2U_0}{3R_A + R_V} = 3 \times 10^{-4}\ \text{A}$$

$$I_3 = \frac{2U_0}{3R_A + R_V} = 3 \times 10^{-4}\ \text{A}$$

$$U_1 = \frac{R_A + R_V}{3R_A + R_V}U_0 = 1.5\ \text{V}$$

$$U_2 = \frac{R_A + R_V}{3R_A + R_V}U_0 = 1.5\ \text{V}$$

$$U_3 = \left|\frac{R_A - R_V}{3R_A + R_V}\right|U_0 = 1.5\ \text{V}$$

(2) 当电源接入 B 和 C 时,等效电路如图 5 所示,由基尔霍夫定律得

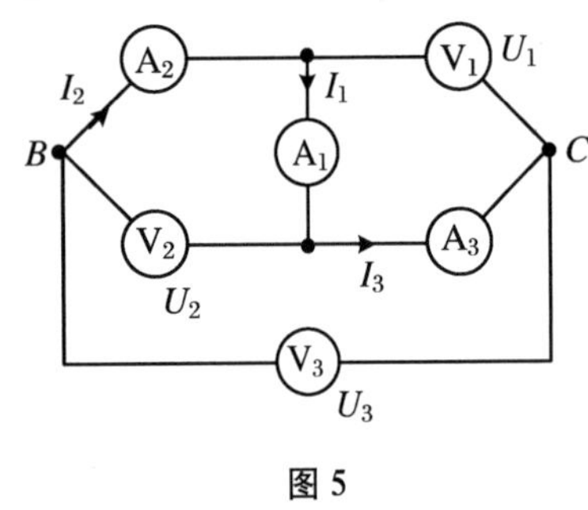

图 5

$$I_2R_A + I_1R_A + I_3R_A = U_0$$
$$I_2R_A + (I_2 - I_1)R_V = U_0$$
$$I_3R_A + (I_3 - I_1)R_V = U_0$$

解得

$$I_1 = \frac{U_0}{R_A}\frac{R_V - R_A}{3R_A + R_V} = 5\ \text{A}$$

$$I_2 = I_3 = \frac{U_0}{R_A}\frac{R_V + R_A}{3R_V + R_A} = 5\ \text{A}$$

$$U_1 = U_2 = U_0 - I_2R_A = \frac{2R_V}{3R_V + R_A}U_0 = 1\ \text{V}$$

$$U_3 = U_0 = 1.5\ \text{V}$$

十年级

问题 10 - 1　只是摩擦

在光滑的水平冰面上有一块胶合板，上面有一个铁块。胶合板和铁块的初速度分别为 v 和 $\sqrt{3}v$，方向相互垂直，如图 1 所示。由于存在摩擦，铁块和板的速度继续发生变化。求胶合板和铁块在运动过程中的最小速度(相对于冰面)。已知铁块和胶合板的质量相等。

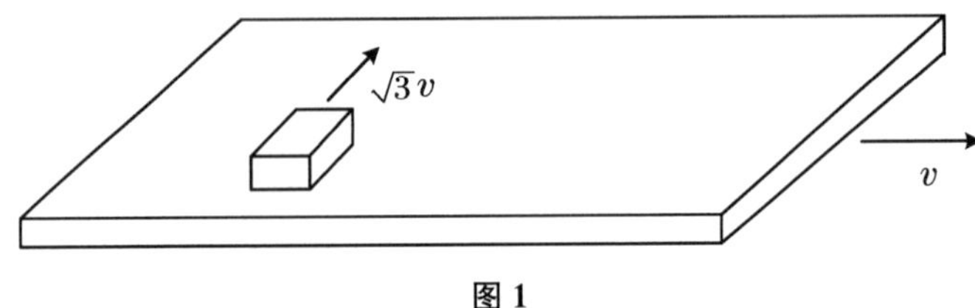

图 1

解　如图 2 所示，以胶合板为参考系，铁块的相对速度为

$$v' = 2v$$

铁块受到的动摩擦力以及其产生的加速度 a，都与相对方向相反。

铁块的相对运动时间

$$t \leqslant \frac{v'}{a + a} = \frac{v}{a}$$

所以两者速度改变量的最大值

$$\Delta v_m = at = v$$

画出速度矢量图如图 3 所示，其中

$$OA = \sqrt{3}v, \quad OB = v$$

经过时间 t 后，速度变化量为 Δv，则铁块的速度矢量为 $\overrightarrow{OA_1}$，胶合板的速度矢量为 $\overrightarrow{OB_1}$。

因为速度改变量的最大值为 v，如图 4 所示，由几何关系可得两者最终速度矢量

$$\overrightarrow{OM} = \boldsymbol{v}$$

其中 M 为 AB 的中点。

由矢量图4可知铁块的最小速度即为 v，而胶合板的最小速度

$$OB_2 = \frac{\sqrt{3}v}{2}$$

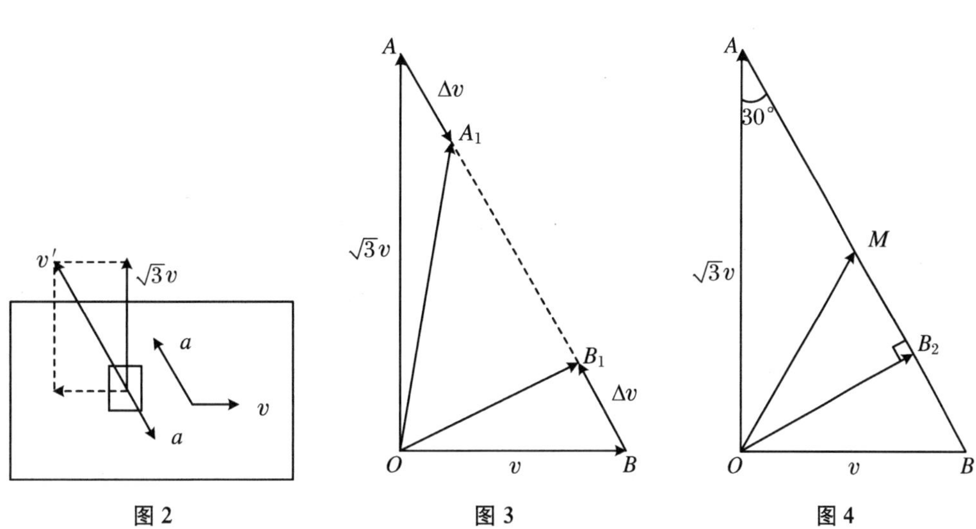

图2　　图3　　图4

问题10-2　推分开

如图1所示，在水平面上有两个质量均为 M 的木块，木块与地面之间的摩擦系数为 μ。在两个木块之间有一辆质量为 m、初速度为 v_0 的小车（$m = M/3$），小车初速度向右，求木块通过与小车的完全弹性碰撞能移动多远。设木块在下一次碰撞之前有足够的时间停下。小车与木块碰撞时间不计，小车与地面之间的摩擦不计，重力加速度为 g。

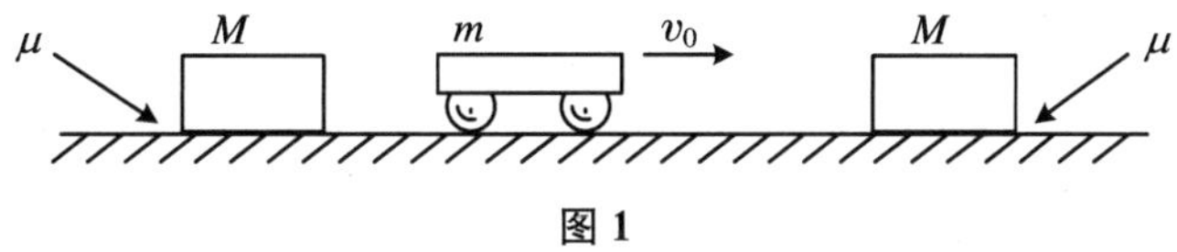

图1

解　(法1)小车的初速度为 v_0，第一次碰撞后小车的速度为 v_m，木块的速度为 v_M，如图2所示。

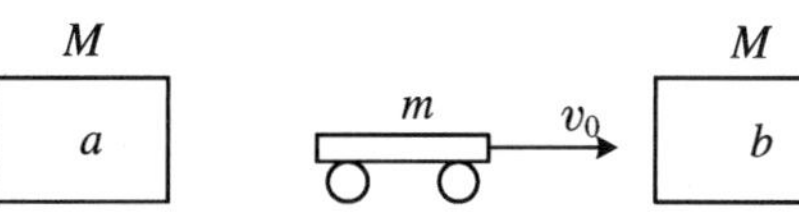

图2

由于完全弹性碰撞，所以由能量守恒可得

$$\frac{1}{2}mv_0^2 = \frac{1}{2}Mv_M^2 + \frac{1}{2}mv_m^2$$

由动量守恒可得

$$mv = Mv_M - mv_m$$

又因为

$$m = \frac{1}{3}M$$

解得

$$v_m = v_M = \frac{1}{2}v_0$$

以此类推,每次碰撞后木块获得的速度为

$$v_{b1} = \frac{1}{2}v_0,\quad v_{a1} = \frac{1}{4}v_0$$

$$v_{b2} = \frac{1}{8}v_0,\quad v_{a2} = \frac{1}{4}v_0$$

相应位移

$$s_i = \frac{v_i^2}{2\mu g}$$

得

$$s_b = \frac{v_0^2}{2\mu g}\left[\left(\frac{1}{2}\right)^2 + \left(\frac{1}{8}\right)^2 + \left(\frac{1}{32}\right)^2 + \cdots\right] = \frac{2v_0^2}{15\mu g}$$

$$s_a = \frac{v_0^2}{2\mu g}\left[\left(\frac{1}{4}\right)^2 + \left(\frac{1}{16}\right)^2 + \cdots\right] = \frac{v_0^2}{30\mu g}$$

右边木块的位移为 $\frac{2v_0^2}{15\mu g}$;左边木块的位移为$\frac{v_0^2}{30\mu g}$。

(法 2)由法 1 可知,小车以 v 的速度与右侧木块碰撞后,木块速度为 $v/2$。

同理,紧接着与左边木块碰撞,左侧木块获得的速度为 $v/4$,又因为相应位移

$$\Delta S = \frac{v^2}{2\mu g} \propto v^2$$

故

$$\Delta S_{右} = 4\Delta S_{左}$$

两边累加得到

$$S_{右} = 4S_{左} \tag{①}$$

由能量守恒得到

$$\frac{1}{2}mv^2 = \mu Mg(S_{右} + S_{左}) \tag{②}$$

考虑到

$$m = \frac{1}{3}M \tag{③}$$

由①～③得到

$$S_{右} = \frac{2v_0^2}{15\mu g}\quad(右边木块的位移)$$

$$S_{左} = \frac{v_0^2}{30\mu g}\quad(左边木块的位移)$$

问题 10-3　从深处冒泡

从湖底冒出一个气泡。它受到的阻力 $f = krv$,其中 r 为气泡的半径,v 为其速度,k 为常数。接近湖底时,气泡的半径 $r_0 = 1.0$ mm。图 1 为从气泡开始运动时算起,其所处的深度 h 与时间 t 的关系。

(1) 湖的深度等于多少?

(2) 如果从湖底冒出一个半径为 $r_1 = 0.5$ mm 的气泡,它浮出水面的时间 t_1 等于多少?

(3) 如果从深度为 $H = 10$ m 的湖底冒出一个半径为 $r_0 = 1.0$ mm 的气泡,它浮出水面的时间 t_2 等于多少?

注:气泡里的水蒸气压、水的表面张力、气泡形状的变化、气泡里空气温度的变化忽略不计。水的密度 $\rho = 1.0\times10^3$ kg/m^3,大气压 $p_0 = 1.0\times10^5$ Pa,$g = 10$ m/s^2,气泡的体积 $V = 4\pi r^3/3$。

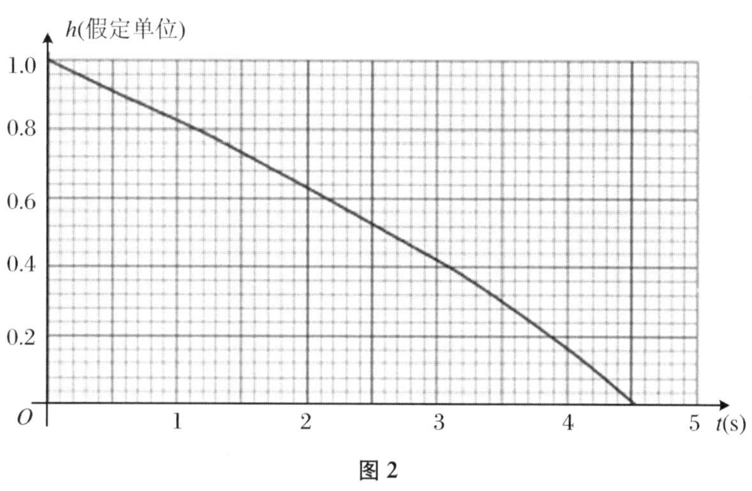

图 2

解 (1) 设水深为 h_0,在水深为 h 处

$$p = p_0 + \rho g h \quad ①$$

由于不考虑温度变化,故在不同深度有

$$pV = C \quad ②$$

其中

$$C = (p_0 + \rho g h_0)\left(\frac{4}{3}\pi r_0^3\right) \quad ③$$

由牛顿第二定律

$$F - f - mg = ma$$

其中气泡所受的浮力

$$F = \rho g \cdot \frac{4}{3}\pi r^3 \quad ④$$

$$f = krv \quad ⑤$$

考虑到气泡质量可忽略不计,故

$$F = f \quad ⑥$$

由①~⑥得到

$$v \propto r^2 = \left(\frac{p_0 + \rho g h_0}{p_0 + \rho g h}\right)^{\frac{2}{3}} r_0^2 \propto \left(\frac{1}{p_0 + \rho g h}\right)^{\frac{2}{3}} \quad ⑦$$

h-t 图中某点斜率即为速度,分别考虑 $h = h_0$ 与 $h = 0$ 处,从图 2 中可以得到

$$\frac{v_0}{v_{h_0}} \approx 1.8 \qquad ⑧$$

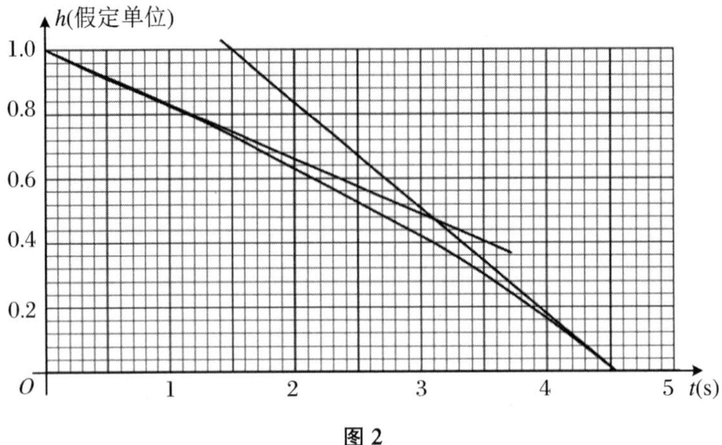

图 2

又由⑦得到

$$\frac{v_0}{v_{h_0}} = \left(\frac{p_0 + \rho g h_0}{p_0}\right)^{\frac{2}{3}} \qquad ⑨$$

由⑧⑨得到

$$h_0 \approx 14\ \text{m}$$

(2) 由⑦可知,对于任意深度有 $v \propto r^2 \propto r_0^2$,故当 r_0 减半时,在相同深度,速度变为原来的 1/4。这一关系对于任意深度均成立,故气泡上升所需总时间变为原来的 4 倍,即

$$t_1 = 4t = 18\ \text{s}$$

(3) 同理,由⑦可知,对于任意深度 h,初始深度变为 h_0 时,有

$$v \propto r^2 \propto (p_0 + \rho g h_0)^{\frac{2}{3}}$$

初始深度变为 H 时,有

$$v' \propto r^2 \propto (p_0 + \rho g H)^{\frac{2}{3}}$$

故

$$\frac{v'}{v} = \left(\frac{p_0 + \rho g H}{p_0 + \rho g h_0}\right)^{\frac{2}{3}} = \left(\frac{5}{6}\right)^{\frac{2}{3}}$$

所以

$$t_2 = \left(\frac{6}{5}\right)^{\frac{2}{3}} t' = 3.3\ \text{s}$$

其中 t' 为初始深度变为 h_0 时,气泡从深度为 10 m 到水面所需的时间,从图 1 中可以读出 $t' \approx 2.9$ s。

问题 10-4　部分加热

如图所示,两个相同的竖直圆柱体用上、下两根体积可以忽略的管子连接。上面的管子有阀门 K,一开始是打开的。将密度为 ρ 的液体倒入圆柱。圆柱剩余的体积的高度为 L,里面装满压强为 p_0、温度为室温 T_0 的气体。保持左侧圆柱里的气体温度不变,将右侧的气体

迅速加热到温度 T，然后关闭阀门。停止加热，当右侧气体的温度冷却到室温时，两侧圆柱里的液面差为 $2h$。如果左侧圆柱里的气体的温度在整个过程中都保持室温不变，求温度 T。重力加速度为 g。

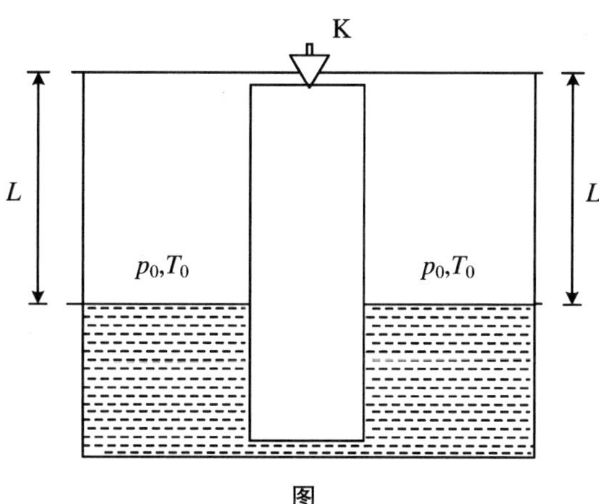

图

解 令开始时左、右两边气体物质的量均为 n，右侧的气体迅速加热到温度 T 时，气体气压变为 p，左侧气体物质的量变为 n_1，右侧气体物质的量变为 n_2。显然

$$n_1 + n_2 = 2n \quad ①$$

令左、右气体的体积均为 V，则

$$V = SL \quad ②$$

其中 S 为截面积。

开始时，左、右气体均满足

$$p_0 V = nRT_0 \quad ③$$

右侧的气体迅速加热到温度 T 时，有

$$pV = n_1 RT_0 \quad （左侧气体） \quad ④$$

$$pV = n_2 RT \quad （右侧气体） \quad ⑤$$

由①～⑤得到

$$p = 2p_0 \cdot \frac{T_0}{T + T_0} \quad ⑥$$

令右侧气体温度恢复至室温后，左侧气体压强变为 p_1，右侧气体压强变为 p_2，有

$$p_1(V + Sh) = n_1 RT_0 \quad （左侧气体） \quad ⑦$$

$$p_2(V - Sh) = n_2 RT_0 \quad （右侧气体） \quad ⑧$$

同时满足

$$p_2 + 2\rho gh = p_1 \quad ⑨$$

由②⑥～⑨得到

$$T = \frac{(L + h)[p_0 L + \rho gh(L - h)]}{(L - h)[p_0 L - \rho gh(L + h)]} \cdot T_0$$

问题 10-5 非线性电路

如图 1 所示的电路图中有两个相同的二极管 D_1 和 D_2，三个相同的非线性元件 H_1，

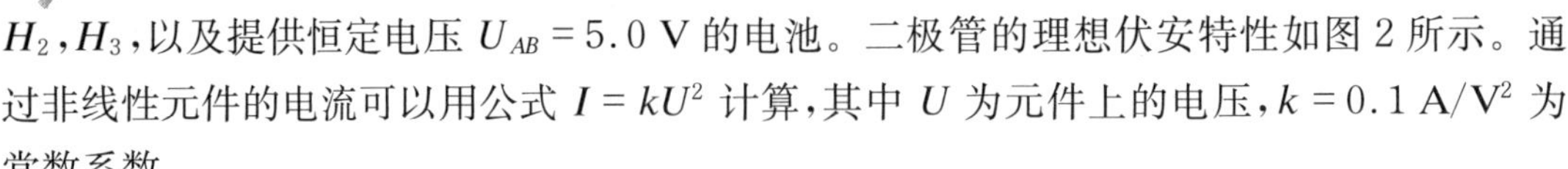

H_2，H_3，以及提供恒定电压 $U_{AB}=5.0\ \text{V}$ 的电池。二极管的理想伏安特性如图 2 所示。通过非线性元件的电流可以用公式 $I=kU^2$ 计算，其中 U 为元件上的电压，$k=0.1\ \text{A/V}^2$ 为常数系数。

（1）求非线性元件上的电压 U_1，U_2，U_3。

（2）求二极管上的电流强度。

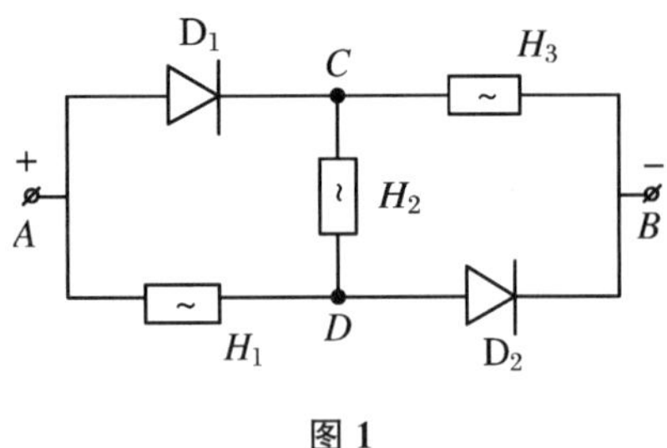

图 1

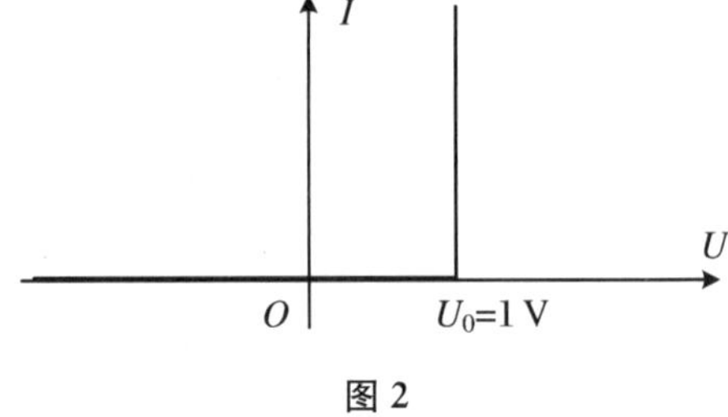

图 2

解　（1）分析可知，当 $U_{AB}\geqslant 1.5\ \text{V}$ 时，二极管导通，且电流流向如图 3 所示，由基尔霍夫电压定律及二极管稳压特性可知

$$U_1-U_2+U_3=5\ \text{V} \quad ①$$

$$U_1-U_2=1\ \text{V} \quad ②$$

$$-U_2+U_3=1\ \text{V} \quad ③$$

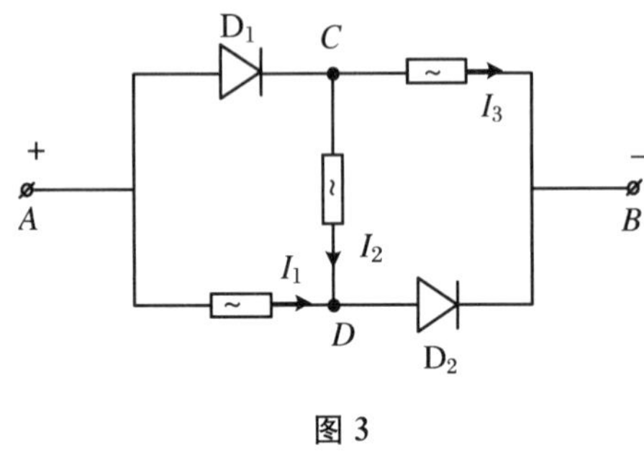

图 3

由①～③可得

$$U_1=U_3=4\ \text{V}$$

$$U_2=3\ \text{V}$$

（2）由关系 $I=kU^2$ 可得

$$I_1=I_3=kU_1^2=1.6\ \text{A}$$

$$I_2=kU_2^2=0.9\ \text{A}$$

由基尔霍夫电流定律可得

$$I_{D_1}=I_2+I_3=2.5\ \text{A}$$

$$I_{D_2}=I_1+I_2=2.5\ \text{A}$$

十一年级

问题 11－1　三个套筒

如图 1 所示，三个套筒 A，B，C 的质量分别为 $2m$，$3m$ 和 m，可以在两根水平放置且相互垂直的导管上无摩擦地滑动。套筒 A 和 B 用铰链连接到轻质、刚性、非弹性的木棒上，使得木棒和套筒 B 所在的导管之间的夹角为 α。一开始，套筒 C 的速度为 v，套筒 A 静止，两者发生非弹性碰撞。求当碰撞完成的一瞬间，各套筒的速度。

解　如图 2 所示，设 AB 杆上的冲量为 I，由动量定理得

$$mv-I\sin\alpha=(m+2m)v_A$$

$$I\cos\alpha = 3mv_B$$

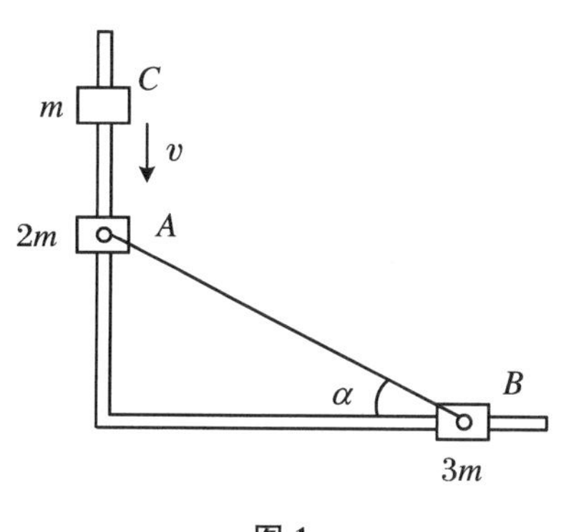

图 1

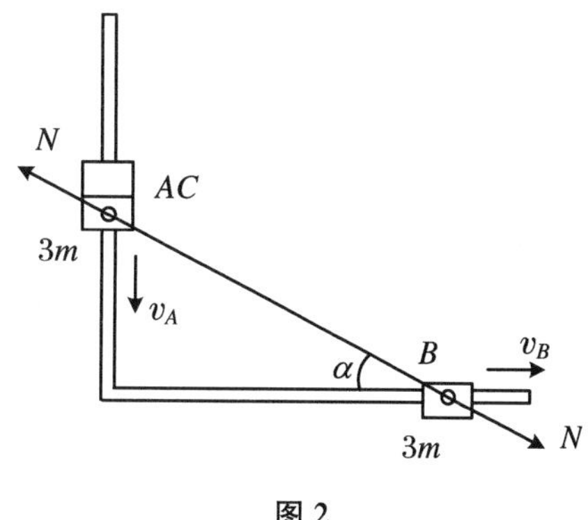

图 2

A,B,C 三个套筒的速度满足关系

$$v_A\sin\alpha = v_B\cos\alpha$$

$$v_A = v_C$$

联立解得

$$v_A = v_C = \frac{\cos^2\alpha}{3}v$$

$$v_B = \frac{\sin\alpha\cos\alpha}{3}v$$

问题 11－2　圆柱脱离

如图所示，一条薄的、轻的、不可延伸的带子与墙连接于点 O。在带子上按住一个质量为 m 的小圆柱，使得带子的倾斜段长度为 R，与水平方向的夹角为 α。对带子的自由端施加拉力 F，同时释放圆柱。求圆柱脱离带子时的瞬时速度。力 F 一直保持水平方向且大小恒定。不考虑摩擦力，重力加速度为 g，$mg \ll F$。

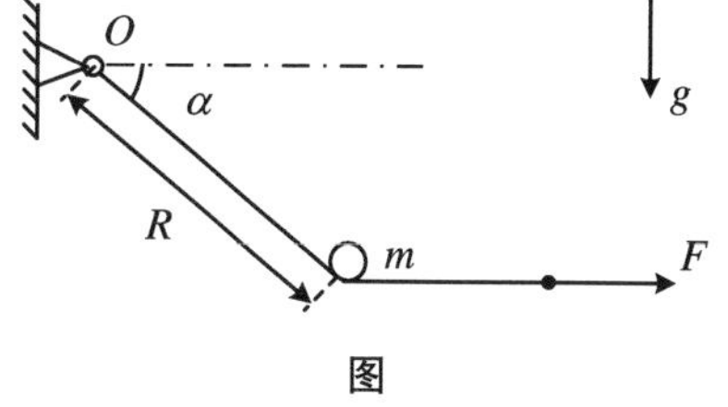

图

解　由于带子质量不计，故在带子拉至水平之前，小圆柱不脱离带子（由于 $mg \ll F$，故带子可拉至水平）。带子拉至水平瞬间，圆柱脱离带子，该过程拉力做功

$$W_F = F(R - R\cos\alpha) \qquad ①$$

该过程中小球重力势能升高 $mgR\sin\alpha$，由功能关系得

$$W_F = mgR\sin\alpha + \frac{1}{2}mv^2 \qquad ②$$

由①②得到

$$v = \sqrt{\frac{2FR(1-\cos\alpha)}{m} - 2gR\sin\alpha}$$

问题 11－3　微分温度计

如图所示，两个相同的容器的体积为 $V = 1.0\ \text{L}$，用长度为 $L = 300\ \text{cm}$、横截面积 $S = 1\ \text{cm}^2$

的管子连接，里面有一个小活塞可以无摩擦地滑动。当容器内的温度均为 $T_0=300\text{ K}$ 时，活塞在管子的中间。当容器里的温度发生不大的改变后，活塞沿着刻度线移动。分析刻度线上一格对应温度差为多少，该刻度是否线性？在放大图中刻度的旁边是直尺。

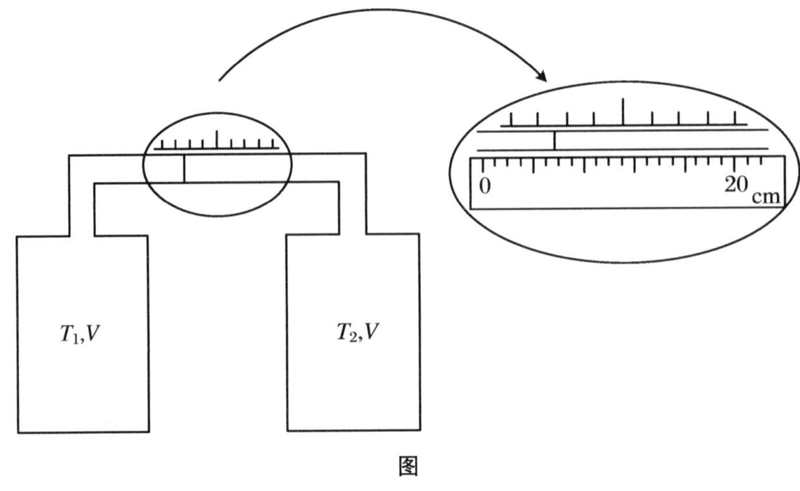

图

解 开始时，活塞两边气体均满足

$$p_0V=nRT_0$$

其中 $V=SL$。

温度改变后，有

$$pV_1=nRT_1\quad（左侧气体）$$
$$pV_2=nRT_2\quad（右侧气体）$$

其中

$$V_1=V+S\left(\frac{L}{2}-x\right)$$

$$V_2=V+S\left(\frac{L}{2}+x\right)$$

这里，x 为活塞移动距离。联立解得

$$x=\frac{p_0V}{2SpT_0}\Delta T$$

考虑到温度变化不大，故

$$p=p_0+\Delta p\quad(p_0\gg\Delta p)$$

$$x=\frac{p_0V\Delta T}{2ST_0(p_0+\Delta p)}=\frac{V\Delta T}{2ST_0\left(1+\frac{\Delta p}{p_0}\right)}$$

$$\approx\frac{V\Delta T}{2ST_0}\left(1-\frac{\Delta p}{p_0}\right)=\frac{V}{2ST_0}\left(\Delta T-\frac{\Delta p\Delta T}{p_0}\right)$$

$$\approx\frac{V\Delta T}{2ST_0}$$

进一步得到，在忽略高阶小量后可知

$$x\propto\Delta T\quad（故刻度呈线性关系）$$

从图中可知，刻度上一格对应长度约为 2 cm，代入数据计算得到相应的温度差为

$$\Delta T = 1.2\,\mathrm{K}$$

问题 11－4　可以测量

如图 1 所示，电荷 q 通过不导电的长度为 R 的线与木棒连接于点 O。在与点 O 距离 L_2 和 L_1 的位置分别有已知电量的电荷 Q_2 和待测电荷 Q_1。所有电荷同号，可以视为点电荷。

(1) 求电荷 Q_1 的值，已知线的平衡状态与电荷 Q_2 和 Q_1 的连线的夹角为 β。

(2) 如果 $L_1 = 2L_2$，$R = 3L_2$，用这个方法可以测量的电荷的 Q_1 的范围是多少？

解　(1) 如图 2 所示，由分析可知，细线平衡时，有

$$k\frac{Q_1 q}{R_1^2}\sin\alpha_1 = k\frac{Q_2 q}{R_2^2}\sin\alpha_2 \quad ①$$

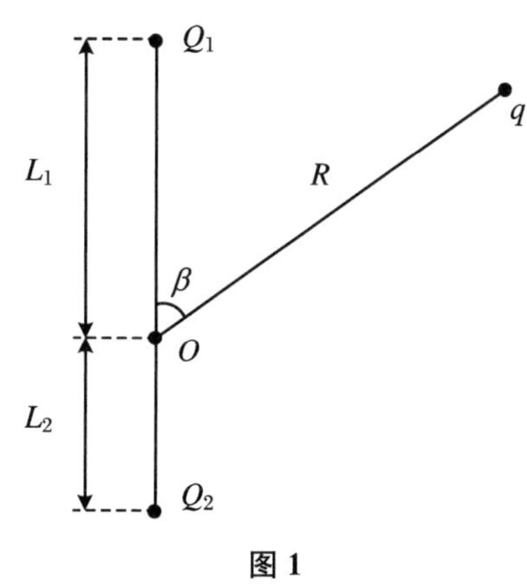

图 1

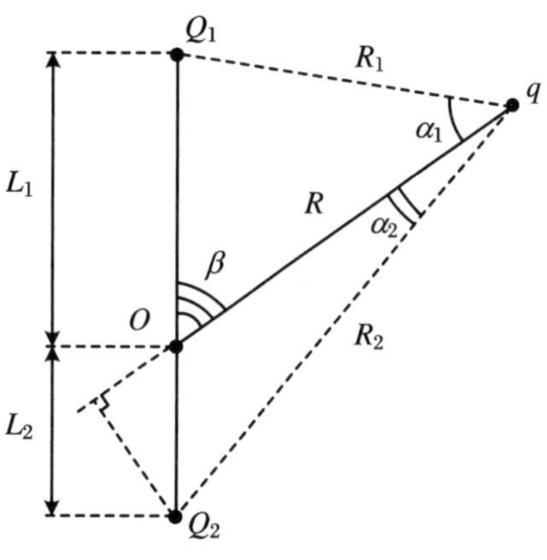

图 2

由几何关系得

$$\frac{L_1}{\sin\alpha_1} = \frac{R_1}{\sin\beta} \quad ②$$

$$\frac{L_2}{\sin\alpha_2} = \frac{R_2}{\sin\beta} \quad ③$$

由①～③解得

$$Q_1 = Q_2\frac{L_2}{L_1}\left(\frac{R_1}{R_2}\right)^3 \quad ④$$

再考虑到

$$R_1^2 = R^2 + L_1^2 - 2RL_1\cos\beta \quad ⑤$$

$$R_2^2 = R^2 + L_2^2 + 2RL_1\cos\beta \quad ⑥$$

由④～⑥得到

$$Q_1 = Q_2\frac{L_2}{L_1}\left(\frac{R^2 + L_1^2 - 2RL_1\cos\beta}{R^2 + L_2^2 + 2RL_1\cos\beta}\right)^{\frac{3}{2}} \quad ⑦$$

(2) 考虑到 $L_1 = 2L_2$，$R = 3L_2$，以及 β 变化范围为 $[0,180^\circ]$，联系⑦可知

$$\frac{1}{128}Q_2 \leqslant Q_1 \leqslant \frac{125}{16}Q_2$$

问题 11-5 复合电容器

如图 1 所示,电路包括电感为 L 的线圈,面积为 S 的平板 1,2,3,以及开关。平板之间的距离分别为 d 和 $2d$。外面的平板分别带电 q 和 $-q$。

(1) 求闭合开关后,线圈中的最大电流。

(2) 如图 2 所示,若将平板 1 和 2 之间一半的空间填充相对介电常数为 ε 的电介质,求闭合开关后线圈中的最大电流。

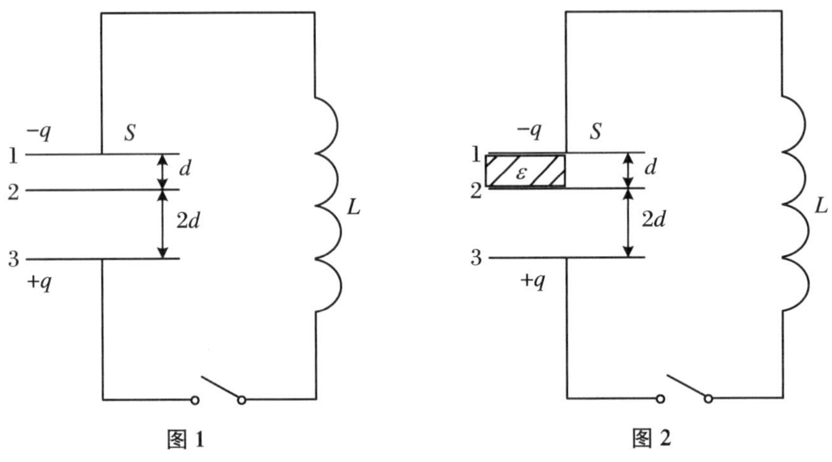

图 1　　图 2

解 (1) 在 LC 振荡电路中,当线圈中电流最大,即磁场能最大时,电场能全部转换为磁场能,由能量守恒得

$$\frac{q^2}{2C_1}+\frac{q^2}{2C_2}=\frac{1}{2}LI_{max}^2 \quad ①$$

其中

$$C_1=\frac{\varepsilon_0 S}{d} \quad ②$$

$$C_2=\frac{\varepsilon_0 S}{2d} \quad ③$$

由①～③得到

$$I_{max}=q\sqrt{\frac{3d}{\varepsilon_0 SL}}$$

(2) 此时

$$C_1=\frac{\frac{\varepsilon\varepsilon_0 S}{2}}{d}+\frac{\frac{\varepsilon_0 S}{2}}{d},\quad C_2=\frac{\varepsilon_0 S}{2d}$$

再由①可得

$$I'_{max}=q\sqrt{\frac{2d}{\varepsilon_0 SL}\cdot\frac{2+\varepsilon}{1+\varepsilon}}$$

2019 年全俄物理奥林匹克区域赛(理论部分)

九年级

问题 9-1　停下

两个粒子沿 OX 轴运动。它们的加速度 a_x 与时间的关系相同(见图 1)。在整个观察过程中,每个粒子的运动速度的投影 v_x①恰有一次等于 0,它们移动的距离之差为 $\Delta s = 16\ \text{cm}$。求粒子运动的距离 s_1 和 s_2 以及运动的时间 τ。

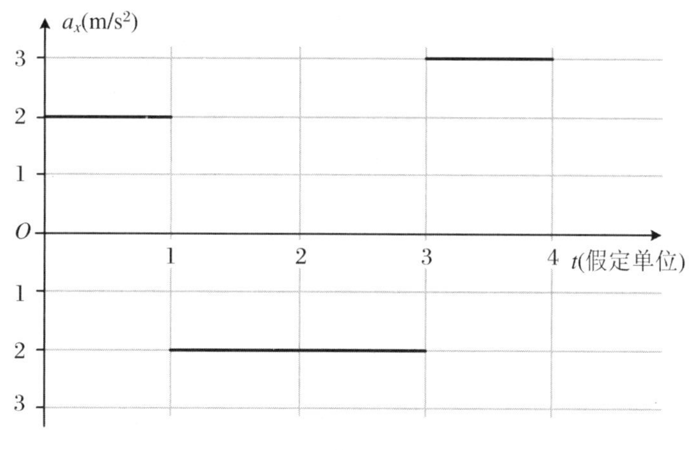

图 1

解　粒子相对初始时刻的 Δv_x-t 图像如图 2 所示。再考虑到两粒子运动过程中恰有一次 $v_x = 0$,画出相应的 v_x-t 图像(见图 3),图中 s_1,s_2 分别是两粒子的运动距离,从图中可知

$$s_1 = 4.25at_0^2,\quad s_2 = 3.75at_0^2$$

其中 $a = 2\ \text{m/s}^2$。

结合题意有

$$\Delta s = s_1 - s_2 = 0.5at_0^2 = 0.16\ \text{m}$$

解得

$$t_0 = 0.4\ \text{s}$$

即

$$\tau = 4t_0 = 1.6\ \text{s},\quad s_1 = 1.36\ \text{m},\quad s_2 = 1.2\ \text{m}$$

① 译者注:原文如此。既然已经是在 OX 轴上运动了,为什么还需要投影?也许是一开始设计成需要投影但后来忘了改了吧。

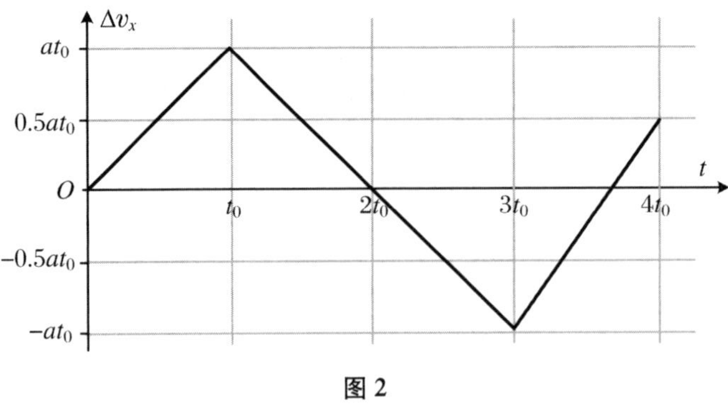

图 2

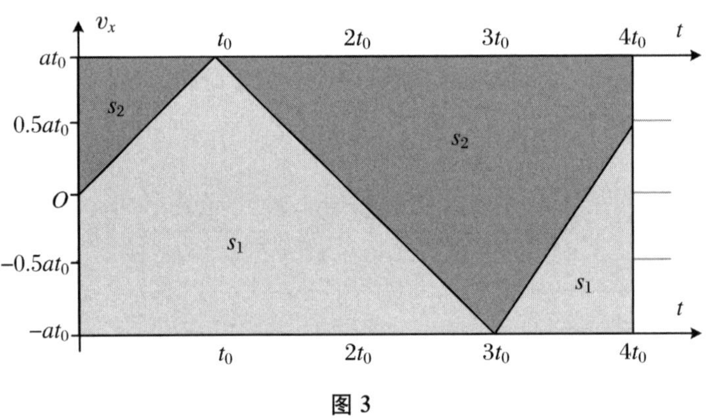

图 3

问题 9-2 “冻上”

如图所示，秤上有热量计，里面装有 $t_0=0\ ℃$ 的水。此时秤的示数为 $m_1=100\ g$。钢球上面冻着一层厚厚的冰，用线吊着完全浸入水中。此时秤的示数增加为 $m_2=201.3\ g$。当热量计里达到热平衡时（此时和周围环境的热交换可以忽略），秤的示数稍微增加到 $m_3=204.45\ g$。将热量计加热到室温，秤的示数为 $m_4=191.3\ g$。求钢球的质量 $m_{钢}$，放入热量计之前冰的质量 $m_{冰}$，以及浸入水中之前的温度 t。钢的比热 $c_{钢}=450\ J/(kg·℃)$，冰的比热 $c_{冰}=2100\ J/(kg·℃)$，冰的熔解热 $\lambda=3.4\times105\ J/kg$，钢的密度 $\rho_{钢}=7800\ kg/m^3$，冰的密度 $\rho_{冰}=900\ kg/m^3$，水的密度 $\rho_{水}=1000\ kg/m^3$。

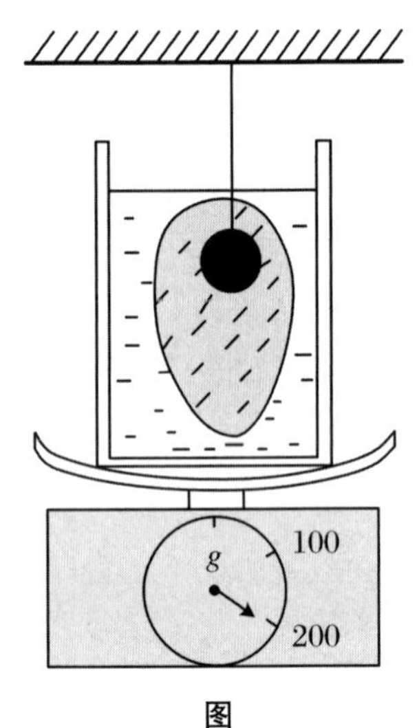

图

解 不难分析，系统对秤的压力

$$N=m_1g+\rho_{水}V_{排}g$$

钢球刚浸入水中时

$$m_2g=m_1g+\rho_{水}V_{排}g$$

$$V_{排}=\frac{m_{冰}}{\rho_{冰}}+\frac{m_{钢}}{\rho_{钢}}$$

系统热平衡时，部分水变成冰，令该部分水的质量为 Δm，则

$$m_3 g = (m_1 - \Delta m)g + \rho_{水}\left(V_{排} + \frac{\Delta m}{\rho_{冰}}\right)g$$

由能量守恒得

$$\Delta m\lambda = c_{冰} m_{冰}(t_0 - t) + c_{钢} m_{钢}(t_0 - t)$$

加热至室温时，冰全部融化成水，则

$$m_4 g = m_1 g + m_{冰} g + \rho_{水} V'_{排} g$$

其中

$$V'_{排} = \frac{m_{钢}}{\rho_{钢}}$$

联立解得

$$m_{钢} \approx 10.1\ \text{g}, \quad m_{冰} = 90\ \text{g}, \quad t \approx -49.9\ ℃$$

问题 9－3　缺少的元件名称

格鲁克用一个理想电源、两个电阻器、两个电流表和一个电压表组成电路（见图 1）。但着急之下他忘记在电路图上标出元件名称，只是清楚地记得一个电流表的示数为 $I = 1.0$ mA，电压表的示数为 $U = 1.2$ V。还原元件的名称，并给出理由。求另一个电流表的读数，两个电阻的阻值，以及电源电压 U_0。所有的元件视为理想的。

解　考虑到电表均为理想的，不难分析电表如图 2 所示分布，所以有

$$I_{A1} = I_{A2} = 1\ \text{mA}$$

$$2R = \frac{U}{I} = 1200\ \Omega, \quad R = 600\ \Omega$$

$$U_0 = \frac{3}{2}U = 1.8\ \text{V}$$

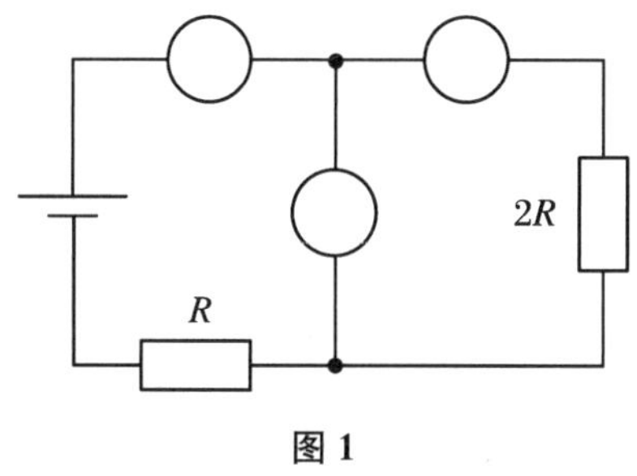

图 1

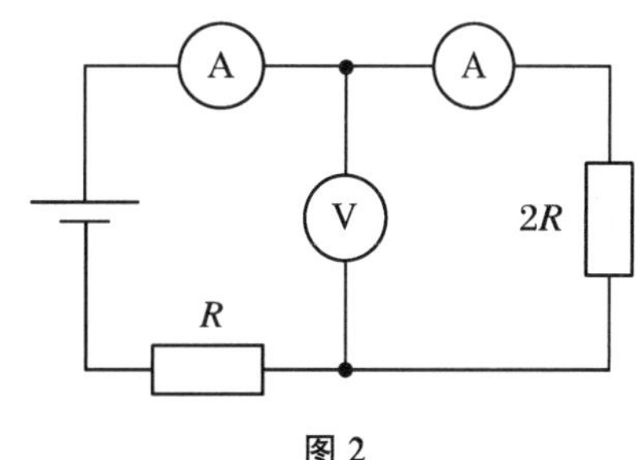

图 2

问题 9－4　四边形

如图 1 所示，玻璃棱柱的底面为四边形 OAO_1D，$\angle AOD$ 为直角。棱柱关于过 OO_1 与底面垂直的平面对称。光线 L_1 沿法线方向照射到面 OA 上，通过面 DO_1 和 AO_1 反射后与面 OD 垂直射出。光线 L_2 沿与法线成 α 角的方向照射到面 OA 上，通过面 DO_1 和 AO_1 反射后，出射光线与 OD 面的法线夹角 β 等于多少？各光线和棱柱各侧面的垂线位于平面 OAO_1D 内。

解　如图 2 所示，由对称性得 L_1 经 DO_1 反射光线 BC 必沿竖直方向。

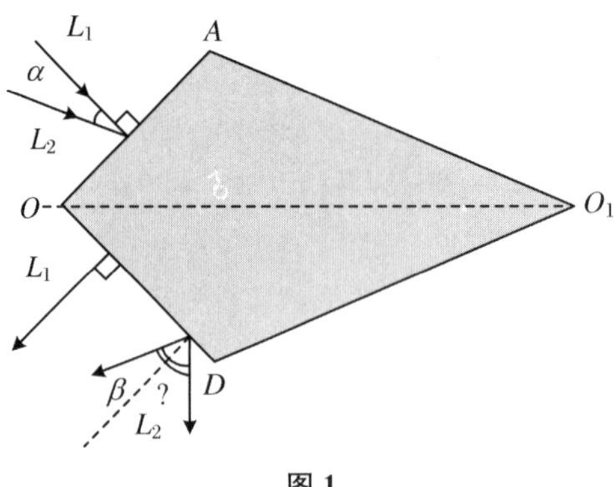

图 1

令 L_1 在 DO_1 面上的入射角为 γ_n，$\triangle EBC$ 为等腰直角三角形，故

$$2\gamma_n = 45°,\quad \gamma_n = 22.5°$$

进而得到

$$\gamma = 45°$$

L_2 的光路图如图 3 所示，由几何关系可知，L_2 在 AO 面的折射角与 L_2 在 OD 面的入射角相同，故 $\beta = \alpha$，与折射率无关。

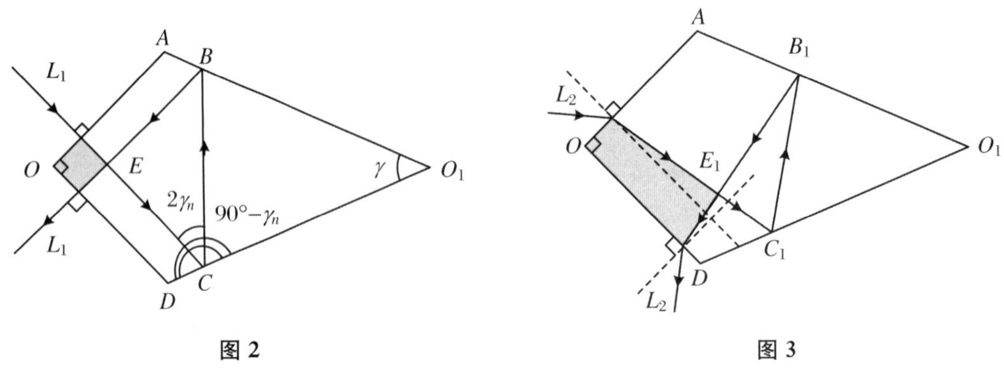

图 2　　　　图 3

问题 9－5　“流体静力黑匣子”

如图 1 所示，有一个 1 m×1 m×4 m 的长方体容器。在上表面有一个小洞。在下面接近底部的位置有一个小的压强感应器。容器里面有若干块隔板，它们可以封闭成空洞。每块隔板的体积忽略不计，可以水平或竖直放置。所有竖直的隔板与同一个侧面平行。

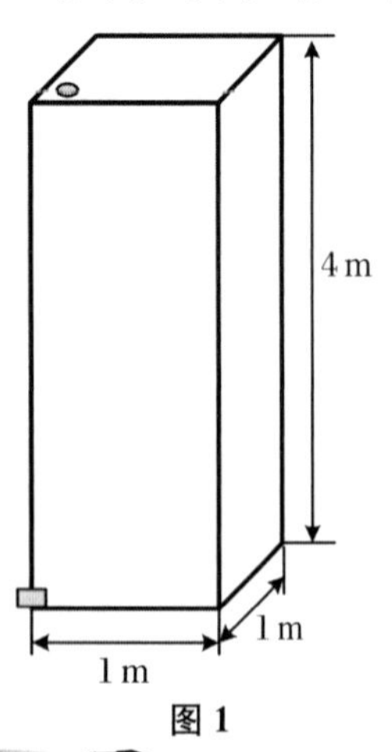

图 1

从上面的小孔缓慢注入水，同时测量压强感应器的示数与注入水的体积的关系，关系图如图 2 所示。试对此关系图进行分析，并在发给你的纸上(见图 3)画出容器里对应此关系图的一种可能的隔板分布情况(符合要求的一种即可)。你需要画出关键的长度和位置。解释你是怎样得出这些长度和位置的。

设 $g = 10\ \mathrm{m/s^2}$，水的密度 $\rho = 1000\ \mathrm{kg/m^3}$，大气压强 $p_0 = 100\ \mathrm{kPa}$。

注：实际考试时，图2与图3为用A4纸打印的大图，交卷时需一并交回。

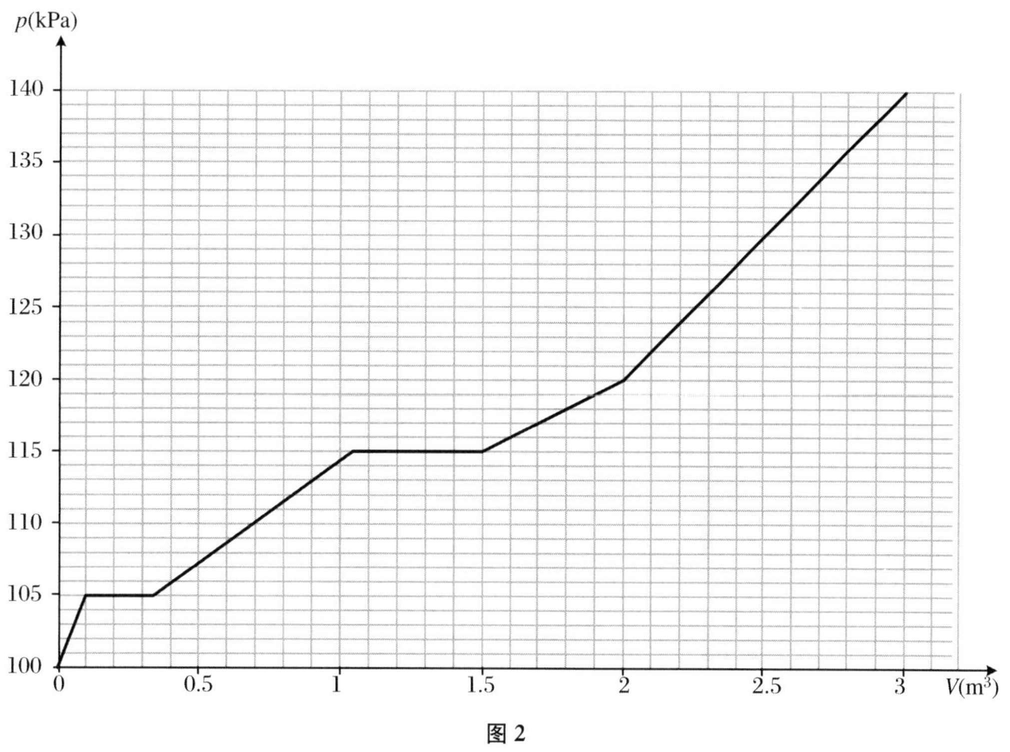

图 2

解　感应器所测得的压强

$$p = p_0 + \rho g h$$

其中

$$h = \frac{V}{S}$$

即

$$p = p_0 + \frac{\rho g}{S}V$$

$$\frac{\Delta p}{\Delta V} = \frac{\rho g}{S}$$

进一步得到如下表格。

表

h(m)	0.0～0.5	0.5～1.5	1.5～2.0	2.0～4.0
S(m^2)	0.2	0.7	1.0	0.5

在此表的基础上进一步得到内部结构，如图4所示。

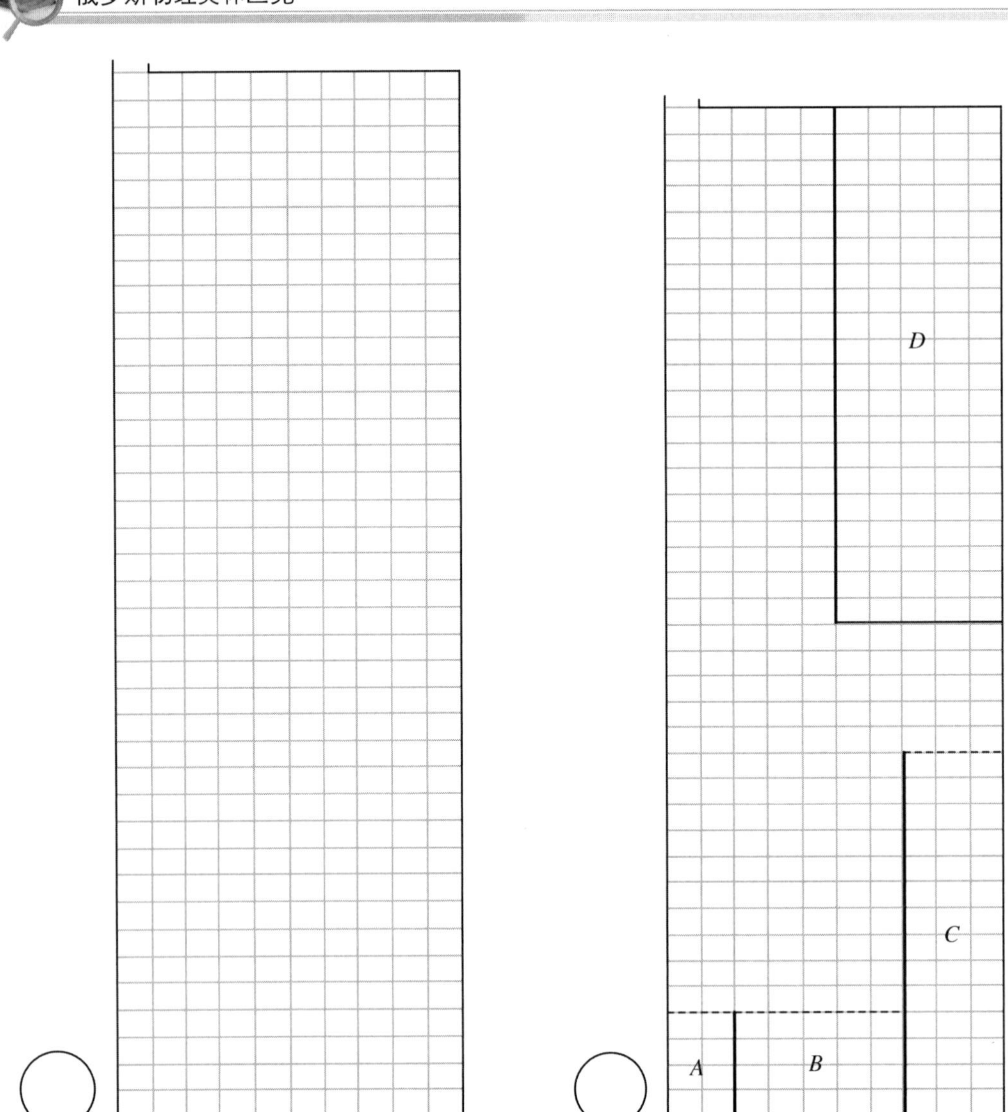

图 3　　图 4

十年级

问题 10 - 1　滑水

小船在笔直的、固定宽度的河道里以恒定速度 v 运行。在小船后面有一条一直绷紧的长度为 L 的绳子，上面系着滑水运动员，她从一岸滑向另一岸。当她与右岸的距离以速度 u 增加，绳与船的运动方向夹角为 α 的时刻，她脱离了绳子进入水中。忽略运动员竖直方向的分速度，求她此刻的速率 u_0。若她的质量为 m，此刻绳子的张力等于多少？图 1 为从上方观察的示意图。

解　如图 2 所示，令运动员沿河的速度分量为 u'，由几何约束可得

$$v\cos\alpha = u'\cos\alpha + u\sin\alpha$$

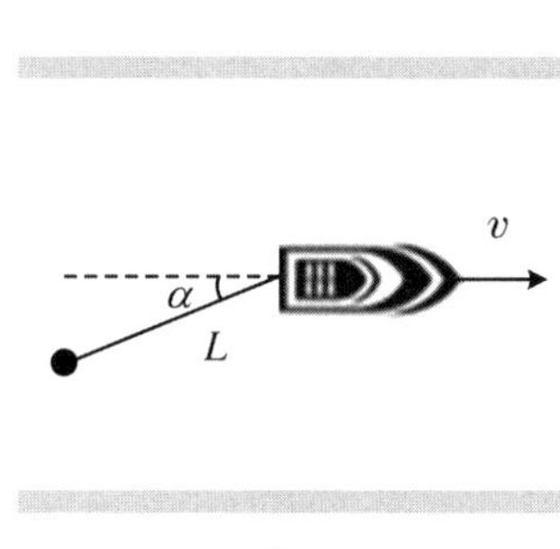

图 1

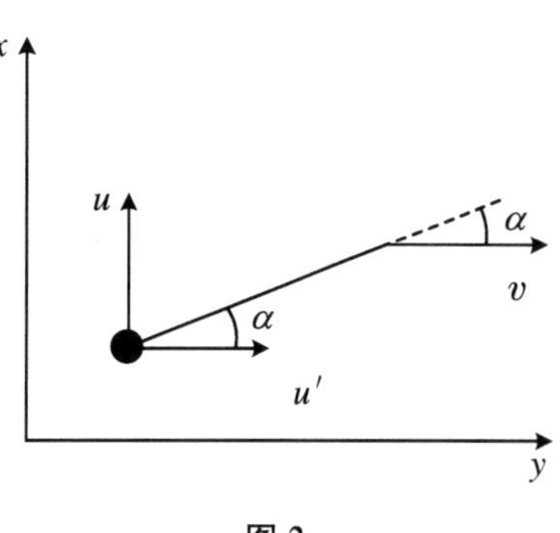

图 2

得到

$$u' = v - u\tan\alpha$$

$$u_0 = \sqrt{u^2 + u'^2} = \sqrt{u^2 + (v - u\tan\alpha)^2}$$

考虑到船匀速前进为惯性系，故

$$T = m\frac{v_{人对船}^2}{L}$$

其中

$$v_{人对船}^2 = u^2 + (u' - v)^2 = \frac{u^2}{\cos^2\alpha}$$

即

$$T = \frac{mu^2}{L\cos^2\alpha}$$

问题 10－2　滑块

如图 1 所示，滑块撞向缓慢运动中的笨重钢板的表面，该表面所在的平面始终保持水平。滑块的速度与钢板的法向量夹角为 $\varphi = 30°$。发生了碰撞。碰撞前后，滑块的速度大小相同，方向垂直。此外，它们与钢板的速度位于同一平面内。求摩擦系数 μ 的取值范围，使得这样的碰撞是可能的。

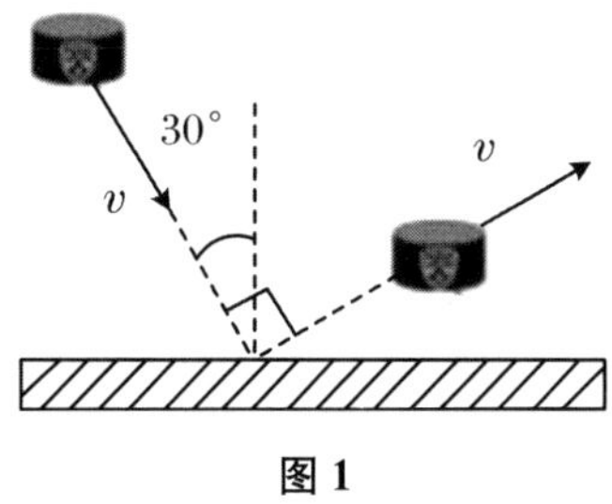

图 1

解　如图 2 所示，当碰撞后滑块的水平速度小于钢板速度时，则说明滑块在碰撞过程中水平方向上一直在加速，则

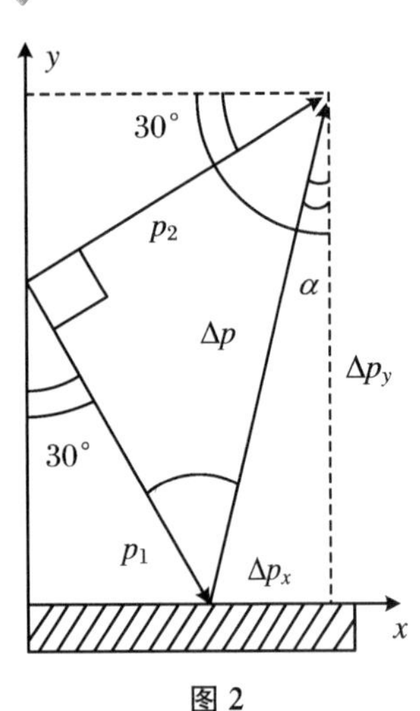

图 2

$$\mu=\frac{f}{N}=\frac{\dfrac{\Delta p_x}{\Delta t}}{\dfrac{\Delta p_y}{\Delta t}}=\frac{\Delta p_x}{\Delta p_y}=\tan\alpha=2-\sqrt{3}$$

当碰撞后滑块的水平速度等于钢板速度时，则说明滑块在碰撞过程中水平方向上可能并没有全程加速，则

$$\mu=\frac{f}{N}=\frac{\dfrac{\Delta p_x}{\Delta t}}{\dfrac{\Delta p_y}{\Delta t'}}$$

其中

$$\Delta t'\geqslant\Delta t$$

即

$$\mu\geqslant\frac{\Delta p_x}{\Delta p_y}=2-\sqrt{3}$$

综上所述，得

$$\mu\geqslant 2-\sqrt{3}$$

问题 10-3　九个电阻

如图 1 所示电路中有 9 个电阻和一个理想电压表。3 个电阻 R_x，R_y，R_z 的阻值未知，其他电阻的阻值为 $R_1=1\ \text{k}\Omega$，$R_2=2\ \text{k}\Omega$，$R_3=3\ \text{k}\Omega$。将恒定电压 $U_0=10\ \text{V}$ 的电源接入 A 和 B 之间，电压表的示数 $U_1=4\ \text{V}$；把相同的电源接入 A 和 C 之间，电压表的示数 $U_2=5\ \text{V}$。请求出：

(1) 电阻 R_x，R_y，R_z 的阻值。

(2) 当电源接入 A 和 B 之间以及 A 和 C 之间时，经过电源的电流 I_{AB} 和 I_{AC}。

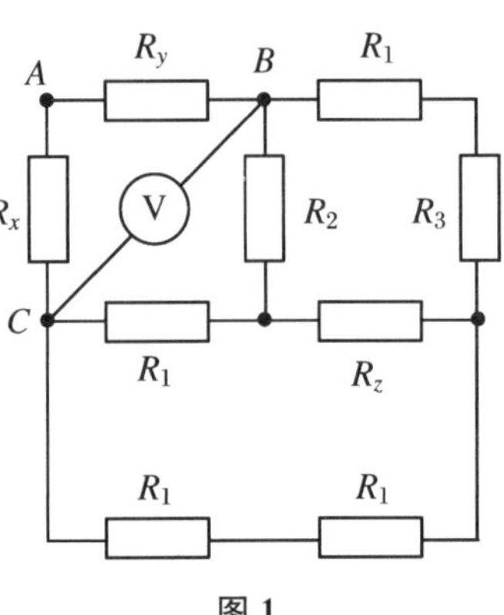

图 1

解　电路可以等效为图 2。再分析 B，C 间的电路，其等效电路如图 3 所示。

注意到 R_z 上无电流，故 R_z 可取任意值，且 $R_{BC}=2\ \text{k}\Omega$。

当电源接 A 和 B 时，

$$U_1=\frac{R_{BC}}{R_x+R_{BC}}U_0$$

解得

$$R_x=3\ \text{k}\Omega$$

同理，当电源接 A 和 C 时，

$$U_2=\frac{R_{BC}}{R_y+R_{BC}}U_0$$

解得

$$R_y = 2\ \text{k}\Omega$$

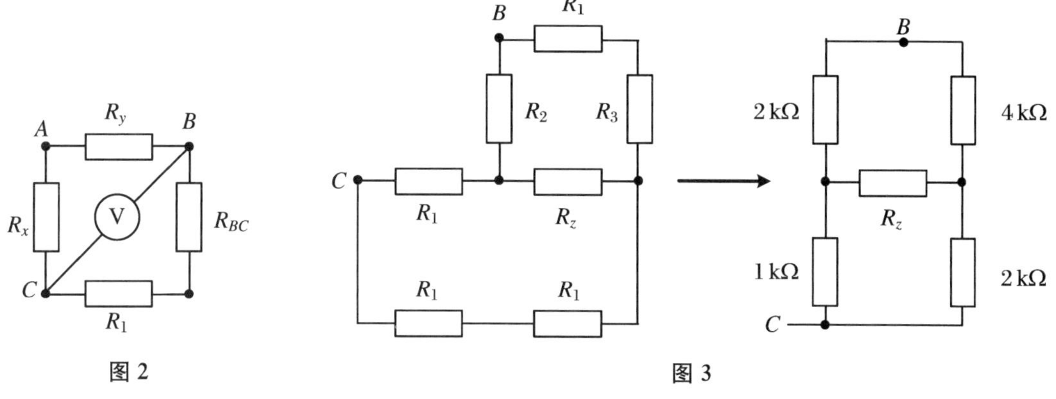

图 2　　　　图 3

当电源接 A 和 B 时，

$$I_{AB} = \frac{U_0}{R_y} + \frac{U_0}{R_x + R_{BC}} = 7\ \text{mA}$$

当电源接 A 和 C 时，

$$I_{AC} = \frac{U_0}{R_x} + \frac{U_0}{R_y + R_{BC}} = \frac{35}{6}\ \text{mA}$$

问题 10－4　在行星 R19 上

在太空中，宇航员探索行星 R19 的大气层。结果其大气层与地球上的很接近：它包含摩尔质量 $\mu = 28$ g/mol 的理想气体，也有类似的温度与高度的关系（见图）。甚至在 R19 的表面上，重力加速度也等于 9.9 m/s^2。但是在海平面上的大气压与地球上的不同，是 $p_0 =$ 500 kPa。根据这些数据，忽略 g 随高度的变化，求在高度 $h_1 = 1.0$ km 处的压强 p_1 和密度 ρ_1。气体常数 $R = 8.31$ J/(mol・K)。

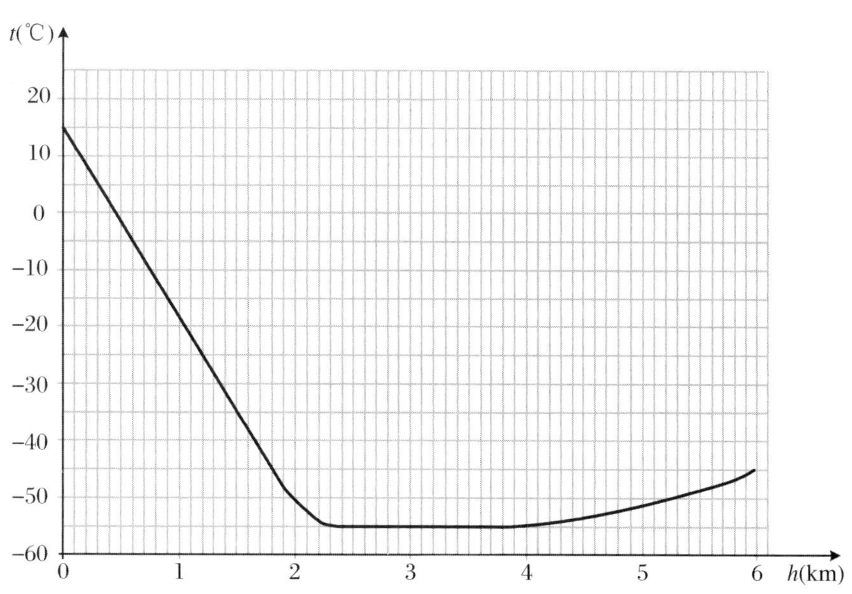

图

解 （法 1）从图中可知高度在 2 km 以内 T 与 h 呈线性关系：

$$T = T_0 - \alpha h \tag{①}$$

从图中可知

$$\alpha \approx 3.33 \times 10^{-2}\ \mathrm{K/m}$$

由理想气体方程

$$pV = nRT$$

进一步得到

$$p = \frac{\rho}{\mu}RT \tag{②}$$

再考虑到竖直方向压强变化与高度变化满足

$$\Delta pS = -S\Delta h\rho g$$

即

$$\Delta p = -\rho g\Delta h \tag{③}$$

由②③得

$$\frac{\Delta p}{p} = -\frac{\mu g\Delta h}{RT} \tag{④}$$

再由①得

$$\Delta T = -\alpha\Delta h \tag{⑤}$$

由④⑤得

$$\frac{\Delta p}{p} = \frac{\mu g\Delta T}{R\alpha T}$$

令 $k = \dfrac{\mu g}{R\alpha}$，两边积分得

$$\int_{p_0}^{p}\frac{\mathrm{d}p}{p} = k\int_{T_0}^{T}\frac{\mathrm{d}T}{T}$$

得到

$$\frac{p}{p_0} = \left(\frac{T}{T_0}\right)^k \tag{⑥}$$

其中 p_0，T_0 分别为海平面处的压强及温度。

再由①⑥得

$$p = p_0\left(1 - \frac{\alpha}{T_0}h\right)^k$$

计算可知

$$k = \frac{\mu g}{R\alpha} \approx 1$$

故

$$p = p_0\left(1 - \frac{\alpha}{T_0}h\right)$$

代入数据得，在 $h_1 = 1$ km 处，$p_1 \approx 442$ kPa。

再由②得 $\rho_1 = 5.85\ \mathrm{kg/m^3}$。

（法 2）上述解法中

$$\frac{\Delta p}{p} = k\frac{\Delta T}{T}$$

考虑到

$$k = \frac{\mu g}{R\alpha} \approx 1$$

即

$$\frac{\Delta p}{p} = \frac{\Delta T}{T}$$

其试探解为

$$p(h) = \beta T(h)$$

其中 β 为常量，即

$$p(h) = \beta(T_0 - \alpha h) = \beta T_0\left(1 - \frac{\alpha h}{T_0}\right)$$

考虑到 $h=0$ 时，$p(h)=p_0$，故

$$p_0 = \beta T_0$$

即

$$p(h) = p_0\left(1 - \frac{\alpha h}{T_0}\right)$$

与前述分析结果相同。

问题 10－5　环上的珠子

如图 1 所示，让质量为 m 的珠子很松地穿过半径为 R 的细环。环保持不动，水平放置在重力场 g 中。珠子与环之间的摩擦系数为 μ。一开始，珠子以速度 v_0 运动。

（1）求一开始时珠子受到的摩擦力的大小。

（2）求此时刻珠子的加速度的大小。

（3）写出一个表达式，误差不超过 2%，求出速度减少 1%时经过的距离。

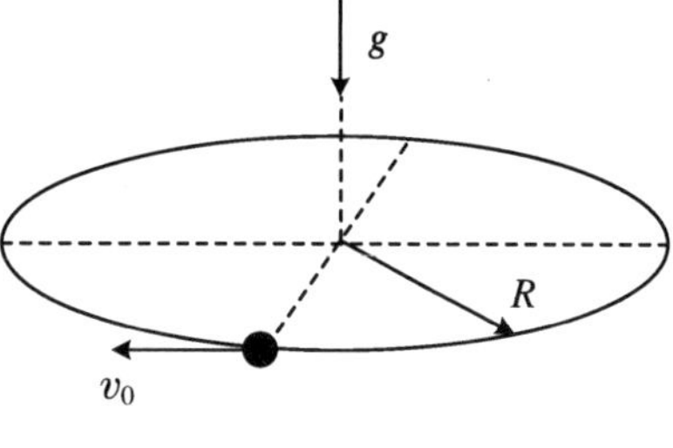

图 1

解　（1）珠子的受力情况如图 2 所示，其中 N_1，N_2 为其所受弹力的两分量：

$$N_1 = mg,\quad N_2 = m\frac{v_0^2}{R}$$

所以

$$f = \mu\sqrt{N_1^2 + N_2^2} = \mu m\sqrt{g^2 + \left(\frac{v_0^2}{R}\right)^2}$$

（2）如图 3 所示，切向加速度

$$a_\tau = \frac{f}{m} = \mu\sqrt{g^2 + \left(\frac{v_0^2}{R}\right)^2}$$

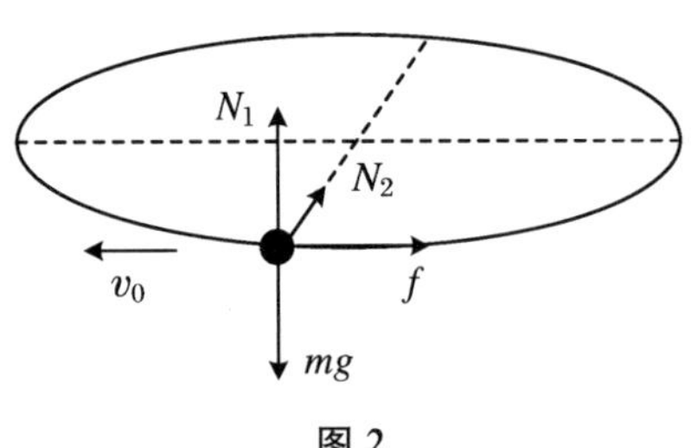

图 2

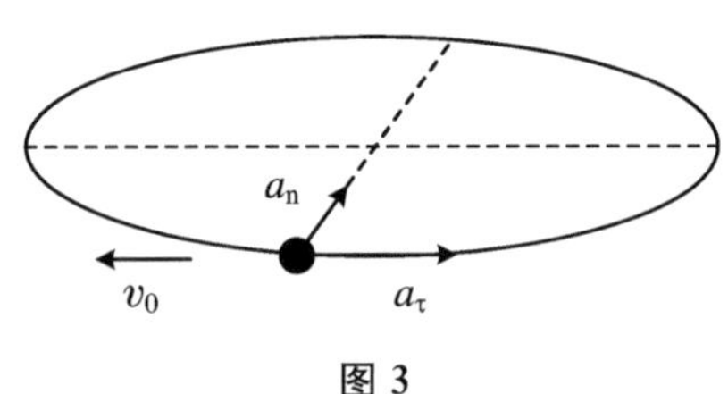

图 3

法向加速度

$$a_n = \frac{v_0^2}{R}$$

所以

$$a = \sqrt{a_\tau^2 + a_n^2} = \sqrt{(\mu g)^2 + (1 + \mu^2)\left(\frac{v_0^2}{R}\right)^2}$$

(3) 由于时间较短,珠子可认为是匀速的,则

$$\Delta s = v_0 \Delta t$$

其中

$$\Delta t = \frac{\Delta v}{a_\tau} = \frac{0.01 v_0}{a_\tau}$$

解得

$$\Delta s = \frac{0.01 v_0^2}{\mu\sqrt{g^2 + \left(\frac{v_0^2}{R}\right)^2}}$$

十一年级

问题 11-1　汽车测试

如图 1 所示,用于测试赛车的平坦的水平路面分为两段,用不同的材料铺成。根据测试要求,汽车需要从起点无初速度出发,向一个方向沿直线行驶距离 L 到达两段的交界处。越过交界处后,汽车需要停止。第一段的摩擦系数为 μ,第二段的摩擦系数为 2μ。汽车进行测试所需要的最短时间(从开始到停止)等于多少?汽车通过两段的交界处时的速度 v_0 等于多少?根据你的答案画出汽车的速度与时间的关系图,并标出汽车经过交界处时的速度。汽车为全轮驱动,发动机的功率不限。汽车的大小与 L 相比可以忽略。

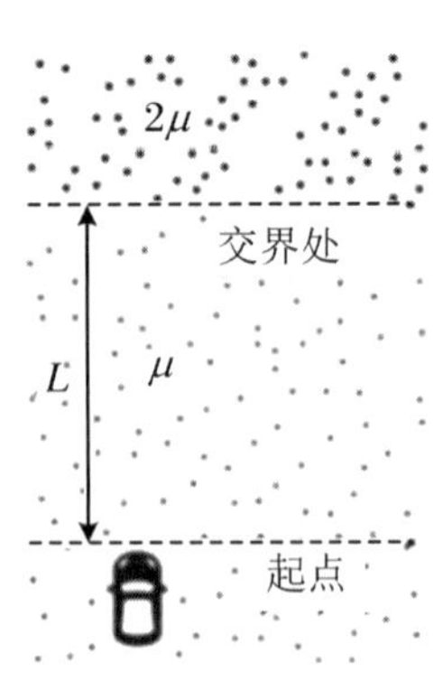

图 1

解　当车在第一阶段一直以最大加速度 $a = \mu g$ 加速时,有

$$v_1 = \sqrt{2\mu g L}$$

减速阶段以最大加速度 $a' = 2\mu g$ 减速,总时间

$$t_M = \frac{3}{2}\sqrt{\frac{2L}{\mu g}} \approx 2.12\sqrt{\frac{L}{\mu g}}$$

从如图2所示的 v-t 图可知,当总时间最短时,

$$v_0 < v_1$$

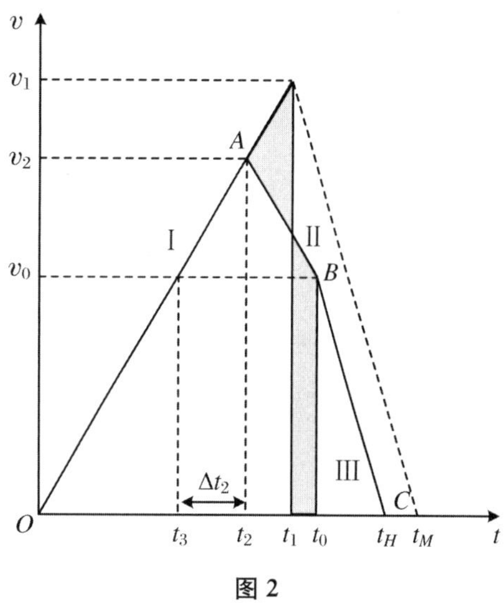

图 2

从图中可知

$$t_3 = \frac{v_0}{\mu g}$$

$0 \sim t_3$ 内的位移

$$s_1 = \frac{v_0^2}{2\mu g}$$

进一步从图中得到

$$\frac{L - s_1}{2} = v_0 \Delta t_2 + \frac{1}{2}\mu g \Delta t_2^2 = \frac{L}{2} - \frac{v_0^2}{4\mu g}$$

$$\Delta t_2 = \sqrt{\frac{v_0^2}{2\mu^2 g^2} + \frac{L}{\mu g}} - \frac{v_0}{\mu g}$$

第一阶段的时间

$$t_0 = t_3 + 2\Delta t_2 = 2\sqrt{\frac{v_0^2}{2\mu^2 g^2} + \frac{L}{\mu g}} - \frac{v_0}{\mu g}$$

第二阶段的时间

$$t = \frac{v_0}{2\mu g}$$

故

$$t_{总} = t_0 + t = 2\sqrt{\frac{v_0^2}{2\mu^2 g^2} + \frac{L}{\mu g}} - \frac{v_0}{2\mu g}$$

令 $x = \frac{v_0}{2\mu g}$, $b = \frac{L}{\mu g}$,则

$$t_{总} = \sqrt{8x^2 + 4b} - x$$

由数学知识得,当总时间最短时,

$$v_0 = \sqrt{\frac{2}{7}\mu g L}$$

故

$$t_{总} = \sqrt{\frac{7L}{2\mu g}} \approx 1.87\sqrt{\frac{L}{\mu g}}$$

问题 11-2 正方体行星

如图1所示,在均匀材料制成的正方体行星上,沿着长对角线打通一条狭窄笔直的通道。如果在点 A 处(正方体的顶点)无初速度释放小球,它经过正方体中心(点 O)时的速度为 v_1。从点 A 需要以什么样的最小速度 v_2 向太空发射,才能使得它脱离行星的重力场?

该行星没有大气层。

解 由于万有引力与库仑力有着类似的形式，可类比正方体星球均匀分布有正电荷，点 A 处有带负电的点电荷 q，在仅考虑库仑力时点电荷运动过程电势能与动能总量守恒。

基于量纲分析，正方体均匀带电物体顶点处的电势

$$\varphi = k\frac{Q}{b}$$

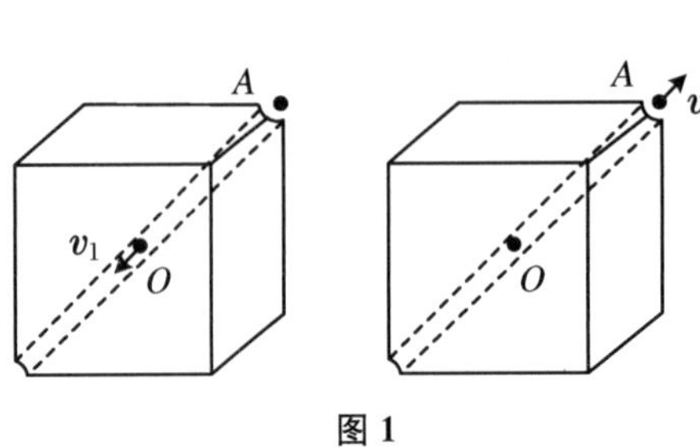

图 1

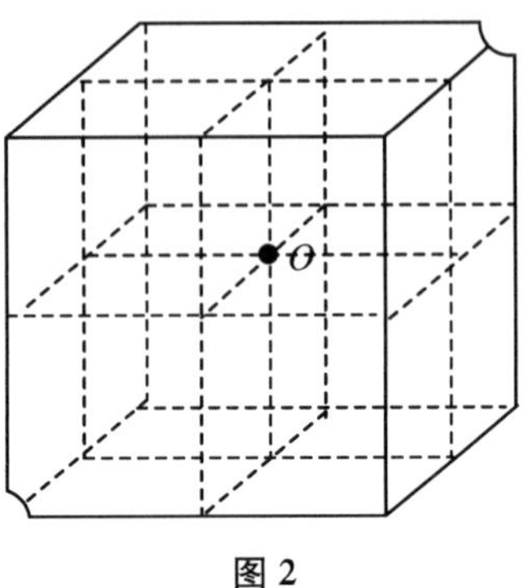

图 2

其中 k 为比例系数（非静电常量，单位相同，数值不同），Q 为总带电量，b 为边长，进一步分析得

$$\varphi = k\frac{Q}{b} = k\frac{\rho b^3}{b} = k\rho b^2$$

其中 ρ 为电荷的体密度，即 $\varphi \propto b^2$。

如图 2 所示，原正方体行星可分为 8 个小正方体，O 点对每个小正方体来说均位于其顶点处。

令其中任意一小正方体在 O 点处的电势为 φ_0，则总的 8 个小正方体在 O 点处的电势

$$\varphi_1 = 8\varphi_0$$

考虑到 $\varphi \propto b^2$，则大的正方体行星顶点处的电势为

$$\varphi_2 = 4\varphi_0$$

从星球顶点 A 处静止释放点电荷 q，运动至 O 处，由能量守恒得

$$q\varphi_2 = q\varphi_1 + \frac{1}{2}mv_1^2$$

从星球顶点 A 处以速度 v_2 发射点电荷 q，要使其脱离正方体行星的引力作用，则

$$q\varphi_2 + \frac{1}{2}mv_2^2 = 0$$

联立解得

$$v_2 = v_1$$

问题 11－3 带活塞的容器

如图所示，隔热的圆柱形容器被可以无摩擦移动的不导热活塞分成两部分。一开始，容器的左、右两部分各有 1 mol 氦气，温度相同。用加热器给容器的左侧加热。此时，左侧氦

气的温度增加了比较小的量 ΔT。求容器右侧温度的变化量 ΔT_2 和加热器提供的热量 Q。

图

解 令开始时，活塞两侧的压强、体积和温度分别为 p_0，V_0 和 T_0，则 p_0，V_0 和 T_0 满足

$$p_0V_0 = nRT_0 \quad ①$$

加热后，由于 ΔT 较小，故相应的体积改变量 ΔV、压强改变量 Δp 均为小量，左侧满足

$$(p_0+\Delta p)(V_0+\Delta V) = nR(T_0+\Delta T) \quad ②$$

右侧满足

$$(p_0+\Delta p)(V_0-\Delta V) = nR(T_0+\Delta T_2) \quad ③$$

由①～③在忽略高阶小量的情况下，得到

$$p_0\Delta V+\Delta pV_0 = nR\Delta T \quad ④$$

$$-p_0\Delta V+\Delta pV_0 = nR\Delta T_2 \quad ⑤$$

再分别基于热力学第一定律分析左、右两部分气体的加热过程：

$$Q = W + n\cdot\frac{3}{2}R\Delta T \quad (\text{左侧}) \quad ⑥$$

$$W = n\cdot\frac{3}{2}R\Delta T_2 \quad (\text{右侧}) \quad ⑦$$

其中

$$W = \frac{1}{2}[p_0+(p_0+\Delta p)]\Delta V = p_0\Delta V+\frac{1}{2}\Delta p\Delta V \approx p_0\Delta V \quad ⑧$$

由④⑤⑦⑧得到

$$\Delta T_2 = \frac{1}{4}\Delta T$$

进一步由⑥得到

$$Q = \frac{15}{8}nR\Delta T$$

问题 11－4　冰

竖直的圆柱形容器里装有水，绕着轴以周期 T_0 旋转，对其进行快速冷却，使得表面出现薄的光滑冰层。将一颗小珠子无初速度地放在容器的轴附近，它可以在冰面上无摩擦滑动。求其小幅振动的周期 T。

解 首先分析稳定旋转时水面形成的曲线方程。在与圆柱形容器一起旋转的转动参考系下，取一表面液块 Δm，其受重力 Δmg、惯性离心力 $\Delta mr\omega^2$ 以及液体对它的弹力 N，弹力与水面处处垂直。

以水表面最低点为坐标原点建立直角坐标系，令水面方程为 $h(r)$，则

$$\frac{\mathrm{d}h}{\mathrm{d}r} = \tan\theta = \frac{\Delta mr\omega^2}{\Delta mg} = \frac{r\omega^2}{g}$$

即

$$\mathrm{d}h = \frac{r\omega^2}{g}\mathrm{d}r$$

两边积分得

$$\int_0^h \mathrm{d}h = \int_0^r \frac{r\omega^2}{g}\mathrm{d}r$$

得到

$$h = \frac{\omega^2}{2g}r^2$$

结冰后，小珠子在其中时，以冰面最低点为零势能位置，其重力势能

$$E_\mathrm{p} = mgh = \frac{1}{2}m\omega^2 r^2 = \frac{1}{2}kr^2$$

其中 $k = m\omega^2$，形式与弹簧弹性势能相同，故可类比弹簧振子得

$$T = 2\pi\sqrt{\frac{m}{k}} = \frac{2\pi}{\omega} = T_0$$

问题 11－5　粒子在磁场中停止

带正电 q 的小粒子在磁感应强度为 B 的匀强磁场中运动，处于黏性媒介中。媒介对粒子的阻力与其速度成正比。一开始，粒子的动量为 p_0，与磁感线垂直。当粒子的速度第一次与初始速度方向相反时，其位移向量与 $\boldsymbol{p}_0$ 成锐角 φ。

(1) 直到粒子停止，其间粒子所经过的路程等于多少？

(2) 直到粒子停止，其间粒子的位移大小等于多少？

忽略重力。

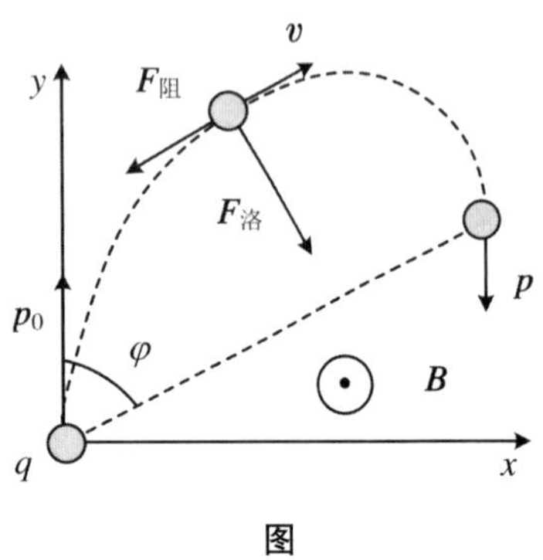

图

解　(1) 以出发点为坐标原点建立平面直角坐标系，粒子初速度沿 y 轴正方向，某一时刻粒子受力情况如图所示，其动力学方程为

$$\boldsymbol{F}_{洛} + \boldsymbol{F}_{阻} = m\boldsymbol{a}$$

其中 $\boldsymbol{F}_{阻} = -b\boldsymbol{v}$，$b$ 为比例系数。其分量式为

$$qBv_y - bv_x = ma_x \quad (x\text{ 方向})$$

$$-qBv_x - bv_y = ma_y \quad (y\text{ 方向})$$

两边乘上 Δt，令 $k = \frac{qB}{m}$，$\alpha = \frac{b}{m}$，得到

$$k\Delta y - \alpha\Delta x = \Delta v_x$$

$$-k\Delta x - \alpha\Delta y = \Delta v_y$$

两边积分得到

$$ky - \alpha x = v_x$$

$$-kx - \alpha y = v_y - v_0$$

当速度反向时，有

$$v_x = ky - \alpha x = 0$$

得到

$$\frac{y}{x} = \frac{\alpha}{k} = \tan\varphi \qquad ①$$

考虑其切向方程

$$\frac{\Delta v}{\Delta t} = -\alpha v,\quad 即\quad \Delta v = -\alpha \Delta s$$

进一步得到

$$v - v_0 = -\alpha s$$

$$s = \frac{v_0}{\alpha} \tag{②}$$

由①②得到

$$s = \frac{mv_0 \tan\varphi}{qB} = \frac{p_0 \tan\varphi}{qB}$$

(2) 当速度减为 0 时，$v_x = 0$，即满足①；$v_y = 0$，即

$$-kx_0 - \alpha y_0 = -v_0 \tag{③}$$

由①③得到

$$x_0 = \frac{mv_0}{qB}\sin^2\varphi$$

即位移

$$l = \frac{x_0}{\sin\varphi} = \frac{mv_0}{qB}\sin\varphi = \frac{p_0}{qB}\sin\varphi$$

2020 年全俄物理奥林匹克区域赛(理论部分)

九年级

问题 9－1　恒温器

恒温器可以通过使用含加热元件的电路来保持高于周围环境温度的恒温。在如图所示的电路中,电源视为理想的,加热元件 $R_{热}$ 的阻值等于滑动变阻器 R 的最大阻值的四分之一,x 为滑动变阻器当前接入电路的长度占变阻器整体长度的比例。当周围环境温度 $t_1=25$ ℃时,滑动变阻器的滑片处于 $x_1=0.65$ 的位置可以保持所需的温度;当周围环境温度 $t_2=20$ ℃时,滑动变阻器的滑片处于 $x_2=0.35$ 的位置可以保持所需的温度。当周围环境温度 $t_3=13$ ℃时,x 的值应当等于多少?热损失功率和恒温器与周围环境的温度差成正比。

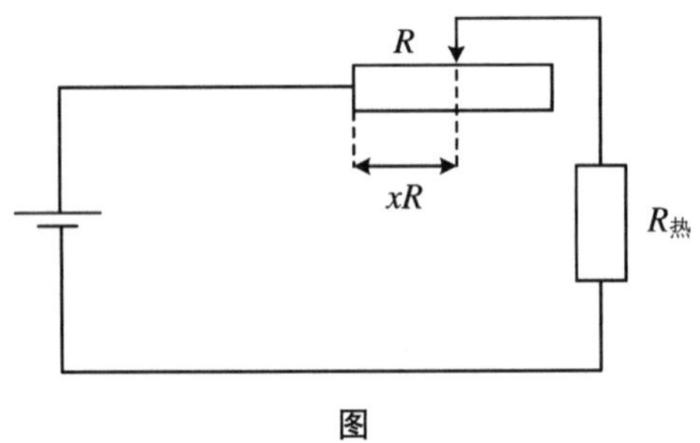

图

解　由题意得,回路中电流

$$I=\frac{U}{R(x+0.25)}$$

加热元件上的发热功率

$$P_R=I^2R_{热}=\frac{U^2}{R}\cdot\frac{0.25}{(x+0.25)^2}$$

由能量守恒得

$$P_R=P_{耗}=\alpha(t_0-t)$$

其中 α 为比例系数。

联立解得

$$\frac{U^2}{R}\cdot\frac{0.25}{(x+0.25)^2}=\alpha(t_0-t)$$

代入题中数据知

$$t_0=29\ ℃$$

进一步解得当 $t_3=13$ ℃时,$x_3=0.2$。

问题 9-2 健身器材

体育场里安装有健身器材。如图 1 所示,运动员坐在椅子上,对上面的杠杆用力 F 做引体向上的动作。杠杆与铰链的系统保证了椅子在平面内平移。如果没有运动员来平衡健身器材,要想使得上面的杠杆保持水平位置,需要在椅子上放置质量为 $m=3.7\ \text{kg}$ 的重物。

质量为 $M_0=86\ \text{kg}$、坐在椅子上的运动员(不着地)需要用多大的竖直拉力 F 拉杠杆,才能使得杠杆保持水平位置?

计算中可能需要的长度:$a_1=27.5\ \text{cm}$,$a_2=13.0\ \text{cm}$,$a_3=17.5\ \text{cm}$,$b_1=73.5\ \text{cm}$,$b_2=8.5\ \text{cm}$。重力加速度 $g=10\ \text{m/s}^2$。

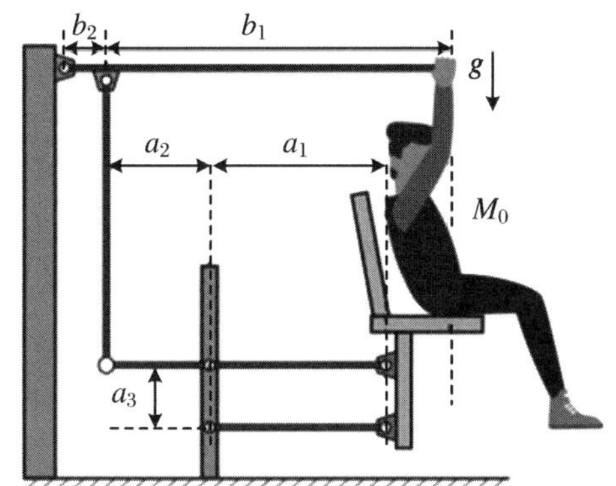

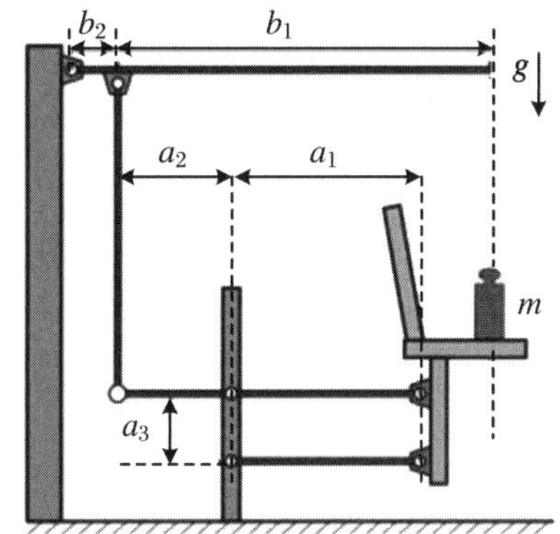

图 1

解 考虑到放置质量 $m=3.7\ \text{kg}$ 的重物时系统平衡,当运动员坐在上面时,系统同样平衡,故可以认为两个平衡状态受力的变化量亦平衡。

进一步考虑到两个状态下健身器材的重力(包括杠杆及座椅)不发生变化,故可将问题简化为:质量为 M_0-m 的运动员坐在椅子上,在不考虑健身器材重力的情况下(即所有杠杆均简化为轻杆),需要用多大的竖直拉力 F 拉杠杆,才可使系统平衡且杠杆处于水平位置?上述分析本质上应用了补偿的物理思想。

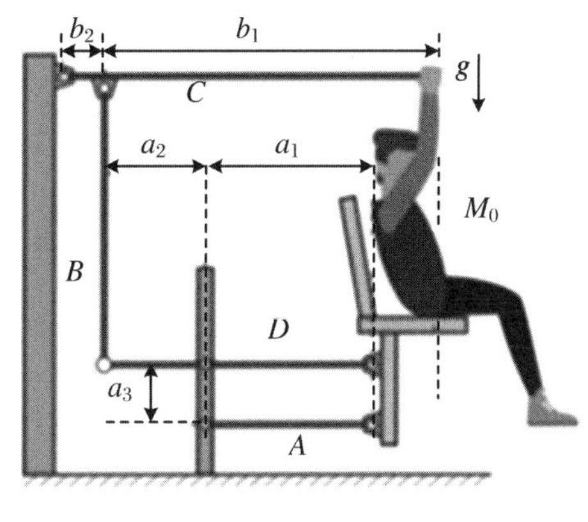

图 2

在上述分析的基础上做出每一部分的受力分析,为分析方便,对不同杆进行编号 A,B,C,D,如图 2 和图 3 所示。

对于座椅:

$$N_{1y}=(M_0-m)g-F$$

对于 D 杆:

$$Ta_2=N_{1y}a_1$$

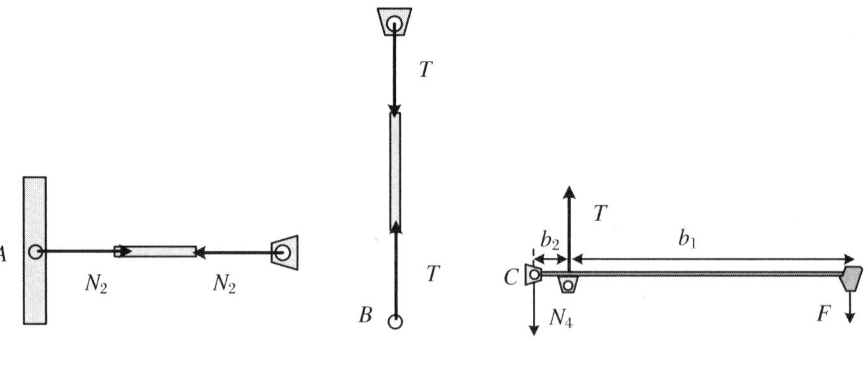

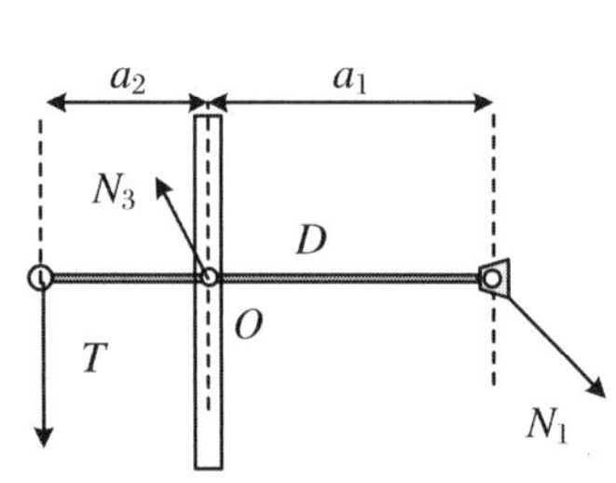

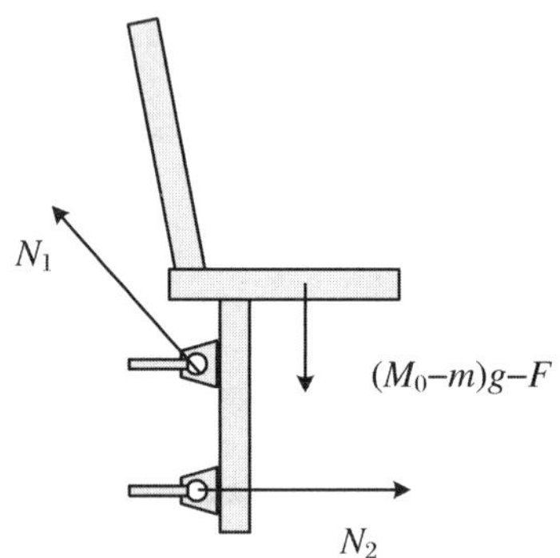

图 3

对于 C 杆：

$$Tb_2 = F(b_1 + b_2)$$

联立解得

$$F = \frac{a_1 b_2}{a_1 b_2 + a_2 b_2 + a_2 b_1}(M_0 - m)g$$

代入数据解得

$$F = 148\ \mathrm{N}$$

问题 9－3　冰球刹车

在水平面上击打冰球。冰球经过时间 $t = 0.1$ s 后，与出发点的距离为 $s_1 = 8$ cm，而在 $2t$ 后与出发点的距离为 $s_2 = 12$ cm。冰球与水平面之间的摩擦系数 μ 为哪些值时，上述情况是可能的？重力加速度 $g = 10\ \mathrm{m/s^2}$。

解　若 $2t$ 后还未减速到 0，则

$$\Delta x = s_1 - (s_2 - s_1) = \mu g t^2$$

解得

$$\mu = 0.4$$

若 $2t$ 之前已经减速到 0，则由题意得

$$s_1 = v_0 t - \frac{1}{2}at^2$$

$$s_2 = \frac{v_0^2}{2a}$$

解得

$$a = 16(2 \pm \sqrt{3})\ \text{m/s}^2$$

分析可知：

当 $s_1 = v_0 t - \frac{1}{2}at^2$，$a = 16(2+\sqrt{3})\ \text{m/s}^2$ 时，减速到 0 的时间小于 t，矛盾；

当 $a = 16(2-\sqrt{3})\ \text{m/s}^2$ 时，减速到 0 的时间大于 $2t$，矛盾。

综上所述，$\mu = 0.4$。

注：若注意到 s_1 小于 s_2 的四分之三，结合 v-t 图像亦可知 $2t$ 后还未减速到 0。

问题 9－4　四个城市

如图 1 所示，四个城市位于正方形 $ABCD$ 的四个角。强风沿平行于 AD 的方向从 A 向 D 吹。两架相同的飞机从城市 A 出发，沿不同路线飞行：第一架沿 $ABDA$ 飞，第二架沿 $ADCA$ 飞（BD 和 CA 是四分之一圆）。求飞机飞行的时间之比 $\frac{t_{ABDA}}{t_{ADCA}}$。飞机在无风时的飞行速度为 u。

解　显然，竖直段 A 到 B，D 到 C 用时相等，即

$$t_{AB} = t_{DC} \qquad ①$$

在水平段有

$$t_{AD} = \frac{L}{u+v}, \quad t_{DA} = \frac{L}{u-v}$$

$$t_{DA} - t_{AD} = \frac{2Lv}{u^2 - v^2} \qquad ②$$

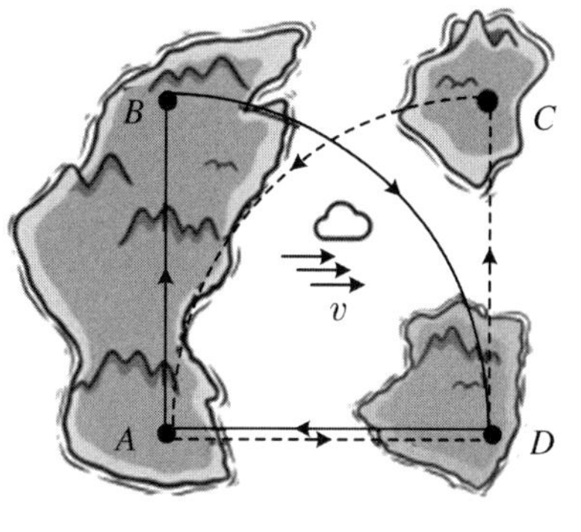

图 1

在圆弧段，在两圆弧上分别取对称的两元段进行分析。先分析 BD 上的元过程（见图 2），由几何关系知

$$u_n = -v_n, \quad u_\tau + v_\tau = \omega_1$$

解得

$$\omega_1 = u_\tau + v_\tau = \sqrt{u^2 - u_n^2} + v\sin\alpha$$

相应地

$$\Delta t_{BD} = \frac{\Delta l}{\omega_1} = \frac{\Delta l}{\sqrt{u^2 - u_n^2} + v\sin\alpha}$$

再分析 CA 上的元过程（见图 3），同理有

$$u_n = -v_n, \quad u_\tau - v_\tau = \omega_2$$

解得

$$\omega_2 = u_\tau - v_\tau = \sqrt{u^2 - u_n^2} - v\sin\alpha$$

相应地

$$\Delta t_{CA} = \frac{\Delta l}{\omega_2} = \frac{\Delta l}{\sqrt{u^2 - u_n^2} - v\sin\alpha}$$

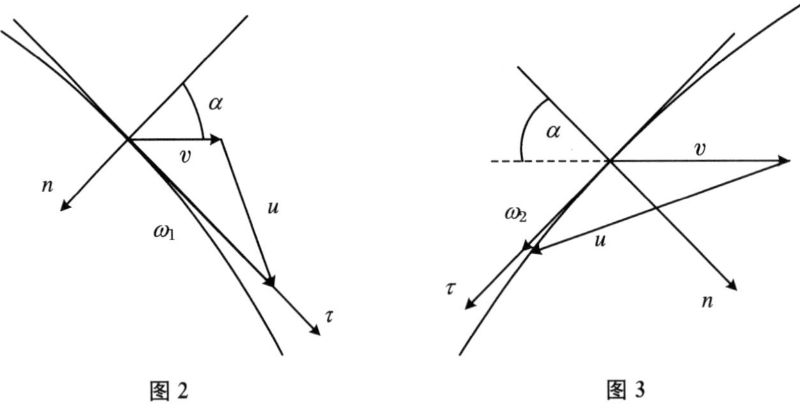

图 2　　　　图 3

进一步得到

$$\Delta t_{BD}-\Delta t_{CA}=\frac{-2v\Delta l\sin\alpha}{u^2-u_n^2-v^2\sin^2\alpha}$$

考虑到 $u_n^2=v_n^2$，$v^2\sin^2\alpha=v_\tau^2$，故

$$\Delta t_{BD}-\Delta t_{CA}=\frac{-2v\Delta l\sin\alpha}{u^2-v^2}$$

再考虑到 $\Delta l\sin\alpha=\Delta x$，则

$$\sum(\Delta t_{BD}-\Delta t_{CA})=t_{BD}-t_{CA}=\frac{-2vL}{u^2-v^2} \tag{③}$$

由①～③可知

$$t_{ABDA}=t_{ADCA}$$

故

$$\frac{t_{ABDA}}{t_{ADCA}}=1$$

问题 9－5　非线性桥

如图 1 所示，电路图中有三个相同的非线性元件、两个电阻器和两个理想电流表。通过非线性元件的电流和它上面的电压的平方根成正比：$I=a\sqrt{U}$。已知一个电流表的示数为 I_x，另一个电流表的示数为 I_y，其中 $I_x>I_y$。求每个元件中的电流强度。

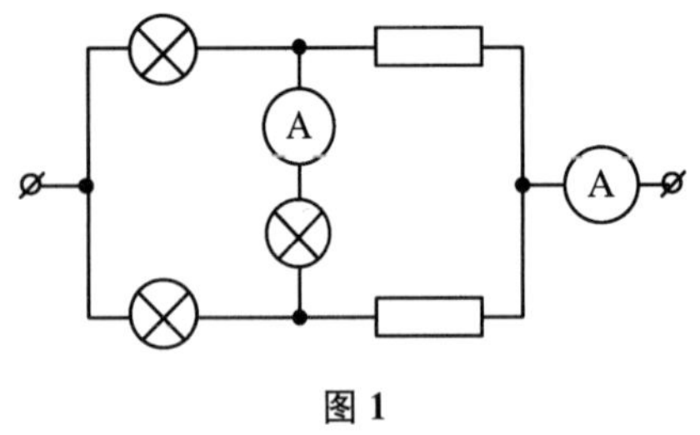

图 1

解　不妨令电流方向如图 2 所示，I_x，I_y 显然如图中所对应，由题意得

$$U=\frac{I^2}{a^2} \tag{①}$$

由基尔霍夫定律得

$$U_1=U_2+U_3\quad（三个非线性元件之间的电压关系） \tag{②}$$

$$I_1+I_2=I_x \tag{③}$$

由①～③联立得到

$$I_1=\frac{I_x^2+I_y^2}{2I_x},\quad I_2=\frac{I_x^2-I_y^2}{2I_x}$$

进一步考虑

$$I_3=I_1+I_y,\quad I_2=I_4+I_y$$

解得

$$I_3=\frac{(I_x+I_y)^2}{2I_x},\quad I_4=\frac{I_x^2-2I_xI_y-I_y^2}{2I_x}$$

讨论：I_y 方向由 R_1，R_2 大小决定，当 I_y 方向向上时，由对称性，I_1 和 I_2，I_3 和 I_4 分别互换即可。

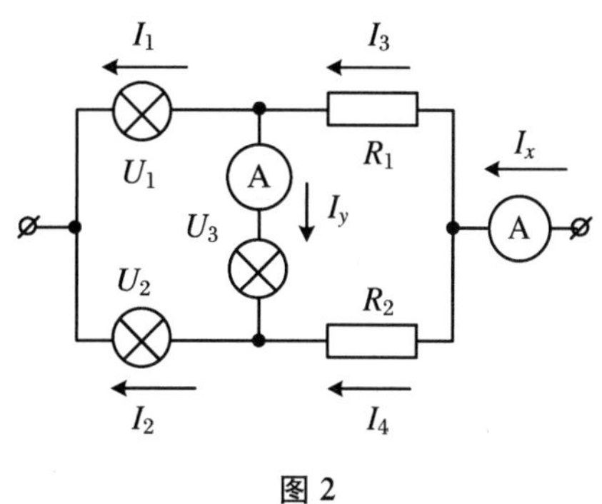

图 2

十年级

问题 10－1　线上的小球

如图所示，光滑水平面上的小球用线系在细的固定轴上。将其沿平面推动，开始进行圆周运动。此时作用于小球上的空气阻力与运动方向相反，与速度成正比。在某点，小球的加速度的方向与线的夹角为 α。小球从这时开始直到停止，转过的角度 φ 等于多少？

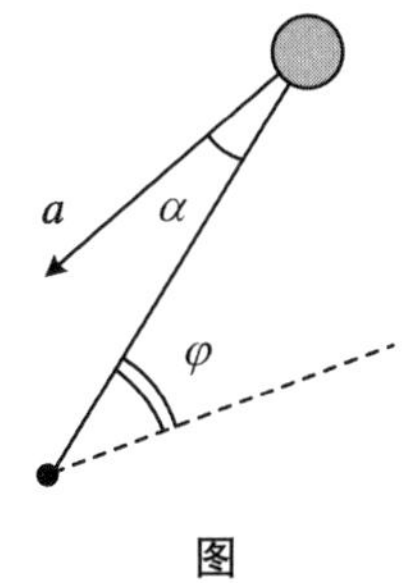

图

解　由题意得，小球切向和法向加速度之比

$$\frac{\frac{kv}{m}}{\frac{v^2}{R}}=\tan\alpha$$

整理得到

$$\frac{kR}{mv}=\tan\alpha \tag{①}$$

再考虑小球的切向运动有

$$-kv\Delta t=m\Delta v$$

即

$$-k\Delta s=m\Delta v$$

两边累加得

$$-ks=m(0-v)$$

即

$$s=\frac{mv}{k} \tag{②}$$

再考虑到转过角度

$$\varphi=\frac{s}{R} \tag{③}$$

由①～③得到

$$\varphi = \cot\alpha$$

问题 10－2　冰球

粗糙的水平面上有两个相同的小冰球。用球棍击打其中的一个，它飞向另一个冰球。图 1 为冰球碰撞之前和之后的运动轨迹的一部分。

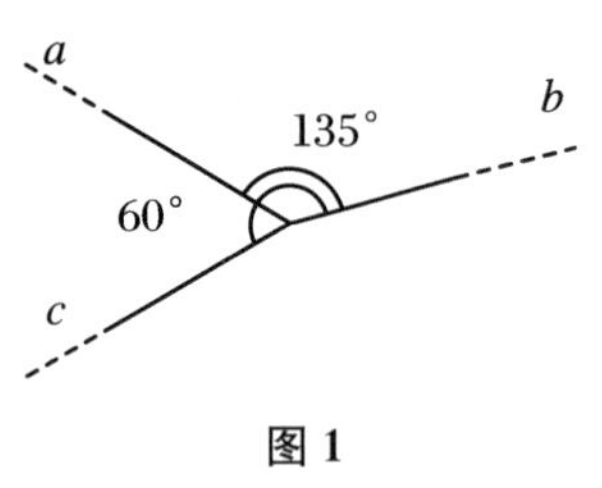

图 1

(1) 如图 1 所示的三条路径 a,b,c 中的哪一条可能是碰撞之前的运动轨迹？说明理由。

(2) 对每种可能性，求后续运动过程中的(a)冰球从碰撞到停止所经过的距离比；(b) 被击打的冰球在碰撞时动能转化为热能的比例。

冰球的侧面是光滑的。

解　(1) 由碰撞前后动量守恒得

$$\boldsymbol{p}_0 = \boldsymbol{p}_1 + \boldsymbol{p}_2$$

其大小满足

$$p_0^2 = p_1^2 + p_2^2 + 2p_1p_2\cos\alpha \tag{①}$$

再考虑到碰撞前后能量守恒，故

$$\frac{p_0^2}{2m} \geqslant \frac{p_1^2}{2m} + \frac{p_2^2}{2m} \tag{②}$$

由①②得到

$$\cos\alpha \geqslant 0$$

故 $\alpha \leqslant 90^\circ$，所以 b 为碰撞前的轨迹。

(2) 如图 2 可知：

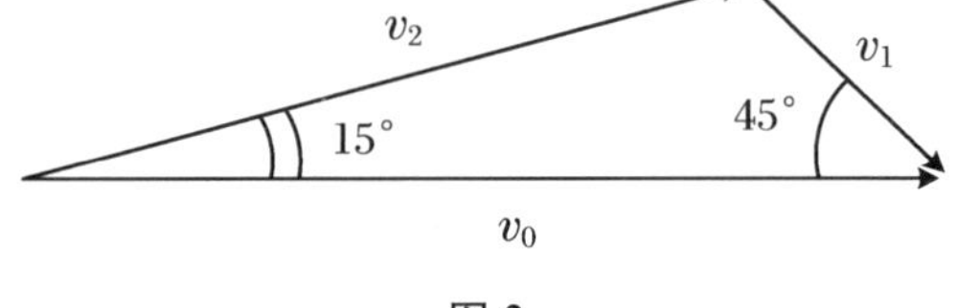

图 2

(a)

$$\frac{s_1}{s_2} = \frac{v_1^2}{v_2^2} = \left(\frac{\sin 15^\circ}{\sin 45^\circ}\right)^2 = 1 - \frac{\sqrt{3}}{2}$$

(b) 碰撞过程中发热量

$$Q = \frac{p_0^2}{2m} - \frac{p_1^2}{2m} - \frac{p_2^2}{2m} \tag{③}$$

由①③得到

$$Q = \frac{p_1p_2\cos\alpha}{m}$$

即

$$\frac{Q}{E_0} = \frac{2p_1p_2\cos\alpha}{p_0^2} \tag{④}$$

再由图 2 可知

$$p_1 = p_0\frac{\sin 15^\circ}{\sin 120^\circ} \tag{⑤}$$

$$p_2 = p_0\frac{\sin 45^\circ}{\sin 120^\circ} \tag{⑥}$$

由④～⑥得到

$$\frac{Q}{E_0}=\frac{2\sin 15^\circ \sin 45^\circ \cos 60^\circ}{(\sin 120^\circ)^2}=\frac{\sqrt{3}-1}{3}$$

问题 10－3　苏打水

如图所示，在竖直的圆柱形容器中，轻质活塞下面有水和二氧化碳。有一部分二氧化碳溶于水，另一部分以气态存在于水上。一开始，水恰好占据容器中活塞下面的体积的一半。活塞到容器底部的距离为 $h=20$ cm，活塞的面积为 $S=10\ \text{cm}^2$。在活塞上面放置质量为 m_0 的重物，达到平衡后，活塞向下移动 $\Delta h_1=3.12$ cm。再在活塞上放置一个相同的重物，达到平衡后，重物和活塞又移动了 $\Delta h_2=2.22$ cm。求：

（1）一个重物的质量 m_0。

（2）需要在前两个重物的基础上再放置的重物的质量 m_2，使得活塞下降到和水面相平。

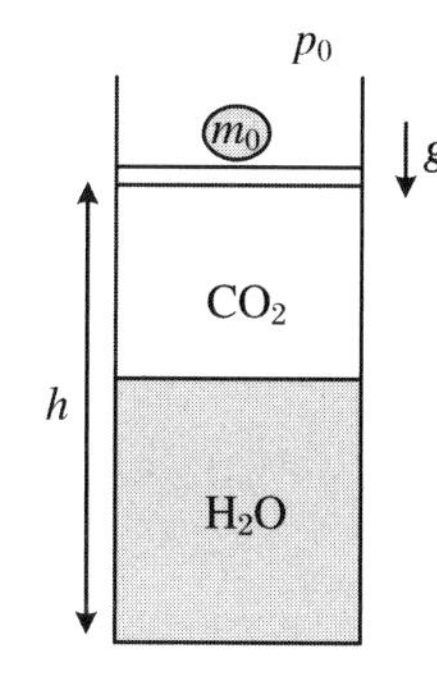

图

可认为容器里的温度恒定，二氧化碳溶解时水位不变。活塞可以无摩擦地移动。大气压为 $p_0=10^5$ Pa。

注：气体在液体中溶解的质量与液体上方该气体的压强成正比（亨利定律）。

解　（1）分别列出三个状态下的气体方程：

$$p_0 S\frac{h}{2}=n_0 RT \qquad ①$$

$$\left(p_0+\frac{m_0 g}{S}\right)S\left(\frac{h}{2}-\Delta h_1\right)=n_1 RT \qquad ②$$

$$\left(p_0+\frac{2m_0 g}{S}\right)S\left(\frac{h}{2}-\Delta h_1-\Delta h_2\right)=n_2 RT \qquad ③$$

由亨利定律，当 Δp 相同时，Δn 亦相同，故

$$n_0-n_1=n_1-n_2 \qquad ④$$

由①～④得到

$$m_0\approx 2\ \text{kg}$$

（2）进一步由亨利定律可知

$$\frac{\dfrac{m_0 g}{S}}{\dfrac{m_2 g}{S}}=\frac{n_1-n_2}{n_2} \qquad ⑤$$

由②③⑤得到

$$m_2\approx 7.3\ \text{kg}$$

问题 10－4　转（zhuǎn）动还是转（zhuàn）动

如图 1 所示，两个小球的质量分别为 m_1 和 m_2，$m_2>m_1$，两球体积相同且可视作质点，用长度为 l 的细线连接，浮在半径为 R 的圆柱形容器的水中。此时，线的张力为 T_0。使容

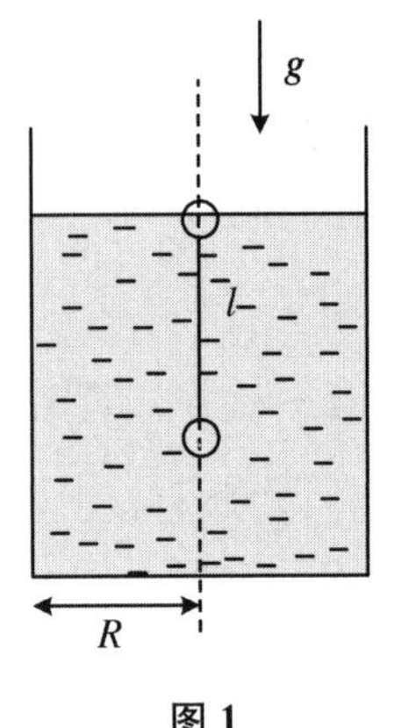

图 1

器以一定的角速度绕自身的竖直轴旋转。当系统处于稳定状态时，线被拉直，与竖直方向夹角为 α（不为零），球不接触容器底部。求线上新的张力 T 和容器的角速度 ω。

解 该题模型与“2011 年全俄物理奥林匹克决赛”10－1 相同，将 10－1 的分析复制如下：以旋转的圆柱形容器为参考系，取其中体积为 V 的水球作为研究对象，它在非惯性系下平衡，受力情况如图 2 所示。

水球受到的浮力为周围液体对其压力之和，故图中 F 即为水球所受浮力。同状态下将水球替换为木球，周围液体受力情况不会变，它们反作用到木球上的压力之和也即浮力，与水球相比不会发生变化。

但由于与水球比较，木球的密度变小，所以木球所受重力与惯性力将等比例变小，而两者合力方向不变，仍与 F 相反（见图 3）。

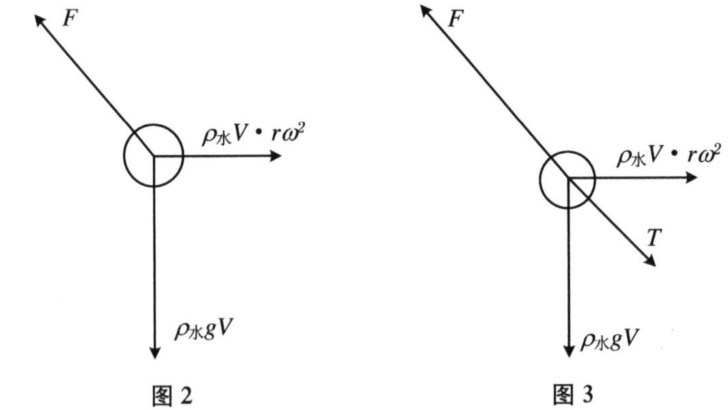

图 2　　图 3

由以上分析可知，为了使木球保持平衡，外加拉力方向需与 F 共线，所以木球所受浮力方向与两球之间的绳子共线。

进一步分析：将小球所受重力与其所受惯性离心力的合力定义为等效重力，显然等效重力与等效浮力共线。由题意知，$\rho_1<\rho_{水}<\rho_2$，不难分析，若没有绳子，则球 1 将向容器竖直中心轴运动，球 2 将向容器边缘运动，故可知球 1 靠里，球 2 靠外。

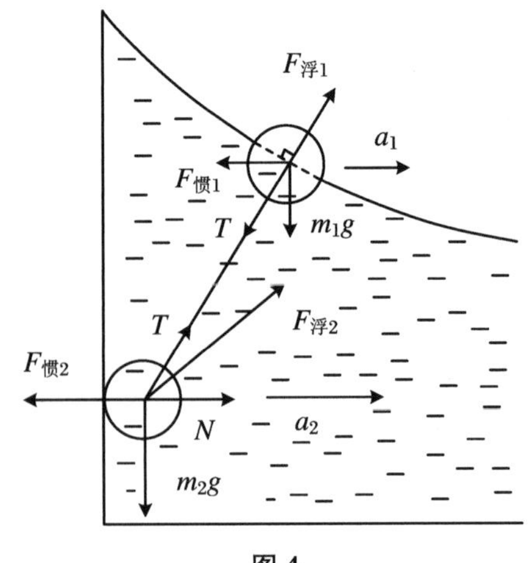

图 4

以下分析说明球 2 必与侧壁接触：由前述分析可知，绳子方向与球 1 等效重力、等效浮力共线。而对于球 2，由于惯性离心力更大，进而可知其所受等效重力、等效浮力与竖直方向夹角相比球 1 将更大。而对于两球的绳子的拉力等大反向。若球 2 不贴壁，将无法在非惯性系下平衡，在上述分析的基础上作出两球在旋转液体参考系下的受力分析图，如图 4 所示。

对于球 1 有

$$m_1 g\sin\alpha = m_1 r_1 \omega^2 \cos\alpha$$

其中

$$r_1 = R - l\sin\alpha$$

解得

$$\omega = \sqrt{\frac{g\tan\alpha}{R - l\sin\alpha}}$$

对于球2，竖直方向满足：

$$m_2 g = \rho_{水} gV + T\cos\alpha$$

解得

$$T = \frac{m_2 g - \rho_{水} gV}{\cos\alpha}$$

再考虑到系统静止时

$$T_0 = m_2 g - \rho_{水} g$$

得到

$$T = \frac{T_0}{\cos\alpha}$$

问题10－5　三个元件

有两个接线端的"黑匣子"里是三个元件组成的电路：阻值为 $R=3.5\,\Omega$ 的电阻，开启电压为 $U_0>0$ 的二极管（二极管的伏安特性如图1所示），以及未知的非线性元件 X。已知未知元件 X 的伏安特性是单调的（元件上的电压增加时，通过它的电流强度不减）。

黑匣子的伏安特性如图2所示。求：

(1) 黑匣子里面的元件组成的电路（在黑匣子的接线端之间施加一定的电压时，所有元件必须导通），并说明理由。

(2) 二极管的开启电压 U_0 的可能取值。

(3) 未知的非线性元件 X 的伏安特性。

如果二极管的开启电压不唯一，则在它取最大值 U_{max} 时和取任一并非最大值的整数 U_N 时的两种情况下分别画出非线性元件的伏安特性。

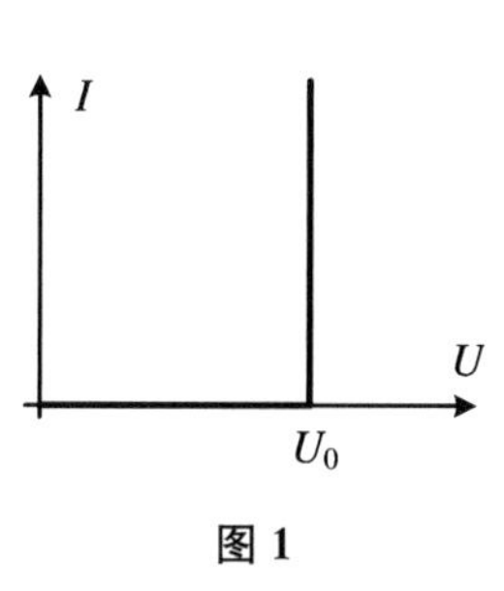

图1

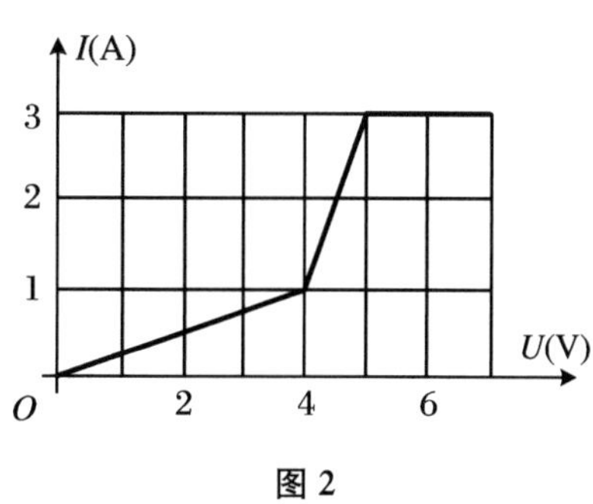

图2

解　(1) 当电压较小时，二极管不导通，而从图2中可知电流并不为0，由此可知二极管应与其他元件并联。

再从图中可知，当 $U \leqslant 4\ \mathrm{V}$ 时，系统电阻为 $4\ \Omega$，大于定值电阻的阻值，由此可知定值电阻应与未知元件 X 串联（在二极管不导通的情况下）。

若二极管与未知元件 X 并联，则二极管导通后流经黑匣子的电流为

$$I = \frac{U - U_0}{R}$$

将一直增加，与图像不符，由此可知二极管应与定值电阻并联。

综上所述，内部电路如图 3 所示。

(2)(3) 将图 3 中的定值电阻与二极管视作整体，不难分析，该部分的伏安特性如图 4 所示，进一步考虑到流经该部分的电流与通过未知元件 X 的电流相同，该部分两端的电压与未知元件 X 两端的电压之和为总电压，故在整体伏安特性和定值电阻与二极管整体的伏安特性的基础上可得到未知元件 X 的伏安特性，如图 5 所示，当 $U_0 = 2\ \mathrm{V}$ 时，图中图线 3 即为此时未知元件 X 的伏安特性。

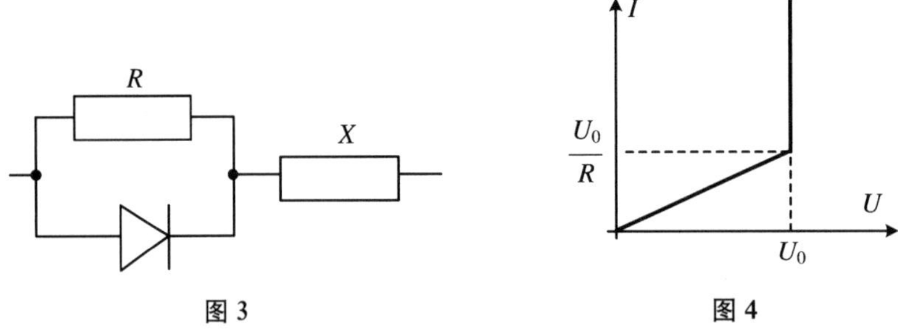

图 3　　图 4

结合题意“未知元件 X 的伏安特性是单调的”，在此基础上可知，U_0 最大为 3.5 V，相应地未知元件 X 的伏安特性如图 6 所示。

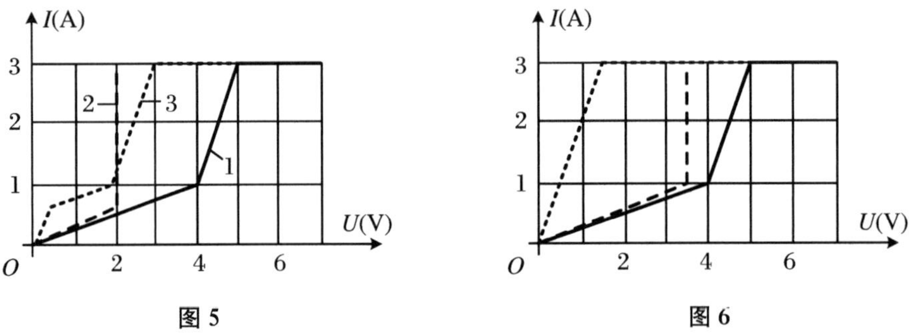

图 5　　图 6

十一年级

问题 11－1　球中的电偶极子

如图所示，在大的、均匀的不导电球的长度为 d 的直径处钻一条狭窄的通道。球按体积均匀带电，体积电荷密度为定值 $\rho > 0$。球的材料为非极性物质。

在通道的入口处放置电偶极子，它由两个相同质量的带电小球组成，被固定在轻质刚性不导电杆的两端，并释放。经过时间 $t_{偶}$ 之后，它出现在通道的另一端。当对其中的一个小球进行相同的操作时，它飞过通道的时间为 $t_{单}$。

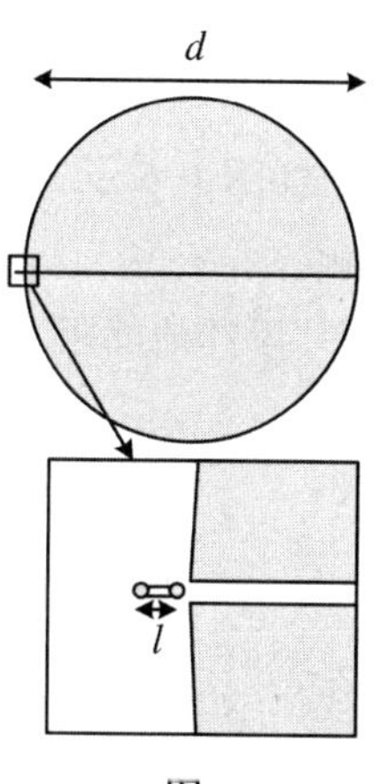

图

求偶极子臂的长度 l，设 $l \ll d$，只考虑静电力。指出第一种情况下电偶极子距离大球较近的电荷符号和第二种情况下的小球的电荷符号。小球的直径几乎和通道的直径相等。

注：电偶极子是两个大小相同、符号相反的电荷，其距离固定为 l（偶极子臂）所组成的系统。

解　由高斯定理，球内距球心 x 处的电场强度 $E(x)$ 满足

$$\oiint \boldsymbol{E}(x)\cdot \mathrm{d}\boldsymbol{S}=\frac{\frac{4}{3}\pi x^3\rho}{\varepsilon_0}$$

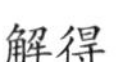
解得

$$E(x)=\frac{\rho}{3\varepsilon_0}x \quad ①$$

电场方向由球心指向外部，由此不难得到，电偶极子距离大球较近的电荷带正电（在刚开始进入球体时需要一微扰，否则无法进入球体），第二种情况下的小球带负电。

对于电偶极子，有

$$F_{合}=E(x+l)q-E(x)q=\frac{ql\rho}{3\varepsilon_0} \quad ②$$

为定值。

电偶极子在电场中全程受力向右，故其做匀加速直线运动，有

$$\frac{1}{2}\cdot\frac{F_{合}}{2m}t_{偶}^2=d \quad ③$$

由②③得到

$$t_{偶}=2\sqrt{\frac{3\varepsilon_0 md}{ql\rho}} \quad ④$$

对于点电荷，有

$$F_{合}=E(x)q=\frac{\rho q}{3\varepsilon_0}x=kx$$

方向指向球心，故其在通道中做简谐运动。

相应的运动时间

$$t_{单}=\frac{T}{2}=\frac{1}{2}\cdot 2\pi\sqrt{\frac{m}{k}}=\pi\sqrt{\frac{3m\varepsilon_0}{q\rho}} \quad ⑤$$

由④⑤解得

$$l=d\left(\frac{2}{\pi}\cdot\frac{t_{单}}{t_{偶}}\right)^2$$

问题 11-2　磁力弹簧

如图 1 所示，轻质柔韧的闭合导线圈长度为 L，和竖直墙壁与质量为 m 的正方体表面接触。系统位于与图所在平面垂直的磁场 B 中。一开始，正方体被固定在与墙距离为 x_0 的位置，不计地面阻力。

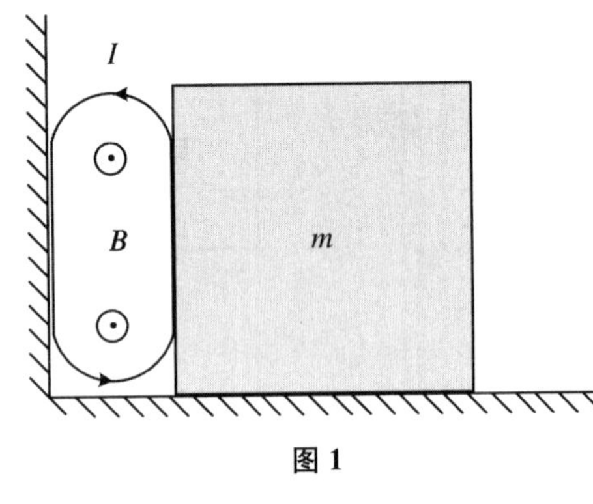

图 1

(1) 将正方体释放后，能加速到的最大速度 v_m 等于多少？

(2) 达到这一速度的时间 t_m 等于多少？

注：认为当正方体移动时，导线保持在这个竖直平面内，不计地面阻力。

解　首先证明图 2 中导线圈上、下两段曲线部分形状均为半圆，证明如下：

从曲线中任取一段微元，其受力如图 2 所示，如图建立坐标系，其受力平衡，有

$$T_1 \cos\frac{\Delta\alpha}{2} = T_2 \cos\frac{\Delta\alpha}{2}$$

$$T_1 \sin\frac{\Delta\alpha}{2} + T_2 \sin\frac{\Delta\alpha}{2} = IBR\Delta\alpha$$

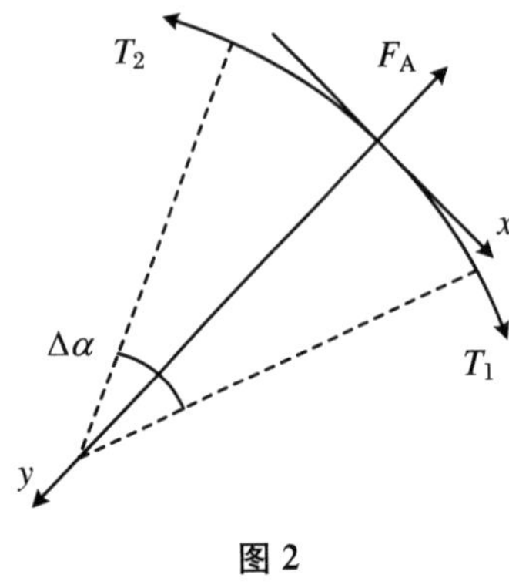

图 2

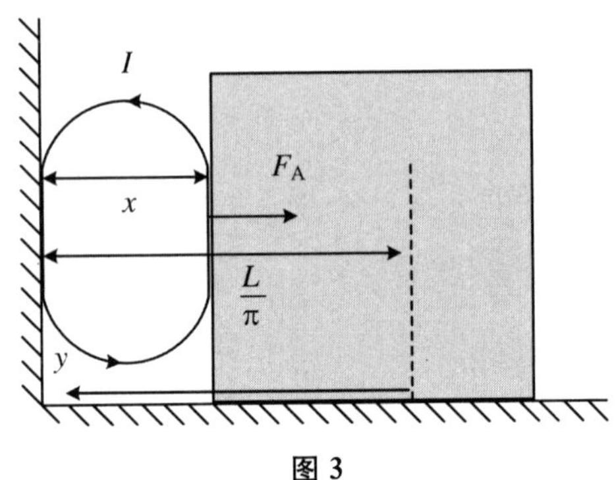

图 3

考虑到

$$\sin\frac{\Delta\alpha}{2} \approx \frac{\Delta\alpha}{2}$$

故

$$T_1 = T_2 = T$$

$R = \dfrac{T}{IB}$ 为定值，故任意一段微元的曲率半径均相同，即曲线形状为半圆。

进一步分析，如图 3 所示，当正方体左侧离墙面距离为 x 时，其所受导线对其的作用力

$$F = BI\left(\frac{L - \pi x}{2}\right) \tag{①}$$

故 F 随 x 线性减小，直至 $F=0$，即当 $x=\dfrac{L}{\pi}$ 时，速度达到最大，结合 F-x 图（见图 4），由动能

定理得

$$\frac{1}{2}F_0\left(\frac{L}{\pi}-x_0\right)=\frac{\pi IB}{4}\left(\frac{L}{\pi}-x_0\right)^2=\frac{1}{2}mv_m^2$$

解得

$$v_m=\sqrt{\frac{\pi IB}{2m}}\left(\frac{L}{\pi}-x_0\right)$$

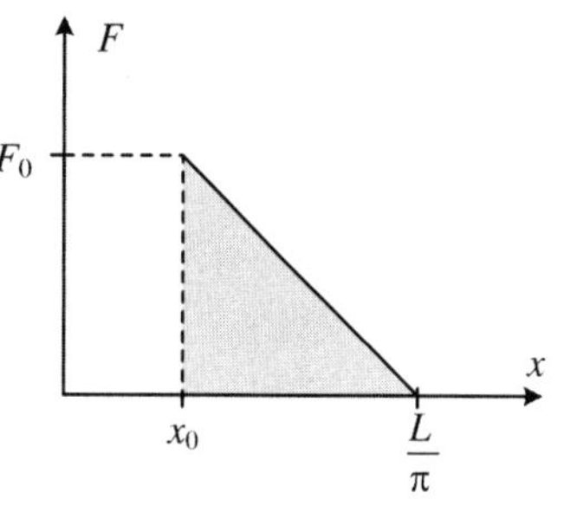

图 4

同时，不难分析得知，该过程可视为简谐运动的一部分，其平衡位置为 $x=\frac{L}{\pi}$ 处，令 $x=\frac{L}{\pi}$ 处为新的坐标原点，则原坐标系下的 x 在新的坐标系下满足

$$x'=-\left(\frac{L}{\pi}-x\right) \quad ②$$

由①②得

$$F=-\frac{\pi}{2}BIx'=-kx'$$

故

$$t_m=\frac{T}{4}=\frac{1}{2}\cdot 2\pi\sqrt{\frac{m}{k}}=\sqrt{\frac{\pi m}{2BI}}$$

问题 11－3　开尔文档案的一块

有人在开尔文男爵的档案里找到了一张图，所描述的是热机的准静态循环过程，工质为未知物质，如图 1 所示。图中为不常见的 T-Q 坐标(其中 T 为温度，Q 为吸收的热量)，过程具有折线 $abcdeb$ 的形式。随着时间的流逝，墨水褪色了，坐标轴消失了，但根据解释，图中的每条线都和一条坐标轴平行。还原 Q 和 T 坐标轴并指出它们的方向。需要说明构造方法，并给出在画坐标轴时所使用的辅助线。

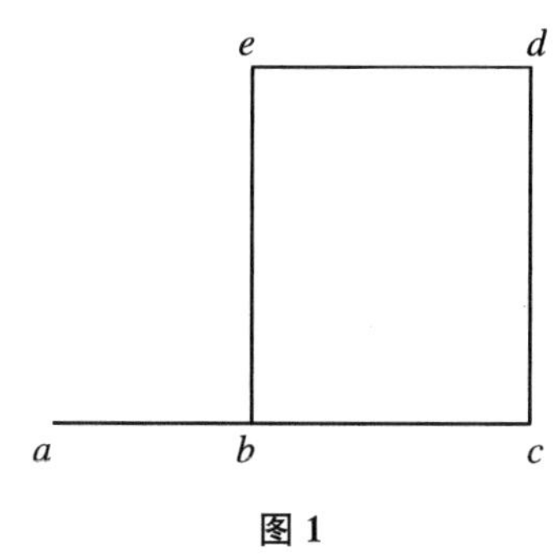

图 1

解　由于每条线均和坐标轴平行，T 不变，当 Q 变化时，对应等温过程。Q 不变，当 T 变化时，对应绝热过程。故该循环由两个等温过程和两个绝热过程构成，为卡诺循环。

考虑到两个绝热过程温度变化相同，故 be，cd 分别对应两个绝热过程，在此基础上，ac，de 分别对应两个等温过程。

再考虑到卡诺循环过程中 $Q_{吸}>Q_{放}$，故 ac 为吸热过程，de 为放热过程。综上所述，循环过程为 $a\to c\to d\to e\to b$。

又由卡诺循环得

$$\frac{Q_{吸}}{T_1}=\frac{Q_{放}}{T_2}$$

$$T_1>T_2$$

故由相似三角形知识可还原坐标轴如图 2 所示。

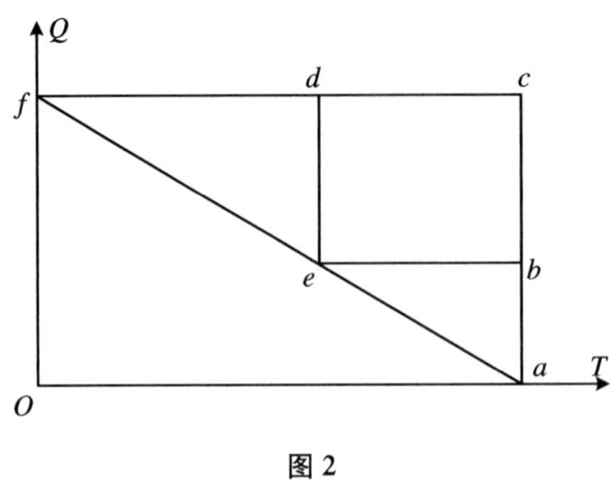

图 2

问题 11 - 4　下落的哑铃

如图 1 所示，两个相同的小球用长度为 L 的轻质硬杆连接，落在光滑、完全弹性的水平面上。下面的球即将着地时，两个球的速度竖直向下，等于 v_0，着地后的一瞬间两个球的速度垂直。

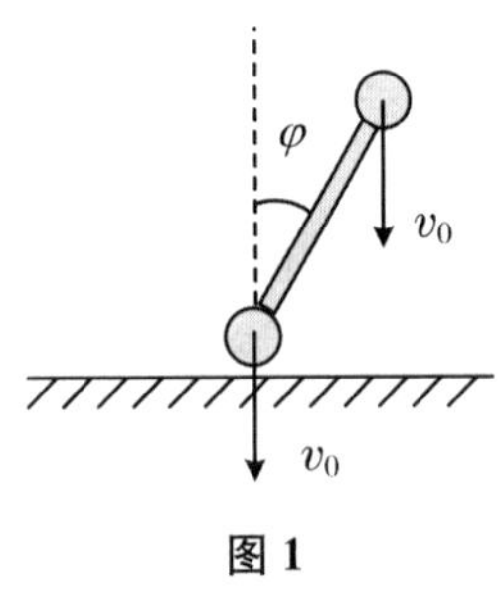

图 1

(1) 着地后的一瞬间，哑铃的质心速度 v_C 和杆旋转的角速度 ω 分别等于多少？

(2) 着地前，杆与竖直方向的夹角等于多少？

解　(1)（法 1）令碰撞后两球的速度分别为 v_1，v_2，不妨令下边的球为球 1，上边的球为球 2，由能量守恒

$$2 \cdot \frac{1}{2} m v_0^2 = \frac{1}{2} m v_1^2 + \frac{1}{2} m v_2^2$$

即

$$2 v_0^2 = v_1^2 + v_2^2 \qquad ①$$

结合质心定义，有

$$2m\boldsymbol{v}_C = m\boldsymbol{v}_1 + m\boldsymbol{v}_2$$

即

$$\boldsymbol{v}_C = \frac{1}{2}(\boldsymbol{v}_1 + \boldsymbol{v}_2)$$

再考虑到 $\boldsymbol{v}_1 \perp \boldsymbol{v}_2$，可得

$$v_C = \frac{1}{2}\sqrt{v_1^2 + v_2^2} \qquad ②$$

由①②得到

$$v_C = \frac{\sqrt{2}}{2} v_0 \qquad ③$$

进一步考虑到球 2 相对球 1 的速度

$$\boldsymbol{v}_{21} = \boldsymbol{v}_2 - \boldsymbol{v}_1$$

再由 $\boldsymbol{v}_1 \perp \boldsymbol{v}_2$，可得

$$v_{21} = \sqrt{v_1^2 + v_2^2} = \sqrt{2}v_0$$

由基点法可知

$$v_{21} = \omega L$$

即

$$\omega = \frac{\sqrt{2}v_0}{L} \quad ④$$

（法 2）质心速度分析同上，基于柯尼希定理分析角速度。由柯尼希定理得碰撞后系统的总动能

$$E_k = \frac{1}{2} \cdot 2mv_C^2 + \frac{1}{2} \cdot 2m\left(\frac{1}{2}\omega L\right)^2 = 2 \cdot \frac{1}{2}mv_0^2$$

同样可以得到结果。

（2）（法 1）考虑到碰撞过程中轻杆受力沿杆方向，且由于碰撞过程极短，故远大于小球重力，所以球 2 在垂直杆的方向上动量守恒。碰撞前该方向上的速度分量

$$v_x = v_0 \sin\varphi \quad ⑤$$

在上一问的基础上结合基点法得到碰撞后该方向上的速度分量

$$v_x = \frac{1}{2}\omega L - v_C \sin\varphi \quad ⑥$$

由③～⑥得到

$$\sin\varphi = \sqrt{2} - 1, \quad 即 \quad \varphi \approx 24.5°$$

（法 2）考虑到碰撞时间极短，系统相对于地面上的碰撞点角动量守恒，故

$$mv_0 L\sin\varphi = m\left(\frac{1}{2}\omega L - v_C\sin\varphi\right)L$$

结果同上。

注：角动量的参考点不可选球 1，因其在碰撞过程中有加速度，为非惯性系，以其为参考点时，分析需引入惯性力矩，系统角动量将不守恒。

（法 3）地面在碰撞过程中对系统的冲量满足

$$I = 2m(v_0 + v_C)$$

再由相对质心系的动量矩定理得

$$I \cdot \frac{1}{2}L\sin\varphi = \frac{1}{2}mL^2\omega$$

再联系③④，同样可以得到结果。

注：对比上一种解法，碰撞过程中，质心系亦为非惯性系，然而系统对质心的惯性力矩为 0，故对解题不产生影响。

（法 4）如图 2 所示，考虑球 2 在碰撞前、后的速度变化，从动量定理的角度有

$$\boldsymbol{v}_2 = \boldsymbol{v}_0 + \frac{\Delta \boldsymbol{p}}{m}$$

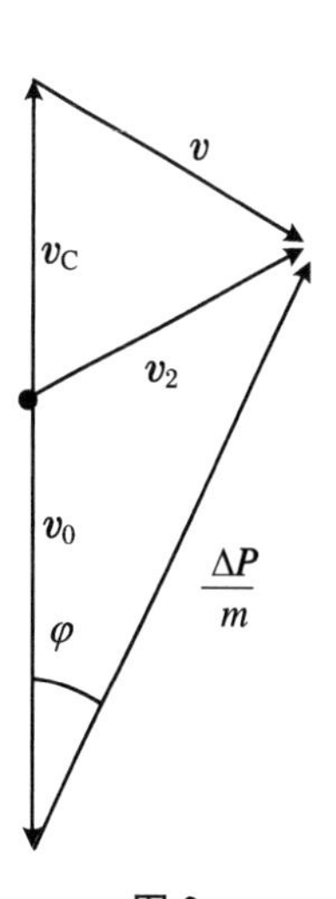

图 2

考虑到碰撞时间极短，可认为 $\Delta \boldsymbol{p}$ 沿杆方向。从基点法角度有

$$\boldsymbol{v}_2 = \boldsymbol{v}_C + \boldsymbol{v}$$

其中 $\boldsymbol{v}$ 为球 2 在质心系下的速度,即

$$v = \omega \cdot \frac{1}{2}L$$

再考虑到 $\boldsymbol{v}$ 和 $\Delta \boldsymbol{p}$ 相互垂直,故从图 2 可知

$$\sin\varphi = \frac{v}{v_0 + v_C} = \sqrt{2} - 1$$

同样可以得到结果。

问题 11-5　透明球

如图 1 所示,点光源 S 发出的光线照射在均匀的透明球上,其折射率为 n。从点光源 S 发出的与它和球心 O 的连线 MN 夹角为 α 的光线经过球表面两次折射后,与 MN 交于点 K,夹角为 β,$SK = l$。

(1) 求点光源 S 与球心 O 的距离 SO 和球的半径 R。

(2) 对取值 $n = 2$,$\alpha = 60°$,$\beta = 30°$,$l = 10$ cm,计算 SO 和 R 的值。

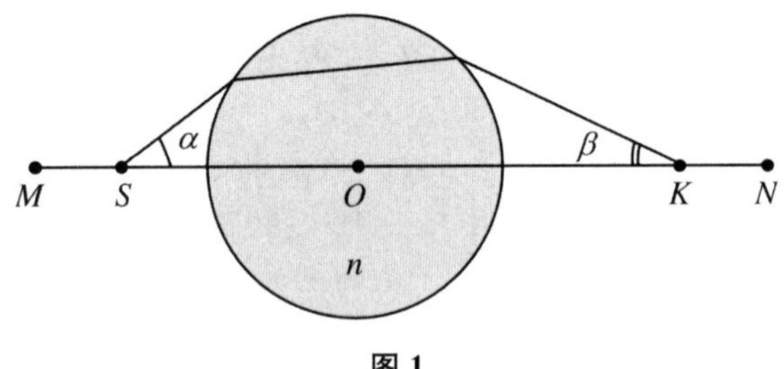

图 1

解　(1) 如图 2 所示,作出光路图,由正弦定理得

$$\frac{SO}{\sin\varphi} = \frac{R}{\sin\alpha}$$

$$\frac{OK}{\sin\varphi} = \frac{R}{\sin\beta}$$

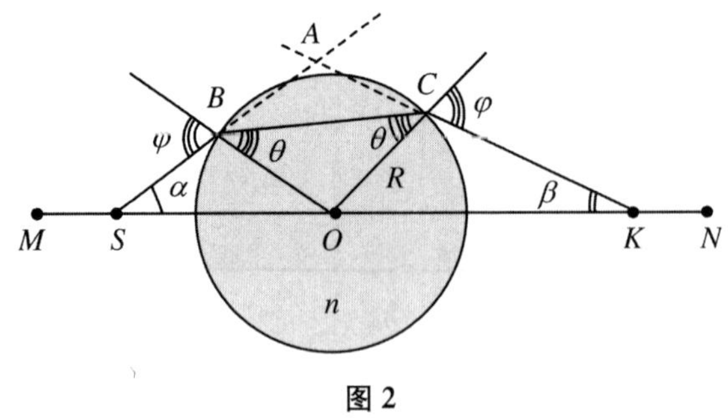

图 2

故

$$\frac{SO}{OK} = \frac{\sin\beta}{\sin\alpha}$$

又因为

$$SO + OK = l$$

解得

$$SO = \frac{\sin\beta}{\sin\alpha + \sin\beta} l$$

进一步由几何关系知

$$\theta = \varphi - \frac{\alpha + \beta}{2}$$

令$\frac{\alpha + \beta}{2} = \gamma$，即

$$\theta = \varphi - \gamma$$

由折射定律得

$$\frac{\sin\varphi}{\sin\theta} = \frac{\sin\varphi}{\sin(\varphi - \gamma)} = n$$

即

$$\sin\varphi = n\sin\varphi\cos\gamma - n\cos\varphi\sin\gamma$$

解得

$$\tan\varphi = \frac{n\sin\gamma}{n\cos\gamma - 1}$$

进一步得到

$$\sin\varphi = \frac{n\sin\gamma}{\sqrt{n^2 - 2n\cos\gamma + 1}}$$

再由正弦定理得

$$R = SO\frac{\sin\alpha}{\sin\varphi} = l\frac{\sin\alpha\sin\beta\sqrt{n^2 - 2n\cos\gamma + 1}}{(\sin\alpha + \sin\beta)n\sin\gamma}$$

(2) 代入数据得

$$SO \approx 3.66\ \text{cm},\quad R \approx 3.30\ \text{cm}$$

全俄物理奥林匹克决赛(理论部分)

2009年全俄物理奥林匹克决赛(理论部分)

九年级

问题9-1 吊着的圆木

如图1所示,起重机用绳索缓慢地从水中将圆木提起来。绳索吊在圆木的一端,圆木可以看作密度一定的细圆柱。圆木的质量为 m,长度为 L,水和木头的密度之比 $\gamma=4/3$,重力加速度为 g。

(1) 起重机至少要做多少功 W,才能将圆木完全拉出水面?

(2) 画出绳索的张力 T 与圆木的上端被拉出水面的高度 h 的关系图像。

(3) 起重机将圆木从一个倾斜角提到另一个倾斜角,使得其上端升高 $\Delta h=L/5$。这期间,它做的功 W_h 等于多少?

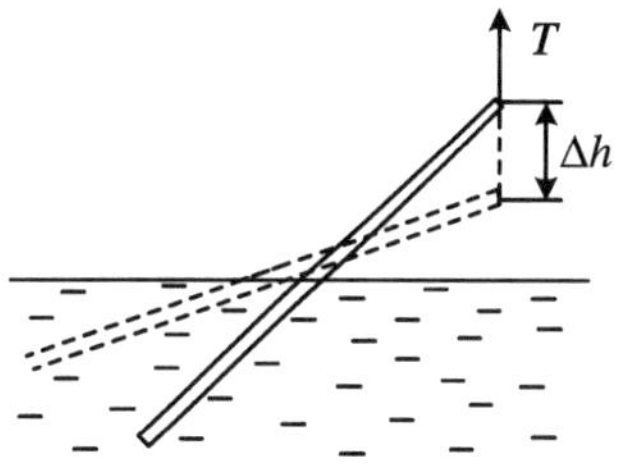

图1

解 (1) 当圆木漂浮在水面上时,可认为圆木的重心与水面等高。把圆木完全拉出水面,圆木的重力势能增加

$$\Delta E_{\mathrm{p}} = mg\frac{L}{2}$$

故起重机至少做功

$$W = \frac{1}{2}mgL$$

(2) 可以思考得到,圆木可能的位置情况如图2(a)(b)(c)所示。

在图2(d)中作出重力 G 与浮力 F_{B} 的示意图,以悬挂点为轴,根据力矩平衡,有

$$M_{F_{\mathrm{B}}} = M_G \qquad ①$$

设水面上方圆木的长度为 x,则水面以下的长度为 $L-x$,设圆木与水面的倾角为 θ,以悬挂点为轴,重力的力矩

$$M_G = \frac{1}{2}mgL\cos\theta \qquad ②$$

浮力的大小

$$F_{\mathrm{B}} = \frac{4}{3}\cdot\frac{L-x}{L}mg \qquad ③$$

浮力的力矩

$$M_{F_{\mathrm{B}}} = \frac{4}{3}\cdot\frac{L-x}{L}mg\cdot\left(\frac{L-x}{2}+x\right)\cos\theta = \frac{2}{3}\,\frac{L^2-x^2}{L}mg\cdot\cos\theta \qquad ④$$

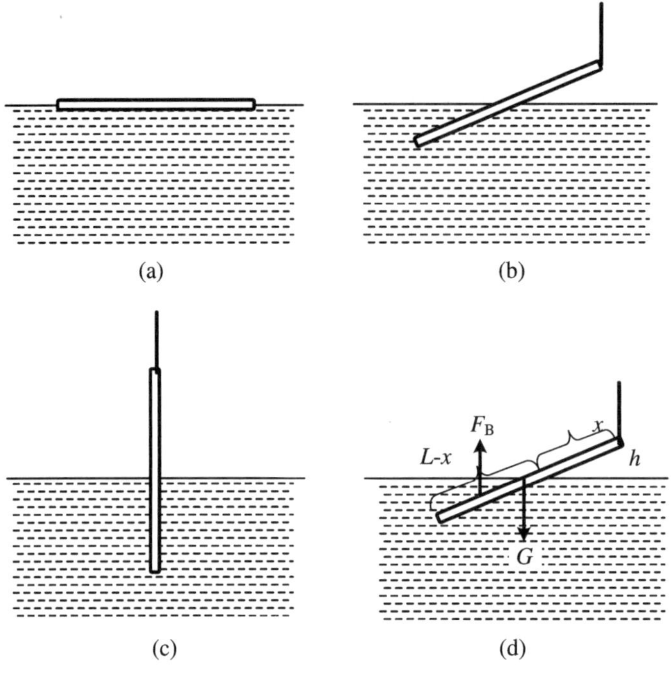

图 2

联立①～④，可得

$$x = \frac{1}{2}L$$

上述分析说明，当圆木在水中倾斜并处于平衡时，露出水面部分与水面以下部分的长度总是相等的。

由平衡条件可得，拉力 T、浮力 F_B、重力 G 之间满足

$$T + F_B = G \qquad ⑤$$

可求得

$$T = \frac{1}{3}mg$$

由结果显然可以看出，当悬挂端离开水面的高度 h 增加且满足 $0 \leqslant h \leqslant L/2$ 时，水面上方的圆木长度 x 不变，始终为 $x = L/2$。当 $h > L/2$ 时，圆木始终处于竖直状态。

由如上分析知：

（ⅰ）满足 $0 \leqslant h \leqslant L/2$ 条件下，$T = mg/3$；

（ⅱ）满足 $L > h > L/2$ 条件下，

$$T = mg - F_B = mg - \frac{4}{3}\frac{L-h}{L}mg = \left(\frac{4h}{3L} - \frac{1}{3}\right)mg$$

（ⅲ）满足 $h > L$ 条件下，$T = mg$。

作出 F_T 与 h 的关系如图 3 所示。

$$\Delta h = \frac{L}{5}$$

(3) 当圆木有倾角时，拉力 T 始终等于 $mg/3$，故其上端升高 $\Delta h = L/5$ 期间，它做的

功为

$$W_h = \frac{1}{15}mgL$$

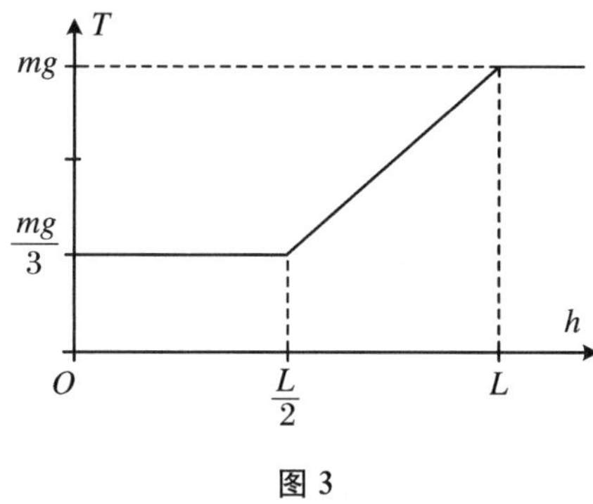

图 3

问题 9－2　传送带上的糖果

实验员格鲁克有一次参观糖果工厂时，注意到糖果从包装机中掉到传送带上的时候，速度与水平面夹角 $\alpha=60°$（从上方看如图 1 所示），速度先减小后增大。糖果的初速度为 $\boldsymbol{v}_0$，与传送带的速度 $\boldsymbol{u}$ 大小相等，且位于传送带所在平面上。糖果刚落到传送带上的瞬间，相对于传送带的速度 $\boldsymbol{v}_0'$等于多少？求出糖果相对于站着不动的格鲁克的速度的最小值 $v_{\min}$。

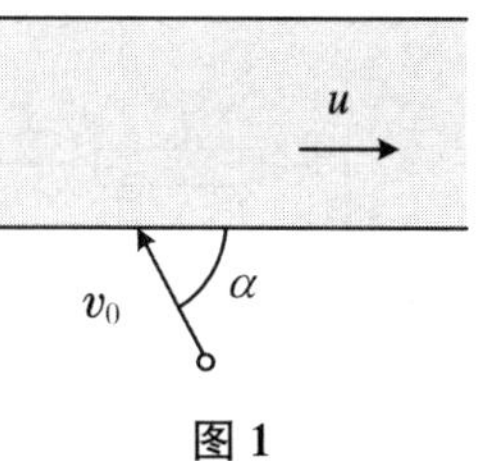

图 1

解　糖果相对传送带的速度 $\boldsymbol{v}_0'$、糖果相对地面的速度 $\boldsymbol{v}_0$、传送带的速度 $\boldsymbol{u}$ 三者之间满足关系 $\boldsymbol{v}_0'+\boldsymbol{u}=\boldsymbol{v}_0$，画出矢量图如图 2 所示。

由于 $u=v_0$，因此矢量三角形为等腰三角形，故 $v_0'=\sqrt{3}v_0$，方向与传送带成 30°角。

糖果落到传送带上后，相对传送带的速度方向与传送带成 30°角，故糖果受到的摩擦力与相对运动方向相反，使糖果相对传送带做匀减速运动。

在糖果相对传送带减速的过程中，糖果相对传送带的速度 $\boldsymbol{v}'$、糖果相对地面的速度 $\boldsymbol{v}$、传送带的速度 $\boldsymbol{u}$ 三者之间同样满足关系 $\boldsymbol{v}'+\boldsymbol{u}=\boldsymbol{v}$，$\boldsymbol{v}'$减小，导致 $\boldsymbol{v}$ 的大小、方向发生变化，画出矢量图如图 3 所示。

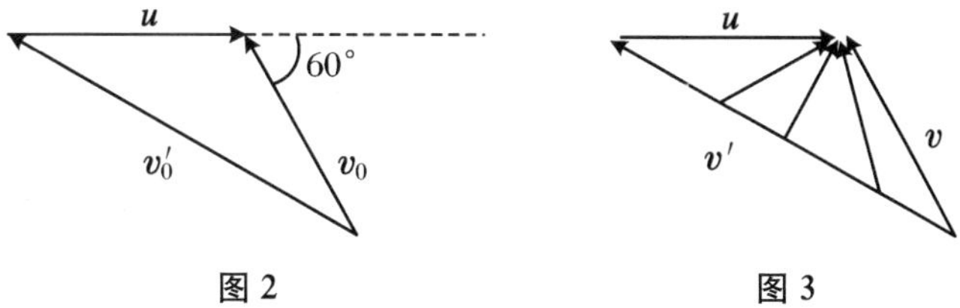

图 2　　图 3

显然，当 $\boldsymbol{v}$ 与 $\boldsymbol{v}'$垂直时，$\boldsymbol{v}$ 有最小值 $v_{\min}=v_0/2$，此时方向与传送带运动方向成 60°角斜向右上方。

问题 9－3　双桥

在如图 1 所示的电路中，接线端 C 和 D 之间的电压 $U_{CD}=15\ \text{V}$。已知 $R\gg r$。

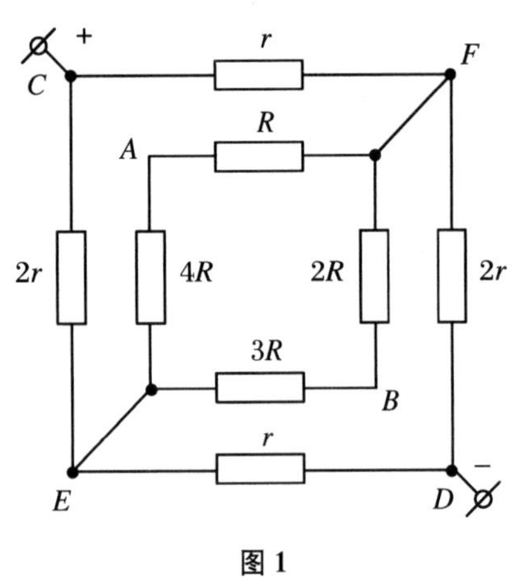

图 1

(1) 求在 A 和 B 之间连接的理想电压表的示数。

(2) 如果在 A 和 B 之间连接的是理想电流表，标出在每个电阻上以及电流表上的电流方向。

解　(1) 由于 $R\gg r$，因此在研究外部 $CFDE$ 电桥电路时，可认为 EF 之间为断路。画出 $CFDE$ 电桥电路如图 2 所示。

由分压关系知

$$U_{CF}=5\ \text{V},\quad U_{FD}=10\ \text{V}$$

$$U_{CE}=10\ \text{V},\quad U_{ED}=5\ \text{V}$$

故

$$U_{FE}=U_{CE}-U_{CF}=5\ \text{V}$$

同理，画出 $FBEA$ 间的电桥电路如图 3 所示。

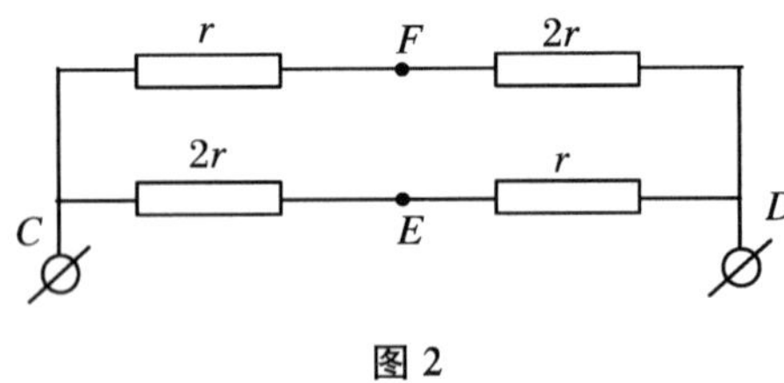

图 2

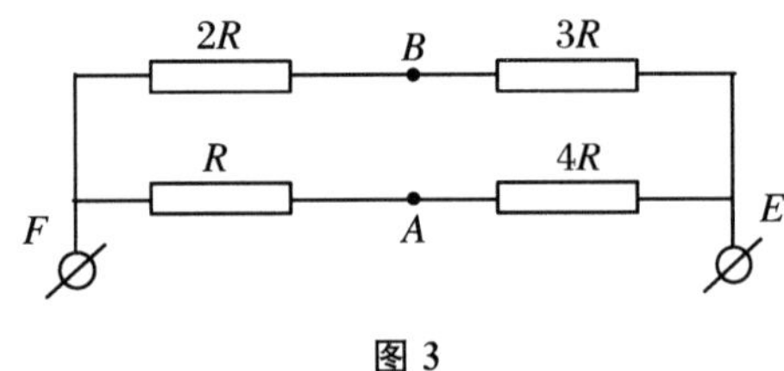

图 3

利用 $U_{FE}=5\ \text{V}$ 的条件，由分压关系知

$$U_{FB}=2\ \text{V},\quad U_{FA}=1\ \text{V}$$

故

$$U_{AB}=U_{FB}-U_{FA}=1\ \text{V}$$

由上述分析知，A 和 B 间的理想电压表的正接线柱应接 A，负接线柱应接 B，读数为 1 V。

(2) 如果在 A 和 B 之间连接上理想电流表，相当于 A，B 间短路。由(1)中分析知，若 E，F 间断路，F 点的电势高于 E 点，故在 F，E 间接入电桥 $FBEA$ 时，电流方向应从 F 流向 E。

同理，当电桥 $FBEA$ 中 A，B 断路时，A 点电势高于 B 点，故当 A，B 短路连接时，电流方向应从 A 流向 B。

综上所述，各个电阻上以及电流表上的电流方向如图 4 所示。

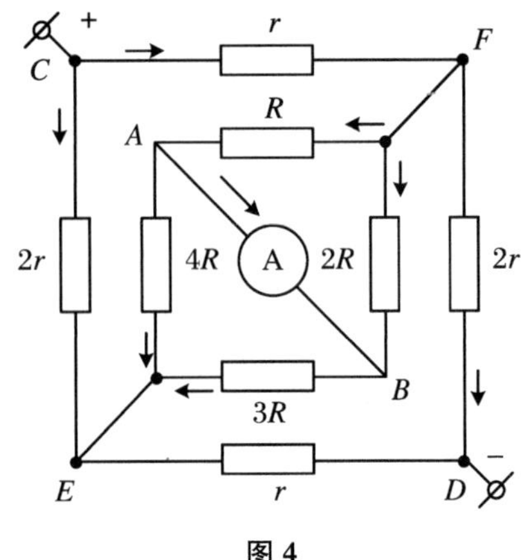

图 4

问题9－4　中途注入水的茶壶

理论家巴格想要喝茶，他拿了一把带有小温度计的隔热茶壶，并接上电源。温度计的示数为 $T_0=20$ ℃。经过 $t_1=1$ min，水被加热到 $T_1=40$ ℃，他往茶壶里又注入了一些水。在 $t_2=3.5$ min 的时刻，水的温度达到了 $T_2=50$ ℃。巴格不再往茶壶里注水了。又过了5 min，水烧开了。图为茶壶里水的温度在加热和注水的过程中变化的图像。注入的水的初温 T_x 等于多少？（假设水是快速混合均匀的，温度计表示水温的当前值）

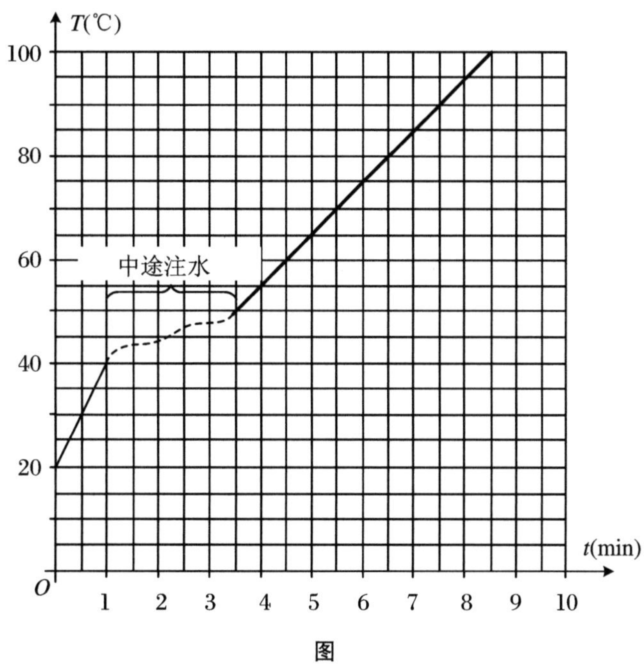

图

解　在烧水的过程中，电热被水吸收，水的温度升高。设电热功率为 P，则在 Δt 时间内电茶壶产生总电热

$$Q=P\Delta t$$

水吸收热量，温度升高，则有

$$Q=Cm\Delta T$$

其中 C 为水的比热，m 为水的质量，ΔT 为水温的升高值。

联立上面两式，得

$$\frac{\Delta T}{\Delta t}=\frac{P}{Cm}$$

设原有水的质量为 m_1，后加入水的质量为 Δm。在 $0\sim t_1$ 时间内，由图中斜率知

$$\frac{\Delta T_1}{\Delta t_1}=20\ ℃/\text{min},\quad 即\quad \frac{P}{Cm_1}=20\ ℃/\text{min}$$

在 $t_2\sim t_2+5$ 时间内，由图中斜率知

$$\frac{\Delta T_2}{\Delta t_2}=10\ ℃/\text{min},\quad 即\quad \frac{P}{C(m_1+\Delta m)}=10\ ℃/\text{min}$$

联立可得

$$\frac{m_1}{m_1 + \Delta m} = \frac{1}{2}, \quad 即 \quad m_1 = \Delta m$$

研究从 t_1 到 t_2 的过程中($t_2 - t_1 = 2.5\ \text{min}$)，质量为 m_1 的水的温度从 $T_1 = 40\ ℃$ 上升到 $T_2 = 50\ ℃$，质量为 Δm 的水的温度从 T_x 上升到 $T_2 = 50\ ℃$，由能量关系知

$$Cm_1(T_2 - T_1) + C\Delta m(T_2 - T_x) = P(t_2 - t_1)$$

联立得

$$T_x = 10\ ℃$$

十年级

问题 10-1　洞中的小球

在水平桌面上挖了一个半径为 R 的半球形洞。将质量为 m 的小球用长度为 $L = R$ 的不可延伸的轻线系在洞口上的点 A 处。一开始，线是拉直的，小球和洞口接触，如图 1 所示。释放小球，使其无初速下滑。求当小球下落到最低位置时，线上的张力。(重力加速度为 g)

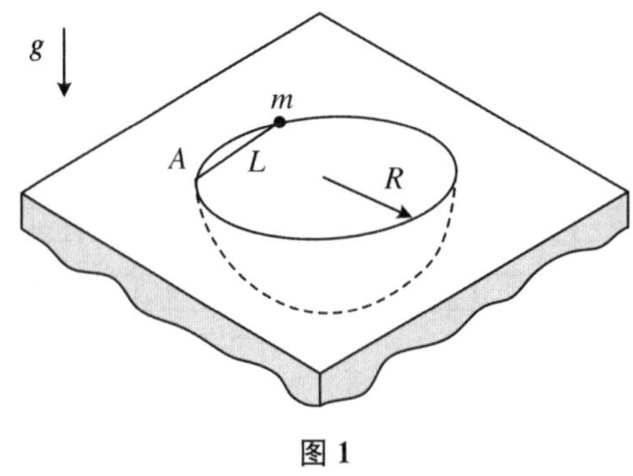

图 1

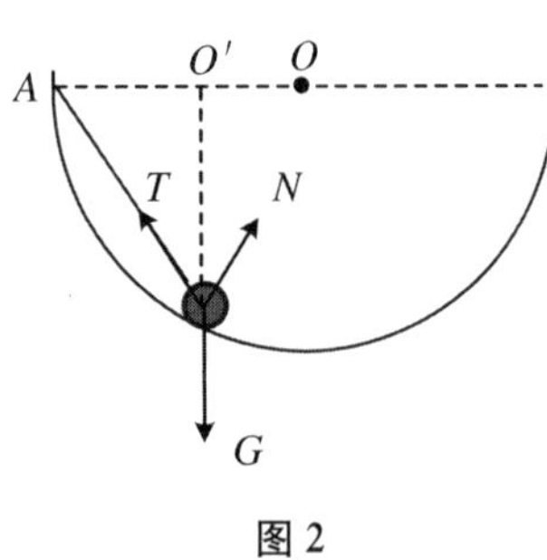

图 2

解　作出 A 点与圆心所在的竖直面示意图(见图 2)。

分析可知，轨迹为球冠的一部分，运动的圆心为其上面的 O' 点，半径为

$$r = \frac{\sqrt{3}}{2}R$$

(特别注意：A 点非轨迹圆心)。

由受力分析，知小球受到的拉力 T 与支持力 N 均与竖直方向成 $30°$ 角，小球的合力为

$$F_{合} = \sqrt{3}T - mg$$

在最低点，小球的合力提供向心力，设速度为 v，由向心力关系知

$$F_{合} = \frac{mv^2}{r}$$

从小球刚开始下落到最低点的过程中，由机械能守恒，有

$$mgh = \frac{1}{2}mv^2$$

其中 $h=\frac{\sqrt{3}}{2}R$ 。

联立上述各式，得

$$T=\sqrt{3}mg$$

问题 10－2　折射光线

据说人们在斯涅尔的档案中发现一幅画有光路图的画，如图 1 所示。随着时间的流逝，墨水褪色，只能看到入射光线和三个点：薄透镜的右焦点 F，入射光线 $A'A$ 被折射的点 A，以及透镜的左焦平面上的点 B。根据所给数据，还原透镜的位置、它的主光轴以及经过折射后的光线。

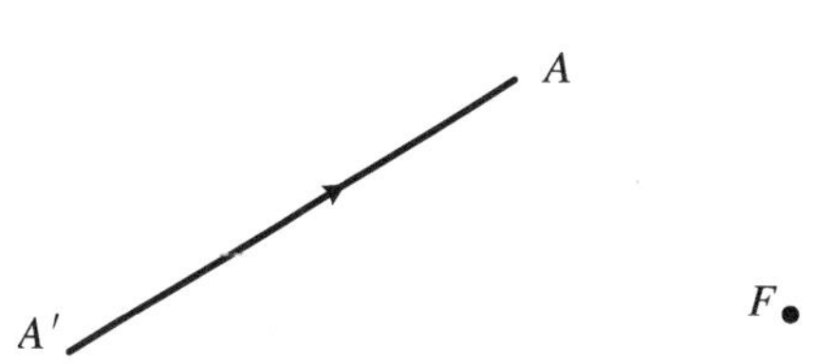

图 1

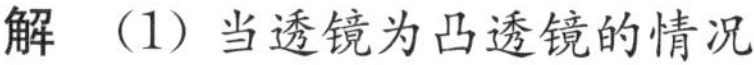

解　(1) 当透镜为凸透镜的情况

① 连接 BF，作出 BF 的中点 E（见图 2）。

② 作过 AE 的直线，为透镜平面所在位置（见图 3）。

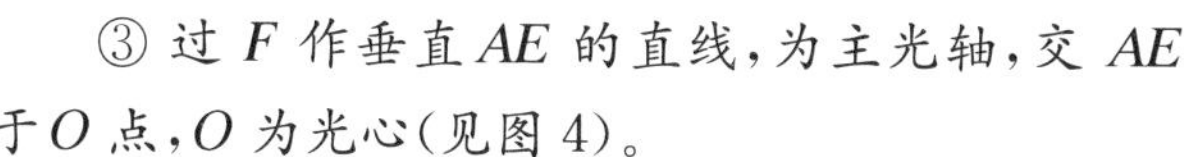

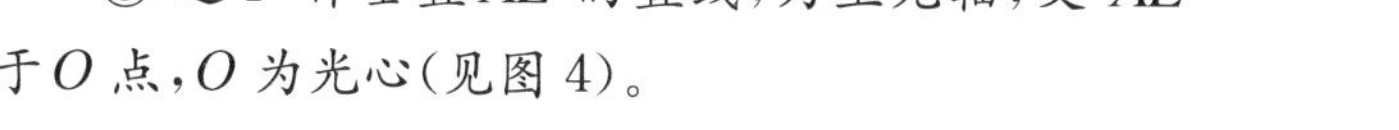

③ 过 F 作垂直 AE 的直线，为主光轴，交 AE 于 O 点，O 为光心（见图 4）。

④ 作过 F，B 点的左、右焦平面如图 5 虚线所示，右焦平面与过光心的光线交于点 D。

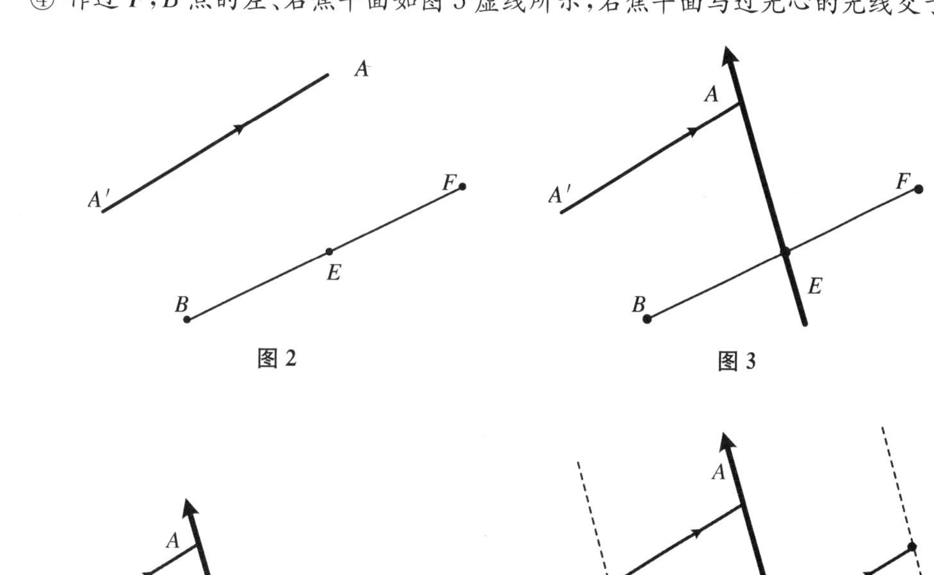

图 2　图 3　图 4　图 5

⑤ 作通过 A,D 的光线,即为过 A 点的折射光线(见图 6)。

(2) 当透镜为凹透镜的情况

步骤①②③④与(1)中的步骤①②③④同。

⑤ 设左焦平面与通过光心的光线交于 H,过 HA 作出射光线,即为过 A 点的折射光线(见图 7)。

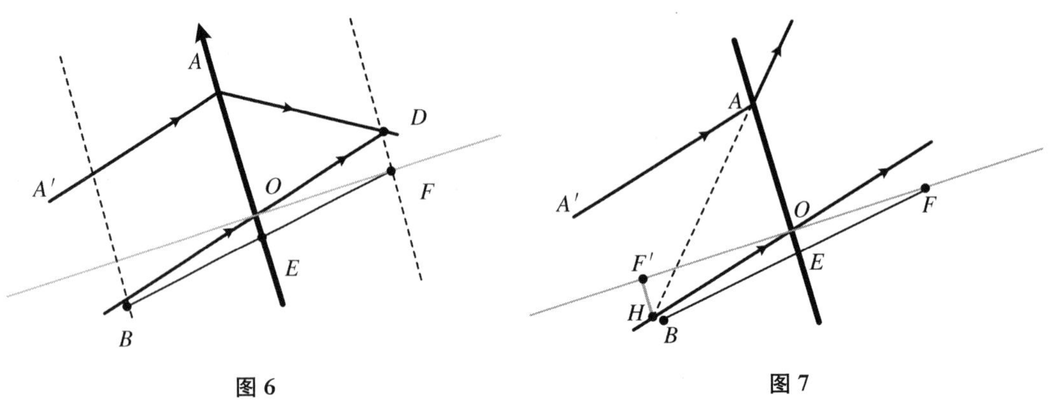

图 6　　　　图 7

问题 10－3　小行星的碰撞

在广阔的宇宙中,三颗较小的行星位于同一条直线上,因万有引力而接近彼此,直到碰撞,已知中间的小行星(质量为 m_2)与右边的小行星(质量为 m_3)的距离始终等于它与左边的小行星(质量为 m_1)的距离的 $n=2$ 倍,如图所示。用 m_1 和 m_2 表示 m_3。

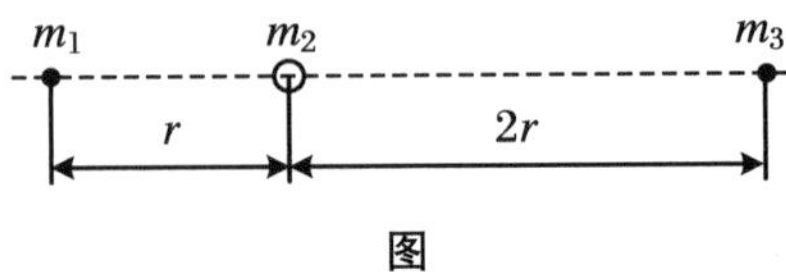

图

解　(法 1)由受力分析可得 m_3 所受的合力

$$F_3=\frac{Gm_1m_3}{(3r)^2}+\frac{Gm_2m_3}{(2r)^2}$$

由牛顿运动定律 $F_3=m_3a_3$,得

$$a_3=\frac{Gm_1}{9r^2}+\frac{Gm_2}{4r^2}$$

以 m_3 为参考系,写出 m_1,m_2 的动力学方程。

对 m_1,有

$$m_1a_{13}=\frac{Gm_1m_3}{(3r)^2}+\frac{Gm_1m_2}{r^2}+m_1a_3$$

对 m_2,有

$$m_2a_{23}=\frac{Gm_2m_3}{(2r)^2}-\frac{Gm_1m_2}{r^2}+m_2a_3$$

其中 a_{13},a_{23} 分别是 m_1,m_2 相对 m_3 的加速度。根据题意,$2r_{13}=3r_{23}$,两边对时间求二阶导数,得到

$$a_{13} : a_{23} = 3 : 2$$

联立上述方程,得

$$m_3 = \frac{104m_1 + 63m_2}{19}$$

(法 2)各自写出三颗小行星的动力学方程。

对 m_1:

$$m_1 a_1 = \frac{Gm_1 m_3}{(3r)^2} + \frac{Gm_1 m_2}{r^2}$$

对 m_2:

$$m_2 a_2 = \frac{Gm_2 m_3}{(2r)^2} - \frac{Gm_1 m_2}{r^2}$$

对 m_3:

$$m_3 a_3 = \frac{Gm_1 m_3}{(3r)^2} + \frac{Gm_2 m_3}{(2r)^2}$$

考虑到距离关系及加速度的方向性,a_1,a_2,a_3 之间应满足如下关系:

$$2(a_1 - a_2) = a_2 + a_3$$

联立上述方程,可求得

$$m_3 = \frac{104m_1 + 63m_2}{19}$$

问题 10-4 非线性电导率

某种物质的电导率是非线性的。该物质的电阻率 ρ 和电场强度 E 之间的关系满足如下规律:$\rho = \rho_0 + AE^2$,其中 $\rho_0 = 1.0\times10^7\ \Omega\cdot\text{m}$,$A = 1.0\times10^{-3}\ \Omega\cdot\text{m}^3/\text{V}^2$。用该物质填充平行板电容器两块极板之间的空间。极板的面积 $S = 1\ \text{m}^2$。

(1) 求流过电容器的电流的最大值 I_{max}。

(2) 设电容器的两块极板之间的距离 $d = 1$ cm,求在两极之间施加电压时,电容器内部的最大发热功率。画出该功率 P 与电压 U 的关系图像。

(3) 现在让电容器上的电压保持恒定:$U_1 = 2.0\times10^3$ V。如果改变两块极板之间的距离,电容器内的最大功率等于多少?当 $d = d_1$ 等于多少时,功率达到最大值?假设对 d 的任意取值,电容器里面都充满该物质。定性地画出功率 P 与距离 d 的关系图像。

解 (1)

$$I = \frac{U}{R} \quad ①$$

$$U = Ed \quad ②$$

$$R = \rho\frac{d}{S} \quad ③$$

$$\rho = \rho_0 + AE^2 \quad ④$$

联立得到

$$I = \frac{ES}{\rho_0 + AE^2} = \frac{S}{\frac{\rho_0}{E} + AE} \leqslant \frac{S}{2\sqrt{\rho_0 A}} = 5\ \text{mA}$$

故 $I_{max}=5\ \text{mA}$。

(2)

$$P=\frac{U^2}{R} \tag{5}$$

由②～⑤得

$$P=\frac{U^2Sd}{\rho_0d^2+AU^2}$$

当 $U\to\infty$ 时

$$P_{max}=\frac{Sd}{A}=10\ \text{W}$$

功率 P 与电压 U 的关系如图 1 所示。

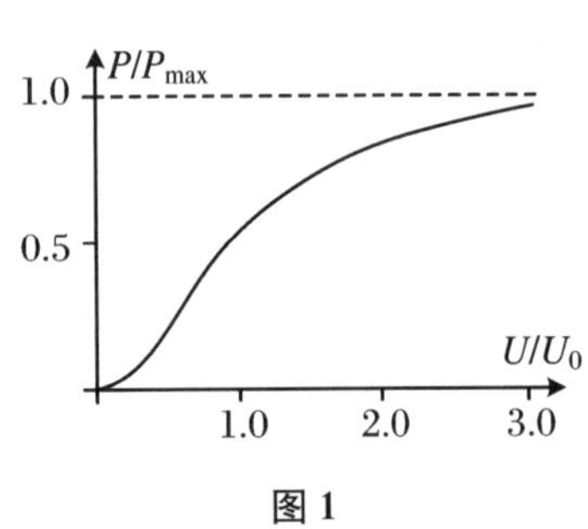

图 1

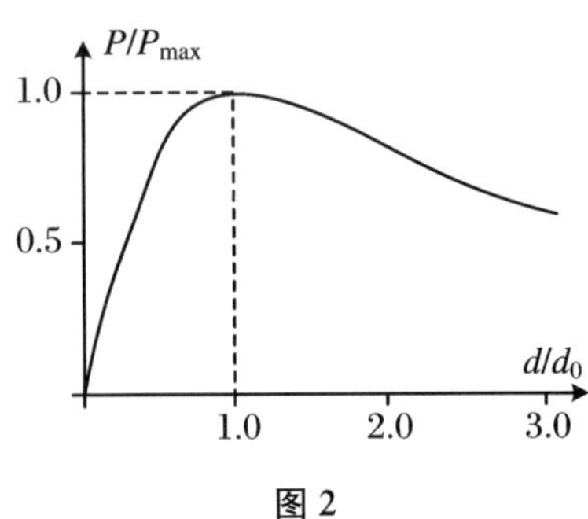

图 2

(3) 由上一问可知

$$P=\frac{U_1^2Sd}{\rho_0d^2+AU_1^2}$$

进一步得到

$$P=\frac{U_1^2S}{\rho_0d+\dfrac{AU_1^2}{d}}\leqslant\frac{U_1S}{2\sqrt{\rho_0A}}=10\ \text{W}$$

当且仅当 $d=d_0=\sqrt{\dfrac{AU_1^2}{\rho_0}}=0.02\ \text{m}$，功率达到最大值 $P_{max}=10\ \text{W}$，功率 P 与距离 d 的关系图像如图 2 所示。

问题 10 - 5　丢失的坐标轴

据说人们在开尔文男爵的档案里找到了一张关于热机的封闭循环过程的 p-V 图像，如图 1 所示。过程 1→2 为等压过程，2→3 为绝热过程，3→1 为等温过程。随着时间的流逝，墨水褪色了，图上的坐标轴看不见了。已知热机的工质为 $\nu=2\ \text{mol}$ 理想气体(氦气)。压强轴每 1 小格表示 1 atm，体积轴每 1 小格表示 1 L。

(1) 还原坐标轴的位置，并计算出该循环过程中气体的最大压强。

(2) 计算出循环中气体温度的最大值和最小值。

(3) 求等温过程 3→1 内做的功 W_T。

(4) 求循环的能量转换效率 η。

注：理想气体常数 $R=0.082\ \mathrm{L\cdot atm/(mol\cdot K)}$。

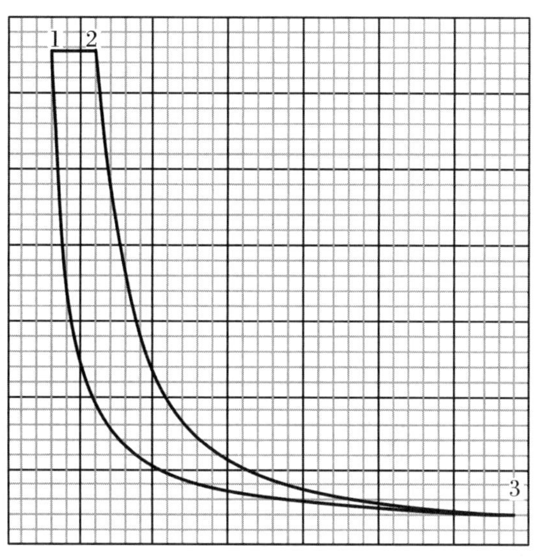

图 1

解 (1) 在 1→3 的等温过程中，根据理想气体状态方程，得

$$p_1V_1=p_3V_3$$

在 2→3 的绝热过程中，有

$$p_2V_2^{\frac{5}{3}}=p_3V_3^{\frac{5}{3}}$$

由题意知

$$p_1=p_2,\quad V_2-V_1=3\ \mathrm{L},\quad V_3-V_1=31\ \mathrm{L}$$

联立上述关系，得

$$V_1=1\ \mathrm{L},\quad V_2=4\ \mathrm{L},\quad V_3=32\ \mathrm{L}$$

由体积关系可以得到压强关系：

$$\frac{p_1}{p_3}=\frac{V_3}{V_1}=32$$

从图中看出

$$p_1-p_3=31\ \mathrm{atm}$$

故

$$p_1=p_2=32\ \mathrm{atm},\quad p_3=1\ \mathrm{atm}$$

该循环过程中气体的最大压强值为 32 atm。

还原坐标轴位置如图 2 所示。

(2) 对于状态 1，根据理想气体状态方程，有

$$p_1V_1=\nu RT_1$$

求得

$$T_1=\frac{p_1V_1}{\nu R}=195\ \mathrm{K}$$

此为气体温度的最小值。

对于状态 2,根据理想气体状态方程,有

$$p_1 V_2 = \nu R T_2$$

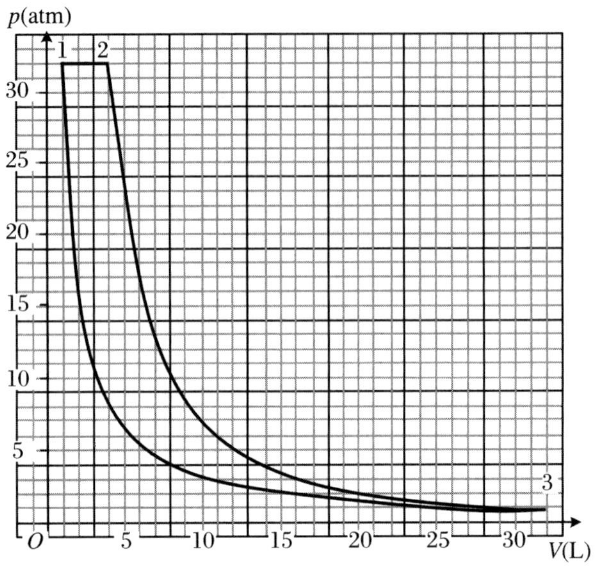

图 2

求得

$$T_2 = \frac{p_1 V_2}{\nu R} = 780\ \text{K}$$

此为气体温度的最大值。

(3) 在等温过程中,外界对气体做功

$$\mathrm{d}W = -p\mathrm{d}V$$

由理想气体状态方程,有

$$pV = \nu R T$$

得

$$p = \frac{\nu R T}{V}$$

由 $W_T = \int_{V_3}^{V_1} \mathrm{d}W$,代入上述关系得

$$W_T = \int_{V_3}^{V_1} -\frac{\nu R T_1}{V}\mathrm{d}V = -\nu R T_1 \ln V \Big|_{V_3}^{V_1} = 11.23\ \text{kJ}$$

(4) 根据图像,在 1→2 的等压过程中,气体吸热:

$$Q_{吸} = \frac{5}{2}\nu R(T_2 - T_1) = 24.3\ \text{kJ}$$

其中 $5R/2$ 为氦气的等压热容。

3→1 过程为等温过程,故气体内能不变,气体放热与外界对气体做功数值相等,故有

$$Q_{放} = 11.23\ \text{kJ}$$

所以循环过程的能量转换效率

$$\eta = 1 - \frac{Q_{放}}{Q_{吸}} = 54\%$$

十一年级

问题 11-1 蹦极

蹦极者质量为 $m = 70$ kg,从平台上跳到湖中。他的脚上系着长度为 L、劲度系数为 k 的皮筋。皮筋的另一端系在平台上。他距离水面的高度 $h = 90$ m,到达水面时速度为 0,加速度 $a_0 = 2g$。设重力加速度 $g = 10$ m/s^2,皮筋满足胡克定律,人的身高以及空气阻力等能量损失可以忽略。请求出:

(1) 皮筋未伸长状态下的长度 L 和劲度系数 k。

(2) 当人吊在皮筋上不动时,皮筋的伸长量。

(3) 人下降的最大速度 v_{max}。

(4) 人在皮筋上做简谐振动的振幅 A 和频率 ω。

(5) 人落到水面上所需要的时间 t。

注意!如果计算不准确,会危及人的生命!

解 (1) 下落过程中蹦极者的机械能转化为皮筋的弹性势能,有

$$mgh = \frac{1}{2}k(h - L)^2$$

到达水面时,由牛顿第二定律,得

$$k(h - L) - mg = ma_0$$

已知 $a_0 = 2g$,联立上述关系得

$$L = 30\ \text{m}, \quad k = 35\ \text{N/m}$$

(2) 设皮筋伸长量为 ΔL,当人不动时,由平衡条件有

$$k\Delta L = mg$$

得

$$\Delta L = 20\ \text{m}$$

(3) 在运动过程中,当人加速度为 0 时,速度最大,此时皮筋伸长量为 $\Delta L = 20$ m,研究从静止开始下落到最大速度的过程,根据能量关系,有

$$mg(L + \Delta L) = \frac{1}{2}k\Delta L^2 + \frac{1}{2}mv_{max}^2$$

可求得

$$v_{max} = 20\sqrt{2}\ \text{m/s}$$

(4) 振幅为离开平衡位置的最大距离,由题意得

$$A = h - (L + \Delta L) = 40\ \text{m}$$

频率为

$$\omega = \sqrt{\frac{k}{m}} = \frac{\sqrt{2}}{2}\ \text{s}^{-1}$$

(5) 在位移 $0<x\leqslant30$ m 的过程中,人做自由落体运动,则

$$t_1 = \sqrt{\frac{2L}{g}} = \sqrt{6}\ \mathrm{s}$$

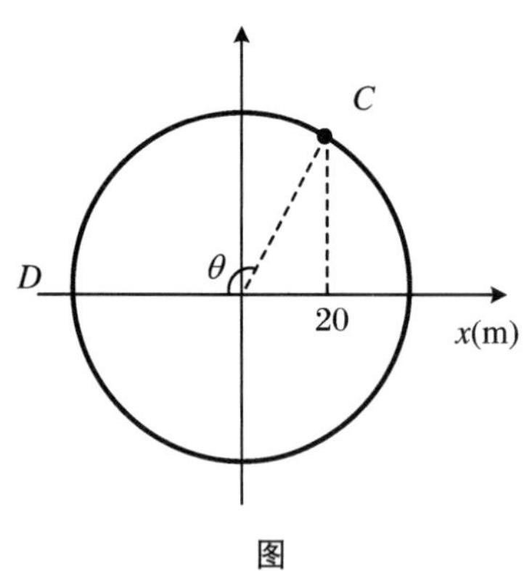

图

在位移 $30\ \mathrm{m}<x\leqslant90$ m 的过程中,人做简谐运动,根据简谐运动的特点,利用旋转矢量法,可以把人从皮筋绷紧到最低点的过程等效为图中圆周运动从 C 点到 D 点的过程,其中 C 点的 x 轴坐标为 20 m,D 点的 x 轴坐标为 -40 m,易得

$$\theta = \frac{2\pi}{3}$$

故运动时间

$$t_2 = \frac{\frac{2\pi}{3}}{\omega} = 2.95\ \mathrm{s}$$

人落到水面上所需要的时间

$$t = t_1 + t_2 = 5.4\ \mathrm{s}$$

问题 11-2 自感应电路

在如图所示的电路图中,所有元件的参数都是给定的。在初始状态下,开关断开,电感电路中没有电流。将开关闭合一段时间后再重新断开。已知在开关闭合期间,经过电感器的电荷为 q_0,在断开开关后的全部时间内,电路中放出的热量为 Q_0。

假设电路中的所有元件都是理想元件,求:

(1) 断开开关前一瞬间,流过电感器的电流强度 I_0。

(2) 开关闭合期间,流过电阻 R 的电荷 q_1。

(3) 开关断开后,流过电阻 R 的电荷 q_2。

(4) 整个过程中电流所做的功 W。

(5) 开关闭合期间,电路中放出的热量 Q。

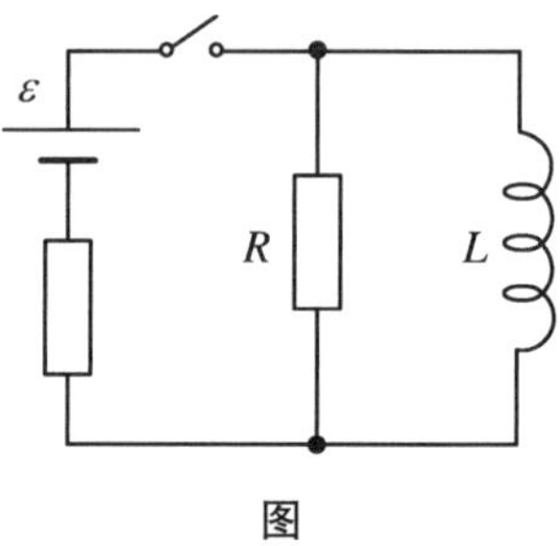

图

提示:求出流过电阻器的电荷与线圈中磁通量变化的关系。

解 (1) 在断开开关后,电路放出的热量 Q_0 来自线圈中的磁场能,存在关系

$$Q_0 = \frac{1}{2}LI_0^2$$

求得

$$I_0 = \sqrt{\frac{2Q_0}{L}}$$

(2) 由基尔霍夫电压定律,R 两端电压与电感上感应电动势相等,有

$$i_R R = L\frac{\Delta i_L}{\Delta t}$$

式中,i_R,i_L 分别为流过电阻、电感的电流。式子变形得

$$i_R\Delta t = \frac{L\Delta i_L}{R}$$

两边求和，即

$$q_1 = \sum i_R\Delta t = \sum \frac{L\Delta i_L}{R} = \frac{LI_0}{R}$$

代入(1)中结论，得

$$q_1 = \frac{\sqrt{2Q_0L}}{R}$$

(3) 在新的回路中有类似(2)的分析，同理可得

$$q_2 = \sum i_R\Delta t = \sum \frac{L\Delta i_L}{R} = \frac{L(0-I_0)}{R} = -\frac{LI_0}{R}$$

负号表示通过的电流方向与原来相反。

(4) 整个过程中电流做功等于非静电力对通过电源的电荷所做的功。

从上述分析知，在开关闭合时，通过电源的总电量为

$$q_{总} = q_1 + q_0$$

故

$$W = \varepsilon\cdot q_{总} = \varepsilon(q_1+q_0) = \varepsilon\left(\frac{\sqrt{2Q_0L}}{R}+q_0\right)$$

(5) 由能量守恒，电路中电流做的总功等于开关闭合时电路中放出的热量 Q 与开关断开时电路放出的热量 Q_0 之和，即

$$W = Q + Q_0$$

故

$$Q = W - Q_0 = \varepsilon\left(\frac{\sqrt{2Q_0L}}{R}+q_0\right) - Q_0$$

问题 11-3　与周围环境的热交换

容器中装有冰水混合物，在时刻 $t=0$ 时接上功率为 $P_0=400$ W 的电热炉。图 1 为物质的温度 T 与时间 t 的关系图像。已知散热功率 Q 与温度差 $\Delta T=T-T_0$ 成正比，其中 T_0 为周围环境的温度。计算中你可以取 $T_0=0$ ℃，从而 $Q=\alpha T$，其中 α 为与温度无关的常数系数。根据给出的关系图像 $T(t)$，求：

(1) 一开始时，混合物中冰的质量 $m_{冰}$。

(2) 容器中物质的总质量。

(3) 比例系数 α。

(4) 使得水一直不会沸腾的最大加热功率 P_{max}。

(5) 如果用 $P_1=300$ W 的电热炉，从冰开始融化到水沸腾所需要的时间 t_1。

水的比热为 $c_{水}=4200$ J/(kg·℃)，冰的熔解热为 $\lambda=3.2\times10^5$ J/kg。

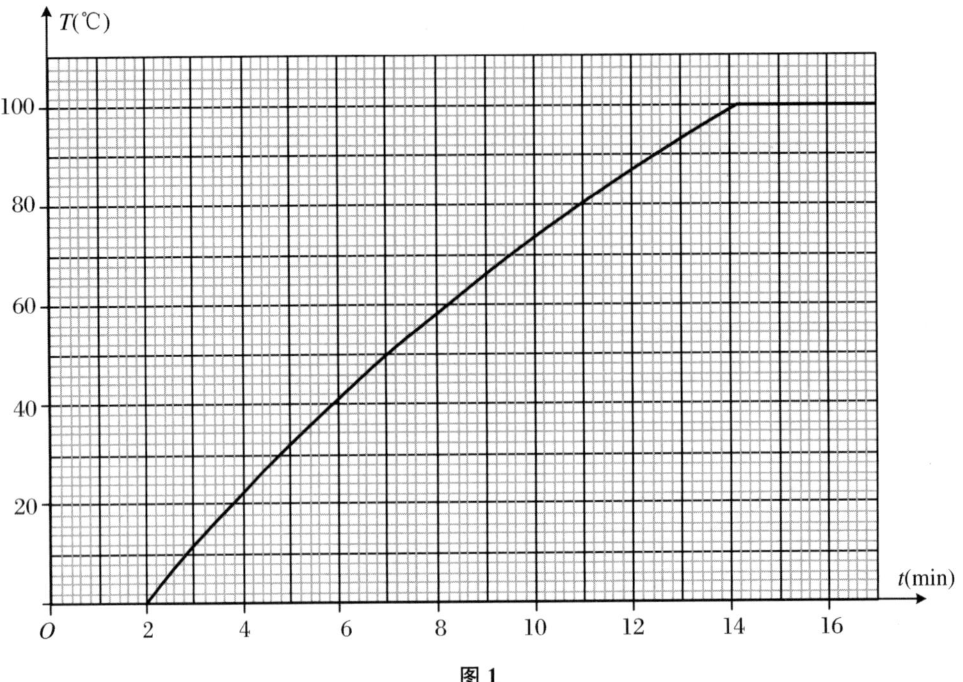

图 1

解 (1) 从图线中可以看出，在 0～2 min 内，冰水混合物的温度没有变化，这说明电热炉的热量全部用来使冰融化，即满足

$$\lambda m_{冰} = P_0 t_1$$

其中 $t_1 = 2$ min，故计算得 $m_{冰} = 0.15$ kg。

(2) 在 2～14.2 min 的过程中，水的温度持续升高，这时水从电热炉吸收热量，一方面使自己温度升高，另一方面向环境释放热量。

假设在很短的时间 Δt 内，电热炉吸收热量 $W = P_0 \Delta t$。

水温升高所需热量 $Q = c_{水} m \Delta T$，对环境散失热量 $Q' = \alpha T \Delta t$，其中 ΔT 为时间 Δt 内水温的升高值，T 为此瞬时水的温度。有如下关系：

$$W = Q + Q'$$

代入得

$$P_0 \Delta t = c_{水} m \Delta T + \alpha T \Delta t$$

现在，对上式进行分析。

当 $T = 0$ ℃时，

$$\left(\frac{\Delta T}{\Delta t}\right)_{T=0℃} = \frac{P_0}{c_{水} m}$$

在图 2 中作出 $T = 0$ ℃时图像的切线，得斜率

$$k = \left(\frac{\Delta T}{\Delta t}\right)_{T=0℃} = 0.2 ℃/\text{s}$$

故

$$m = 0.48 \text{ kg}$$

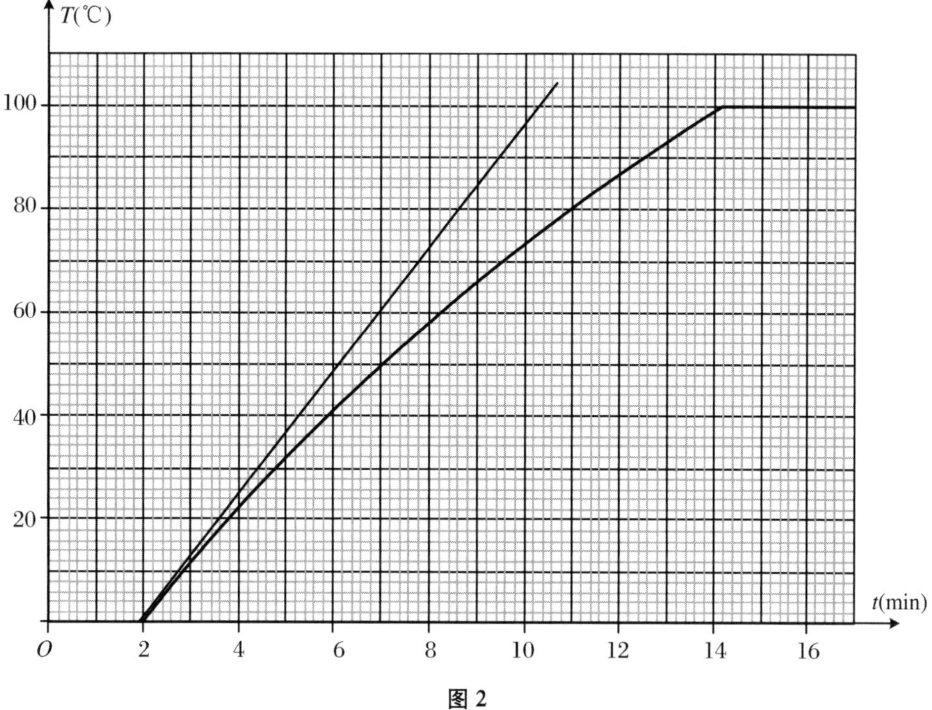

图 2

(3) 同(2)问中的关系,当 $T=100$ ℃时,

$$\left(\frac{\Delta T}{\Delta t}\right)_{T=100℃}=\frac{P_0-\alpha T}{c_{水}\ m}$$

同理,在图 3 中作出 $T=100$ ℃时图像的切线,得斜率

$$k=\left(\frac{\Delta T}{\Delta t}\right)_{T=100℃}=0.1\ ℃/\mathrm{s}$$

故 $\alpha=2.0\ \mathrm{W}/℃$ 。

(4) 显然,当加热功率不足以提供 $T=100$ ℃时的散热功率时,水不会沸腾,即

$$P_{\max}=\alpha T_{100℃}$$

代入数据得 $P_{\max}=200\ \mathrm{W}$。

(5) 先计算冰完全融化的时间 t_0',利用关系

$$\lambda m_{冰}=P_1t_0'$$

得

$$t_0'=2.67\ \mathrm{min}$$

再研究水的升温时间 $t'_{升温}$。仍考虑能量关系 $P\Delta t=c_{水}\ m\Delta T+\alpha T\Delta t$,把它写成微分形式,整理后得

$$\frac{c_{水}\ m}{P-\alpha T}\mathrm{d}T=\mathrm{d}t$$

两边积分,得

$$-\frac{c_{水}\ m}{\alpha}\ln(P-\alpha T)\Big|_0^{100}=t_{升温}$$

显然两次升温的时间 $t_{升温}$,$t'_{升温}$应存在关系

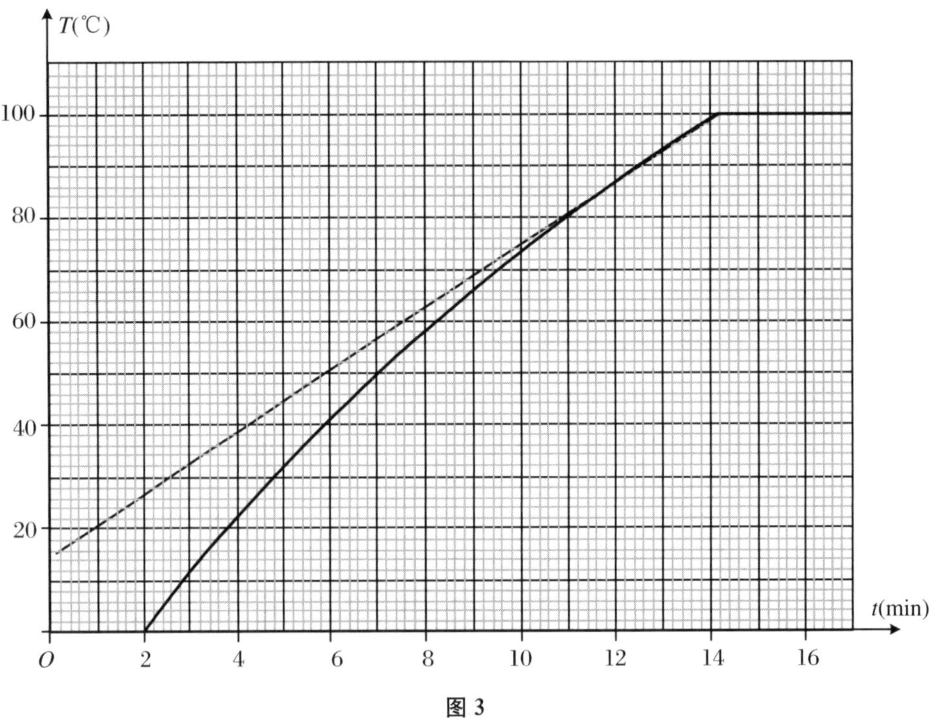

图 3

$$\frac{t'_{升温}}{t_{升温}} = \frac{\ln\left(\dfrac{P_1 - \alpha T_{100℃}}{P_1}\right)}{\ln\left(\dfrac{P_0 - \alpha T_{100℃}}{P_0}\right)} = 1.585$$

从图中知 $t_{升温} = 12.2\ \text{min}$，故 $t'_{升温} = 19.34\ \text{min}$。

因此，用 $P_1 = 300\ \text{W}$ 的电热炉，从冰开始融化到水沸腾所需要的时间

$$t_1 = t'_0 + t'_{升温} = 22\ \text{min}$$

问题 11－4　开尔文的问题

据说人们在开尔文男爵的档案里找到了一张关于使用 1 mol 理想稀有气体进行循环过程的图像，如图 1 所示。随着时间的流逝，墨水褪色了，图上的坐标轴 T（温度）和 V（体积）看不见了。根据文字说明，我们知道，在点 A 处温度为 400 K，体积为 4 L，气体的压强达到最小值，坐标原点位于图的下方，旁边是图的比例尺。

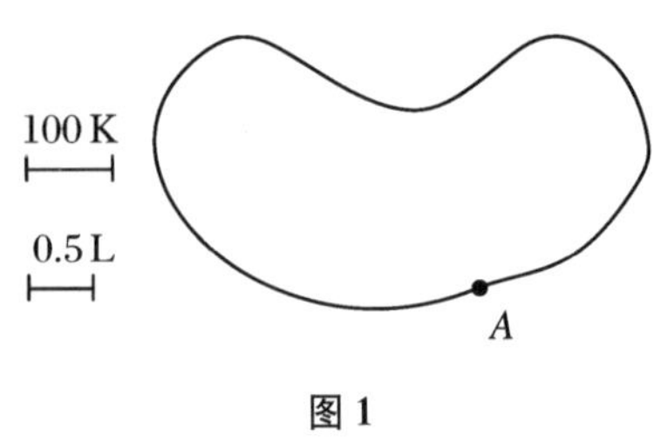

图 1

（1）还原坐标轴 T 和 V。

（2）求该过程中气体的最大压强。

解　（1）将理想气体状态方程 $PV = \nu RT$，改写成

$$T = \frac{PV}{\nu R}$$

注意到 A 点气体压强最小，故 $T\text{-}V$ 图线中 A 点与坐标原点 O 的连线斜率最小，此直线应与 A 点相切。如图 2（O 点位置还未确定）所示。

利用比例尺算出 OA 的长度 $s=\sqrt{(4a)^2+(8b)^2}$，用直尺确定坐标原点 O 的位置，其中 a,b 分别表示温度、体积的比例尺长度(见图3)。

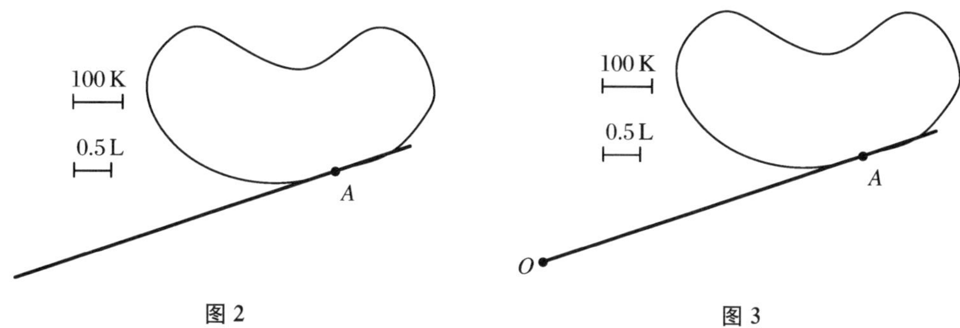

图2　　　　图3

用圆规分别截取 $4a,8b$，以 O,A 为圆心作圆，找到两个圆弧的交点，从而确定 T 轴与 V 轴(见图4)。

(2) 先求出 A 点的压强，由理想气体状态方程知

$$P_A=\frac{\nu RT_A}{V_A}=0.831\ \text{MPa}$$

显然，当压强最大时，T-V 图线斜率最大，在图5中作出斜率最大的切线。

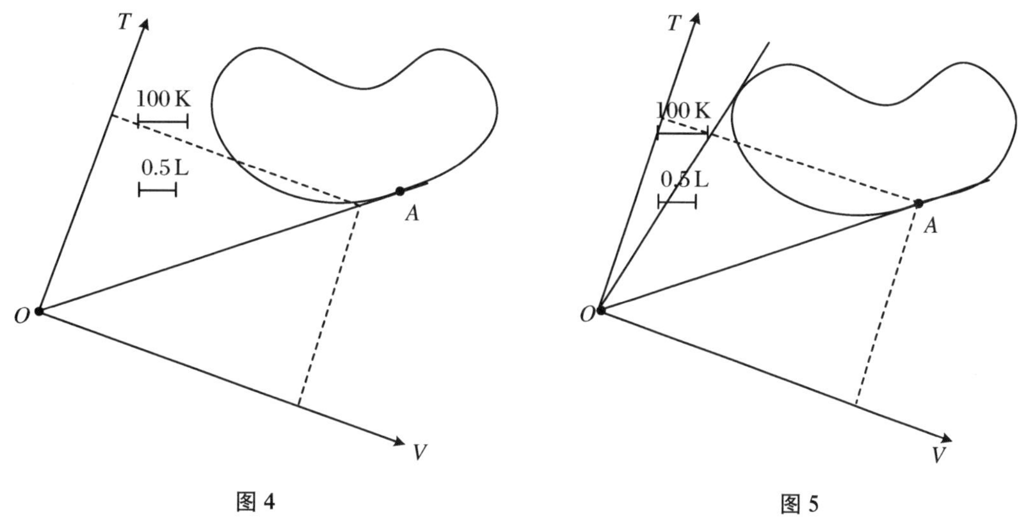

图4　　　　图5

由比例尺可以求出此切线的斜率与过 A 点斜率的比值 $\frac{k}{k_A}=5.7$，故

$$\frac{P_{\max}}{P_A}=5.7$$

即 $P_{\max}=4.74\ \text{MPa}$。

问题11－5　两面透镜的问题

在一次物理竞赛的实验部分，选手们被要求计算出位于长度为 $L=20\ \text{cm}$ 的空圆筒两头的两面凸透镜的焦距，如图所示。

一名选手瓦夏仔细地做了实验，得出下面的结果：

(1) 如果在圆筒左侧 $l_1 = 5.0$ cm 处将点光源放置在轴上，经过系统后右侧的出射光线是平行光。

(2) 如果圆筒左侧的入射光是平行光，在圆筒右侧 $l_2 = 10.0$ cm 处光线在轴上汇聚成一点。

然而，瓦夏却不知道怎样从实验的数据中计算出焦距 F_1 和 F_2。请帮助一下可怜的瓦夏吧。

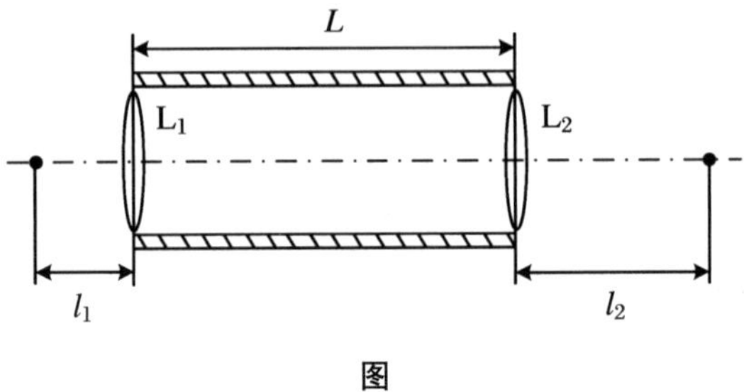

图

解　设左、右凸透镜的焦距分别为 F_1，F_2。点光源通过凸透镜 L_1 成实像，设 v_1 为其像距，由成像公式得

$$\frac{1}{l_1} + \frac{1}{v_1} = \frac{1}{F_1}$$

由于经过系统后右侧的出射光线是平行光，因此点光源经过左侧透镜成的像恰好在右侧透镜的左焦点上，即

$$L = v_1 + F_2$$

如果在圆筒左侧射入平行光，则成像在左侧透镜的焦点上，此时可认为此像对右侧透镜的物距为 $u_2 = L - F_1$，并满足

$$\frac{1}{u_2} + \frac{1}{l_2} = \frac{1}{F_2}$$

联立以上方程，可得 $F_1 = 36.3$ cm，$F_2 = 25.8$ cm，或 $F_1 = 3.7$ cm，$F_2 = 6.2$ cm。

2010 年全俄物理奥林匹克决赛(理论部分)

九年级

问题 9-1　石油的密度

在一个污染得很严重的池塘里,水面上覆盖着厚度为 $d = 1.0\ \text{cm}$ 的石油。在池塘里漂浮着一个质量 $m = 4.0\ \text{g}$、底面积 $S = 25\ \text{cm}^2$ 的圆柱形玻璃杯。玻璃杯一开始是空的,底面未触及石油面的一半深度。然后向玻璃杯里倒入石油,使得玻璃杯内外的油面持平。两种情况下,玻璃杯底距离水面的高度相等,如图所示。已知水的密度 $\rho_0 = 1.0\ \text{g/cm}^3$,求石油的密度 ρ_1。

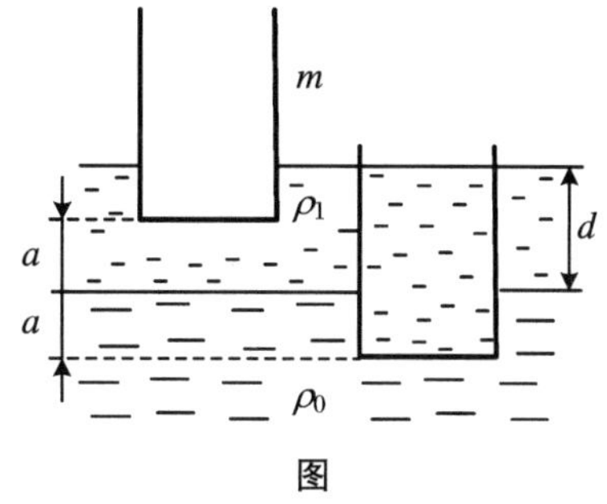

图

解　杯内未倒入石油时,石油对杯子的浮力等于杯子的重力:

$$\rho_1 gS(d - a) = mg \tag{①}$$

倒入石油后,石油与水对杯子的浮力之和等于杯子与杯内石油的总重力:

$$\rho_1 gSd + \rho_0 gSa = mg + \rho_1 gS(d + a) \tag{②}$$

联立①②,消去 ρ_1,得到 a 与 d 的关系:

$$a^2 - da + \frac{md}{\rho_0 S} = 0 \tag{③}$$

解得

$$a = \frac{d}{2} \pm d\sqrt{\frac{1}{4} + \frac{m}{\rho_0 Sd}}$$

代入数据得

$$a = \frac{d}{5} \quad 或 \quad a = \frac{4d}{5}$$

由题可知 $a > \frac{d}{2}$,因此 $a = \frac{4d}{5}$ 符合题意。

将 $a = \frac{4d}{5}$ 代入①,可得

$$\rho_1 = 0.8\ \text{g/cm}^3$$

问题 9-2　船的驾驶

两艘船匀速行驶,且速率的大小相等,$v_1 = v_2 = v$。在某点处,它们的距离等于 L,相对

位置如图1所示。

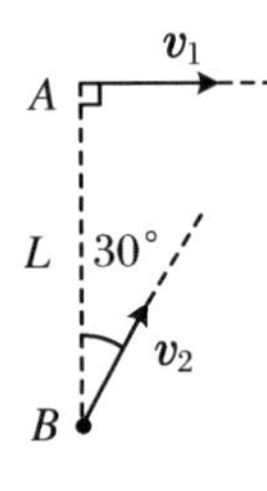

图 1

(1) 求两船在后续移动过程中的最短距离。

(2) 求到达最短距离所需要的时间。

(3) 当从 B 出发的船到达了船 A 的运动路线时，从船 A 派出一艘小船，需要把带有重要消息的包裹寄送给船 B，求包裹到达船 B 的最短时间 Δt。(如果小船的速度 u 也等于 v)

解 (1) 以船 B 为参考系，两船速度矢量关系如图2所示，则船 A 相对船 B 的速度 $v'=v$，方向与 A，B 初始位置连线的夹角为 $30°$，因此两船运动过程中的最短距离为

$$s_{\min} = s_{BC} = \frac{L}{2}$$

(2) 到达最短距离所需要的时间

$$t_{\min} = \frac{s_{AC}}{v'} = \frac{L\cos 30°}{v} = \frac{\sqrt{3}L}{2v}$$

(3) 船 B 到达船 A 的的路线上时，A，B 两船相距

$$L' = \frac{L}{\cos 30°} - L\tan 30° = \frac{\sqrt{3}L}{3}$$

当小船相对于 B 的速度 u' 指向 B 时，方能将包裹送达船 B，且用时最短。速度矢量图如图3所示。

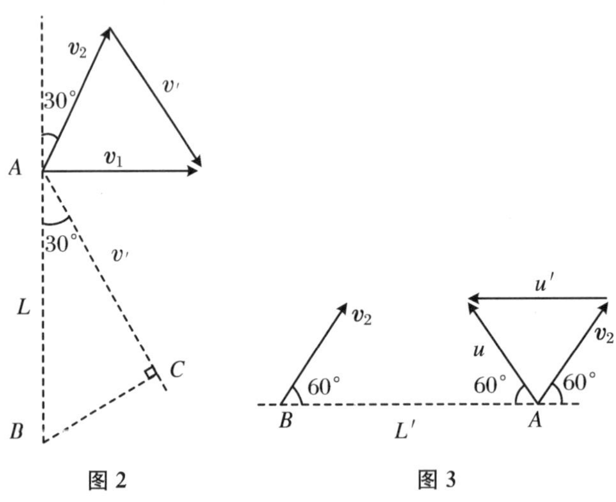

图 2 图 3

由图3可知 $u'=v$，故

$$\Delta t = \frac{L'}{u'} = \frac{\sqrt{3}L}{3v}$$

问题 9-3 冰的融化

有一大块平整的冰，温度为 0 ℃，在上面挖一个体积为 $V_0 = 1000\ \text{cm}^3$ 的洞，并用不导热的泡沫塑料覆盖，上面挖一个小孔(如图所示)。现在从小孔向洞里缓慢倒入温度为 100 ℃的水，

至多能倒入多少？（已知水的比热 $c_0=4.19\ \mathrm{J/(kg\cdot ℃)}$，水的密度 $\rho_0=1.00\times10^3\ \mathrm{kg/m^3}$，冰的密度 $\rho_{冰}=0.90\times10^3\ \mathrm{kg/m^3}$，冰的熔解热 $\lambda=334\ \mathrm{kJ/kg}$）

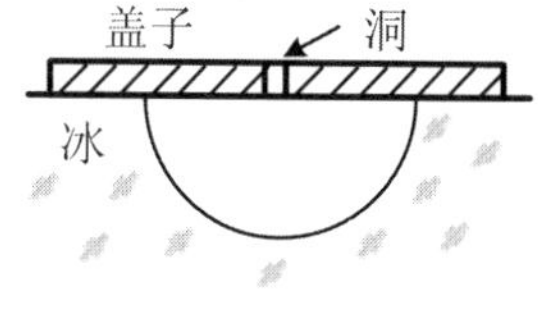

图

解 当倒入的水温度降低到 0 ℃时，冰不再融化，且水面达到小孔，不能再继续倒水。

设能倒入的水的体积为 $V_{水}$，则这些水温度降低到 0 ℃时共放出热量：

$$Q_1 = c_0\rho_{水}V_{水}\Delta t$$

其中 $\Delta t=100$ ℃。

设倒水过程共有体积为 $V_{冰}$ 的冰融化成 0 ℃的水，则这些冰需吸热：

$$Q_2 = \lambda\rho_{冰}V_{冰}$$

这些冰融化成水后的体积

$$V'_{水} = \frac{\rho_{冰}V_{冰}}{\rho_{水}}$$

则可得

$$Q_1 = Q_2$$

$$V_{水} + V'_{水} = V_0 + V_{冰}$$

联立以上各式可得

$$V_{水} = 1.160\times10^{-3}\ \mathrm{m^3}$$

所以最多倒入的水的质量 $m_{水}=1160$ g。

问题 9－4　电热炉

电热炉的加热元件是两根螺旋电热丝，可以连接到直流电源上，可以单独连接、串联或并联。我们假设电热丝的电阻值与温度无关。结果，如果只接入第一根电热丝，电热炉可以加热到 $t_1=180$ ℃；如果只接入第二根电热丝，电热炉可以加热到 $t_2=220$ ℃。

在下列两种情况下，电热炉分别可以加热到多少度？

(1) 将两根电热丝串联；

(2) 将两根电热丝并联。

提示：电热炉向外界环境的热流与温度差成正比。假设空气的温度是常数，为 $t_0=20$ ℃。

解 由题意，设电热炉在单位时间内向环境散热 $P_{散}=k\Delta t$，Δt 为电热炉与周围空气的温差。当电热丝的热功率与散热功率相等时，电热丝达到最高温度。

设电源电压为 U，则对第一根电热丝 R_1 有

$$\frac{U^2}{R_1} = k(180-20) \quad ①$$

对第二根电热丝 R_2 有

$$\frac{U^2}{R_2} = k(220-20) \quad ②$$

（1）当两电热丝串联时，设最终温度为 t_3，则有

$$\frac{U^2}{R_1+R_2}=k(t_3-20) \qquad ③$$

联立①②③，解得

$$t_3\approx 109\ ℃$$

（2）当两电热丝并联时，设最终温度为 t_4，则有

$$\frac{U^2}{R_1}+\frac{U^2}{R_2}=k(t_4-20) \qquad ④$$

联立①②④，解得

$$t_4=380\ ℃$$

问题 9－5　电桥

如图1所示，电路中包含5个电阻器和2个理想电流表。电阻 R_0，R_1，R_2 的阻值已知，R_3的阻值未知。如果经过电流表 A_1 的电流强度 I_1 是已知的，求电流表 A_2 的示数。

解　设流过电阻 R_2，R_3 的电流分别为 I_2，I_3，则由节点电流定律可知流过各电阻的电流，如图2所示。

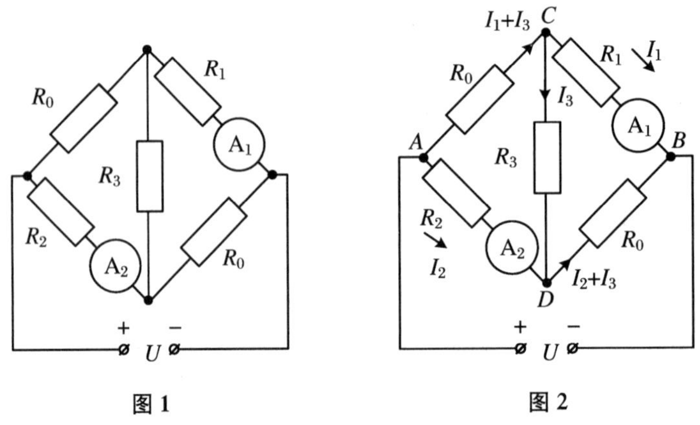

图1　　图2

在电流流过路径 $A\to C\to B$ 和路径 $A\to D\to B$ 时，电压降相同，因此有

$$R_0(I_1+I_3)+I_1R_1=I_2R_2+R_0(I_2+I_3)$$

解得

$$I_2=\frac{I_1(R_1+R_0)}{R_0+R_2}$$

十年级

问题 10－1　在木板上滑动的重物

在光滑水平桌面上放有质量为 m_2、长度为 L 的木板，在它的左端放有质量为 m_1 的重物。重物和木板之间的摩擦系数为 μ，木板和桌面之间的摩擦力可以忽略。将质量为 m_1

的重物与质量为 M 的重物通过轻质长绳相连，绕在轮轴无摩擦的滑轮上，如图所示。系统从静止状态开始运动。

(1) 当重物 m_1 与木板 m_2 之间的摩擦系数 μ 满足什么条件时，它们能够作为一个整体运动（即它们之间不发生滑动）？

(2) 求能够使得它们之间不发生滑动的摩擦系数的最小值 $\mu_{\min}$。

(3) 设 $\mu=\mu_{\min}/2$。此时，重物 m_1 与木板 m_2 会以不同的加速度运动。从一开始，经过多久之后，重物会从木板上掉下来？

已知 $m_1=M=1\ \text{kg}$，$m_2=2\ \text{kg}$，木板的长度 $L=1\ \text{m}$，重物的大小远小于 L，重力加速度 $g=10\ \text{m/s}^2$。

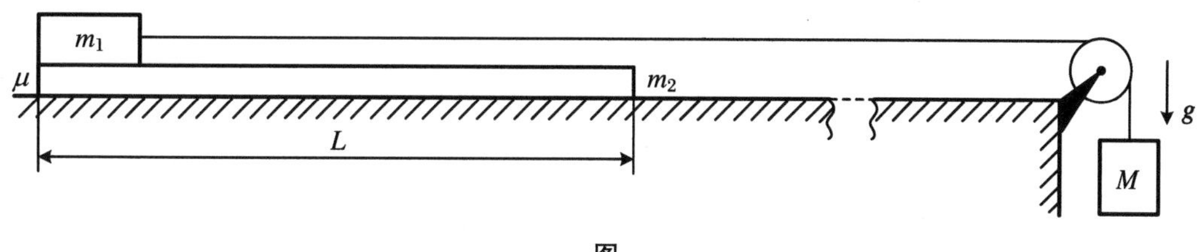

图

解 (1) 设 m_1，m_2 一起滑动时它们之间的摩擦力大小为 f，由牛顿第二定律，对系统整体有

$$Mg=(M+m_1+m_2)a$$

对 m_2 有

$$f=m_2a$$

联立以上两式，解得

$$f=\frac{Mm_2g}{M+m_1+m_2}$$

两者不滑动需满足 $f\leqslant\mu m_1g$，得

$$\mu\geqslant\frac{Mm_2}{(M+m_1+m_2)m_1}$$

(2) 代入数据，可得

$$\mu_{\min}=\frac{Mm_2}{(M+m_1+m_2)m_1}=\frac{1\times 2}{1\times(1+1+2)}=\frac{1}{2}$$

(3) 当 $\mu=\mu_{\min}/2=1/4$ 时，m_1，m_2 将发生相对滑动。

对 m_1 有

$$Mg-\mu m_1g=(M+m_1)a_1$$

解得

$$a_1=\frac{Mg-\mu m_1g}{M+m_1}=3.75\ \text{m/s}^2$$

对 m_2 有

$$\mu m_1g=m_2a_2$$

解得

$$a_2 = \frac{\mu m_1 g}{m_2} = 1.25\ \text{m/s}^2$$

m_1 掉下时有位移关系

$$\frac{1}{2}a_1 t^2 - \frac{1}{2}a_2 t^2 = L$$

解得

$$t = 0.9\ \text{s}$$

问题 10-2　离解

标准状况下，氧气是由双原子分子 O_2 组成的。当温度升高时，分子可以离解，每个氧气分子 O_2 离解成两个氧原子 O。如图所示，用 ρ-p 坐标表示两个相同的循环过程，其中 ρ 为气体密度，p 为压强。坐标没有单位，是用 ρ/ρ_0 和 p/p_0 表示的，其中 ρ_0 和 p_0 为比例尺的系数。第一个实验中，工质为低温度的氧分子 O_2；第二个实验则是在高得多的温度下进行的，此时有一部分氧以分子形式(O_2)存在，一部分以原子形式(O)存在，且实验中离解系数没有改变。两个实验中，气体的质量相等。已知两个实验中的最高温度之比 $k = T_{2,\max}/T_{1,\max} = 5.0$。

(1) 求第二个实验中氧分子的离解系数 α(即离解了的分子的比例)。

(2) 求这两个实验中的最低温度之比 $k_{\min}$。

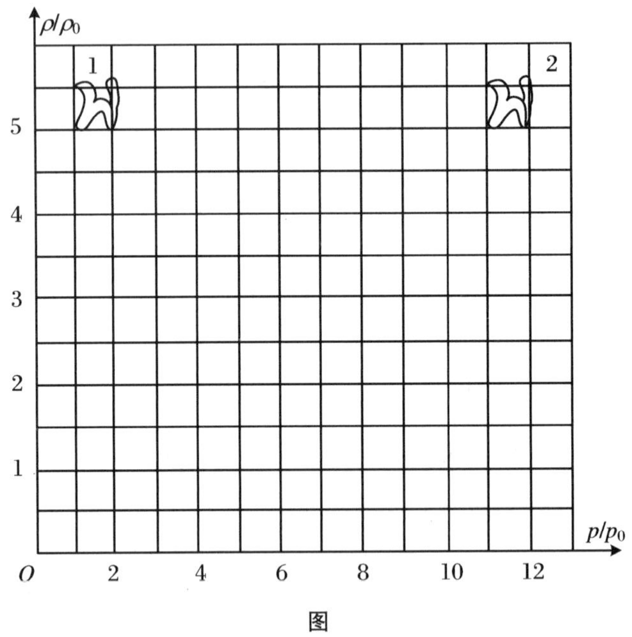

图

解　(1) 由克拉珀龙方程 $pV = nRT$，结合 $V = \frac{m}{\rho}$，可得

$$\frac{\rho}{p} = \frac{m}{nRT}$$

则两个试验中气体的分子数之比

$$\frac{N_2}{N_1}=\frac{n_2}{n_1}=\frac{\dfrac{\rho_1}{p_1}T_1}{\dfrac{\rho_2}{p_2}T_2}$$

又当$\dfrac{\rho}{p}=\dfrac{m}{nRT}$最小时,对应的温度 T 最大,由图像可知

$$\left(\frac{\rho_1}{p_1}\right)_{\min}=\frac{5}{2},\quad \left(\frac{\rho_2}{p_2}\right)_{\min}=\frac{5}{12}$$

可得

$$\frac{N_2}{N_1}=\frac{n_2}{n_1}=\frac{\dfrac{5}{2}\times 1}{\dfrac{5}{12}\times 5}=\frac{6}{5}$$

氧分子离解时,每离解一个氧分子,微粒数就增加1,因此有

$$\frac{N_2}{N_1}=\frac{1+\alpha}{1}$$

解得

$$\alpha=0.2$$

(2) 由$\dfrac{\rho}{p}=\dfrac{m}{nRT}$可知,$\dfrac{\rho}{p}$值最大时,温度最低,由于两次试验中气体质量相同,有

$$n_1\left(\frac{\rho_1}{p_1}\right)_{\max}T_{1,\min}=n_2\left(\frac{\rho_2}{p_2}\right)_{\max}T_{2,\min}$$

结合图像有

$$k_{\min}=\frac{T_{2,\min}}{T_{1,\min}}=\frac{n_1\left(\dfrac{\rho_1}{p_1}\right)_{\max}}{n_2\left(\dfrac{\rho_2}{p_2}\right)_{\max}}=\frac{5\times 5.5}{\dfrac{6\times 5.5}{11}}\approx 9.2$$

问题 10-3 斜面上的滑块

如图所示,将一个滑块以初速度 v_0 推上倾斜角为 α 的斜面。

(1) 在没有摩擦力的情况下,过多长时间(t_0)后,滑块会回到出发点?

(2) 当摩擦系数 μ 取何值时,滑块能够回到出发点?

(3) 在有摩擦力的情况下,求回到出发点所需要的时间 t_μ。

(4) 如果在有摩擦力的情况下,t_μ 等于没有摩擦力的情况下需要的时间 t_0,求摩擦系数 μ。

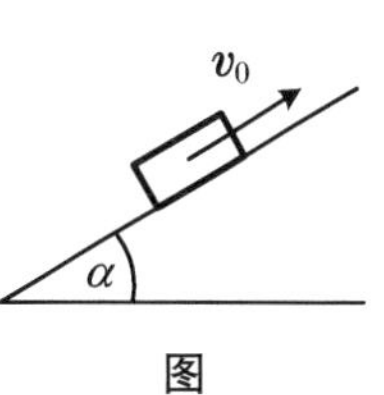

图

解 (1) 由牛顿第二定律,有

$$a=g\sin\theta$$

返回出发点用时

$$t_0=\frac{2v_0}{g\sin\theta}$$

(2) 物体能下滑,则要求摩擦力 $f<mg\sin\theta$,即 $\mu mg\cos\theta<mg\sin\theta$,解得

$$\mu < \tan\theta$$

(3) 物体上升阶段

$$a_1 = g\sin\theta + \mu g\cos\theta$$

上升时间

$$t_1 = \frac{v_0}{g\sin\theta + \mu g\cos\theta}$$

上升的最大距离

$$s = \frac{v_0^2}{2a_1} = \frac{v_0^2}{2g(\sin\theta + \mu\cos\theta)}$$

物体下降阶段

$$a_2 = g\sin\theta - \mu g\cos\theta$$

下降时间

$$t_2 = \sqrt{\frac{2s}{a_2}} = \frac{v_0}{g\sqrt{\sin^2\theta - \mu^2\cos^2\theta}}$$

因此

$$t_\mu = t_1 + t_2 = \frac{v_0}{g}\left(\frac{1}{\sin\theta + \mu\cos\theta} + \frac{1}{\sqrt{\sin^2\theta - \mu^2\cos^2\theta}}\right)$$

(4) 由题意，$t_0 = t_1 + t_2$，即

$$\frac{2v_0}{g\sin\theta} = \frac{v_0}{g}\left(\frac{1}{\sin\theta + \mu\cos\theta} + \frac{1}{\sqrt{\sin^2\theta - \mu^2\cos^2\theta}}\right)$$

解得

$$\mu = \frac{\sqrt{2}}{2}\tan\theta$$

问题 10－4　压敏电阻

在一些情况下，为了防止电器受到过大的电压变化的影响，会加入用非线性半导体制成的元件——压敏电阻。如图 1 所示，它与负载电阻 $R_负$ 以并联的方式接入电路。这里，$R_负=10\ \Omega$，镇流电阻 $R=10\ \Omega$，B 为压敏电阻，其电压与电流的关系曲线如图 2 所示，电流表 A 的示数为 I，输入电动势为 E。在正常工作状态下，电流表的电流强度 $I = I_0 - 1.0$ A。

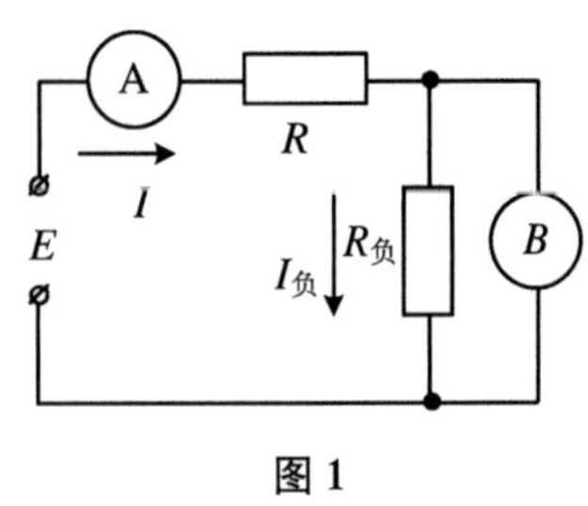

图 1

(1) 求在正常工作状态下的输入电动势 E_1、压敏电阻两端的电压 U_B 和经过它的电流强度 I_B。

(2) 令输入端电压增加到 2 倍：$E_2 = 2E_1$。此时，求负载电阻两端的电压的增加量，以及经过压敏电阻的电流强度的增加量。

解　(1) 设 B 上的电流为 I_B，电压为 U_B，则 $R_负$ 上的电流为

$$I_负 = I_0 - I_B,\quad U_负 = U_B$$

则对整个回路有

$$E_1 = I_0 R + (I_0 - I_B) R_{负}$$

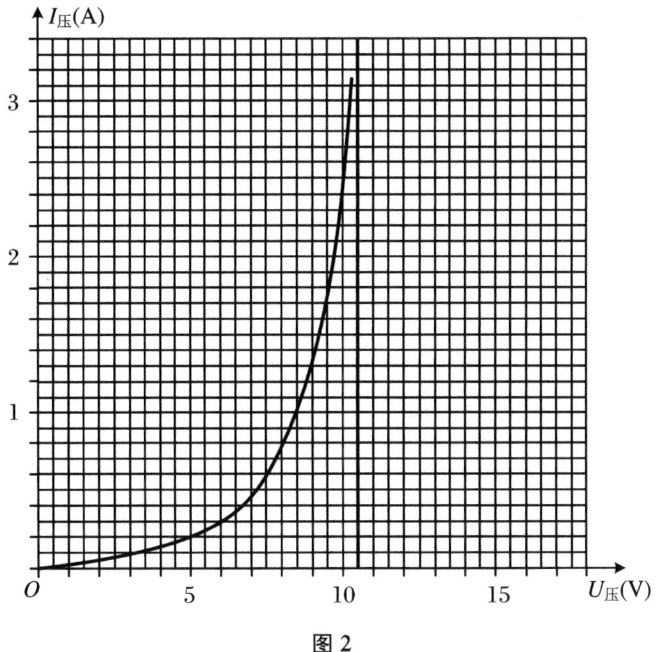

图 2

又

$$I_B = I_0 - I_{负} = I_0 - \frac{U_B}{R_{负}}$$

代入数据得

$$I_B = 1 - \frac{1}{10} U_B$$

将 I_B-U_B 图像画在题给图像中，如图 3 所示，两图像交于点(6.4 V，0.36 A)，此即 B 的工作点。因此

$$I_B = 0.36\ \text{A}, \quad U_B = 6.4\ \text{V}$$

所以

$$E_1 = I_0 R + (I_0 - I_B) R_{负} = 16.4\ \text{V}$$

(2) 输入电压加倍时，$E_2 = 2E_1 = 32.8$ V，仍设 B 上的电流为 I_B，电压为 U_B，则有

$$E_2 - IR = E_2 - (I_{负} + I_B) R = U_B \qquad ①$$

又

$$I_{负} = \frac{U_B}{R_{负}} \qquad ②$$

联立①②得

$$E_2 - \frac{U_B}{R_{负}} R - I_B R = U_B$$

解得

$$I_B = \frac{E_2}{R} - U_B \left(\frac{1}{R_{负}} + \frac{1}{R} \right)$$

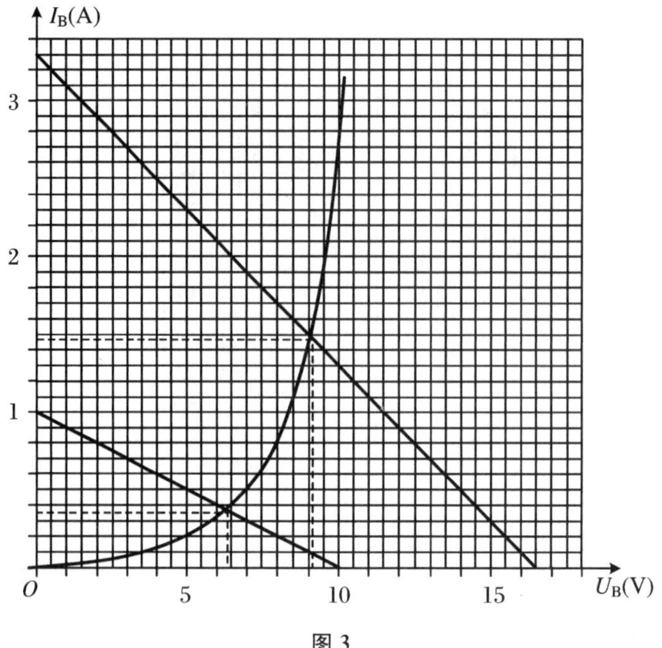

图 3

代入数据可得

$$I_B = 3.28 - 0.2U_B$$

在题给图像中画出 I_B-U_B 曲线(见图 3),与题给曲线交于点(9.2 V,1.42 A),此即 B 的新工作点,因此

$$\Delta U_{负} = \Delta U_B = 9.2\ \text{V} - 6.4\ \text{V} = 2.8\ \text{V}$$

$$\Delta I_{负} = 1.42\ \text{A} - 0.36\ \text{V} = 1.06\ \text{A}$$

问题 10 - 5 包含两个电容器的电路

(1) 如图 1 所示,电路中有电动势为 ε 的理想电源、电容分别为 $2C$ 和 C 的两个电容器和一个有一定阻值的电阻器。闭合开关 K_1,电容器上的电压分别是多少?

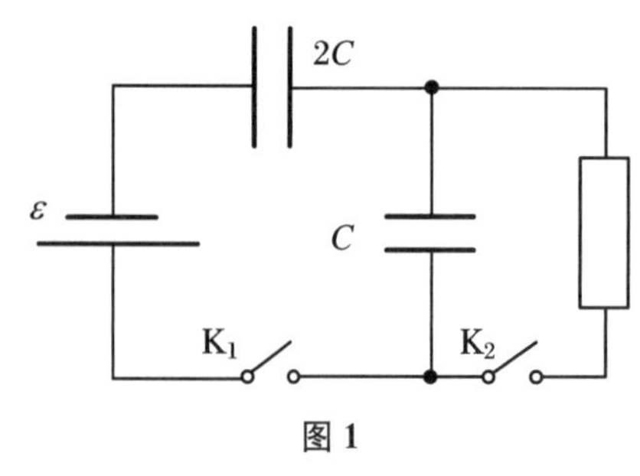

图 1

(2) 当电容器充满电后,闭合开关 K_2,直到经过电源的电流减为刚闭合开关 K_2 时电流的一半为止。求开关 K_2 从闭合到断开期间,电路中产生的热量 Q。

解 (1) 由于两个电容器极板相连,因此带电量相同,设为 q,则

$$U_C = \frac{q}{C},\quad U_{2C} = \frac{q}{2C}$$

根据整个电路中的电压关系,有

$$\varepsilon = U_C + U_{2C} = \frac{q}{C} + \frac{q}{2C}$$

因此

$$U_C = \frac{2\varepsilon}{3}, \quad U_{2C} = \frac{\varepsilon}{3}$$

(2)(法1)考虑到经过较长时间,电路稳定之后,$2C$ 电容电量增加,C 电容电量减小为 0,故电容器充满电后,闭合开关 K_2,电路中电流流向如图 2 所示。

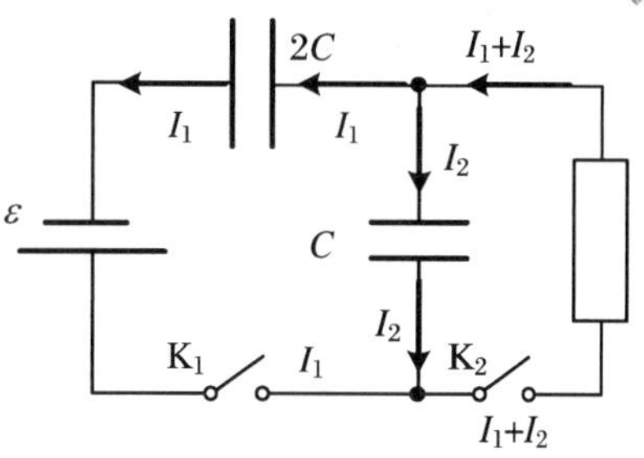

图 2

令 $2C$ 电容上的电量为 q_1,C 电容上的电量为 q_2,结合定义得到

$$I_1 = \frac{dq_1}{dt}, \quad I_2 = -\frac{dq_2}{dt} \quad (\text{考虑到 } q_2 \text{ 在减小,故有一负号})$$

联系基尔霍夫电压定律得到

$$\frac{q_1}{2C} + \frac{q_2}{C} = \varepsilon, \quad \frac{q_2}{C} = (I_1 + I_2)R$$

联立以上各式,解得

$$q_1 = 2\varepsilon C\left(1 - \frac{2}{3}e^{-t/(3RC)}\right), \quad q_2 = \frac{2}{3}\varepsilon C e^{-t/(3RC)}$$

$$I_1 = \frac{dq_1}{dt} = \frac{4\varepsilon}{9R}e^{-t/(3RC)}, \quad I_2 = -\frac{dq_2}{dt} = \frac{2\varepsilon}{9R}e^{-t/(3RC)}$$

由上述关系可知,闭合开关 K_2 前

$$q_1 = q_2 = \frac{2\varepsilon C}{3}, \quad U_1 = \frac{\varepsilon}{3}, \quad U_2 = \frac{2\varepsilon}{3}$$

电容器总的储能

$$E_{电场} = \frac{1}{2}(q_1 U_1 + q_2 U_2) = \frac{1}{3}\varepsilon^2 C$$

闭合开关 K_2 后,电流减半,故

$$e^{-t_0/(3RC)} = \frac{1}{2}$$

联系这一关系进一步得到

$$q_1' = \frac{4\varepsilon C}{3}, \quad q_2' = \frac{\varepsilon C}{3}, \quad U_1' = \frac{2\varepsilon}{3}, \quad U_2' = \frac{\varepsilon}{3}$$

此时电容器总的储能

$$E_{电场}' = \frac{1}{2}(q_1' U_1' + q_2' U_2') = \frac{1}{2}\varepsilon^2 C$$

该过程中,电源做功

$$W = \varepsilon(q_1' - q_1) = \frac{2}{3}\varepsilon^2 C$$

由能量守恒,得

$$E_{电场} + W = E_{电场}' + Q$$

得到

$$Q = E_{电场} + W - E_{电场}' = \frac{1}{2}\varepsilon^2 C$$

(法 2)结束时的电路情况还有更为简洁的表示方法。

注意到两电容器上总电压一定,故两电容器上电压变化数值相等:

$$\Delta U_C = \Delta U_{2C}$$

即$\dfrac{\Delta q_C}{C}=\dfrac{\Delta q_{2C}}{2C}$,$\dfrac{I_C\Delta t}{C}=\dfrac{I_{2C}\Delta t}{2C}$,故

$$I_{2C} = 2I_C \quad ①$$

恒成立。

由法 1 中电路分析可知

$$I_C + I_{2C} = I_R \quad ②$$

其中 I_R 为电阻上的电流。

$$I_R = \frac{U'_C}{R} \quad ③$$

由①②③得到

$$\frac{3}{2}I_{2C} = \frac{U'_C}{R}$$

其中 I_{2C} 亦为通过电源的电流。

故当通过电源的电流减半时,电容 C 上电压亦减半,后续分析与法 1 相同。

十年级

问题 11-1 球面上的链子

如图 1 所示,将长度为 L 的均匀链子的顶端固定在半径为 R 的光滑球面上,其中 $L=\pi R/3$。现在,释放链子的顶端。

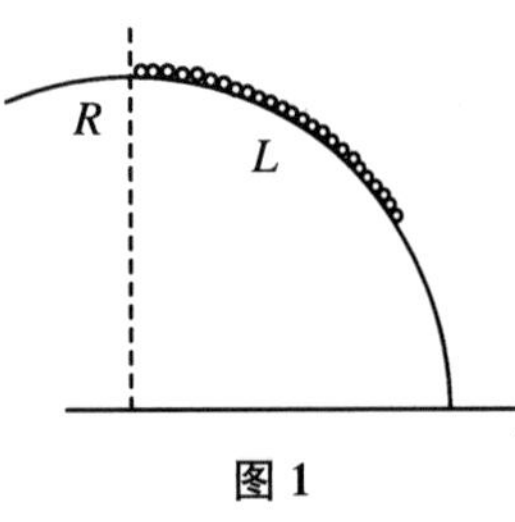

图 1

(1) 在刚刚释放的时候,链子上的每一点的加速度的数值等于多少?

(2) 在刚刚释放的时候,链子上的什么位置的张力最大?

解 (法 1)(1) 设链子单位长度的质量为 λ,链子上的微元段 AB 长为 $R\Delta\theta$(见图 2),则其重力沿着圆弧切向的分力

$$\Delta F_\tau = \lambda R\Delta\theta g\sin\theta$$

又

$$R\Delta\theta\sin\theta = h_{AB}$$

因此

$$\Delta F_\tau = \lambda g h_{AB}$$

所有微元段的重力切向分力之和,提供了链子的切向加速度。切向分力之和

$$F_\tau = \sum\Delta F_\tau = \sum\lambda g h_i = \lambda g\sum h_i = \lambda gR(1-\cos 60^\circ) = \frac{1}{2}\lambda gR$$

因为链子的总质量 $m=\pi R\lambda/3$,因此切向加速度

$$a_\tau = \frac{F_\tau}{m} = \frac{\frac{1}{2}\lambda gR}{\frac{1}{3}\pi R\lambda} = \frac{3g}{2\pi}$$

(2) 对上方圆心角为 θ 的一段链子进行受力分析,这段链子切线方向受重力的分力之和为

$$F_\tau = \lambda gh_\theta = \lambda gR(1-\cos\theta)$$

同时受下方其余链子沿切线的拉力 T_θ(即此处张力),由牛顿第二定律,得

$$F_\tau + T_\theta = m_\theta a_\tau$$

即

$$T_\theta = \frac{3gR\lambda\theta}{2\pi} - \lambda gR(1-\cos\theta)$$

上式对 θ 求导,有

$$T'_\theta = \frac{3gR\lambda}{2\pi} - \lambda gR\sin\theta$$

当 $T'_\theta=0$ 时,张力 T_θ 取得最大,解得

$$\sin\theta = \frac{3}{2\pi}$$

所以

$$\theta = \arcsin\frac{3}{2\pi} = 29^\circ$$

(法 2)从刚体力学的角度求解。

(1)以圆心为参考点,易知链子转动惯量为 $I=mR^2$。

如图 2 所示,取一微元,重力相对圆心的力矩

$$\mathrm{d}M = \mathrm{d}mg\sin\theta R = \lambda R^2 g\sin\theta\mathrm{d}\theta$$

链子的合外力矩

$$M = \int_0^{\frac{\pi}{3}}\lambda R^2 g\sin\theta\mathrm{d}\theta = \frac{1}{2}\lambda R^2 g$$

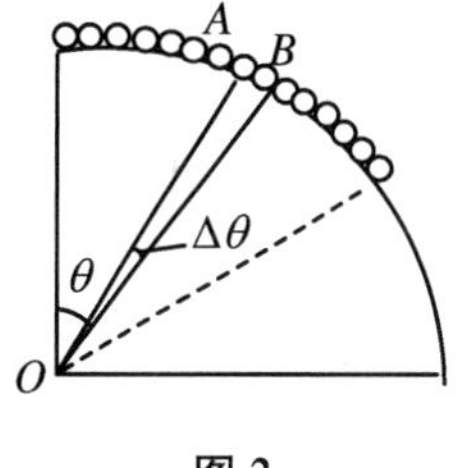

图 2

考虑到 $\pi R\lambda/3=m$,再联系刚体动力学方程 $M=I\beta$ 以及线加速度与角加速度关系 $a=\beta R$,得到

$$a = \frac{3g}{2\pi}$$

(2) 由(1)可知,从竖直方向开始的 θ 范围内重力力矩

$$M = (1-\cos\theta)\lambda R^2 g$$

该部分链条所受拉力为 F,故总力矩

$$M' = (1-\cos\theta)\lambda R^2 g + FR$$

该部分转动惯量为 $I'=\frac{3\theta}{\pi}mR^2$,结合 $M'=I'\beta$,代入(1)中加速度大小,后续分析同法 1。

问题 11－2　无滑动的运动

在光滑的水平桌面上放置质量为 m_1 的木板，它的右侧放置质量为 m_2 的木块。将木块与墙壁用劲度系数为 k 的轻质弹簧(未伸缩)连接。将木板与质量为 M 的重物用不可拉伸的轻绳通过滑轮连接，如图所示。一开始时，系统处于静止状态。木板与木块之间有摩擦力，它们之间的摩擦系数为 μ。

当木块移动多长的距离 L 之后，它和木板之间会开始发生滑动？需要分情况讨论。并求出木块移动距离 L 所需要的时间。

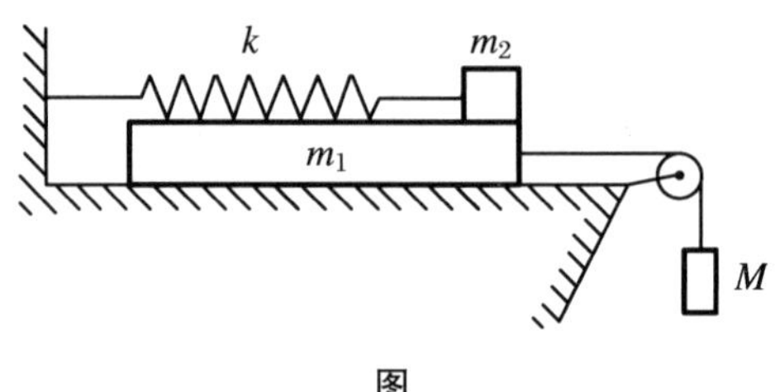

图

解　分情况讨论这个系统。

(1) 在初始时刻 m_1 与 m_2 即发生相对运动，则有以下分析。

根据牛顿第二定律，对 M 与 m_1 有

$$Mg - \mu m_2 g = (M + m_1)a_1$$

对 m_2 有

$$\mu m_2 g = m_2 a_2$$

而相对运动条件为

$$a_1 > a_2$$

解得

$$\mu < \frac{M}{M + m_1 + m_2}$$

(2) 在运动过程中，m_1 与 m_2 始终不发生相对运动，则三个物体一起做简谐运动，初始时刻加速度满足

$$Mg = (M + m_1 + m_2)a$$

当 m_2 运动到最右边时，未发生相对运动，此时摩擦力最大。由运动的对称性知，m_2 运动到最右边的加速度大小也为

$$a = \frac{Mg}{M + m_1 + m_2}$$

在平衡位置时，设弹簧伸长量为 x，则

$$Mg = kx$$

即

$$x = \frac{Mg}{k}$$

在 m_2 运动到最右边时，弹簧伸长量为

$$2x = 2\frac{Mg}{k}$$

对 m_2 有

$$k \cdot 2x - f = m_2 a$$

$$f \leqslant \mu m_2 g$$

解得

$$\mu \geqslant \frac{2M^2 + 2Mm_1 + Mm_2}{m_2(M + m_1 + m_2)}$$

(3) 由以上分析可知，在满足条件

$$\frac{2M^2 + 2Mm_1 + Mm_2}{m_2(M + m_1 + m_2)} \leqslant \mu < \frac{M}{M + m_1 + m_2}$$

的情况下，三个物体初始时刻一起运动，经一段距离后分离。

可以把分离前的三个物体看作整体，建立沿绳子方向的坐标系，则有

$$Mg - kL = (M + m_1 + m_2)a$$

对于 m_2，根据牛顿第二定律，有

$$f - kL = m_2 a$$

在分离之前，m_1，m_2 的加速度相等，且发生相对滑动时，m_1，m_2 之间的摩擦力为滑动摩擦力，有

$$f = \mu m_2 g$$

联立三式可得

$$L = \frac{g}{k}\frac{m_2}{m_1 + M}[\mu(m_1 + m_2 + M) - M]$$

可以把前面的运动看作简谐运动的一部分，其振幅为

$$A = \frac{Mg}{k}$$

频率为

$$\omega = \sqrt{\frac{k}{M + m_1 + m_2}}$$

由简谐运动公式可得

$$L = \frac{Mg}{k}\cos\left(\sqrt{\frac{k}{M + m_1 + m_2}}\,t\right)$$

所以

$$t = \frac{\pi}{2}\sqrt{\frac{M + m_1 + m_2}{k}} + \sqrt{\frac{M + m_1 + m_2}{k}}\cos^{-1}\frac{kL}{Mg}$$

问题 11 - 3　热机

热机按卡诺循环工作。加热机的温度 $T_1 = 800$ K，而冷凝机的温度 T 取决于机器的有用功率 P。冷凝机是一个与外界绝热的大机体，通过热传导，在时间 Δt 内，在 $T_2 = 300$ K 的温度下，将所有的热量 Q_2 输送到冷凝库，如图所示。热传导按照公式 $Q_2 = \alpha(T - T_2)\Delta t$

进行,其中 $\alpha=1.0\ \text{kW/K}$。

(1) 用温度 T_1, T, T_2 来表示功率 P。

(2) 当热机的功率达到最大值时,求冷凝机的温度 T_m。

(3) 求这个最大功率 P_{max}。

(4) 求最大功率下的机械效率 η。

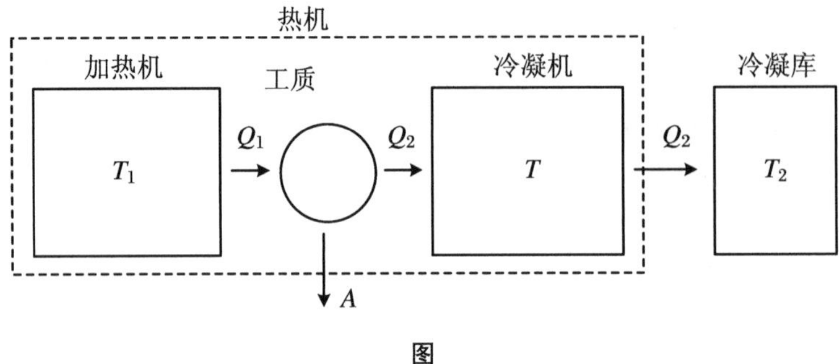

图

解 (1) 由能量守恒,得

$$Q_1 = Q_2 + A$$

又因为

$$Q_2 = \alpha(T - T_2)\Delta t, \quad P = \frac{A}{\Delta t}$$

联立得到

$$\frac{Q_1}{\Delta t} = \alpha(T - T_2) + P$$

由卡诺循环效率可得

$$P = \left(1 - \frac{T}{T_1}\right)\frac{Q_1}{\Delta t}$$

联立得到

$$P = \alpha\frac{(T - T_2)(T_1 - T)}{T}$$

(2) 由

$$P = \alpha\left[-\left(T + \frac{T_1T_2}{T}\right) + T_1 + T_2\right]$$

根据数学知识可知当

$$T_m = \sqrt{T_1T_2} \approx 490\ \text{K}$$

时,功率最大。

(3) 最大功率

$$P_{max} = \alpha(T_1 + T_2 - 2\sqrt{T_1T_2}) = 120\ \text{kW}$$

(4) $\eta = 1 - \dfrac{T_m}{T_1} = 38.7\%$。

问题 11－4　带电粒子的运动

在自由的空间中，半径为 R_0 的圆的内接正方形的顶点上各有一个质量为 m 的质点。其中两个带电为 $+q$，另外两个带电为 $-q$，如图 1 所示。刚开始，这些质点沿着圆的切线以相同的速率顺时针运动。

已知在运动过程中，任何一个质点与圆心的最短距离都是 $R_1(R_1<R_0)$。设任意时刻，电荷都位于以 O 为中心的正方形的四个角。重力的影响忽略不计。

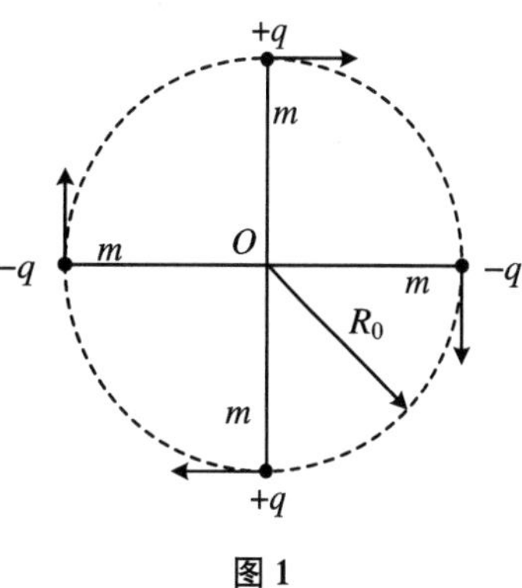

图 1

(1) 每个粒子的运动轨迹是什么样的？

(2) 求一个粒子从初始位置运动到距离圆心 R_1 的位置所需要的时间。

解　(1) 取任意位置，此时粒子与 O 的距离为 r，不难分析此时粒子所受静电力

$$F=\left(\frac{\sqrt{2}}{2}-\frac{1}{4}\right)k\frac{q^2}{r^2}$$

力与距离的平方成反比，类比行星运动可知，粒子做椭圆运动，O 为椭圆焦点，如图 2 所示。

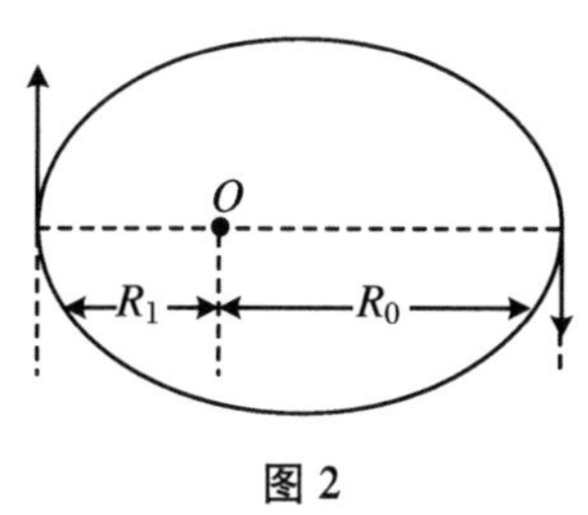

图 2

(2) 类比行星运动，行星的总能量

$$E=-\frac{GmM}{2a},\quad E_{\mathrm{p}}=-\frac{GmM}{r}$$

可得粒子的等效总能量

$$E=\left(\frac{1}{4}-\frac{\sqrt{2}}{2}\right)k\frac{q^2}{R_0+R_1}$$

粒子的等效势能

$$E_{\mathrm{p}}=\left(\frac{1}{4}-\frac{\sqrt{2}}{2}\right)k\frac{q^2}{r}$$

由此可解得初始时刻速度满足

$$\left(\frac{1}{4}-\frac{\sqrt{2}}{2}\right)k\frac{q^2}{R_0+R_1}=\frac{1}{2}mv^2+\left(\frac{1}{4}-\frac{\sqrt{2}}{2}\right)k\frac{q^2}{r}$$

$$v=\sqrt{\left(\sqrt{2}-\frac{1}{2}\right)\frac{kR_1q^2}{(R_0+R_1)R_0m}}$$

类比开普勒第二定律

$$\frac{\Delta S}{\Delta t}=C,\quad \Delta S=C\Delta t$$

两边累加得

$$S=CT,\quad T=\frac{S}{C}$$

结合椭圆定义得

$$S=\frac{1}{2}\pi ab$$

其中

$$a = \frac{1}{2}(R_0 + R_1), \quad c = \frac{1}{2}(R_0 - R_1), \quad b^2 = a^2 - c^2$$

得到

$$b = \sqrt{R_0 R_1}$$

再考虑到初始时刻

$$\Delta S = \frac{1}{2} R_0 v \Delta t$$

得到

$$C = \frac{\Delta S}{\Delta t} = \frac{1}{2} R_0 v$$

联立得到

$$T = \frac{\pi ab}{R_0 v} = \frac{\pi}{2q}\sqrt{\frac{(R_0 + R_1)^3 m}{k\left(\sqrt{2} - \frac{1}{2}\right)}}$$

问题 11－5　单极感应器

单极感应器是一块高速旋转的圆盘形状的永磁体。圆盘用磁性合金材料制成，可以产生强磁场，并用能导电的薄镍层覆盖。当圆盘旋转时，转轴与表面之间的电势差可以用固定电压表来测量，如图1所示。如果将转轴与表面之间用电池连接，则磁体转动，像电动机一样。类似地，如果将普通电动机进行快速旋转，它就会变成发电机；反之，如果对发电机施加电压，它就会变成电动机。

图2是一个工作中的单极电动机，转子是半径 $r_0 = 2$ cm 的圆盘形状的强永磁体，安装在轴上。将它与电动势 $E = 1.5$ V 的电池连接，进行滑动接触时，开始转动。

(1) 在图1中，当圆盘的转速为3000 r/min时，电压表的读数是多少？并标出正确的极性。从上方看，转动是逆时针的。

(2) 忽略摩擦，求磁性圆盘（图2中的单极电动机的转子）的转速（r/min）的限制。在图2中给定的电池极性和磁感应强度 $\boldsymbol{B}$ 的方向下，请给出（从上方看）旋转方向。

注：在导电的镍层中，磁感应强度 $\boldsymbol{B}$ 与圆盘表面垂直，为常数 $B = 1$ T。为简化计算，假设导电层中的电流沿着轴和接触点之间的半径流动。

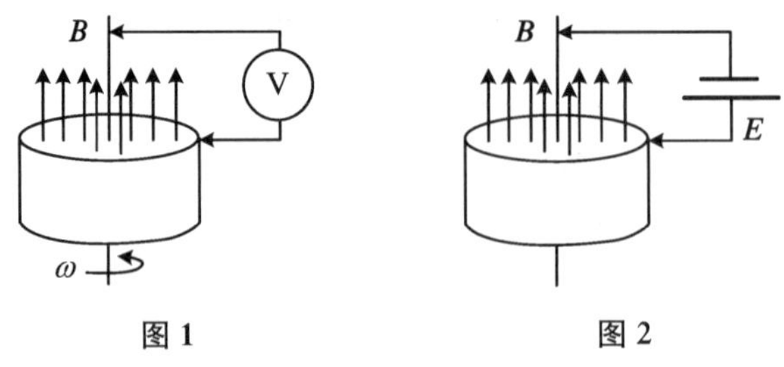

图1　　　　图2

解　(1) 由转速为3000 r/min，可得周期为0.02 s，角速度为100 π/s，圆盘转动过程中切割磁感线，产生的动生电动势

$$E = \frac{1}{2}Br_0^2\omega$$

代入数据解得

$$E = 6.28 \times 10^{-2}\ \mathrm{V}$$

由右手定则可知，圆盘边缘电势高于圆盘轴线。

(2) 圆盘在转动过程中产生反电动势，当反电动势与电源电动势相等时，圆盘转速稳定，结合(1)中的分析，代入数据解得最大转速为 7.2×10^4 r/min。结合右手定则，转动方向为逆时针(从上往下看)。

2011 年全俄物理奥林匹克决赛(理论部分)

九年级

问题 9-1　下滑梯

一个小物块从滑梯上的某点 M 无初速释放。在点 O 处脱离滑梯,然后在点 A 处着地,如图 1 所示。通过作图和计算,找出滑梯上释放物体的点 M。点 M 距离地面为多少个长度单位?

这里,图是按照比例尺画的,长度单位并不知道实际代表多少。

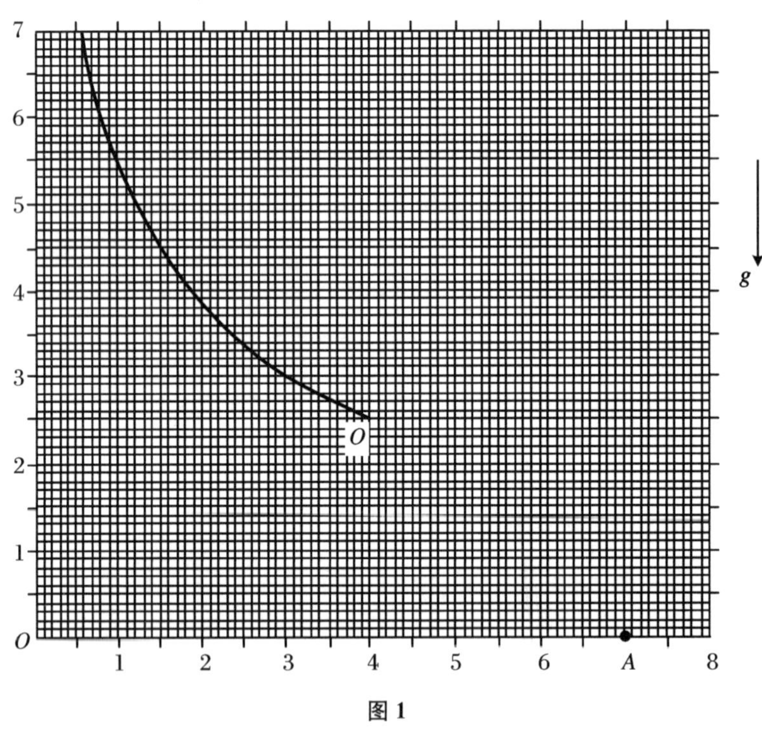

图 1

解　如图 2 所示,OB 为物体离开滑梯瞬间的速度方向,令此时的速度为 v,与水平方向成 θ 角,O 到 A 点满足以下运动规律。

在水平方向做匀速直线运动,有

$$x = v\cos\theta \cdot t$$

在竖直方向做加速直线运动,有

$$y = v\sin\theta \cdot t + \frac{1}{2}gt^2$$

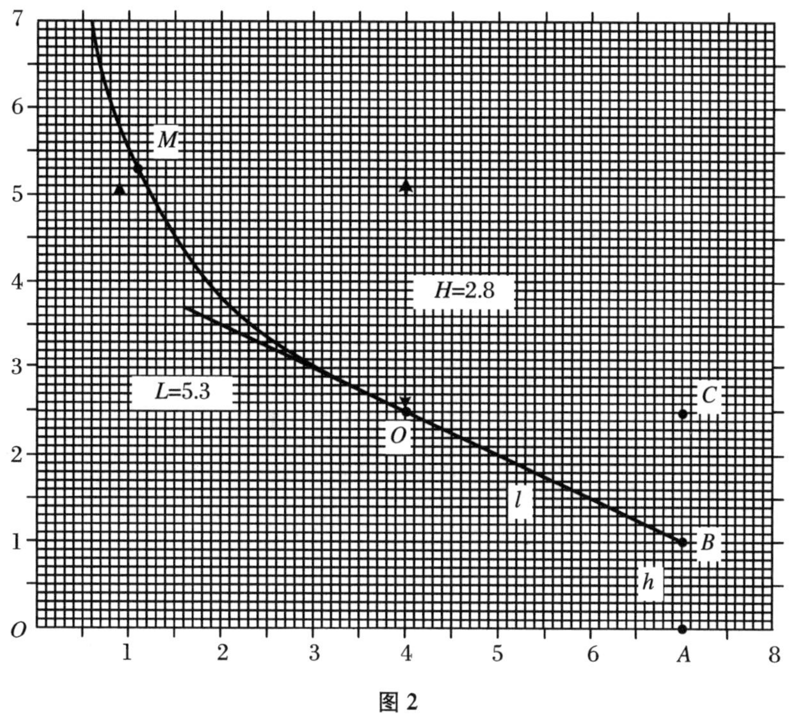

图 2

M 到 O 点满足机械能守恒，则

$$mgh = \frac{1}{2}mv^2$$

联立上述各式得到

$$y = x\tan\theta + \frac{x^2}{4h\cos^2\theta}$$

从图中可得 $\cos\theta = \frac{2}{\sqrt{5}}$，$\tan\theta = \frac{1}{2}$，$x = 3$，$y = 2.5$，代入得到 $h = 2.8$ 长度单位。

故 M 点离地高度为 $H = y + h = 5.3$ 长度单位。

问题 9－2　滑块和小山

一个小滑块在光滑的水平面上滑动，碰到了光滑的小山，它也放在同一个水平面上，如图所示。当滑块离开小山时，我们发现滑块和小山在光滑的水平面上滑动的速率相等。

(1) 求滑块和小山的质量之比的可能取值。

(2) 求滑块滑向山顶时的重力势能与其初始动能之比的最大值。

注：滑块上山、下山时不离开山面。

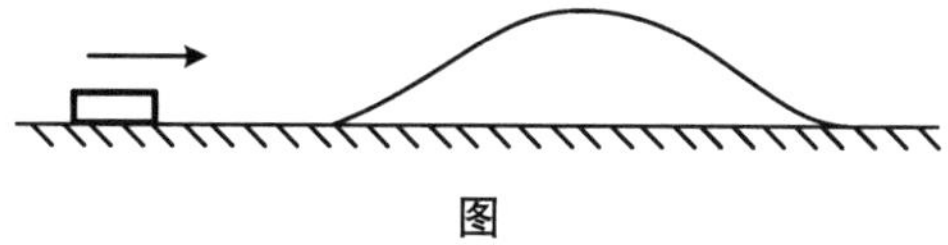

图

解　(1) 滑块上山前与下山后，系统水平方向动量守恒，有

$$mv_0 = mv_1 + Mv_2$$

由滑块能量守恒，得

$$\frac{1}{2}mv_0^2 = \frac{1}{2}mv_1^2 + \frac{1}{2}Mv_2^2$$

联立解得

$$v_1 = \frac{m-M}{m+M}v_0, \quad v_2 = \frac{2m}{m+M}v_0$$

由题意得两者速率相同。

若 $v_1 = v_2$，则 $m = -M$，与实际不符。

故 $v_1 = -v_2$，解得 $M = 3m$，即 $m : M = 1 : 3$。

(2) 两者速度相同时，滑块重力势能最大，同理可得

$$mv_0 = (m+M)v$$

$$\frac{1}{2}mv_0 = \frac{1}{2}(m+M)v^2 + E_p$$

又因为 $M = 3m$，解得

$$\frac{E_p}{\frac{1}{2}mv_0^2} = \frac{3}{4}$$

问题 9-3 循环热交换

有两个不导热的容器里都装有水。第一个容器里的水的总热容量为 c_1，温度为 t_1；第二个容器里的水的总热容量为 c_2，温度为 t_2。在第二个容器的水里面放一个铁块，热容量为 c，如图所示。

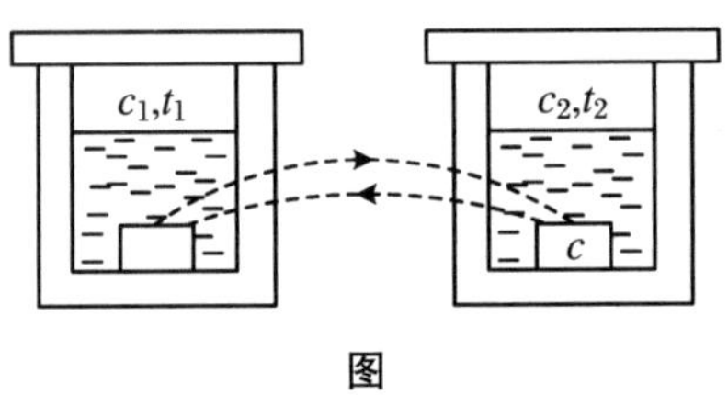

图

把铁块从第二个容器里拿出来放到第一个容器里，达到热平衡后放回到第二个容器里，如此往复。

热容量的比值 $c_1 : c_2 : c = 4 : 5 : 1$。不计和周围环境的热交换。

(1) 进行 n 次这样的循环后，温差 $(t_2 - t_1)_n$ 变为原来的 $1/N$，其中 $N \geqslant 25$。求 n 的最小值。

(2) 经过足够多次的循环后，容器中的水的温度变为多少？

解 (1) 分析第一次循环，将铁块放入第一个容器，热平衡后温度变为 t_1'，满足

$$ct_2 + c_1t_1 = (c + c_1)t_1'$$

解得

$$t_1' = \frac{4}{5}t_1 + \frac{1}{5}t_2$$

再将铁块放回第二个容器,热平衡后温度变为 t_2',满足

$$ct_1' + c_2 t_2 = (c + c_2) t_2'$$

解得

$$t_2' = \frac{2}{15}t_1 + \frac{13}{15}t_2$$

得到

$$t_2' - t_1' = \frac{2}{3}(t_2 - t_1)$$

进一步得到

$$(t_2 - t_1)_n = \left(\frac{2}{3}\right)^n (t_2 - t_1)$$

结合题意可得

$$\left(\frac{2}{3}\right)^n \geqslant \frac{1}{25}$$

解得

$$n \geqslant 7.94$$

故 n 的最小值为 8。

(2) 由(1)中结论可知,循环次数越多,两容器内温度越接近,次数足够多,可认为两者温度相等,由能量守恒,有

$$ct_2 + c_1 t_1 + c_2 t_2 = (c + c_1 + c_2)t$$

解得

$$t = \frac{2}{5}t_1 + \frac{3}{5}t_2$$

问题 9-4 导线正方体

在一个导线正方体的 7 条棱上分别焊接有相同的电阻器,阻值均为 R,如图 1 所示。其他棱上的导线的电阻可以忽略。在 A 和 B 两个接线端之间施加电压 U。

(1) 求 AB 之间的电流强度 I_{AB} 和阻值 R_{AB}。

(2) 正方体的哪条棱的电流强度最大?等于多少?

(3) 哪些电阻的热功率最大?等于多少?

(4) 如果电压 U 是加在 A 和 C 两端的,求电流强度 I_{AC} 和阻值 R_{AC}。

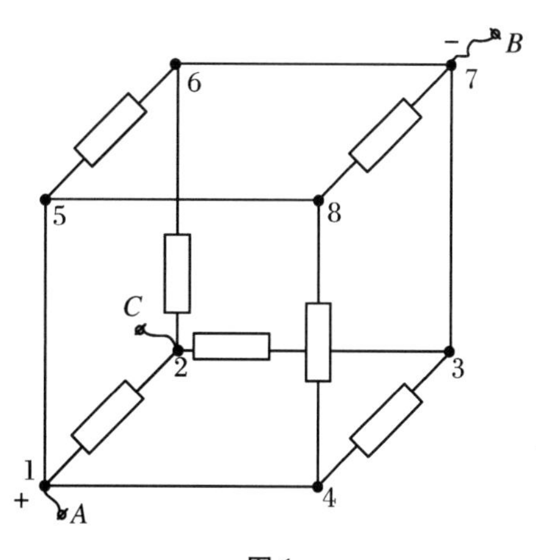

图 1

解 (1) 将电路图进行简化,如图 2 所示,在此基础上,易知

$$R_{AB} = \frac{3}{11}R$$

故

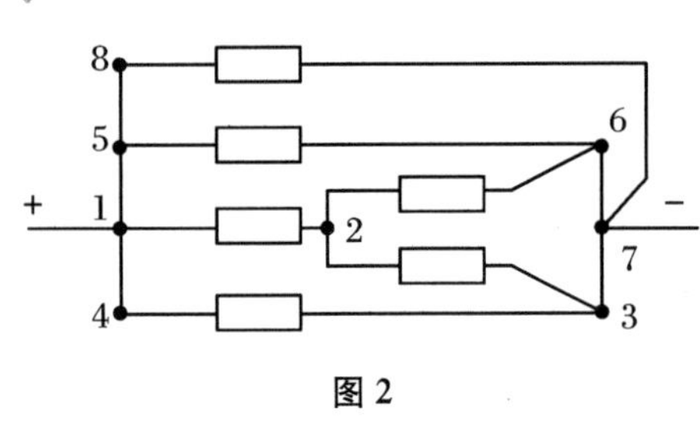

图 2

$$I_{AB}=\frac{11}{3}\frac{U}{R}$$

(2) 比较可知,I_{15}最大,$I_{15}=\frac{2U}{R}$。

(3) 分析可知,3 和 4、5 和 6、7 和 8 之间的功率相等,且最大值为

$$P_{\max}=\frac{U^2}{R}$$

(4) 将电路进行类似(1)中的简化,可得

$$R_{AC}=\frac{5}{11}R,\quad I_{AC}=\frac{11}{5}\frac{U}{R}$$

问题 9-5 复合圆柱

复合圆柱由两段连接起来的圆柱形水管组成,将其固定住,使得其对称轴竖直。可以在底下放一块铁片,将底下的口完全堵上。为了使铁片处于堵住水管的位置,需要从下面对其施加的力 $F\geqslant F_0$。倒入 V_0 L 水后,把铁片按住所需要的最小力变为 $2F_0$。再倒入 V_0 L 水后,把铁片按住所需要的最小力变为 $4F_0$。最后,再倒入 $V_0/3$ L 水,把铁片按住所需要的最小力变为 $5F_0$,复合圆柱也充满了。

(1) 求下、上两段圆柱的底面积比 $S_1:S_2$。

(2) 求下、上两段圆柱的高度比 $H_1:H_2$。

解 由题意可知,$mg=F_0$。

倒入水之后,随着水管内液面上升,对底部压强随之变大,显然需要更大的力才能托住铁片,题中共倒入三次水,额外需增加的力分别为 $F_0,3F_0,4F_0$,故对应的液体深度分别为 $h_0,3h_0,4h_0$,所对应体积分别为 $V_0,2V_0,7V_0/3$。

结合题设数据分析可知:第一次倒水后,下面水管未满;第二次倒水后,下面水管已满,上面水管未满;第三次倒水后,两水管均满。

综上可得

$$S_1h_0=V_0$$
$$S_1H_1+S_2(3h_0-H_1)=2V_0$$
$$S_1H_1+S_2H_2=\frac{7}{3}V_0$$
$$H_1+H_2=4h_0$$

联立解得

$$H_1=\frac{3}{2}h_0,\quad H_2=\frac{5}{2}h_0,\quad S_1=\frac{V_0}{h_0},\quad S_2=\frac{V_0}{3h_0}$$

故

$$\frac{S_1}{S_2}=\frac{3}{1},\quad \frac{H_1}{H_2}=\frac{3}{5}$$

十年级

问题 10－1　水瓶中的小球

小木球和小金属球通过细线连接，细线连在装水的瓶子的底部。瓶子绕竖直轴 OO' 以恒定的角速度旋转。结果，两个球整体都在水中。

如图 1 所示，小木球（1 号）与轴的距离是小金属球（2 号）的 1/3。上面的一段线与竖直方向的夹角为 α，$\sin\alpha = 4/5$。两段线的夹角为 90°。小球的大小和它们与轴的距离相比可以忽略。

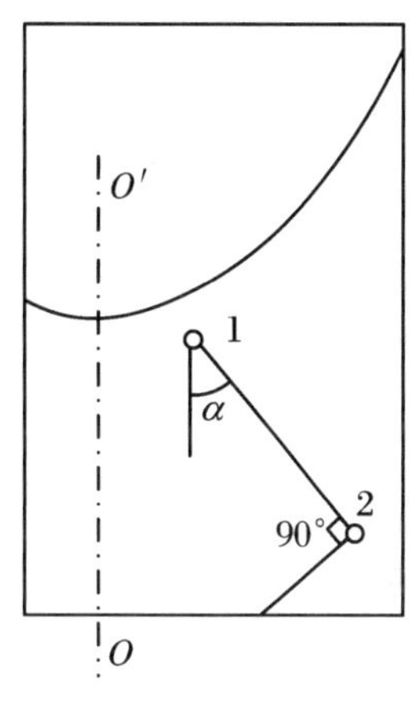

图 1

(1) 木球所受的浮力的方向与竖直方向的夹角是多少？请予以解释。

(2) 求上、下两段线的张力之比。

解　(1) 以旋转的瓶子为参考系，取其中体积为 V 的水球为研究对象，它在非惯性系下平衡，受力情况如图 2 所示。

水球受到的浮力为周围液体对其压力之和，故图中 F 即为水球所受浮力。同状态下将水球替换为木球（见图 3），周围液体受力情况不会变，它们反作用到木球上的压力之和也即浮力，与水球相比不会发生变化。

但由于与水球比较，木球的密度变小，所以木球所受重力与惯性力将等比例变小，而两者合力方向不变，仍与 F 相反。

由以上分析可知，为了使木球保持平衡，外加拉力方向需与 F 共线，所以木球所受浮力方向与两球之间的绳子共线，即与竖直方向的夹角为 53°。

(2) 首先分析木球，受力情况如图 3 所示。

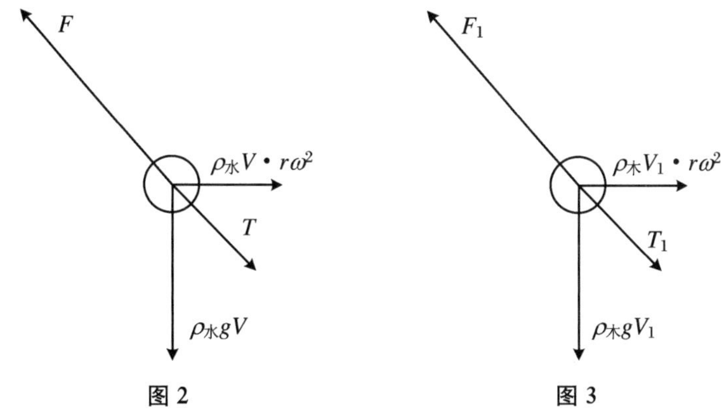

图 2　　　　图 3

水平方向：

$$T_1 \sin\alpha + \rho_{木} V_1 \cdot r\omega^2 = \rho_{水} V_1 \cdot r\omega^2$$

竖直方向：

$$T_1 \cos\alpha + \rho_{木} gV_1 = \rho_{水} gV_1$$

解得

$$r\omega^2 = g\tan\alpha = \frac{4}{3}g$$

再分析铁球，受力情况如图 4 所示。

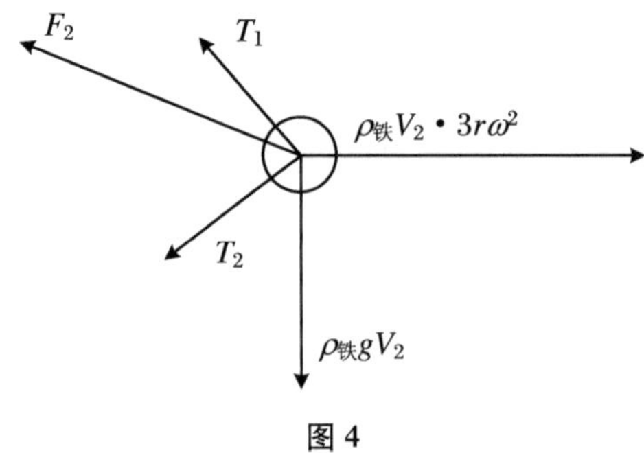

图 4

水平方向：

$$T_2\cos\alpha + T_1\sin\alpha + \rho_{水}V_2 \cdot 3r\omega^2 = \rho_{铁}V_2 \cdot 3r\omega^2$$

竖直方向：

$$T_1\cos\alpha + \rho_{水}gV_2 = T_2\sin\alpha + \rho_{铁}gV_2$$

联立解得

$$\tan\alpha = \frac{(\rho_{水} - \rho_{木})V_1 - (\rho_{铁} - \rho_{水})V_2}{(\rho_{铁} - \rho_{水}) \cdot 4V_2 - (\rho_{水} - \rho_{木}) \cdot \frac{4}{3}V_1} = \frac{4}{3}$$

令

$$k_1 = (\rho_{水} - \rho_{木})V_1, \quad k_2 = (\rho_{铁} - \rho_{水})V_2$$

解得

$$k_2 = \frac{25}{57}k_1$$

进一步解得

$$T_1 = \frac{5}{3}k_1, \quad T_2 = \frac{40}{57}k_1$$

综上可得

$$\frac{T_1}{T_2} = \frac{\frac{5}{3}}{\frac{40}{57}} = \frac{19}{8}$$

问题 10－2　热机

有一座巨大的冰山，质量为 $m = 9\times10^8$ kg，可以看作棱长为 100 m 的立方体，温度为 $T_2 = 273$ K，漂浮在墨西哥湾暖流中，水温 $T_1 = 295$ K。

(1) 忽略冰山与暖流之间的直接热交换，将暖流作为加热器，冰山作为冷凝器，直到冰山完全融化为止，制作热机，如图 1 所示，它至多能做多少功？

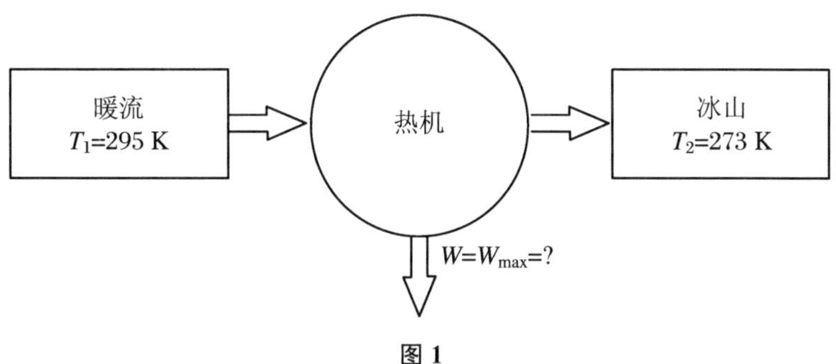

图 1

(2) 使用(1)问中的热机,使热泵从暖流中将热量"抽"到水温为 $T_0=373$ K 的锅炉中,如图 2 所示,至多能够使多少水汽化?

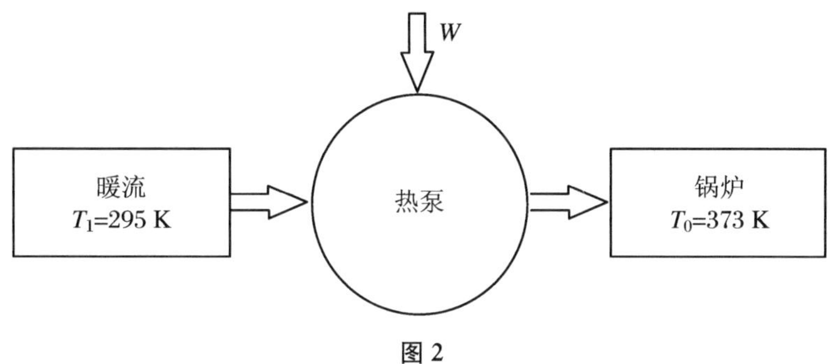

图 2

冰的熔解热 $q=3.35\times10^5$ J/kg,水的汽化热 $\lambda=2.26\times10^6$ J/kg。

解 (1) 因为卡诺循环效率最高,而在卡诺循环中

$$\frac{Q_{吸}-Q_{放}}{Q_{吸}}=\frac{T_1-T_2}{T_1}$$

解得

$$Q_{吸}=\frac{T_1}{T_2}Q_{放}=\frac{T_1}{T_2}\cdot mq$$

故

$$W_{max}=Q_{吸}-Q_{放}=\left(\frac{T_1}{T_2}-1\right)mq$$

代入数据得到

$$W_{max}=2.43\times10^{13}\ \text{J}$$

(2) 因为卡诺制冷系数为

$$\varepsilon=\frac{T_1}{T_0-T_1}=\frac{Q_{吸}}{W}$$

由此得

$$Q_{吸}=\frac{T_1}{T_0-T_1}W$$

而

$$Q_{放}=Q_{吸}+W=\frac{T_0}{T_0-T_1}W$$

又因为

$$Q_{放} = \lambda m'$$

代入数据解得

$$m' = 5.14 \times 10^7 \text{ kg}$$

问题 10－3　绝热过程

在容积为 $2V_0$ 的柱状容器中，笨重的活塞下方是开氏温度为 T_0、压强为 $p_0/2$、体积为 V_0 的理想稀有气体，活塞上方是真空，如图 1 所示。容器底部有一个小孔，上面连接有阀门，处于封闭状态。容器外部是同一种气体，压强为 p_0，温度为 T_0。容器不导热。

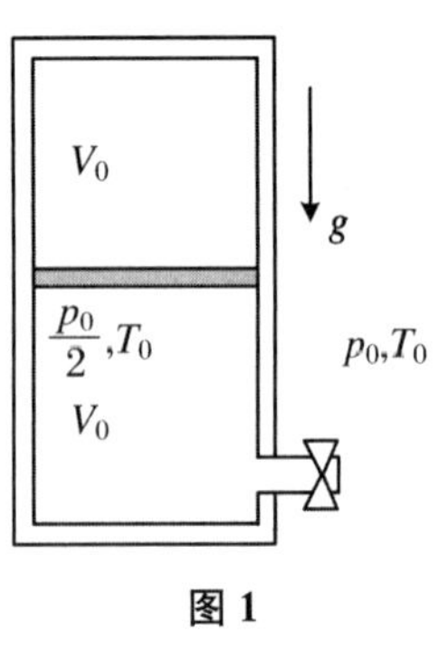

图 1

打开阀门，活塞缓慢上升，直到内、外压强相等时，关闭阀门。求关闭阀门后气体的温度。

解　由于外界气压大，将有气体被压入容器中，如图 2 所示，令全程压入气体体积为 V，物质的量为 n，容器中原有气体物质的量为 n_0，分别满足：

内部原有气体

$$\frac{p_0}{2}V_0 = n_0RT_0$$

外部压入气体

$$p_0V = nRT_0$$

打开阀门后，活塞下方先等压膨胀，压强恒为 $p_0/2$，活塞顶到容器上表面后，气体压强增大，直至与外界相同。

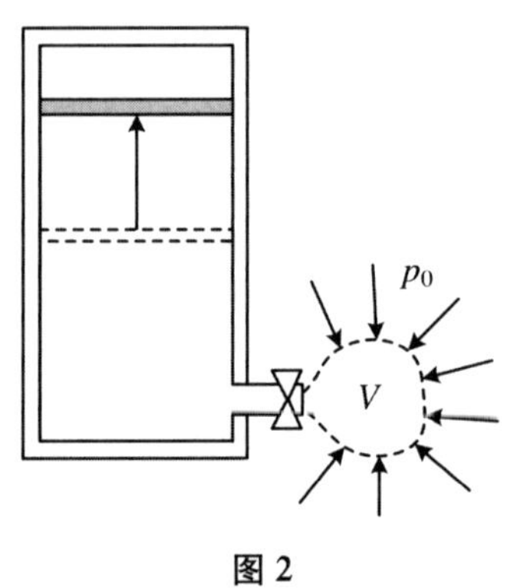

图 2

对上述全过程进行分析，外界对气体做功

$$W = p_0V - \frac{1}{2}p_0V_0$$

由热力学第一定律，得

$$\frac{3}{2}R(n + n_0)(T - T_0) = W$$

其中，$3R/2$ 为气体摩尔热容。

再考虑到气体最终状态，有

$$p_0 \cdot 2V = (n + n_0)RT_0$$

联立解得

$$V = \frac{11}{10}V_0,\quad n = \frac{11}{5}n_0,\quad T = \frac{5}{4}T_0$$

问题 10－4　电介质薄片

平行板电容器的两板之间的距离为 d，连接到电动势为 ε 的直流电源上，如图 1 所示。电容器里面有两层弱导电性物质，电导率分别为 λ_1 和 λ_2。这两层之间互相接触，也和电容器的极板相接触。每层的厚度均为 $d/2$，电介质常数 $\varepsilon_1 = \varepsilon_2 = 1$。

(1) 求电容器的两个极板上的表面电荷密度 σ_1 和 σ_2。

(2) 求两层弱导电性物质的接触面的表面电荷密度 σ。

注:电导率是电阻率的倒数,即 $\lambda = 1/\rho$。

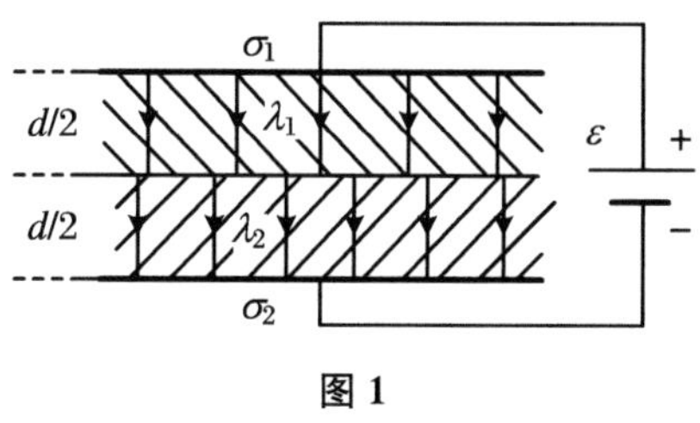

图 1

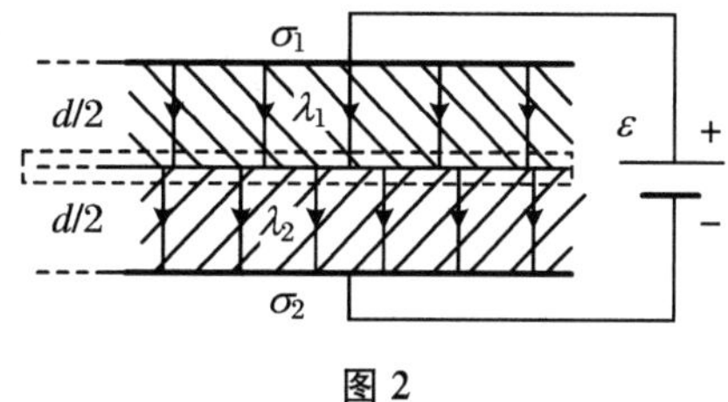

图 2

解 (1) 令上、下两部分场强分别为 E_1 和 E_2,满足

$$E_1 \frac{d}{2} + E_2 \frac{d}{2} = \varepsilon$$

其中

$$E_1 \frac{d}{2} = I \frac{1}{\lambda_1} \frac{\frac{d}{2}}{S}, \quad E_2 \frac{d}{2} = I \frac{1}{\lambda_2} \frac{\frac{d}{2}}{S}$$

解得

$$E_1 = \frac{2\varepsilon}{d} \cdot \frac{\lambda_2}{\lambda_1 + \lambda_2}, \quad E_2 = \frac{2\varepsilon}{d} \cdot \frac{\lambda_1}{\lambda_1 + \lambda_2}$$

由高斯定理得

$$\sigma_1 = \varepsilon_1 \varepsilon_0 E_1 = \frac{2\varepsilon\varepsilon_0}{d} \cdot \frac{\lambda_2}{\lambda_1 + \lambda_2}$$

$$\sigma_2 = -\varepsilon_2 \varepsilon_0 E_2 = -\frac{2\varepsilon\varepsilon_0}{d} \cdot \frac{\lambda_1}{\lambda_1 + \lambda_2}$$

(2) 如图 2 所示取高斯面,利用高斯定理,得到

$$\oint \boldsymbol{E} \cdot \mathrm{d}\boldsymbol{S} = -E_1 S + E_2 S = \frac{q}{\varepsilon_0}$$

解得

$$\sigma = \frac{q}{S} = \varepsilon_0 (E_2 - E_1) = \frac{2\varepsilon\varepsilon_0}{d} \cdot \frac{\lambda_1 - \lambda_2}{\lambda_1 + \lambda_2}$$

其中 $\lambda_1 > \lambda_2$,则 $\sigma > 0$,带正电;反之则带负电。

问题 10 - 5　电容器充电

有两个充电的电容器,电容分别为 $C_1 = 18\ \mu\text{F}$ 和 $C_2 = 19\ \mu\text{F}$。电容器上的电压分别为 $U_1 = 76\ \text{V}$ 和 $U_2 = 190\ \text{V}$。将第三个电容 C 为未知的电容器与 C_2 相连,如图所示。将开关 K 从右侧拨到左侧,当电容器重新达到平衡后,拨回原来的位置。

已知:经过 44 次这样的循环后,电压差 $(U_2 - U_1)_{44}$ 等于一开始时的 1%。

(1) 电容器 C 的电容等于多少?

(2) 经过足够多次的循环后,电容器上的电压 U_∞ 等于多少?

(3) 经过足够多次的循环后,电阻 R 上放出的总热量等于多少?

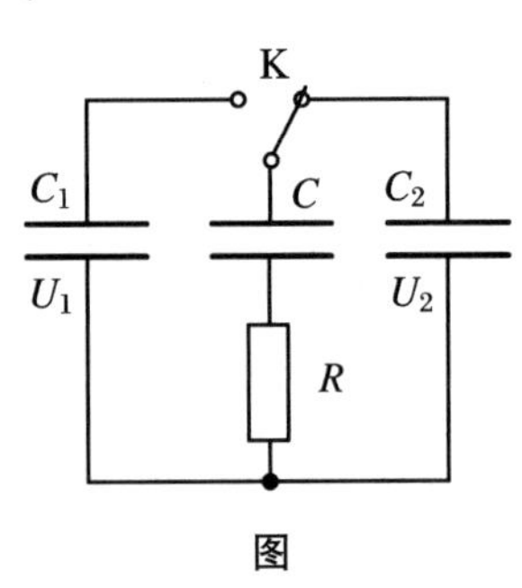

图

解 (1) 该题的模型与"2011 年全俄物理奥林匹克决赛"中问题 9-3 类似,首先分析第一次循环,K 从右侧拨到左侧,稳定后两电容器电压相同,结合电荷守恒,得到

$$C_1U_1' + CU_1' = CU_2 + C_1U_1$$

再将 K 拨回去,同理可得

$$CU_2' + C_2U_2' = CU_1' + C_2U_2$$

联立解得

$$U_2' - U_1' = \frac{C_1C_2}{(C + C_1)(C + C_2)}(U_2 - U_1)$$

以此类推,44 次后可得

$$(U_2 - U_1)_{44} = \left[\frac{C_1C_2}{(C + C_1)(C + C_2)}\right]^{44}(U_2 - U_1)$$

又因为

$$(U_2 - U_1)_{44} = 1\%(U_2 - U_1)$$

联立代入数据得到

$$C \approx 1\ \mu\text{F}$$

(2) 由(1)中的结论可知,次数足够多,电容器电压将趋于相等,由电荷守恒得

$$C_1U_\infty + C_2U_\infty + CU_\infty = C_1U_1 + C_2U_2 + CU_2$$

代入数据解得

$$U_\infty = 136\ \text{V}$$

(3) 由能量守恒,得到

$$Q = \frac{1}{2}(C_1U_1^2 + C_2U_2^2 + CU_2^2) - \frac{1}{2}(C_1U_\infty^2 + C_2U_\infty^2 + CU_\infty^2)$$

代入数据解得

$$Q = 0.062\ \text{J}$$

十一年级

问题 11-1 三线摆

将质量为 m 的环吊系于长度为 L 的三根竖直细线下面,如图 1 所示。

(1) 将环绕轴 OO' 进行小幅扭动,求振动的周期。

(2) 如果在 O 点放置一个质量为 m 的质点并用轻质辐轴连接到环上,振动的周期会如何变化?

注:当 $\alpha \ll 1$ rad 时,可以用近似估计式 $\cos\alpha \approx 1 - \frac{\alpha^2}{2}$。

解 (法 1)(1) 如图 2 所示,当圆环转动小角度 φ 时,原本的竖直细线将与竖直方向成

α 角。由几何约束可得

$$L\alpha = r\varphi$$

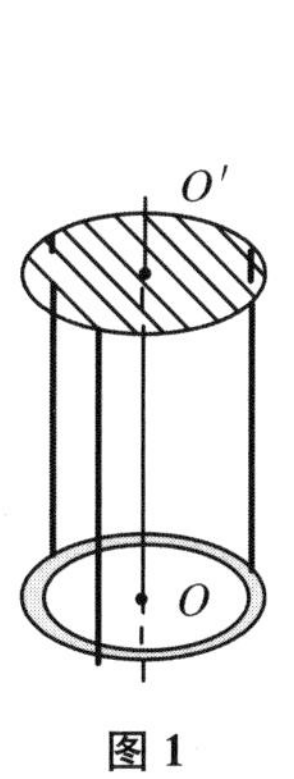

图 1

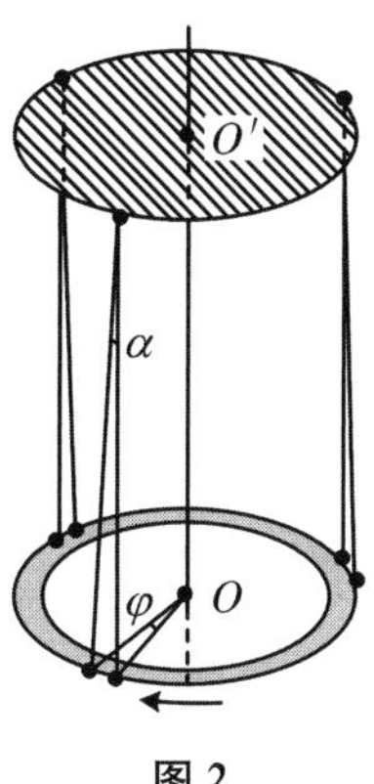

图 2

令细线上的拉力为 F,分别考虑圆环水平及竖直方向上的分运动,圆环边缘水平方向转过弧长为

$$s = r\varphi$$

竖直方向上高度变化为

$$h = L(1-\cos\alpha) \approx \frac{1}{2}L\alpha^2 = \frac{r^2}{2L}\varphi^2$$

联立解得

$$h = \frac{s^2}{2L}$$

两边对时间求导可得

$$v_y = \frac{s}{L}v_x$$

因为 $s \ll L$,所以 $v_y \ll v_x$,故圆环在竖直方向上可近似认为平衡,在此基础上进一步分析。

竖直方向有

$$3T\cos\alpha = mg \quad ①$$

水平方向有

$$3T\sin\alpha \cdot r = mr^2\beta \quad ②$$

其中,mr^2 为圆环绕 O 点的转动惯量,β 为转角。联立解得

$$\beta = \frac{g}{L}\varphi$$

类比弹簧谐振子 $a = \frac{k}{m}x$ 及其周期 $T = 2\pi\sqrt{\frac{m}{k}}$,可得系统振动周期

$$T' = 2\pi\sqrt{\frac{L}{g}}$$

(2) 在中心放置质点后,上一问中①②分别改写为

$$3F'\cos\alpha = 2mg \quad (竖直方向)$$

$$3F'\sin\alpha \cdot r = mr^2\beta' \quad (水平方向)$$

注:系统质量增加,但转动惯量未发生变化。

联立解得

$$\beta' = \frac{2g}{L}\varphi$$

故周期

$$T'' = 2\pi\sqrt{\frac{L}{2g}}$$

(法 2)(1) 在法 1 的基础上分析系统转过 φ 的总能量为

$$E = mgh + \frac{1}{2}mr^2\omega^2 = mg \cdot \frac{r^2}{2L}\varphi^2 + \frac{1}{2}mr^2\dot{\varphi}^2$$

由于机械能守恒,故上式对时间求导,导函数恒为 0,得

$$\ddot{\varphi} + \frac{g}{L}\varphi = 0$$

由此得到

$$\omega_0 = \sqrt{\frac{g}{L}}$$

所以周期为

$$T = \frac{2\pi}{\omega_0} = 2\pi\sqrt{\frac{L}{g}}$$

(2) 中心加了质点后,系统机械能调整为

$$E' = 2mgh + \frac{1}{2}mr^2\omega^2 = mg \cdot \frac{r^2}{L}\varphi^2 + \frac{1}{2}mr^2\dot{\varphi}^2$$

同理,上式对时间求导,导函数恒为 0,得

$$\ddot{\varphi} + \frac{2g}{L}\varphi = 0$$

故

$$\omega_0' = \sqrt{\frac{2g}{L}}$$

所以周期为

$$T' = \frac{2\pi}{\omega_0'} = 2\pi\sqrt{\frac{L}{2g}}$$

注:有读者朋友可能会有疑问,圆环高度变化在法 1 中被忽略,而在法 2 中没有被忽略,两者是否矛盾?

法 1 是从动力学角度入手,分析得到 $v_y = sv_x/L$,因为 $s \ll L$,故 v_y 为 v_x 的高阶小量;而法 2 是从能量角度入手,由于系统机械能守恒,动能和势能相互转换,两者为同阶小量,故不可忽略。所以两种解法并没有矛盾。

问题 11-2 螺线管中的带电粒子

如图 1 所示为长螺线管的横截面,每一圈的半径 $r = 10$ cm,每米中的匝数 $n = 500$ /m。

在螺线管的线圈上通顺时针恒定电流 $I=1\ \text{A}$。

带电粒子从 A 处的线圈之间的空隙进入，它被电势差 $U=10^3\ \text{V}$ 的电场加速。在 A 点处的速度是沿着螺线管的半径方向。粒子在螺线管内、在与轴垂直的平面内运动，在点 C 处从螺线管飞出，与进入电场的方向夹角 $\alpha=60°$。请求出：

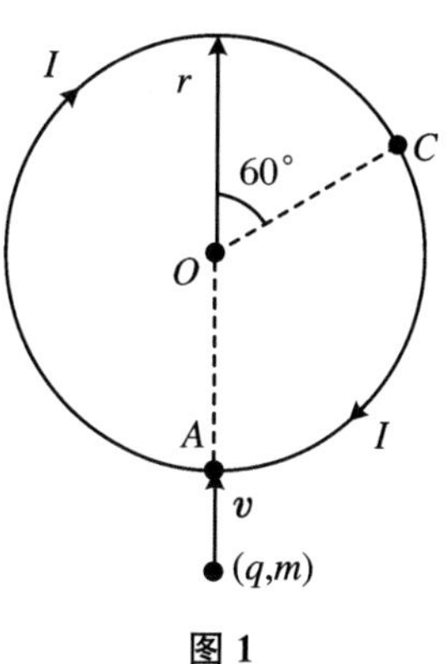

图 1

(1) 粒子的电荷符号。

(2) 粒子在螺线管内运动轨迹的曲率半径。

(3) 粒子的荷质比（即所带电荷量与质量的比值）。

磁场常数 $\mu_0=4\pi\times10^{-7}$（国际单位制），重力忽略不计。

解 (1) 由右手螺旋定则可知，磁场方向垂直纸面向里，又因为粒子进入磁场后右偏，故粒子带负电。

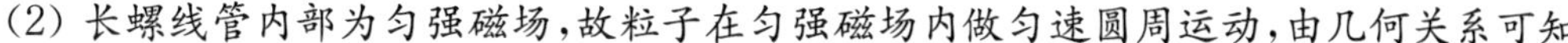

(2) 长螺线管内部为匀强磁场，故粒子在匀强磁场内做匀速圆周运动，由几何关系可知

$$R=\frac{r}{\tan\frac{\alpha}{2}}=17.3\ \text{cm}$$

图 2

(3) 粒子在电场中加速满足

$$qU=\frac{1}{2}mv^2$$

粒子在匀强磁场中做圆周运动（见图 2）满足

$$qvB=m\frac{v^2}{R}$$

又由安培环路定理可知，长螺线管内部匀强磁场

$$B=n\mu_0 I=6.28\times10^{-4}\ \text{T}$$

解得

$$\frac{q}{m}=\frac{2U}{B^2R^2}$$

代入数据解得

$$\frac{q}{m}=1.69\times10^{11}\ \text{C/kg}$$

问题 11－3 活塞的稳定性

底端封闭的薄壁圆柱的长度为 $L=1.50\ \text{m}$，竖直放置。上面的部分和另一个半径大得多的圆柱相连，如图 1 所示。下面的圆柱距离其顶部 $h_0=380\ \text{mm}$① 处有一个薄的轻质活塞。在活塞上面是一层厚度为 $h+\Delta h$ 的汞，其中 $\Delta h\ll h$，活塞下面是压强为 $p_1=p_0+\rho_{汞}gh_0$ 的氦气，其中 $p_0=760\ \text{mmHg}$ 为大气压，汞的密

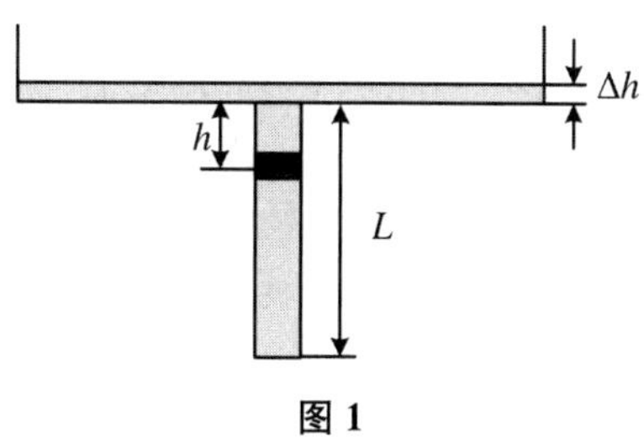

图 1

① 译者注：这里是说，解关于 h 的方程时，不同解用 h_1，h_2 等表示，h_1 并非独立于 h 的不同变量。

度 $\rho_{汞}=13.6\ \mathrm{g/cm^3}$。由于两个圆柱容器的横截面积相差非常悬殊，即使活塞在整个细圆柱内移动，Δh 的变化也可以忽略。

在题中条件下，活塞处于平衡状态。该平衡是否稳定？是否还存在其他的平衡位置？如果存在，活塞与细圆柱顶部的距离 h_i 还有哪些？这些平衡是否稳定？我们可以假设在小的体积变化下，活塞下面氦气的温度保持不变。

解 分析可知，上面圆柱内厚度为 Δh 的这部分汞可以满足下面圆管内汞柱高度任意变化，且这部分厚度为 Δh 的汞柱带来的附加压强可忽略不计。

令活塞上部汞柱高度为 h，下部高度为 $L-h$。

$$p_{上}=p_0+\rho_{汞}gh$$

令 $p_0=\rho_{汞}gH$，则

$$p_{上}=\rho_{汞}g(h+H) \qquad ①$$

由于温度不变，活塞下方气体压强满足

$$pV=C$$

进一步得到

$$p_{下}=\rho_{汞}g(h_0+H)\frac{L-h_0}{L-h} \qquad ②$$

对①②两式分别取微分，得到

$$\mathrm{d}p_{上}=\rho_{汞}g\mathrm{d}h \qquad ③$$

$$\mathrm{d}p_{下}=\rho_{汞}g(h_0+H)\frac{L-h_0}{(L-h)^2}\mathrm{d}h \qquad ④$$

当 $h=h_0$ 时，有

$$\frac{\mathrm{d}p_{下}}{\mathrm{d}p_{上}}=\frac{h_0+H}{L-h_0}=\frac{38+76}{150-38}=\frac{57}{56}>1 \qquad ⑤$$

对③～⑤综合分析得到，活塞上部增加一微小高度，相应的活塞下面压缩相应的高度，上、下两边压强均变大，且下方压强增量更大，活塞所受压力合力指向平衡位置。

同理可以说明，活塞上部高度减少，活塞合力亦指向平衡位置。

综上所述，此时，活塞处于稳定平衡状态。

联系①②两式，令 $p_{上}=p_{下}$，解得

$$h_0=380\ \mathrm{mm},\quad h_0'=360\ \mathrm{mm}$$

故还存在一平衡位置，$h_0'=360\ \mathrm{mm}$（图 2）。

同理，由③④两式得到，当 $h_0'=360\ \mathrm{mm}$ 时，有

$$\frac{\mathrm{d}p_{下}}{\mathrm{d}p_{上}}=\frac{(h_0+H)(L-h_0)}{(L-h_0')^2}=\frac{(38+76)(150-38)}{(150-36)^2}=\frac{56}{57}<1$$

与 $h_0=380\ \mathrm{mm}$ 时情况相反，故此时处于不稳定平衡状态。

说明：联系①②两式分别得到活塞上、下压强跟 h 的关系，可以更为直观地看出两处平衡位置稳定性的差异。

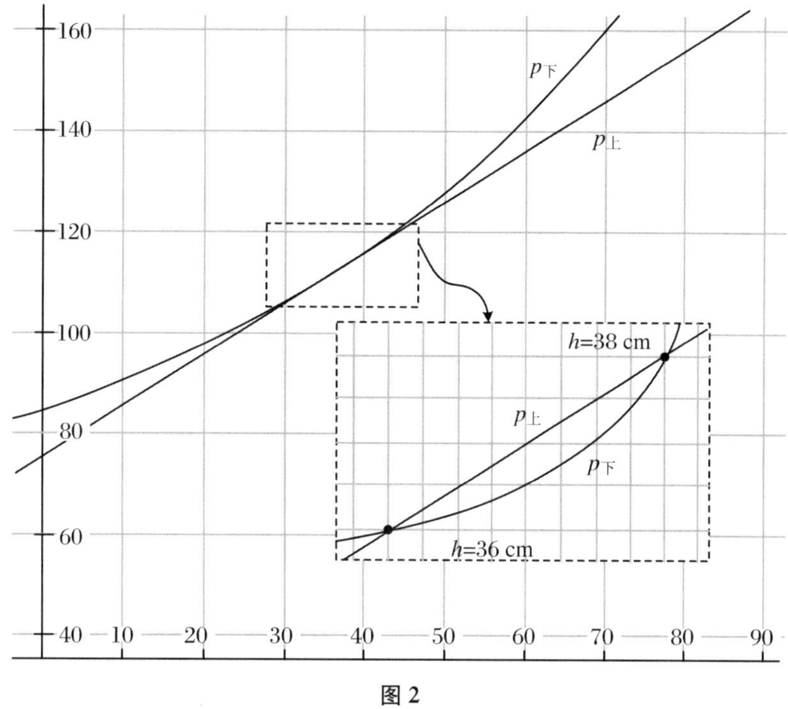

图 2

问题 11－4　漏电的电容器

平行板电容器 C_0 里面是一层弱导电性物质，电介质常数 $\varepsilon_r=1$，电阻率和其中的一个极板的距离的关系为 $\rho=\rho_0(1+2x/d)$，其中 d 为两板之间的距离。电容器与电压为 U_0 的电池连接，如图所示。请求出：

(1) 流过电容器的电流强度。

(2) 电容器的两个极板分别的带电量（下面的是 q_1，上面的是 q_2）。

(3) 电容器里面的带电量 q（储存在极板之间的介质中）。

(4) 电容器里面储存的电能 W_e。

图

解　(1) 由题意，有

$$R=\int_0^d \rho_0\left(1+\frac{2x}{d}\right)\frac{\mathrm{d}x}{S}=2\rho_0\frac{d}{S}$$

又因为

$$C_0=\frac{\varepsilon_0 S}{d},\quad I=\frac{U}{R}$$

得到

$$I=\frac{U_0C_0}{2\rho_0\varepsilon_0}$$

(2) 因为

$$E \cdot \mathrm{d}x = I \cdot \mathrm{d}R = I \cdot \rho \frac{\mathrm{d}x}{S}$$

联系(1)中结果得到

$$E = \frac{U_0}{2d}\left(1 + \frac{2x}{d}\right)$$

对于下极板,有

$$x = 0, \quad E_1 = \frac{U_0}{2d}$$

则

$$q_1 = S \cdot \varepsilon_r \varepsilon_0 E_1 = \frac{\varepsilon_0 S}{2d} U_0 = \frac{C_0 U_0}{2}$$

对于上极板,有

$$x = d, \quad E_2 = \frac{3U_0}{2d}$$

则

$$q_2 = - S \cdot \varepsilon_r \varepsilon_0 E_2 = - \frac{3\varepsilon_0 S}{2d} U_0 = - \frac{3C_0 U_0}{2}$$

(3) 由高斯定理,有

$$q_1 + q_2 + q = 0$$

故

$$q = -(q_1 + q_2) = C_0 U_0$$

(4) 介质中的电场能密度

$$\omega = \frac{1}{2}\varepsilon_r \varepsilon_0 E^2 = \frac{1}{2}\varepsilon_0 E^2$$

则电容器里面储存的电能为

$$W_e = \int_0^d \omega S \mathrm{d}x = \frac{\varepsilon_0 S U_0^2}{8d^2} \int_0^d \left(1 + \frac{2x}{d}\right)^2 \mathrm{d}x$$

又因为

$$C_0 = \frac{\varepsilon_0 S}{d}$$

解得

$$W_e = \frac{13}{24} C_0 U_0^2$$

问题 11 - 5　平面光导纤维

将折射率为 n 的透明平板擦得很干净,在左侧放有点光源 S,如图 1 所示。平板的厚度 $H = 1$ cm,长度 $L = 100$ cm。点光源发出的光以 0～90°之间所有的入射角照到平板的左侧。观测者的眼睛能看到点光源直接发出的光,也能看到通过平板的上、下表面发生反复全反射的光。

对两种情况分别进行考虑：$n_1=1.73$，$n_2=1.3$，从点光源发出的光最多可以经历多少次反射后从右侧射出？指出在这两种情况中的哪种，光线会有一部分从上、下表面跑出。

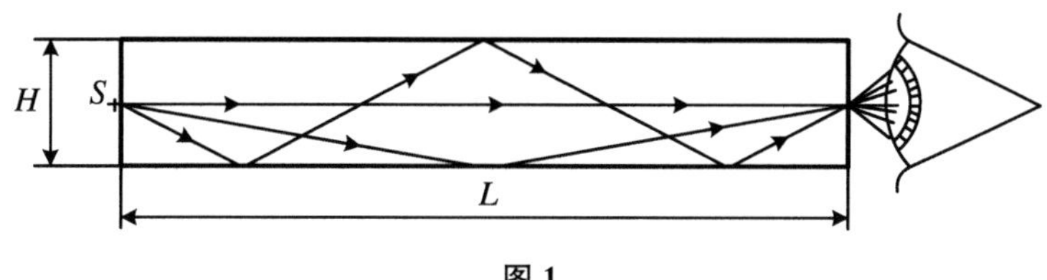

图 1

解 由对称性可知，所有从左侧入射的光线在经过上、下表面多次反射后均可从右侧射出，而不会在右侧面发生全反射。

在这一前提下，左侧光源光线入射角越大，光反射次数越多，当入射角无限接近 90°时，次数达到最大。而又考虑到观察者只能看到全反射的光，故光线还不能从上、下表面折射出去。

显然，光线经过多次折射后光能衰减严重，即使光经过多次反射进入观测者眼中也无法被观测到。

如图 2 所示，当入射角无限接近 90°时，β 为临界角，满足

$$\sin\beta=\frac{1}{n}$$

其中 φ 为反射角，要使得光线在上、下表面发生全反射，应满足

$$\sin\varphi\geqslant\sin\beta=\frac{1}{n}$$

图 2

由于 $\varphi+\beta=90°$，则

$$\sin\varphi=\cos\beta=\sqrt{1-\left(\frac{1}{n}\right)^2}\geqslant\sin\beta=\frac{1}{n}$$

解得

$$n\geqslant\sqrt{2}$$

即 $n_1=1.73$ 满足条件。

当 $n_2=1.3$ 时，会有部分光线从上、下表面折射出去。以下分情况分析最多全反射次数：

当 $n_1=1.73$ 时，由上述分析可知，入射角无限接近 90°时，次数达到最大，此时

$$\sin\beta=\frac{1}{n_1}$$

如图 2 所示，两次全反射之间光线前进的水平距离

$$\Delta l_1=\frac{H}{\tan\beta}=H\sqrt{n_1^2-1}$$

分析可知，光线反射次数

$$N_1=\left[\frac{L-0.5\Delta l_1}{\Delta l_1}\right]+1=\left[\frac{L}{H\sqrt{n_1^2-1}}-0.5\right]+1$$

其中,[ ]为取整符号,代入数据解得

$$N_1 = 71 \text{ 次}$$

当 $n_2 = 1.3$ 时,分析可知,φ 为临界角时,全反射次数最多,且

$$\sin\varphi = \frac{1}{n_2}$$

同理,此时两次全反射之间光线前进的水平距离

$$\Delta l_2 = H\tan\varphi = \frac{H}{\sqrt{n_2^2 - 1}}$$

光线反射次数

$$N_2 = \left[\frac{L - 0.5\Delta l_2}{\Delta l_2}\right] + 1 = \left[\frac{L\sqrt{n_2^2 - 1}}{H} - 0.5\right] + 1$$

代入数据解得

$$N_2 = 83 \text{ 次}$$

2012年全俄物理奥林匹克决赛(理论部分)

九年级

问题9-1　火箭里的木块

准备发射的火箭里有一个大水槽,部分装有密度为ρ_0的水。在容器里面有一个圆柱形的木块,密度为ρ,横截面积为S,用劲度系数为k的轻弹簧连接在底部。火箭发射前,弹簧的伸长量为x_0,木块部分露出水面。

(1) 当整个系统加速上升时,木块的高度是上升还是下降?请说明你的理由。

(2) 当火箭的加速度为a时,木块浮出水面的高度的变化量为x①。求x关于a的解析式。

(3) 根据下面的数据计算x的数值:$k=10\ \mathrm{N/m}$,$x_0=1\ \mathrm{cm}$,$\rho_0=1000\ \mathrm{kg/m^3}$,$S=10^{-4}\ \mathrm{m^2}$,$g=10\ \mathrm{m/s^2}$,$a=3g$。

解　(1) 令圆柱形木块总高度为H,系统静止时浸入水中部分的高度为h_0。由系统静止时受力平衡,可得

$$kx_0+\rho gSH=\rho_0 gSh_0 \quad ①$$

系统加速时由牛顿第二定律可得

$$kx'+\rho(g+a)SH=\rho_0(g+a)Sh' \quad ②$$

考虑到水槽很大,水面高度变化忽略不计,故

$$x_0+h_0=x'+h' \quad ③$$

定性分析以上三式,可得$x'>x_0$,故木块高度上升。

(2) 联立①~③三式,并考虑到

$$x=x'-x_0$$

解得

$$x=\frac{akx_0}{g[\rho_0(g+a)S+k]}$$

(3) 代入数据,解得

$$x\approx 2.14\ \mathrm{cm}$$

问题9-2　弹簧和小球

在水平桌面上竖直放置了一根光滑长管,里面放有轻质弹簧。他在管内从距离桌面H

① 译者注:木块足够高,使得加速度在题目允许范围内变化时不会完全浸没或完全浮出。

=2 m 的高度处无初速度释放小球。当小球碰到弹簧的顶端时，粘在它上面。图为小球的动能 E_k 和它距离桌面的高度 h 的关系图。求弹簧未伸长时的长度 L_0、劲度系数 k 和小球的质量 m。假设小球碰到弹簧顶端时不发生能量损耗，且弹簧的任何形变都满足胡克定律。取 $g=10\ \text{m/s}^2$。

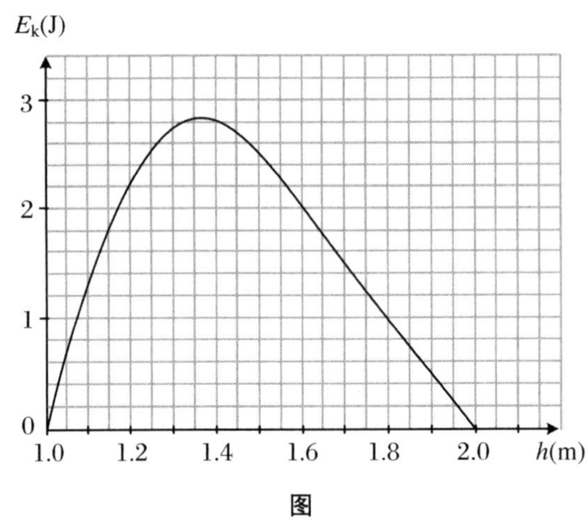

图

注：实际考试中，学生可以申请领取一张放大了的图。

解 从图中可以看出，在 1.5 m 到 2 m 之间动能线性变化，故 $h_1=1.5$ m 以上位置弹簧对小球没有作用，即弹簧原长 $L_0=1.5$ m。

又因为在 $h_1=1.5$ m 处动能为 2.5 J，重力势能全部转化为动能，故有

$$mg(H-L_0)=2.5\ \text{J}$$

解得

$$m=0.5\ \text{kg}$$

在 $h_2=1$ m 处，动能减为 0，重力势能全部转化为弹性势能，故有

$$mg(H-h_2)=\frac{1}{2}k(L_0-h_2)^2$$

解得

$$k=40\ \text{N/m}$$

问题 9－3　预热

在实验室中，实验员格鲁克有一台带有搅拌器的电热器、一台自动调温装置[①]和两个薄壁烧杯，已知烧杯尺寸之比为 2∶1[②]（玻璃的厚度相等）。自动调温装置中保持恒温 $T_1=20$ ℃（如图所示）。格鲁克想要研究烧杯中液体的温度与时间的关系（需要用搅拌器使得烧杯中的液体温度达到快速均匀）。

首先，他将小烧杯里装满待测液体，温度为 $T_1=20$ ℃，放入自动调温装置。通电后格鲁

① 译者注：该“自动调温装置”可以看作一个足够大的恒温水槽。

② 译者注：指的是各维之比均为 2∶1。

克发现，经过时间 $t_1=10\text{ s}$，系统的温度升高了 $\Delta T_1=1\ ℃$。经过足够长的时间后，液体的温度变成 $T_2=40\ ℃$。

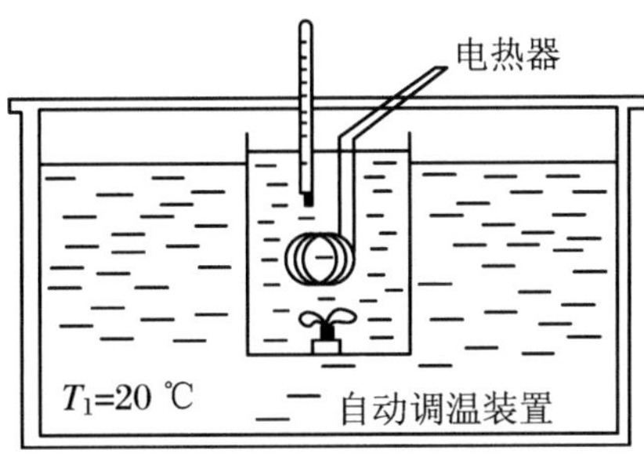

图

在第二次实验中，他将大烧杯里装满同一种液体，液体温度已经升到 $T_3=35\ ℃$，并放入同一自动调温装置。经过某个时间 t_2 后，他奇怪地发现，大烧杯里的温度下降了 $\Delta T_3=0.5\ ℃$。

假设玻璃杯的热容量和里面的液体的热容量相比可以忽略不计。

(1) 经过足够长的时间后，大烧杯里的温度会变成多少(用 T_4表示)?

(2) 求时间 t_2。

注：已知烧杯壁单位面积、单位时间内的热传递与内、外壁的温差成正比。

解 (1) 稳定后，根据能量守恒定律，散热功率与发热功率相同。

对于小烧杯：

$$P_0=\alpha(T_2-T_1)$$

对于大烧杯：

$$P_0=4\alpha(T_4-T_1)$$

由于大、小烧杯尺寸之比为 2∶1，所以大、小烧杯面积之比为 4∶1，故系数变为 4 倍。

代入数据解得

$$T_4=25\ ℃$$

(2) 先分析小烧杯温度升高过程，发热功率大于散热功率，由能量守恒得到

$$[P_0-\alpha(T-T_1)]\mathrm{d}t=C\mathrm{d}T$$

其中 C 为小烧杯内液体的热容。

分离变量积分得

$$t_1=\int_{T_1}^{T_1+\Delta T_1}\frac{C\mathrm{d}T}{P_0-\alpha(T-T_1)}$$

考虑到

$$P_0=\alpha(T_2-T_1)$$

解得

$$t_1=-\frac{C}{\alpha}\ln\frac{19}{20}=10\text{ s}$$

分析大烧杯降温过程，同理得到

$$[P_0-4\alpha(T-T_1)]\mathrm{d}t=8C\mathrm{d}T$$

由于大、小烧杯尺寸之比为 2∶1，所以大、小烧杯体积之比为 8∶1，故大烧杯热容为小烧杯的 8 倍。

分离变量积分得

$$t_2 = \int_{T_3}^{T_3-\Delta T_3} \frac{8C\mathrm{d}T}{P_0 - 4\alpha(T - T_1)}$$

解得

$$t_2 = -\frac{2C}{\alpha}\ln\frac{19}{20} = 2t_1 = 20\ \mathrm{s}$$

注：原参考答案将散热功率近似成不变进行计算，上述解法适用于更为一般的过程。

问题 9-4　二极管

半导体二极管是一种只能单向传导电流的仪器(图 1)。如果将二极管反向接入(图 2)，将不会有电流通过。理想二极管的伏安特性(电流与电压的关系图)如图 3 所示。

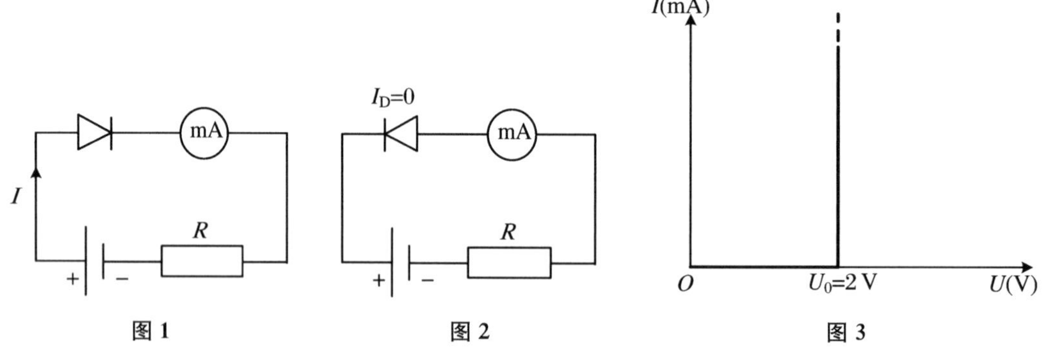

图 1　　图 2　　图 3

(1) 图 4 为带有支路的电路的一部分。电阻 $R_1 = 6\ \mathrm{k\Omega}$，$R_2 = 5\ \mathrm{k\Omega}$。求二极管上的电压降和流过毫安表的电流。

(2) 如图 5 所示，将二极管反向接入，电阻不变。此时，求二极管上的电压降和流过毫安表的电流。

两种情况下，毫安表看作理想的。

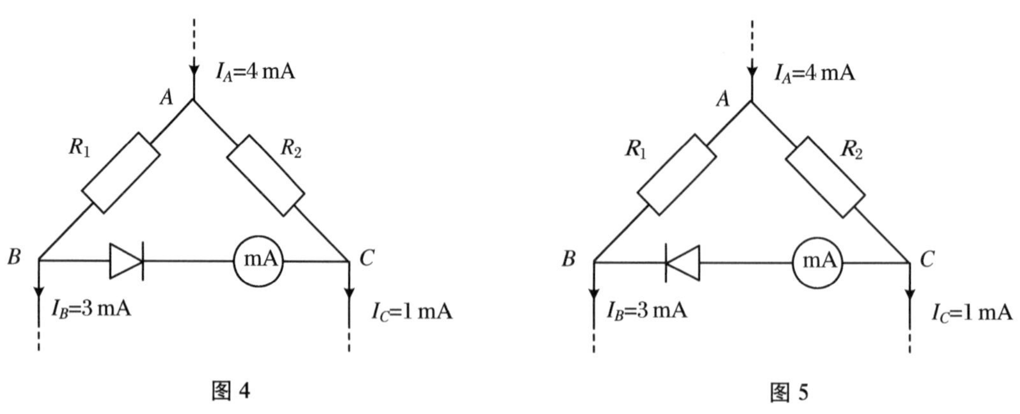

图 4　　图 5

解　假设二极管一路不存在，则

$$U_{AB} = I_B R_1 = 18\ \text{V}$$

$$U_{AC} = I_C R_2 = 5\ \text{V}$$

故 $\varphi_C > \varphi_B$,且 $U_{CB} = 13$ V,在此基础上进一步分析。

第一种情况:由于 $\varphi_C > \varphi_B$,故二极管不通,电流为 0,$U = 13$ V。

第二种情况:$U_{CB} = 13\ \text{V} > 2\ \text{V}$,故二极管接通,且结合二极管伏安特性可知,两端电压为 $U_0 = 2$ V。分析电流如图 6 所示,结合基尔霍夫定律得到

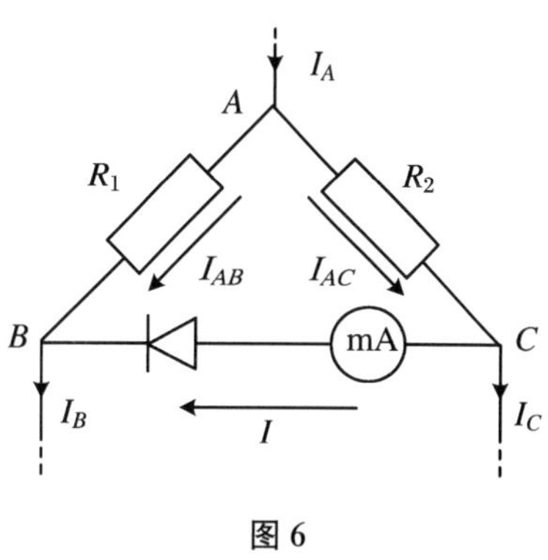

图 6

$$I_{AB} + I = I_B$$

$$I_{AC} = I_C + I$$

$$I_{AB} \cdot R_1 = I_{AC} \cdot R_2 + U_0$$

联立解得

$$I_{AB} = I_{AC} = 2\ \text{mA}, \quad I = 1\ \text{mA}$$

问题 9-5 丢失的镜子

人们在斯涅尔的档案中发现一幅画,上面画有两面平面镜 M_1 和 M_2,所成的二面角为 φ,点光源 S 和可以同时看到点光源的两个像的阴影区域 AOB。随着时间的流逝,墨水褪色了,镜子 M_2 和点光源 S 看不清了(见图 1)。

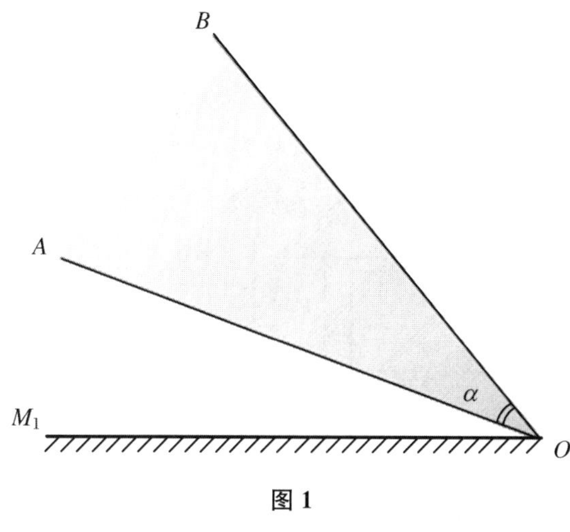

图 1

根据已知数据,用尺规作图(圆规和没有刻度的直尺)恢复 M_2 的位置,并求出 S 可能位置的轨迹。镜子视为半无限的[①]。如果$\angle AOB = \alpha = 30°$,求镜子之间的二面角 φ。

解 不难分析得到,光源所有可能的位置处于一条以 O 为起点的射线上,只要确定该射线上任意一点的位置,即可确定射线。

如图 2 所示,作 AO,BO 的反向延长线 A_1O,B_1O,在 B_1O 上任取一点 S_1,易知 S_1 为 S 在镜子 M_1 上的像,故 S_1 与 S 关于 M_1O 对称。

由此作出 S,SO 所在射线即为光源所有可能位置的集合。同理,S 在 A_1O 上的像 S_2 与 S 关于 M_2O 对称,故 $S_2O = SO$,由此得到 S_2 的位置,M_2 所在位置即为$\angle S_2OS$ 的角平分线。

① 译者注:即每面镜子都是无限大的半平面。

由几何关系可知 $\alpha=2\varphi$，故 $\varphi=15°$。

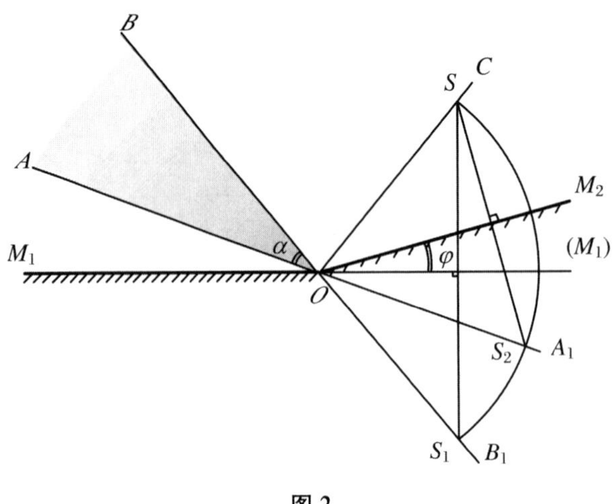

图 2

十年级

问题 10－1　平台

平台上凸出部分的高度为 h，平台上另外有质量为 m 的小物块。在平台上面系有不可伸长的轻线，跨过安在凸起部分上的理想滑轮，如图 1 所示。线的另一端系在竖直的墙上，使得滑轮和墙之间的这段线是水平的。

平台以速度 v 远离墙壁运动。当物块上的线与水平方向夹角为 α 时，需要多大的拉力 F？力 F 是水平的且位于该图的平面内，物块与平台之间的摩擦系数为 μ，平台与地面之间没有摩擦。假设物块在平台上运动的过程中，平台不离开地面。

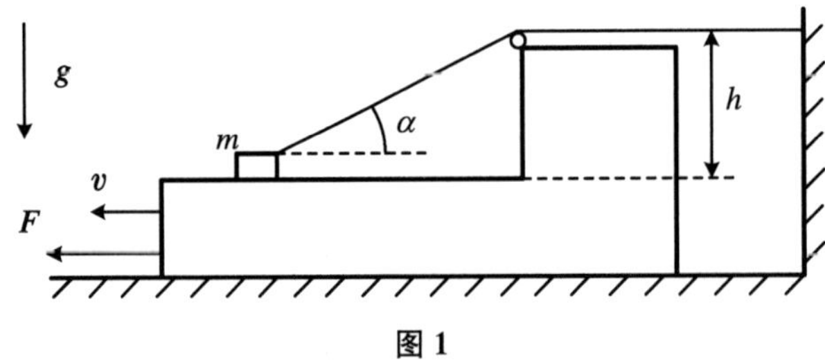

图 1

解　(法 1)对物块受力分析如图 2 所示，以滑轮为坐标原点建立极坐标系，该坐标系为惯性系。首先分析 m 的速度，如图 3 所示，v 为径向速度，v_2 为法向速度，v_1 为实际速度，不难得到

$$v_2 = v\tan\alpha$$

$$v_1 = \frac{v}{\cos\alpha}$$

进一步分析加速度如图 4 所示，径向加速度

$$a_1 = \frac{v_2^2}{r} + \frac{\mathrm{d}v}{\mathrm{d}t}$$

$$a = \frac{a_1}{\cos\alpha}$$

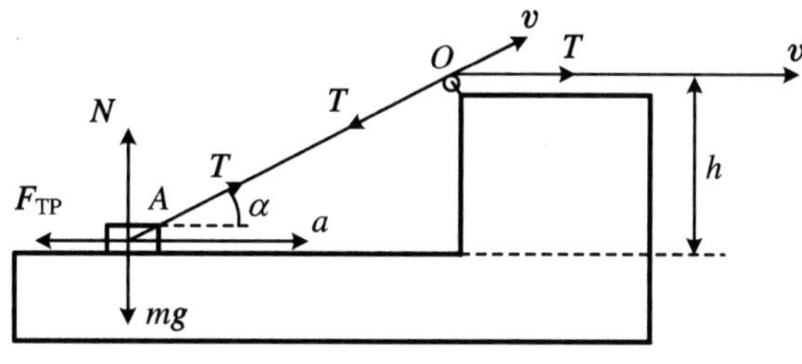

图 2

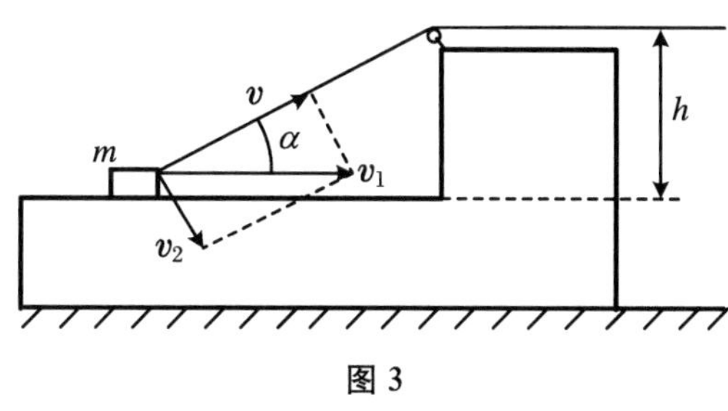

图 3

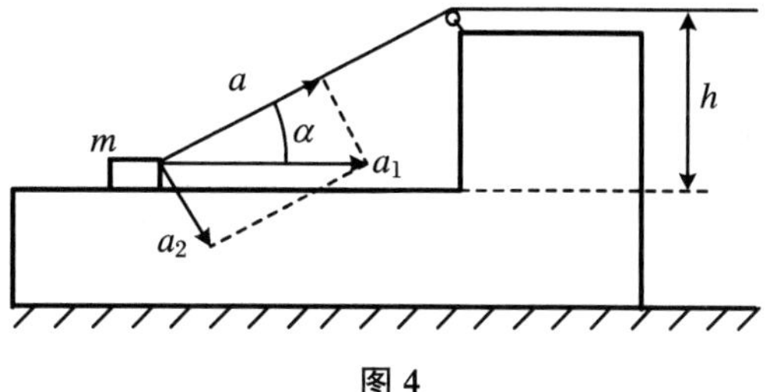

图 4

考虑到$\frac{\mathrm{d}v}{\mathrm{d}t}=0$以及 $r=\frac{h}{\sin\alpha}$，得到

$$a = \frac{v^2}{h}\tan^3\alpha$$

因滑轮为惯性系，故在地面系下加速度仍为 $a=\frac{v^2}{h}\tan^3\alpha$。

在地面系下分析，对于 m：

$$T\cos\alpha - \mu(mg - T\sin\alpha) = ma$$

对于系统整体，考虑质点系动力学方程：

$$T - F = ma$$

联立解得

$$F = m\left[\frac{v^2\tan^3\alpha + \mu gh}{h(\cos\alpha + \mu\sin\alpha)} - \frac{v^2}{h}\tan^3\alpha\right]$$

（法 2）利用几何约束分析 m 的加速度。令水平部分绳子长度为 x，绳子总长为 L，故

$$x + \frac{h}{\sin\alpha} = L$$

两边取微分，得到

$$\mathrm{d}x = \frac{\cos\alpha}{\sin^2\alpha}h\,\mathrm{d}\alpha \qquad ①$$

m 距离墙面

$$x' = x + \frac{h}{\tan\alpha}$$

两边取微分，得到

$$dx' = dx - \frac{h}{\sin^2\alpha}d\alpha$$

联系①得到

$$dx' = \left(1 - \frac{1}{\cos\alpha}\right)dx$$

故

$$\frac{dx'}{dt} = \left(1 - \frac{1}{\cos\alpha}\right)\frac{dx}{dt} = v\left(1 - \frac{1}{\cos\alpha}\right)$$

上式两边再次对时间求导，得

$$a = \frac{d^2x'}{dt^2} = -\frac{\sin\alpha}{\cos^2\alpha}\cdot\frac{d\alpha}{dt}v$$

再联系①得到

$$\frac{d\alpha}{dt} = \frac{\sin^2\alpha}{\cos\alpha}\cdot\frac{v}{h}$$

得到

$$a = \frac{v^2}{h}\tan^3\alpha$$

后续分析与法1相同。

问题 10-2　旋转管

环形玻璃管带有分叉，把它浸入敞口的汞槽中。上面的部分有一段空气柱，空气和汞的交界处与对称轴的距离为 R，如图1所示。为了使得气体的压强变为原来的 n 倍①，求系统绕轴旋转的角速度 ω。气体初始压强为 p_0，汞的密度为 ρ，汞槽中汞的深度可以看作不变。

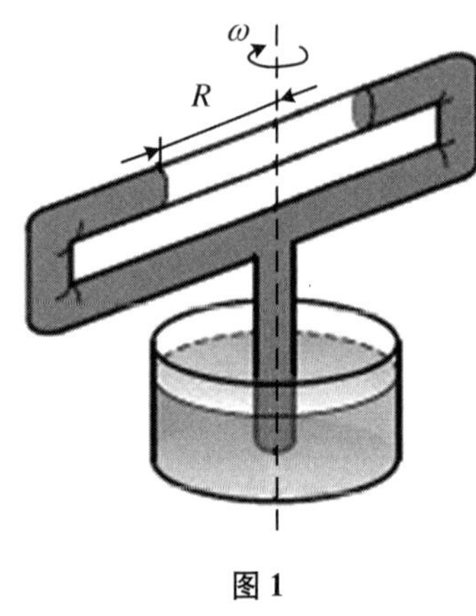

图1

解　当气体压强变为 n 倍时，满足

$$p_0SR = np_0Sr$$

其中 S 为玻璃管截面积，得到

$$r = R/n$$

静止时，水平方向上压强不变，而在转动时，水平方向上会出现附加压强。

以图2中水平方向上水银微元 Δl 作为研究对象，水银微元的质量为

$$\Delta m = \rho S\Delta l$$

设水银微元左、右压强分别为 p_2 和 p_1，对水银微元 Δl 受力分析可得

① 译者注：原文为“变化 n 倍”，需要判断压强是增加还是减小，这里应保持该考点不变，故规定 n 可能是整数或分数。

$$(p_2 - p_1)S = \Delta pS = \Delta m \cdot l\omega^2 = \rho S\Delta l \cdot l\omega^2$$

即有

$$\Delta p = \rho\omega^2 l\Delta l$$

画出$\dfrac{\Delta p}{\Delta l}$-$l$关系图，如图3所示。

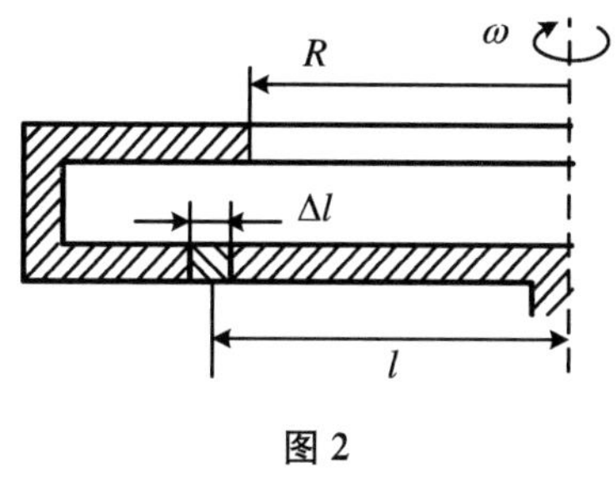

图 2

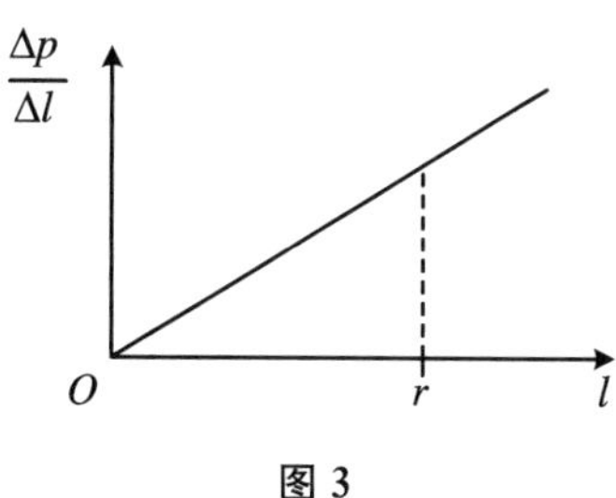

图 3

所以水平方向上距轴线为 r 的位置附加压强

$$\Delta p = \int_0^r \rho\omega^2 l\mathrm{d}l = \frac{1}{2}\rho\omega^2 r^2$$

在此基础上可以分析得到，在水平方向上附加压强的影响下，玻璃管中气体压强变为

$$p = p_0 + \frac{1}{2}\rho\omega^2\left(\frac{R}{n}\right)^2$$

结合条件，联立以上各式，得到

$$\omega = \frac{n}{R}\sqrt{\frac{2p_0(n-1)}{\rho}}$$

问题 10－3　单调过程

将1 mol理想气体从已知压强 p_1 和已知体积 V_1 的状态转换成压强 $p_2=0.75p_1$ 和体积 $V_2>V_1$ 的状态。过程中 p 与 V 的关系图像是线性函数（如图1所示）。

为了使得整个过程中气体的温度是单调变化的，求末态的体积 V_2 的取值范围。

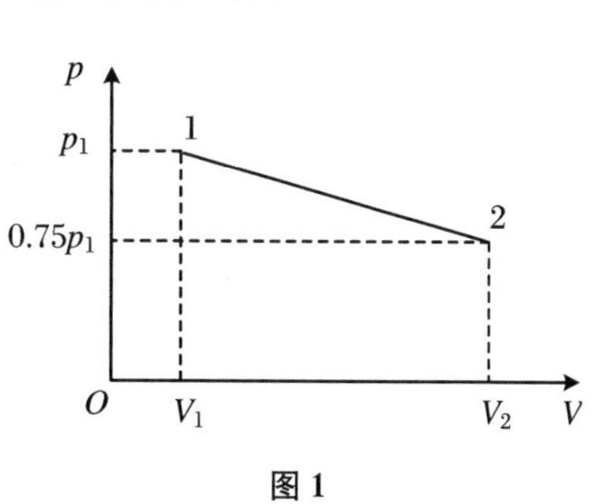

图 1

解　从 p-V 图中不难得到

$$p = -\frac{p_1}{4(V_2 - V_1)}(V - V_1) + p_1$$

考虑到

$$pV = nRT$$

得到

$$T = \frac{p_1 V}{nR}\left[-\frac{V - V_1}{4(V_2 - V_1)} + 1\right]$$

上述表达式为 T 关于 V 的二次函数，作出函数图像如图2所示。

若 T 单调递增，则

$$0 < V_1 < V_2 \leqslant \frac{4V_2 - 3V_1}{2}$$

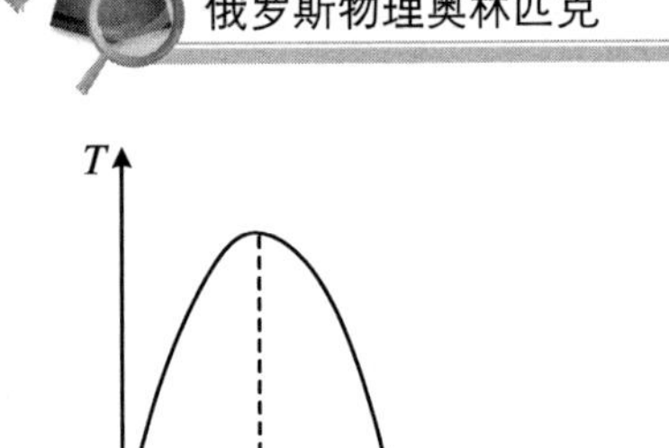

图 2

解得

$$V_2 \geqslant \frac{3V_1}{2}$$

若 T 单调递减，则

$$\frac{4V_2-3V_1}{2} \leqslant V_1 < V_2 < 4V_2-3V_1$$

解得

$$V_1 < V_2 \leqslant \frac{5V_1}{4}$$

问题 10－4　三个带电粒子的远离

三个粒子带电量相等，一开始的时候位于一个边长分别为 R_1,R_2,R_3 的三角形的三个顶点处（如图 1 所示）。同时释放这三个粒子，它们远离彼此，使得两两之间的连线保持和一开始的时候平行。在忽略重力的情况下，求三个粒子的质量之比 $m_1:m_2:m_3$。

解　如图 2 所示，分析 m_1,m_2 的运动，根据题意，两者连线始终平行，故 m_1,m_2 在垂直两者连线上的位移始终相同，进一步分析得到 $a_{1\perp}=a_{2\perp}$，受力分析可知

$$a_{1\perp} = \frac{kq^2}{m_1R_2^2}\sin\alpha_1$$

$$a_{2\perp} = \frac{kq^2}{m_2R_1^2}\sin\alpha_2$$

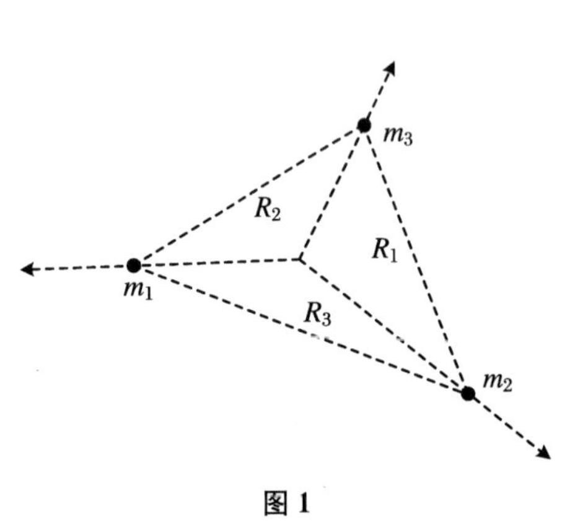

图 1

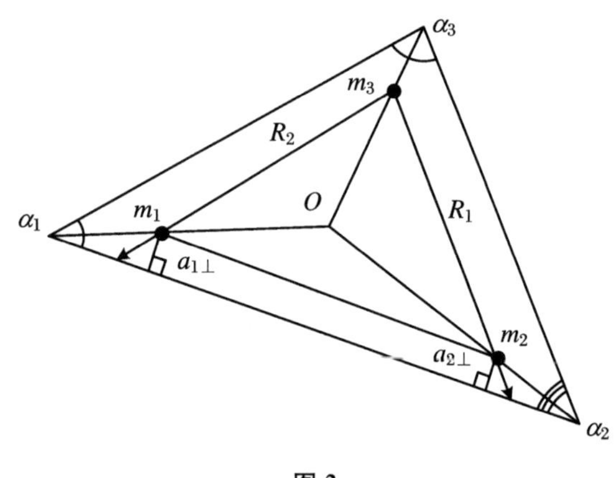

图 2

由几何关系可知

$$\frac{R_1}{\sin\alpha_1} = \frac{R_2}{\sin\alpha_2}$$

联立解得

$$\frac{m_1}{m_2} = \frac{R_1^3}{R_2^3}$$

同理得到

$$\frac{m_2}{m_3} = \frac{R_2^3}{R_3^3}$$

故

$$m_1 : m_2 : m_3 = R_1^3 : R_2^3 : R_3^3$$

问题 10－5　非线性元件

如图 1 所示，电路中的定值电阻的阻值均为 $R=1\ \Omega$，X 为伏安特性未知的非线性元件，还有理想电流表和可变电源。图 2 为电流表的示数与电源电压的关系图像，其中图 1 中的电流的方向为正方向。请对该非线性元件的伏安特性进行还原（即画出其电流与电压的关系图像）。

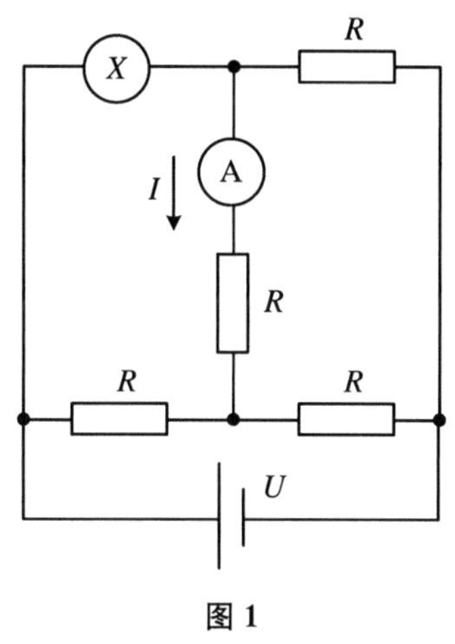

图 1

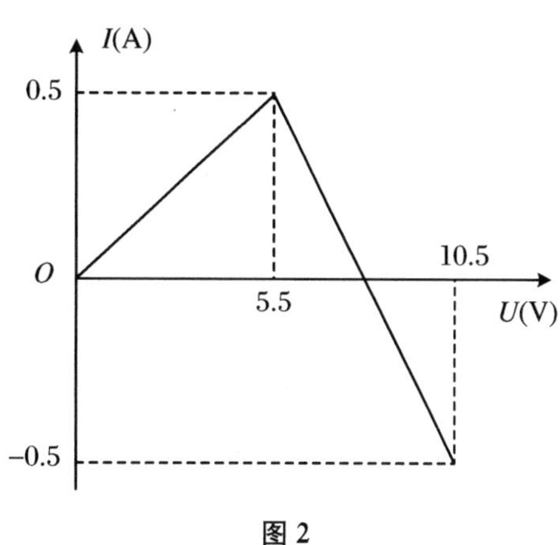

图 2

解　无论非线性元件的阻值为多少，在任意电源电压下，回路均满足基尔霍夫定律如下（见图 3）：

$$U = I_1 r + (I_1 - I)R \qquad ①$$

$$U = I_2 R + (I_2 + I)R \qquad ②$$

$$I_1 r + IR = I_2 R \qquad ③$$

其中 r 为非线性元件阻值，$R=1\ \Omega$，联立解得

$$I = \left(\frac{1-r}{5r+3}\right)U \qquad ④$$

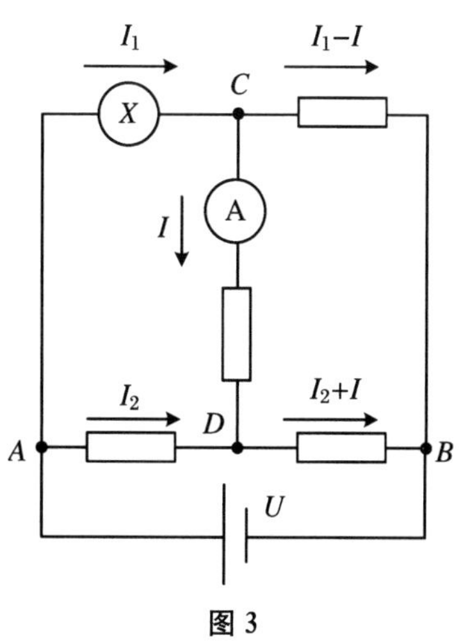

图 3

结合图像可知：

当 $0 \leqslant U \leqslant 5.5\ \mathrm{V}$ 时，$I = \frac{1}{11}U$。

对比④式可知

$$\frac{1-r}{5r+3} = \frac{1}{11}$$

解得

$$r = 0.5\ \Omega$$

故伏安特性曲线为直线，当 $U=5.5\ \mathrm{V}$ 时，由①～③联立解得非线性元件两端电压

$$U_X = \frac{4r}{5r+3}U = 2\ \text{V}$$

此时 $I_X = 4$ A。

当 5.5 V$\leqslant U \leqslant$10.5 V 时，

$$I = -\frac{1}{5}U + \frac{8}{5} \tag{⑤}$$

由④式整理得到

$$I = -\frac{1}{5}U + \frac{8U}{25r+15} \tag{⑥}$$

对比⑤⑥两式，得到

$$\frac{8U}{25r+15} = \frac{8}{5}$$

解得

$$U = 5r + 3$$

又因为非线性元件两端电压

$$U_X = \frac{4r}{5r+3}U$$

解得

$$U_X = 4r$$

故

$$\frac{U_X}{r} = I_X = 4\ \text{A}$$

故流经非线性元件的电流不随电压变化而变化，进一步分析可知当 $U = 10.5$ V 时，$U_X = 6$ V。

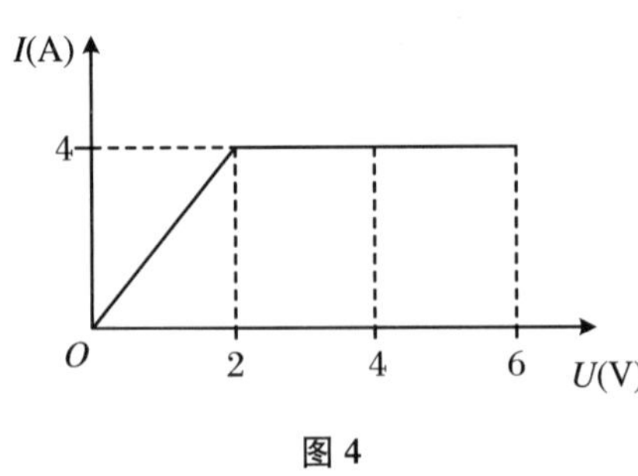

图 4

综上所述，得到非线性元件的伏安特性曲线如图 4 所示。

十一年级

问题 11 - 1　一袋面粉

将一袋面粉放在弹簧台秤的秤盘上方 $h = 4$ cm 的高度处，使其无初速下落。秤盘上下振动过程中，台秤读数的最大值是 $m_1 = 6$ kg。经过足够长时间振动停止后，台秤读数为 $m_2 = 2$ kg。弹簧的劲度系数为 $k = 1.5$ kN/m。求秤盘的质量 M。

设面粉和台秤碰撞是完全非弹性的。重力加速度取 $g = 10\ \text{m/s}^2$。

解　面粉在碰到秤盘之前做自由落体运动，有

$$v^2 = 2gh$$

面粉碰撞秤盘瞬间，动量守恒，则

$$mv = (m+M)v_1$$

其中 m 为面粉质量。设面粉落到秤盘前弹簧压缩量为 x_1，根据胡克定律，有

$$x_1 = \frac{Mg}{k}$$

系统运动到最低位置时台秤读数最大，设弹簧压缩量为 x_2，则有

$$x_2 = \frac{Mg}{k} + \frac{m_1 g}{k}$$

由面粉碰撞秤盘后运动过程中系统机械能守恒，可得

$$\frac{1}{2}(m + M)v_1^2 + (m + M)g(x_2 - x_1) = \frac{1}{2}kx_2^2 - \frac{1}{2}kx_1^2$$

结合题意，得

$$m = m_2 = 2\ \text{kg}$$

代入数据解得

$$M = 2\ \text{kg}$$

请问：运动过程中弹簧秤示数是不是就是物体对弹簧秤的压力？

问题 11－2　磁力

如图所示，两条平行的水平铁轨之间的距离为 l，两根金属棒 ab 和 cd 可以在铁轨上无摩擦地滑动，质量均为 m，电阻均为 R。磁感应强度为 B 的匀强磁场和两条铁轨所在平面垂直。一开始两根棒的距离为 h，且与铁轨垂直。起初 cd 不动，而 ab 以 v_0 的速度沿着和铁轨垂直的方向做远离 cd 的运动。在经过足够长的时间之后，求：

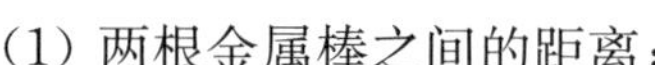

(1) 两根金属棒之间的距离；

(2) 系统放出的总热量。

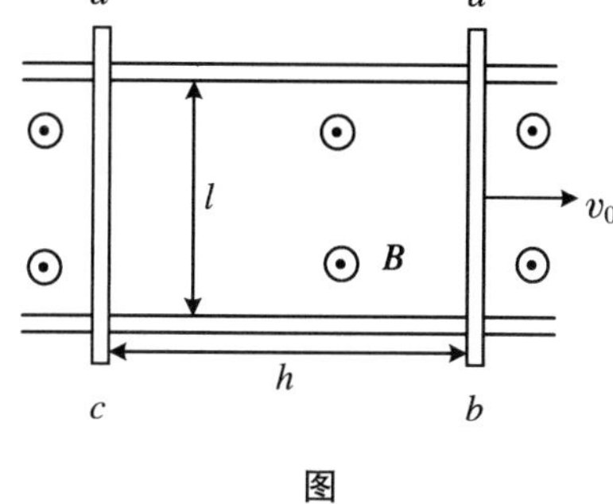

图

解　(1) 由于两金属棒构成的系统合外力为 0，故系统动量守恒，分析可知稳定后，两棒速度相同：

$$mv_0 = 2mv$$

$$v = \frac{v_0}{2}$$

分析 cd 棒，由动量定理，有

$$\int BIl\,\mathrm{d}t = BIq = m\frac{v_0}{2} \qquad ①$$

又因为

$$q = \int I\mathrm{d}t = \int \frac{E}{2R}\mathrm{d}t = \int \frac{\frac{\mathrm{d}\Phi}{\mathrm{d}t}}{2R}\mathrm{d}t = \frac{\Delta\Phi}{2R} = \frac{Bl\Delta x}{2R} \qquad ②$$

联立①②得

$$\Delta x = \frac{mv_0 R}{B^2 l^2}$$

故两金属棒间距

$$x = h + \Delta x = h + \frac{mv_0R}{B^2l^2}$$

(2) 由能量守恒,得

$$Q = \frac{1}{2}mv_0^2 - \frac{1}{2}\cdot 2m\left(\frac{v_0}{2}\right)^2 = \frac{1}{4}mv_0^2$$

问题 11-3　电场中的双极子

双极子由两个点电荷 $+q$ 和 $-q$ 组成,它们之间的距离固定为 l,总质量为 m。双极子朝着 x 轴的方向、以速度 v_0 进入宽度为 $2L \gg l$ 的区域(如图 1 所示)。在该区域内,电场强度 $\boldsymbol{E}$ 处处都是沿着 x 轴的正方向,其大小为 $E(x) = E_0(1 - x^2/L^2)$。求双极子所受的合力与其重心横坐标的关系式、其速度的最大值以及经过 $2L$ 距离所需的时间。双极子在空间中的方向始终不变。

注:这样的电场可以用具有指定的空间电荷分布的平行板电容器来实现。

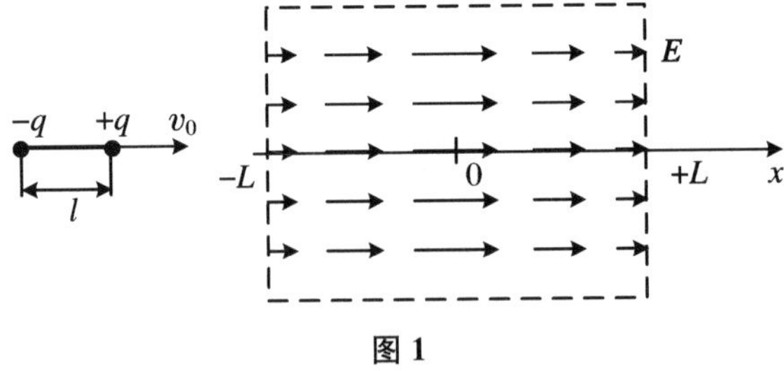

图 1

解　由题意得

$$F = E\left(x + \frac{l}{2}\right)q - E\left(x - \frac{l}{2}\right)q$$

解得

$$F = -\frac{2lqE_0}{L^2}x = -kx$$

故为简谐运动的一部分,且有

$$\omega = \sqrt{\frac{k}{m}} = \frac{1}{L}\sqrt{\frac{2lqE_0}{m}}$$

由简谐运动的规律可知

$$x = A\cos(\omega t + \varphi)$$

$$v = \frac{\mathrm{d}x}{\mathrm{d}t} = -A\omega\sin(\omega t + \varphi)$$

结合初始条件,当 $t = 0$ 时,$x = -L$,$v = v_0$,得到

$$\tan\varphi = -\frac{v_0}{\omega L},\quad \varphi = \arctan\frac{v_0}{\omega L} + \pi,\quad A = \sqrt{L^2 + \frac{v_0^2}{\omega^2}}$$

故

$$v_{\max} = A\omega = \omega\sqrt{L^2 + \frac{v_0^2}{\omega^2}} = \sqrt{v_0^2 + \frac{2lqE_0}{m}}$$

利用简谐运动中的旋转矢量法分析运动时间如图 2 所示。则有

$$\omega t = \pi - 2\arctan\frac{v_0}{L\omega}$$

解得

$$t = \frac{\pi - 2\arctan\frac{v_0}{L\omega}}{\omega}$$

其中

$$\omega = \frac{1}{L}\sqrt{\frac{2lqE_0}{m}}$$

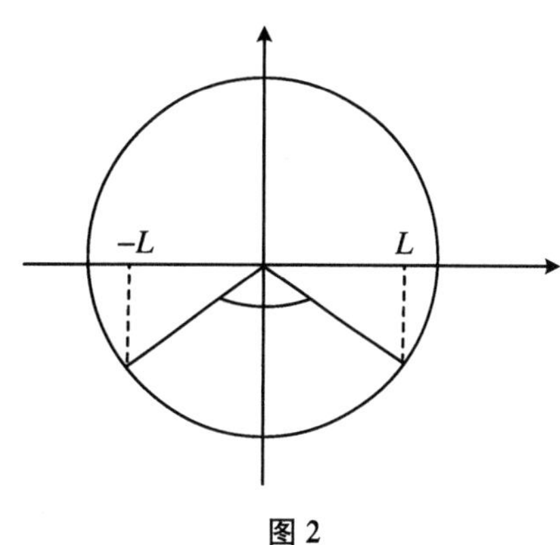

图 2

问题 11 - 4　线性过程

将 1 mol 多原子理想气体从温度 $t_B = 217$ ℃的状态 B 转换成状态 D，且压强和体积的关系是线性的。气体的温度单调递减，需要从外界提供热量（如图 1 所示）。

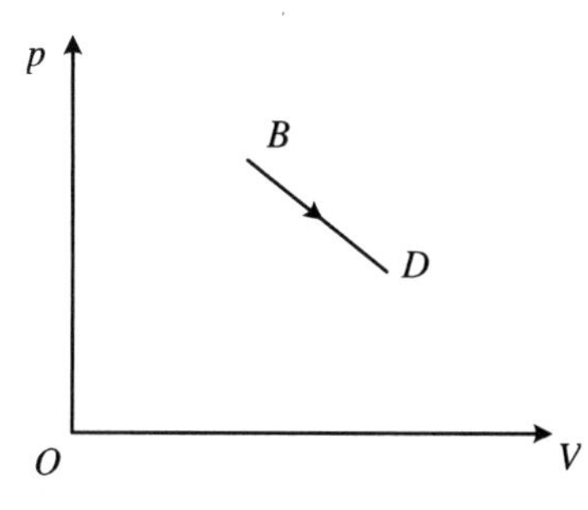

图 1

为了能使气体进行这个过程，求所需要做功的最大值 W_{max}。

解　（法 1）题目条件等价于温度递减，且$\frac{dQ}{dT}<0$，在此基础上进行分析。令

$$p = -kV + b \quad ①$$

又因为

$$p = -k(V - V_B) + p_B$$

对比可知

$$b = kV_B + p_B$$

由热力学第一定律可知

$$dQ = dU + pdV \quad ②$$

$$dU = nC_V dT \quad ③$$

其中 $C_V = 3R$。考虑到 $pV = nRT$，两边取微分得到

$$pdV + Vdp = nRdT \quad ④$$

①式两边取微分，得到

$$dp = -kdV \quad ⑤$$

由②～⑤得到

$$dQ = \left(\frac{-7kV + 4b}{-2kV + b}\right)dT$$

由题意可知

$$\frac{dQ}{dT} = \frac{-7kV + 4b}{-2kV + b} < 0$$

解得

$$\frac{b}{2k} < V < \frac{4b}{7k}$$

同时需满足温度递减，即 $T = \frac{pV}{nR} = \frac{V}{nR}(-kV + b)$递减，解得

$$\frac{b}{2k} \leqslant V < \frac{b}{k}$$

综合上述分析，V_B 应满足$\frac{b}{2k} < V_B < \frac{4b}{7k}$，进一步解得

$$\frac{p_B}{V_B} < k < \frac{4p_B}{3V_B}$$

相应气体做功

$$W = \int_{V_B}^{\frac{4b}{7k}} p\mathrm{d}V = -\frac{9kV_B^2}{98} + \frac{20p_B^2}{49k} - \frac{9p_BV_B}{49} \quad ⑥$$

由此可知，k 越大，做功越少，做功最大值在 $k \to \frac{p_B}{V_B}$时取到。

将 $k = \frac{p_B}{V_B}$代入⑥中，解得

$$W_{\max} = \frac{13p_BV_B}{98}$$

考虑到 $p_BV_B = nRT_B$，故

$$W_{\max} = \frac{13nRT_B}{98} = 540.2\,\mathrm{J}$$

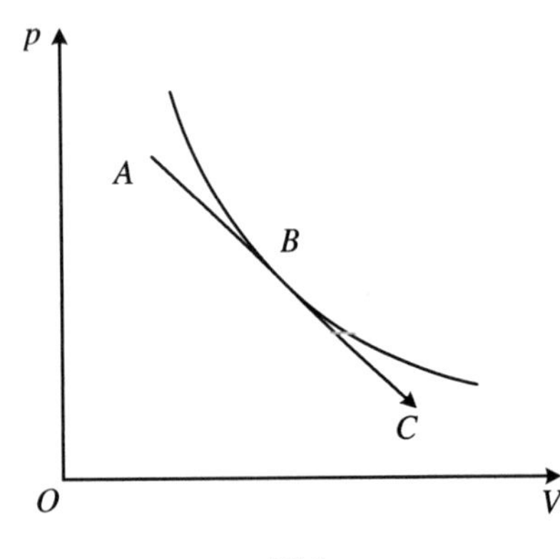

图 2

（法 2）首先证明一个引理：如图 2 所示，AC 过程压强是随体积线性变化的，AC 直线与该气体的某条绝热线相切于 B 点，则 AB 为吸热过程，BC 为放热过程。证明如下：

考虑 AC 过程中任意一个元过程，由热力学第一定律，有

$$\mathrm{d}Q = \mathrm{d}U + p\mathrm{d}V$$

其中

$$\mathrm{d}U = n \cdot 3R\mathrm{d}T = 3\mathrm{d}(pV)$$

整理得到

$$\frac{\mathrm{d}Q}{\mathrm{d}V} = 3V\left(\frac{4p}{3V} + \frac{\mathrm{d}p}{\mathrm{d}V}\right) \quad ①$$

进一步考虑到，对于绝热过程有 $pV^{\gamma} = C$，其中 $\gamma = 4/3$，可得

$$\left(\frac{\mathrm{d}p}{\mathrm{d}V}\right)_{绝热} = -\frac{4p}{3V} \quad ②$$

由①②得到

$$\frac{\mathrm{d}Q}{\mathrm{d}V} = 3V\left[\frac{\mathrm{d}p}{\mathrm{d}V} - \left(\frac{\mathrm{d}p}{\mathrm{d}V}\right)_{绝热}\right]$$

在此基础上得到

a. 当$\dfrac{\mathrm{d}p}{\mathrm{d}V}>\left(\dfrac{\mathrm{d}p}{\mathrm{d}V}\right)_{绝热}$时，$\dfrac{\mathrm{d}Q}{\mathrm{d}V}>0$，即为吸热过程；

b. 当$\dfrac{\mathrm{d}p}{\mathrm{d}V}<\left(\dfrac{\mathrm{d}p}{\mathrm{d}V}\right)_{绝热}$时，$\dfrac{\mathrm{d}Q}{\mathrm{d}V}<0$，即为放热过程；

c. 当$\dfrac{\mathrm{d}p}{\mathrm{d}V}=\left(\dfrac{\mathrm{d}p}{\mathrm{d}V}\right)_{绝热}$时，$\dfrac{\mathrm{d}Q}{\mathrm{d}V}=0$，即为绝热过程。

在上述引理的基础上分析，如图 3 所示，过程 BD_1，BD_2，BD_3 分别与该气体不同的绝热线相切于 D_1，D_2，D_3，从图中可知，要使得对外做功越大，则 BD 的倾斜程度应越小，与此同时需满足气体温度递减，令 BD 所在直线方程为 $p=-kV+b$，由法 1 可知

$$\frac{b}{2k}\leqslant V<\frac{b}{k}$$

注意到 b/k 为直线在横轴上的截距 V_0。

综合上述分析，满足题意的过程如图 4 所示，又由引理知绝热线上某点斜率

$$\left(\frac{\mathrm{d}p}{\mathrm{d}V}\right)_{绝热}=-\frac{4p}{3V}$$

对于 D 点，有

$$\left(\frac{\mathrm{d}p}{\mathrm{d}V}\right)_{绝热}=-\frac{4p_D}{3V_D}=\frac{0-p_D}{V_0-V_D}$$

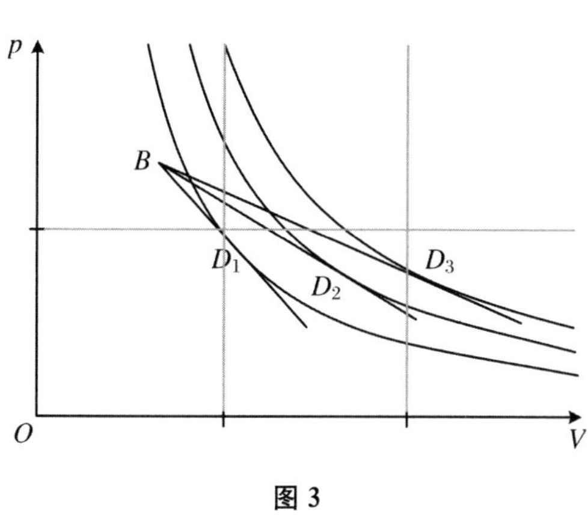

图 3

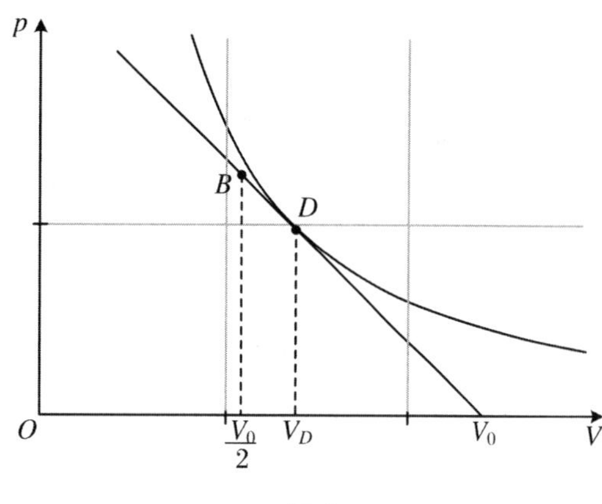

图 4

解得

$$V_D=\frac{4}{7}V_0=\frac{8}{7}V_B$$

进一步由几何关系可以解得 D 点压强

$$p_D=\frac{6}{7}p_B$$

综上所述：

$$W_{\max}=\frac{1}{2}(p_B+p_D)(V_D-V_B)=\frac{1}{2}\left(p_B+\frac{6}{7}p_B\right)\left(\frac{8}{7}V_B-V_B\right)$$

$$= \frac{13}{98}p_B V_B = \frac{13}{98}nRT_B = 540.2\ \mathrm{J}$$

问题 11－5　围成一圈的透镜

在斯涅尔的档案中发现了这么一篇手稿，里面提到，光线经过由 N 面相同的透镜组成的系统折射后形成的光路是什么样的。这些透镜的光心位于一个圆周上，它们所在的平面都和圆周所在平面垂直并经过圆心。随着时间的流逝，墨水褪色，图中只能模糊地看到其中两面相邻的透镜所在的平面和其中一面的一个焦点（如图 1 所示）。从文字中可以得知，光线经过这些透镜中的每一面折射后，形成一个正 N 边形的边。透镜的形状和直径 D 如图 2 所示。

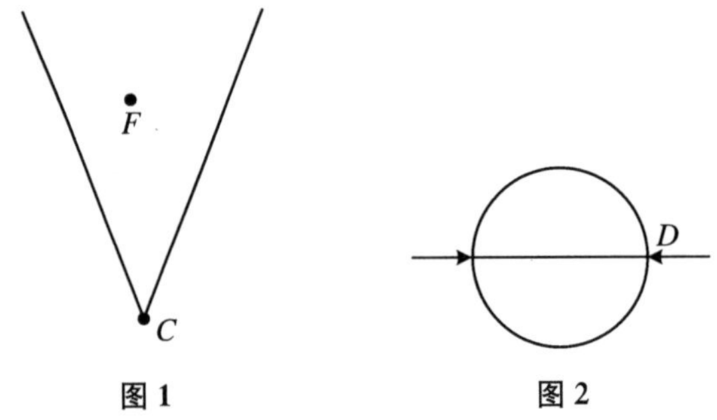

图 1　　　　图 2

透镜是凸透镜还是凹透镜？

请用尺规作图（圆规和没有刻度的直尺）来恢复：

(1) 两面透镜的位置（图中表示了它们所在的平面）；

(2) 连续四面透镜的光心的可能位置；

(3) 光线沿着这四面透镜所形成的光路的可能位置。

请说明你的理由。

解　根据题意，经过透镜后的出射光线与入射光线关于透镜所在平面对称。

若为凸透镜，由成像公式

$$\frac{1}{u} + \frac{1}{v} = \frac{1}{f}$$

再根据对称性得 $u = v$，联立得到

$$u = v = 2f$$

作出光路图如图 3 所示。

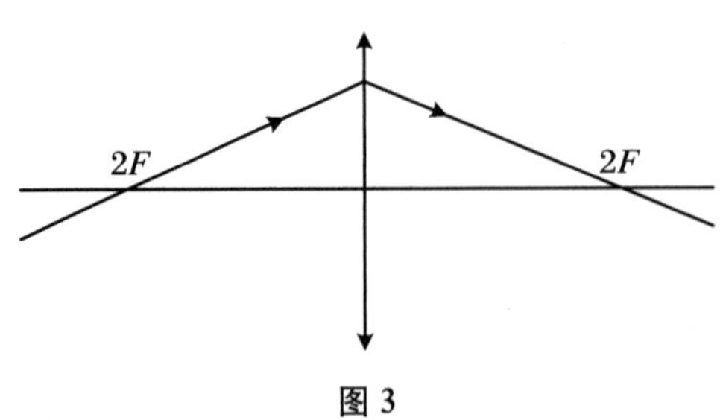

图 3

从上述光路可以得到,图中 F 应为左侧凸透镜的焦点,若为右侧透镜的焦点,则两倍焦距处将超出 V 字形区域,无法作出上述光路,进一步可以确定光心及透镜位置。

若为凹透镜,同理由成像公式

$$\frac{1}{u}+\frac{1}{v}=-\frac{1}{f}$$

再根据对称性得 $u=v$,联立得到

$$u=v=-2f$$

则物像均为虚像,作出光路图如图 4 所示。

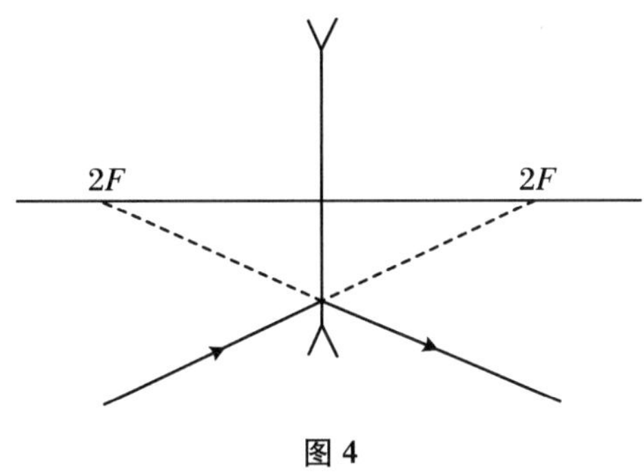

图 4

同理,图中 F 应为左侧凸透镜的焦点,进一步可以确定光心及透镜位置,与凹透镜光心及所处位置均相同。

综合上述分析,光路中凸透镜、凹透镜均可,且光心及所在位置均相同,在此基础上作出题目要求图像如图 5 所示。

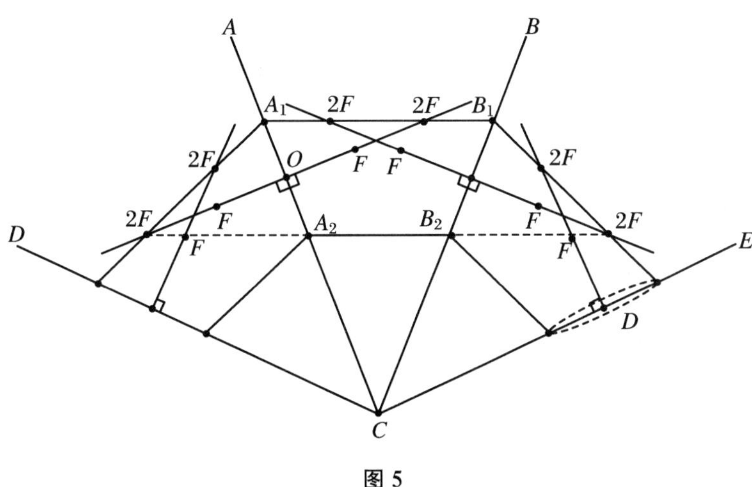

图 5

2013 年全俄物理奥林匹克决赛(理论部分)

九年级

问题 9 - 1　相对运动

两个粒子从同一点出发沿互相垂直的方向运动,如图 1 所示。第一个粒子的初速度为 $3v$,加速度恒为 $3a$,方向与初速度方向相同;第二个粒子的初速度为 $4v$,加速度为 $4a$,方向与初速度方向相反。数值上,$a=0.538\ \mathrm{m/s^2}$,$v=10\ \mathrm{m/s}$。当它们的相对速度的大小和一开始相等时,它们之间的距离 L 等于多少?它们的相对速度的最小值 v_0 等于多少?

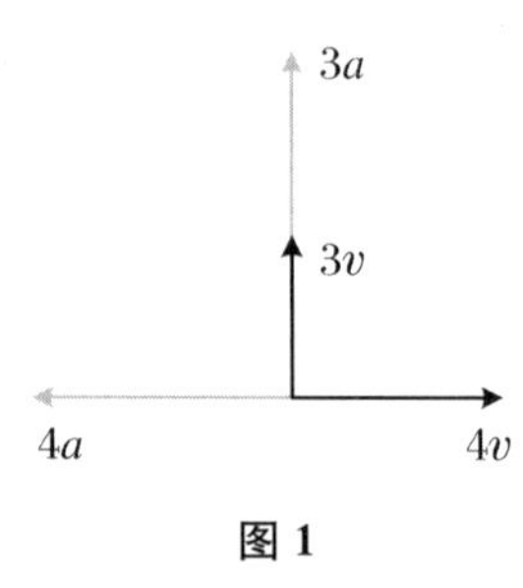

图 1

解　以第一个粒子为参考系,则第二个粒子的相对速度为 $5v$,相对加速度为 $5a$,且两方向之间的夹角为 2α,其中 α 满足 $\sin\alpha=4/5$。

如图 2 所示,在第一个粒子的参考系下,第二个粒子做类斜抛运动,其相对速度大小与开始时相等,则必有运动时间

$$t=\frac{2\times 5v\sin(2\alpha-90^\circ)}{5a}$$

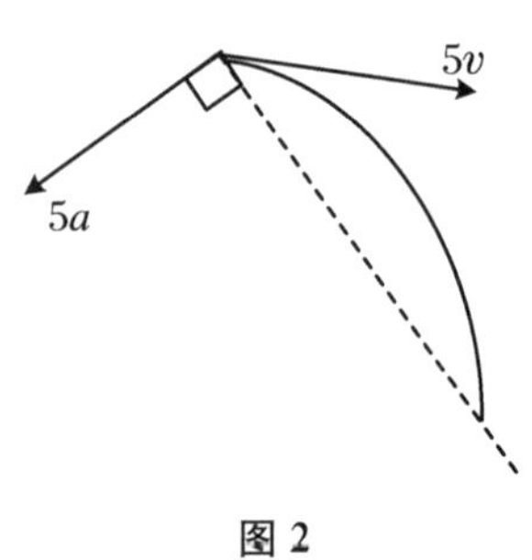

图 2

两者距离

$$L=5v\cos(2\alpha-90^\circ)\cdot t$$

联立可得

$$L=500\ \mathrm{m}$$

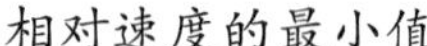

相对速度的最小值

$$v_0=5v\cos(2\alpha-90^\circ)=48\ \mathrm{m/s}$$

问题 9 - 2　管中的物体

在不导热的圆柱管中放置有两个轻质可导热的活塞,距离为 $L_1=80\ \mathrm{cm}$。它们之间的空间装有水,外侧受到大气压的作用,如图所示。左活塞的左侧有冷凝器,保持温度 $t_1=-40\ ℃$;右活塞的右侧有加热器,保持温度 $t_2=16\ ℃$。经过一段时间,系统达到稳定状态,两个活塞之间的距离变为 L_2。之后,将活塞与外界进行热隔离,并等待管中达到热平衡。此时,活塞之间的距离变为 L_3。求 L_2 和 L_3的值。冰的密度 $\rho_冰=900\ \mathrm{kg/m^3}$,水的密度 $\rho_水=1000\ \mathrm{kg/m^3}$,水的比热 $c_水=4200\ \mathrm{J/(kg\cdot ℃)}$,冰的比热 $c_冰=2100\ \mathrm{J/(kg\cdot ℃)}$,冰的熔解热 $\lambda=330\ \mathrm{kJ/kg}$,冰的热传导系数是水的 4 倍。

提示：考虑流过圆柱管的热流容量 P。如果两端保持一定温差 Δt，可以用 $P=kS\Delta t/L$ 来计算，其中 k 为介质的热传导系数，S 为圆柱的底面积，L 为这段圆柱的长度。

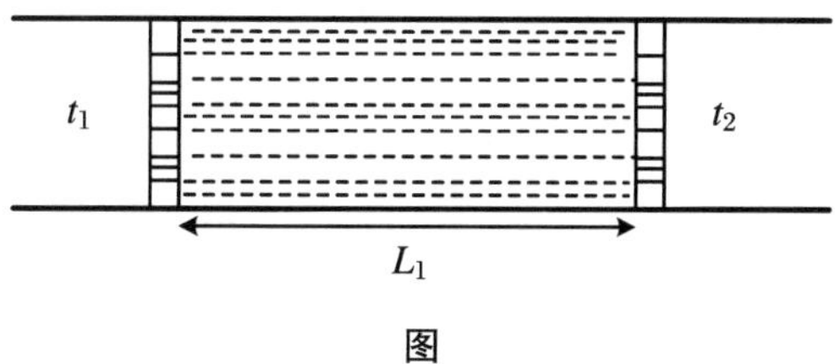

图

解　设第一次稳定时冰的长度为 x，水的长度为 y，则

$$x+y=L_2$$

在冰与水的分界处，$t=0$ ℃，则有

$$\frac{k_{冰}S\cdot 40}{x}=\frac{k_{水}S\cdot 16}{y}$$

再由总质量守恒，得

$$\rho_{冰}Sx+\rho_{水}Sy=\rho_{水}SL_1$$

即

$$0.9x+y=L_1$$

联立解得

$$x=L_1$$

$$y=0.1L_1$$

$$L_2=x+y=\frac{11}{10}L_1$$

得到

$$L_2=88\ \text{cm}$$

第一次稳定后，冰的平均温度为 -20 ℃，水的平均温度为 8 ℃。这些冰的温度升高到 0 ℃需吸热

$$Q_1=c_{冰}\rho_{冰}Sx\cdot 40$$

水结成 0 ℃的冰可放热

$$Q_2=c_{水}\rho_{水}Sy\cdot 8+\lambda c_{水}\rho_{水}Sy$$

因为 $Q_1>Q_2$，所以这些水会全部结成冰，则

$$\rho_{水}L_1S=\rho_{冰}L_3S$$

解得

$$L_3=\frac{10}{9}L_1=\frac{800}{9}\ \text{cm}$$

问题 9-3　环上的珠子

质量为 M 的细丝环立在水平面上①，如图 1 所示。上面有两个质量均为 m 的珠子，可

① 译者注：这本来是不稳定平衡，但本题的本意不考虑这个，请尽量理解。

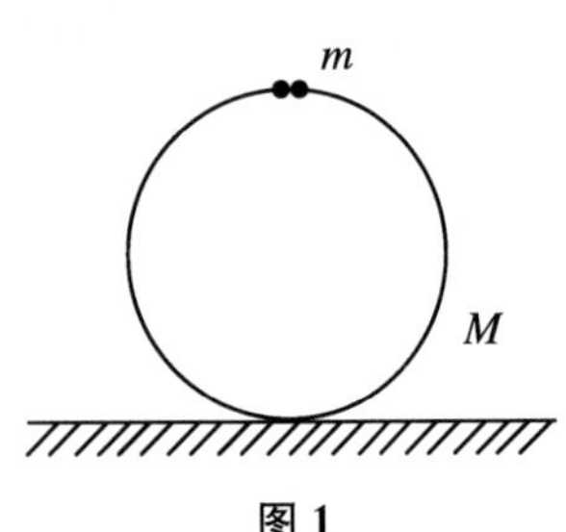

图 1

以沿环无摩擦地滑动。一开始，珠子接近环的顶端。同时释放它们，使得它们开始对称地移动。它们的质量之比 m/M 是多少的时候，环会从平面上“跳起来”？

解 如图 2 所示，设两珠子某时刻与圆心连线和竖直方向的夹角为 θ，环半径为 R，则由机械能守恒，有

$$mgR(1-\cos\theta)=\frac{1}{2}mv^2$$

设此时环对珠子指向圆心的弹力为 N，则由牛顿第二定律，有

$$N+mg\cos\theta=\frac{mv^2}{R}$$

联立得

$$N=2mg-3mg\cos\theta$$

则当两珠子对环的弹力 $N'=N$ 的竖直向上的分力之和大于环的重力 Mg 时（见图 3），环对地面压力将为零，即

$$2(2mg-3mg\cos\theta)\cos\theta>Mg$$

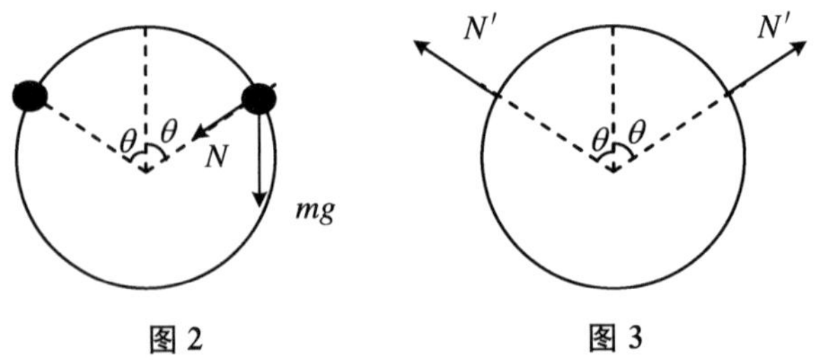

图 2　　图 3

整理得

$$6mg\cos^2\theta-4mg\cos\theta+Mg<0$$

当 $(4mg)^2-4\times6mg\times Mg>0$ 时不等式有解，可得

$$\frac{m}{M}>1.5$$

说明：理论上还要满足方程的解在 $-1\sim1$ 之间，以下进行讨论。

解得

$$\cos\theta=\frac{4mg\pm\sqrt{(4mg)^2-4\times6mg\times Mg}}{12mg}$$

考虑到

$$4mg>\sqrt{(4mg)^2-4\times6mg\times Mg}>0$$

故 $\frac{2}{3}>\cos\theta>0$，符合要求。

问题 9-4　激光线中的冰

为了学习冰的性质，在实验室中用滑轮和细绳将四块质量不同的冰连起来，并浸入装有

水的玻璃杯中。系统处于平衡状态,最轻的冰悬在空气中,三块较重的冰则各有部分浸入水中,如图所示。

实验过程中,往悬在空气中的冰上照射激光,使其开始融化,水滴入玻璃杯中。当冰块吸收了 $Q=825$ J 的热量后,玻璃杯中的水面变化了 $\Delta h_1=1$ cm。当这块冰完全融化后,水面和一开始相比变化了 $\Delta h_2=3$ cm。

(1) 玻璃杯中的水面是升高了还是降低了?

(2) 求玻璃杯的底面积。

(3) 吊着质量为 $6m$ 的冰的那段绳的张力在什么范围内变化?

假设在质量为 m 的冰融化的整个过程中,都吊在绳子上,没有接触水面。不计滑轮和细绳的质量。一开始以及实验的过程中,冰和水的温度都等于室温 $t_{室}=0$ ℃。重力加速度 $g=10\ \mathrm{m/s^2}$。

已知:$\rho_{冰}=900\ \mathrm{kg/m^3}$,$\rho_{水}=1000\ \mathrm{kg/m^3}$,冰的融化热为 330 kJ/kg。

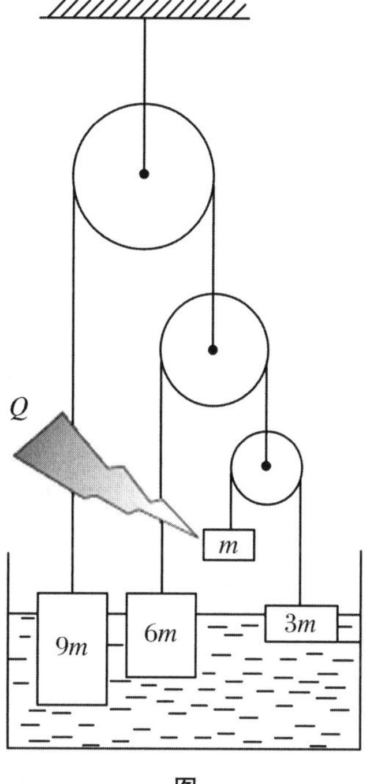

图

解 (1) 设与天花板连接的绳子的拉力为 T,此时有 $T=8mg$,对所有冰块与滑轮、绳子组成的整体,有

$$T+F_{浮}=(m+3m+6m+9m)g$$

得到

$$F_{浮}=11mg$$

当冰块融化后,设融化的冰的质量为 Δm,则 T 变为 $8mg-8\Delta mg$,系统总重力变为 $19mg-\Delta mg$,则 $F_{浮}$ 变为 $11mg+7\Delta mg$,故浮力变大,冰块排开的液体体积变大,加之质量为 Δm 的冰融化为水,因此液面上升。

(2) 融化的冰的质量

$$\Delta m=\frac{Q}{\lambda}=\frac{825}{330\times 10^3}\ \mathrm{kg}=2.5\times 10^{-3}\ \mathrm{kg}$$

$$\Delta T=8\Delta mg=0.2\ \mathrm{N}$$

$$\Delta F_{浮}=\Delta T=0.2\ \mathrm{N}$$

由上一问分析知,浮力增大 $7\Delta mg$,融化为水的冰重 Δmg。故液面升高是由上述两部分效应综合而来的,其中

$$\Delta F_{浮}=7\Delta mg=\rho_{水}gsh$$

$$\Delta mg=\rho_{水}gsh'$$

$$\Delta h_1=h+h'$$

综合得到

$$s=20\ \mathrm{cm^2}$$

(3) 质量为 m 的冰全部融化时,有

$$\Delta T=8mg$$

$$mg + \Delta F_{浮} = 8mg = \rho_{水}gs\Delta h_2$$

此时连接 $6m$ 的冰块的绳子拉力为 0。连接 $6m$ 的冰块的绳子最大拉力为

$$T' = 2mg = \frac{1}{4}\rho_{水}gs \cdot \Delta h_2 = 0.15\ \mathrm{N}$$

因此,该绳子拉力的变化范围为 0～0.15 N。

问题 9-5　滑动变阻器

实验员格鲁克用图 1 中的电路做实验。电路中电源电压 U_0 未知,电阻 $R_3 = 1\ \mathrm{M\Omega}$,电阻 R_1 和 R_2 未知,两个电流表均为理想电流表,滑动变阻器 XZ 的横截面积一定,与滑片 Y 相连。滑动变阻器 XZ 的长度 $L = 1\ \mathrm{m}$,阻值 $r = 1\ \mathrm{k\Omega}$。通过滑动滑片 Y,格鲁克画出了电流表 A_1 的示数与滑动变阻器的 XY 段的长度关系图,如图 2 所示。

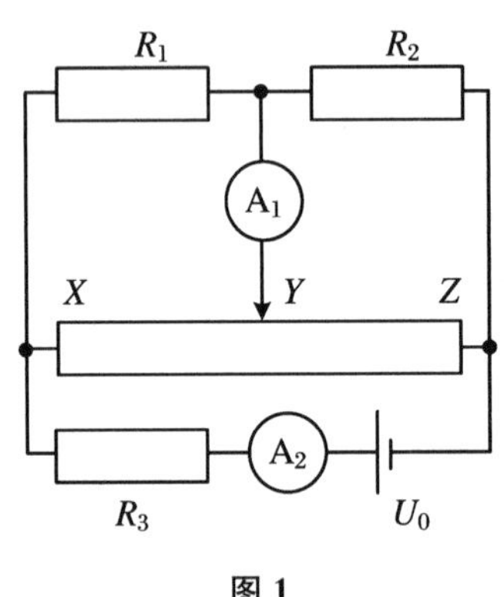

图 1

图 2

(1) 求 $R_1 : R_2$。

(2) 求出电流表 A_2 的示数与滑动变阻器的 XY 段的长度的大致关系(需 0.1% 的精确度)。

(3) 求 R_1 和 R_2 的阻值,以及电源电压 U_0。

解　(1) 电路图为惠斯通电桥,由电流图像可知,当 XY 长度为 0.2 m 时,$I_1 = 0$,此时有

$$\frac{R_1}{R_2} = \frac{R_{XY}}{R_{YZ}} = \frac{l_{XY}}{l_{YZ}} = \frac{0.2}{0.8} = \frac{1}{4}$$

(2) 可将电路中复杂连接部分视作左、右两并联部分串联,令左、右两并联部分阻值分别为 r_1 和 r_2,结合电阻串并联性质可知

$$r_1 + r_2 < r = 1\ \mathrm{k\Omega}$$

故

$$r_1 + r_2 \ll R_3 = 1\ \mathrm{M\Omega}$$

在此基础上

$$I_2 = \frac{U_0}{R_3 + r_1 + r_2} \approx \frac{U_0}{R_3}\left(1 - \frac{r_1 + r_2}{R_3}\right) \approx \frac{U_0}{R_3}$$

考虑到 $\frac{r_1 + r_2}{R_3} < \frac{1\ \mathrm{k\Omega}}{1\ \mathrm{M\Omega}} = 0.1\%$,故可认为 I_2 为定值且误差在 0.1% 以内。

令滑动变阻器滑片在左、右两个端点时，流过电流表 A_1 的电流分别为 I 以及 I'，考虑到串并联规律：

滑片在左端点时，

$$\frac{I}{I_2 - I} = \frac{r}{R_2}$$

滑片在右端点时，

$$\frac{I'}{I_2 - I'} = \frac{r}{R_1}$$

又由上一问知

$$R_2 = 4R_1$$

代入数据解得

$$I_2 \approx 3.6\ \mu\text{A}$$

(3) 当滑片 Y 在最左端时，在上一问的结论上，对整个电路有

$$\left(\frac{IR_2}{r} + I\right)R_3 = U_0$$

同理，当滑片 Y 在最右端时，对整个电路有

$$\left(\frac{I'R_1}{r} + I'\right)R_3 = U_0$$

考虑到

$$R_2 = 4R_1$$

以及

$$I_2 = \frac{IR_2}{r} + I = \frac{I'R_1}{r} + I' \approx 3.6\ \mu\text{A}$$

联立可得

$$R_1 = 0.2\ \text{k}\Omega$$

$$R_2 = 0.8\ \text{k}\Omega$$

$$U_0 = 3.6\ \text{V}$$

十年级

问题 10－1　沙包和摩擦

将一包沙子以初速度 v_0 沿着与水平面夹角为 α 的方向从地面抛出。落地时，沙包失去竖直方向的分速度。求沙包的最大位移，以及达到此位移时的夹角 α。沙包和地面之间的摩擦系数为 μ，重力加速度为 g，碰撞的时间很短。

解　沙包落地时，设与地面碰撞时间为 Δt，与地面间的弹力为 F，则竖直方向有

$$F\Delta t = mv_0 \sin\alpha$$

水平方向有

$$\mu F\Delta t = m(v_0 \cos\alpha - v')$$

其中 v' 为碰撞结束瞬间的速度。

联立可得

$$v' = v_0(\cos\alpha - \mu\sin\alpha)$$

(1) 当 $\tan\alpha \geqslant \frac{1}{\mu}$ 时，$v'=0$，沙包的最大位移即为水平射程，此时

$$L_1 = v_0\cos\alpha \cdot t = v_0\cos\alpha \frac{2v_0\sin\alpha}{g} = \frac{v_0^2\sin 2\alpha}{g}$$

上式在 $\alpha = 45°$ 时取到最大，而又因为前提是 $\tan\alpha \geqslant \frac{1}{\mu}$，故只有当 $\mu \geqslant 1$ 时，α 可取到 $45°$，此时

$$L_{1\max} = \frac{v_0^2}{g}$$

而当 $0 < \mu < 1$ 时，α 取不到 $45°$，$\tan\alpha = \frac{1}{\mu}$ 时，取到最大值，此时

$$L_{1\max} = \frac{v_0^2}{g} \cdot \frac{2\mu}{1+\mu^2}$$

(2) 当 $\tan\alpha < \frac{1}{\mu}$ 时，

$$v' = v_0(\cos\alpha - \mu\sin\alpha)$$

斜抛运动的水平射程

$$L_1 = \frac{v_0^2\sin 2\alpha}{g}$$

物体落地后沿地面滑动的位移

$$L_2 = \frac{v'^2}{2\mu g} = \frac{v_0^2(\cos\alpha - \mu\sin\alpha)^2}{2\mu g}$$

总位移

$$\begin{aligned} L = L_1 + L_2 &= \frac{v_0^2\sin 2\alpha}{g} + \frac{v_0^2(\cos\alpha - \mu\sin\alpha)^2}{2\mu g} \\ &= \frac{v_0^2}{2\mu g}\left[4\mu\sin\alpha\cos\alpha + (\cos\alpha - \mu\sin\alpha)^2\right] \\ &= \frac{v_0^2}{2\mu g}(\cos\alpha + \mu\sin\alpha)^2 \end{aligned}$$

其中，$\cos\alpha + \mu\sin\alpha = \sqrt{1+\mu^2}\cos(\alpha - \varphi)$，而 $\varphi = \tan^{-1}\mu$。上式在 $\alpha = \varphi = \tan^{-1}\mu$ 时取到最大值，考虑到前提是 $\tan\alpha < \frac{1}{\mu}$，只有当 $0 < \mu < 1$ 时，α 可取到 $\tan^{-1}\mu$，此时

$$L_{\max} = \frac{v_0^2}{g} \cdot \frac{1+\mu^2}{2\mu}$$

而当 $\mu \geqslant 1$ 时，α 取不到 $\tan^{-1}\mu$，在 $\tan\alpha < \frac{1}{\mu}$ 范围内，水平射程随 α 单调递增，故当 $\tan\alpha$ 无限趋近于 $\frac{1}{\mu}$ 时，水平射程最大：

$$L_{\max} = \frac{v_0^2}{g} \cdot \frac{2\mu}{1+\mu^2}$$

综上所述，落地后速度立马减为 0 的情况下：

当 $\mu \geqslant 1$ 时，$L_{\max}=\dfrac{v_0^2}{g}$，当 $\alpha=45^\circ$时取到最大值；

当 $0<\mu<1$ 时，$L_{\max}=\dfrac{v_0^2}{g}\cdot\dfrac{2\mu}{1+\mu^2}$，当 $\tan\alpha=\dfrac{1}{\mu}$时取到最大值。

落地后又滑行了一段距离的情况下：

当 $\mu \geqslant 1$ 时，$L_{\max}=\dfrac{v_0^2}{g}\cdot\dfrac{2\mu}{1+\mu^2}$，当 $\tan\alpha$ 无限趋近于$\dfrac{1}{\mu}$时取到最大值；

当 $0<\mu<1$ 时，$L_{\max}=\dfrac{v_0^2}{g}\cdot\dfrac{1+\mu^2}{2\mu}$，当 $\alpha=\tan^{-1}\mu$ 时取到最大值。

再综合以上两种情况，得到：

当 $\mu \geqslant 1$ 时，$L_{\max}=\dfrac{v_0^2}{g}\left(因为此时\dfrac{2\mu}{1+\mu^2}<1\right)$，当 $\alpha=45^\circ$时取到最大值；

当 $0<\mu<1$ 时，$L_{\max}=\dfrac{v_0^2}{g}\cdot\dfrac{1+\mu^2}{2\mu}\left(因为此时\dfrac{1+\mu^2}{2\mu}>\dfrac{2\mu}{1+\mu^2}\right)$，当 $\alpha=\tan^{-1}\mu$ 时取到最大值。

问题 10－2　容器中的过程

隔热的圆柱形容器水平放置，被固定的导热活塞分成两部分。右边的部分用可移动的隔热活塞与空气隔离。两部分都装有氮气，系统处于平衡状态。将左边的部分快速加热。已知从加热结束时起，到再次达到平衡，气体的总内能的变化量为 ΔU。那么，这期间左边的氮气的内能变化量 ΔU_1 等于多少？容器和活塞的热容量可以忽略。

解　右边气体等压膨胀，对外做功

$$W = P_0\Delta V_2$$

对整个气体有

$$\Delta U + P_0\Delta V_2 = 0$$

其中

$$P_0\Delta V_2 = n_2R\Delta T_2$$

综合考虑两部分气体的能量变化，有

$$\Delta U_1 + \Delta U_2 + P_0\Delta V_2 = \Delta U_1 + \frac{5}{2}n_2R\Delta T_2 + P_0\Delta V_2 = \Delta U_1 + \frac{7}{2}n_2R\Delta T_2 = 0$$

解得

$$\Delta U_1 = -\frac{7}{2}n_2R\Delta T_2 = \frac{7}{2}\Delta U$$

问题 10－3　两个小球

两个相同的小球质量均为 m，用不计质量、不可延展、长度为 l 的细线连起来，放在光滑的水平面上，如图 1 所示。对右侧的小球施加竖直向上的速度 v_0，设重力加速度为 g。

（1）当线变成竖直方向时，求上边的小球的路径在此刻的曲率半径。

（2）为了使得在这一时刻下面的小球对水平面的压力为 0，初速度 v_0应当取什么值？

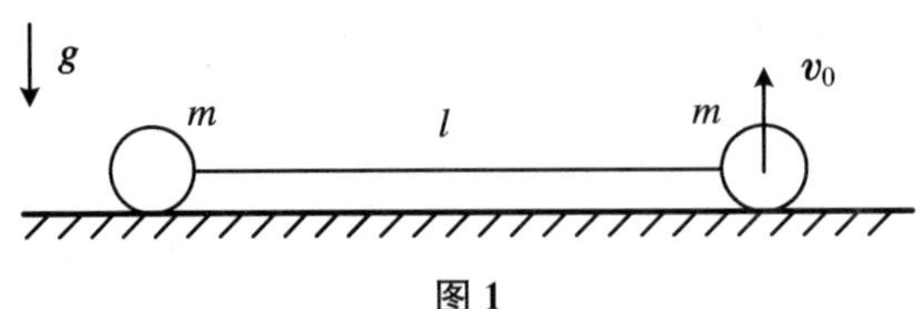

图 1

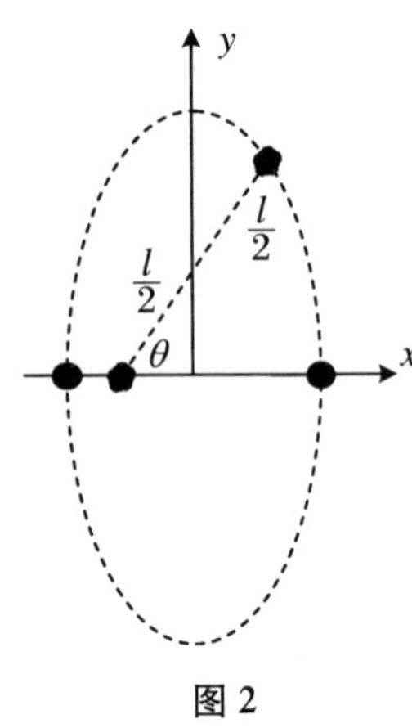

图 2

解 (1) 以初始时线中点位置为坐标原点，沿线和垂直于线的方向建立 x 轴、y 轴，如图 2 所示，则由系统水平方向不受外力且水平速度为零，知系统质心(线中点)的 x 坐标不变，即线中点始终在 y 轴上。设某时刻线与 x 轴的夹角为 θ，设上方的小球坐标为 (x, y)，则

$$x = \frac{l}{2}\cos\theta$$

$$y = l\sin\theta$$

消去参数 θ，可得

$$\frac{x^2}{\left(\frac{l}{2}\right)^2} + \frac{y^2}{l^2} = 1$$

此为椭圆方程，其长半轴 $a = l$，短半轴 $b = \frac{l}{2}$。因此小球在最高点时，曲率半径为

$$\rho = \frac{b^2}{a} = \frac{l}{4}$$

(2) 在上方小球达到最高点时，由水平方向动量守恒，有

$$mv_1 = mv_2$$

由机械能守恒，有

$$\frac{1}{2}mv_0^2 = 2\times\frac{1}{2}mv_1^2 + mgl$$

对顶端球，由牛顿第二定律，有

$$F + mg = \frac{mv_1^2}{\rho}$$

其中 F 为线的拉力。当 $F = mg$ 时，下端球恰对水平地面无压力。

联立以上各式解得

$$v_0 = \sqrt{3gl}$$

因此，当 $v_0 \geqslant \sqrt{3gl}$ 时，下端球对地面无压力。

问题 10 - 4 实验

两个竖直的圆柱形容器底端用带有压力计的可不计体积的细管连接，如图 1 所示。两侧的容器口都有活塞，在最顶上活塞被卡住以阻止其上升。当活塞处于最顶上的时候，活塞底部与容器底部的距离为 $h = 1$ m。活塞下面共有 1 mol 理想气体，大气压为 $p_0 = 10^5$ Pa。活塞可以在容器中无摩擦地滑动。

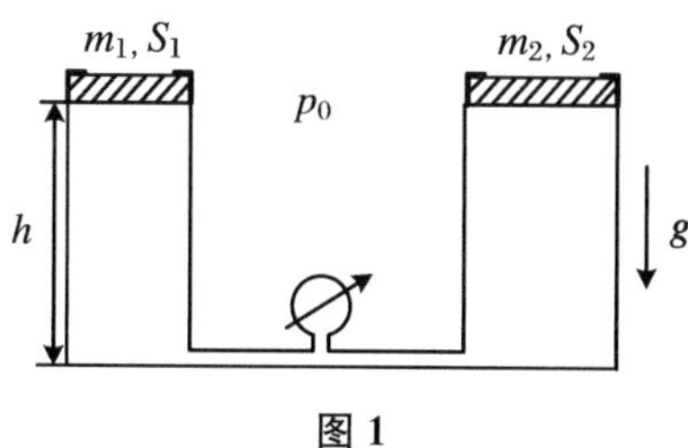

图 1

在5种不同的温度下压力计的示数如表所示。

表

t(℃)	−50.0	−32.4	27.8	174.7	264.1
p($\times 10^5$ Pa)	2.0	2.0	2.5	2.5	3.0

求两个活塞的质量 m_1 和 m_2，以及两个容器的底面积 S_1 和 $S_2$①。

解 结合图像(见图2)分析可知，图中四个过程依次为等压膨胀、等体积升温、等压膨胀、等体积升温。

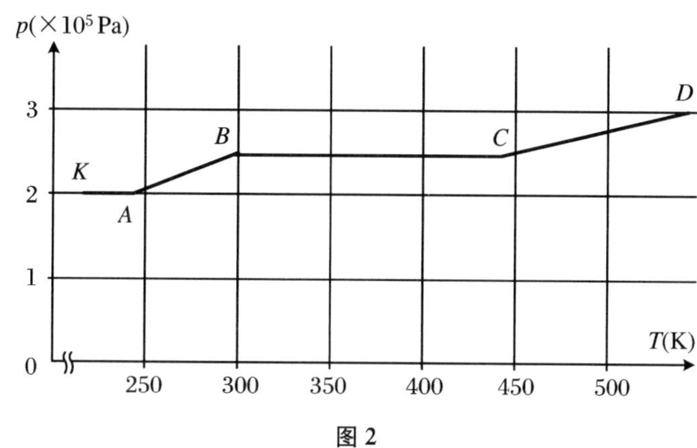

图 2

对应状态如下：

(1) 当 $223\ \text{K} \leqslant T \leqslant 240.6\ \text{K}$ 时，为等压膨胀，一侧活塞被顶起，另一侧未被顶起，且被顶起的活塞未触顶，假设左侧活塞先被顶起，此时

$$m_1 g + p_0 S_1 = 2p_0 S_1$$

得到

$$\frac{m_1 g}{S_1} = p_0$$

当 $T = 240.6$ K 时为临界点，此时 m_1 恰好触顶。

(2) 当 $240.6\ \text{K} \leqslant T \leqslant 300.8\ \text{K}$ 时，为等体积升温，左侧体积不变，m_2 未被顶起，由

$$pV = nRT$$

① 译者注：由于两个容器是平等的，这里设 $S_1 < S_2$。

得到

$$\frac{\Delta p}{\Delta T} = \frac{nR}{V} = \frac{nR}{S_1 h}$$

代入数据,解得

$$S_1 = 0.01\ \mathrm{m^2},\quad m_1 = 100\ \mathrm{kg}$$

当 $T = 300.8\ \mathrm{K}$ 时,m_2 恰好被顶起。

(3) 当 $300.8\ \mathrm{K} \leqslant T \leqslant 447.7\ \mathrm{K}$ 时,为等压膨胀,m_2 逐渐上升,此时

$$m_2 g + p_0 S_2 = 2.5 p_0 S_2$$

解得

$$\frac{m_2 g}{S_2} = 1.5 p_0$$

当 $T = 447.7\ \mathrm{K}$ 时,m_2 恰好触顶。

(4) 当 $447.7\ \mathrm{K} \leqslant T \leqslant 537.1\ \mathrm{K}$ 时,为等体积升温,两活塞均触顶。同理

$$\frac{\Delta p}{\Delta T} = \frac{nR}{V'} = \frac{nR}{(S_1 + S_2) h}$$

代入数据,解得

$$S_2 = 0.005\ \mathrm{m^2},\quad m_2 = 74.4\ \mathrm{kg}$$

说明:从图 1 中可以看出 $S_1 < S_2$,由于两活塞在分析过程中地位是平等的,故结果只需把上述分析过程字母下标全部互换即可,即

$$S_1 = 0.005\ \mathrm{m^2},\quad m_1 = 74.4\ \mathrm{kg}$$

$$S_2 = 0.01\ \mathrm{m^2},\quad m_2 = 100\ \mathrm{kg}$$

问题 10 - 5　电路

在如图所示的电路中,各个元件都可以看作理想的。电源的电动势 $\varepsilon = 4.0\ \mathrm{V}$,电阻 $r = 50\ \mathrm{k\Omega}$,$R = 150\ \mathrm{k\Omega}$,电容 $C = 2.0\ \mathrm{mF}$。在闭合开关前,电路中没有电流。将开关闭合一段时间之后再断开。开关闭合期间,电路中产生的热量 $Q_1 = 7.43\ \mathrm{mJ}$;断开开关后,电路中产生的热量 $Q_2 = 1.00\ \mathrm{mJ}$。

(1) 开关闭合期间,流过电阻 R 的总电量等于多少?

(2) 开关共闭合了多长时间?

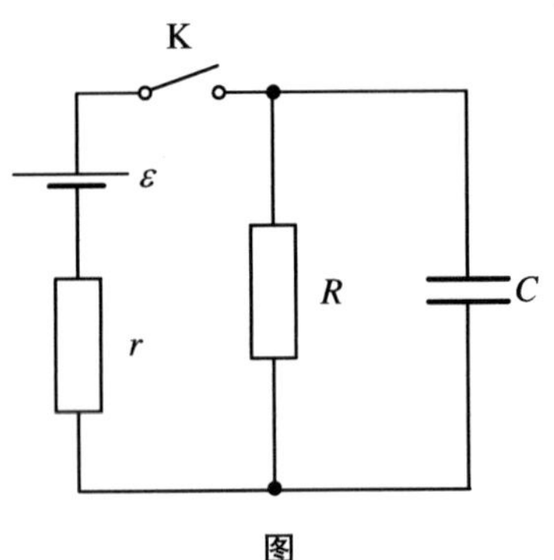

图

解　(1) 闭合开关,电池提供能量,转化为回路中的内能以及电容器中的电场能:

$$\varepsilon(q_1 + q_2) = Q_1 + \frac{q_2^2}{2C}$$

其中 q_1,q_2 分别通过 R 储存在电容器上。

断开开关,电容器中能量释放,转化为回路中的内能:

$$Q_2 = \frac{q_2^2}{2C}$$

代入数据,解得

$$q_1 = 1.1\times10^{-4}\ \text{C},\quad q_2 = 2\times10^{-3}\ \text{C}$$

(2) 由基尔霍夫电压定律得到

$$\varepsilon = I_R R + I_r r$$

两边对时间积分,得到

$$\varepsilon t = q_1 R + (q_1 + q_2) r$$

代入数据,解得

$$t = 30.5\ \text{s}$$

十一年级

问题 11-1　织针的振动

在一根长度为 L 的轻织针的两端各系上一个相同的小金属球,如图所示。把织针放在长度为 $l\ll L$ 的台座上,使得两者的中点相接触,并以小角度 $\varphi_0\ll1$ rad 进行扰动。求织针的小幅振动的周期。如果织针从一侧振动到另一侧时不损失能量,不会从台座上掉下来,也不会发生滑动。

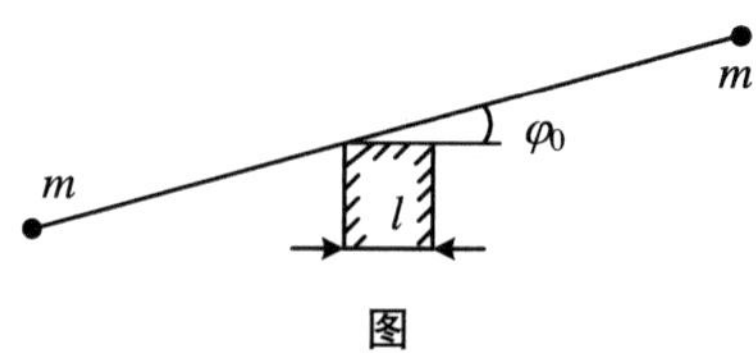

图

解　如图所示,以台座左上角作为参考点,分析系统力矩,以顺时针方向为正方向:

$$M = mg\left(\frac{L}{2}+\frac{l}{2}\right)\cos\varphi - mg\left(\frac{L}{2}-\frac{l}{2}\right)\cos\varphi = mgl\cos\varphi$$

其中 φ 为系统与水平方向的夹角,由题意得

$$\varphi \leqslant \varphi_0 \ll 1\ \text{rad}$$

故 $M\approx mgl$。

系统绕中点的转动惯量为 $mL^2/2$,由平行轴定理,其绕台座左上角的转动惯量为 $m(L^2+l^2)/2$,考虑到 $l\ll L$,故转动惯量可近似为 $mL^2/2$。由刚体转动动力学,有

$$mgl = \frac{1}{2}ML^2\beta$$

其中 β 为角加速度。类比直线运动规律,得到

$$\frac{1}{2}\beta t^2 = \varphi_0$$

联立解得

$$t = L\sqrt{\frac{\varphi_0}{gl}}$$

因为能量守恒,故转动系统与台座右上角碰撞前后角速度不变,结合运动对称性分析,可知一个周期内总时间

$$T = 4t = 4L\sqrt{\frac{\varphi_0}{gl}}$$

问题 11－2　三方格同磁场，不用提电容器[①]

如图 1 所示，用一根导线焊接成图中的形状，由三个边长为 a 的正方形组成，它们位于同一个平面内。在其中的一条边上焊接了一个电容为 C 的小电容器。把它们放在匀强磁场 $\boldsymbol{B}$ 中，它与该图所在平面垂直，且以 $\mathrm{d}B/\mathrm{d}t = k > 0$ 的恒定速度增加。每一条边的阻值为 r。当系统处于稳定状态时，求：

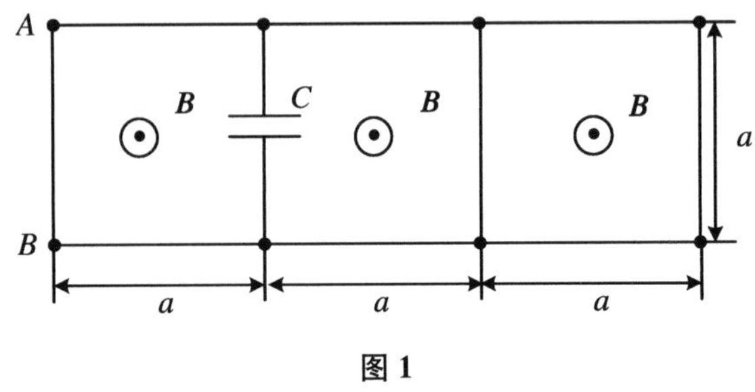

图 1

(1) 边 AB 上的电流强度和方向；

(2) 电容器所带的电量 Q 以及两个极板所带电荷的符号；

(3) 时间 t 内系统放出的热量 W。

解　(1) 系统稳定后，电容器不再充电，故电容器上无电流，分析电流时，可先将电容器一路忽略，电流方向由楞次定律分析得到。

如图 2 所示，考虑 $AGDB$ 回路，由基尔霍夫电压定律及电磁感应定律可得

$$5I_1 r + I_3 r = 2a^2 \frac{\mathrm{d}B}{\mathrm{d}t} = 2a^2 k$$

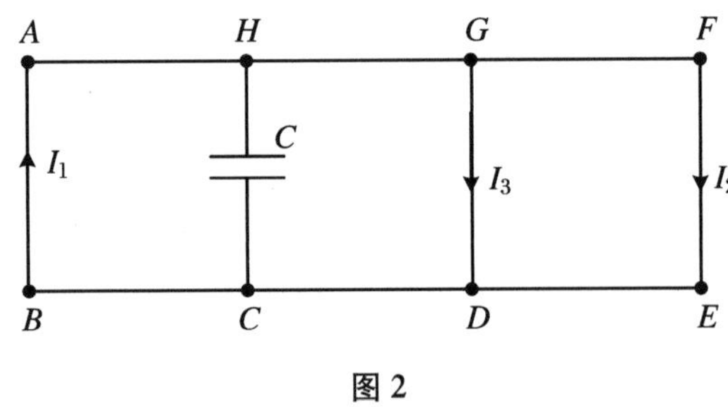

图 2

同理，分析 $AFEB$ 回路，得到

$$5I_1 r + 3I_2 r = 3a^2 \frac{\mathrm{d}B}{\mathrm{d}t} = 3a^2 k$$

① 译者注：该名称来自杰罗姆的著作《三人同舟》(Three Men in a Boat (To Say Nothing of the Dog))。

再考虑到

$$I_2 + I_3 = I_1$$

联立得到

$$I_1 = \frac{9a^2k}{23r},\quad I_2 = \frac{8a^2k}{23r},\quad I_3 = \frac{a^2k}{23r}$$

(2) 考虑 $AHCB$ 回路，假设电容器上极板带正电，由基尔霍夫电压定律及电磁感应定律可知

$$3I_1r + U_C = a^2\frac{\mathrm{d}B}{\mathrm{d}t} = a^2k$$

解得

$$U_C = -\frac{4a^2k}{23r}$$

由于 $U_C<0$，故假设错误，电容器下极板带正电，上极板带负电。带电量为

$$Q = |CU_C| = \frac{4Ca^2k}{23r}$$

(3) 由焦耳定律可得

$$W = (5I_1^2r + 3I_2^2r + I_3^2r)t = \frac{26k^2a^4t}{23r}$$

问题 11 - 3　还原透镜

人们在斯涅尔的档案里发现了由理想薄透镜、物体和像组成的光学系统。从文字可以得出，物体是长度为 l 的直杆，两端各有一个点光源。直杆和主光轴都位于图中的平面内，且直杆不穿过透镜所在的平面。随着时间的流逝，这张图上的墨水褪色了，图中只剩下了两个点光源和它们的像，但不知道哪个点对应哪个。有趣的是，这些点位于一个正三角形的顶点和中心的位置上，如图 1 所示。

(1) 三角形的中心是物体本身还是物体的像？

(2) 恢复该光路图，包括物体、像、透镜、主光轴、焦点。旋转 120°或翻转后重合的视为同一种。

(3) 求焦距的长度。

注：理想透镜可以使得任何平行光都在焦平面上聚焦①。

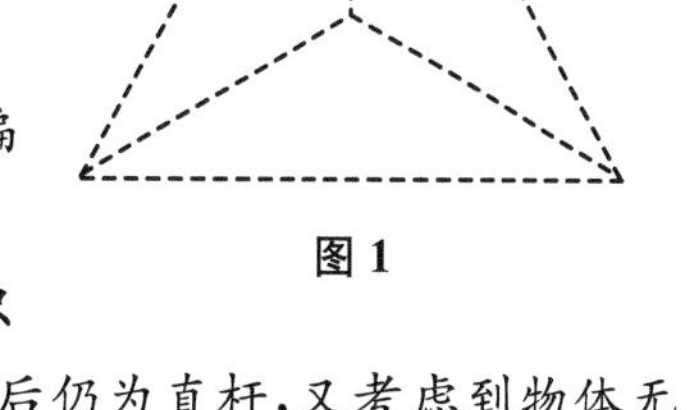

图 1

解　(1) 如图 2 所示，由于通过透镜光心的光线不发生偏折，故分别连接两组物像，交点即为光心 O。

值得说明的是，物像对应有两种情况，而考虑到对称性，只分析其中一种情况即可；可以证明，倾斜直杆经过透镜成像之后仍为直杆，又考虑到物体无限靠近透镜时，其像与物体几乎重合。

在这一结论的基础上可以得到，两点光源连线与其两点像连线的交点为透镜上一点 K。

---

① 译者注：即理想凸透镜可以使得任何不与透镜平行的光汇聚在焦平面上的一点，而理想凹透镜则使得发散后的光线的反向延长线位于焦平面上。

连接 KO,KO 与透镜所在平面重合。如图 3 所示,注意到 A_1,B_1 两点分立透镜两侧,故不可能是物体本身,只可能是像(分别为实像和虚像),所以三角形中心为物体本身。

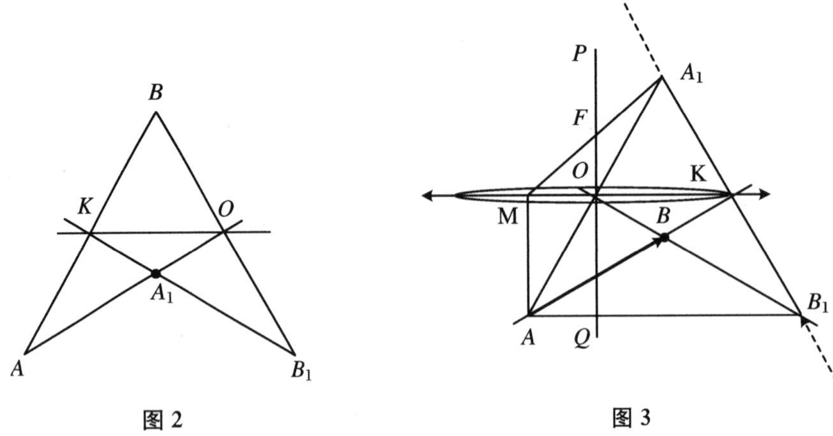

图 2　　　　图 3

(2) 上一问已经确定物像以及透镜、光心,在此基础上可自然得到主光轴 PQ,考虑到所有平行主光轴的光经透镜折射通过焦点,过 A 点作平行 PQ 的光线,交透镜于 M,连接 A_1M,与 PQ 交点即为焦点 F。

(3) 连接 A_1B,利用简单平面几何知识可方便得到,焦距为

$$OF = \frac{3}{8}l$$

问题 11-4　汽水的压强

如图 1 所示,工厂将瓶装水中去除溶解的空气,然后在 $t_1 = 4\ ℃$,$p_1 = 150\ \text{kPa}$ 条件下使其溶解二氧化碳至饱和,再封装并送到仓库,根据贮藏要求,温度不得高于 $t_2 = 35\ ℃$。不考虑液体和瓶子的体积变化。

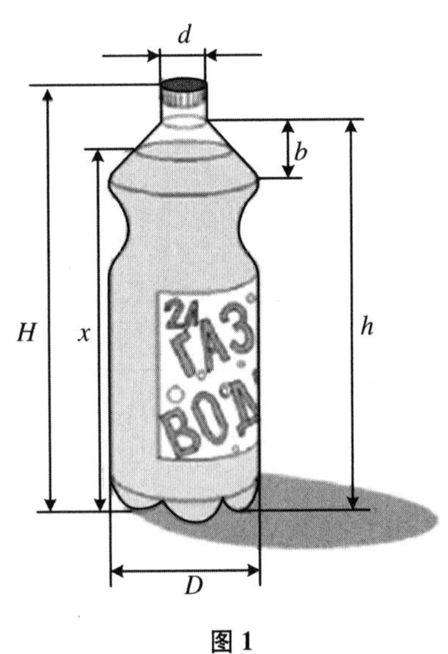

图 1

(1) 如果贮藏过程中的瓶内压强的最大值不得超过 $p_2 = 370\ \text{kPa}$,求空出部分的容积的最小值 V_0。

(2) 求工厂根据该体积装入水的高度 x。

瓶里水的质量 $m_水 = 2\ \text{kg}$,二氧化碳的摩尔质量 $\mu = 44\ \text{g/mol}$。瓶子的各部分的长度:$d = 3\ \text{cm}$,$b = 10\ \text{cm}$,$h = 27\ \text{cm}$,$H = 30\ \text{cm}$,$D = 13\ \text{cm}$。

注:可以认为在某个固定温度 T 下,气体的溶解度 σ 和在液体表面的分压强成正比(亨利原理)。图 2 为分压 $p_0 = 100\ \text{kPa}$ 下二氧化碳的溶解度与温度的关系。在该温度范围内,水蒸气的分压可以忽略。这里,溶解度 σ 表示在 1 kg 液体中溶解的气体质量(以克计)。

解　(1) 在封装进瓶子时,令瓶中二氧化碳物质的量为 n_1,其满足

$$p_1V_0 = n_1RT_1$$

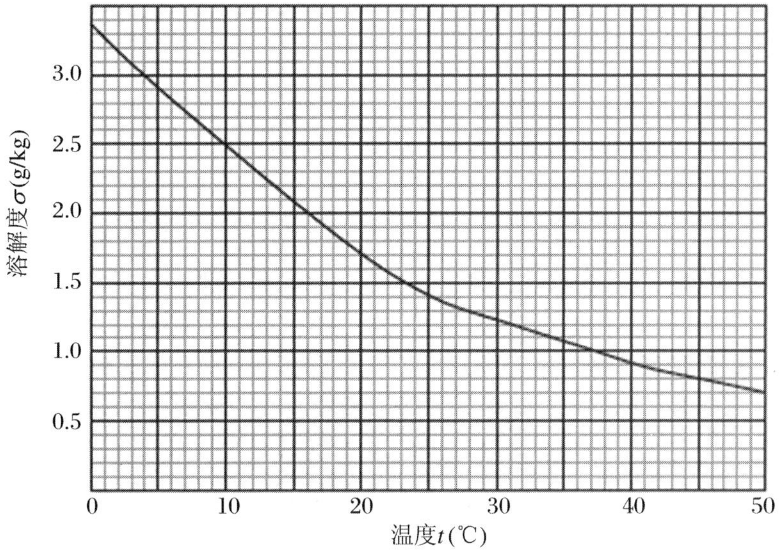

图 2

随着温度升高,液体中的二氧化碳会有部分进入空气中,使得空气中二氧化碳物质的量变大,双重效应导致瓶内压强变大,在临界情况下

$$p_2 = 370\ \text{kPa}, \quad T_2 = 35\ ℃$$

此时,二氧化碳的溶解度

$$\sigma_2 = \frac{p_2}{p_0} \times 1.1\ \text{g/kg} = 4.07\ \text{g/kg}$$

在初始状态下,$p_1 = 150\ \text{kPa}$,$T_1 = 4\ ℃$,

$$\sigma_1 = \frac{p_1}{p_0} \times 3.0\ \text{g/kg} = 4.5\ \text{g/kg}$$

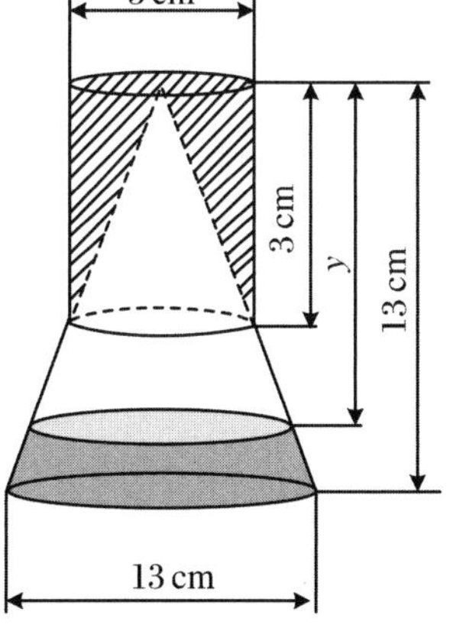

图 3

进而得到溢出二氧化碳的物质的量

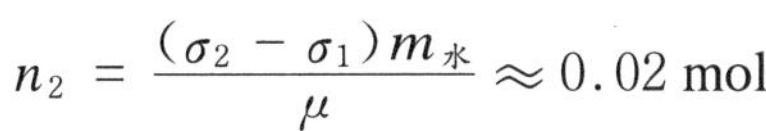

$$n_2 = \frac{(\sigma_2 - \sigma_1) m_{水}}{\mu} \approx 0.02\ \text{mol}$$

此时

$$p_2 V_0 = (n_1 + n_2) R T_2$$

联立解得

$$V_0 \approx 252\ \text{cm}^3$$

(2) 如图 3 所示,令空气部分的高度为 y,进一步得到空气部分底部半径为 $y/2$,不难分析得到空气部分体积表达式为 $\left(\frac{\pi}{12} y^3 + \frac{3}{2}\pi\right)\ \text{cm}^3$。

联系上一问结果,解得 $y \approx 9.8\ \text{cm}$。则

$$x = H - y \approx 20.2\ \text{cm}$$

问题 11 - 5 出故障的火箭

中尉实验员格鲁克在军事训练基地开展了他的新研究，有一种新的信号火箭以一定的速度 v 进行飞行，并用信号发生器发出固定频率为 f_0 的声音信号。试验基地处声音的速度 $c = 330\ \text{m/s}$。

(1) 如果火箭径直向他飞来，信号接收器所接收到的声音的频率是多少？

(2) 当火箭距离他较远的时候，如果火箭的飞行方向和火箭与他的连线方向的夹角为 φ，那么信号接收器所接收到的声音的频率是多少？

(3) 在研究的过程中，格鲁克不小心让一架有故障的信号火箭飞行了，它在较低的高度以相同的速度 v 沿着半径为 r 的圆进行飞行。格鲁克成功地修好了火箭后，把注意力放在了图像记录器上，它记录了在基地放置的两台信号接收器所接收到的声音频率和时间的关系图像。根据该图像（见图 1），帮助格鲁克计算出两台信号接收器之间的距离。

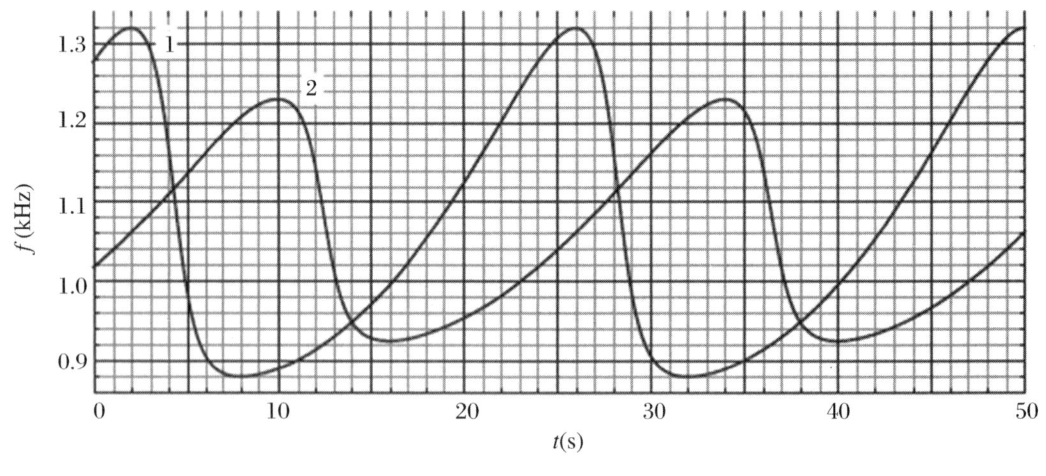

图 1

解 (1) 由声音的多普勒效应可知

$$f = \frac{f_0}{1 - \frac{v}{c}}$$

(2) 火箭在与信号接收器连线上的速度大小为 $v\cos\varphi$，其中 $\cos\varphi > 0$ 为接近，反之为远离，再联系声音的多普勒效应得到

$$f = \frac{f_0}{1 - \frac{v\cos\varphi}{c}}$$

(3) 根据图像可以获得以下几个信息：

a. 两台接收器接收到信号的频率变化范围不一致，可以说明两台接收器不可能同时在圆轨迹的外部。

这是因为当接收器在圆的外部，火箭与接收器连线与圆相切时，接近速度最大为 v，频率最高为 $f = f_0/(1 - v/c)$，最高频率为固定值，故两接收器不可能同时在圆外部，如图 2

所示。

b. 两条频率曲线的最高频率与最低频率间隔时间基本相同，综合考虑可以说明，两接收器不可能同时在圆的内部。

理由如下：如图3所示，当接收器处于图中 B 点时，可以证明，图示状态圆上两点分别为频率最高和最低点。若两接收器都在圆内部，考虑到最高频率与最低频率间隔时间相同，则图中 β 相同，进一步得到 φ 相同，由第二问结论 $f=f/(1-v\cos\varphi/c)$，两者接收到的最高与最低频率应一致，与上一条信息矛盾，故两接收器不可能同时在圆内部。

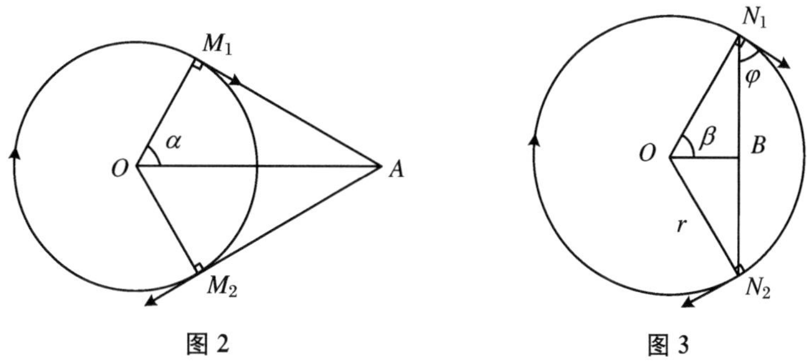

图2　　　　图3

综合以上分析可知，两接收器应分别位于圆的内部和外部，且频率变化范围大的应处于圆的外部。

圆外部接收器分析：

由图像可知

$$f_{max}=1.32f_0,\quad f_{min}=0.88f_0$$

联系上一问得到

$$f_{max}=\frac{f_0}{1-\frac{v}{c}},\quad f_{min}=\frac{f_0}{1+\frac{v}{c}}$$

联立可解得

$$v=\frac{c}{5}=66\ \mathrm{m/s}$$

由图像可知火箭圆周运动的周期为24 s，由 $v=\frac{2\pi r}{T}$ 可以得到

$$r=\frac{vT}{2\pi}=252\ \mathrm{m}$$

又因为最高频率与最低频率间隔6 s，故

$$\alpha=45^\circ,\quad OM_1=r=252\ \mathrm{m},\quad AO=\sqrt{2}r=356\ \mathrm{m}$$

圆内部接收器分析：

跟外部情况一样，最高频率与最低频率间隔6 s，故

$$\beta=45^\circ,\quad BO=BN_1=\frac{r}{\sqrt{2}}=178\ \mathrm{m}$$

进一步从图像中得到，两个接收器依次接收到最高频率的时间间隔为8 s，考虑到接收

器到圆上距离不相等,火箭发出相应声音的时间间隔应不等于 8 s,令发出两次声音的时刻分别为 t_1,t_2,分析可知

$$\left(t_2+\frac{BN_1}{c}\right)-\left(t_1+\frac{AM_1}{c}\right)=8\ \mathrm{s}$$

得到

$$t_2-t_1=8.22\ \mathrm{s}$$

由此可以得到两接收器与圆心连线的夹角为

$$\varphi=\frac{8.22}{24}\times 360^\circ=123.3^\circ$$

进一步由几何关系可知,两接收器间的距离

$$L=\sqrt{AO^2+BO^2-2AO\cdot BO\cdot\cos\varphi}=478\ \mathrm{m}$$

2014年全俄物理奥林匹克决赛(理论部分)

九年级

问题9－1　极速赛车

赛车在赛道的直路段上沿同一方向匀加速行驶,平均速度为$\overline{v}$。求赛车在路段中点处的速度的最大值v_{max}与最小值v_{min}。

解　设初速度为v_0,末速度为v_t,平均速度

$$\overline{v}=\frac{v_0+v_t}{2} \quad ①$$

路段中点处的速度

$$v_{\frac{s}{2}}=\sqrt{\frac{v_0^2+v_t^2}{2}} \quad ②$$

由①②两式消去v_t得

$$v_{\frac{s}{2}}=\sqrt{(\overline{v}-v_0)^2+\overline{v}^2} \quad ③$$

v_0的取值范围为0至$\overline{v}$,当$v_0=0$时,$v_{\frac{s}{2}}$取到最大值

$$v_{max}=\sqrt{2}\ \overline{v}$$

当$v_0=\overline{v}$时,$v_{\frac{s}{2}}$取到最小值

$$v_{min}=\overline{v}$$

问题9－2　在阳台上

实验员格鲁克从17楼的阳台上将质量为m的乒乓球以速度v_0竖直向上抛出。小球在飞行的过程中所受到的阻力与速度成正比。在落到地面之前,小球以速度v_2匀速下落。求小球在运动过程中动能变化最快的时刻的速度v_{max}。

解　运动过程中动能变化最快的时刻即是合外力功率绝对值最大的时候,因此题中所求v_{max}要保证合外力功率绝对值最大。

(1) 设小球所受阻力的大小为$f=\alpha v$,由题意"落到地面之前,小球以速度v_2匀速下落",可知

$$f_2=\alpha v_2=mg \quad \Rightarrow \quad \alpha=\frac{mg}{v_2}$$

(2) 分别考查小球的运动过程,分成上升与下降两个过程。

a. 上升过程,受力分析图如图1所示。

$$P_1 = (mg + \alpha v)v$$

其中 $v \in (0, v_0)$,由二次函数性质得

$$P_{1\max} = (mg + \alpha v_0)v_0$$

当 $v = v_0$ 时取到。

b. 下降过程,受力分析图如图 2 所示。

$$P_2 = (\alpha v - mg)v$$

其中 $v \in (0, v_2)$。

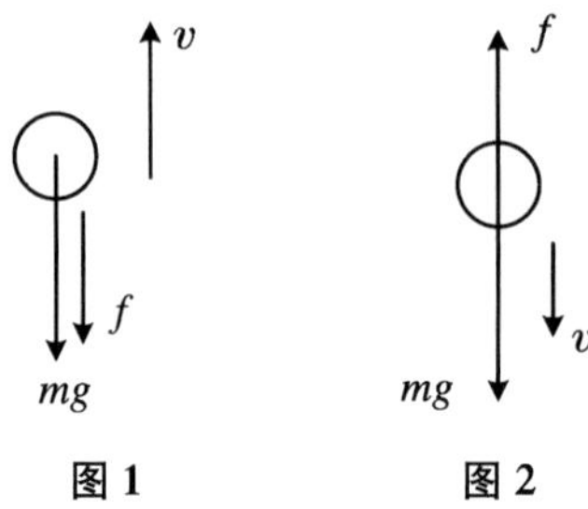

图 1　　图 2

由二次函数性质得

$$P_{2\max} = \frac{(mg)^2}{4\alpha}$$

当 $v = \frac{mg}{2\alpha} = \frac{v_2}{2}$ 时取到。

(3) 对整个过程的最大值进行讨论。

a. 若 $P_{1\max} > P_{2\max}$,则

$$(mg + \alpha v_0)v_0 > \frac{(mg)^2}{4\alpha}$$

得

$$v_0 > \frac{\sqrt{2}-1}{2}\frac{mg}{\alpha} \quad 或 \quad v_0 < \frac{-\sqrt{2}-1}{2}\frac{mg}{\alpha} \quad (舍去)$$

b. 若 $P_{1\max} < P_{2\max}$,则

$$(mg + \alpha v_0)v_0 < \frac{(mg)^2}{4\alpha}$$

得

$$\frac{-\sqrt{2}-1}{2}\frac{mg}{\alpha} < v_0 < \frac{\sqrt{2}-1}{2}\frac{mg}{\alpha}$$

考虑合理性取

$$0 < v_0 < \frac{\sqrt{2}-1}{2}\frac{mg}{\alpha}$$

c. 若 $P_{1\max} = P_{2\max}$,则

$$v_0 = \frac{\sqrt{2}-1}{2}\frac{mg}{\alpha}$$

(4) 综上所述，当 $v_0 > v_k$ 时，$v_{max} = v_0$；当 $v_0 < v_k$ 时，$v_{max} = \frac{mg}{2\alpha}$；当 $v_0 = v_k$ 时，两者并列。其中

$$v_k = \frac{(\sqrt{2}-1)mg}{2\alpha}, \quad \alpha = \frac{mg}{v_2}$$

问题 9－3 水下工作

如图所示，潜水罩形如无底圆柱，放在水下，里面有一部分空气。为了使得罩不会浮起来，用缆绳绑在水底。用一根细绳将重物系在罩上。罩的横截面积 $S = 4\ \text{m}^2$，里面空气的体积 $V = 8\ \text{m}^3$，压强 $p = 1.5\times10^5\ \text{Pa}$。将罩里的重物拉出水面后①，空气压强增加了 $\Delta p = 250\ \text{Pa}$，缆绳仍然处于拉伸状态。求细绳和缆绳中张力的变化量。水的密度 $\rho = 10^3\ \text{kg/m}^3$，重力加速度 $g = 10\ \text{m/s}^2$，罩里的空气符合玻意耳定律 $pV =$ 常数，其中 p 为压强，V 为罩里空气的体积。

图

解 设重物质量为 m，体积为 V_0，罩的质量为 M，重物未拉出水面前，整体排开水的体积为 $V_0 + V$，对整体有

$$F_{T1} = (M+m)g - \rho(V_0+V)g \quad ①$$

重物拉出水面后，整体排开水的体积为 $V_0 + V'$，对整体有

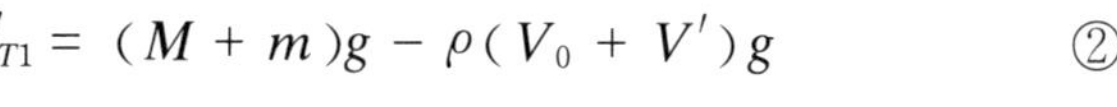

$$F'_{T1} = (M+m)g - \rho(V_0+V')g \quad ②$$

联立①②得

$$\Delta F_{T1} = F'_{T1} - F_{T1} = \rho(V - V')g \quad ③$$

对罩里的空气有

$$pV = (p+\Delta p)V' \quad ④$$

联立③④得

$$\Delta F_{T1} = \frac{\rho\Delta pVg}{p+\Delta p} = 133.11\ \text{N}$$

重物未拉出水面前，对重物有

$$F_{T2} = mg - \rho V_0 g \quad ⑤$$

重物拉出水面后，对重物有

$$F'_{T2} = mg \quad ⑥$$

所以

$$\Delta F_{T2} = F'_{T2} - F_{T2} = \rho V_0 g \quad ⑦$$

将罩里的重物拉出水面后，空气压强增加了 $\Delta p = 250\ \text{Pa}$，罩内液面相对拉出前降低 h，则

$$\Delta p = \rho g h \quad ⑧$$

对下降 h 后的空间有

$$V + Sh = V' + V_0 \quad ⑨$$

① 译者注：用细绳往上拉重物，"细绳中张力的变化量"指的是下面绷紧的那段。

联立⑦～⑨得

$$\Delta F_{T2} = \frac{\rho \Delta p V g}{p + \Delta p} + \Delta p S = 1133.11 \text{ N}$$

问题 9 - 4　细绳上的冰柱

圆柱形冰柱的竖直轴的位置有细孔，从里面穿过细绳，另一头系有热传导率非常高的小球。实验的一开始，将小球加热到温度 T_1，冰柱的温度等于室温 T_0（$=0$ ℃）。随着冰的融化，冰柱下落，如图所示，以温度为 T_0 的水滴的形式滴下。球的后面留下圆柱形的通道，横截面积 $S = 2\ \text{cm}^2$。

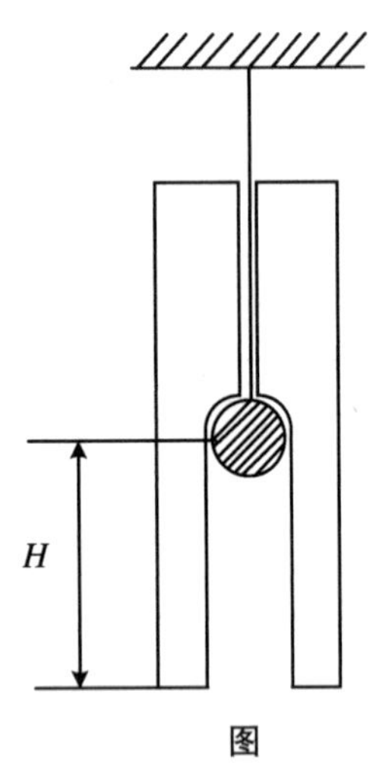

图

(1) 如果冰柱停止下落时，被小球融化的通道长度 $H = 10$ cm，求小球一开始的温度 T_1。

(2) 如果冰柱下落 $2H/3$ 时的速度 $v_2 = 0.1$ mm/s，求一开始下落的速度 v_1。

设热传导的功率与小球和冰之间的温度差成正比，热量全部用来使冰融化。小球的热容量 $C = 59.4$ J/℃，冰的熔解热 $\lambda = 330$ kJ/kg，冰的密度 $\rho = 900\ \text{kg/m}^3$。

解　(1) 冰熔解吸收的热量等于小球释放的热量：

$$\lambda \rho_{冰} S H = C(T_1 - T_0) \quad ①$$

解得

$$T_1 = 100\ ℃$$

(2) 设冰柱下落 $2H/3$ 时小球的温度为 T_2，则

$$\lambda \rho_{冰} S \frac{2H}{3} = C(T_1 - T_2) \quad ②$$

联立①②解得

$$T_2 = \frac{1}{3} T_1 \quad ③$$

此时热传导功率为

$$P_2 = k(T_2 - T_0) \quad ④$$

冰柱下落 $2H/3$ 时，速度为 v_2，此位置经极短时间 Δt：

$$\lambda \rho_{冰} S v_2 \Delta t = P_2 \Delta t \quad ⑤$$

刚开始下落时热传导功率 P_1 为

$$P_1 = k(T_1 - T_0) \quad ⑥$$

冰柱刚下落时，速度为 v_1，此位置经极短时间 Δt：

$$\lambda \rho_{冰} S v_1 \Delta t = P_1 \Delta t \quad ⑦$$

联立③～⑦得

$$v_1 = \frac{T_1}{T_2} v_2 = 3 v_2 = 0.3\ \text{mm/s}$$

问题 9 - 5　电路中的计算机

实验员格鲁克用电流源组建了电路，可以输出可变电压。在电路中设置有微型计算机，

可以显示流过它的总电荷量和平均电流(即流过它的总电荷量与经过的总时间之比)。他将电流源与电阻连接,并开始调整电压。结果,他可以使得经过电阻的平均电流不再取决于时间,如图1所示。(实际考试中,会发给你一张A4纸大小的放大了的图1。)

在实验过程中,计算机出了故障,电荷量与时间的关系丢失了。

(1) 还原总电荷量 $q(t)$ 与时间的关系,并画在图上。

(2) 求电阻器的阻值 R,已知在点 A 处的功率 $P_A=0.16$ W。

(3) 求实验过程中电阻器的最大功率。

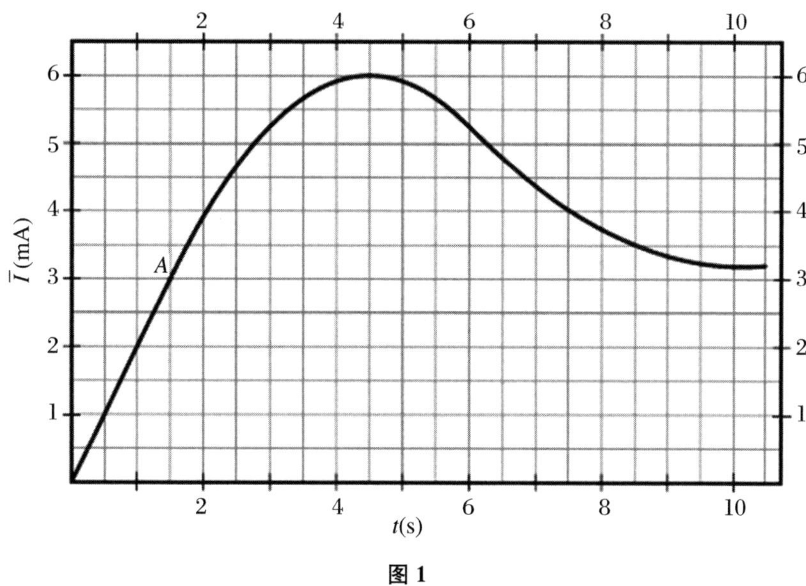

图1

解 (1) 由 $q(t)=\overline{I}(t)\cdot t$,得到图像(见图2)。

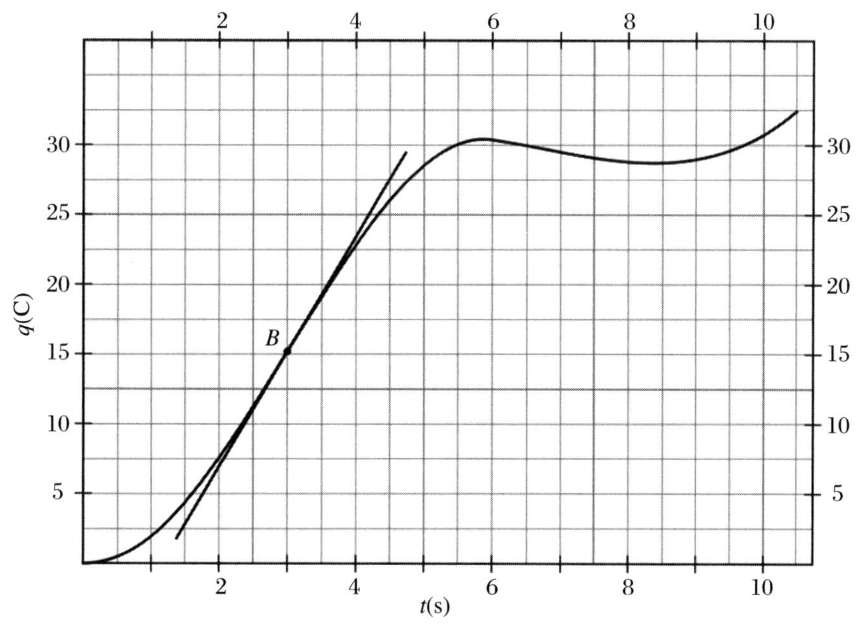

图2

(2) 从图 1 中可看出,在 0～1.5 s 内,$\overline{I}\propto t$,令 $\overline{I}=\alpha t$,又因为

$$\overline{I}=\frac{q}{t}$$

得到

$$q=\alpha t^2$$

进一步得到

$$I=\frac{\mathrm{d}q}{\mathrm{d}t}=2\alpha t=2\overline{I}$$

故

$$I_A=2\overline{I}_A=6\ \mathrm{mA}$$

又因为

$$P_A=I_A^2R$$

故解得

$$R=4444.4\ \Omega$$

(3) 从 q-t 图像中可以看出,B 处斜率最大,故 $I=\frac{\mathrm{d}q}{\mathrm{d}t}$最大,从图 2 中得到 $I_{\max}=8.25\ \mathrm{mA}$,故

$$P_{\max}=I_{\max}^2R=0.3025\ \mathrm{W}$$

十年级

问题 10-1　投石车

玩具投石车一次可以发射两个小球,初速度的数值均为 v_0,但与水平面夹角不同。其中一个小球的发射方向可以任意调整。根据投石车的建造,另一个小球的发射方向也会跟着改变,使得两个小球发射后落地的位置重合。经过多次试验后,发现两个小球在空中的距离的最大可能值为 $L_{\max}=19$ m。求小球的初速度 v_0。重力加速度 $g=10\ \mathrm{m/s^2}$。

解　对任意斜抛运动有

$$x=v_0t\cos\theta \tag{①}$$

$$y=v_0t\sin\theta-\frac{1}{2}gt^2 \tag{②}$$

落地时 $y=0$,由①②消去 t 得

$$x=\frac{2v_0^2\sin\theta\cos\theta}{g}=\frac{v_0^2\sin 2\theta}{g} \tag{③}$$

设 A 球倾角较大,与水平面的夹角为 α;B 球倾角较小,与水平面的夹角为 β,因两小球落地的位置重合,即 A 球与 B 球落地时 x 坐标相同,由③得

$$\sin 2\alpha=\sin 2\beta \tag{④}$$

因 $\alpha\neq\beta$,故

$$\alpha+\beta=\frac{\pi}{2} \tag{5}$$

发射后选 B 球为参考系，A 球相对于 B 球做匀速直线运动，当 B 球落地时，两个小球在空中的距离最大。B 球经 t_2 时间落地，则

$$v_0\sin\beta t_2-\frac{1}{2}gt_2^2=0 \tag{6}$$

最大距离

$$L^2=[v_0(\cos\alpha-\cos\beta)t_2]^2+[v_0(\sin\alpha-\sin\beta)t_2]^2 \tag{7}$$

由⑤～⑦得

$$L=\frac{\left[2\sin\left(2\beta+\frac{\pi}{4}\right)-\sqrt{2}\right]v_0^2}{g} \tag{8}$$

当 $\sin\left(2\beta+\frac{\pi}{4}\right)=1$ 时，L 最大，此时

$$v_0=\sqrt{\frac{gL}{2-\sqrt{2}}}=18.01\ \text{m/s}$$

问题 10－2 线圈上的绳

如图 1 所示，将轻绳缠在圆柱形线圈上，线圈套在水平木棒上。为了使得线圈在木棒上匀速旋转，需要用竖直向下的力 F_1 拉绳，或者沿线圈下端的水平切线用力 F_2 拉绳。线圈的质量 m 等于多少？

F_1

图 1

解 设线圈的外径为 R，内径为 r，用竖直向下的力 F_1 拉绳时受力分析如图 2(a)所示，选线圈圆心为转轴，由力矩平衡得

$$F_1R=F_{f1}r \tag{1}$$

将 mg，F_1，F_{f1} 和 F_{N1} 四个力移到一点，并将 mg 与 F_1 合成，$F_{合1}$ 得

$$F_{合1}=mg+F_1 \tag{2}$$

如图 2(b)所示，摩擦角 θ 满足

$$\tan\theta=\frac{F_{f1}}{F_{N1}} \tag{3}$$

$$F_{f1}=F_{合1}\sin\theta \tag{4}$$

$$F_{N1}=F_{合1}\cos\theta \tag{5}$$

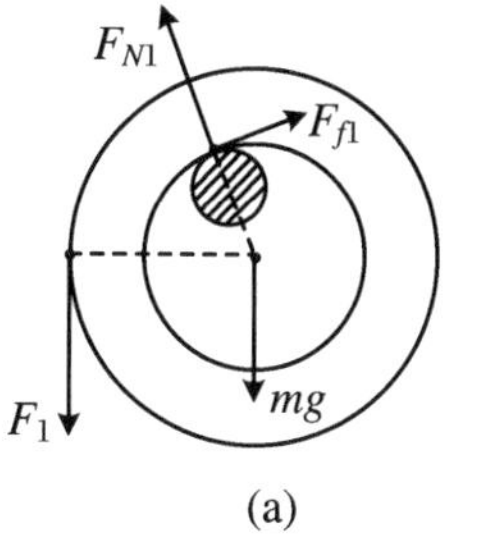

(a)

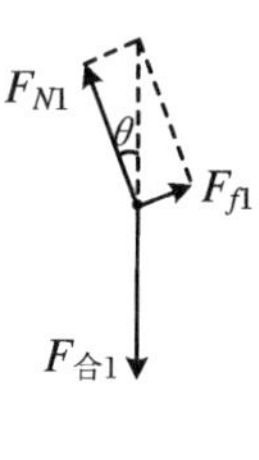

(b)

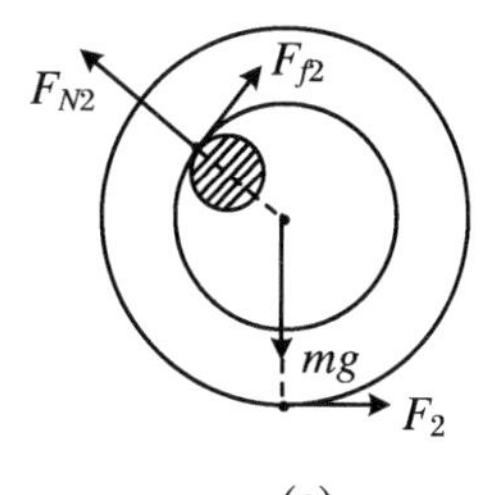

(c)

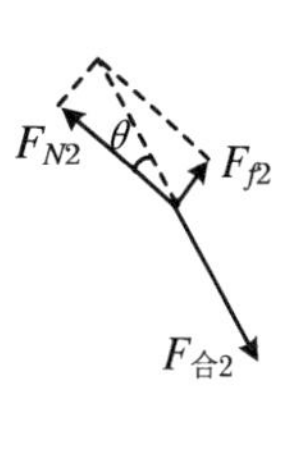

(d)

图 2

联立①～⑤得

$$F_1R = (mg + F_1)\cdot\frac{\mu}{\sqrt{1+\mu^2}}r \qquad ⑥$$

沿线圈下端的水平切线用力 F_2 拉绳，线圈的受力分析如图 2(c)所示，选线圈圆心为转轴，由力矩平衡得

$$F_2R = F_{f2}r \qquad ⑦$$

将所有力移至同一点，并将 mg 与 F_2 合成 $F_{合2}$ 得

$$F_{合2} = \sqrt{(mg)^2 + F_2^2} \qquad ⑧$$

由图 2(d)得摩擦角 θ 仍满足

$$\tan\theta = \frac{F_{f2}}{F_{N2}} \qquad ⑨$$

$$F_{f2} = F_{合2}\sin\theta \qquad ⑩$$

$$F_{N2} = F_{合2}\cos\theta \qquad ⑪$$

联立⑦⑨⑩⑪得

$$F_2R = \sqrt{(mg)^2 + F_2^2}\cdot\frac{\mu}{\sqrt{1+\mu^2}}r \qquad ⑫$$

联立⑥⑫得

$$m = \frac{2F_1F_2^2}{g(F_1^2 - F_2^2)} \qquad ⑬$$

问题 10-3　氦气冷却

将 1 mol 氦气从初始温度 T_0冷却到末温度 T_x，在过程中热容量 C 与温度 T 成正比，气体做功等于 0。在冷却过程开始瞬间，气体的压强与体积成正比。求气体在这个过程中所做的正功的量，以及比值 T_x/T_0。

解　首先分析初始温度 T_0 时的状态，由热力学第一定律得

$$\mathrm{d}Q = \mathrm{d}U + p\mathrm{d}V$$

理想气体状态方程为

$$pV = nRT$$

两边取微分得到

$$p\mathrm{d}V + V\mathrm{d}p = nR\mathrm{d}T$$

又因为压强与体积成正比，令 $p = kV$，两边取微分得到

$$\mathrm{d}p = k\mathrm{d}V$$

综合上述关系并结合热容定义得到

$$\left(\frac{\mathrm{d}Q}{\mathrm{d}T}\right)_{T_0} = nC_V + \frac{nR}{2}$$

其中 $C_V = \dfrac{3}{2}R$，$n = 1$ mol，进一步得到

$$\left(\frac{\mathrm{d}Q}{\mathrm{d}T}\right)_{T_0} = 2R$$

结合循环过程中 C 与温度 T 成正比这一条件，得到

$$\frac{\mathrm{d}Q}{\mathrm{d}T}=2R\frac{T}{T_0} \quad ①$$

结合题意，定性画出 p-V 图像，如图所示。

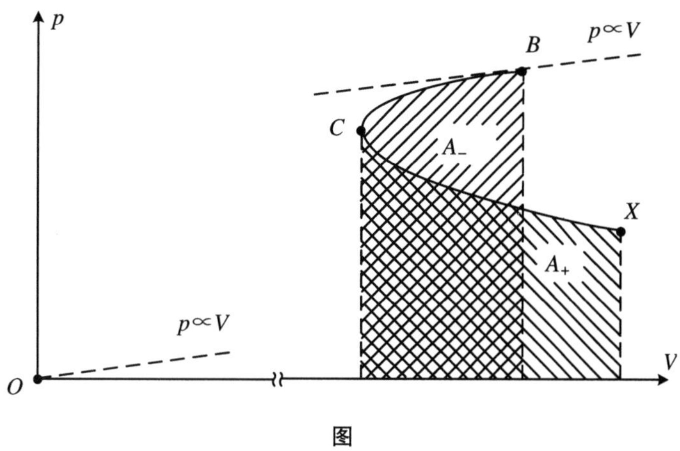

图

在 BC 过程中气体做负功，在 CX 过程中气体做正功，且

$$W_{BC}+W_{CX}=0$$

注意到 C 点附近气体做功为 0，故

$$\left(\frac{\mathrm{d}Q}{\mathrm{d}T}\right)_C=C_V=\frac{3R}{2}$$

联系①，得到

$$T_C=\frac{3}{4}T_0 \quad ②$$

结合热容定义及①得到

$$\frac{\mathrm{d}Q}{\mathrm{d}T}=\frac{\mathrm{d}U}{\mathrm{d}T}+\frac{p\mathrm{d}V}{\mathrm{d}T}=2R\frac{T}{T_0}$$

整理得到

$$\mathrm{d}W=\left(2R\frac{T}{T_0}-\frac{3}{2}R\right)\mathrm{d}T$$

两边积分得到

$$W_{12}=\frac{R}{T_0}(T_2^2-T_1^2)-\frac{3}{2}R(T_2-T_1) \quad ③$$

联系 $W_{BX}=0$，得到

$$T_X=\frac{1}{2}T_0 \quad ④$$

进一步由②～④得到

$$W_+=W_{CX}=\frac{RT_0}{16}$$

问题 10－4　稳定电流源

稳定电流源无论接入什么样的负载，都能输出稳定电流 I_0。如图1所示，实验员将稳定电流源接入电路。电路中的所有元件都是理想的，各物理量在图中用字母表示。在闭合开关之前，电容器不带电。在某一时刻，将开关闭合。此后，电阻 R 上放出的总热量 Q 等于多少？

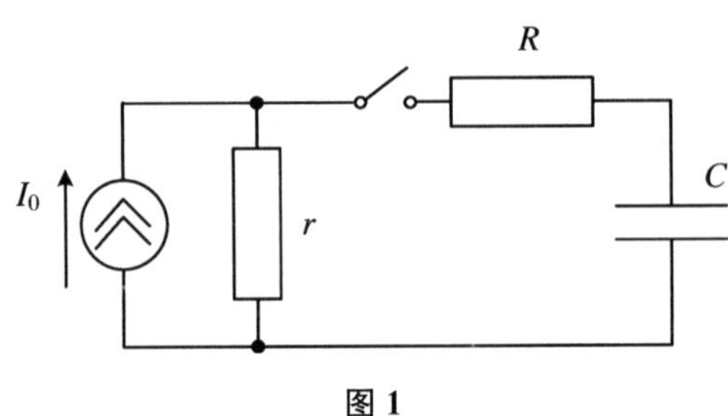

图1

解　（法1）令流经 R 的电流为 I，流经 r 的电流为 I_r，两者满足

$$I + I_r = I_0 \tag{①}$$

在极短时间内，R 上产生的焦耳热

$$\Delta Q = U\Delta q = IR\Delta q \tag{②}$$

再由基尔霍夫电压定律得到

$$I_r r = IR + \frac{q}{C} \tag{③}$$

其中 q 为电容器上的电量。

由①③得到

$$I_0 r = I(R + r) + \frac{q}{C}$$

进一步得到

$$I = \frac{I_0 r}{R + r} - \frac{q}{C(R + r)}$$

作出 I-q 图像如图2所示。

图2

在②的基础上进一步分析，电阻 R 上总的焦耳热

$$Q = \sum \Delta Q = R\sum I\Delta q$$

注意到 $\sum I\Delta q$ 即 I-q 图像与坐标轴围成的面积，即

$$\sum I\Delta q = \frac{1}{2}\cdot\frac{I_0 r}{R + r}\cdot CI_0 r = \frac{CI_0^2 r^2}{2(R + r)}$$

进一步得到

$$Q = R\sum I\Delta q = \frac{CRI_0^2 r^2}{2(R+r)}$$

该解法技巧性较强。

（法2）从更为一般的微分方程角度求解。设 $t=0$ 时刻闭合开关，t 时刻流过 R 的电流为 I，电容器带电量为 q，对 r，R 与 C 组成的回路有

$$(I_0 - I)r = IR + \frac{q}{C} \quad ①$$

电容器充电：

$$I = \frac{\mathrm{d}q}{\mathrm{d}t} \quad ②$$

联立①②得

$$I_0 r = (R+r)\frac{\mathrm{d}q}{\mathrm{d}t} + \frac{q}{C} \quad ③$$

解③，考虑到当 $t=0$ 时，$q=0$，得

$$q = CI_0 r\left[1 - \mathrm{e}^{\frac{-t}{C(R+r)}}\right] \quad ④$$

所以

$$I = \frac{\mathrm{d}q}{\mathrm{d}t} = \frac{I_0 r}{R+r}\mathrm{e}^{\frac{-t}{C(R+r)}} \quad ⑤$$

又

$$\mathrm{d}Q = I^2 R\mathrm{d}t \quad ⑥$$

联立⑤⑥，考虑到当 $t=0$ 时，$Q=0$，得

$$Q = \frac{CI_0^2 r^2 R}{2(R+r)}\left[1 - \mathrm{e}^{\frac{-2t}{C(R+r)}}\right] \quad ⑦$$

开关闭合后，当 $t\to\infty$ 时，电阻 R 上放出的总热量为

$$Q_{总} = \frac{CI_0^2 r^2 R}{2(R+r)} \quad ⑧$$

问题 10-5　是否分散

两个质点的质量分别为 m 和 $M(M\gg m)$，带相等的正电 q，相距 l，位于均匀电场 E 内，方向从 m 指向 M，如图1所示。两个质点的初速度均为0，求它们在后续运动中距离的最大值。假设质点一直沿直线运动。

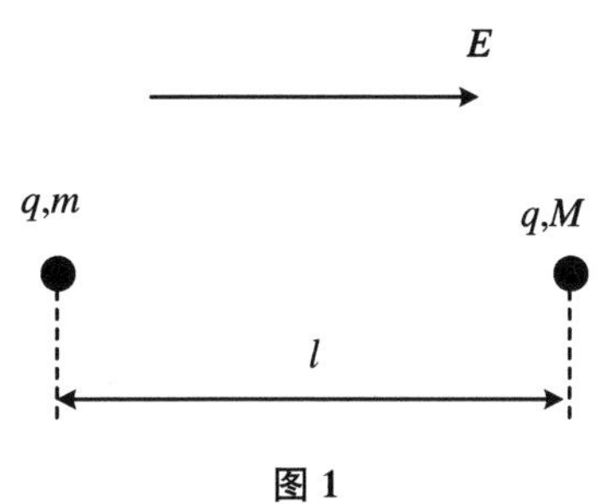

图1

解 (法1)M,m 的受力图如图2所示。

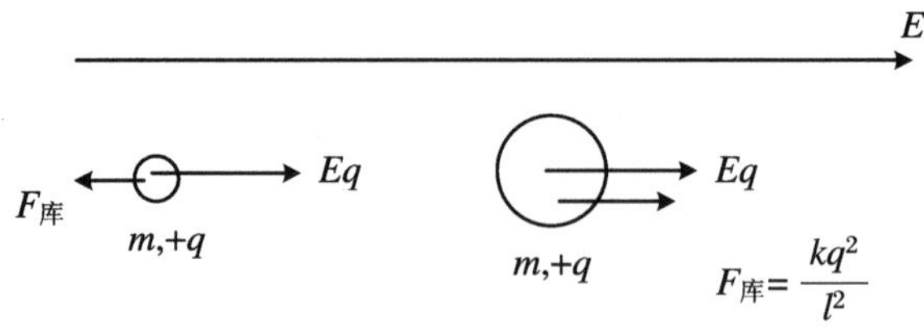

图2

M 的加速度满足

$$Eq + k\frac{q^2}{l^2} = Ma_M$$

方向与电场 E 方向相同。

转换 M 为参考系,添加上惯性力之后,重画受力分析图如图3所示。

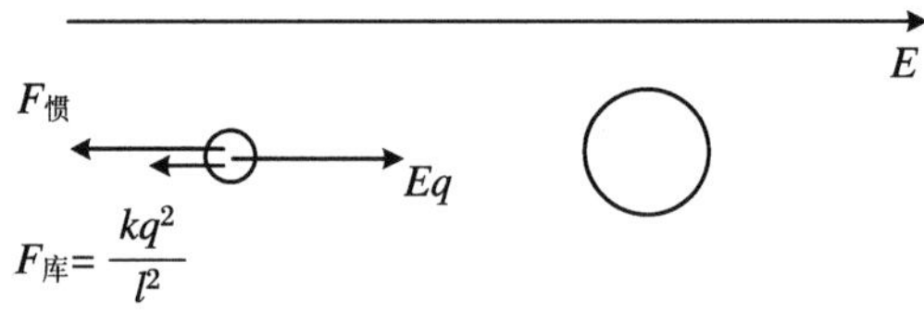

图3

m 将受到合外力

$$F_m = F_{惯} - Eq + F_{库} = ma_M - Eq + k\frac{q^2}{l^2}$$

$$= \frac{(M+m)k\frac{q^2}{l^2} - (M-m)Eq}{M}$$

方向为沿 $-\boldsymbol{E}$ 方向。

讨论:

若 $F_m<0$,则 $l>\sqrt{\frac{kq}{E_1}}$,其中 $E_1=\frac{M-m}{M+m}E$。

以 M 为参考系,将看到 m 从距离 M 质点 l 处静止加速与 M 碰撞后,以相同速度弹回,减速最后在离 M 质点 l 远处速度为0,然后形成周期性运动。即 M,m 之间的距离最远为 l。

若 $F_m>0$,则 $l<\sqrt{\frac{kq}{E_1}}$,其中 $E_1=\frac{M-m}{M+m}E$。

以 M 为参考系,将看到 m 从距离 M 质点 l 处由静止开始做远离 M 的运动,经加速、减速后达到最远距离 l_m,此时速度为0。接着 m 从距离 M 质点 l_m 处停止加速与 M 碰撞后,以相同速度弹回,减速最后在离 M 质点 l 远处速度为0,然后形成周期性运动。即 M,m 之间的距离最远为 l_m。

分析"m 从距离 M 质点 l 处由静止开始经加速、减速后达到最远距离 l_m,速度为0"这个

过程，即

$$\int_{l}^{l_\mathrm{m}} F_m \mathrm{d}x = 0$$

得

$$\int_{l}^{l_\mathrm{m}} \frac{(M+m)k\dfrac{q^2}{l^2}-(M-m)Eq}{M}\mathrm{d}x = 0$$

解得

$$l_\mathrm{m} = \frac{kq}{lE_1}$$

其中

$$E_1 = \frac{M-m}{M+m}E$$

综上所述，最大距离为$\begin{cases} l, & l \geqslant \sqrt{\dfrac{kq}{E_1}} \\ \dfrac{kq}{lE_1}, & l < \sqrt{\dfrac{kq}{E_1}} \end{cases}$，其中 $E_1 = E\dfrac{M-m}{M+m}$。

（法2）M,m 受力图如图2所示。

M 的加速度

$$a = \frac{kq^2}{Ml^2} + \frac{Eq}{M}$$

如图3所示，在 M 系下分析 m，设向左为正方向，可得

$$F_m = F_{库} + F_{惯} - Eq$$

整理得到

$$F_m = k\frac{q^2}{l^2}\left(1+\frac{m}{M}\right) - Eq\left(1-\frac{m}{M}\right)$$

定义等效力场

$$F_1 = k\frac{q^2}{l^2}\left(1+\frac{m}{M}\right) \quad (\text{方向为由 } M \text{ 指向 } m)$$

$$F_2 = Eq\left(1-\frac{m}{M}\right) \quad (\text{方向为由 } m \text{ 指向 } M)$$

显然，两者均为保守力，为分析问题方便，取 F_1 零势能面在无穷远处，取 F_2 零势能面在 $l=0$ 处，得到等效势能

$$U = k\frac{q^2}{r}\left(1+\frac{m}{M}\right) + Eq\left(1-\frac{m}{M}\right)r$$

作 U-r 图像如图4所示。由图可知在 l_0 处，U 最小。利用数学知识得到

$$l_0 = \sqrt{\frac{kq}{E_1}}$$

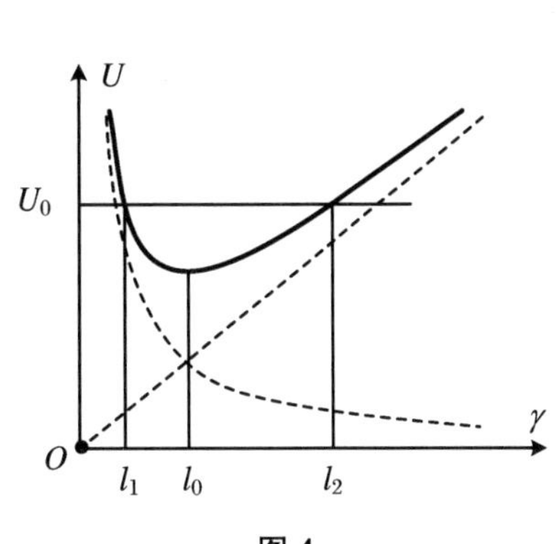

图 4

其中

$$E_1 = E\frac{M-m}{M+m}$$

由图像可知：若 $l \geqslant l_0$，即图中 l_2，此后距离减小，直至 l_1 处，速度减为 0，此后在 $l_1 \leqslant l \leqslant l_2$ 范围内往复运动，故 $l_m = l$。

若 $l < l_0$，即图中 l_1，此后距离增加，直至 l_2 处，速度减为 0，此后在 $l_1 \leqslant l \leqslant l_2$ 范围内往复运动，故 $l_m = l_2$。

由数学知识可知

$$l_1 l_2 = l_0^2$$

即

$$l l_m = l_0^2, \quad l_m = \frac{l_0^2}{l} = \frac{kq^2}{lE_1}$$

综上所述，最大距离为$\begin{cases} l, & l \geqslant \sqrt{\dfrac{kq}{E_1}} \\ \dfrac{kq}{lE_1}, & l < \sqrt{\dfrac{kq}{E_1}} \end{cases}$，其中 $E_1 = E\dfrac{M-m}{M+m}$。

十一年级

问题 11-1　弹簧的伸长量

轻质细弹簧一开始的伸长量为 Δl_1，两端固定在桌面上的 A，B 两点。在弹簧的中间放置小球，将其进行小幅横波振动(图 1)和小幅纵波振动(图 2)，周期之比为 $n_1 = 4$。又将弹簧的伸长量增加 $\Delta x = 3.5$ cm，周期之比变为 $n_2 = 3$。求弹簧的初始长度 l_0，第一种情况下的伸长量 Δl_1 和第二种情况下的伸长量 Δl_2。设整个过程中弹簧满足胡克定律。

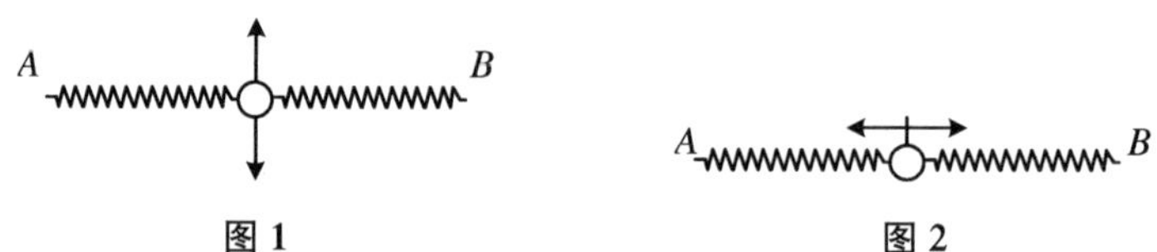

图 1　　图 2

解　设整根弹簧的劲度系数为 k，则半根弹簧的劲度系数为 $2k$，一开始弹簧伸长 Δl_1，则左、右两段弹簧的伸长量为 $\Delta l_1/2$。当横波振动时，小球竖直向下发生一段位移 x，弹簧与水平方向的夹角为 θ(很小)，回复力满足

$$F_{回1} = 2k\Delta l_1 \theta = 2k\Delta l_1 \frac{x}{\frac{l_0 + \Delta l_1}{2}} = \frac{4k\Delta l_1}{l_0 + \Delta l_1}x \qquad ①$$

故

$$T_1 = 2\pi\sqrt{\frac{m(l_0 + \Delta l_1)}{4k\Delta l_1}} \qquad ②$$

当纵波振动时，回复力满足

$$F_{回2} = 4kx \tag{③}$$

故

$$T_2 = 2\pi\sqrt{\frac{m}{4k}} \tag{④}$$

由②④得

$$\frac{T_1}{T_2} = \sqrt{\frac{l_0 + \Delta l_1}{\Delta l_1}} = n_1 \tag{⑤}$$

同理可得

$$\frac{T_1'}{T_2'} = \sqrt{\frac{l_0 + \Delta l_1 + \Delta x}{\Delta l_1 + \Delta x}} = n_2 \tag{⑥}$$

联立⑤⑥解得

$$l_0 = 60\ \text{cm},\quad \Delta l_1 = 4\ \text{cm},\quad \Delta l_2 = \Delta l_1 + \Delta x = 7.5\ \text{cm}$$

问题 11－2　纳米锡的熔化

一大块锡的熔点 $T_0=232$ ℃。直径为 $d=20$ nm 的微小颗粒锡的熔点比它低了 25 ℃，为 $T_d=207$ ℃。这所谓的“尺寸效应”指的是，物质的熔点不但取决于大小，还取决于形状。那么，厚度 $h=d$ 的锡箔的熔点等于多少摄氏度？

位于锡的表层上只有两三个原子间距的位置上的锡原子比内部的锡原子的能量高一些，每个锡原子的熔解热 λ 与物质中每个锡原子的平均键能 U 以及物态变化（熔化）的绝对温度 T 成正比：$\lambda \propto U \propto T$。

锡的摩尔质量 $\mu=119$ g/mol，密度 $\rho=7.31\ \text{g/cm}^3$。

解　首先分析尺寸效应，令表面能量较高的锡层厚度为 Δx，单位体积锡原子数为 n_0，对于半径为 r 的球形锡粒，能量较高的锡原子数 N 与总的锡原子数 N_0 之比

$$\frac{N}{N_0} = \frac{4\pi r^2 \Delta x n_0}{\frac{4}{3}\pi r^3 n_0} = \frac{3\Delta x}{r} = \frac{6\Delta x}{d}$$

不难发现，一般情况下，$\Delta x \ll d$，即表层能量高的锡原子相对总数可忽略不计。而当直径为纳米级时，Δx 不可忽略，即表层能量高的锡原子相对总数不可忽略，表层锡原子能量较高，键能较低，使得纳米锡平均键能降低，由题意可知，熔点降低。

令锡块内部锡原子键能为 U_0，表层能量较高的锡原子键能为 $U_0-\Delta U$。

对于一大块锡，尺寸效应忽略不计：

$$T_0 = kU_0 = 232\ ℃ \tag{①}$$

对于 $d=20$ nm 的纳米锡粒：

$$T_d = k\left(U_0 - \frac{N}{N_0}\Delta U\right) = k\left(U_0 - \frac{6\Delta x}{d}\Delta U\right) = 207\ ℃ \tag{②}$$

对于 $d=20$ nm 的纳米锡箔：

$$T_d' = k\left(U_0 - \frac{N'}{N_0'}\Delta U\right)$$

对于锡箔：

$$\frac{N'}{N_0'} = \frac{2S\Delta x n_0}{Sdn_0} = \frac{2\Delta x}{d}$$

故

$$T_d' = k\left(U_0 - \frac{2\Delta x}{d}\Delta U\right) \qquad ③$$

联立①～③，得到

$$T_d' = 223.7\ ℃$$

问题 11-3　开尔文男爵的 8 字形

人们在开尔文男爵的档案中找到了用未知量 ν 的氮气进行循环过程的图。在 C-T 图中，C 为气体的热容量，T 为温度，循环过程由四条线段 $abefcbeda$ 组成，如图 1 所示。不幸的是，图中的坐标原点看不见了。图旁的解释说明：$C_d = 1.000\ \text{J/K}$，$C_a = 0.715\ \text{J/K}$，且 $T_c - T_b = 2(T_b - T_a) = 200\ \text{K}$，$p_c/p_a = V_c/V_a$。

(1) 求一个循环中气体所做的功 W，以及能量转化效率 η。

(2) 求温度 T_a，T_b，T_c。

(3) 画出 p-V 图，并求出气体物质的量 ν。

注：热容量保持常值 C 不变的过程是多方的，满足关系 $pV^n =$ 常数，其中 n 为多方指数。

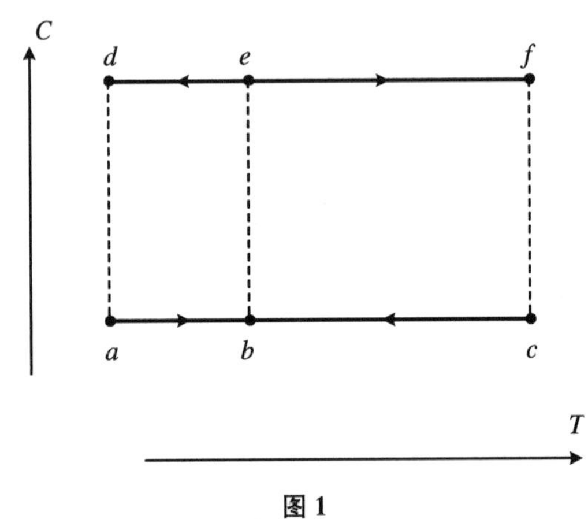

图 1

解　(1) 在一个循环中，T 不变，故内能不变，由热力学第一定律有

$$W = Q$$

结合图像得

$$Q = C_a(T_b - T_a) + C_d(T_c - T_b) + C_a(T_b - T_c) + C_d(T_a - T_b)$$

又因为

$$T_c - T_b = 2(T_b - T_a) = 200\ \text{K}$$

代入数据得到

$$Q = 28.5\ \text{J}$$

故

$$W = 28.5\,\mathrm{J}$$

能量转化效率

$$\eta = \frac{W}{Q_{吸}}$$

从图像中得到

$$Q_{吸} = C_a(T_b - T_a) + C_d(T_c - T_b)$$

代入数据得到

$$\eta = 10.5\%$$

(2) 由题意知

$$pV^n = 常量$$

结合理想气体方程

$$pV = \nu RT$$

得到

$$TV^{n-1} = 常量$$

进一步分析循环中的四个过程得到

$$\left(\frac{T_a}{T_b}\right)^{\frac{1}{1-n_a}} = \frac{V_a}{V_b}$$

$$\left(\frac{T_b}{T_c}\right)^{\frac{1}{1-n_d}} = \frac{V_b}{V_c}$$

$$\left(\frac{T_c}{T_b}\right)^{\frac{1}{1-n_a}} = \frac{V_c}{V_b}$$

$$\left(\frac{T_b}{T_a}\right)^{\frac{1}{1-n_d}} = \frac{V_b}{V_a}$$

上述四式相乘得到

$$\left(\frac{T_aT_c}{T_b^2}\right)^{\frac{n_a-n_d}{(1-n_a)(1-n_d)}} = 1$$

考虑到 $n_a \neq n_d$，则

$$\frac{T_aT_c}{T_b^2} = 1, \quad 即 \quad T_aT_c = T_b^2$$

又由

$$T_c - T_b = 2(T_b - T_a) = 200\,\mathrm{K}$$

得到

$$T_a = 100\,\mathrm{K}, \quad T_b = 200\,\mathrm{K}, \quad T_c = 400\,\mathrm{K}$$

(3) 由热力学第一定律可得

$$\mathrm{d}Q = \mathrm{d}U + p\mathrm{d}V$$

由理想气体方程可得

$$pV = \nu RT$$

两边取微分得到

$$pdV + Vdp = \nu RdT$$

由多方过程可得

$$pV^n = 常量$$

两边取微分得到

$$npdV + Vdp = 0$$

联立上述各式得到热容满足

$$C = \frac{dQ}{dT} = C_V + \frac{\nu R}{1-n}$$

整理得到

$$n = \frac{C_P - C}{C_V - C}$$

其中，$C_P = C_V + \nu R$，即迈耶公式。

对多方过程，$pV^n=$常量，无量纲化后两边取对数可得

$$\ln\frac{p}{p_0} + n\ln\frac{V}{V_0} = 常量$$

令 $x=\ln\frac{p}{p_0}$，$y=\ln\frac{V}{V_0}$，得

$$x + ny = 常量$$

其在 x-y 图像中为直线，以下在 x-y 图中分析。

结合题意联系 1，3 两个状态：

$$\frac{p_3}{p_1} = \frac{V_3}{V_1}$$

即

$$\frac{p}{V} = 常量$$

无量纲化后两边取对数，得到

$$\ln\frac{p}{p_0} - \ln\frac{V}{V_0} = 常量$$

即

$$x - y = 常量, \quad k_{13} = 1$$

考虑到 2，4 两个状态温度相同，故

$$pV = \nu RT = 常量$$

无量纲化后两边取对数，得到

$$\ln\frac{p}{p_0} + \ln\frac{V}{V_0} = 常量$$

即

$$x + y = 常量, \quad k_{24} = -1$$

故

$$k_{13}k_{24} = -1$$

1,3 连线与 2,4 连线相互垂直,再考虑到

$$k_{12} = k_{34} = -n_a$$

$$k_{23} = k_{14} = -n_d$$

故 1,2 连线与 3,4 连线平行,2,3 连线与 1,4 连线平行,综上 1,2,3,4 依次连线构成菱形,如图 2 所示。

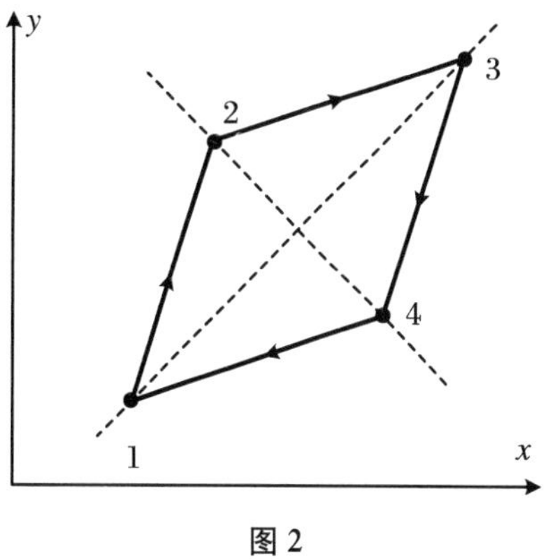

图 2

进一步分析可知,k_{12},k_{14} 关于 $k_{13}=1$ 对称,故

$$k_{12}k_{14} = n_a n_d = 1$$

联系

$$n = \frac{C_P - C}{C_V - C}$$

得到

$$\frac{C_P - C_a}{C_V - C_a} \cdot \frac{C_P - C_b}{C_V - C_b} = 1$$

整理得到

$$C_a + C_d = C_p + C_V = \nu\left(\frac{5}{2}R + \frac{7}{2}R\right)$$

代入数据解得

$$\nu = 3.44 \times 10^{-2}\ \text{mol}$$

进一步得到

$$C_a = \nu\frac{5}{2}R = \nu C_V$$

$$C_d = \nu\frac{7}{2}R = \nu C_p$$

故 1→2 过程及 3→4 过程为等体过程,2→3 过程及 4→1 过程为等压过程,在此基础上得到 p-V 图像(见图 3)。

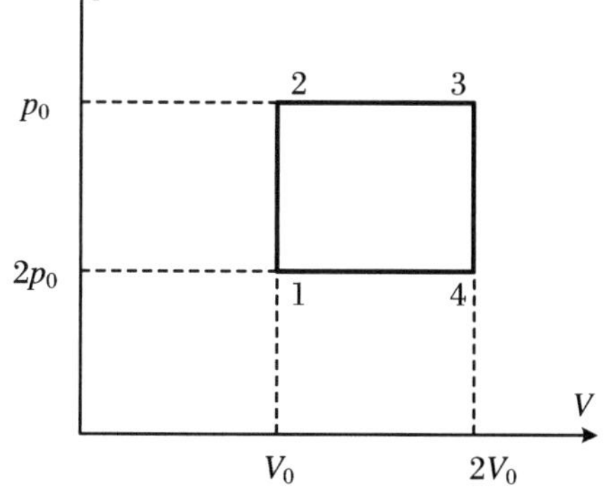

图 3

结合题意

$$\frac{p_3}{p_1} = \frac{V_3}{V_1}$$

故

$$\left(\frac{V_3}{V_1}\right)^2 = \left(\frac{p_3}{p_1}\right)^2 = \frac{p_3 V_3}{p_1 V_1} = \frac{T_3}{T_1} = \frac{400\ \text{K}}{100\ \text{K}}$$

即

$$p_3 = 2p_1,\quad V_3 = 2V_1$$

问题 11 - 4　电击

将两根长度为 $l=1$ m 的细金属线挂在不导电的天花板上,相距 $d=10$ cm,金属线上分别挂着两个相同的钢球,半径 $r=5$ mm,质量 $m=4$ g,如图 1 所示。一开始,小球不带电且静止。重力加速度 $g=9.8\ \text{m/s}^2$,介电常数 $\varepsilon=8.85\times10^{-12}$ F/m。

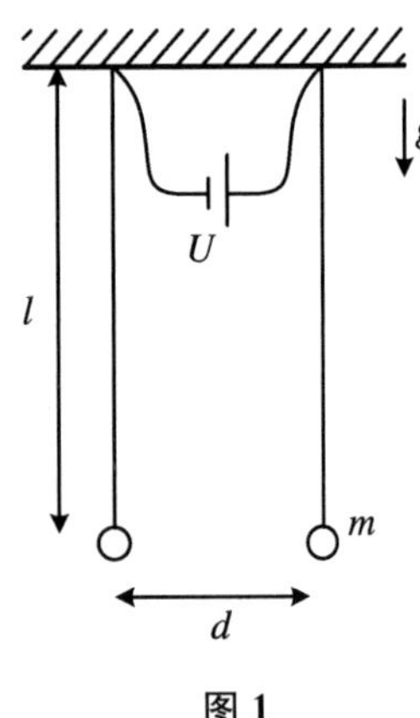

图 1

(1) 求小球小幅自由振动的周期 T。

(2) 在两根金属线的顶端施加内阻很小($R=0.01\ \Omega$)的电源 U。为了能使两个小球过一段时间能够发生碰撞,U 的最小值 $U_{\min}$ 等于多少?(充电时间极短,且不考虑后续运动过程中小球电量的变化)

(3) 当 $U=U_0=1.0\times10^6$ V 时,求使得两个小球之间的电势差达到 $U_{\min}$ 时所需要的时间 t_0。

解 (1) 设小球小幅自由振动的周期为 T,由单摆周期公式得

$$T = 2\pi\sqrt{\frac{l}{g}} = 2.01\ \text{s}$$

(2) 如图 2 所示,分析小球上升过程某时刻的受力情况,显然 $F\cos\alpha > mg\sin\alpha$,小球加速,即有

$$F > mg\tan\alpha \approx mg\alpha$$

而 $F\cos\alpha < mg\sin\alpha$,小球减速,即有

$$F < mg\tan\alpha \approx mg\alpha$$

其中

$$F = \frac{kq^2}{(d-2l\tan\alpha)^2} \approx \frac{kq^2}{(d-2l\alpha)^2}$$

令 $f(\alpha)=\alpha(d-2l\alpha)^2$,分析可知:

当 $\dfrac{kq^2}{mg} > f(\alpha)$ 时加速;当 $\dfrac{kq^2}{mg} < f(\alpha)$ 时减速。

结合图 3 分析,当 $0<\alpha<\alpha_1$ 时,小球加速,当 $\alpha_1<\alpha<\alpha_3$ 时,小球减速。

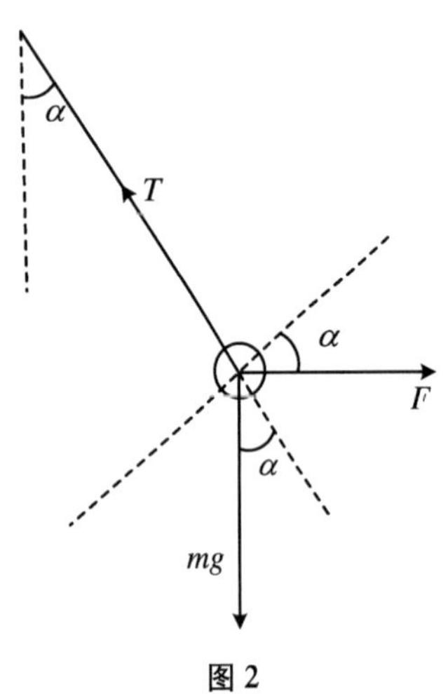

图 2

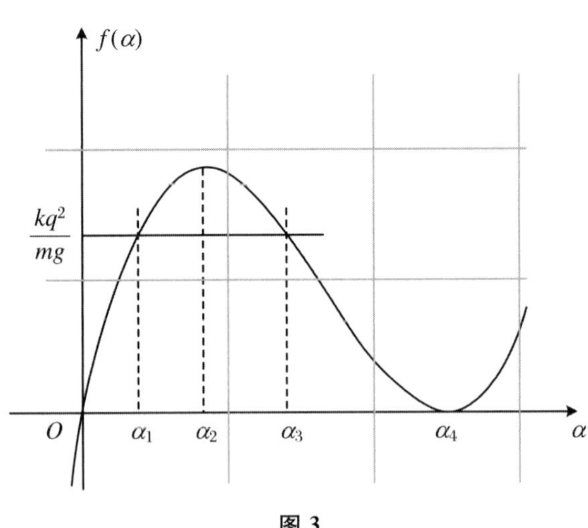

图 3

若当 $\alpha=\alpha_3$ 时,小球速度仍未减到 0,则 $\alpha>\alpha_3$,可进一步加速,直至相碰,$f'(\alpha)=0$,可解得

$$\alpha_2 = \frac{d}{6l}$$

当临界情况时，恰好运动到 α_3，满足

$$\frac{kq^2}{mg} = \alpha_3(d - 2l\alpha_3)^2$$

由能量守恒得

$$-k\frac{q^2}{d} + k\frac{q^2}{d - 2l\alpha_3} = 2mgl(1 - \cos\alpha_3)$$

考虑到 $\alpha \to 0, 1 - \cos\alpha \approx \frac{\alpha^2}{2}$，联立解得

$$\alpha_3 = \frac{d}{4l}, \quad q_{\min} = \frac{1}{4}\sqrt{\frac{mgd^3}{kl}} \tag{①}$$

两球之间的电压

$$U = 2\int_r^{d-r} k\frac{q}{r^2}\mathrm{d}r = \frac{2kq(d - 2r)}{r(d - r)} \tag{②}$$

联立①②解得

$$U_{\min} = \frac{d - 2r}{2r(d - r)}\sqrt{\frac{kmgd^3}{l}}$$

代入数据解得

$$U_{\min} = 56.8\ \mathrm{kV}$$

(3) 由上一问可知

$$U = \frac{2kq(d - 2r)}{r(d - r)}$$

令

$$\frac{1}{C} = \frac{2k(d - 2r)}{r(d - r)} \tag{③}$$

即

$$U = \frac{q}{C}$$

则可将上述过程类比 RC 电路的充电过程：

$$I = \frac{U_0 - U}{R}, \quad I = \frac{\mathrm{d}q}{\mathrm{d}t}, \quad U = \frac{q}{C}$$

联立得到

$$\mathrm{d}t = CR\frac{\mathrm{d}U}{U_0 - U}$$

两边积分得

$$t_0 = \int_0^{U_{\min}} CR\frac{\mathrm{d}U}{U_0 - U} = CR\ln\frac{U_0}{U_0 - U_{\min}}$$

代入数据解得

$$t_0 = 9 \times 10^{-18}\ \mathrm{s}$$

问题 11－5　斯涅尔的档案

人们在斯涅尔的档案里发现了一张光学系统图，其中含有透镜、点光源 S_0 和它的像 S_1。

随着时间的流逝，墨水褪色了，图中只能看到透镜的主光轴、点光源 S_0、像 S_1 和一个焦点 F，如图 1 所示。请用圆规和没有刻度的直尺还原透镜可能的位置。

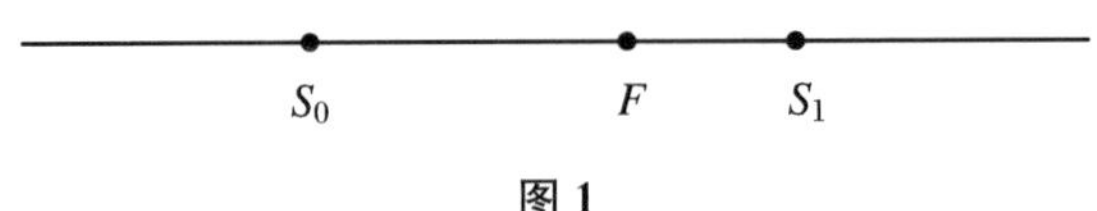

图 1

解　首先是分析过程，令 S_0，S_1 之间的距离为 L，S_0，F 之间的距离为 d，分析可知存在以下四种情况：

(1) 如图 2 所示，令 S_1 与凹透镜间的距离为 x，由透镜成像规律可知

$$\frac{1}{L+x}-\frac{1}{x}=-\frac{1}{L+x-d}$$

解得

$$x=\sqrt{L(L-d)}$$

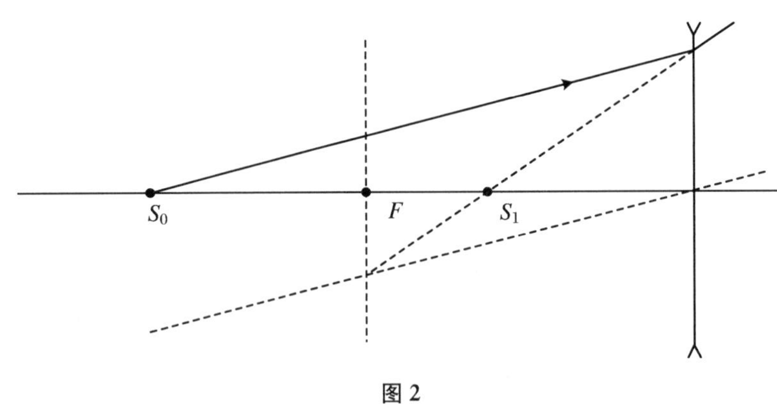

图 2

(2) 如图 3 所示，令 S_0 与凸透镜间的距离为 x，由透镜成像规律可知

$$-\frac{1}{L+x}+\frac{1}{x}=\frac{1}{x+d}$$

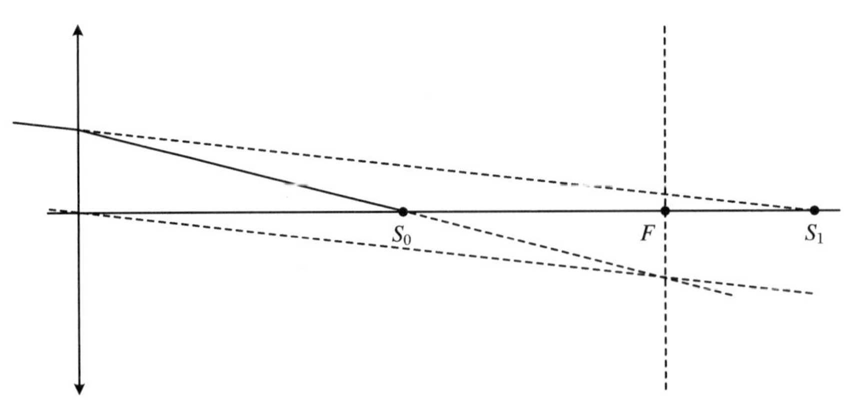

图 3

解得

$$x=\sqrt{Ld}$$

(3) 如图 4 所示,令 S_0 与凸透镜间的距离为 x,由透镜成像规律可知

$$\frac{1}{L-x}+\frac{1}{x}=\frac{1}{d-x}$$

解得

$$x=L-\sqrt{L(L-d)}$$

(4) 如图 5 所示,令 S_0 与凸透镜间的距离为 x,由透镜成像规律可知

$$\frac{1}{L-x}+\frac{1}{x}=\frac{1}{x-d}$$

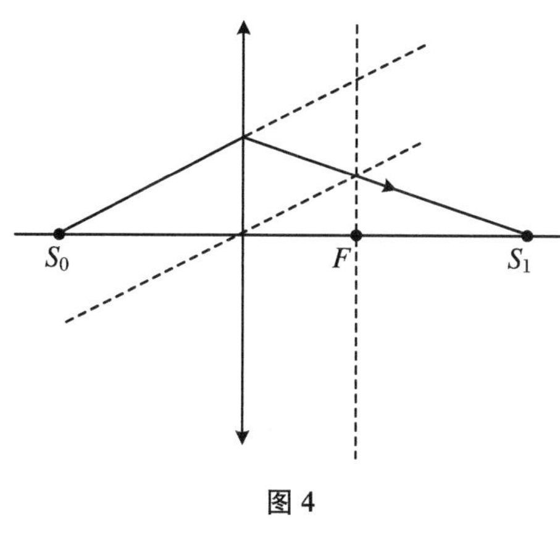

图 4

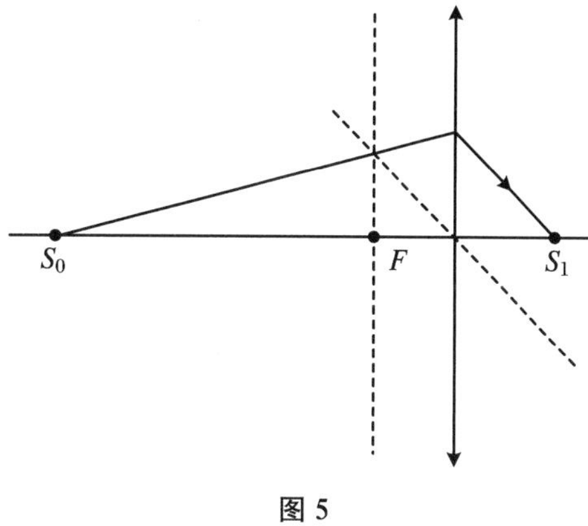

图 5

解得

$$x=\sqrt{Ld}$$

联系(1)(3)两种情况可知,透镜分别位于 S_1 左、右距离为 $\sqrt{L(L-d)}$ 处。

联系(2)(4)两种情况可知,透镜分别位于 S_0 左、右距离为 $\sqrt{Ld}$ 处。

以下为作图过程:

如图 6 所示,首先分析(1)(3)两种情况,作 S_0 关于 S_1 的对称点 M_1,$S_1F=L-d$,$S_1M_1=L$,以 FM_1 为直径作圆,过 S_1 作主光轴的垂线交圆于 P_1。

由几何知识可知

$$\angle FP_1M_1=90^\circ$$

显然

$$S_1P_1=\sqrt{L(L-d)}$$

再以 S_1 为圆心,S_1P_1 为半径即可确定(1)(3)两种情况的透镜位置。

同理,如图 6 所示,分析(2)(4)两种情况,作 S_1 关于 S_0 的对称点 M_0,$S_0F=d$,$S_0M_0=L$,以 FM_0 为直径作圆,过 S_0 作主光轴的垂线交圆于 P_0。

由几何知识可知

$$\angle FP_0M_0=90^\circ$$

显然

$$S_0P_0=\sqrt{Ld}$$

再以 S_0 为圆心,S_0P_0 为半径即可确定(2)(4)两种情况的透镜位置。

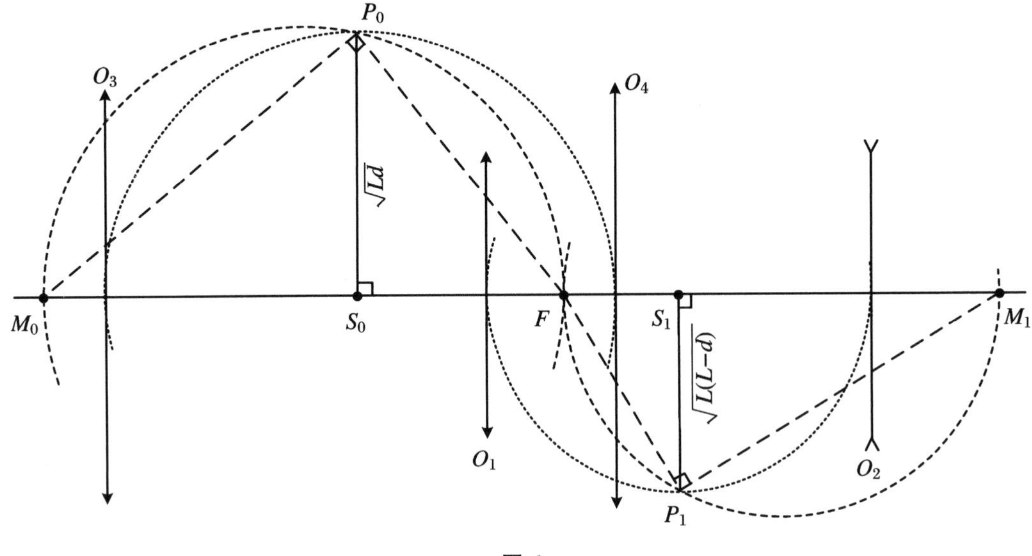

图 6

2015 年全俄物理奥林匹克决赛(理论部分)

九年级

问题 9-1　加速行驶

如图所示,司机在路边安放了平板电脑,它可以显示火车在相邻两根电线杆之间的路段的平均速度。任意两根相邻的电线杆之间的距离都相等。火车从"新别墅"站出发匀加速行驶。过一段时间,司机看到电脑显示速度 $v_1 = 20\ \text{km/h}$。在下一根电线杆处,速度为 $v_2 = 30\ \text{km/h}$。那么,火车在两个路段的交界处的瞬时速度等于多少?

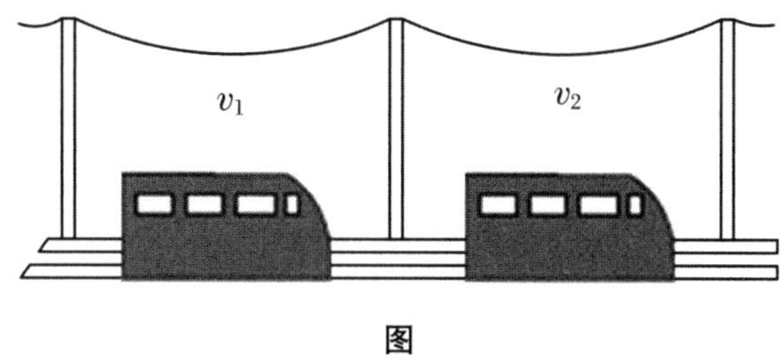

图

解　令火车经过三根电线杆时的速度分别为 u_1,u_2 和 u_3,对于匀变速直线运动,某段过程内的平均速度等于初末瞬时速度的平均值,得到

$$v_1 = \frac{1}{2}(u_1 + u_2) \tag{①}$$

$$v_2 = \frac{1}{2}(u_2 + u_3) \tag{②}$$

又因相邻两根电线杆间距相同,得到

$$u_3^2 - u_2^2 = u_2^2 - u_1^2 \tag{③}$$

由以上三式联立得到

$$u_2 = \frac{v_1^2 + v_2^2}{v_1 + v_2}$$

代入数据得到

$$u_2 = 26\ \text{km/h}$$

问题 9-2　按下再释放

将小车通过硬棒连接到墙上。在它的挡板上连着弹簧,弹簧的另一头连着木块,如图 1 所示。一开始,弹簧处于未形变状态。在木块上朝着小车的方向施加一段时间的水平恒力 $\boldsymbol{F}$。当停止施力后,木块在挡板和车尾之间振动了一段时间,直至回到起始点。小车对木块

的摩擦力等于 f。轮轴里的摩擦力忽略不计。

(1) 当停止施加力 F 的一瞬间，小车对硬棒的压力 N 等于多少?

(2) 求小车对硬棒的压力的最大值 $N_{\max}$。

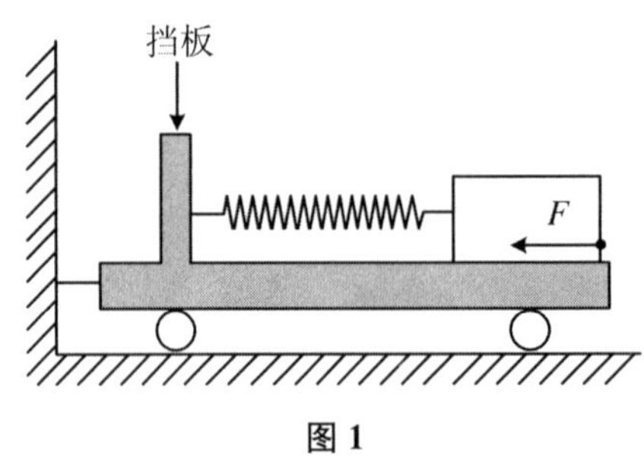

图 1

解 (1) 如图 2 所示，在 AB 段施加力 F，在 B 点撤去 F，物体运动到 C 点减速为 0，再返回 A 点。由全过程动能定理得

$$Fs - 2fx = 0 \quad ①$$

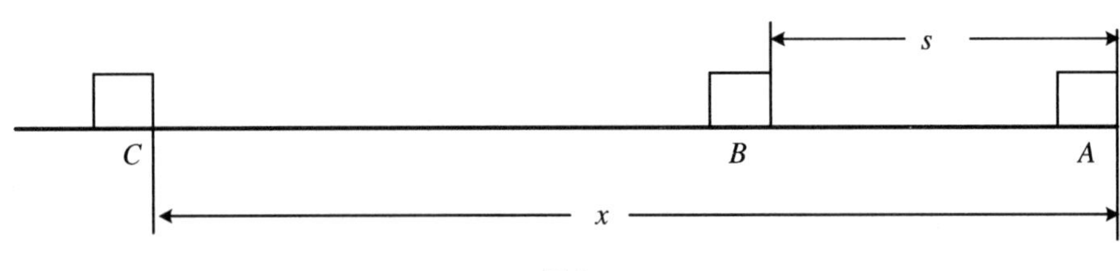

图 2

不难证明，木块由 C 到 A 做简谐运动，C，A 分别为两个端点，由简谐运动的对称性可知

$$F_{回A} = F_{回C}$$

即

$$f = kx - f \quad ②$$

F 刚撤去时

$$N = ks + f \quad ③$$

联立①②③解得

$$N = \frac{4f^2}{F} + f \quad ④$$

(2) 物体运动到 C 点弹力最大，摩擦力方向突变，到达 C 点前一瞬间 N 达到最大，此时

$$N_{\max} = kx + f \quad ⑤$$

联立②⑤解得

$$N_{\max} = 3f$$

问题 9-3　冰箱的热

在炎热的夏日，室温为 $t_0 = 30$ ℃。实验员格鲁克注意到冰箱的发动机运行的时间等于休息的时间的 2 倍。为了使得冰箱更好地运行，格鲁克将冰箱内的温度调节器调整了 $\Delta\theta = 9$ ℃。结果，休息的时间等于运行的时间的 2 倍了。请求出：

(1) 在实验中，冰箱两次设置的温度 t_1 和 t_2 分别等于多少？

(2) 需要将冰箱内的温度调节器设置为多少摄氏度（记为 t_m），才能使得发动机连续工作而不休息？

(3) 需要将冰箱内的温度调节器设置为多少摄氏度（记为 t_3），才能使得发动机切换状态的频率最高？

注：温度调节器使得冰箱内的温度保持在一个小区间 $t \pm \Delta t/2$ 内。当冰箱内的温度达到 $t+\Delta t/2$ 时，发动机开始运行；降到 $t-\Delta t/2$ 时，发动机休息。考虑：

a. 冰箱从外界吸收热量的功率和冰箱内与外界环境的温度差成正比，在整个区间 $t \pm \Delta t/2$ 内保持恒定。

b. 冰箱内的发动机的散热功率不取决于温度。

c. 室温的变化可以忽略。

解 结合题意，令冰箱吸热功率 $P=\alpha(t_0-t)$，散热功率为常量 P_0，C 为该系统的热容。

(1) 冰箱发动机不工作时，系统温度升高 Δt，所需时间设为 T，满足

$$T = \frac{C\Delta t}{P} = \frac{C\Delta t}{\alpha(t_0 - t)} \tag{①}$$

冰箱发动机工作时，系统温度降低 Δt，所需时间设为 τ，满足

$$\tau = \frac{C\Delta t}{P_0 - P} = \frac{C\Delta t}{P_0 - \alpha(t_0 - t)} \tag{②}$$

由题意知，当 $t=t_1$ 时，$\tau=2T$，结合①②得到

$$t_1 = t_0 - \frac{2P_0}{3\alpha} \tag{③}$$

当 $t=t_2$ 时，$T=2\tau$，结合①②得到

$$t_2 = t_0 - \frac{P_0}{3\alpha} \tag{④}$$

又因为

$$\Delta\theta = t_2 - t_1 = \frac{P_0}{3\alpha} \tag{⑤}$$

由③～⑤得到

$$t_1 = t_0 - 2\Delta\theta = 12\ ℃$$

$$t_2 = t_0 - \Delta\theta = 21\ ℃$$

(2) 冰箱吸热功率和放热功率相同时，即可保持一直工作，则

$$P_0 = \alpha(t_0 - t_m)$$

得到

$$t_m = t_0 - \frac{P_0}{\alpha} = t_0 - 3\Delta\theta = 3\ ℃$$

(3) 发动机切换状态的频率最高，即切换周期最小，周期为

$$T + \tau = \frac{C\Delta t}{P} + \frac{C\Delta t}{P_0 - P} = \frac{C\Delta t P_0}{\alpha(t_0 - t)[P_0 - \alpha(t_0 - t)]}$$

由数学知识可知当

$$t_3 = t_0 - \frac{P_0}{2\alpha} = t_0 - \frac{3}{2}\Delta\theta = 16.5\ ^\circ\mathrm{C}$$

时，周期最小，频率最高。

问题 9－4 非理想二极管

在图 1 所示的电路图中，有三个相同的电阻 $R_1 = R_2 = R_3 = R$ 和三个相同的二极管 D_1，D_2 和 D_3。二极管的电流与电压的关系图如图 2 所示。求经过电流表 A 的电流强度 I_A 与 A 和 B 之间的电压的关系。电流表是理想的。画图表示 I_A 与 U_{AB} 的关系，并标出特殊点的电压和电流的值（例如，最大值、最小值和拐角处）。

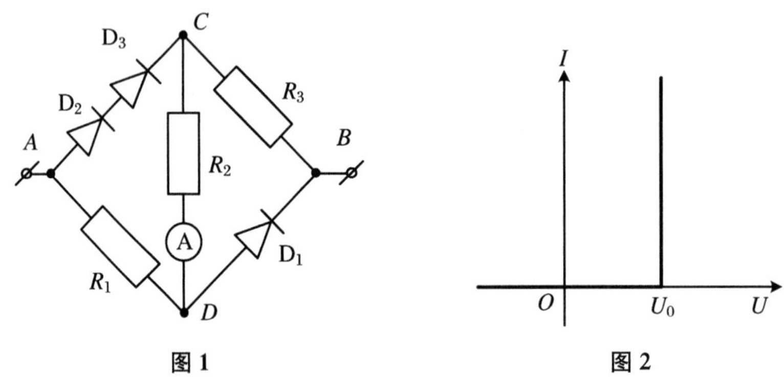

图 1　　图 2

解　由二极管的伏安特性可以看出，其为稳压二极管，工作时电流可在很大范围内变化而电压基本不变。

(1) 当 $U_{AB} < 0$ 时，二极管不导通，故 $I_A = U_{AB}/(3R)$。

(2) 当 $U_{AB} > 0$ 但电压很小时，二极管不导通，即情况同上，$I_A = U_{AB}/(3R)$。

(3) 当 $U_{AB} > 0$ 且增大到 $3U_0/2$ 时，B，D 间的二极管导通，A，C 间的二极管不导通，由于 B，D 间二极管的稳压作用，$I_A = U_0/(2R)$。

(4) 当 $U_{AB} > 0$ 且增大到 $5U_0/2$ 时，B，D 间，A，C 间二极管均导通，令通过 R_1，R_2 及 R_3 的电流分别为 I_1，I_2 及 I_3，以 $U_{AB} > 0$ 且二极管不导通时的电流方向作为正方向，由基尔霍夫电压定律得到

$$U_{AC} = I_1 R_1 + I_2 R_2 = 2U_0$$
$$U_{DB} = I_2 R_2 + I_3 R_3 = U_0$$
$$U_{AB} = I_1 R_1 + I_2 R_2 + I_3 R_3$$

由以上三式解得

$$I_A = I_2 = \frac{3U_0 - U_{AB}}{R}$$

综上所述，I_A 与 U_{AB} 的关系如图 3 所示。

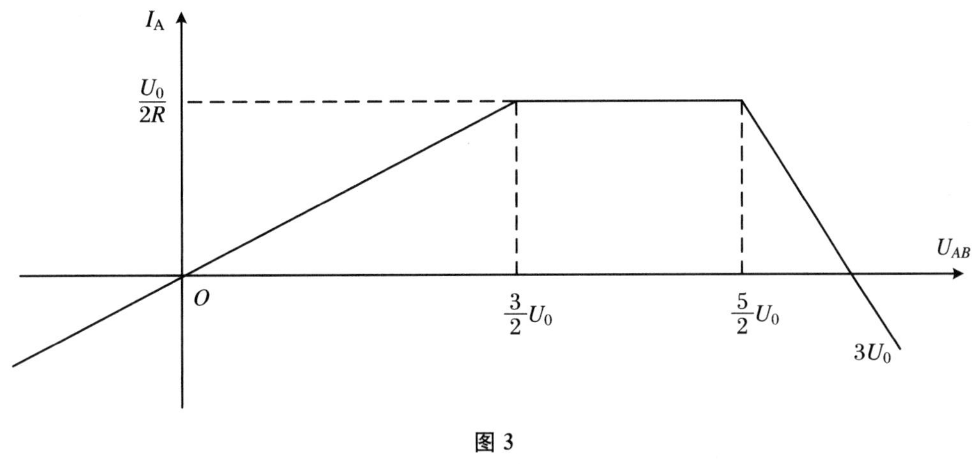

图 3

问题 9-5　两座楼①

大耳猴布拉什卡和鳄鱼盖纳在春天来到岛上的友谊营地。岛坐落在赤道上。在营地上建有两座 100 层的楼(都是长方体形状)，一座位于另一座的正东方。楼体互相平行，且与赤道垂直(如图 1 所示)。大耳猴在西边的楼里住下，而鳄鱼则在东边的楼的第 10 层里。它们的窗户面对彼此。在春分的那天，3 月 21 日，太阳透过鳄鱼的窗户照射了 $T_1 = 2$ h，而透过大耳猴的窗户照射了 $T_2 = 4$ h。

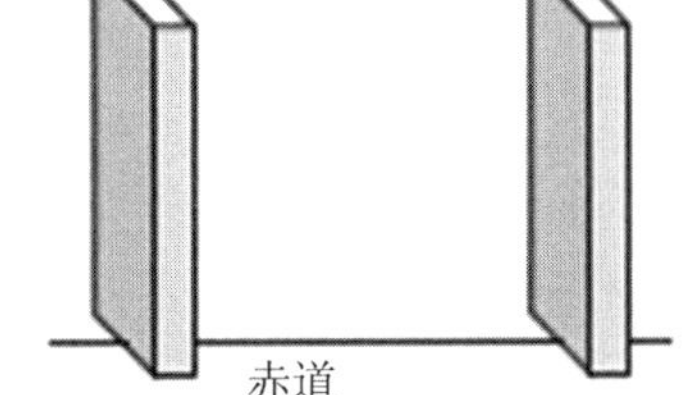

图 1

(1) 大耳猴住在几楼?

(2) 当大耳猴看到鳄鱼的楼的窗户开始变成金色时，是几点?

(3) 大耳猴看到鳄鱼的楼的窗户处于金色的状态持续多长时间?

注：当窗户反射阳光时，看起来会变成金色。不考虑多次反射。在 12 点时，太阳位于最高点。

解　(1) 设阳光照到楼时的临界太阳光与楼所成角度分别为 α 和 β(见图 2)，每层楼高为 h，两幢楼间距为 L，不难分析得到

$$\alpha = \frac{2}{12} \times 180^\circ = 30^\circ$$

$$\beta = \frac{4}{12} \times 180^\circ = 60^\circ$$

由几何关系得到

$$\frac{L}{(100 - n)h} = \tan 60^\circ$$

$$\frac{L}{90h} = \tan 30^\circ$$

① 译者注：尚未找到本题原标题的准确翻译法，此为权宜之计。

解得

$$n = 100 - 90\frac{\tan 30^\circ}{\tan 60^\circ} = 70$$

即大耳猴住在 70 楼。

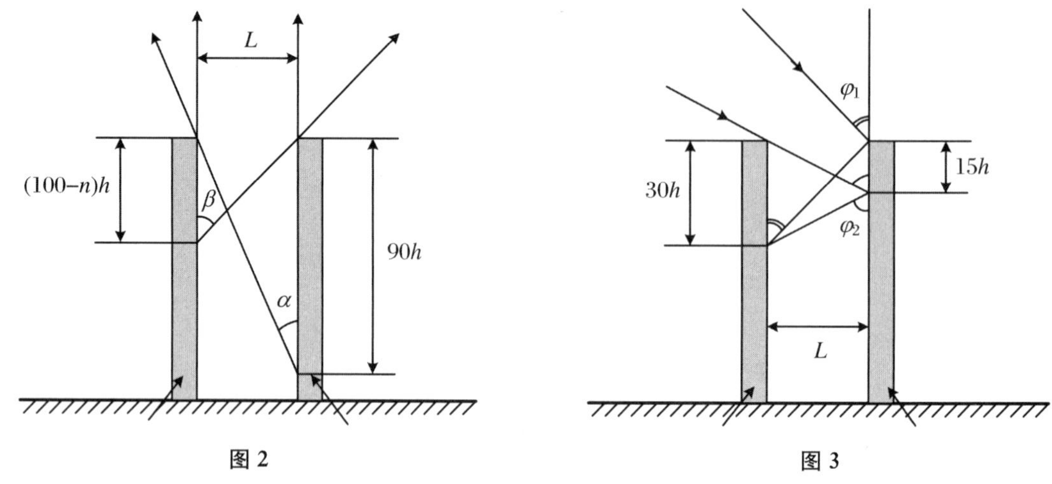

图 2　　图 3

(2) 如图 3 画出临界情况的光路图，不难分析得到

$$\tan\varphi_1 = \frac{L}{30h} = \sqrt{3}, \quad \varphi_1 = 60^\circ$$

此时应在正午 12 时的基础上加 4 小时，故答案为下午 16 时。

(3) 两个临界情况如图 3 所示：

$$\tan\varphi_2 = \frac{L}{15h} = 2\sqrt{3}, \quad \varphi_2 \approx 73.9^\circ$$

$$\Delta t = \frac{\varphi_2 - \varphi_1}{180^\circ} \times 12\ \mathrm{h} \approx 56\ \mathrm{min}$$

十年级

问题 10 - 1　弹性系统

如图所示，光滑的水平面上放有这样的结构(这是从上方看到的样子)。劲度系数为 k_1 的弹簧的一端连接在重物 m 上，另一端连接在木棒 II 上。劲度系数为 k_2 的弹簧的一端被固定住，另一端也连接在木棒 II 上。在木棒上施加恒力 F，无论发生什么，其大小和方向都不改变。一开始，将重物 m 固定住，然后无推动地释放。

(1) 求重物的最大速度。

(2) 求第一根弹簧长度最短时的伸长量。

假设弹簧和木棒的质量忽略不计，弹簧自然状态的长度相等，释放重物时弹簧的张力也相等，适当地施加力 F 使得木棒的运动方式是平移(而不发生旋转)，没有摩擦力。

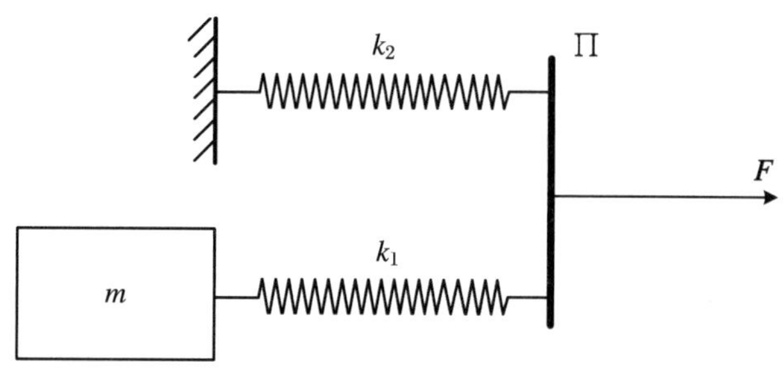

图

解 (1) 对于木棒而言,由于质量忽略不计,故木棒所受合力始终为0。

开始时,系统处于静止状态,此时弹簧的伸长量

$$x_0 = \frac{F}{k}$$

其中 $k = k_1 + k_2$(两弹簧并联)。此时系统弹性势能

$$E_0 = \frac{1}{2}kx_0^2 = \frac{F^2}{2k}$$

重物速度最大时,加速度为0。此时第一根弹簧恢复原长,第二根弹簧的伸长量 $x' = F/k_2$。由功能关系得到

$$F(x' - x_0) = \frac{1}{2}mv^2 + \frac{F^2}{2k_2} - \frac{F^2}{2k}$$

解得

$$v = F\sqrt{\frac{k_1}{mk_2(k_1 + k_2)}}$$

(2) 在上一问的基础上进行分析,第一根弹簧恢复原长时,重物速度达到最大,重物继续向右运动。

此后在木棒所受合力为0这一约束条件下,木棒向右运动,且第一根弹簧变为压缩状态,重物减速,且压缩量不断增加。当重物速度减为0时,第一根弹簧压缩量达到最大,长度最短。

令此时第一根弹簧的压缩量为 x_1,第二根弹簧的伸长量为 x_2,木棒受力平衡:

$$F + kx_1 = kx_2$$

再由功能关系得到

$$F(x_2 - x_0) = \frac{1}{2}k_1x_1^2 + \frac{1}{2}k_2x_2^2 - \frac{1}{2}kx_0^2$$

由上述两式解得

$$x_1 = x_0, \quad x_2 = \frac{2k_1 + k_2}{k_2}x_0$$

即第一根弹簧的最大压缩量

$$x_1 = x_0 = \frac{F}{k_1 + k_2}$$

即伸长量为 $-\dfrac{F}{k_1+k_2}$。

问题 10－2 行星探测

飞船在一颗外系行星的表面着陆。在着陆的过程中，宇航员通过测量画出了行星上大气压强 p 关于与行星表面的距离 z 的图像（在一张单独的纸上，见图 1）。在高度 $z_1 = 5\ \text{km}$ 处，温度为 $T_1 = 250\ \text{K}$。求行星表面的温度 T_0。假设行星的半径 $R \gg z_1$。行星上的大气层由二氧化碳组成。

注：交卷时需要把这张单独的纸一并交上去。

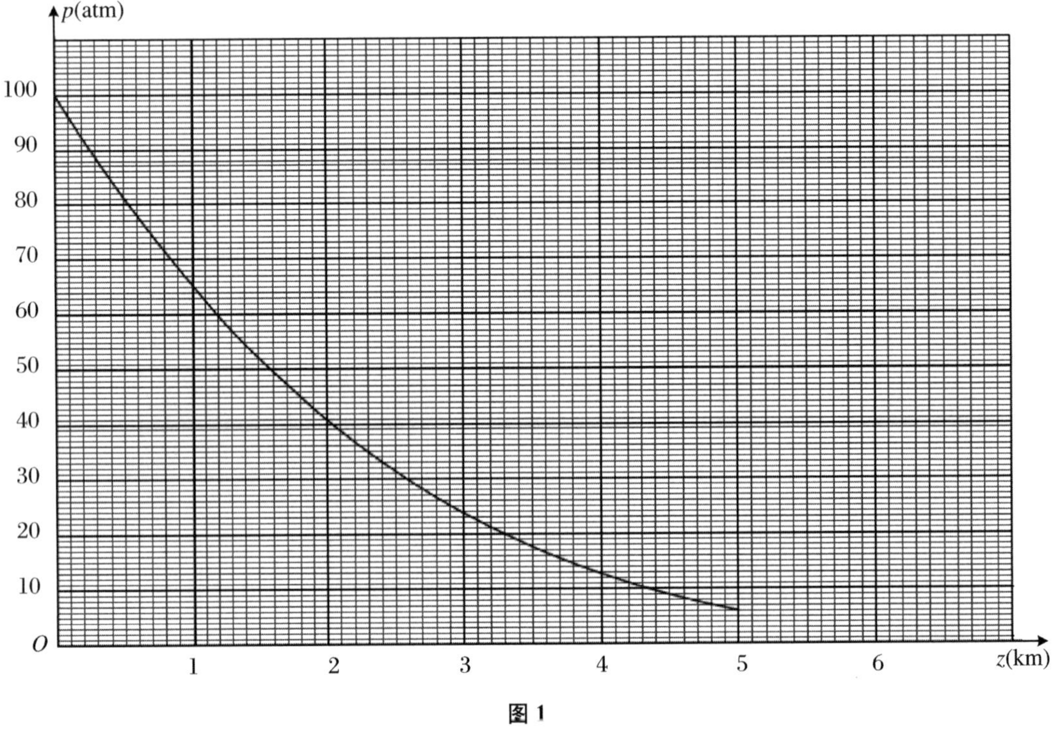

图 1

解 取竖直方向上厚度为 Δz、面积为 S 的气体薄层作为研究对象，高度为 z 处的气体密度为 ρ，得到平衡方程

$$[p(z) - p(z+\Delta z)]S = \rho S \Delta z g$$

令 $\Delta p = p(z+\Delta z) - p(z)$，得到

$$\Delta p = -\rho g \Delta z \qquad ①$$

再结合理想气体方程

$$pV = nRT$$

其中 $n = m/\mu$，m 为气体的质量，μ 为气体的摩尔质量，又因为

$$\rho = \frac{m}{V}$$

得到

$$p = \frac{\rho}{\mu}RT \tag{②}$$

联立①②解得

$$T = \frac{p}{-\frac{\Delta p}{\Delta z}}\frac{\mu g}{R}$$

由于 μ，g，R 均为常量，故

$$T \propto \frac{p}{-\frac{\Delta p}{\Delta z}}$$

其中$\frac{\Delta p}{\Delta z}$为图像的斜率，即高度为 z 处的温度和该处的压强以及 p-z 图的斜率有关。

如图 2 所示，分别做 $z=0$ 及 $z=5$ km 处的切线，切点与切线和 x 轴交点的水平距离分别为 l_1 和 l_0，由图中读出

$$l_1 = 2.5\ \text{km}, \quad l_0 = 1.25\ \text{km}$$

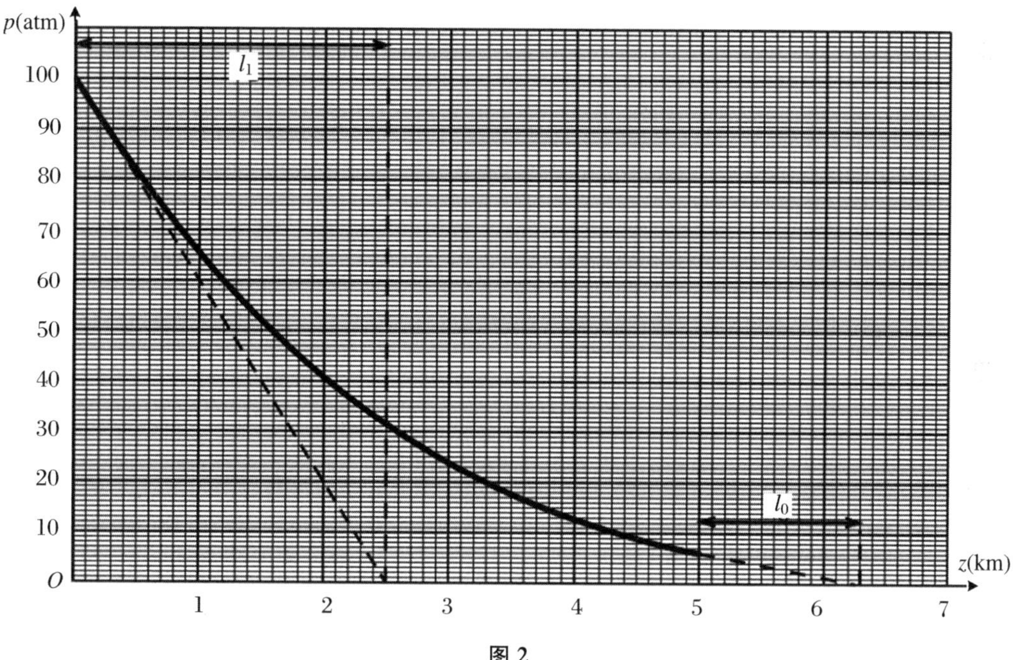

图 2

代入

$$T \propto \frac{p}{-\frac{\Delta p}{\Delta z}}$$

得到

$$T_0 = T_1\frac{l_1}{l_0} = 500\ \text{K}$$

问题 10-3 热电力学

两个圆盘分别均匀带电 q 和 $-q$，它们可以在长的、既不导电又不导热的圆柱里无摩擦地水平滑动，如图所示。两个圆盘之间的距离远小于它们的半径。在圆盘之间有一定量的氦气，在圆盘后面没有气体，系统处于平衡状态。突然使带电量减半，然后等待系统再次处于平衡状态。忽略热传递，求气体的温度和圆盘之间的距离会变为原来的几倍。

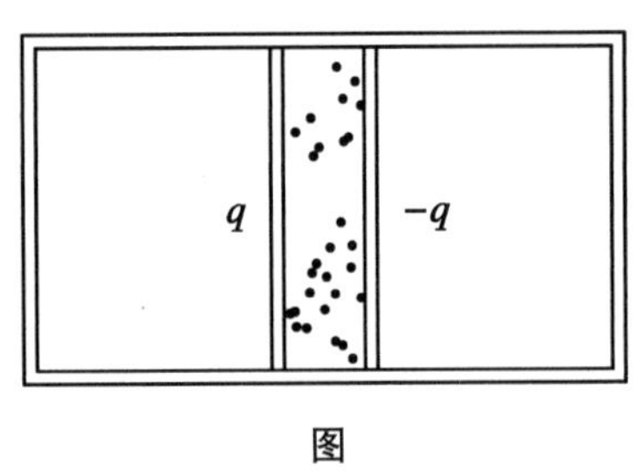

图

解 考虑到两个圆盘之间的距离远小于它们的半径，圆盘间电场可视作匀强电场。利用高斯定理可以得到单块圆盘所激发的电场：

$$E = \frac{q}{2\varepsilon_0 S}$$

其中 S 为圆盘面积，q 为单块圆盘所带电量。

特别注意，此处分析的是单块圆盘所激发的电场，而非总电场。两极板之间的电场力为

$$F = qE = \frac{q^2}{2\varepsilon_0 S} \quad ①$$

结合平行板电容器公式

$$C = \frac{\varepsilon_0 S}{d}$$

得到电容器所带电场能

$$W_C = \frac{q^2}{2C} = \frac{q^2 d}{2\varepsilon_0 S} \quad ②$$

联立①②得到

$$W_C = Fd$$

又因为系统处于平衡状态，气体压力与电场力平衡，有

$$F = PS$$

得到

$$W_C = PSd = PV \quad ③$$

因为氦气的摩尔热容为 $3R/2$，所以其内能为

$$W = \frac{3}{2} R\upsilon T$$

其中 υ 和 T 分别是气体的物质的量及温度。联立理想气体状态方程

$$PV = \upsilon RT$$

得到

$$W = \frac{3}{2} PV$$

综上所述，系统总能量为

$$W' = W_C + W = \frac{5}{2} PV \quad ④$$

令电量减半前压强、体积和温度分别为 P,V 及 T,电量减半、系统稳定后分别变为 P_1,V_1 及 T_1。电量减半瞬间,由②知,电场能变为原来的1/4,故

$$W'_C = \frac{1}{4}PV$$

总能量变为

$$W'' = W'_C + W = \frac{7}{4}PV$$

再联立④得到

$$W'' = \frac{5}{2}P_1V_1$$

联系两个状态的理想气体方程,得到

$$\frac{7}{4}\upsilon RT = \frac{5}{2}\upsilon RT_1$$

解得

$$T_1 = \frac{7}{10}T$$

进一步分析得到

$$\frac{PV}{P_1V_1} = \frac{10}{7} \qquad ⑤$$

由于电量减半,故由①得到的电场力变为原来的1/4。稳定状态后,由于受力平衡,气压亦变为原来的1/4,即

$$P_1 = \frac{1}{4}P$$

代入⑤得到

$$\frac{d_1}{d} = \frac{V_1}{V} = \frac{14}{5}$$

综上所述,稳定后温度变为原来的7/10,间距变为原来的14/5。

问题10－4　墙上有洞

三个相同的木块以相同的速度 $\boldsymbol{v}$ 运动。将1号与2号木块用长的轻质橡皮筋连接,穿过笨重的墙上的洞,经过轻质滑轮,滑轮连接到3号木块上(如图1所示)。一开始,橡皮筋没有伸长。在1号木块与墙发生弹性碰撞之后,当橡皮筋(1)伸到最长,(2)再次处于松弛状态的时候,分别求三个木块的速度。

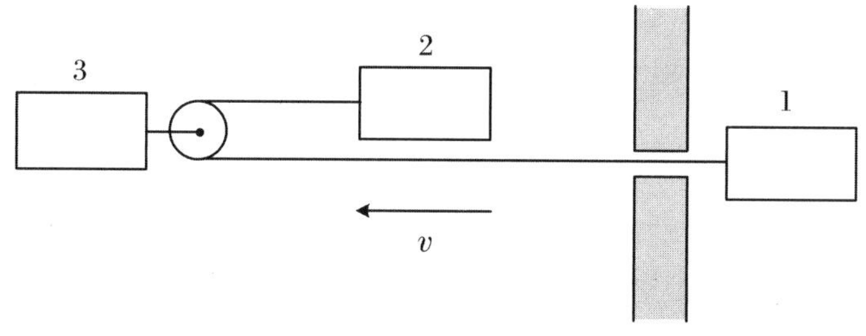

图1

不计系统摩擦力。假设在木块再次处于松弛状态之前,2 号木块不会碰到滑轮,1 号木块不会再次碰到墙。

解 (1) 如图 2 所示建立坐标系,向左为正方向,碰撞瞬间前后,1 号木块速度瞬间等大反向,2,3 号木块速度不变。

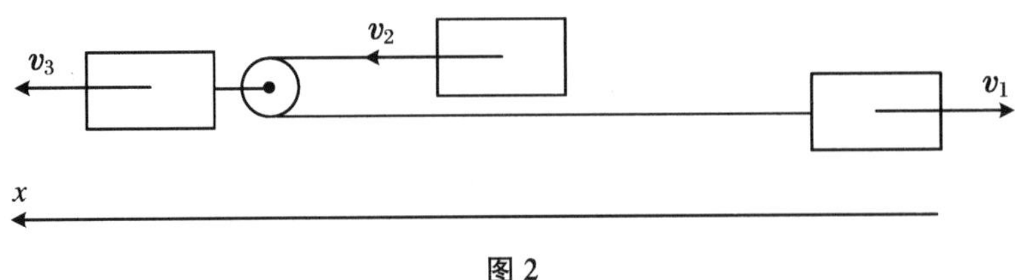

图 2

在此后的过程中,系统总动量守恒,故有

$$mv_1 + mv_2 + mv_3 = mv \tag{①}$$

当绳子长度最大时,即绳子伸长的速度为 0,不难分析,碰撞后 1,3 号木块减速,2 号木块加速,绳子伸长速度为 0 时,满足

$$v_2 - v_3 = v_3 - v_1 \tag{②}$$

又因为 1,2 号木块所受绳子拉力相同,质量相同,故加速度相同,相等时间内的速度变化量相同:

$$v_2 - v = v_1 - (-v) \tag{③}$$

联立①～③解得

$$v_1 = -\frac{2}{3}v, \quad v_2 = \frac{4}{3}v, \quad v_3 = \frac{1}{3}v$$

(2) 再次处于松弛状态时,系统弹性势能为 0,故系统动能守恒:

$$\frac{1}{2}mv_1^2 + \frac{1}{2}mv_2^2 + \frac{1}{2}mv_3^2 = \frac{1}{2}mv^2 \times 3 \tag{④}$$

因为①③在满足题目的条件下全过程适用,故联立①③④可以得到两组解:第一组解为

$$v_1 = -v, \quad v_2 = v, \quad v_3 = v$$

即碰撞后瞬间状态三木块的速度;第二组解为

$$v_1 = -\frac{1}{3}v, \quad v_2 = \frac{5}{3}v, \quad v_3 = -\frac{1}{3}v$$

即为绳子再次松弛时三木块的速度。

问题 10－5 非线性

电路中的一些元件是非线性的,也就是说经过它们的电流并不和电压成正比。实验员格鲁克有一盏白炽灯(经过它的电流 $I_{灯}$ 与 $\sqrt{U_{灯}}$ 成正比),一根二极管(经过它的电流 $I_{管}$ 与 $U_{管}^2$ 成正比)以及电压恒定的电源。灯和二极管有这样的相同性质:如果连接到电源上作为负载,那么散热量会达到其最大值。如果将灯和二极管串联接到电源上,那么这一负载的散

热功率等于 $P_1=7.2\ \mathrm{W}$。如果将灯和二极管并联接到电源上,功率会等于多少?

解 电源输出功率

$$P_{出} = I(\varepsilon - Ir)$$

其中 ε 和 r 分别为电源电动势和内阻。

显然,当 $I=\varepsilon/(2r)$ 时,输出功率达到最大。

根据题意,令白炽灯两端的电压和通过的电流满足

$$U = aI^2$$

二极管两端的电压和通过的电流满足

$$U = b\sqrt{I}$$

其中 a,b 为待定常数。

又因为单独把灯和二极管接入电路时发热功率均达到最大,由上述分析可知,此时

$$I = \frac{\varepsilon}{2r},\quad U = \frac{\varepsilon}{2}$$

据此可以解得

$$a = \frac{2r^2}{\varepsilon},\quad b = \sqrt{\frac{\varepsilon r}{2}}$$

代入可得白炽灯和二极管两端的电压和通过的电流分别为

$$U = \frac{2r^2}{\varepsilon}I^2 \quad 及 \quad U = \sqrt{\frac{\varepsilon r}{2}I}$$

令 $I_0=\dfrac{\varepsilon}{r}$,整理得到

$$\frac{U}{\varepsilon} = 2\left(\frac{I}{I_0}\right)^2 \quad (白炽灯)$$

$$\frac{U}{\varepsilon} = \sqrt{\frac{I}{2I_0}} \quad (二极管)$$

令 $x=\dfrac{I}{I_0}$,$y=\dfrac{U}{\varepsilon}$,即有

$$y = 2x^2 \quad (白炽灯)$$

$$y = \sqrt{\frac{x}{2}} \quad (二极管)$$

不难发现,经过上述处理后两函数互为反函数,图线关于 $y=x$ 对称。

基于串并联特性分别得到串并联的伏安特性曲线,如图1与图2所示。显然两图线亦关于 $y=x$ 对称。

对于电源 $U=\varepsilon-Ir$,整理得到

$$\frac{U}{\varepsilon} + \frac{I}{I_0} = 1,\quad 即\quad x + y = 1$$

从图像(见图3)中可得

$$\frac{I_1}{I_0} + \frac{I_2}{I_0} = 1,\quad 即\quad I_1 + I_2 = I_0$$

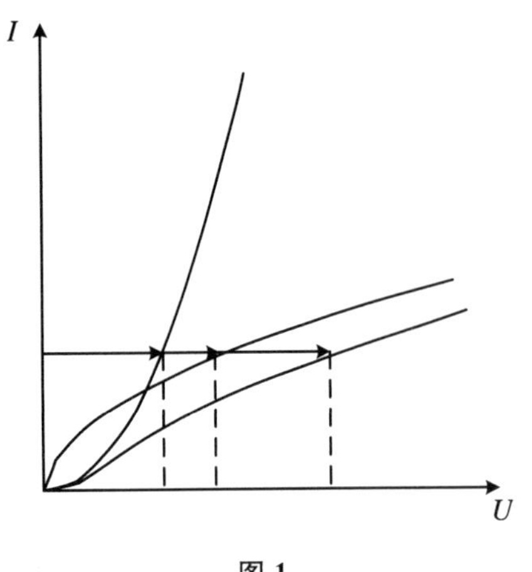

图 1

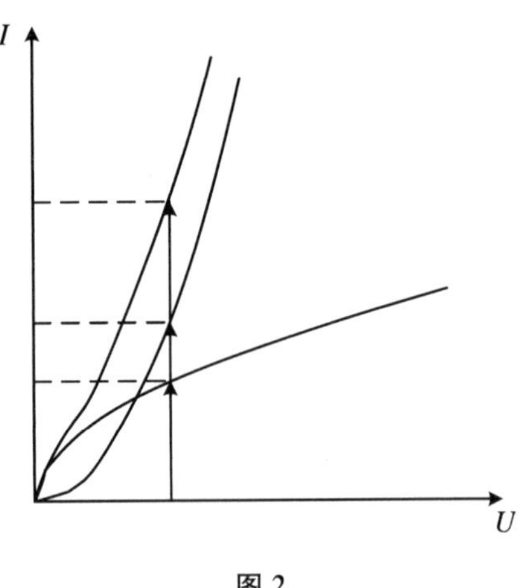

图 2

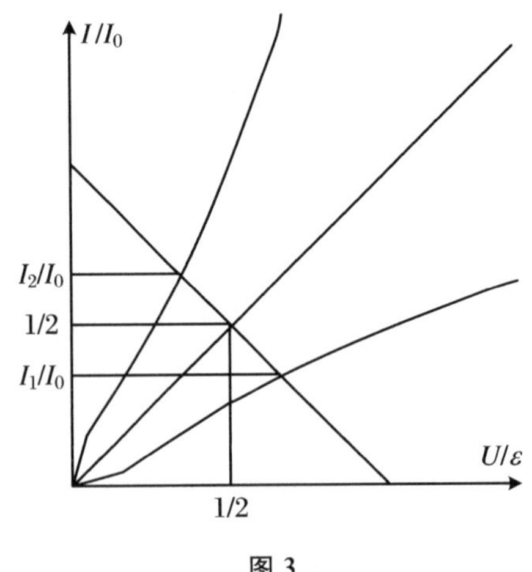

图 3

已知串联时

$$P_1 = I_1(\varepsilon - I_1)$$

并联时

$$P_2 = I_2(\varepsilon - I_2)$$

联系 $I_1 + I_2 = I_0$ 这一条件得到

$$\begin{aligned} P_2 &= I_2(\varepsilon - I_2) = (I_0 - I_1)I_1 r = (I_0 - I_1)I_1 \\ &= (\varepsilon - I_1 r)I_1 = P_1 = 7.2\ \text{W} \end{aligned}$$

十一年级

问题 11－1　振动

不导电的半球固定着，上面均匀带有正电荷，其对称轴处于竖直位置。点 O 位于球心，在它上面挂有设计好的数学单摆，使用了带电量为 q_1 的小球，悬挂在长度小于半球的半径

的细线上，如图 1 所示。小球在其平衡位置（细线处于竖直状态）附近进行的小幅振动的周期等于 T。将小球的带电量变为 q_2，使得 $|q_2/q_1|=2$，小球在其新的平衡位置附近进行的小幅振动的周期也等于 T。已知在不带电的碗中单摆的简谐振动周期等于 $T_0=1.0\ \mathrm{s}$，求 T 的数值。极化电场忽略不计。

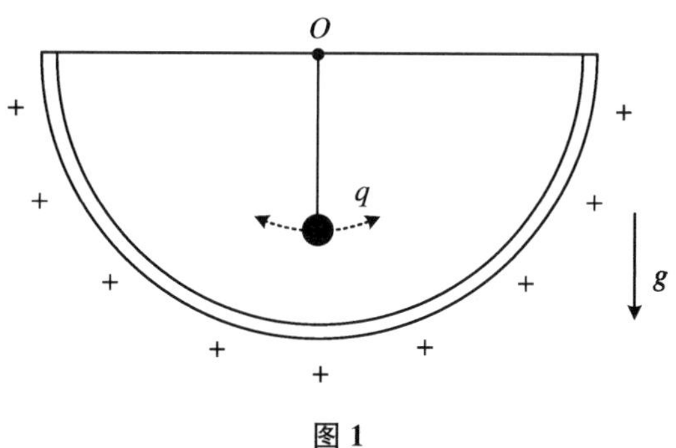

图 1

解　首先分析均匀带电半球面的场强分布特点，如图 2 所示。设半球面在 A 点激发场强为 $\boldsymbol{E}_1'$，在 B 点激发场强为 $\boldsymbol{E}_2$，A，B 关于 O 点对称。

再将该半球面补上另一完全相同的带电半球面，组成完整的均匀带电球面。

设另一带电半球面在 B 点激发的场强为 $\boldsymbol{E}_1$，根据对称性可得

$$\boldsymbol{E}_1=-\boldsymbol{E}_1'$$

利用对称性及高斯定理不难分析得到，B 点合场强为 0，故

图 2

$$\boldsymbol{E}_1+\boldsymbol{E}_2=\boldsymbol{0}$$

综上分析得到

$$\boldsymbol{E}_1'=\boldsymbol{E}_2$$

如图 3 所示，在分析小球的运动时，场强在运动切线方向上的分量具有实际意义，结合题意，小球带电量改变后，平衡位置发生变化。根据对称性，两个平衡位置关于 O 点对称。令摆长为 l，第一次小球带电量大小 $q_1=q$，正负均有可能。

而第二次因为平衡位置在 O 点上方，故只可能带正电，电量大小 $q_2=2q$。

根据之前的结论，两次平衡位置场强相同，设场强大小为 α，小球做简谐振动时的摆角为 φ，且 φ 为小角度。由于 q_1 电性未知，以下分情况进行讨论：

(1) q_1 带正电，小球两次振动的牛顿方程分别为

$$-(mg-\alpha q)\varphi=ml\ddot{\varphi}\quad（第一次）$$

$$-(2\alpha q-mg)\varphi=ml\ddot{\varphi}\quad（第二次）$$

不带电时

$$-mg\varphi=ml\ddot{\varphi}$$

分别可解得三次振动周期为

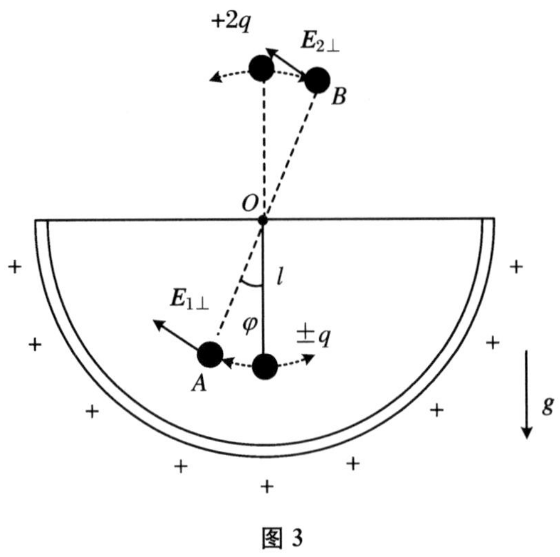

图 3

$$T_1 = 2\pi\sqrt{\frac{l}{g - \frac{\alpha q}{m}}}$$

$$T_2 = 2\pi\sqrt{\frac{l}{\frac{2\alpha q}{m} - g}}$$

$$T_3 = 2\pi\sqrt{\frac{l}{g}}$$

再由题意得到

$$T_1 = T_2 = T$$
$$T_3 = T_0 = 1\ \text{s}$$

联立以上各式解得

$$T = \sqrt{3}\ \text{s}$$

(2) q_1 带负电,小球两次振动的牛顿方程分别为

$$-(mg + \alpha q)\varphi = ml\ddot{\varphi} \quad (第一次)$$

$$-(2\alpha q - mg)\varphi = ml\ddot{\varphi} \quad (第二次)$$

不带电时

$$-mg\varphi = ml\ddot{\varphi}$$

同(1)中的分析可以得到

$$T = \frac{\sqrt{3}}{3}\ \text{s}$$

问题 11-2 导电的正方体

正方体由六个相同的导电板组成,在中间各挖去一个相同的圆形洞。在正方体的角上粘有相同的导电小球,上面可以连接导线。洞的直径使得相邻的两个顶点 A 和 B 之间的阻值为 $R_{AB} = r = 32\ \text{k}\Omega$。如果在这两个顶点之间通以 $I = 1\ \text{mA}$ 的电流,方向如图 1 所示,则点

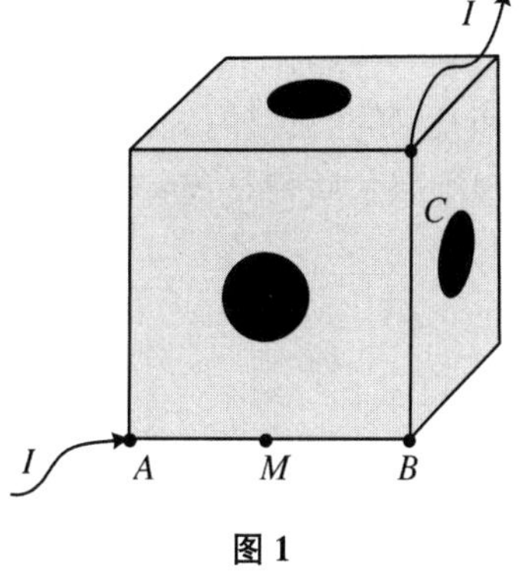

图 1

M(棱 AB 的中点)与点 C 之间的电势差等于 $U_{MC}=\varphi_M-\varphi_C=U=2.0\ \text{V}$。求 A 与 C 两点之间的阻值 R_{AC}。如果不改变板的厚度，而将板的边长和洞的直径都增加到原来的 2 倍，阻值 R_{AB} 和 R_{AC} 如何变化?

解 根据欧姆定律有

$$U_{AB}=IR_{AB}=32\ \text{V}$$

根据对称性

$$U_{AM}=\frac{1}{2}U_{AB}=16\ \text{V}$$

$$U_{AC}=U_{AM}+U_{MC}=16\ \text{V}+2\ \text{V}=18\ \text{V}$$

如图 1 所示，1 mA 电流 I 从 A 点流入，C 点流出。若知道此时的 U_{AC}，则可求得 R_{AC}。

如图 2 所示，由叠加原理可得：(1)可由(2)(3)两电流源叠加得到。由电压叠加原理得

$$(U_{AC})_1=(U_{AC})_2+(U_{AC})_3$$

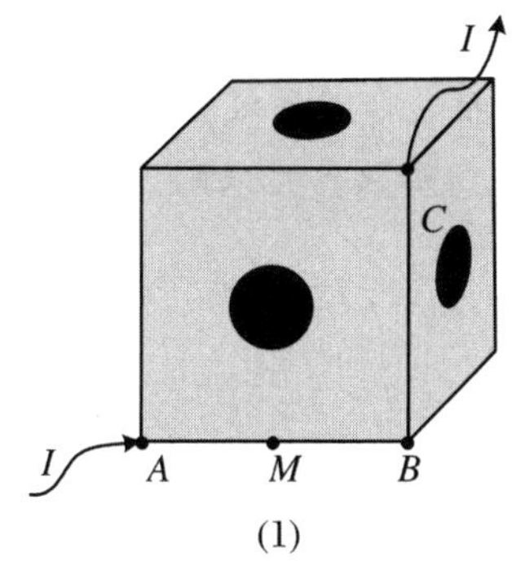

(1)

=

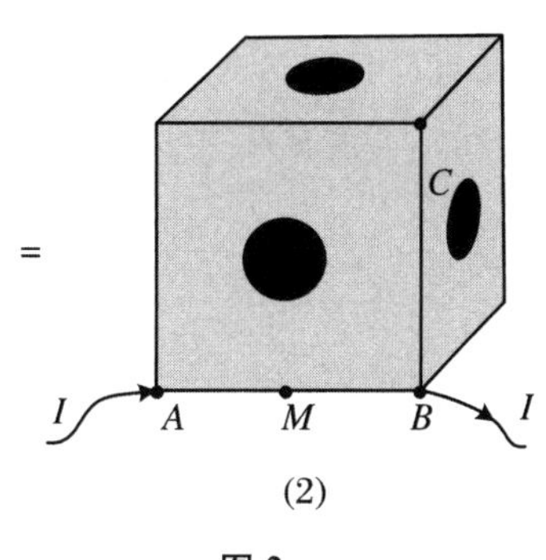

(2)

+

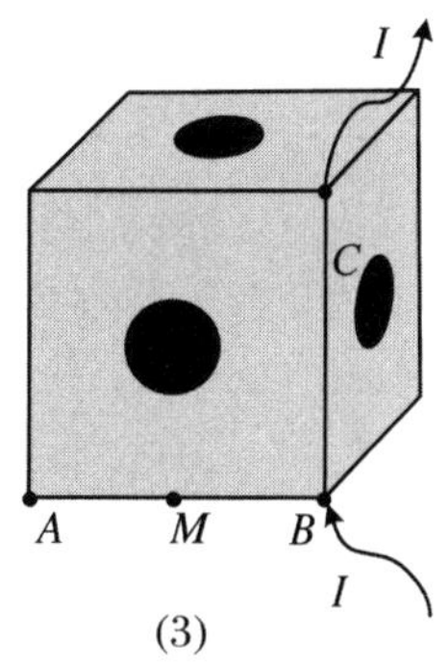

(3)

图 2

其中已知

$$(U_{AC})_2=18\ \text{V}$$

而由对称性可知

$$(U_{AC})_3=18\ \text{V}$$

继而得到

$$(U_{AC})_1=36\ \text{V}$$

故

$$R_{AC}=\frac{(U_{AC})_1}{I}=36\ \text{k}\Omega$$

又因为 $R\propto L/S$，所以线度增加一倍，厚度不变的情况下，横截面积亦增加一倍，即电阻不变。

问题 11-3　反应管

有一根两端开口的长管，在其中间处，沿着垂直于其轴的方向固定有薄钨网状的加热器。系统处于温度 $t=20\ ^\circ\text{C}$ 的空气中，总质量为 $M=17\ \text{g}$。管一开始以 $v_0=1\ \text{cm/s}$ 的速度

沿着轴的方向移动,加热器开始以 $q=20$ W 的功率进行加热,管开始加速运动。当加速运动了 $S=20$ m 后,管的速度等于多少?忽略空气阻力。管里面的压强认为是恒定的,不计重力和管壁的热传导。假设空气流过钨网造成的动能变化量与其内能变化相比是很小的。空气视为摩尔质量是 $\mu=29$ g/mol 的双原子气体。

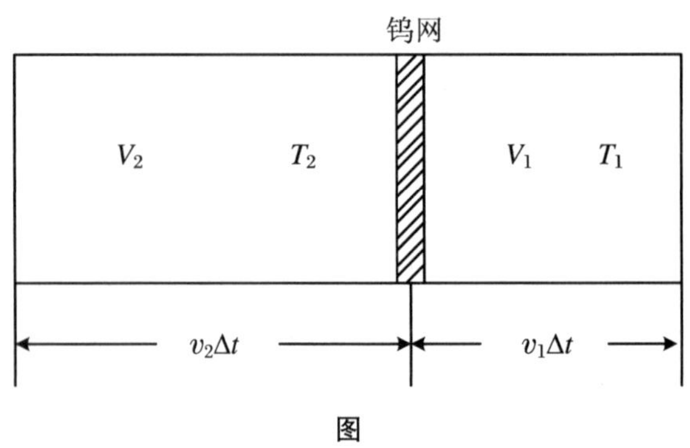

图

解 令长管向右运动,如图所示,选取管中钨网右侧体积为 V_1 的气体为研究对象。

由于管中压强不变,故该部分穿过钨网的过程可视作等压膨胀。令其穿过钨网后体积变为 V_2,考虑到系统动能的变化相比内能变化可以忽略。即可认为加热器带来的能量绝大部分转换为气体内能:

$$q\Delta t = nC_p\Delta T$$

其中

$$n = \frac{\Delta m}{\mu}, \quad C_p = \frac{7}{2}R$$

得到

$$q = \frac{\Delta m}{\Delta t}\cdot\frac{C_p}{\mu}\Delta T \qquad ①$$

由动量定理得到

$$F\Delta t = \Delta m\Delta v \qquad ②$$

其中 F 为气体受到长管对其的作用力。结合理想气体方程

$$pV = nRT$$

由于压强不变,故

$$T \propto V \qquad ③$$

进一步从图中可知

$$V = SL = Sv\Delta t \propto v \qquad ④$$

由③④得到

$$T \propto v$$

进而得到

$$\frac{\Delta v}{v} = \frac{\Delta T}{T} \qquad ⑤$$

由①②⑤得到

$$F=\frac{q\mu}{C_pT}v=kv \tag{⑥}$$

其中 $k=q\mu/(C_pT)$ 为常量。

由于 F 反作用到长管，对长管进行分析：

$$F\Delta t=M\Delta v \tag{⑦}$$

由⑥⑦得到

$$k\Delta S=M\Delta v$$

即 $\Delta v/\Delta S=k/M$，故速度随行进距离线性变化。

因为 $v=v_0+kS/M$，代入数据得到

$$v=9\ \mathrm{cm/s}$$

问题 11－4　宇宙中的物体

宇宙中的物体进行匀速直线运动，并发出周期性电磁波。宇航员发现在观测时间 Δt 内，看起来视角变化了一个小角度 φ，且电磁波到达的周期从 T 变成 $T+\Delta T$，其中 $\Delta T\ll T$。求观测者与物体之间的距离。电磁波的距离等于光速 c，物体移动的速度远小于光速。

解　设物体匀速直线运动的速度为 v，发出的周期恒定的电磁波的周期为 T_0。

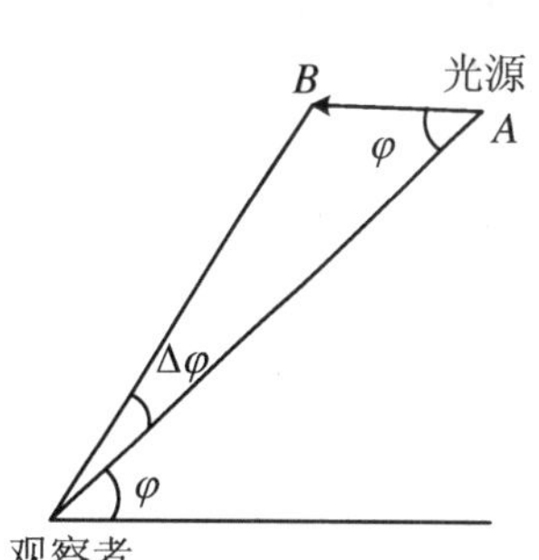

图

如图所示，经 Δt 时间物体从 A 点运动到 B 点。

在 A 点，物体运动方向与物体和观察者的连线间的夹角为 φ，应用相对论性多普勒效应得

$$T=\frac{1-\beta\cos\varphi}{\sqrt{1-\beta^2}}T_0 \tag{①}$$

其中

$$\beta=\frac{v}{c}$$

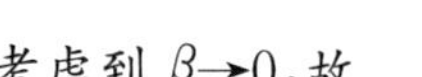

考虑到 $\beta\to0$，故

$$T=\frac{1-\beta\cos\varphi}{\sqrt{1-\beta^2}}T_0=(1-\beta\cos\varphi)\left(1+\frac{\beta^2}{2}\right)T_0=(1-\beta\cos\varphi)T_0 \tag{②}$$

（忽略了高阶小量）。

物体运动到 B 时，相对于观察者 O，视角变化了一个小角度 $\Delta\varphi$，物体运动方向与物体与观察者的连线间的夹角为 $\varphi+\Delta\varphi$。

对②两边求微分，得到

$$\Delta T=\frac{v\sin\varphi T_0}{c}\Delta\varphi \tag{③}$$

由几何关系可知

$$\frac{\sin\Delta\varphi}{v\Delta t}=\frac{\sin\varphi}{r}$$

其中 r 为光源与观察者之间的距离，考虑到

$$\sin\Delta\varphi\approx\Delta\varphi$$

故

$$\frac{\Delta\varphi}{v\Delta t}=\frac{\sin\varphi}{r} \tag{4}$$

由②③得到

$$r=\frac{c\Delta T\Delta t}{T_0\ (\Delta\varphi)^2}$$

考虑到 $T_0\approx T$，故

$$r=\frac{c\Delta T\Delta t}{T(\Delta\varphi)^2}$$

注：分析过程需特别注意小量取舍，灵活判断高阶小量，高阶小量可舍去。

问题 11－5 “毫米级汽车”

像蚂蚁一样大小的微型汽车在水平面上沿着焦距为 f 的凸透镜的主光轴行驶。在车的顶部放置点光源 S，它位于透镜的主光轴上。汽车做变速运动，使得点光源 S 的像S_1 的速度恒定不变，等于 v_0。求“汽车”在距离透镜多远的位置处可以进行此运动。车轮与路面之间的摩擦系数为 μ。

解 如图所示，由光学牛顿公式得到

$$xy=f^2$$

两边求微分得到

$$x\Delta y+y\Delta x=0$$

进一步得到

$$\frac{\Delta y}{\Delta x}=-\frac{y}{x}=\frac{\frac{\Delta y}{\Delta t}}{\frac{\Delta x}{\Delta t}}=\frac{v_0}{v}$$

即

$$v=-\frac{x}{y}v_0=-\frac{f^2}{y^2}v_0$$

上式两边对时间求导，得到

$$a=\frac{\mathrm{d}v}{\mathrm{d}t}=\frac{2v_0f^2}{y^3}\frac{\mathrm{d}y}{\mathrm{d}t}=\frac{2v_0^2f^2}{y^3}=\frac{2v_0^2x^3}{f^4}$$

考虑到车轮与地面的摩擦系数为 μ，故汽车变速运动的加速度

$$a\leqslant\mu g$$

即

$$a=\frac{2v_0^2\ |x|^3}{f^4}\leqslant\mu g$$

解得

$$|x|\leqslant f\sqrt[3]{\frac{\mu gf}{2v_0^2}}$$

汽车与透镜的距离

$$l = f + x$$

当 $|x| \leqslant f$，即 $v_0 \geqslant \sqrt{\frac{\mu g f}{2}}$ 时，

$$f\left(1 - \sqrt[3]{\frac{\mu g f}{2 v_0^2}}\right) \leqslant l \leqslant f\left(1 + \sqrt[3]{\frac{\mu g f}{2 v_0^2}}\right)$$

当 $|x| > f$，即 $v_0 < \sqrt{\frac{\mu g f}{2}}$ 时，

$$0 < l \leqslant f\left(1 + \sqrt[3]{\frac{\mu g f}{2 v_0^2}}\right)$$

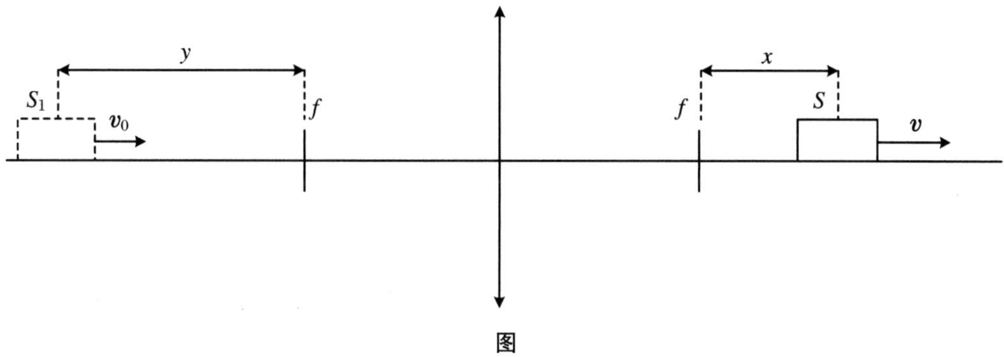

图

2016年全俄物理奥林匹克决赛(理论部分)

九年级

问题9-1　车轮上的石头

自行车的车轮半径相同,均为 R,车轮之间的距离 $l=3R$。前后轮的轮胎上各卡了一小块石头(见图1)。一开始,后轮上的石头接触地面,而前轮上的石头在正前方。自行车以速度 v 直线行驶,车轮相对于地面不滑动,石头不脱离车轮。

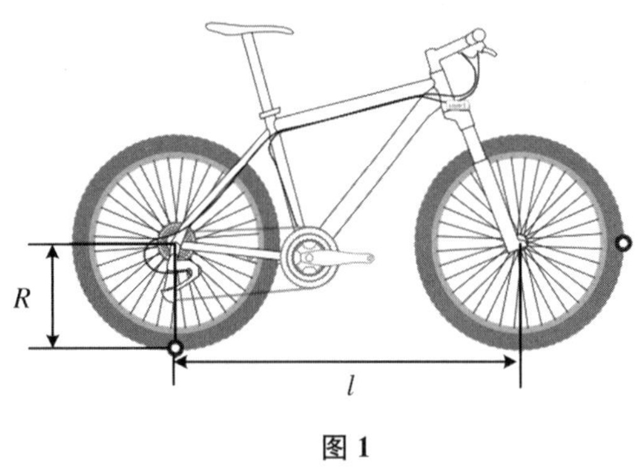

图1

(1) 求自行车运动的过程中,两块石头距离的最大值 l_{max} 和最小值 l_{min}。

(2) 从运动开始起,经过多长时间 t,两块石头之间的距离第一次达到最大值?

解　(法1)(1) 以后轮圆心为坐标原点,建立平面直角坐标系,如图2所示。由于自行车车轮做无滑滚动,故车轮转动角速度为

$$\omega = \frac{v}{R}$$

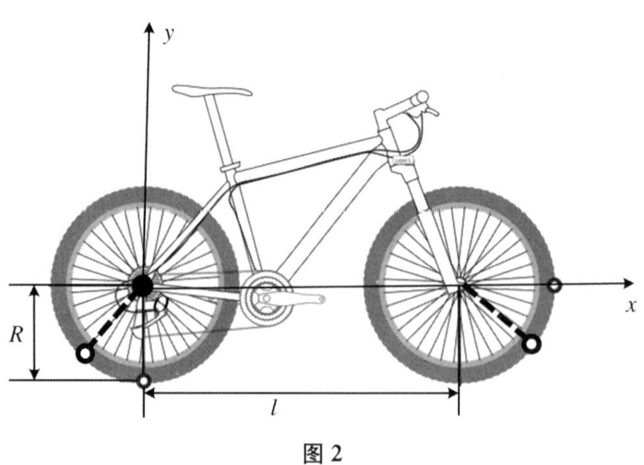

图2

经过时间 t,两石块相对初始位置转过的角度

$$\theta = \omega t = \frac{v}{R}t$$

在此直角坐标系中,两块石头的坐标分别为

$$(x_1,y_1) = \left(-R\sin\left(\frac{v}{R}t\right),-R\cos\left(\frac{v}{R}t\right)\right)$$

$$(x_2,y_2) = \left(3R + R\cos\left(\frac{v}{R}t\right),-R\sin\left(\frac{v}{R}t\right)\right)$$

由两点间距离公式可得

$$l = \sqrt{(x_2 - x_1)^2 + (y_2 - y_1)^2} = R\sqrt{11 + 6\sqrt{2}\sin\left(\frac{v}{R}t + \frac{\pi}{4}\right)} \quad ①$$

故

$$l_{\max} = R\sqrt{11 + 6\sqrt{2}} = (3 + \sqrt{2})R$$

$$l_{\min} = R\sqrt{11 - 6\sqrt{2}} = (3 - \sqrt{2})R$$

(2) 根据①得到,第一次达到距离最大时,

$$\frac{v}{R}t + \frac{\pi}{4} = \frac{\pi}{2}$$

解得

$$t = \frac{\pi R}{4v}$$

(法2)(1) 某一时刻,两块石头分别运动到图3中的A,B位置,由于前后轮角速度相同($\omega = v/R$),故图中$\boldsymbol{r}_1$,$\boldsymbol{r}_2$夹角不变,始终相互垂直,两石头间的相对位置可由$\boldsymbol{r}_{21}$表示,由矢量合成法则可得

$$\boldsymbol{r}_{21} = -\boldsymbol{r}_1 + \boldsymbol{r}_0 + \boldsymbol{r}_2$$

进一步分析得到

$$\boldsymbol{r}_{21} = \boldsymbol{r}_0 + (\boldsymbol{r}_2 - \boldsymbol{r}_1)$$

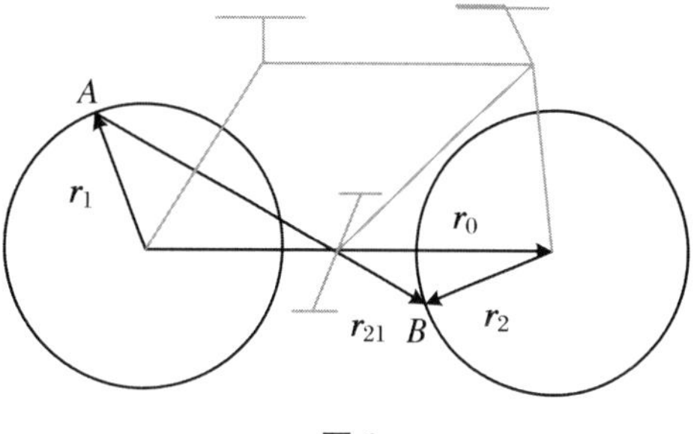

图3

从图4中可得,由于$\boldsymbol{r}_1$,$\boldsymbol{r}_2$夹角始终不变,故$\boldsymbol{r}_2 - \boldsymbol{r}_1$长度不变(其中$|\boldsymbol{r}_2 - \boldsymbol{r}_1| = \sqrt{2}R$),同样以角速度$\omega = v/R$顺时针旋转,即等效为图5,显然当$\boldsymbol{r}_2 - \boldsymbol{r}_1$与$\boldsymbol{r}_0$同向时有最大值:

$$|\boldsymbol{r}_{21}|_{\max} = |\boldsymbol{r}_0| + |\boldsymbol{r}_2 - \boldsymbol{r}_1| = 3R + \sqrt{2}R$$

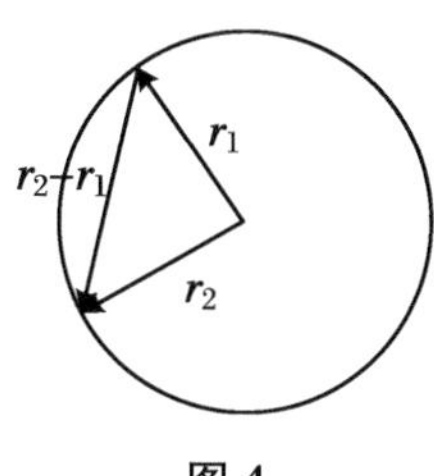

图4

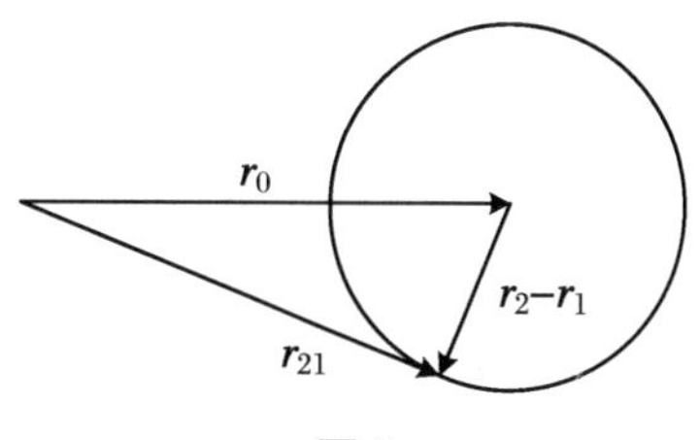

图5

当$\boldsymbol{r}_2 - \boldsymbol{r}_1$与$\boldsymbol{r}_0$反向时有最小值:

$$|\boldsymbol{r}_{21}|_{\min} = |\boldsymbol{r}_0| - |\boldsymbol{r}_2 - \boldsymbol{r}_1| = 3R - \sqrt{2}R$$

分别如图6和图7所示。

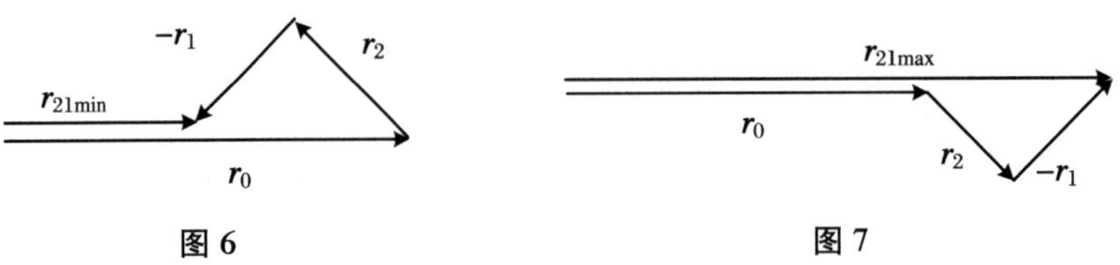

图 6　　　　图 7

(2) 在上一问的基础上分析可知，从初始位置开始，$\boldsymbol{r}_2-\boldsymbol{r}_1$ 转过 $\pi/4$ 后，两石头间第一次达到最大距离，故有

$$t=\frac{\frac{\pi}{4}}{\omega}=\frac{\pi R}{4v}$$

问题 9-2　急转弯

如图 1 所示，粒子的质量为 m，速度为 v，实验员开始对其施加大小恒定的力 F，在时间 t 内该力以恒定角速度旋转了 180°。粒子的运动方向和所受的力一直在该平面内。一开始，运动方向和受力方向之间的角度为 90°。求当受力经过时间 t 之后，粒子运动最终的速度 u 的大小和方向。其他力的影响可以忽略。

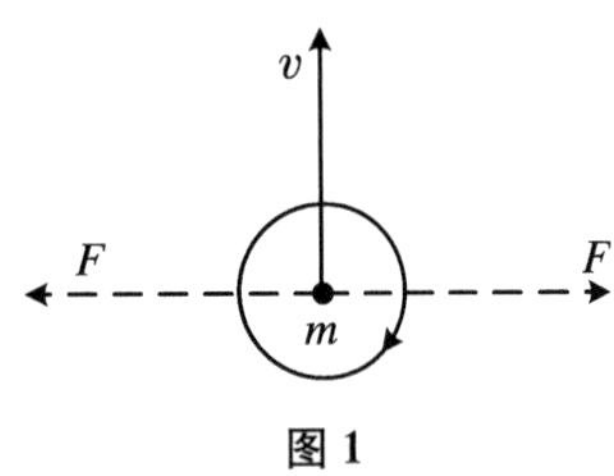

图 1

解　(法 1)由对称性可知，F 在 t 时间内在水平方向的冲量为 0，竖直方向的冲量不为 0，竖直方向的冲量即总冲量，其大小为

$$I=\int_0^t F\sin\left(\frac{\pi}{t}T\right)\mathrm{d}T=\frac{2Ft}{\pi}$$

由动量定理 $I=mu-mv$ 可知：

当冲量方向与初速度方向一致时，

$$u=v+\frac{2Ft}{\pi m}$$

u 的方向与 v 的一致。

当冲量方向与初速度方向相反时，

$$u=v-\frac{2Ft}{\pi m}$$

当 $v>2Ft/(\pi m)$ 时，u 的方向与 v 的一致，反之，则 u 的方向与 v 的相反。

(法 2)由于开始时力的方向存在两种情况，向左或者向右，且力转动的方向存在两种情况，顺时针或者逆时针，故综合起来存在四种情况。

选择其中一种情况分析：开始时力向右，且顺时针转动，由于力为变力，冲量为矢量，利用微元矢量累加的方法分析 F 的总冲量。

由于 F 以恒定角速度转动，故连续相等时间间隔 Δt 内，冲量大小恒为 $F\Delta t$，依次转过相同的角度 $\omega\Delta t$，其中 $\omega=\pi/t$，相应的曲率半径恒为

$$\frac{F\Delta t}{\omega\Delta t}=\frac{Ft}{\pi}$$

如图2所示。

所有冲量微元首尾相连形成半圆,总冲量大小即为曲率半径的2倍:

$$I = \frac{2Ft}{\pi}$$

此时,冲量方向与初速度反向,故末速度

$$u = v - \frac{2Ft}{\pi m}$$

当 $v > \frac{2Ft}{\pi m}$ 时(即图2中的情况),末速度与初速度同向。反之,当 $v < \frac{2Ft}{\pi m}$ 时,末速度与初速度反向。

同理,冲量方向可能与初速度方向相同,则

$$u = v + \frac{2Ft}{\pi m}$$

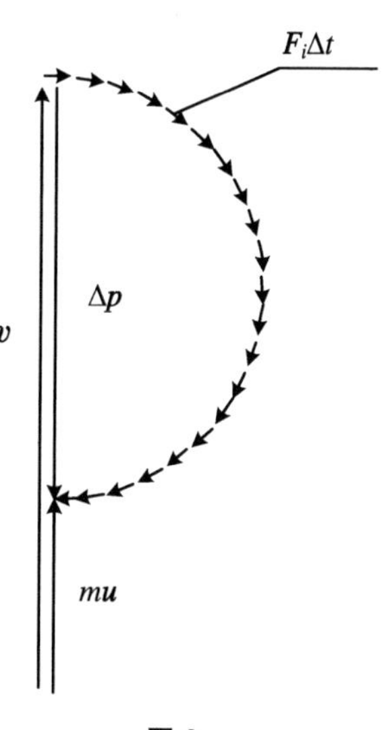

图2

问题9-3 移动长椅

如图1所示,长椅质量为 m,长度为 L。在水平力 F(大小未知,不一定恒定)的作用下,在光滑的水平面上移过宽度为 $S(S>L)$ 的粗糙地带。力 F 的施力点位于重心所在高度,比水平面高 h。长椅的腿和粗糙面的摩擦系数为 μ。

(1) 如果腿不离开水平面,求匀速移过粗糙地带时力 F 做的功。

(2) 当 L,μ,h 的比值满足什么条件时,这样的移动是可能的?

长椅视为均匀的,腿视为轻质的。

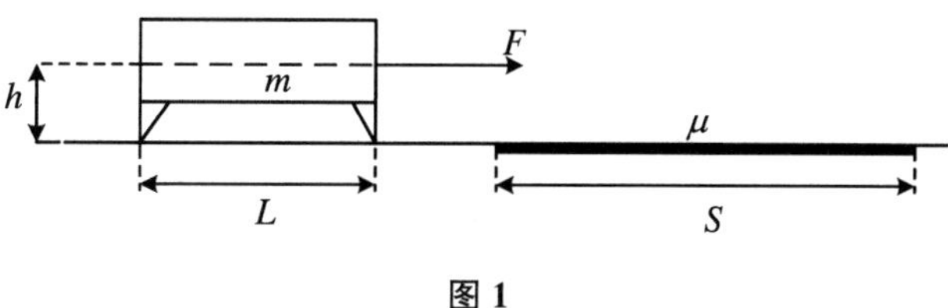

图1

解 (1) 图2为椅子前半部分刚匀速进入粗糙地面时的受力分析图,以长椅前腿和地面的接触点作为参考点,由力矩平衡得

$$Fh + N_2 L = \frac{1}{2}mgL$$

又有

$$N_1 + N_2 = mg$$

解得

$$N_1 = \frac{1}{2}mg + \frac{h}{L}F$$

$$N_2 = \frac{1}{2}mg - \frac{h}{L}F$$

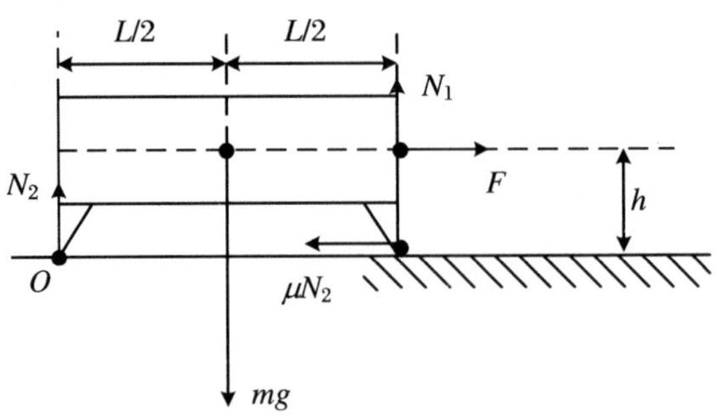

图 2

椅子前半部分刚进入粗糙地面时，

$$F_1 = \mu N_1$$

解得

$$F_1 = \frac{\mu mgL}{2(L - \mu h)}$$

同理，当椅子后半部分即将离开粗糙地面时，

$$F_2 = \mu N_2$$

解得

$$F_2 = \frac{\mu mgL}{2(L + \mu h)}$$

当椅子完全进入粗糙地面时，

$$F_3 = \mu N_1 + \mu N_2 = \mu mg$$

综上所述，F 做的功

$$W = F_1 L + F_2 L + F_3 (S - L) = \mu mg\left(\frac{\mu^2 h^2 L}{L^2 - \mu^2 h^2} + S\right)$$

(2) 在移动过程中，长椅不可发生转动，故 $N_1 \geqslant 0$ 且 $N_2 \geqslant 0$。

考虑临界状态，当长椅前半部分进入粗糙地面且 $N_2 = 0$ 时的受力分析图如图 3 所示。

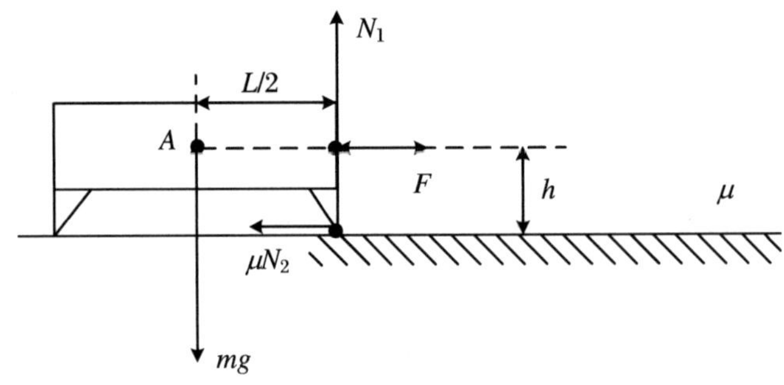

图 3

以重心 A 为参考点，由力矩平衡可得

$$\mu N_1 h = N_1 \frac{L}{2}$$

解得

$$L = 2\mu h$$

所以，$L \geqslant 2\mu h$（此时 $F_1 > 0$ 自然成立）。

问题 9－4　牛奶咖啡

热交换器由两个同轴的管组成，长度 $L = 5$ m。如图 1 所示，咖啡流过内管，牛奶以相反方向流过外管。牛奶进入热交换器前的温度为 $t_1 = 10$ ℃，咖啡从另一侧进入热交换器前的温度为 $t_2 = 90$ ℃。如果单位时间内每个方向流过的液体量 μ 相等，则牛奶流出时的温度为 $t_3 = 60$ ℃。

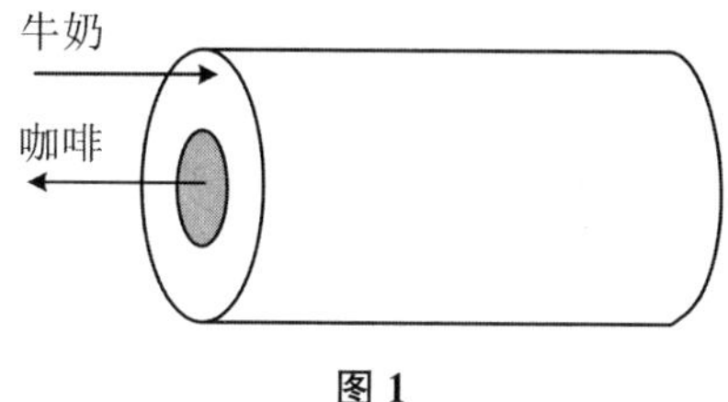

图 1

（1）求咖啡流出热交换器时的温度 t_4。

（2）两个管子里咖啡和牛奶温度相等的地方相距多远①？

（3）如果将两者的流动速度都提高到原来的两倍，保持进入前的温度不变，那么牛奶流出的温度 t_3' 和咖啡流出的温度 t_4' 分别会变成多少？

注：在内管的一小块面积上，热交换的功率与接触的液体的温度差成正比。与环境的热交换可以忽略。咖啡和牛奶的密度和比热容视为相等。

解　（1）设单位时间内流入管中的牛奶质量为 Δm，由连续性原理，相同时间内从管中流出的牛奶质量同样为 Δm，此过程中，牛奶吸收的热量

$$Q = C\Delta m\Delta t_1 = C\Delta m(t_3 - t_1)$$

其中

$$\Delta t_1 = t_3 - t_1 = 50\ ℃$$

因为咖啡和牛奶的密度和比热容近似相等，则相同时间内流进及流出咖啡的质量均为 Δm，在没有和外界热传递的情况下，根据能量守恒，咖啡放出的热量为

$$Q = C\Delta m\Delta t_1 = C\Delta m(t_2 - t_4)$$

所以

$$t_4 = t_2 - \Delta t_1 = 40\ ℃$$

（2）如图 2 所示，取距离左侧 x 处，设此处牛奶温度为 T_1，咖啡温度为 T_2，由上一问的结论可知

$$C\Delta m(T_1 - t_1) = C\Delta m(T_2 - t_4)$$

得到

$$T_2 - T_1 = 30\ ℃$$

---

①　译者注：这里指牛奶是 t ℃的位置和咖啡是 t ℃的位置的水平距离。

考虑到 x 的任意性，上述分析说明，管中任意位置牛奶与咖啡间的温度差均相等，为 30 ℃。

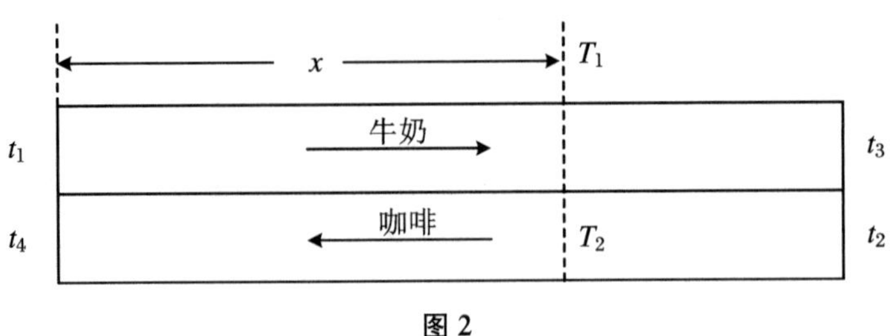

图 2

根据傅里叶传热定律，管中单位面积上的热交换功率与温度差成正比。由于温度差恒定，则管中单位面积上的热交换功率恒定。所以牛奶中温度变化随距离呈线性变化，同理，咖啡温度变化随距离同样呈线性关系。可得两者温度与位置的变化关系如图 3 所示。

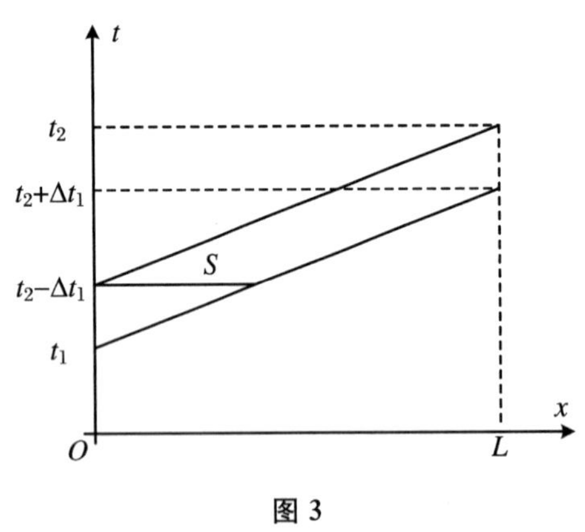

图 3

由图 3 中的几何关系得到

$$\frac{S}{L}=\frac{t_2-\Delta t_1-t_1}{\Delta t_1}$$

解得

$$S=3\ \mathrm{m}$$

(3) 设 t_3'，t_4'分别为任意流速下牛奶与咖啡从管中流出时的温度。由第(1)问可知

$$t_3'-t_1=t_2-t_4'$$

即有

$$t_3'+t_4'=t_1+t_2=100\ ℃$$

在第(2)问基础上对牛奶进行分析，牛奶吸收的热量为

$$\Delta Q=P\Delta t$$

其中 $P=\alpha(t_2-t_3')$，t_2-t_3'为牛奶与咖啡之间的温度差，即咖啡、牛奶间的热传导功率和温度差成正比。

又因为

$$\Delta Q=C\rho\mu\Delta t(t_3'-t_1)$$

其中 $t_3'-t_1$ 为牛奶进出管子两端的温度差。整理得到

$$\mu\propto\frac{t_2-t_3'}{t_3'-t_1}=\frac{90-t_3'}{t_3'-10}$$

故流速加倍后有等式

$$\frac{90-t_3'}{t_3'-10}=2\times\frac{90-t_3}{t_3-10}$$

解得

$$t_3'\approx 46.4\ ℃$$

进一步得到

$$t_4'\approx 53.6\ ℃$$

问题 9 - 5　含电表的四面体

如图 1 所示，四面体形状的电路中含有四个相同的电阻以及理想直流电源和理想电流表，其中电流表显示电流强度 $I=2$ A。如果将电流表换成理想电压表，显示电压 $U=12$ V。求电源的电压 U_0 和电阻的阻值 R。

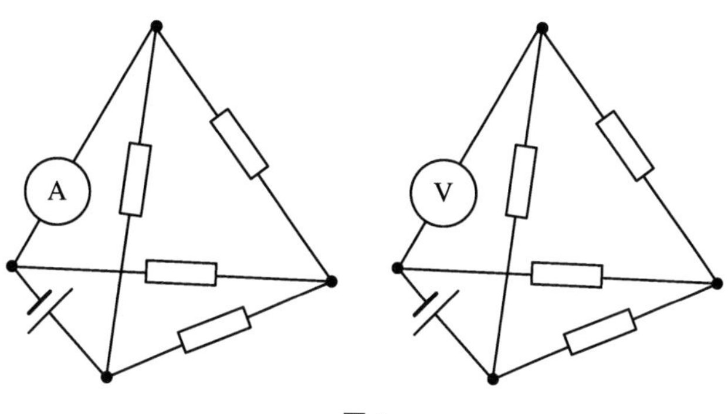

图 1

解　画出接有理想电流表的等效电路如图 2 所示，继而分析出其中的电流走向，由基尔霍夫定律可得

$$3I_1R = U_0$$

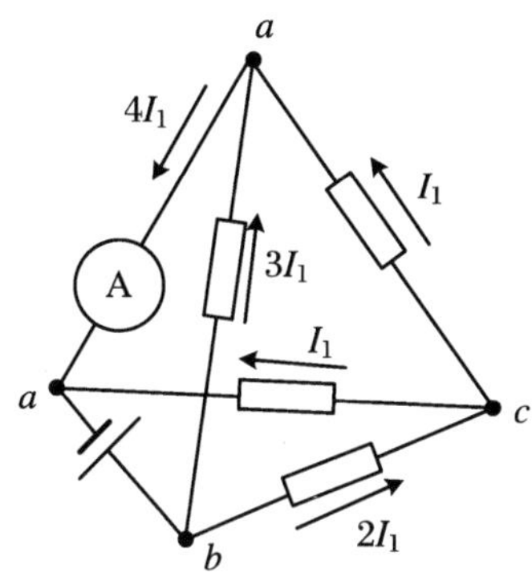

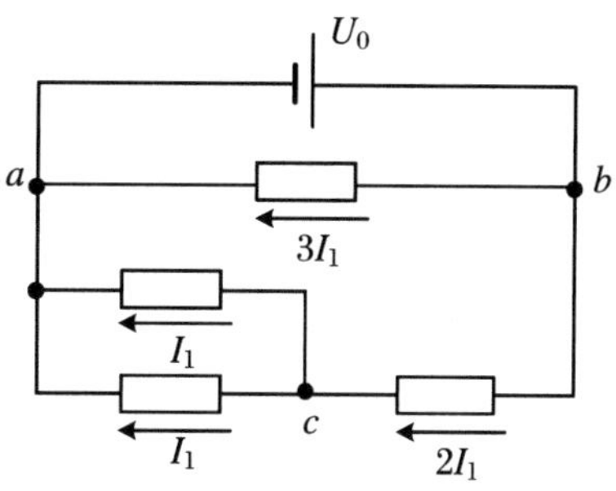

图 2

则电流表的读数为

$$I_A = 4I_1 = \frac{4U_0}{3R}$$

画出接有理想电压表的等效电路及电流走向如图 3 所示，同理有

$$U_0 = 2I_2R + 3I_2R$$

则电压表的读数为

$$U = I_2R + 3I_2R$$

综上所述，可得

$$U_0 = \frac{5}{4}U = 15\ \text{V},\quad R = \frac{5U}{3I_A} = 10\ \Omega$$

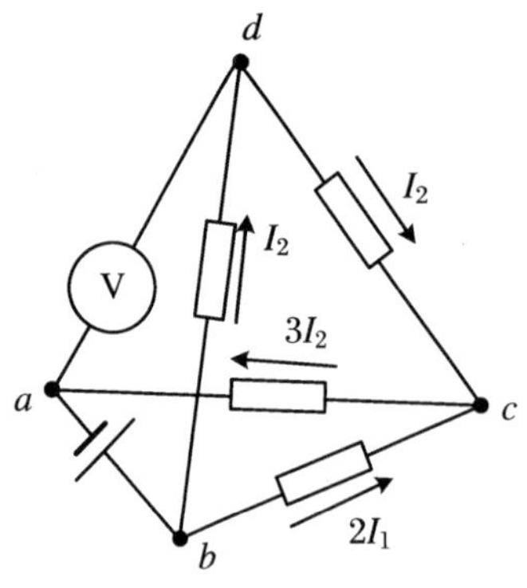

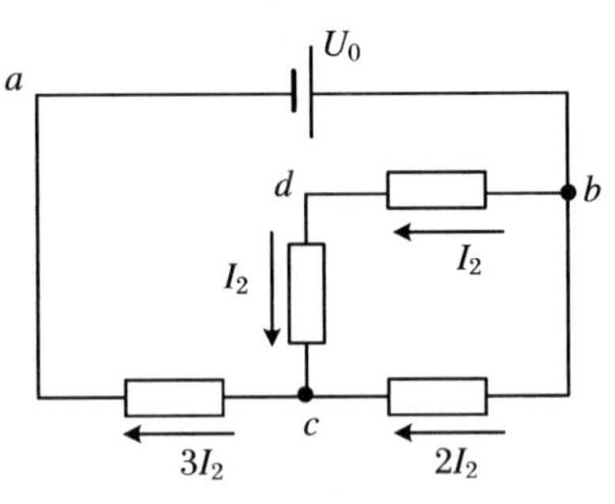

图 3

十年级

问题 10-1　球形山

如图所示，水平面上有一座球形山，其剖面图形为半径为 R 的四分之一圆。在顶部放有质量为 m 的滑块，施加水平方向的初速度 v_0。滑块和山之间的动摩擦系数取决于角 α，规律为 $\mu=\tan\alpha$。

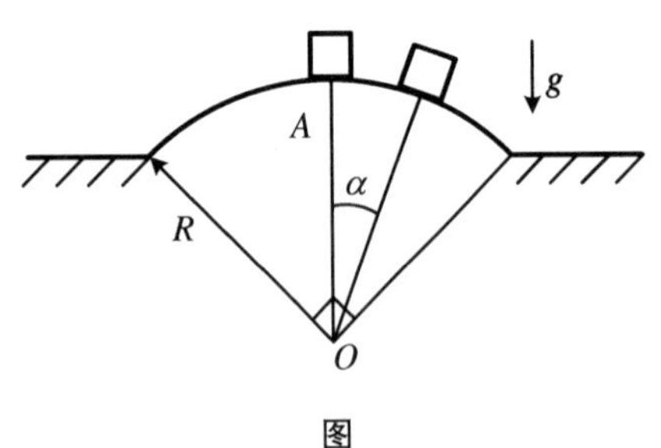

图

(1) 若滑块下滑到水平面之前不脱离山，需要的时间 t 等于多少？

(2) 此时摩擦力所做的功 W_f 等于多少？

(3) 当 v_0 满足什么条件时，滑块才不会离开山？

解　根据题意，可知滑块所受摩擦力 $f=\mu N=N\tan\alpha$，即 $f\cos\alpha=N\sin\alpha$，即物体在水平方向上平衡，水平方向速度保持不变。

(1) 由于滑块在水平方向上做速度大小保持不变的匀速运动，因此所需时间

$$t=\frac{R\cos\frac{\pi}{4}}{v_0}=\frac{\sqrt{2}R}{2v_0}$$

(2) 滑块运动到最低点时

$$v=\frac{v_0}{\cos\frac{\pi}{4}}=\sqrt{2}v_0$$

由动能定理可得

$$mgR\left(1-\cos\frac{\pi}{4}\right)+W_f=\frac{1}{2}mv^2-\frac{1}{2}mv_0^2$$

解得

$$W_f=\frac{1}{2}mv_0^2-\left(1-\frac{\sqrt{2}}{2}\right)mgR$$

(3) 滑块下滑做圆周运动时满足

$$m\frac{\left(\frac{v_0}{\cos\alpha}\right)^2}{R}=mg\cos\alpha-N$$

分析该式可知 α，v_0 越大，滑块与山之间的弹力越小，即越往下滑越容易脱离山体。临界情况即滑块滑到最低点时，弹力 N 减小为 0 的情况，解得

$$v_0=\sqrt{gR\cos^3\alpha}$$

代入数据可得

$$v_0=\sqrt{\frac{gR}{2\sqrt{2}}}$$

所以要使得滑块不脱离山体需满足

$$v_0\leqslant\sqrt{\frac{gR}{2\sqrt{2}}}$$

问题 10－2　颗粒

如图所示，悬浮有可压缩的小颗粒的悬浊液流过横截面面积为 S 的管子。在压强为 p 的区域内每个颗粒的体积为 V，在压强减为 $p-\Delta p$ 的区域每个颗粒的体积为 $V+\Delta V$。已知单位时间内通过任一横截面的颗粒数等于 γ。求在稳定流动时，单位时间内通过管子的悬浊液的质量 μ。

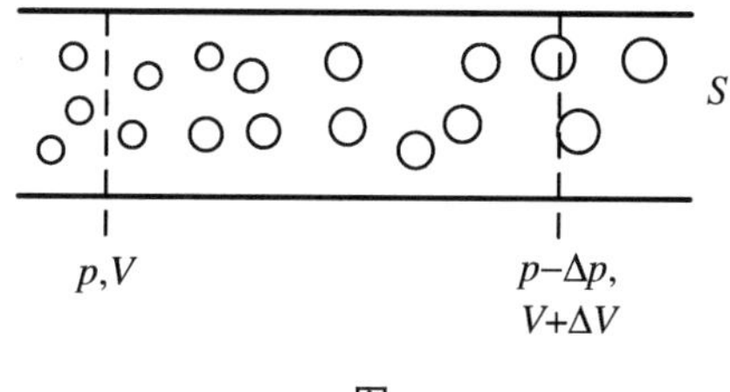

图

不计管壁的摩擦，且液体和颗粒通过横截面的速度相等。已知液体不可压缩。

解　以图中虚线内的悬浊液作为研究对象，设液体和颗粒通过左侧虚线处的速度为 v，通过右侧虚线处的速度为 $v+\Delta v$，由连续性原理，稳定流动时单位时间流入的液体体积保持不变，故有

$$vS-\gamma V=(v+\Delta v)S-\gamma(V+\Delta V)$$

化简可得

$$\Delta v=\gamma\frac{\Delta V}{S}\qquad①$$

虚线内液体左、右两端的压强分别为 p 与 $p-\Delta p$，则可认为在单位时间内，两端压力差使得质量为 μ 的悬浊液速度从 v 变为 $v+\Delta v$。

由动量定理可得

$$\Delta pS=\mu\Delta v$$

解得

$$\mu = \frac{\Delta PS}{\Delta v} \qquad ②$$

由①②得到

$$\mu = \frac{\Delta pS^2}{\gamma \Delta V}$$

注:纯液体的质量跟体积进出都不变(由于不可压缩),粒子进出质量一样,进的体积少,出的体积多(由于压强减小,体积膨胀)。综合起来悬浮液进出质量一样,进的体积少,出的体积多(由于流速增加,相当于平均密度减小)。截面之间总质量跟总体积都不变。

因为液体不可压缩,所以液体体积不变。即液体体积流量不变,则液体质量流量也不变,颗粒的流量不变是题目给定的,所以液体和固体(悬浊液)的质量流量都不变。悬浊液密度变小了,但速度变大了,所以单位时间流过的质量不变。

问题 10-3　水与冰

众所周知,在标准大气压下,水的冰点和冰的熔点为 $t_0 = 0$ ℃。当压强超过标准大气压时,水可以在更低的温度下保持液态。气压增加 133 atm,则冰的熔点降低 1 ℃。一开始,水的质量 $m_0 = 1$ kg,和极少量的冰在绝热容器里处于平衡状态,压强为 $p_1 = 200$ atm。在绝热过程中,压强缓慢减小到大气压 $p_0 = 1$ atm。

(1) 求冰的质量的变化量 $\Delta m_冰$。

(2) 求水+冰的系统体积的变化量。

(3) 当压强从 p_1 减到 p_0时,对外界做了多少功?

水的比热 $c_水 = 4.2$ J/(g·℃),冰的比热 $c_冰 = 2.1$ J/(g·℃)。冰的熔解热 $q = 336$ J/g。在标准大气压下,水的密度 $\rho_水 = 1$ g/cm³,冰的密度 $\rho_冰 = 0.9$ g/cm³。

水的压缩性 $G = -\frac{1}{V}\frac{\Delta V}{\Delta p} = 5 \times 10^{-10}$/Pa,冰的压缩性远小于水。

解　(1) 根据题意,起初压强为 $p_1 = 200$ atm 时冰的熔点为

$$t_1 = -\frac{p_1 - p_0}{133\ (\text{atm/℃})} = -1.5\ ℃$$

当气压减小到标准大气压时,冰的熔点又变为 0 ℃。

在此过程中,对于水来讲,其温度上升,所以水吸收热量为

$$Q_吸 = c_水 m_0 (t_0 - t_1)$$

冰的质量增加量为 $\Delta m_冰$,其放出的热量

$$Q_放 = \Delta m_冰 q$$

根据能量守恒,吸放热相等:

$$Q_吸 = Q_放$$

故有

$$\Delta m_冰 = \frac{c_水 m_0 (t_0 - t_1)}{q} = 18.7\ \text{g}$$

(2) 若不考虑水变成冰的情况,仅考虑水的压缩性,由题意知,1 kg 水的压强从 200 atm

变到 1 atm，其体积增量

$$\Delta V_{水} = GV(p_1 - p_0) = G\frac{m_0}{\rho_{水}}(p_1 - p_0) = 10.08\ \text{cm}^3$$

考虑到 18.75 g 的水结成冰，其体积增量

$$\Delta V_{冰} = \frac{\Delta m_{冰}}{\rho_{冰}} - \frac{\Delta m_{冰}}{\rho_{水}} = 2.08\ \text{cm}^3$$

$$\Delta V = \Delta V_{水} + \Delta V_{冰} = 12.16\ \text{cm}^3$$

(3) 当压强从 p_1 减到 p_0 时，水的压缩性

$$G = -\frac{1}{V}\frac{\Delta V}{\Delta p} = 5\times 10^{-10}\ /\text{Pa}$$

由于体积变化很小，可认为 $\Delta p/\Delta V$ 不变，即压强与体积线性变化，故

$$W = \frac{p_1 + p_0}{2}\Delta V = 121.4\ \text{J}$$

问题 10－4　二极管之链

如图 1 所示的电路中包含 2016 节，其中二极管相同，电阻也相同。图 2 为二极管的伏安特性图，电压 $U_d = 1$ V。每个电阻的阻值 $R = 1\ \Omega$。将电路接入电压为 U_0 的直流电源。

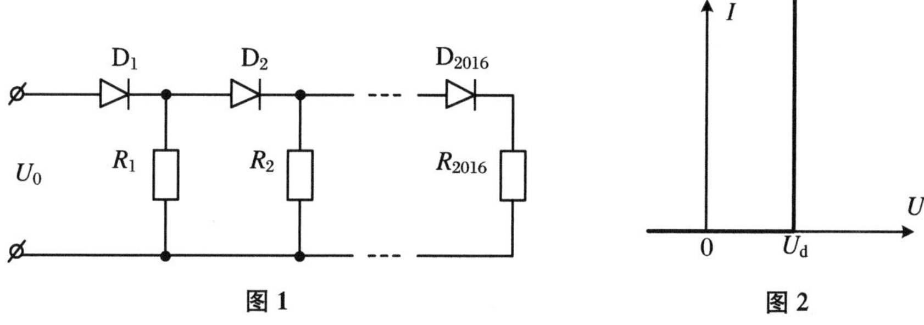

图 1　　图 2

(1) 当输入电压 $U_0 = 4.4$ V 时，求经过二极管和电阻的电流强度。

(2) 当电压从 0 变化到 3 V 时，画出电路的伏安特性图(电流 I_0 与电压 U_0 的关系图)。

(3) 当经过电路的电流 $I_0 = 14$ A 时，求输入电压 U_0。

解　(1) 由伏安特性可知该二极管为稳压二极管，工作状态下电压可稳定在 1 V，由基尔霍夫电压定律可知，在第一级二极管 D_1 上电压下降 1 V，则 R_1 上电压为 3.4 V，故由欧姆定律可得

$$I_{R_1} = \frac{U}{R_1} = 3.4\ \text{A}$$

同理可得

$$I_{R_2} = 2.4\ \text{A},\quad I_{R_3} = 1.4\ \text{A},\quad I_{R_4} = 0.4\ \text{A}$$

再结合基尔霍夫电流定律可知

$$I_{D_4} = 0.4\ \text{A},\quad I_{D_3} = 1.8\ \text{A},\quad I_{D_2} = 4.2\ \text{A},\quad I_{D_1} = 7.6\ \text{A}$$

只有前四级有电流通过，后面的二极管都未导通，后面电阻中的电流也为零。

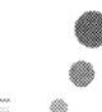

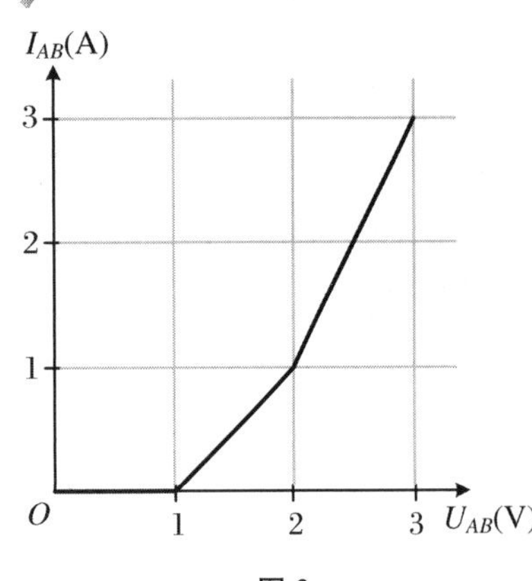

图 3

(2) 当电压为 0～1 V 时，所有二极管都不导通，整个电路不通；

当电压为 1～2 V 时，二极管 D_1 导通，R_1 上有电流；

当电压在 2～3 V 时，二极管 D_1，D_2 导通。

综上所述，电路的伏安特性如图 3 所示。

(3) 令最右边导通的电阻上通过的电流为 I_0（$0<I_0\leqslant 1$ A），其左侧电阻通过电流依次为 I_0+1 A，I_0+2 A，…。

通过电路的总电流

$$I = I_0 + (I_0 + 1\text{ A}) + (I_0 + 2\text{ A}) + \cdots + [I_0 + (N - 1\text{ A})]$$
$$= NI_0 + \frac{N(N - 1\text{ A})}{2}$$

又因为 $I=14$ A，综合分析可知

$$I_0 = 0.8\text{ A} \quad 且 \quad N = 5$$

再由基尔霍夫定律可知

$$U_{AB} = 5.8\text{ V}$$

问题 10－5　似曾相识

如图 1 所示，电路中的各元件视为理想的。一开始，电容器不带电。将开关 K 闭合，然后当电容器的能量变化速度达到最大值时断开。

(1) 求断开开关时，电源的输出功率 P。

(2) 设电阻的阻值 $R_1 = R_2 = R$。此时，电容器的能量变化速度达到最大值的时间为 $t_0 = CR\ln\sqrt{2}$（这个时间可以通过解微分方程求出来，但你不需要解）。求开关 K 闭合期间，电路产生的热量 Q。

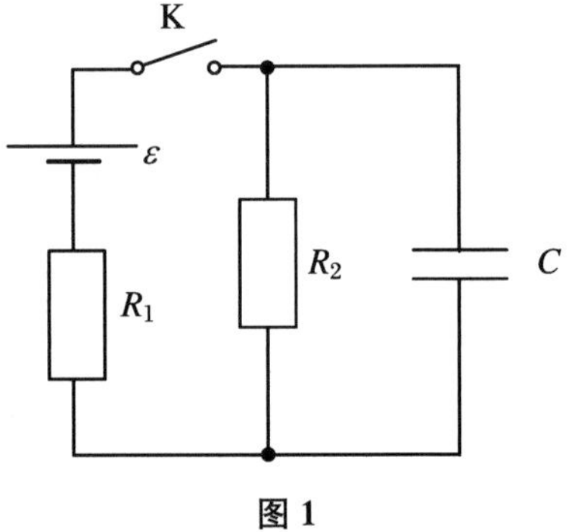

图 1

解　(1) 分析在开关 K 闭合时通过各元件的电流，如图 2 所示。

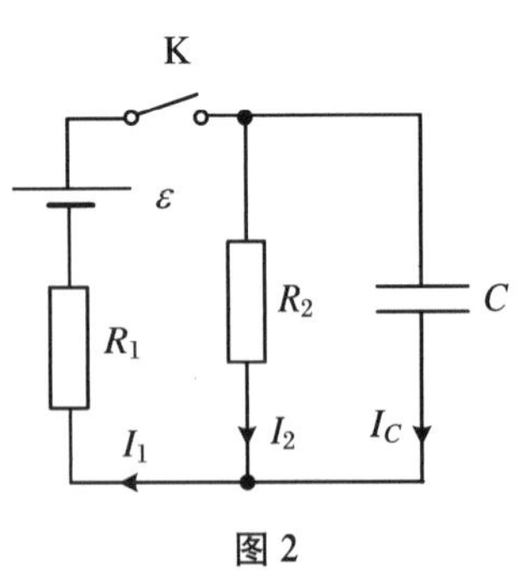

图 2

由并联关系知

$$I_1 = I_2 + I_C$$

又由电路关系知，电容器两端电压

$$U_C = \varepsilon - I_1R_1$$

同时也有

$$U_C = I_2R_2$$

电容器上的功率

$$P_C = U_CI_C = (\varepsilon - I_1R_1)\left(I_1 - \frac{\varepsilon - I_1R_1}{R_2}\right)$$

当 $I_1=\dfrac{\varepsilon(2R_1+R_2)}{2R_1(R_1+R_2)}$时,电容器上的功率取最大值。

电容器的能量变化速度达到最大值时,即电容器功率为最大值时,电源输出功率

$$P=\varepsilon I_1=\frac{\varepsilon^2(2R_1+R_2)}{2R_1(R_1+R_2)}$$

(2) 由上一小题知,当电容器的能量变化速度达到最大值时,电容器两端电压

$$U_C=\varepsilon-I_1R_1=\frac{\varepsilon R_2}{2(R_1+R_2)}=\frac{\varepsilon}{4}$$

通过电容器上的电荷量

$$q_C=CU_C=\frac{C\varepsilon}{4}$$

电容器储存的能量

$$E_C=\frac{1}{2}CU_C^2=\frac{C\varepsilon^2}{32}$$

由 $I_1=I_2+I_C$,$U_C=\varepsilon-I_1R_1$,$U_C=I_2R_2$,可得

$$I_1=\frac{\varepsilon}{2R}+\frac{1}{2}I_C$$

上式两边同乘以时间 Δt,得

$$I_1\Delta t=\frac{\varepsilon}{2R}\Delta t+\frac{1}{2}I_C\Delta t$$

两边求和得

$$q_1=\frac{\varepsilon}{2R}t_0+\frac{1}{2}q_C=\left(\frac{1}{4}\ln 2+\frac{1}{8}\right)C\varepsilon$$

电源通过电荷量 q_1 做功

$$E=\varepsilon q_1=\left(\frac{1}{4}\ln 2+\frac{1}{8}\right)C\varepsilon^2$$

电路产生的热量

$$Q=E-E_C=\left(\frac{1}{4}\ln 2+\frac{3}{32}\right)C\varepsilon^2$$

十一年级

问题 11-1　摩擦转轮

如图所示,长的圆柱形滚筒的半径为 R_0,绕着轴以角速度 ω_0旋转,在半径为 R 的圆盘上自由旋转(轴的位置没有摩擦)。滚筒与圆盘相切的位置与圆盘的半径重合。

(1) 如果滚筒和圆盘之间的摩擦是干性的,求圆盘旋转稳定的角速度 ω_μ。

(2) 如果滚筒和圆盘之间的摩擦是黏性的,求圆盘旋转稳定的角速度 ω_η。假设在黏性摩擦中,接触处的单位长度受到的摩擦力正比于滚筒和圆盘接触处的相对速度。

(3) 求比值 $k=\omega_\eta/\omega_\mu$。

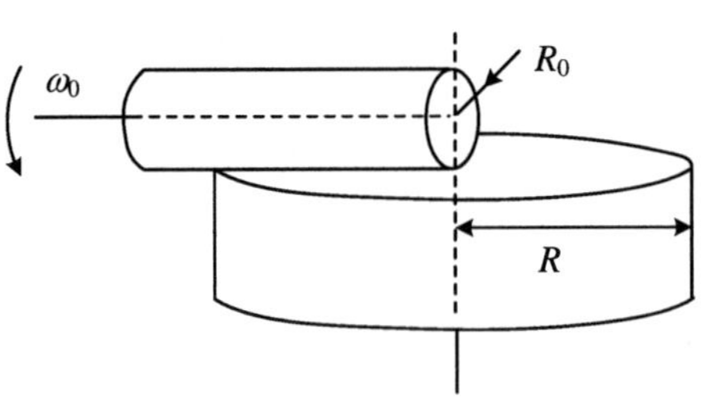

图

解 由于圆盘并不受到任何其他阻力,圆盘最终状态为匀速转动,所以圆柱形滚筒对圆盘的总力矩为 0。

(1) 如果滚筒和圆盘之间的摩擦是干性的,任意接触位置上单位长度的摩擦力是相等的。

设圆盘旋转稳定的角速度为 ω_μ,则在圆盘上距离轴 $r_0 = \omega_0 R_0/\omega_\mu$ 处刚好不发生相对滑动。显然,在位置 r_0 的点两侧,圆盘受到的摩擦力方向相反,设单位长度的摩擦力为 f_0,由总力矩为零的条件知

$$\int_0^{r_0} f_0 \mathrm{d}r \cdot r = \int_{r_0}^{R} f_0 \mathrm{d}r \cdot r$$

可得

$$\frac{1}{2} f_0 r_0^2 = \frac{1}{2} f_0 (R^2 - r_0^2)$$

推得

$$r_0 = \frac{\sqrt{2}}{2} R$$

所以有

$$\omega_\mu = \frac{\omega_0 R_0}{r_0} = \sqrt{2}\,\frac{\omega_0 R_0}{R} \qquad ①$$

(2) 如果滚筒和圆盘之间的摩擦是黏性的,则单位长度的摩擦力可表达为

$$f_0 = \alpha u$$

其中 α 为一恒定系数,u 为相对速度。

同第(1)小问,设圆盘旋转稳定的角速度为 ω_η,则在圆盘上距离轴 $r_0 = \omega_0 R_0/\omega_\eta$ 处刚好不发生相对滑动,由总力矩为零的条件知

$$\int_0^{r_0} f_0 \mathrm{d}r \cdot r = \int_{r_0}^{R} f_0 \mathrm{d}r \cdot r$$

代入

$$f_0 = \alpha u, \quad u = | \omega_0 R_0 - \omega_\eta r |$$

整理可得

$$\int_0^{r_0} \alpha(\omega_0 R_0 - \omega_\eta r) \mathrm{d}r \cdot r = \int_{r_0}^{R} \alpha(\omega_\eta r - \omega_0 R_0) \mathrm{d}r \cdot r$$

化简可得

$$\frac{1}{2}\omega_0 R_0 r_0^2 - \frac{1}{3}\omega_\eta r_0^3 = \frac{1}{3}\omega_\eta (R^3 - r_0^3) - \frac{1}{2}\omega_0 R_0 (R^2 - r_0^2)$$

$$\frac{1}{3}\omega_\eta R^3 = \frac{1}{2}\omega_0 R_0 R^2$$

所以

$$\omega_\eta = \frac{3\omega_0 R_0}{2R} \quad ②$$

(3) 由①②知

$$k = \frac{\omega_\eta}{\omega_\mu} = \frac{3\sqrt{2}}{4}$$

问题 11－2　圆形过程

如图1所示，用1 mol多原子理想气体进行循环过程，在某个刻度下的 p-V 图像是圆形。圆心坐标为(p_0, V_0)，压强轴上的直径为$2p$，体积轴上的直径为$2V$。

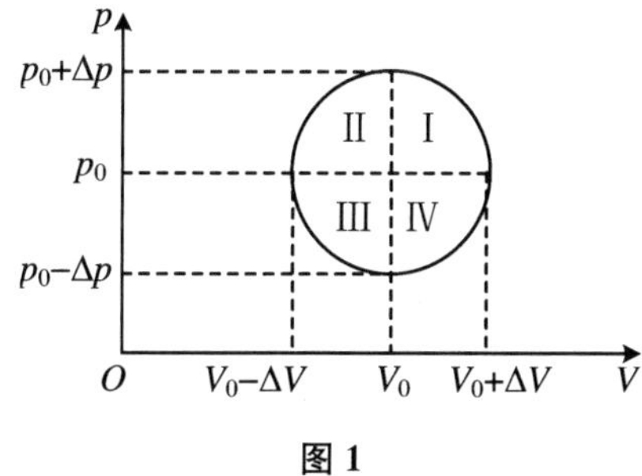

图 1

(1) 圆上有哪些对径点的热容量相等，找出它们，并求出热容量。

(2) 比较圆的第二象限与第四象限中任意一组对径点的热容量，并求出这两点中哪个热容量更大，为什么？

注：假设气体体积恒定时，热容量与温度无关。

解　(1) 热容量的定义为

$$C = \frac{\mathrm{d}Q}{\mathrm{d}T} = \frac{\mathrm{d}U + p\mathrm{d}V}{\mathrm{d}T}$$

又因为 $\mathrm{d}U = C_V\mathrm{d}T$ $R\mathrm{d}T = p\mathrm{d}V + V\mathrm{d}p$（物质的量为1 mol），整理得到

$$C = C_V + R\frac{p\mathrm{d}V}{p\mathrm{d}V + V\mathrm{d}p} = C_V + R\frac{1}{1 + \dfrac{V\mathrm{d}p}{p\mathrm{d}V}} \quad ①$$

如图2所示，图中对称的 A，B 满足

$$\left(\frac{V\mathrm{d}p}{p\mathrm{d}V}\right)_A = \left(\frac{V\mathrm{d}p}{p\mathrm{d}V}\right)_B$$

即 A，B 两点热容量相同，为便于分析，已将坐标进行无量纲化，且循环过程同样为圆形，进一步分析可知

$$\left(\frac{V}{p}\right)_A = \left(\frac{V}{p}\right)_B = \frac{V_0}{p_0}$$

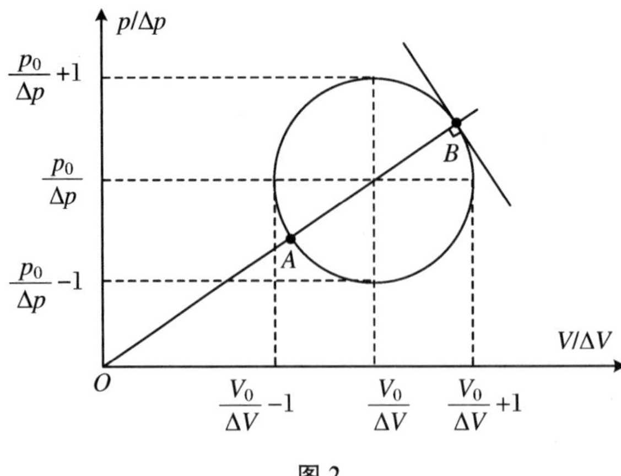

图 2

由几何关系可知,对于 A,B 两点有

$$\frac{\frac{\mathrm{d}p}{\Delta p}}{\frac{\mathrm{d}V}{\Delta V}} \cdot \frac{\frac{p}{\Delta p}}{\frac{V}{\Delta V}} = -1$$

进而得到

$$\frac{\mathrm{d}p}{\mathrm{d}V} = -\frac{V_0}{p_0}\left(\frac{\Delta p}{\Delta V}\right)^2$$

综上所述:

$$C = C_V + R\frac{1}{1-\left(\frac{V_0}{p_0}\right)^2\left(\frac{\Delta p}{\Delta V}\right)^2}$$

(2) 显然第二、四象限的对径点$\frac{\mathrm{d}p}{\mathrm{d}V}$相等且大于 0。

$$\left(\frac{V}{p}\right)_{四} > \left(\frac{V}{p}\right)_{二}$$

结合①分析,第二象限某点的热容量大于第四象限对径点的热容量。

问题 11 - 3　星形交流电

三个元件,可能包括电阻器、电容器和电感器,如图所示星形连接。如果在接线端 1 和 2 之间接入交流电源,则在接线端 1 和 3 之间接入的交流电压表的示数为 80 V,而如果把交流电压表接入接线端 2 和 3,则示数是 45 V。如果将同一个电源接入接线端 1 和 3 之间,则在接线端 2 和 3 之间的电压为 21 V,1 和 2 之间的电压为 28 V。如果将这个电源接入接线端 2 和 3 之间,则在接线端 1 和 2 之间的电压为 21 V,1 和 3 之间的电压为 28 V。

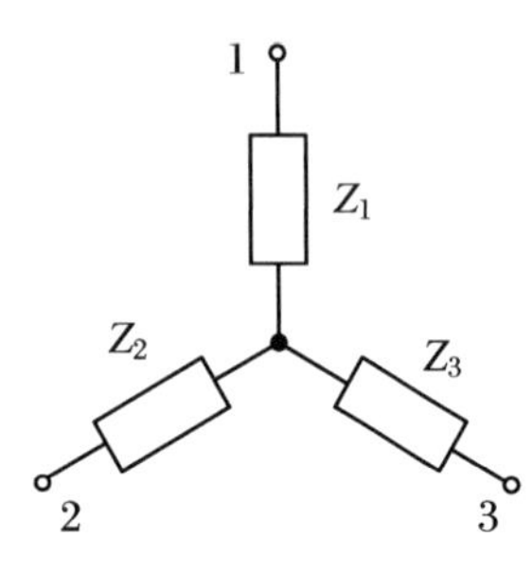

图

(1) 求电源的电压。

(2) 求星形的每条分支的元件种类。能否唯一确定?

(3) 当电源分别接入接线端1和2,1和3,2和3时,求电流之比 $I_{12}:I_{13}:I_{23}$。

电源、电压表以及电路中的各元件视为理想的。

解 (1) 由题意可知

$$\frac{|Z_1|}{|Z_1+Z_2|}U=80\ \text{V},\quad \frac{|Z_2|}{|Z_1+Z_2|}U=45\ \text{V},\quad \frac{|Z_3|}{|Z_1+Z_3|}U=21\ \text{V}$$

$$\frac{|Z_1|}{|Z_1+Z_3|}U=28\ \text{V},\quad \frac{|Z_2|}{|Z_2+Z_3|}U=21\ \text{V},\quad \frac{|Z_3|}{|Z_2+Z_3|}U=28\ \text{V}$$

由此解得

$$|Z_1|:|Z_2|:|Z_3|=16:9:12 \quad ①$$

$$|Z_1+Z_2|:|Z_2+Z_3|:|Z_1+Z_3|=7:15:20 \quad ②$$

由于三个元件为纯电阻或纯电感或纯电容,故

$$|Z_i+Z_j|_{i\neq j}=|Z_i|+|Z_j| \quad 或 \quad \big||Z_i|-|Z_j|\big| \quad 或 \quad \sqrt{|Z_i|^2+|Z_j|^2} \quad ③$$

联立①～③解得

$$Z_1=16R\text{j},\quad Z_2=-9R\text{j},\quad Z_3=12R \quad (第一组解)$$

$$Z_1=-16R\text{j},\quad Z_2=9R\text{j},\quad Z_3=12R \quad (第二组解)$$

进而得到

$$U=35\ \text{V}$$

(2) 由(1)中结果可知,元件种类有两种情况:

第一种:Z_1 为电容,Z_2 为电感,Z_3 为电阻;

第二种:Z_1 为电感,Z_2 为电容,Z_3 为电阻。

(3) 结合第(1)问结果有

$$I_{12}=\frac{U}{|Z_1+Z_2|}=\frac{5\ \text{V}}{R},\quad I_{23}=\frac{U}{|Z_2+Z_3|}=\frac{7\ \text{V}}{3R},\quad I_{13}=\frac{U}{|Z_1+Z_3|}=\frac{7\ \text{V}}{4R}$$

由此解得

$$I_{12}:I_{13}:I_{23}=60:21:28$$

问题 11-4　磁流体动力泵

如图1所示,磁流体动力泵中含有平行板电容器,两极板均为 $h\times a$ 的矩形,距离为 b ($h\gg b, a\gg b$)。平板的边缘与不导电的墙连接。在电容器的两板之间接入电压为 U 的理想电源,极性如图所示。在电容器的两板之间施加匀强磁场,磁感应强度为 B,方向水平,与平板平行。平板下面的边界与弱导电性的液体接触,密度为 ρ_0,电阻率为 λ。电容器的上边用不导电的盖封上。在电容器中间,高度为 $h/2$ 的位置用细线吊着一个不导电的小球,体积为 V,密度为 $\rho>\rho_0$。求细线的张力 T 与电源电压 U 的关系。定性画出关系图,并标出关键点。上方的盖和液体表面与空气接触。

解 (法1)电压较小时,液体中电流密度较小,安培力小于液体自身重力,不足以使液面提升。此时对小球进行受力分析,小球受到的细线的张力等于重力。

随着电压增大,液体中电流密度增大,安培力增大,液面上升。当液面没过小球时,小球受到液体的浮力,则细绳中的张力将发生变化。

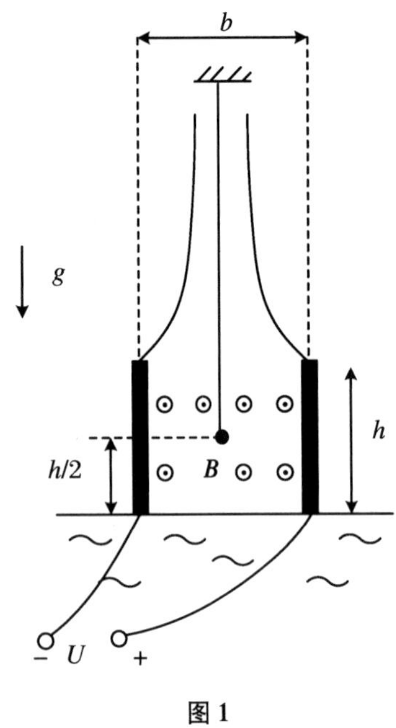

图 1

分析临界情况，电容器之间液体的安培力与重力恰好平衡，设电容器之间液面上升 x 时，内含液体的质量为 $m=\rho_0 abx$，则有

$$BIb = mg$$

由欧姆定律可得

$$I = \frac{U_0}{R}$$

由电阻定律可得

$$R = \lambda\frac{b}{ax}$$

联立解得

$$U_0 = \frac{\rho_0 g\lambda b}{B}$$

从上式可知，U_0 与 x 无关。当 $U_0=\rho_0 g\lambda b/B$ 时，电容器之间任意高度的液体均能平衡，为随遇平衡状态。

即当 $U<U_0=\rho_0 g\lambda b/B$ 时，电容器之间没有液体，则小球受到细线的拉力为

$$T = mg = \rho gV$$

而当 $U>U_0=\rho_0 g\lambda b/B$ 时，安培力大于重力，随遇平衡状态被打破，液面将一直上升直至触顶。

首先将小球用等体积的液体球替代，如图 2 所示，由于电压较大，安培力大于重力，故液体球会受到向下的作用力 F(由于此作用力也是液体内部压强差引起的，所以不妨称为“浮力”)。由于液体球在液体中平衡，所以满足

$$F_{安} = \rho_0 gV + F_{浮} \quad ①$$

该浮力 $F_{浮}$ 与原小球所受浮力相等。以下求液体球所受安培力 $F_{安}$，取如图 3 所示的液体体积元，该体积元所受安培力

$$\mathrm{d}F_{安} = B(j\mathrm{d}S)\mathrm{d}x$$

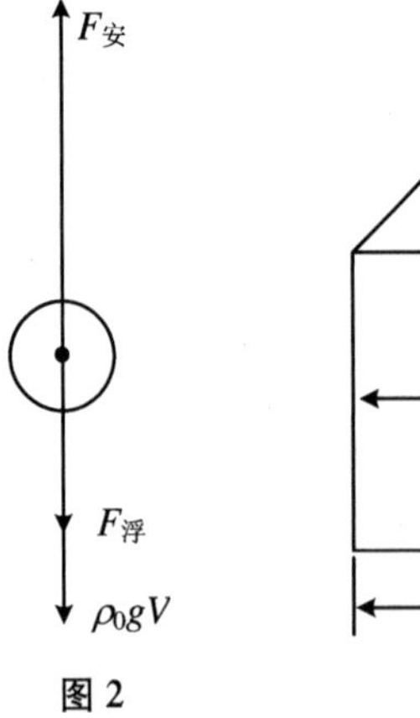

图 2

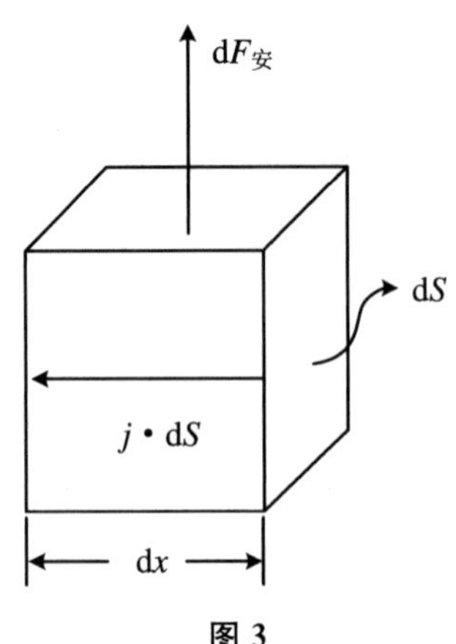

图 3

其中 j 为电流密度。

由此解得

$$\mathrm{d}F_{安} = Bj\mathrm{d}V$$

故

$$F_{安} = \int Bj\mathrm{d}V = BjV$$

由此可知 $F_{安} \propto V$，则液体球所受安培力满足

$$\frac{F_{安}}{BIb} = \frac{V}{abh}$$

其中

$$I = \frac{U}{R} = \frac{Uah}{\lambda b}$$

解得

$$F_{安} = \frac{BVU}{\lambda b} \quad ②$$

在此基础上对小球进行受力分析，小球受力如图4所示，满足

$$T = \rho gV + F_{浮} \quad ③$$

联立①～③得到

$$T = (\rho - \rho_0)gV + \frac{BV}{\lambda b}U$$

综上所述，得到细线张力与电压的关系：

当 $U < \dfrac{\rho_0 g\lambda b}{B}$ 时，$T = \rho gV$；

当 $U \geqslant \dfrac{\rho_0 g\lambda b}{B}$ 时，$T = (\rho - \rho_0)gV + \dfrac{BV}{\lambda b}U$。

在此基础上作图如图5所示。

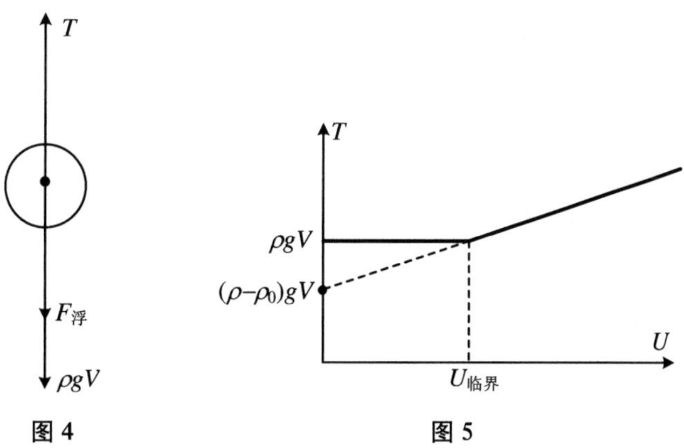

图4　　图5

（法2）当小球在浸入液体时受到的重力 $mg = \rho gV$，绳子的弹力为 T，液体对小球的浮力为 $F_{浮}$。此时对渗入电容器中的液体进行受力分析，其受到重力 $m_{液}g = \rho_0(abh)g$ 和安培力 $F_{安} = BIb = BUah/\lambda$ 的作用，合外力向上。

可以认为受一个等效重力 $m_{液}g'$,即

$$F_{安} - m_{液}g = m_{液}g'$$

所以

$$g' = \frac{BU}{\lambda b\rho_0} - g$$

小球受到的浮力为排开的液体的等效重力,即

$$F_{浮} = \rho_0 g' V = \frac{BU}{\lambda b}V - \rho_0 gV$$

小球受力如图 4 所示,满足

$$T = \rho gV + F_{浮}$$

联立得

$$T = (\rho - \rho_0)gV + \frac{BV}{\lambda b}U$$

注:$F_{浮} = jVB - \rho_0 gV$,当 $B = 0$ 时无外磁场,$F_{浮} = -\rho_0 gV$,负号表示竖直向上。即为我们熟悉的浮力。

问题 11-5 太阳帆

太阳帆是一面平面镜,质量 $m = 1.660$ g,面积 $S = 1.000$ m^2。太阳帆与太阳光垂直,沿着太阳中心和镜子中心的连线移动。一开始,它与太阳的距离为 $R_0 = 1$ 天文单位。经过 $t_1 = 1$ h 以恒定的未知速度 $v \ll c$ 飞行后,求它与太阳的距离 R_1。

1 天文单位等于地球到太阳的距离,$R_0 = 1.500 \times 10^8$ km $= 1$ AU。光子动量 p 和能量 E 的关系为 $pc = E$,其中光速 $c = 2.998 \times 10^8$ m/s。太阳辐射出的质子、中子和其他粒子的流是不考虑的。太阳常数 $W_0 = 1.367$ kW/m^2,是指在单位时间内,单位面积接收到的太阳辐射流的总量,该面积与辐射的方向垂直,与太阳的距离为 1 天文单位。

注:一年的长度约等于 $\pi \times 10^7$ s(误差在 0.5%)。

解 (法 1)设光子反射前动量大小为 p_1,反射后动量大小为 p_2,光子数为 N,考虑在极短时间内的过程,太阳帆匀速运动,其受到光的辐射压力和太阳的万有引力等大反向。以太阳帆为研究对象:

由动量定理有

$$Np_1 + Np_2 - G\frac{mM}{r^2}\Delta t = 0 \quad ①$$

由动能定理有

$$Np_1 c - Np_2 c - G\frac{mM}{r^2}\Delta r = 0 \quad ②$$

再考虑到

$$\Delta r = v\Delta t \quad ③$$

由①~③可得

$$p_2 = \frac{c - v}{c + v}p_1 \quad ④$$

光子辐射压力

$$F_{光}\Delta t = Np_1 + Np_2 \quad ⑤$$

单位时间、单位面积接受的能量

$$W = \frac{Npc}{\Delta t \cdot S} \quad ⑥$$

又因为 $W \propto 1/r^2$,故

$$W = \frac{R_0^2}{r^2}W_0 \quad ⑦$$

由④~⑦联立解得光子辐射压力为

$$F_{光} = \frac{2W_0 S}{c+v} \cdot \frac{R_0^2}{r^2} \quad ⑧$$

太阳帆合外力为0,故

$$F_{光} = F_{万} = G\frac{mM}{r^2} \quad ⑨$$

再考虑到当 $r = R_0$ 时,地球公转周期 $T \approx \pi \times 10^7$ s,此时满足

$$G\frac{mM}{R_0^2} = mR_0\frac{4\pi^2}{T^2} \quad ⑩$$

由⑧~⑩解得

$$v = \left(\frac{W_0 ST^2}{2\pi^2 R_0 mc} - 1\right)c = -2.53 \times 10^7 \text{ m/s}$$

故

$$R = R_0 + vt_1 = 5.89 \times 10^{10} \text{ m} = 0.39 \text{ AU}$$

(法2)设光子反射前动量大小为 p_1,反射后动量大小为 p_2,先不考虑太阳引力,以光子和太阳帆为系统,由动量和能量守恒有

$$p_1 + mv = -p_2 + m(v + \Delta v)$$

$$p_1 c + \frac{1}{2}mv^2 = p_2 c + \frac{1}{2}m(v + \Delta v)^2$$

考虑到太阳帆的 $\Delta v \ll v$,可得

$$p_1 + p_2 = m\Delta v$$

$$(p_1 - p_2)c = mv\Delta v$$

解得

$$\Delta p = m\Delta v = p_1 + p_2 = 2p_1\frac{c}{c+v}$$

单位时间、单位面积接受的能量为 W,光子数为 n,则有

$$WS = np_1 c$$

又因为 $W \propto 1/r^2$,故

$$W = \frac{R_0^2}{r^2}W_0$$

2017 年全俄物理奥林匹克决赛(理论部分)

九年级

问题 9 - 1　平静地行驶

在没有风的一天,在湖面上对以汽油驱动的无线电遥控的船模进行一系列测试。发现当它以 $v_1 = 5.00\ \text{km/h}$ 的速度行驶时,油耗为 $\lambda_1 = 20.0\ \text{g/km}$;当它以 $v_2 = 15.00\ \text{km/h}$ 的速度行驶时,油耗为 $\lambda_2 = 40.0\ \text{g/km}$。船模的汽油容量为 $M = 100\ \text{g}$。

(1) 推导油耗 λ 与速度 v 的关系。

(2) 如果船模不动,发动机最多可以运行的时间 t_x 等于多少?

(3) 当船模的速度 v_0 是多少时,其油耗 λ_0 最低? 并求出这个值,误差不超过 1%。

(4) 船模所能行驶的最大距离 L_0 等于多少? 并求出所需要的时间 t_0。

(5) 船模一共行驶了 3 km 时,所需要的总时间 t_1 可能等于多少?

说明:设当发动机运行时,单位时间内消耗的汽油的质量 μ(g/s)线性地取决于阻力功率,而阻力与船模相对于水的速度成正比。船模平静地行驶,且无论速度是多少,吃水量都不变。

解　(1) 设阻力为 f,则

$$f = kv$$

由题意得

$$\mu = aP + b = akv^2 + b \quad (a, b \text{ 为常量})$$

由油耗关系得

$$\mu\Delta t = \lambda\Delta s$$

可得

$$\mu - \lambda v$$

即

$$\mu = akv + \frac{b}{v}$$

代入(v_1, λ_1),(v_2, λ_2)得

$$\lambda = \frac{5}{2}v + \frac{75}{2v} \qquad ①$$

其中,λ 的单位为 g/km,v 的单位为 km/h。

(2)

$$\mu = \lambda v = \frac{5}{2}v^2 + \frac{75}{2}$$

当 $v=0$ 时，

$$\mu = \frac{75}{2}\ \mathrm{g/h}$$

所以

$$t_x = \frac{M}{\mu} = \frac{8}{3}\ \mathrm{h} = 160\ \mathrm{min}$$

(3) 由数学关系可得

$$\lambda = \frac{5}{2}v + \frac{75}{2v} \geqslant 2\sqrt{\frac{5}{2}v \cdot \frac{75}{2v}} = 5\sqrt{15}\ \mathrm{g/km}$$

当 $\frac{5}{2}v = \frac{75}{2v}$，即当 $v_0 = \sqrt{15}$ g/km 时，油耗最低。

(4) 当 $v = v_0$ 时，$\lambda_0 = 5\sqrt{15}$ g/km，而

$$L_0 = \frac{M}{\lambda_0} = \frac{4}{3}\sqrt{15}\ \mathrm{km} = 5.16\ \mathrm{km}$$

则

$$t_0 = \frac{L_0}{v_0} = 80\ \mathrm{min}$$

(5) 耗油量 $m = \lambda L(m \leqslant M)$，$\lambda \leqslant 100/3$ g/km，代入①中得

$$3v^2 - 40v + 45 \leqslant 0$$

解得

$$\frac{20-\sqrt{265}}{3}\ \mathrm{km/h} \leqslant v \leqslant \frac{20+\sqrt{265}}{3}\ \mathrm{km/h}$$

由于

$$t_1 = \frac{L}{v}$$

解得

$$15\ \mathrm{min} \leqslant t_1 \leqslant 145\ \mathrm{min}$$

问题 9－2　在烟雾中

在航空测量时，飞行员拍了一张照片（见图 1），显示两辆蒸汽机车所产生的烟雾。图中的每一格代表地面上的 50 m。已知一辆蒸汽机车沿着环形铁路匀速行驶，另一辆蒸汽机车以相同的速度沿着直线形铁路匀速行驶。求：

(1) 风的方向。

(2) 环形铁路的半径 R。

(3) 蒸汽机车的速度 v 与风速 u 的比值。

(4) 直线形铁路的方向（用尺规作图）。

已知烟雾在极短的时间内与空气相对静止。

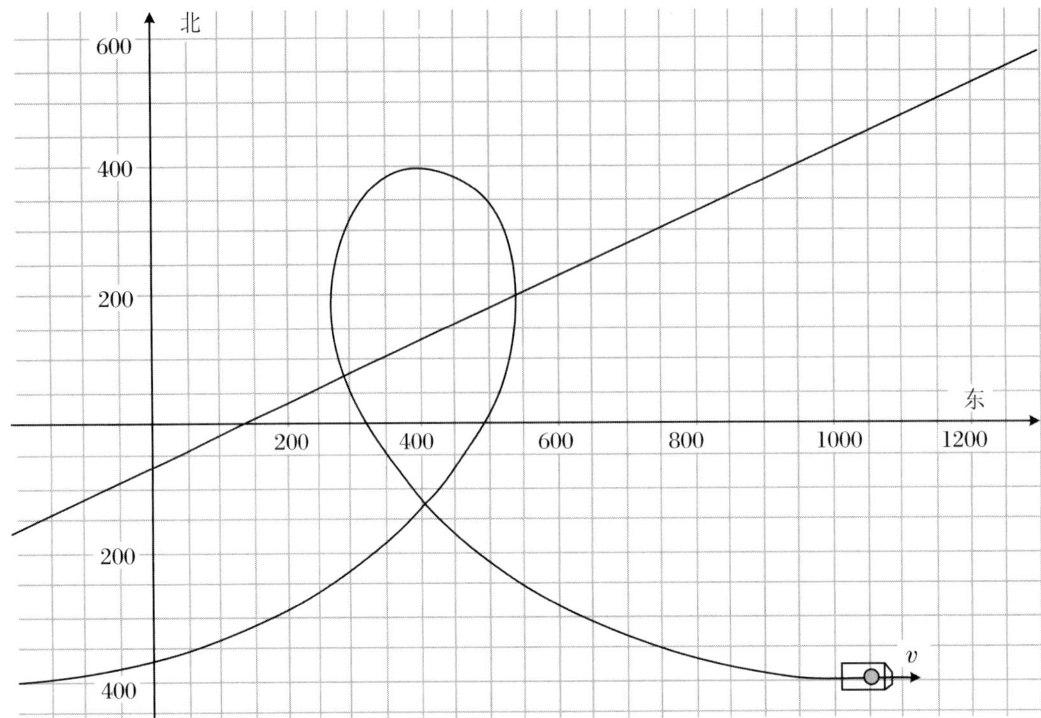

图 1

解 (1) 由环形铁路的烟雾分布可知,风自东向西吹。

(2) $2R$ 为曲线南北端间距,则

$$2R = 400\ \text{m} - (-400\ \text{m})$$

即 $R = 400$ m。

(3) 机车通过最低点时出来的烟雾,在一个周期内,水平向左运动 $L = 1300$ m,而

$$\frac{L}{\mu} = \frac{2\pi R}{v}$$

由此得到

$$\frac{v}{\mu} = \frac{2\pi R}{L} \approx 2$$

(4) 由题意可知,烟雾轨迹往左边平移。

故根据已知条件,无法确定铁路位置,只可确定其走向。

方法如下:如图 2 所示,在轨迹右侧任取一点 O,令 O 为轨道上一点,过 O 点作水平线,交轨道于 L 点,OL 长度的物理意义为机车在 O 点时出来烟雾通过的距离,即

$$OL = \mu\Delta t$$

根据题意,在相同时间内,机车通过的距离为

$$d = v\Delta t = 2\mu\Delta t$$

此时机车所处的位置与烟雾轨迹重合。以 O 点为圆心、$2OL$ 为半径作圆,交烟雾轨迹于 K,M 两点。

由上述分析可知,OK,OM 即为铁路走向,其中 OK 轨道机车斜向下运动,OM 轨道机

车斜向上运动。

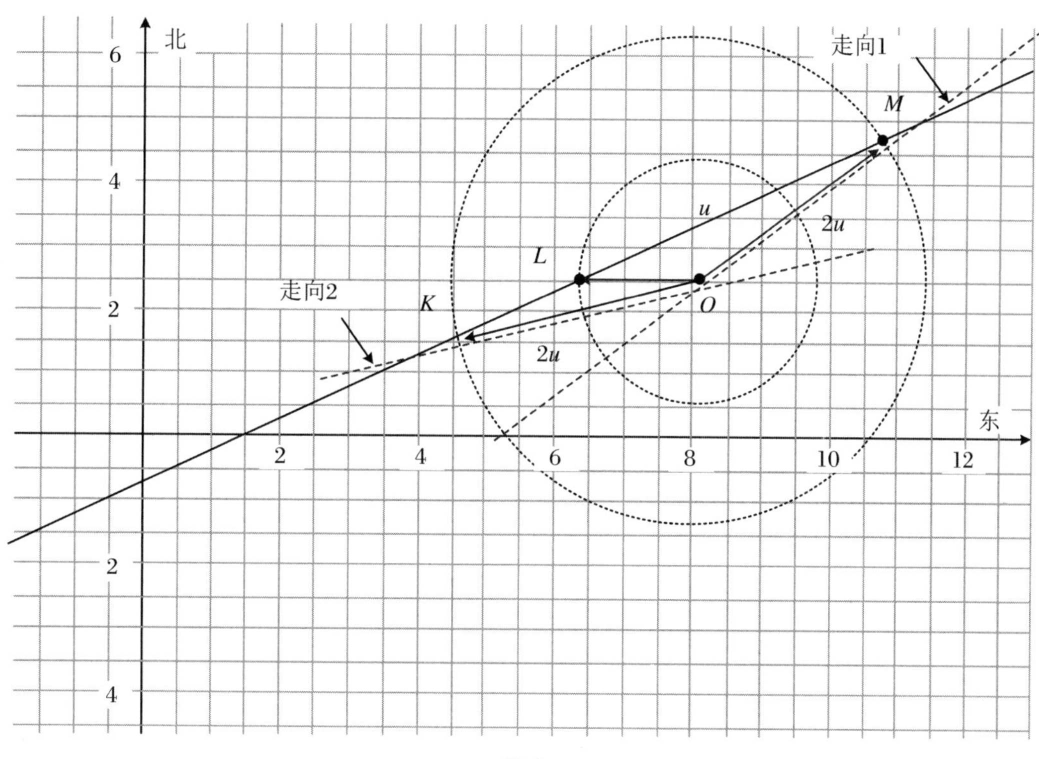

图 2

问题 9-3 非线性螺旋

螺旋的阻值与温度的关系为 $R=R_0+\alpha(T-T_0)$,其中 T 为螺旋的温度,$R_0=10\ \Omega$,$\alpha=4.00\times10^{-2}\ \Omega/℃$,$T_0=20\ ℃$。实验员格鲁克将螺旋接入电压为 $U=220\ \text{V}$ 的电源,经过时间 $t_1=100\ \mu\text{s}$,它被从 T_0加热到了 $T_1=80\ ℃$。

(1) 求从接入电源起经过时间 $t_2=334\ \mu\text{s}$,螺旋会被加热到的温度 T_2。

(2) 求螺旋的热容量。

在给定的温度和时间的条件下,热辐射和热传导可以忽略。

解 (1) 根据题意得发热功率为

$$P=\frac{U^2}{R}=\frac{U^2}{R_0+\alpha(T-T_0)}$$

令其比热为 C,则

$$\mathrm{d}Q=C\mathrm{d}T$$

再考虑到

$$P=\frac{\mathrm{d}Q}{\mathrm{d}t}$$

联立得到

$$\frac{U^2}{C}\mathrm{d}t=[R_0+\alpha(T-T_0)]\mathrm{d}T$$

两边积分得到

$$\frac{U^2}{C}t = (R_0 - \alpha T_0)(T - T_0) + \frac{1}{2}\alpha(T^2 - T_0^2) \qquad ①$$

当 $t_1 = 100\ \mu s$ 时，$T_1 = 80\ ℃$，故当 $t_2 = 334\ \mu s$ 时，$T_2 = 188\ ℃$。

(2) 在①中代入数据解得

$$C = 7.2 \times 10^{-3}\ J/℃$$

问题 9-4 两个非线性元件

如图 1 所示的电路中包含两个相同的非线性元件 X，滑动变阻器的固定接线端之间的电阻 $R = 100\ \Omega$，理想电源的电压 $U_0 = 10\ V$。元件 X 的伏安特性曲线如图 2 所示。

(1) 求滑动变阻器的滑片位于一端时，两个非线性元件的总功率。

(2) 求滑动变阻器的滑片位于中间时，两个非线性元件的总功率。

(3) 求两个非线性元件的总功率的最小值，以及达到这个最小值时滑动变阻器滑片的位置，并说明理由。

(4) 当滑动变阻器滑片左端的阻值为 25 Ω 时，求两个非线性元件的总功率。

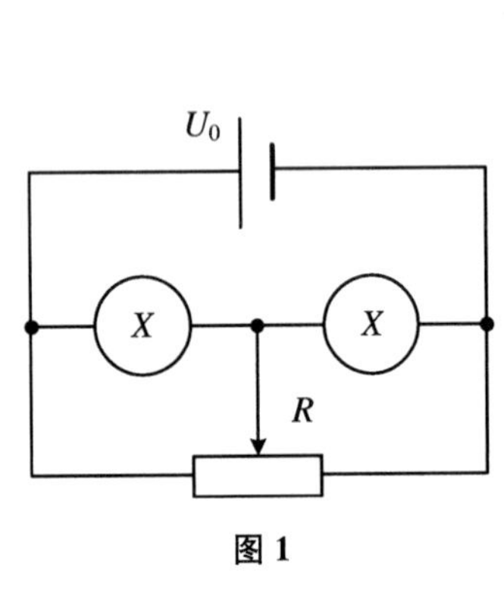

图 1

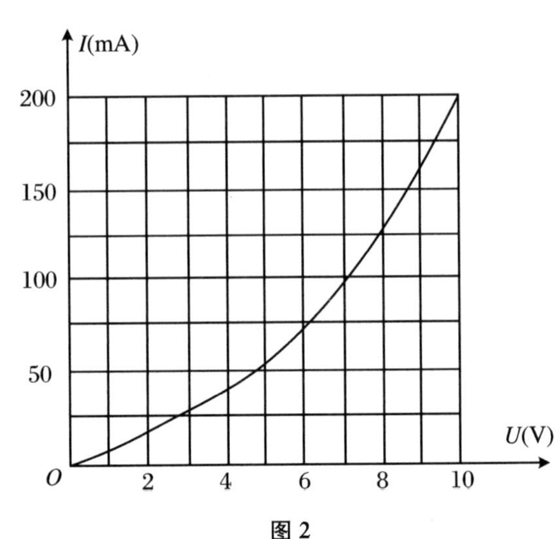

图 2

解 (1) 当滑片位于一端时，等效电路如图 3 所示。

$$U_X = U_0 = 10\ V$$

由图 2 得 $I_X = 200\ mA$，故 $P_X = U_X I_X = 2\ W$。

(2) 当滑片位于中间时，等效电路如图 4 所示。

$$U_X = \frac{1}{2}U_0 = 5\ V$$

由图 2 得 $I_X = 55\ mA$，故 $P_X = U_X I_X = 0.275\ W$。

$$P_{总} = 2P_X = 0.55\ W \approx 0.6\ W$$

(3) 设两元件的电压分别为 U_1, U_2，则有

$$U_0 = U_1 + U_2$$

令

$$U_1 = \frac{U_0}{2} - \Delta U \qquad ①$$

$$U_2 = \frac{U_0}{2} + \Delta U \qquad ②$$

令 I_0 为 $U = \frac{U_0}{2}$ 时的电流，则当 $U = U_1$ 时，电流为

$$I_1 = I_0 - \Delta I_1 \qquad ③$$

而当 $U = U_2$ 时，电流为

$$I_2 = I_0 + \Delta I_2 \qquad ④$$

总功率为

$$P = U_1 I_1 + U_2 I_2 \qquad ⑤$$

联立①～⑤解得

$$P = U_0 I_0 + \Delta U(\Delta I_1 + \Delta I_2) + \frac{U_0}{2}(\Delta I_2 - \Delta I_1)$$

显然

$$\Delta I_1 + \Delta I_2 \geqslant 0$$

又从图 2 中可知

$$\Delta I_2 \geqslant \Delta I_1$$

故

$$\Delta I_2 - \Delta I_1 \geqslant 0$$

由此得到

$$P \geqslant U_0 I_0$$

当 $\Delta I_2 = \Delta I_1 = 0$ 时取到最小值，此时

$$U = \frac{U_0}{2}$$

故

$$P_{\min} = U_0 \cdot I\left(\frac{U_0}{2}\right) = 0.55\ \mathrm{W}$$

即滑片位于中间时功率最小。

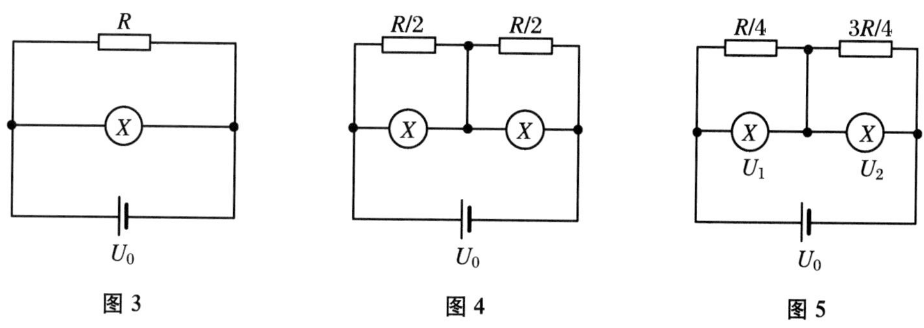

图 3　　图 4　　图 5

(4) 等效电路如图 5 所示。由基尔霍夫定律得

$$U_0 = U_1 + U_2$$

$$\frac{U_1}{\frac{R}{4}} + I(U_1) = \frac{U_2}{\frac{3R}{4}} + I(U_2)$$

由图 2 得

$$U_1 = 3.5\ \text{V},\quad I_1 = 35\ \text{mA}$$
$$U_2 = 6.5\ \text{V},\quad I_2 = 88\ \text{mA}$$
$$P = U_1 I_1 + U_2 I_2 = 0.7\ \text{W}$$

问题 9-5　杯子里的激光

如图 1 所示，薄壁玻璃杯的半径为 R，在其边界的 A 点处有一束微小的激光，其宽度远小于 R。杯子装满水，外面是空气。实验员格鲁克将杯子的内壁的一半（$\overset{\frown}{ACB}$的部分）涂黑以吸收光。一开始，激光指向点 B。激光绕 A 点以恒定的角速度 ω 逆时针旋转。水的折射率 $n = 4/3$。

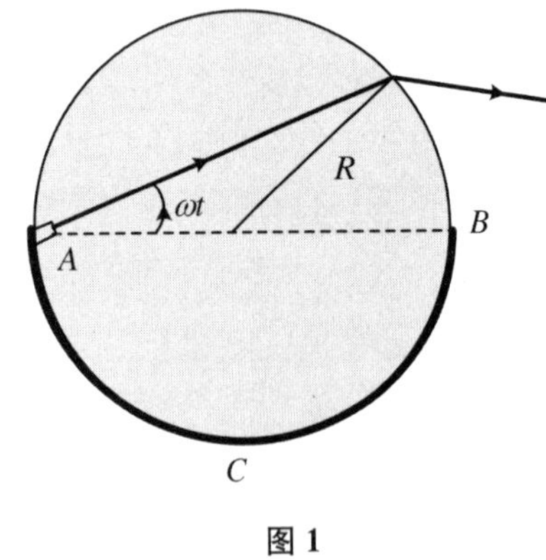

图 1

(1) 经过多长时间 t，激光停止从杯子里照射出来？

(2) 从一开始至经过时间 $1.5t$ 后，杯子涂黑的部分上的"小兔"（即光点）的运动速度等于多少？

注：你可能需要知道斯涅尔定律，即 $n_1 \sin\varphi_1 = n_2 \sin\varphi_2$，其中 n_1 和 n_2 是光在前、后两个介质中的折射率，φ_1 和 φ_2 是入射角和折射角。

解　(1) 由折射定律可得

$$n \cdot \sin\theta_1 = 1 \cdot \sin\theta_2$$

而

$$\theta_1 = \omega t$$

当激光停止从杯内射出时，$\sin\theta_2 = 1$，所以

$$\sin\omega t = \frac{3}{4}$$

则

$$t = \frac{\arcsin\frac{3}{4}}{\omega}$$

(2) 由几何关系得角度如图 2 所示。

$$\beta = 1.5\omega t = 73^\circ$$

而

$$\gamma = 180^\circ - 2\beta = 34^\circ$$

因为

$$5 < \frac{180^\circ}{34^\circ} < 6$$

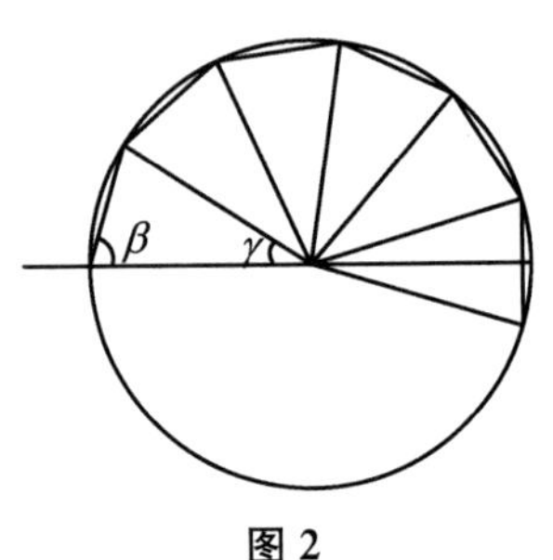

图 2

所以反射 5 次。

令 $\alpha=6\gamma=6(\pi-2\beta)$，则

$$|\omega_\alpha| = \left|\frac{\mathrm{d}\alpha}{\mathrm{d}t}\right| = 12\frac{\mathrm{d}\beta}{\mathrm{d}t} = 12\omega$$

故

$$v = 12\omega R$$

十年级

问题 10-1　在浮冰上

如图 1 所示，男孩站在河岸旁，有一块表面水平的矩形浮冰以速度 v_0 前行。男孩把一块质量为 m 的石头放在浮冰的边界上，让它沿着浮冰的面滑动。石头的初始对地速度等于浮冰的对地速度，与河岸的夹角 $\alpha=60^\circ$，已知浮冰质量 $M\gg m$，且石头不会从浮冰上滑下。

男孩注意到，当石头与浮冰位于他这一侧的边界的距离为 h 时，石头的对地速度达到最小值。

(1) 在石头沿浮冰表面滑动的过程中，放出的总热量 Q 等于多少？

(2) 当石头与浮冰相对静止时，和岸上的男孩的距离 s 等于多少？

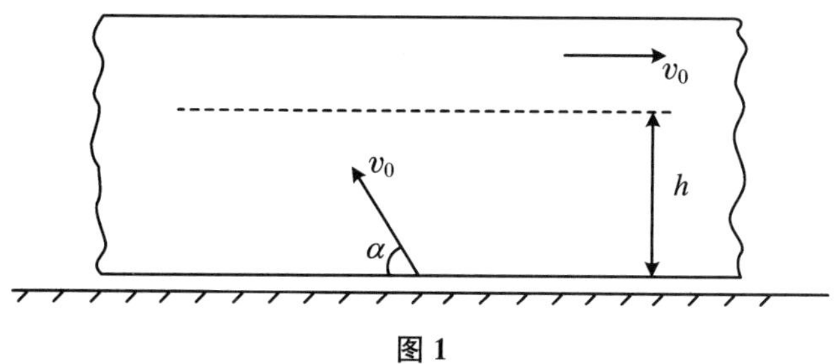

图 1

解　(1) 在浮冰参考系下观察，初始时，石头相对于浮冰的速度为 $\boldsymbol{v}'$，石头加速度 $\boldsymbol{a}$ 与 $\boldsymbol{v}'$ 反向（见图 2）。

放出的总热量

$$Q = \frac{1}{2}mv'^2 = \frac{3}{2}mv_0^2$$

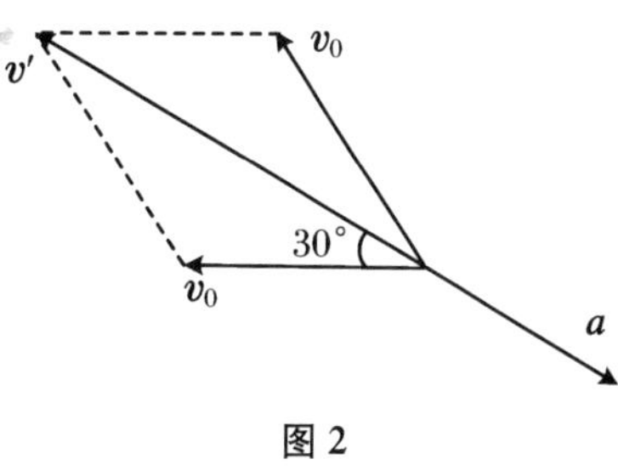

图 2

(2) 石头对地的速度 $\boldsymbol{v}$ 矢量图如图 3 所示，当速度 $|\boldsymbol{v}|$ 最小时，有

$$|\boldsymbol{v}| = |\boldsymbol{v}_0|\sin\frac{\alpha}{2} = \frac{1}{2}v_0$$

$$|\boldsymbol{v}'| = |\boldsymbol{v}_0|\cos\frac{\alpha}{2} = \frac{\sqrt{3}}{2}v_0$$

石头相对浮冰的运动距离（见图 4）

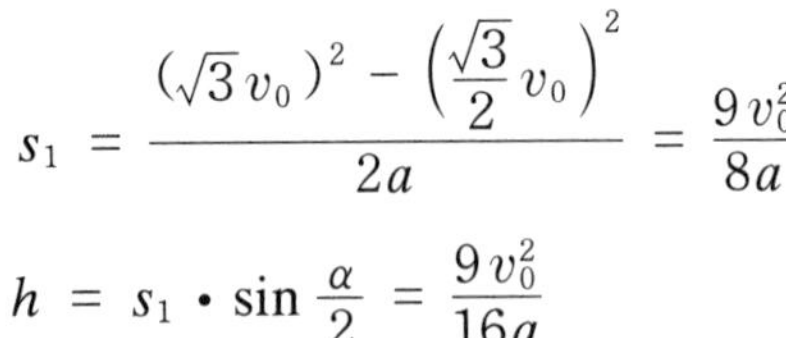

$$s_1 = \frac{(\sqrt{3}v_0)^2 - \left(\frac{\sqrt{3}}{2}v_0\right)^2}{2a} = \frac{9v_0^2}{8a}$$

$$h = s_1 \cdot \sin\frac{\alpha}{2} = \frac{9v_0^2}{16a}$$

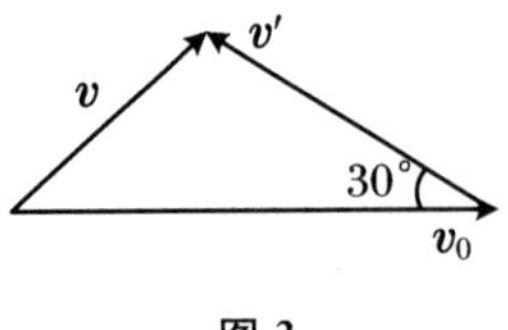

图 3

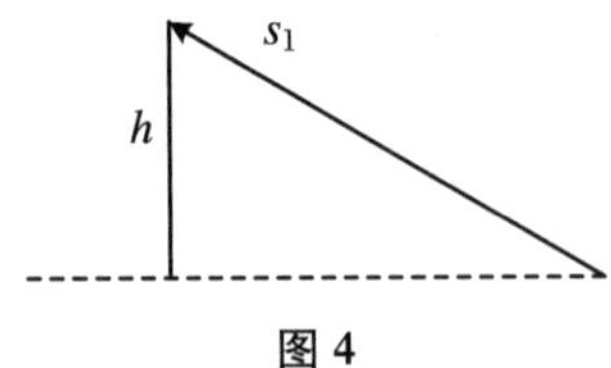

图 4

得

$$a = \frac{9v_0^2}{16h}$$

当石头相对浮冰停止时，

$$t_2 = \frac{\sqrt{3}v_0}{a} = \frac{16\sqrt{3}h}{9v_0}$$

$$s_2 = \frac{(\sqrt{3}v_0)^2}{2a} = \frac{8}{3}h$$

浮冰移动的距离

$$s_3 = v_0 t_2 = \frac{16\sqrt{3}}{9}h$$

$$s^2 = s_2^2 + s_3^2 - 2s_2 s_3 \cos\frac{\alpha}{2} = \frac{64}{27}h^2$$

所以

$$s = \frac{8\sqrt{3}}{9}h$$

问题 10－2　分别散开

如图 1 所示，两个半径为 $r = 5$ cm 的小球一开始互相接触，施加初速度 u。小球一开始沿着固定着的 U 形管的下边移动。两侧管的轴的距离为 $h = 1.00$ m，两个小球一起沿着半圆移动。系统没有摩擦力，管壁和小球之间的缝隙很小。对什么样的初速度 u，一个小球会从上边的管飞出来，另一个小球会从下边的管飞出来？重力加速度 $g = 10$ m/s^2。

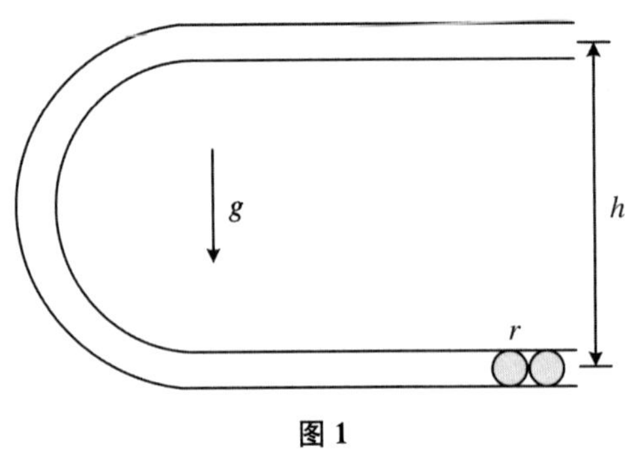

图 1

解　当两球一起在下边的水平管中匀速运动时，两球相互接触但无相互作用。

令左、右两球分别为 A 球和 B 球，当 A 球进入 U 形管上升时，其速度将减小。此时两球之间出现弹力，两球都进入 U 形管半圆部分

的下半段，如图 2 所示，A 球的重力切向分力大于 B 球的重力切向分力。

若两球间无相互作用，A 球的切向加速度将大于 B 球的切向加速度，B 球会穿过 A 球，导致矛盾。

所以两球间存在弹力直至临界状态，如图 3 所示，此时弹力恰好减为 0。此后，如图 4 所示，A 球重力的切向分力将小于 B 球的切向分力，故 B 球减速更快，追不上 A 球，两球分离。

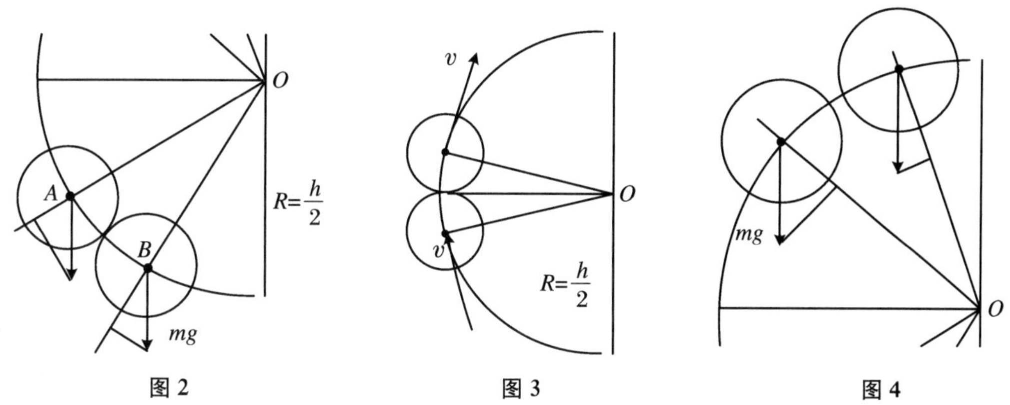

图 2　　图 3　　图 4

故要满足题目条件，需保证 A 球可以运动到 U 形管最高点，而 B 球无法到达最高点。

首先分析初始状态至图 3 所示临界状态：

$$\frac{1}{2}\cdot 2mu^2 = 2mg\frac{h}{2} + \frac{1}{2}\cdot 2mv^2 \qquad ①$$

临界状态之后：

$$\frac{1}{2}mv^2 - mg\left(\frac{h}{2} - r\right) > 0 \quad （对 A 球） \qquad ②$$

$$\frac{1}{2}mv^2 - mg\left(\frac{h}{2} + r\right) < 0 \quad （对 B 球） \qquad ③$$

联立①～③解得

$$\sqrt{2g(h+r)} > u > \sqrt{2g(h-r)}$$

代入数据得

$$4.36\ \mathrm{m/s} < u < 4.58\ \mathrm{m/s}$$

问题 10－3　好丢东西的开尔文男爵

如图所示为对空气和水的混合物进行等容加热过程中的压强-温度图像。已知 y 轴的一小格等于 20 托（一个大气压为 760 托），请求出：

（1）0 和 3 两点处的温度。

（2）40%的水蒸发时的温度。

不要忘记说明得到结果所使用的方法。

解　（1）由气体状态方程得

$$pV = nRT$$

则

$$p = \frac{nRT}{V}$$

在 V 一定的情况下，p 与 nT 相关。当 n 不变时，p 与 T 成正比。

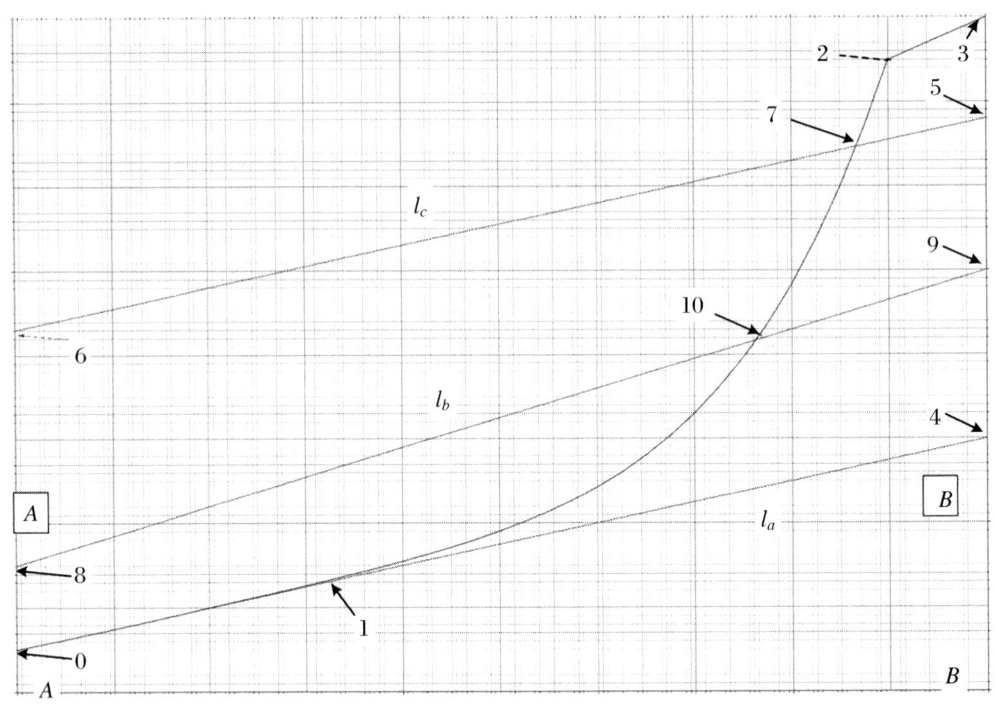

图

由此可从图像中得到如下信息：

0—1 段：处于固体状态。理由如下：p-T 图为直线，故气体物质的量可认为不变。水蒸气蒸发极少，故饱和蒸汽压极小，此时处于固态。

1—2 段：液体蒸发至稳定，即达到饱和蒸气压。同时，$T_1 = 273\ \text{K}$。

2—3 段：达到沸点，完全蒸发，气体物质的量不变。注意到液体沸点随气压变化而变化，故不可认为 $T_2 = 373\ \text{K}$。

进一步分析，由 $p = nRT/V$ 可知，n 与图线斜率有关。

对比 0—1 段及 2—3 段，可知 $k_{23} = 2k_{12}$。由此可知 $n_{水} = n_{空气}$。

由道尔顿分压原理可知，空气所贡献的压强不会被水蒸气影响，故延长 0—1 作图线 l_a，图线 l_a 即空气的 p-T 图。

注意到图中 3,4 两点温度相同，$n_3 = 2n_4$，故 $p_3 = 2p_4$。

再考虑到图线 l_a 过完整图线的原点，由几何关系可知

$$T_4 = 2T_0 \quad ①$$

由道尔顿分压原理，原图线与 l_a 纵坐标差值即为饱和蒸气压。又已知 $T = 373\ \text{K}$，水的饱和蒸气压为一个大气压，即 760 托。

在此基础上作图线 l_c，满足同一温度下，图线 l_c 纵坐标比 l_a 大 760 托，图线 l_c 交原图线于点 7。

综上所述，点 7 的温度 $T_7 = 373\ \text{K}$。

考虑到图线 l_c 与 l_a 斜率相同，结合图像得到

$$\frac{T_7 - T_0}{173} = \frac{T_4 - T_0}{200} \quad ②$$

由①②得到

$$T_0 = 200\ \mathrm{K},\quad T_4 = 400\ \mathrm{K}$$

即

$$T_3 = T_4 = 400\ \mathrm{K}$$

（2）当 40%的水蒸发时，考虑到

$$n_{水} = n_{空气}$$

故

$$n'_{水} = 0.4n_{空气}$$

对空气有

$$pV = n_{空气}RT$$

40%的水蒸发时，有

$$p'V = (n_{空气} + n'_{水})RT = 1.4n_{空气}RT$$

在此基础上作图线 l_b，图线 l_b 过原点，且满足

$$k_b = 1.4k_a$$

图线 l_b 与原图线交点 10 的横坐标即为 40%的水蒸发时的温度，结合几何关系可知

$$T \approx 353\ \mathrm{K}$$

问题 10－4　二极管和电容器的桥接

如图 1 所示的电路图有三个相同的电容器（其电容 $C_1 = C_2 = C_3 = C$）、两个相同的二极管、两个理想电流表、一个开关、一个可变电源。二极管的伏安特性如图 2 所示。

（1）如果电源电压是恒定的，等于 $3U_0$，那么当开关闭合后，一共放出多少热？

（2）设电源电压与时间的关系如图 3 所示，开关一直闭合。求电流表 A_1 和 A_2 的示数关于时间的关系 $I_1(t)$ 和 $I_2(t)$。画出关系图像，并标出特征点的值。

图 1 中标出了电源和电流表的极性。在各种情况下，电容器一开始都没有充电，电容器充电时间忽略不计。

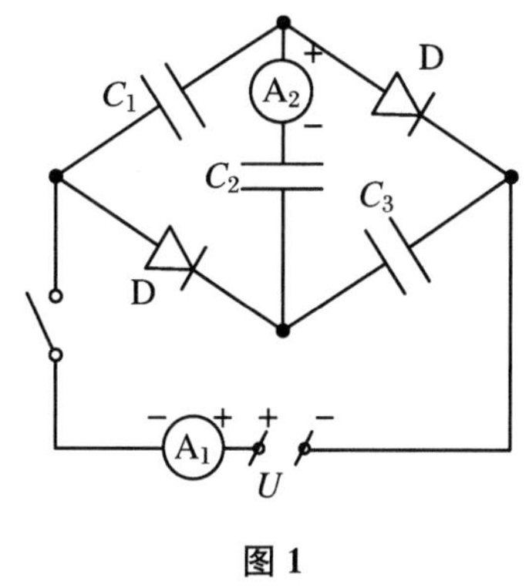

图 1

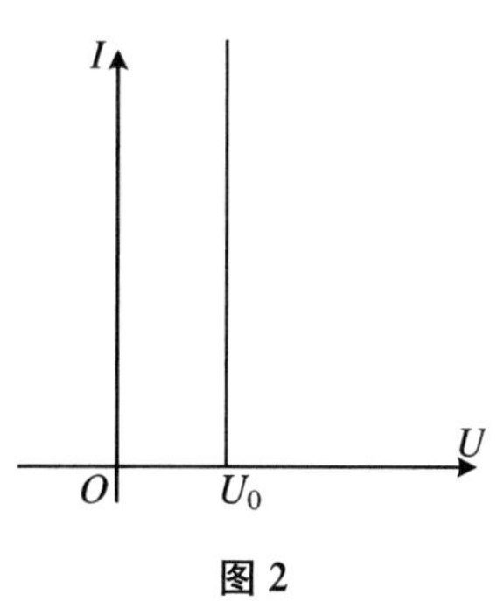

图 2

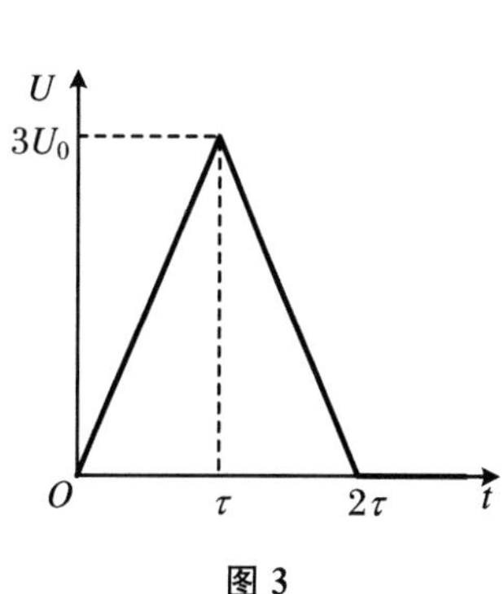

图 3

解 (1) 当电源电压 U 较小时，二极管不导通，有

$$U_1 = U_2 = U_3 = \frac{U}{3}$$

当 $U \geqslant \frac{3}{2} U_0$ 时，二极管导通。

且由分析可知，不存在一只导通、另一只不导通的情况。

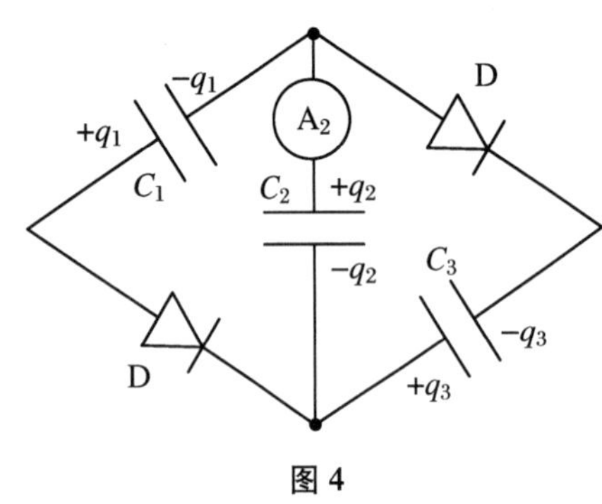

图 4

设稳定后电容器带电如图 4 所示，令带电量分别为 q_1, q_2, q_3，电压分别为 U_1, U_2, U_3。结合条件得到

$$U_1 + U_2 + U_3 = 3U_0$$

$$U_1 + U_2 = U_0$$

$$U_2 + U_3 = U_0$$

解得

$$U_1 = U_3 = 2U_0$$

$$U_2 = -U_0$$

故通过左边二极管的电量

$$q_D = q_2 + q_3 = 3CU_0$$

通过电源的电量

$$q = q_1 + q_D = 2CU_0 + 3CU_0 = 5CU_0$$

电容器储能

$$E = \frac{q_1^2 + q_2^2 + q_3^2}{2C} = \frac{9}{2} CU_0^2$$

电源做功

$$W = 3U_0 q = 15CU_0^2$$

由能量守恒得到一共放出的热量为

$$Q = W - E = \frac{21}{2} CU_0^2$$

(2) 刚开始时二极管未导通，有

$$I_1 = I_2 = \frac{\mathrm{d}\left(\frac{1}{3} CU\right)}{\mathrm{d}t} = \frac{1}{3} C \frac{\mathrm{d}U}{\mathrm{d}t} - \frac{CU_0}{\tau}$$

当 $U = \frac{3}{2} U_0$ 时，二极管导通。此时

$$U_1' = U_2' = U_3' = \frac{U_0}{2}$$

对比上一问中当 $U = 3U_0$ 时，

$$U_1 = U_3 = 2U_0, \quad U_2 = -U_0$$

可知

$$I_2 = -\frac{CU_2' - CU_2}{\frac{\tau}{2}} = -\frac{3CU_0}{\tau}$$

$$I_1 = \frac{C(U_1 - U_1') + C(U_2' - U_2) + C(U_3 - U_3')}{\frac{\tau}{2}} = \frac{9CU_0}{\tau}$$

当 $t > \tau$ 时，电源电压减小，电流反向，二极管不工作。

当 $U = 3U_0$ 时，如图 5 和图 6 所示，

$$q_1 = q_3 = 2CU_0, \quad q_2 = CU_0$$

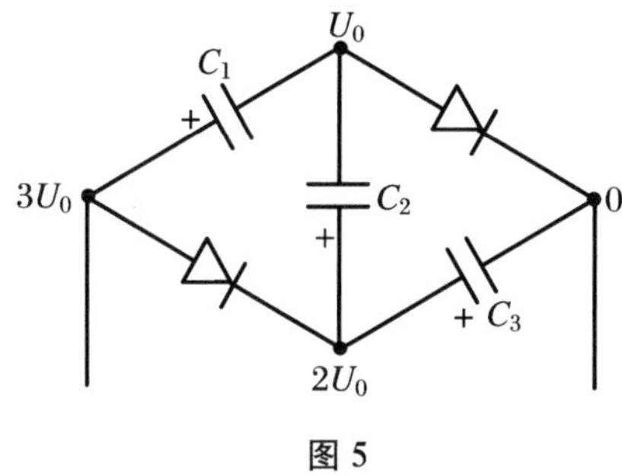

图 5

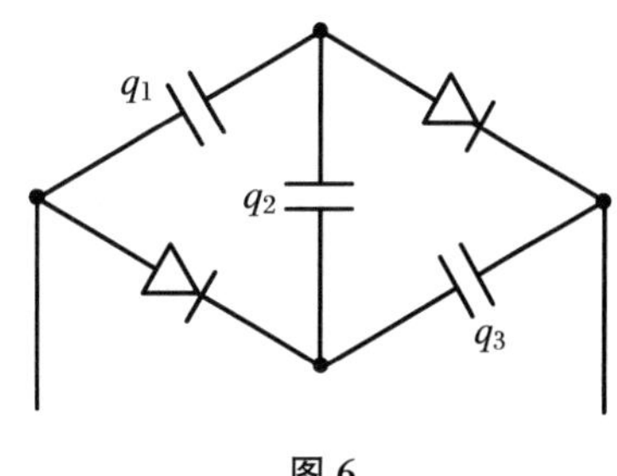

图 6

当 $U = 0$ 时，

$$\frac{q_1'}{C} + \frac{-q_2'}{C} + \frac{q_3'}{C} = 0$$

$$q_1' + q_2' = q_1 + q_2 = 3CU_0$$

$$q_2' + q_3' = q_2 + q_3 = 3CU_0$$

解得

$$q_1' = q_3' = CU_0, \quad q_2' = 2CU_0$$

故

$$I_1 = I_2 = -\frac{CU_0}{\tau}$$

综上所述，画出图像 $I_1(t)$ 和 $I_2(t)$ 分别如图 7 和图 8 所示。

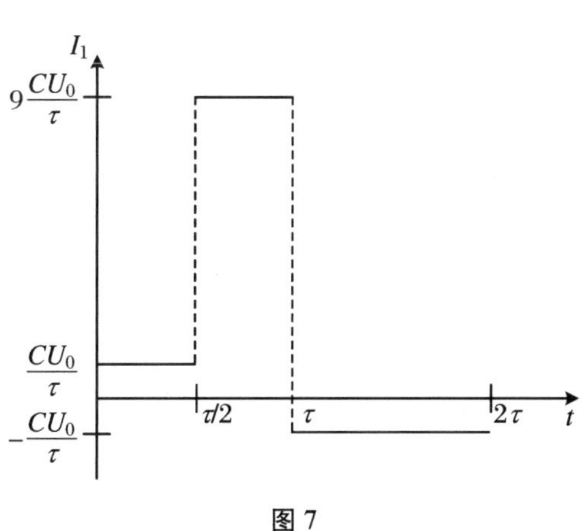

图 7

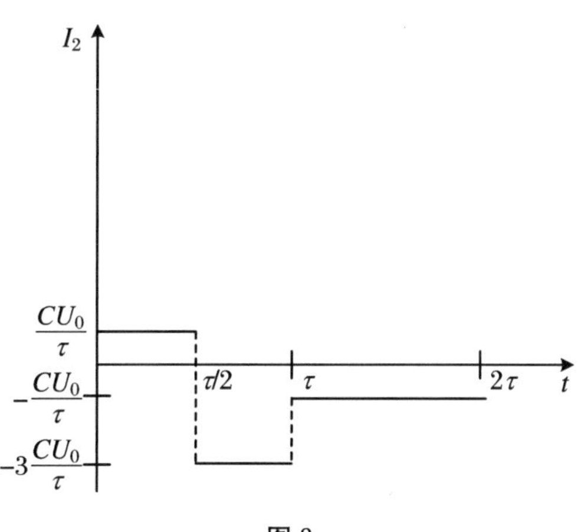

图 8

问题 10 - 5　欧姆……

图 1 中的电路由一些相同的欧姆表和一个阻值为 $R = 1\ \text{k}\Omega$ 的电阻器组成。所有的欧

姆表都接入电路，编号为奇数的欧姆表的正接线端在左边，编号为偶数的欧姆表的正接线端在上方。请求出第 1 个、第 4 个和第 13 个欧姆表的读数。

注：设欧姆表由理想的恒定电源 U、阻值为 $R=1\ \text{k}\Omega$ 的电阻器和理想电流表组成，如图 2 所示。将欧姆表与电阻器连接后，欧姆表会自动重新计算(例如，使用微处理器)，使得电阻器 R_x 的阻值能够在其显示屏上显示。

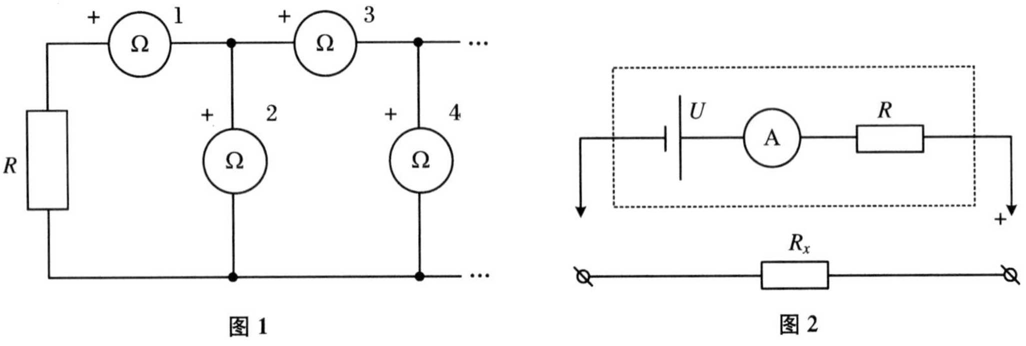

图 1　　图 2

解　当通过欧姆表的电流为 I 时，有

$$U=I(R+R_x)$$

欧姆表示数为

$$R_x=\frac{U}{I}-R \tag{①}$$

由戴维南定理，可将电路中除 R 外的部分视作电动势为 U_0，内阻为 R_0 的等效电源，如图 3 所示。

同理，可将电路等效为图 4，再将图 4 虚线框内部分电路运用戴维南定理得到等效内阻：

$$r=\frac{RR_0}{R+R_0} \tag{②}$$

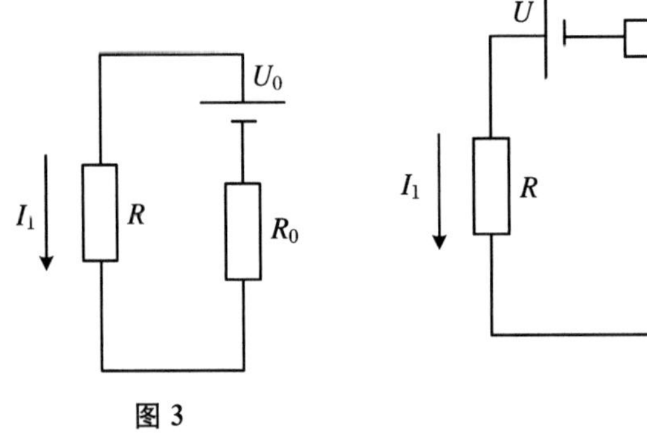

图 3　　图 4

等效电动势

$$E=\frac{U_0-U}{R+R_0}R_0+U \tag{③}$$

由于图 2、图 3 实际为同一电路，故

$$U_0=E+U \tag{④}$$

$$R_0 = R + r \quad ⑤$$

由②～⑤解得

$$U_0 = \frac{3+\sqrt{5}}{2}U$$

$$R_0 = \frac{1+\sqrt{5}}{2}R$$

在此基础上，得到

$$I_1 = \frac{U_0}{R_0 + R} = \frac{U}{R} \quad ⑥$$

由①得到

$$R_1 = 0$$

再对图4利用基尔霍夫定律得到

$$I_2 R + I_1 \cdot 2R = 2U \quad ⑦$$

由⑥⑦得到

$$I_2 = 0$$

由①得到

$$R_2 = \infty$$

由于 $I_2 = 0$，故

$$I_3 = I_1 = \frac{U}{R}$$

再利用基尔霍夫定律得

$$I_4 R + I_1 \cdot 3R = 3U$$

得到

$$I_4 = 0$$

以此类推：

$$I_{2n+1} = \frac{U}{R},\quad R_{2n+1} = 0,\quad I_{2n} = 0,\quad R_{2n} = \infty$$

其中 $n = 0,1,2,3,\cdots$。故

$$R_1 = R_{13} = 0,\quad R_4 = \infty$$

注：进一步分析，如果注意到编号为奇数的表两端电压为0，则可使得分析过程更为直观。

十一年级

问题11-1　彩虹圈[①]

拿着彩虹圈（见图）最顶上的圈，使得最底下的圈和地面的距离为 $h = 1$ m，且彩虹圈因

① 译者注：英文名 Rainbow Spring，原名叫 Slinky（机灵鬼），原题没有图。

自身的重力而拉伸后的长度为 $l=1.5\ \mathrm{m}$。松开彩虹圈，经过多长时间 t，它会全部落在地上？

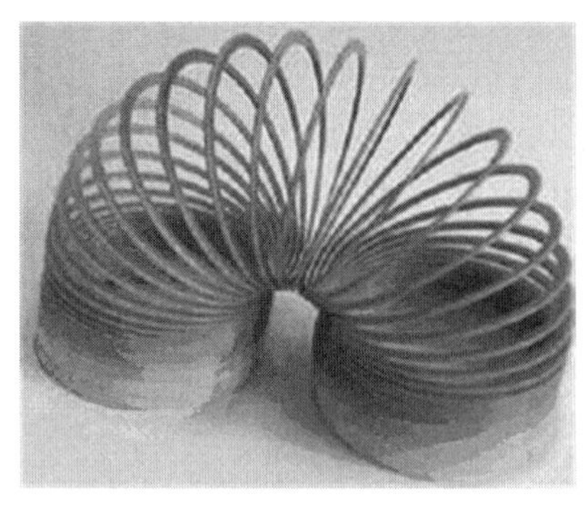
图

当在未拉伸状态，圈之间紧密接触，而不施加额外压力时，总长度为 $l_0=6\ \mathrm{cm}$。每个圈都很薄。当彩虹圈合拢时，各个圈之间发生非弹性碰撞，且彩虹圈上端下落速度大于彩虹圈中的波速。答案需要精确到 0.02 s。

解 根据题意“彩虹圈上端下落速度大于彩虹圈中的波速”，知在彩虹圈恢复原长之前，彩虹圈下端“来不及运动”保持静止。

又因各个圈之间发生非弹性碰撞，故彩虹圈运动过程为恢复原长前下端不动，恢复原长后整体向下加速。由质心运动定理，得质心做自由落体运动。

首先分析彩虹圈自由伸长时的质心位置。令自由伸长时彩虹圈质心距下端为 h_C，则其距地面

$$H = h_C + h$$

将彩虹圈等分为 N 段，令每段彩虹圈质量为 m，劲度系数为 k，从下往上数，第 i 段伸长量 Δx_i 满足

$$k\Delta x_i = (i-1)mg$$

则 1～i 段彩虹圈总长度

$$x_i = \frac{i}{N}l_0 + \sum_1^i \Delta x_i = \frac{i(i-1)mg}{2k} + \frac{i}{N}l_0$$

则整根彩虹圈的长度

$$l = x_N = \frac{N(N-1)mg}{2k} + l_0 \approx \frac{N^2 mg}{2k} + l_0 \qquad ①$$

质心满足

$$h_C = \frac{1}{Nm}\sum_1^N m x_i = \frac{1}{N}\sum_1^N\left[\frac{i(i-1)mg}{2k} + \frac{i}{N}l_0\right] \approx \frac{1}{N}\left(\frac{mgN^3}{6k} + o(N^2)\right) \approx \frac{mgN^2}{6k} \qquad ②$$

由①②得到

$$h_C \approx \frac{l}{3}$$

由质心运动定理

$$\frac{1}{2}gt^2 = h_C + h$$

解得

$$t \approx 0.55\ \mathrm{s}$$

以下进行误差分析：考虑到彩虹圈的原长，故实际质心下落高度会略小于 $l/3+h$。考虑到自由落体运动，有

$$t=\sqrt{\frac{2H}{g}}$$

两边微分得到

$$\Delta t\approx\frac{1}{2}\sqrt{\frac{2}{g}}\frac{\Delta H}{\sqrt{H}}$$

进一步得到

$$\frac{\Delta t}{t}\approx\frac{\Delta H}{2H}\approx\frac{\frac{l_0}{2}}{2\left(h+\frac{l}{3}\right)}=1\%$$

故精确度满足题目要求。

问题 11-2　我是一片云……

在绝热大气的近似模型中，估计：

(1) 地球的大气层的高度 H。

(2) 云的下边界的高度 h_0。

表为水的饱和蒸气压随温度的变化关系。

表

t(℃)	6	8	10	12	14	16	18	20	22	24	26	28	30
p_H(mmHg)	7.01	8.05	9.21	10.5	12.0	13.6	15.5	17.5	19.8	22.4	25.2	28.4	31.8

地表温度为 $t_0=27$ ℃，相对空气湿度为 $\varphi=80\%$。设 $h_0\ll H$。

注：绝热大气是指各部分空气竖直运动时始终不进行热交换而满足受力平衡。空气视为双原子理想气体，摩尔质量为 $\mu=29$ g/mol。

解　(1) 考虑高度从 z 到 $z+\mathrm{d}z$ 的一层大气，受力分析如图 1 所示，不难得到

$$\mathrm{d}p=-\rho g\mathrm{d}z \quad ①$$

图 1

由理想气体方程得

$$pV=nRT$$

考虑到

$$\rho = \frac{m}{V}, \quad \mu = \frac{m}{n}$$

得到

$$p = \frac{\rho}{\mu}RT \tag{②}$$

由①②得到

$$\frac{\mathrm{d}p}{\mathrm{d}z} = -\frac{\mu g p}{RT} \tag{③}$$

对于绝热大气有

$$p^{\gamma-1}T^{-\gamma} = C \tag{④}$$

其中

$$\gamma = \frac{2.5+1}{2.5} = \frac{7}{5}$$

对④两边微分得

$$\frac{\mathrm{d}p}{\mathrm{d}T} = \frac{\gamma}{\gamma-1}\frac{p}{T} \tag{⑤}$$

由③⑤得到

$$\frac{\mathrm{d}T}{\mathrm{d}z} = -\frac{\gamma-1}{\gamma}\frac{\mu g}{R}$$

其中 $\gamma=(2.5+1)/2.5=7/5$。由此得到

$$T = T_0 - \frac{2\mu g}{7R}z \tag{⑥}$$

当 $T\to 0$ 时，大气消失，此时

$$H \approx \frac{7RT_0}{2\mu g} \approx 30\ \mathrm{km}$$

(2) 云层满足水蒸气分压 $p_{水}(z)$ 不小于水的饱和蒸气压 $p_H(z)$。首先分析水蒸气分压 $p_{水}(z)$，考虑到 $h_0 \ll H$，故可近似认为在 $0\sim h_0$ 的高度范围内大气密度近似不变。

由①可知

$$p_{水}(z) \approx p_0 - \rho_{水}gz \tag{⑦}$$

其中 p_0 为地表水蒸气分压，

$$p_0 = \varphi p_H(T_0) \tag{⑧}$$

其中 $T_0=300\ \mathrm{K}$。

由②可知

$$\rho_{水} \approx \frac{\mu_{水}p_0}{RT_0} \tag{⑨}$$

由⑦～⑨可得

$$\frac{p_{水}(z)}{p_H(T_0)} \approx \varphi\left(1 - \frac{\mu_{水}gz}{RT_0}\right)$$

并作图线(见图2)。

由⑥及题中所给表可以得到水的饱和蒸气压与高度的变化关系，在此基础上作图线

$p_H(z)/p_H(T_0)$（见图 2）。

图中两图线的交点横坐标即为云层的下边界，得到

$$h_0 \approx 430\ \mathrm{m}$$

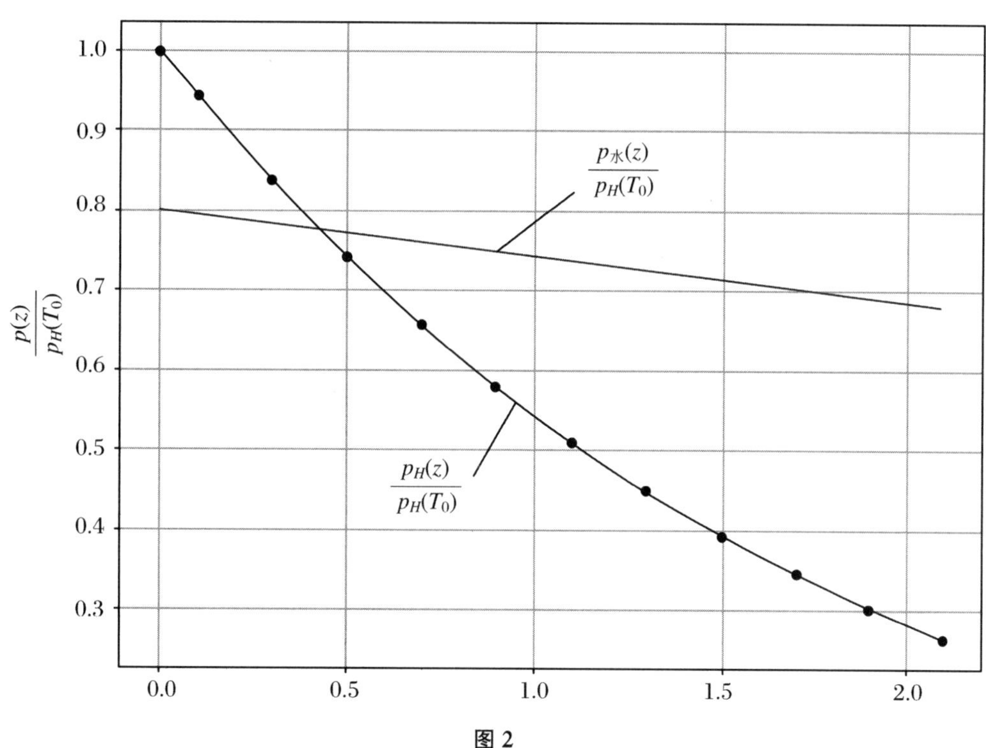

图 2

问题 11－3　珠子

如图 1 所示，有一根不导电的薄壁管，半径为 R，长度为 H，上面均匀分布着电荷 Q。有一颗珠子，带有与管子同号的电荷，可以沿着一根与中截面（即与两端距离相等的面）的直径重合的不导电的辐条自由滑动。求珠子在平衡位置附近小幅振动的周期 T。珠子的荷质比 $\gamma = q/m$ 为已知。

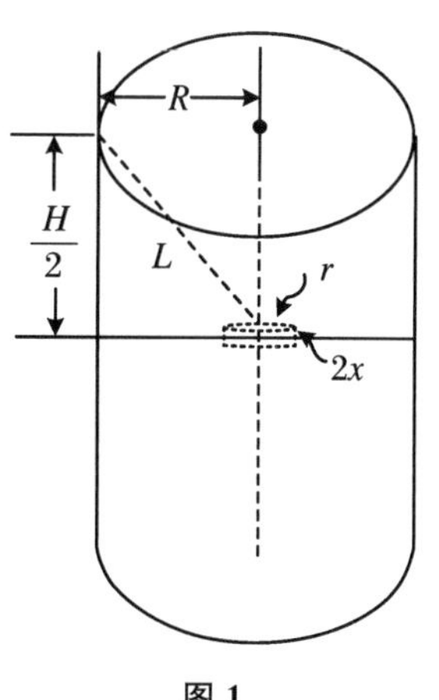

图 1

解　取如图 1 圆柱形高斯面，与大圆柱同轴，且几何中心重合。设其高为 $2x$，底面半径为 r，满足 $x \ll r \ll R$。

由于薄壁管电性与珠子电性相同，两者之间存在斥力且与电性无关，假设带正电。首先分析高斯面上表面的电场强度，由于 $r \ll R$，故可近似认为是匀强电场。由对称性可知，该处电场由距薄壁管下端高为 $2x$ 的圆环提供，方向竖直向上。

由图 2 不难得到

$$E_{上} = k\,\frac{\Delta q}{L^2}\cdot\frac{H/2}{L}$$

其中

$$\Delta q=\frac{2x}{H}Q,\quad L=\sqrt{R^2+\frac{H^2}{4}}$$

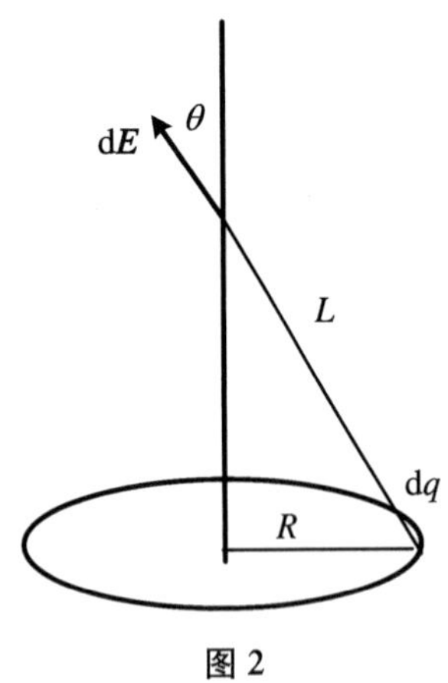

图 2

联立得到

$$E_{上}=k\frac{Q}{L^3}x \qquad ①$$

同理,高斯面下表面电场强度 $E_{下}=E_{上}$,方向竖直向下。再由对称性可知,高斯面侧面的电场方向沿半径向内,令场强为 E_r。

由高斯定理得

$$\Phi_{上}+\Phi_{下}+\Phi_{侧}=0$$

令向外的电通量为正,得到

$$E_r\cdot 2\pi r\cdot 2x=2E_{上}\cdot \pi r^2 \qquad ②$$

由①②得到

$$E_r=k\frac{Q}{L^3}\cdot\frac{r}{2}$$

由此分析出珠子所处位置的电场。由牛顿定律得

$$k\frac{Q}{L^3}\cdot\frac{r}{2}q+m\ddot{r}=0$$

得到

$$\omega=\sqrt{\frac{kQq}{2mL^3}}=\frac{1}{L}\sqrt{\frac{kQ\gamma}{2L}}$$

故振动周期

$$T=\frac{2\pi}{\omega}=2\pi L\sqrt{\frac{2L}{kQ\gamma}}$$

问题 11-4　又是磁流体动力

船的底部有磁流体动力发动机,为一矩形通道($a=1$ m,$l=2$ m,$h=10$ cm)。将理想的直流电源接在导电性良好的 h-l 平面之间,电源的电动势 $\varepsilon=100$ V。磁场 $B=1$ T 穿过运河,垂直于不导电的 a-l 平面。当有这样的发动机的船以匀速 u 行进时,测得船与出水口处水流之间的相对速度 $v=10$ m/s,已知出水口的压强与环境压强相等。海水的电阻率 $\rho=1\times10^{-2}\ \Omega\cdot$m,水的密度 $\rho_{水}=1000$ kg/m^3。求船的速度、牵引力、有用功率和发动机的机械效率。

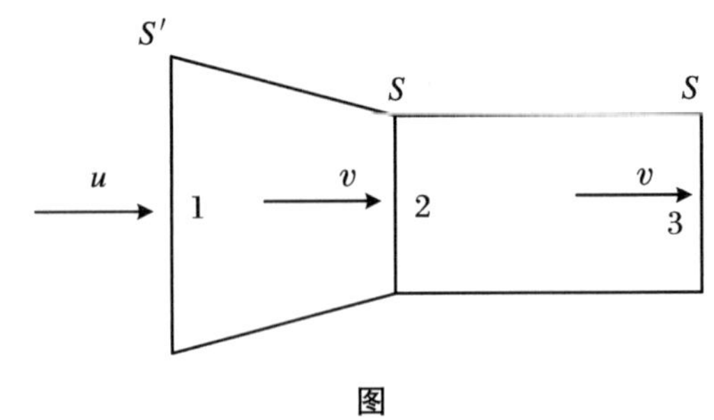

图

解　电磁推进基本原理:通道内的通电海水受安培力向后运动,其反作用力推动轮船前进。

进一步分析,由于通道为矩形,故水流加速过程不应发生在通道内,否则将违背连续性原理。建立如下模型,在轮船参考系下观察,以方便分析。

如图，2与3之间为矩形通道，水流匀速，在1与2之间的斜边界内，水流加速，随着面积减小，速度增加，这也意味着，水的加速过程在进入通道前已经完成。

由整体动能定理可得

$$p_1 S' u\Delta t - p_3 Sv\Delta t + BIa \cdot v\Delta t = \frac{1}{2}\Delta m(v^2 - u^2)$$

考虑到

$$p_1 = p_3$$

由连续性原理得

$$S' u = Sv$$

以及

$$\frac{\Delta m}{\Delta t} = \rho_{水} ahv$$

联立解得

$$\frac{BI}{\rho_{水} h} = \frac{1}{2}(v^2 - u^2) \tag{①}$$

由此可见，水的加速过程虽然发生在通道外，但动能增加仍然来源于安培力做功。

再考虑到

$$I = \frac{\varepsilon - Bav}{R} \tag{②}$$

其中 Bav 为反电动势。

$$R = \rho\frac{a}{hl} \tag{③}$$

由①～③得到

$$u = 8\ \mathrm{m/s}$$

通道中的水受到的安培力

$$F_{安} = BIa = 1800\ \mathrm{N}$$

由牛顿第三定律，轮船所受到的牵引力

$$F_{牵} = F_{安} = 1800\ \mathrm{N}$$

故

$$P_{牵} = F_{牵} u = 14.4\ \mathrm{kW}$$

发动机的机械效率

$$\eta = \frac{P_{牵}}{P_{电}} = \frac{F_{牵} u}{\varepsilon I} = 8\%$$

问题 11－5　月食

我们知道太阳不是点光源，而是（从地球看）有一个小的角直径 $2\delta = 0.52°$。这个事实导致地球后面的本影只有有限长。

(1) 如果不考虑太阳光在地球的大气层中的折射现象，那么地球本影的长度 L_1 等于多少？求这种情况下月全食的时间。

(2) 事实上,折射现象对本影区域的大小影响很大。将地球的大气层简化:高度 $h=8\ \text{km}$,平均折射率 $n=1.00028$。假设影子的边界由与地球表面相切的光线形成,能看到本影的最远距离 L_2 等于多少?这种情况下,月面有多大比例的面积会变暗?①

地球的半径 $R=6400\ \text{km}$,重力加速度 $g=9.8\ \text{m/s}^2$,月球的角直径与太阳相等,均为 2δ,月球绕地球的公转周期 $T_0=27.3\ \text{d}$。

解 (1) 考虑到日地距离远大于地球本影长度,故

$$R \approx L_1\delta, \quad L_1 \approx 1.4\times 10^6\ \text{km}$$

月球绕地球公转周期满足

$$\omega_0 = \frac{2\pi}{T_0} = \sqrt{\frac{GM}{R_0^3}} = \sqrt{\frac{gR^2}{R_0^3}}$$

其中 R_0 为月地距离。解得

$$R_0 \approx 3.84\times 10^5\ \text{km}$$

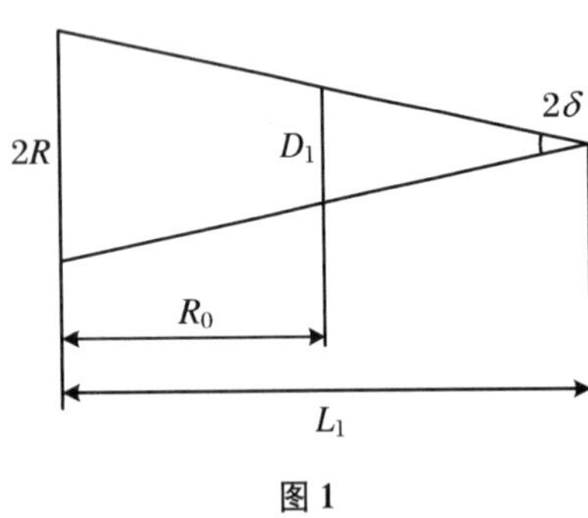

图 1

又因为月球角半径与太阳相同,故月球的直径

$$D \approx 2\delta R_0 \approx 3.45\times 10^3\ \text{km}$$

如图 1 所示,结合几何关系可知月球轨道在地球本影区内的长度

$$D_1 = 2R\left(1-\frac{R_0}{L_1}\right) \approx 9.3\times 10^3\ \text{km}$$

故月全食的时间

$$T = \frac{D_1-D}{\omega_0 R_0} = T_0\frac{D_1-D}{2\pi R_0} \approx 1.6\ \text{h}$$

(2) 如图 2 所示,由几何关系得

$$\sin\beta = \frac{R}{R+h}$$

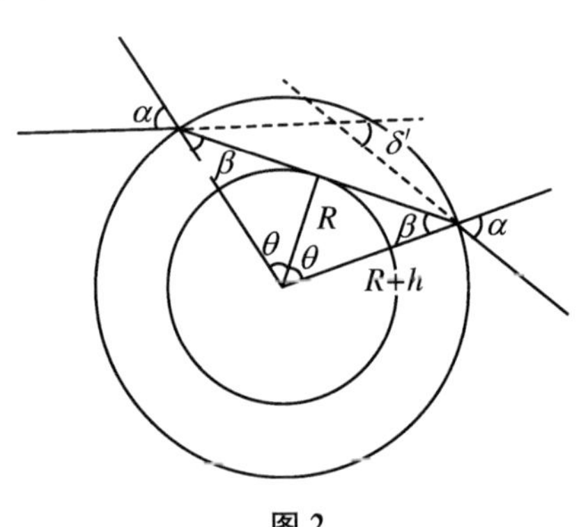

图 2

由折射定律得

$$\sin\alpha = n\sin\beta = \frac{nR}{R+h}$$

偏转角

$$\delta' = 2(\alpha-\beta)$$

修正之后的本影长度

$$L_2 = \frac{2R}{2\delta+2\delta'} \approx 4.08\times 10^5\ \text{km}$$

联系图 1 可知,修正后月球轨道在地球本影区内的长度

$$D_2 = 2R\left(1-\frac{R_0}{L_2}\right) \approx 753\ \text{km}$$

故变暗比例

$$K = \left(\frac{D_2}{D}\right)^2 \approx 4.8\%$$

① 译者注:这只是一个假设的模型。现实生活中,至少在人类可以预见的未来内,不存在月环食。

2018 年全俄物理奥林匹克决赛(理论部分)

九年级

问题 9-1 火车头

当对一个地区进行空中拍摄时,火车头冒出来的烟进入了视线(见图 1)。火车从静止开始出发,以恒定加速度 $a=0.05\ \mathrm{m/s^2}$ 沿铁路的直段行驶。每个方格对应的距离为 200 m。假设风速恒定,已知烟从火车头出来的瞬间与空气相对静止。请求出:

(1) 火车行驶的方向。

(2) 风与铁路的夹角。

(3) 风速 v_0。

(4) 风与火车的相对速度的最小值 $v_{\min}$。

(5) 从火车开始运动到进行拍照所经过的时间 T。

(6) 火车从开始运动到拍照时行驶的距离 s。

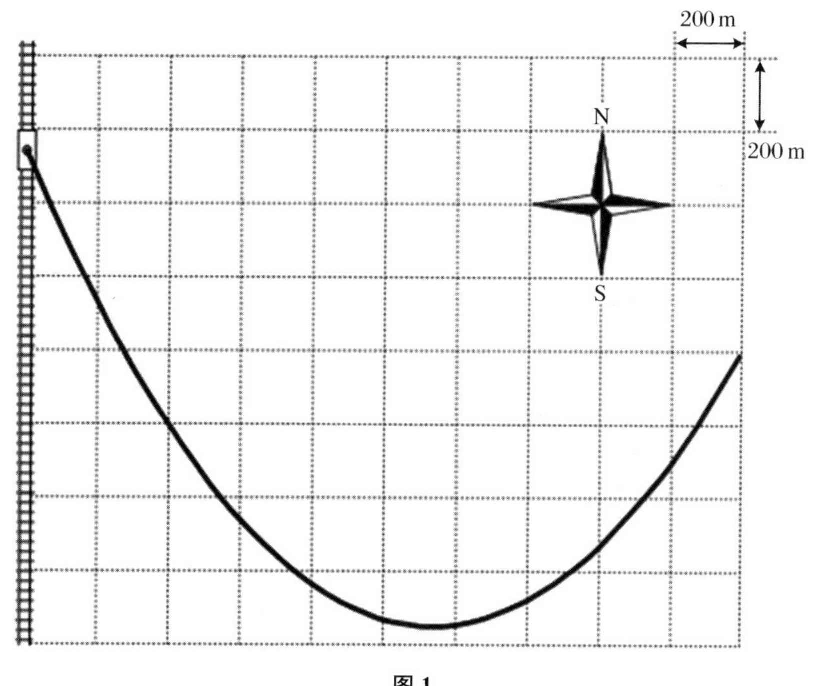

图 1

解 结合图像,不难分析得到火车自南向北运动,风从西南方向吹来,如图 2 所示建立坐标系,令拍照时火车已经运动了时间 T,考虑在火车开始运动后 t 时刻冒出的烟,结合题

意，在其拍照时坐标满足

$$x = v_x(T - t) \tag{①}$$

$$y = \frac{1}{2}at^2 + v_y(T - t) + y_0 \tag{②}$$

其中 v_x，v_y 分别为风在 x 轴、y 轴的速度分量，y_0 为火车的初始位置。

由①②得

$$y = \frac{x^2}{40v_x^2} + \left(\frac{v_y}{v_x} - \frac{T}{20v_x}\right)x + \frac{T^2}{40} + y_0 \tag{③}$$

(其中已代入 $a = 0.05\ \mathrm{m/s^2}$。)

取图线中四处坐标标于表中。

表

x(m)	0	400	1130	2000
y(m)	1340	600	50	800

利用计算器函数拟合功能得到图线函数关系式(选取数据点越多，拟合结果越精确)：

$$y = 0.001x^2 - 2.2698x + 1342.8 \tag{④}$$

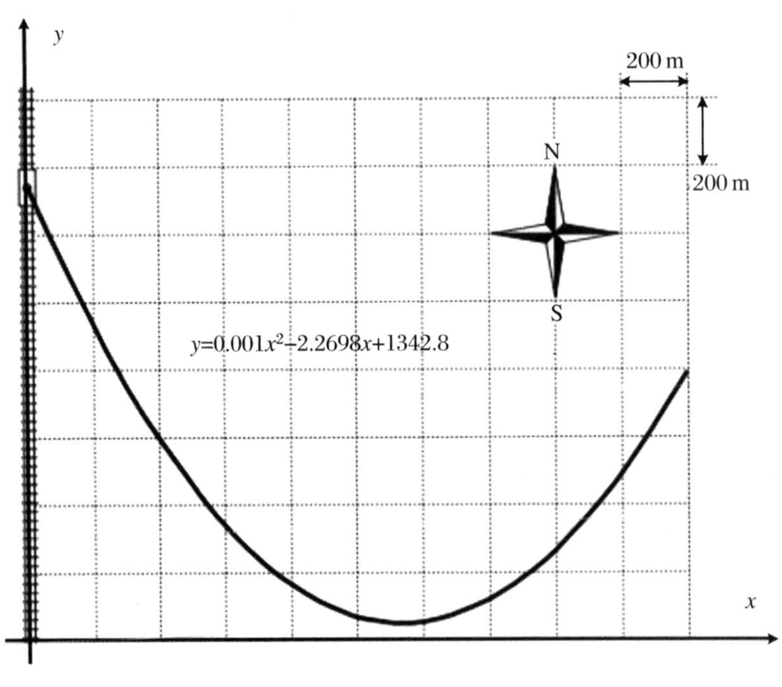

图 2

由③④得到

$$\frac{1}{40v_x^2} = 0.001 \tag{⑤}$$

$$\frac{v_y}{v_x} - \frac{T}{20v_x} = -2.2698 \tag{⑥}$$

$$\frac{T^2}{40} + y_0 = 1342.8 \tag{⑦}$$

再考虑到当 $t=0$ 时,$x_0=2000\ \text{m}$,故由①得到

$$v_xT = 2000\ \text{m} \tag{⑧}$$

由⑤~⑧得到

$$v_x = 5\ \text{m/s},\quad v_y = 8.651\ \text{m/s},\quad T = 400\ \text{s},\quad y_0 = -2657.2\ \text{m}$$

进一步得到

$$v_0 = \sqrt{v_x^2 + v_y^2} \approx 10\ \text{m/s}$$

$$\tan\alpha = \frac{v_x}{v_y}$$

代入数据解得 $\alpha \approx 30°$。

所以易知风与火车相对速度的最小值

$$v_{\min} = v_0 \sin\alpha = 5\ \text{m/s}$$

火车从开始运动到拍照时行驶的距离

$$s = \frac{1}{2}aT^2 = 4000\ \text{m}$$

注:题目认为图中所给出的是所有烟的图像,而非部分,即最右端坐标为 $x=2000\ \text{m}$,$y=800\ \text{m}$的烟是火车开始运动时冒出来的。

问题 9-2 滑轮与圆柱

两个连通器的横截面积分别为 S_1 和 S_2,里面有密度为 ρ 的液体。容器用活塞密封,活塞可以用与杠杆 P 连接的滑轮和不可伸长的线组成的系统移动。一开始,线既不绷紧也不松弛,活塞与液面接触。将杠杆缓慢向上移动距离 h,使得它保持水平,线保持处于竖直方向。

(1) 若 $S_1>S_2$,求活塞移动的方向和距离。将杠杆移动距离 h 后,需要用多大的力 F 使它保持不动?

(2) 若 $S_2=2S_1$,需要用多大的力 F 使得杠杆向上移动距离 h?

杠杆、滑轮、线和活塞的质量可以忽略,没有摩擦,容器不会脱离地面,液体的蒸气压远小于大气压强 p_0,重力加速度为 g。

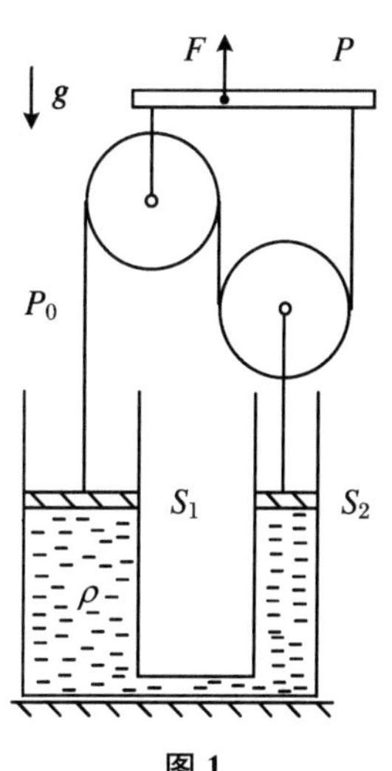

图 1

解 (1) 如图 1 所示,由于液体蒸气压远小于大气压,故初始时刻活塞与液体相接触,易知与左侧活塞相连的细线所受的拉力为 $F/3$,右侧为 $2F/3$。

由 $S_1>S_2$ 这一条件分析可知,随着 F 的增大,右侧活塞先向上运动,而右侧液体会随活塞一起上升,左侧活塞则随液面一同下降。

以下进行定量分析,如图 2 所示,令左、右活塞离地高度分别为 h_1,h_2,左、右滑轮轮心离地高度分别为 H_1,H_2,杠杆 P 离地高度为 H,根据绳长不可变

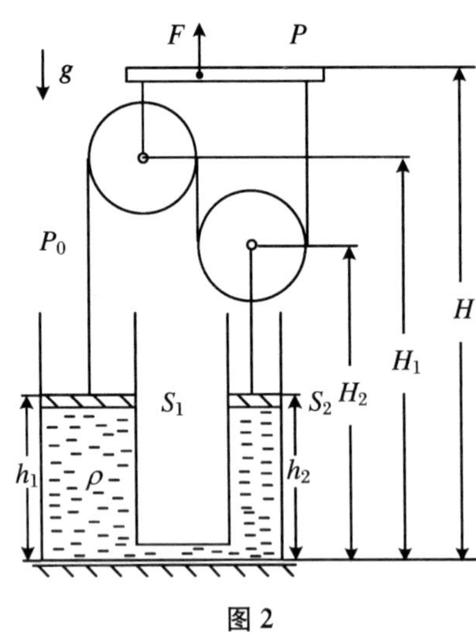

图 2

化这一性质得到

$$H - H_1 = \text{常量} \quad ①$$

$$H_2 - h_2 = \text{常量} \quad ②$$

$$(H_1 - h_1) + (H_1 - H_2) + (H - H_2) = \text{常量} \quad ③$$

结合题意以及①～③得到

$$\Delta H = \Delta H_1 = h \quad ④$$

$$\Delta H_2 = \Delta h_2 \quad ⑤$$

$$2\Delta H_1 - \Delta h_1 - 2\Delta H_2 + \Delta H = 0 \quad ⑥$$

由④～⑥得到

$$3h - 2\Delta h_2 - \Delta h_1 = 0 \quad ⑦$$

再由液体不可压缩性得到

$$S_2\Delta h_2 = -S_1\Delta h_1 \quad ⑧$$

由⑦⑧得到

$$\Delta h_2 = \frac{3S_1}{2S_1 - S_2}h \quad ⑨$$

$$\Delta h_1 = -\frac{3S_2}{2S_1 - S_2}h \quad ⑩$$

令左、右液体上侧压强分别为 p_1,p_2,分别对左、右两活塞进行受力分析,得

$$p_0S_1 = \frac{F}{3} + p_1S_1 \quad (\text{左侧活塞}) \quad ⑪$$

$$p_0S_2 = \frac{2F}{3} + p_2S_2 \quad (\text{右侧活塞}) \quad ⑫$$

再考虑到

$$p_1 - p_2 = \rho g(\Delta h_2 - \Delta h_1) \quad ⑬$$

由⑨～⑬得到

$$F = 9\rho gh\frac{S_1S_2(S_1 + S_2)}{(2S_1 - S_2)^2}$$

(2) 结合上一问可知,当 $S_2 = 2S_1$ 时,随着 F 的增大,两活塞同时达到临界情况,临界情况为

$$p_0S_1 = \frac{F}{3}$$

即

$$F = 3p_0S_1$$

问题 9－3　飞来橡皮泥

质量为 m 的木块在水平恒力作用下沿水平面以恒定速度 $v_0 = 4.0\ \text{m/s}$ 运动,木块与水平面之间的摩擦系数 $\mu = 0.2$。有一块橡皮泥质量与其相等,从一定高度 h 无初速下落,粘在木块上。求橡皮泥粘在木块上之后,经过时间 $t = 1\ \text{s}$ 时木块的速度 v_1。画出以下两种情况下木块的速度 v 与从橡皮泥开始下落起经过的时间 t 的关系图像:(a) 从高度 $h_a = 10\ \text{m}$ 下

落；(b) 从高度 $h_b = 25$ m 下落。标出特征点的坐标。重力加速度 $g = 10$ m/s²。忽略空气阻力。

解 橡皮泥落到木块前一瞬间

$$v = \sqrt{2gh} \quad ①$$

在极短时间内，竖直方向上速度减为0。由动量定理得

$$I_N \approx mv \quad ②$$

当 h 较小时，木块所受地面摩擦力的冲量

$$I_f = \mu I_N \quad ③$$

（由于碰撞时间极短，故 $N \gg mg$，$f \gg \mu mg$。）

橡皮泥与木块组成的系统满足

$$2mv' = mv_0 - I_f \quad ④$$

由①～④得到

$$v' = \frac{1}{2}(v_0 - \mu\sqrt{2gh}) \quad ⑤$$

同时需满足

$$v' \geqslant 0 \quad ⑥$$

由⑤⑥得

$$h \leqslant \frac{v_0^2}{2g\mu^2} = 20\ \text{m}$$

此后系统匀减速运动。

(a) $h_a = 10$ m<20 m，符合上述条件，则下落时间

$$t_1 = \sqrt{\frac{2h_a}{g}} = \sqrt{2}\ \text{s}$$

由⑤得

$$v' = (2 - \sqrt{2})\ \text{m/s}$$

系统加速度满足

$$2\mu mg - F = 2ma$$

其中 $F = \mu mg$。解得

$$a = \frac{1}{2}\mu g = 1\ \text{m/s}^2$$

故减速所需时间为 $(2-\sqrt{2})$ s<1 s，故 1 s 后减速为 0。

(b) $h_b = 25$ m>20 m，故在橡皮泥与木块碰撞瞬间速度已经减为0，其下落时间

$$t_2 = \sqrt{\frac{2h_b}{g}} = \sqrt{5}\ \text{s} \approx 2.2\ \text{s}$$

绘制的图像如图所示。

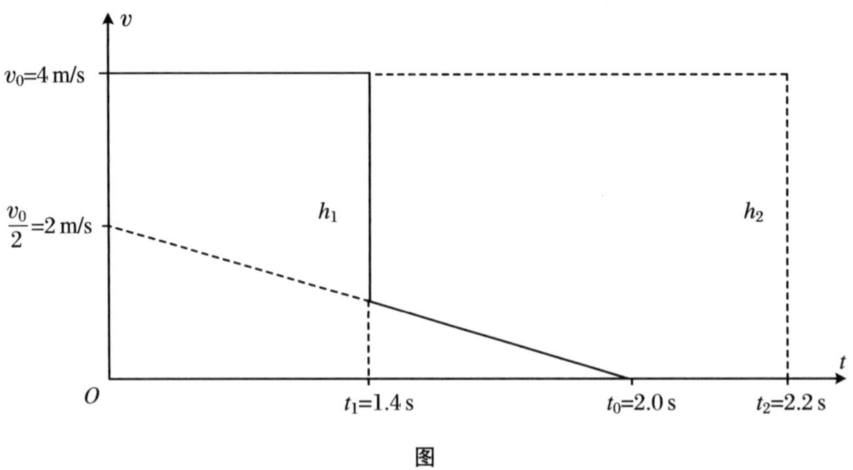

图

问题 9-4 喷射式加热

往一个空的绝热容器里以 $\mu=2.0\ \mathrm{g/s}$ 的流速注入温度为 $T_0=20\ ℃$ 的水。当容器中水的质量为 $m=100\ \mathrm{g}$ 时，开启功率为 $P=200\ \mathrm{W}$ 的加热器。用汞温度计测量容器里的温度。请求出：

(1) 容器里的水温升高到 $T_1=30\ ℃$ 时，开始加热的时间 t_1。

(2) 容器里最多可以加热到的温度 T_{max}。

(3) 如果从 T_0 到 T_1 的刻度距离为 $l=2.0\ \mathrm{cm}$，求出温度计的汞柱上升速度 v 与开始加热的时间 t 的关系，并求出在温度 T_1 时的上升速度。

水的比热为 $c=4200\ \mathrm{J/(kg\cdot ℃)}$。热传递很迅速，温度计与容器的热容量很小。

解 (1) 由能量守恒得

$$Pt = c(m+\mu t)\Delta T \qquad ①$$

则

$$t = \frac{cm\Delta T}{P - c\mu\Delta T}$$

代入数据解得

$$t_1 = 36.2\ \mathrm{s}$$

(2) 由①得到

$$\Delta T = \frac{Pt}{c(m+\mu t)}$$

当 $t\to\infty$ 时，$\Delta T=\dfrac{P}{c\mu}=23.8\ ℃$。故

$$T_{max} = T_0 + \Delta T = 43.8\ ℃$$

(3) 由

$$v = \frac{\mathrm{d}l}{\mathrm{d}t} = \frac{\mathrm{d}l}{\mathrm{d}T}\cdot\frac{\mathrm{d}T}{\mathrm{d}t}$$

其中

$$\frac{\mathrm{d}l}{\mathrm{d}T} = \frac{l}{T_1 - T_0}$$

以及

$$\frac{\mathrm{d}T}{\mathrm{d}t} = \frac{Pm}{c\,(m + \mu t)^2}$$

联立解得

$$v = \frac{Pml}{c\,(m + \mu t)^2 (T_1 - T_0)}$$

代入数据解得在温度 T_1 时的上升速度为

$$v = 0.032\ \mathrm{cm/s}$$

问题 9－5　非线性示数

根据简化的模型可知，欧姆表由理想的恒定电源 U_0、阻值为 r 的电阻和理想电流表组成。如图 1 所示，当将阻值为 R_x 的电阻接入欧姆表时，由 R_x 与 I 的对应关系，使得待测电阻的阻值显示在设备的数字显示屏上。

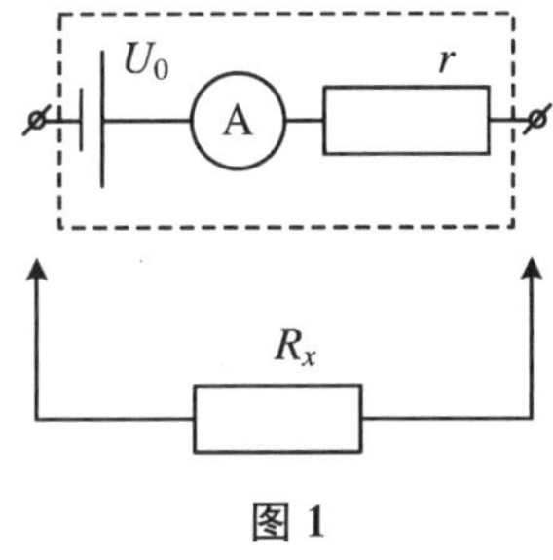

图 1

非线性元件 Z 的伏安特性如图 2 所示，将其接入欧姆表，示数为 $R_z = 800\ \Omega$。如果将 Z 与阻值为 $R = 1.0\ \mathrm{k\Omega}$ 的电阻并联后接入欧姆表，示数为 $R_1 = 400\ \Omega$。求欧姆表的电源电压 U_0 与电阻 r。求将非线性元件 Z 与 R 串联后接入欧姆表时的示数 R_2。

注：实际考试时，图 2 以一张单独的大图发放，需要在上面标出相应的计算过程，交卷时一并交回。

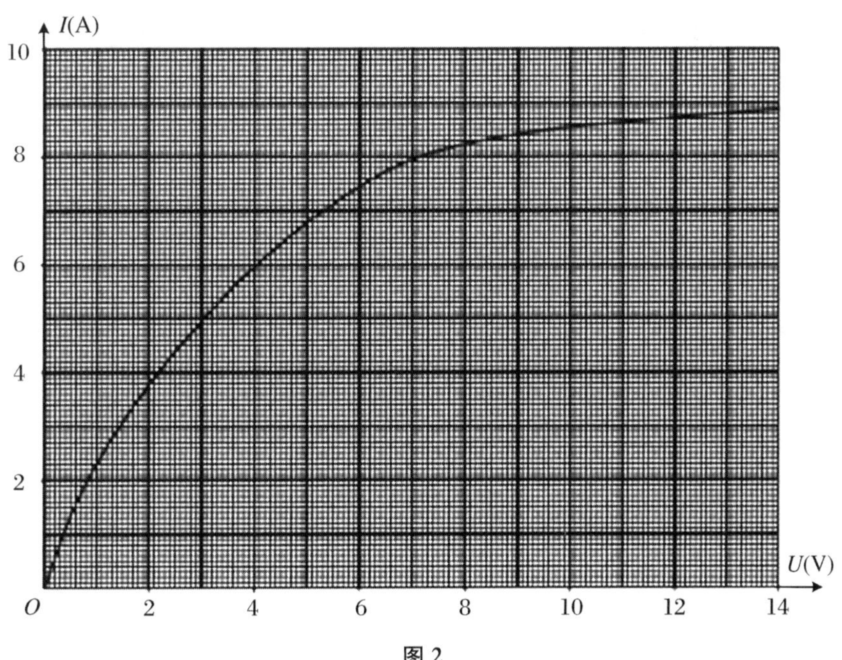

图 2

解 利用串、并联特性在图中分别作出 Z-R 并联与 Z-R 串联的伏安特性曲线，利用图线交点确定 Z 的伏安特性曲线上 $R_Z = 800\ \Omega$ 处，即图 3 中的 A 点，再确定 Z-R 并联伏安特性曲线上 $R_1 = 400\ \Omega$ 处，即图 3 中的 B 点，过 A，B 两点作直线交于两坐标轴，该直线的物理意义为相对欧姆表而言的负载满足的 I-U 关系，显然

$$U + Ir = U_0$$

整理得到

$$I = \frac{U_0 - U}{r} = -\frac{U}{r} + \frac{U_0}{r}$$

故图线斜率 $|k| = \frac{1}{r}$，截距 $b = \frac{U_0}{r}$。代入数据解得

$$r = 800\ \Omega, \quad U_0 = 12\ \text{V}$$

进一步分析，负载的 I-U 图线交 Z-R 串联伏安特性曲线于 C 点，得到

$$R_2 = \frac{U_C}{I_C} = 1600\ \Omega$$

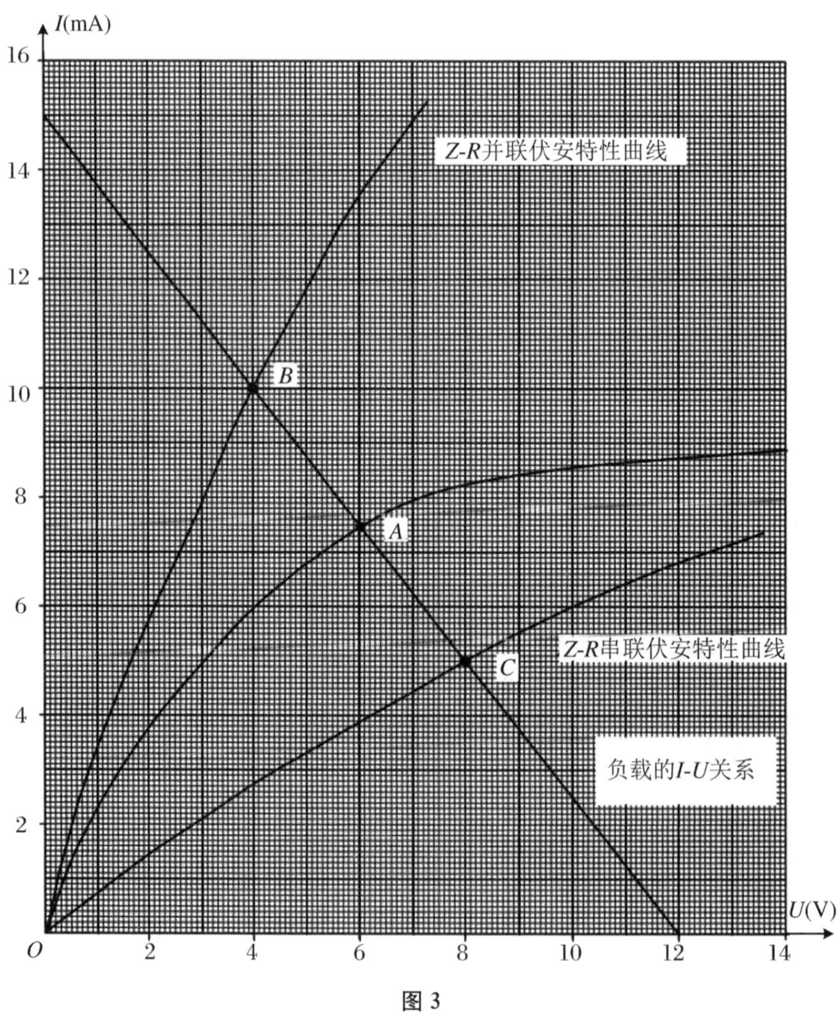

图 3

十年级

问题 10-1　滑块与墙

水平面上有两个滑块(图 1 为从上方观看)。小滑块的半径为 r,和墙之间有很窄的缝隙,并沿着墙以速度 v 移动。大滑块的半径为 $R=7r$,与墙相切。如果两个滑块的质量相等,当碰撞结束后,大滑块的速度 u 等于多少?系统中没有摩擦,滑块之间以及与墙的碰撞为完全弹性的。

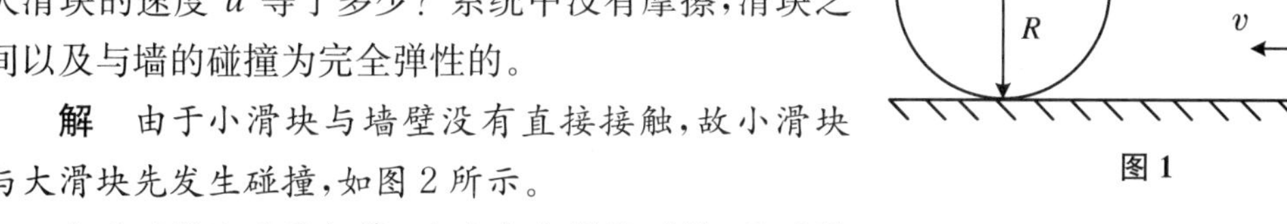

图 1

解　由于小滑块与墙壁没有直接接触,故小滑块与大滑块先发生碰撞,如图 2 所示。

由于两滑块质量相等,且为完全弹性碰撞,故两滑块碰撞点法向速度发生交换。大滑块获得速度

$$v_n = v\cos\alpha \qquad ①$$

方向沿两滑块中心连线。小滑块的速度变为

$$v_\tau = v\sin\alpha \qquad ②$$

方向沿切线方向。其中 α 满足

$$\sin\alpha = \frac{R-r}{R+r} = \frac{3}{4}$$

此后,在极短时间内,小滑块与墙再次碰撞,之后小滑块是否会与大滑块再次发生碰撞?分析如下:小滑块与墙碰撞前后,速度大小不变,方向变化类似光的反射,如图 3 所示。

由几何关系,与墙壁碰撞后的小滑块沿中心连线上的分量

$$v_n' = v_\tau\sin 2\alpha = v\sin\alpha\sin 2\alpha \qquad ③$$

对比①③,若 $v_n \geqslant v_n'$,则不会再次碰撞,反之则会再次碰撞,代入数据解得

$$v_n = v\cos\alpha \approx 0.66v,\quad v_n' = v\sin\alpha\sin 2\alpha \approx 0.74v$$

故 $v_n' > v_n$,会再次碰撞。

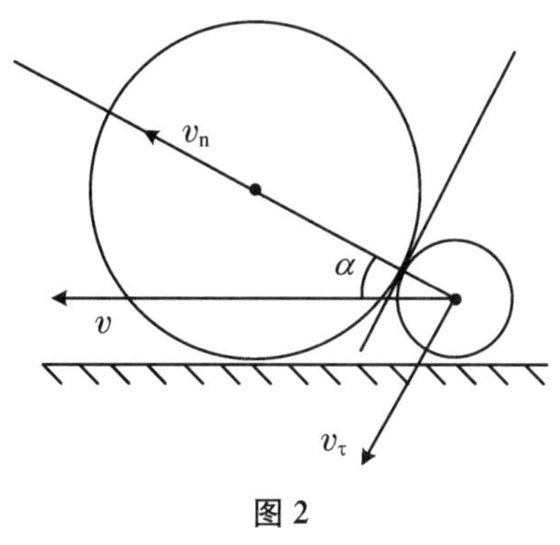

图 2

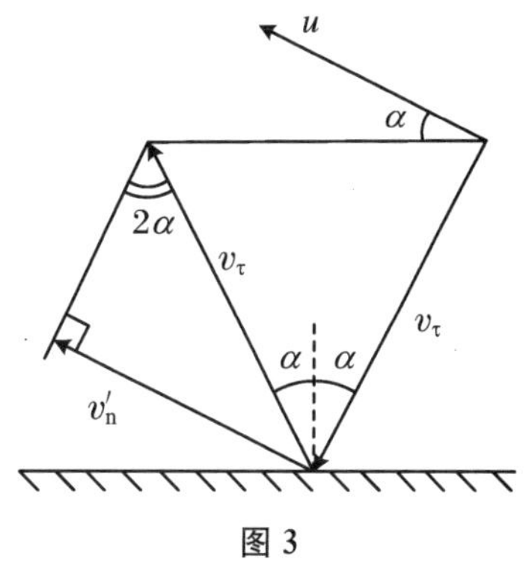

图 3

同理两滑块法向速度交换:

$$u = v_n' \approx 0.74v$$

问题 10-2　传送带上的汽车

汽车在水平的、静止的传送带上以 $v_0 = 20$ m/s 的速度在无风的天气中行驶。与此同时，发动机的一半功率用于克服空气阻力，另一半功率用于克服滑动摩擦力。

(1) 风以 $v_0 = 20$ m/s 的速度(相对于地面)吹向汽车。如果传送带不动，发动机的功率不变，汽车此时相对于地面的稳定速度 v_1 等于多少？

(2) 某时风停了，传送带开始以 $v_0 = 20$ m/s 的恒定速度沿汽车行驶的反方向运动。如果发动机的功率不变，汽车此时相对于地面的稳定速度 v_2 等于多少？

注：空气阻力与相对速度的平方成正比，滑动摩擦力为常数。在所有情况下，轮胎不发生打滑。三次方程可以用逐步试数的方法解。

解　(1) 无风时，

$$P = kv_0^3 + fv_0 \tag{①}$$

又

$$kv_0^3 = fv_0$$

所以

$$f = kv_0^2 \tag{②}$$

风以 20 m/s 的速度吹向汽车时，令汽车对地速度为 v_1，则

$$P = k(v_0 + v_1)^2 v_1 + fv_1 \tag{③}$$

由①～③得到

$$\left(\frac{v_1}{v_0}\right)^3 + 2\left(\frac{v_1}{v_0}\right)^2 + 2\left(\frac{v_1}{v_0}\right) - 2 = 0$$

解得

$$v_1 \approx 11.5 \text{ m/s}$$

(2) 汽车无滑动前进时，我们将传动系统加在驱动轮上的力矩 M 与车轮半径 r 之比 M/r 定义为汽车牵引力，故汽车输出功率

$$P = \frac{\Delta W}{\Delta t} = \frac{M\Delta\varphi}{\Delta t} = M\omega \tag{④}$$

又车轮无滑滚动时，

$$\omega r = v_0 + v_2 \tag{⑤}$$

其中 v_2 为汽车对地速度。

由④⑤得到

$$P = \frac{M}{r}(v_0 + v_2) = F_{牵}(v_0 + v_2) \tag{⑥}$$

又

$$F_{牵} = kv_2^2 + f \tag{⑦}$$

由①②⑥⑦得到

$$\left(\frac{v_2}{v_0}\right)^3 + \left(\frac{v_2}{v_0}\right)^2 + \left(\frac{v_2}{v_0}\right) - 1 = 0$$

解得

$$v_2 \approx 10.9\ \mathrm{m/s}$$

注：特别需要注意第二种情况汽车输出功率 $P=F_{牵}(v_0+v_2)$，而非 $P=F_{牵}v_2$，试想，若 $v_2=0$，显然汽车也要消耗能量 $P=F_{牵}v_0$，而非 0。

问题 10－3　离心管

如图 1 所示，离心器只能绕竖直轴旋转，在上面固定有水平放置的、密封的圆柱形管，管的轴经过旋转轴。在管里有薄活塞，可以无摩擦地移动。管里活塞右侧装有理想气体，活塞左侧无气体，向管的距离转轴近的一端的方向有压强。管的长度 $a=0.5\ \mathrm{m}$，活塞的面积 $S=5\ \mathrm{cm}^2$，质量 $m=10\ \mathrm{g}$，管里的气压 $p_0=1.0\ \mathrm{kPa}$。管与距离转轴近的一端的距离 $l=0.1\ \mathrm{m}$。离心器开始旋转，角速度 ω 缓慢增加。气体温度恒定。

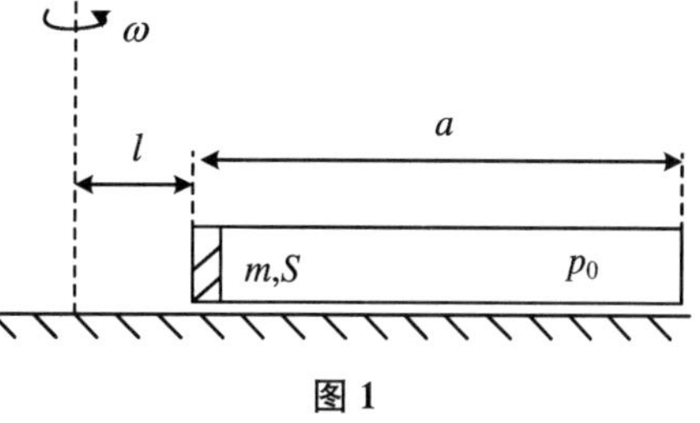

图 1

(1) 当一开始的平衡状态不再稳定时，求角速度 ω_1。

(2) 若以恒定的角速度 ω_1 旋转，求活塞的平衡位置与一开始位置的距离 x_1。

(3) 现在令角速度缓慢降低，当活塞回到一开始的位置时，求此时的角速度 ω_2。

解　(1) 临界情况下，活塞所受惯性离心力与气体压力相等，即

$$ml\omega_1^2 = p_0 S$$

解得

$$\omega_1 = \sqrt{\frac{p_0 S}{ml}} = 10\sqrt{5}\mathrm{rad/s}$$

(2) 令活塞与转轴的距离为 x，活塞所受右侧气体压力

$$F_1 = p_0 S\frac{a}{l+a-x} = \frac{0.25}{0.6-x} \qquad ①$$

其所受惯性离心力

$$F_2 = mx\omega_1^2 = 5x$$

分别作出图像(见图 2)，令 $F_1=F_2$，可解得

$$x_A = 0.1\ \mathrm{m},\quad x_B = 0.5\ \mathrm{m}$$

从图中不难看出 $x_A=0.1\ \mathrm{m}$，即初始位置为非稳定平衡位置，由于微扰活塞将向管的内部运动，$x_B=0.5\ \mathrm{m}$ 为稳定平衡位置，即活塞将平衡在 $x_1=x_B-l=0.4\ \mathrm{m}$ 处。

(3) 随着角速度的缓慢减小，从图 3 可知平衡位置不断左移，$B\to C\to D$，这些位置均为平衡位置。

临界位置 E 点为不稳定平衡位置。此时，微扰或者角速度再减小一点，气体压力将大于惯性离心力，活塞将迅速被压至初始位置，此时

$$F_{惯} = mx\omega_2^2 = 0.01\omega_2^2 x \qquad ②$$

由图 3 并联立①②，得

$$x^2 - 0.6x + \frac{25}{\omega_2^2} = 0$$

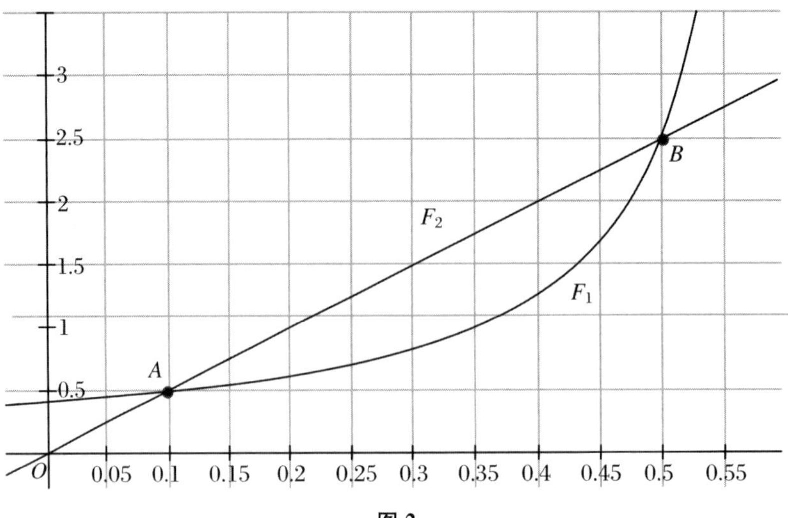

图 2

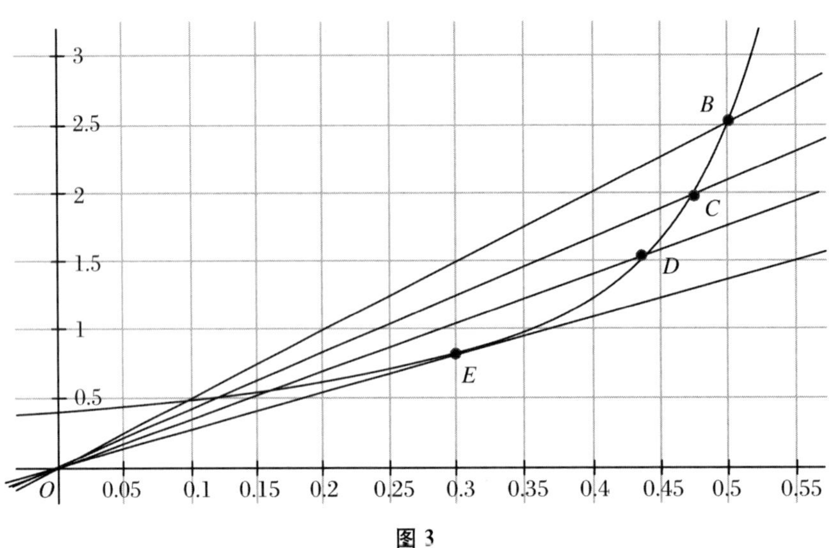

图 3

因为只有一解,所以

$$\Delta = 0.6^2 - 4 \times \frac{25}{\omega_2^2} = 0$$

解得

$$\omega_2 = \frac{50}{3}\text{rad/s}$$

问题 10 - 4　带电小球(经典)

如图所示,半径为 R 的导体球有一个内切于它的半径为 r 的中空球,中空球带电量为 Q。在中空部分距离它的球心 r_1 的位置有点电荷 q_1,在外部距离大球球心 r_2 的位置有点电荷 q_2。

(1) 求球的电势 $\varphi_{球}$。

(2) 求中空部分的球心 O 的电势 φ_O。

无穷远处的电势为 0。

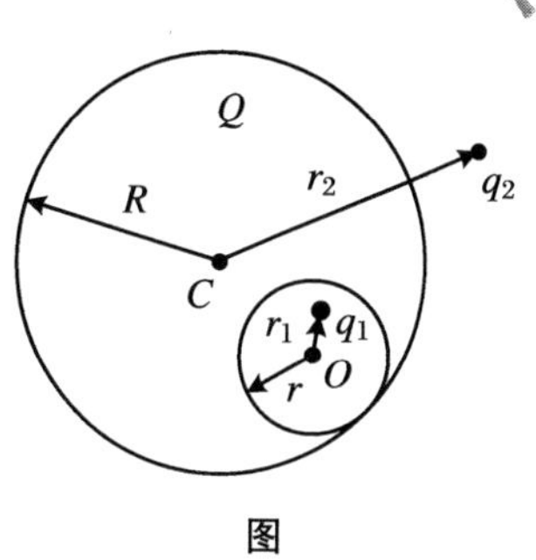

图

解 由高斯定理不难得到，由于 q_1 的存在，空腔内壁会感应出 $-q_1$ 的电量，而在导体球外壁感应出 q_1 的电量。

由静电屏蔽知识可知，点电荷 q_1 及空腔内壁的感应电荷 $-q_1$ 在空腔外任意位置激发的合场强均为 0；点电荷 q_2、导体球表面电荷 Q 及感应电荷 q_1 在球体内部（包括空腔）任意位置激发的合场强均为 0。

(1) 由于导体球为等势体，故球心 C 处的电势

$$\varphi_C = \varphi_{球}$$

根据上述分析，点电荷 q_1 及空腔内壁的感应电荷 $-q_1$ 对 φ_C 无影响，故

$$\varphi_C = k\frac{q_1 + Q}{R} + k\frac{q_2}{r_2}$$

(2) 由于点电荷 q_2、导体球表面电荷 Q 及感应电荷 q_1 在球体内部（包括空腔）任意位置激发的合场强均为 0，故这三部分电荷在 O 处贡献的电势

$$\varphi_1 = \varphi_C$$

而剩下点电荷 q_1 及空腔内壁的感应电荷 $-q_1$ 在 O 处贡献的电势

$$\varphi_2 = k\frac{q_1}{r_1} - k\frac{q_1}{r}$$

故

$$\varphi_O = \varphi_1 + \varphi_2 = k\frac{q_1 + Q}{R} + k\frac{q_2}{r_2} + k\frac{q_1}{r_1} - k\frac{q_1}{r}$$

问题 10－5　非线性

非线性元件 Z 的伏安特性为 $I_Z = \alpha U_Z^2$，其中 $\alpha = 0.07\ \mathrm{A/V^2}$。求图中用无穷多个非线性元件 Z 组成的电路的电流 I 与电压 U 的关系。

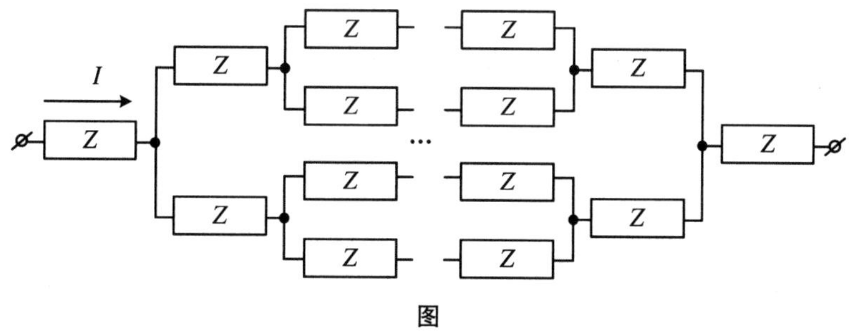

图

解 令从左向右的元件上电压分别为 $U_1, U_2, U_3, \cdots$，则总电压

$$U = 2(U_1 + U_2 + U_3 + \cdots)$$

令通过第一个元件的电流为 I，不难得到通过第 i 个元件的电流

$$I_i = \frac{I}{2^{i-1}}$$

又因为 I_i,U_i 满足

$$I_i = \alpha U_i^2$$

进一步得到

$$U_i = \sqrt{\frac{I}{\alpha 2^{i-1}}}$$

故

$$U = 2(U_1 + U_2 + U_3 + \cdots) = 2\sum_{i=1}^{\infty} \sqrt{\frac{I}{\alpha 2^{i-1}}} = (4 + 2\sqrt{2})\sqrt{\frac{I}{\alpha}}$$

整理得到

$$I = \gamma U^2$$

其中

$$\gamma = \frac{\alpha}{(4 + 2\sqrt{2})^2} = 1.5\ \text{mA/V}^2$$

十一年级

问题 11-1　斜面上的圆柱

如图 1 所示,斜面的上面一段光滑,下面一段粗糙。有一个薄壁圆柱,使得其绕轴以 ω_0 的角速度自转,将其放到上面一段并释放。一开始,圆柱的轴不动,圆柱与斜面的切线位于光滑段与粗糙段的分界线上方 $h=10$ cm 处。圆柱与粗糙段的摩擦系数 $\mu=0.1$,圆柱的半径 $R=5$ cm,重力加速度 $g=10\ \text{m/s}^2$。

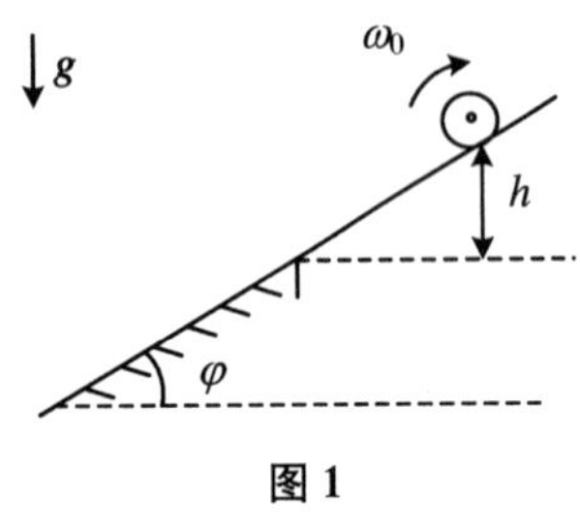

图 1

(1) 若 ω_0 足够大,求使得圆柱回到初始位置所需要时间最短时的 φ 值 φ_m。

(2) 求这个最短时间 t_{min}。

(3) 若 $\varphi=\varphi_m$,当 ω_0 取什么样的值时,圆柱能回到初始位置?

解　首先分析圆柱的运动情况。在光滑段,因为无摩擦,所以转速不变,质心沿斜面向下加速。

进入粗糙段后,受力如图 2 所示。摩擦力一方面降低其转动动能,另一方面降低其平动动能(前提 $f>mg\sin\varphi$,即 $\tan\varphi<0.1$,$\varphi<5.71°$)。

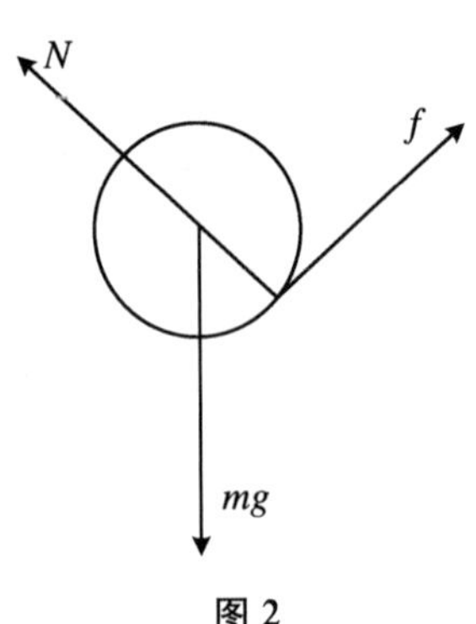

图 2

若 ω_0 较小,则转动动能先于平动动能减小为 0,此后小球继续向下运动,不再回来。

若 ω_0 较大,质心速度减小为 0,其角速度仍未减小为 0,滑动摩擦力仍向上。

此后,小球向上做有滑滚动。根据运动对称性,只要保证小球在粗糙段向上运动全程有滑滚动,则小球可回到初始位置。

（1）根据上述分析，ω_0 足够大，只要保证

$$f > mg\sin\varphi,\quad 即\quad \tan\varphi < 0.1,\quad \varphi < 5.71^\circ$$

即可回到初始位置，以下分析最短时间。

光滑段向下加速时间 t_1 满足

$$\frac{1}{2}g\sin\varphi\cdot t_1^2 = \frac{h}{\sin\varphi}$$

解得

$$t_1 = \frac{1}{\sin\varphi}\sqrt{\frac{2h}{g}}$$

粗糙段向下减速的时间 t_2 满足

$$t_2 = \frac{v_{\mathrm{m}}}{a}$$

其中

$$a = \mu g\cos\varphi - g\sin\varphi$$

$$v_{\mathrm{m}} = g\sin\varphi\cdot t_1$$

解得

$$t_2 = \sqrt{\frac{2h}{g}}\cdot\frac{1}{\mu\cos\varphi - \sin\varphi}$$

由对称性可得

$$t_{总} = 2(t_1 + t_2) = 2\sqrt{\frac{2h}{g}}\cdot\frac{\mu}{\tan\varphi(\mu\cos\varphi - \sin\varphi)}$$

令 $f(\varphi) = \tan\varphi(\mu\cos\varphi - \sin\varphi)$，总时间最短时

$$f'(\varphi) = \mu\cos\varphi - \frac{\sin\varphi}{\cos^2\varphi} - \sin\varphi = 0$$

其中

$$\cos^2\varphi = \frac{\cos^2\varphi}{\sin^2\varphi + \cos^2\varphi} = \frac{1}{\tan^2\varphi + 1}$$

整理得到

$$\tan^3\varphi + 2\tan\varphi = \mu$$

解得

$$\tan\varphi_{\mathrm{m}} \approx 0.04994,\quad 即\quad \varphi_{\mathrm{m}} \approx 2.86^\circ$$

（2）由上一问分析可知 $t_{\mathrm{m}} \approx 11.3\ \mathrm{s}$。

（3）由上述分析可知，临界情况为圆柱上升至分界线时恰好变为纯滚动，即满足

$$v = \omega R \tag{①}$$

由对称性得

$$v = \sqrt{2gh} \tag{②}$$

圆柱的角加速度

$$\beta = \frac{fR}{I} = \frac{\mu mg\cos\varphi R}{mR^2} = \frac{\mu g\cos\varphi}{R} \tag{③}$$

角速度

$$\omega = \omega_0 - 2\beta t_2 \quad ④$$

由①～④解得 ω_0 的最小值为 140 rad/s，故 $\omega_0 \geqslant 140$ rad/s。

问题 11－2　重合的热容量

人们在开尔文男爵的档案中，找到了他用一个装有 1 mol 理想稀有气体的圆柱形容器进行两次过程所画出的 p-V 图，如图 1 所示。随着时间的流逝，墨水褪色了。第一次过程的图像还有一条直线段，而第二次过程的图像只剩下点 A。根据备注，在这两次过程中，相同温度下的热容量相同。请还原第二次过程的压强 p 与体积 V 的关系图像。

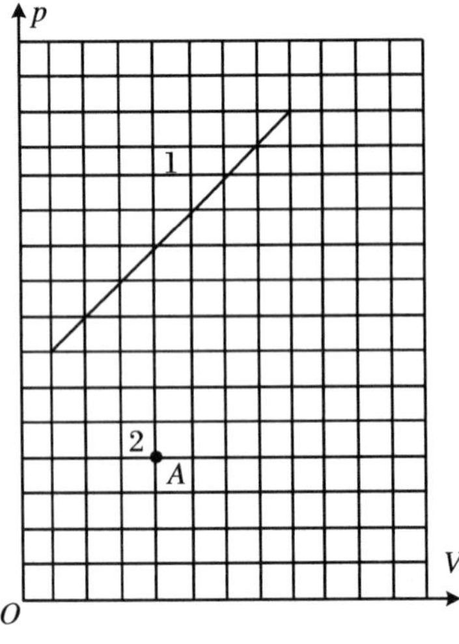

图 1

解　（法 1）首先分析过程一，令图中横坐标一格为 V_0，纵坐标一格为 p_0，从图中可知图线 1 满足

$$\frac{p}{p_0} = \frac{V}{V_0} + 6 \quad ①$$

根据理想气体状态方程，设

$$p_0 V_0 = nRT_0 \quad ②$$

又因为

$$pV = nRT \quad ③$$

由②③得到

$$\frac{p}{p_0} \cdot \frac{V}{V_0} = \frac{T}{T_0} \quad ④$$

令

$$\frac{p}{p_0} = y, \quad \frac{V}{V_0} = x, \quad \frac{T}{T_0} = z \quad ⑤$$

即①④分别可以写为

$$y = x + 6 \quad ⑥$$

$$xy = z \quad ⑦$$

量纲归一化以便于处理。

由热容定义得

$$\frac{\mathrm{d}Q}{\mathrm{d}T} = \frac{\mathrm{d}U}{\mathrm{d}T} + \frac{p\mathrm{d}V}{\mathrm{d}T} = C_V + \frac{p\mathrm{d}V}{\mathrm{d}T} \quad ⑧$$

由②⑤⑧得

$$\frac{\mathrm{d}Q}{\mathrm{d}T} = C_V + nR\,\frac{y\mathrm{d}x}{\mathrm{d}z} \quad ⑨$$

对⑥⑦两式分别微分得到

$$\mathrm{d}y = \mathrm{d}x \quad ⑩$$

$$x\mathrm{d}y + y\mathrm{d}x = \mathrm{d}z \quad ⑪$$

由⑨～⑪得到

$$\frac{\mathrm{d}Q}{\mathrm{d}T} = C_V + nR\frac{y}{x+y} \tag{12}$$

由⑥⑦⑫得到

$$\frac{\mathrm{d}Q}{\mathrm{d}T} = C_V + \frac{nR}{2}\left(1 + \frac{3}{\sqrt{z+9}}\right) \tag{13}$$

由此得到热容与温度的关系。

对于过程二，基本分析与上面相同，再考虑到相同温度下的热容量相同，由⑦⑨得到

$$\frac{\mathrm{d}Q}{\mathrm{d}T} = C_V + nR\frac{z\mathrm{d}x}{x\mathrm{d}z} \tag{14}$$

再由⑬⑭得到

$$\frac{\mathrm{d}x}{x} = \frac{\mathrm{d}z}{2\sqrt{z+9}(\sqrt{z+9}-3)}$$

两边积分得

$$\ln x = \ln C(\sqrt{z+9}-3)$$

即

$$x = C(\sqrt{z+9}-3) \tag{15}$$

考虑到过程二过点 $A(4,4)$，再联立⑦⑮得到过程二满足关系

$$y = \frac{x}{4} + 3$$

如图 2 所示。

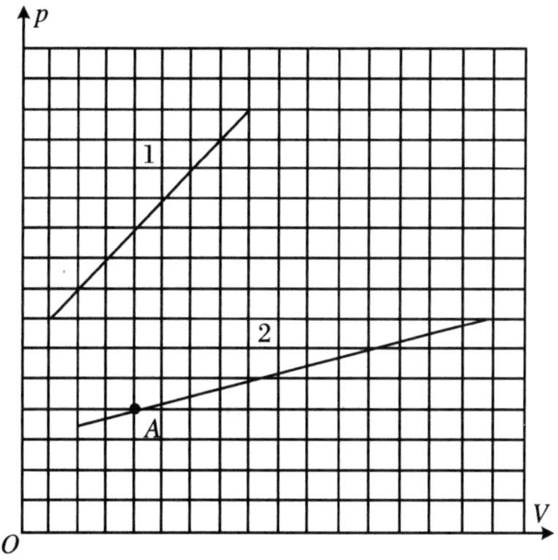

图 2

（法 2）将过程一中的每一点(V,p)均对应到$(V/\alpha,\alpha p)$，其中 α 为常数，则相应每个点对应的温度 $T=pV/(nR)$不变，原过程气体对外做功 $\Delta W = p\mathrm{d}V$ 不变，相应热容量

$$\frac{\mathrm{d}Q}{\mathrm{d}T} = nC_V + \frac{p\mathrm{d}V}{\mathrm{d}T}$$

亦不变，即符合题意“相同温度下的热容量相同”，从图 2 中可知过程一中的 p,V 满足 $p=V$

+6，则过程二中的 p,V 满足 $p=\alpha^2V+6\alpha$，注意到过程二中的 A 点坐标为(4,4)，相应 $pV=16$，对应过程一中的点(2,8)，对应温度、热容相等，故可分析得到 $\alpha=1/2$，即过程二对应的 p,V 满足 $p=V/4+3$。

问题 11 – 3　在水球里

在遥远的太空有一颗行星，该行星由水组成。已知深水居民能看到整个空间的位置与行星的中心距离不超过 $x=3000$ km。当地居民想发射卫星，它在最低轨道的速度等于多少？水的折射率 $n=4/3$，水的密度 $\rho=1000$ kg/m^3，万有引力常数 $G=6.67\times10^{-11}$ N·m^2/kg^2。行星不发生自转，表面没有波浪，水可以视为不可压缩。

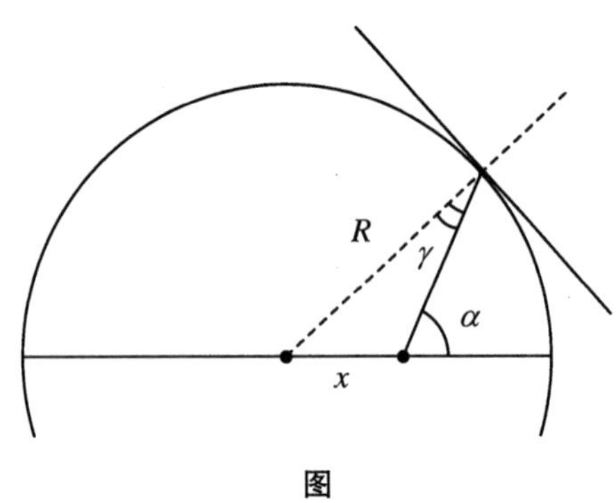

图

解　根据光路的可逆性，在图中距球心 x 处发出的光也均可射到球外而不发生全反射。由几何关系可知

$$\frac{R}{\sin(180^\circ-\alpha)}=\frac{x}{\sin\gamma}$$

不难得到当 $\alpha=90^\circ$ 时，γ 取到最大值，即

$$\gamma_{\max}=\frac{x}{R} \quad ①$$

分析可知 $\gamma_{\max}$ 即为临界角，满足

$$\sin\gamma_{\max}=\frac{1}{n} \quad ②$$

由①②得到

$$R=nx=4000\ \text{km}$$

发射卫星的最小速度即第一宇宙速度满足

$$G\frac{mM}{R^2}=m\frac{v^2}{R}$$

其中

$$M=\frac{4}{3}\pi R^3\rho$$

得到

$$v=2R\sqrt{\frac{\rho G\pi}{3}}$$

代入数据得到

$$v=2.1\ \text{km/s}$$

问题 11 – 4　磁场中的碰撞

在两条平行的导电铁轨上，质量为 m 的桥接棒可以无摩擦地滑动。桥接棒的移动被两面竖直的、不导电的墙限制，它们之间距离为 D。开关 K、电容为 C 的电容器、阻值为 R 的

电阻与铁轨串联，开始时电容两端电压为 U_0。施加磁感应强度为 B 的竖直均匀磁场，它与两条铁轨所在平面垂直，已知 $m>B^2l^2C$，且棒在与墙相碰前已处于匀速状态。当开关刚开始闭合的一瞬间，桥接棒位于墙的正中间。请求出：

（1）桥接棒先与哪边的墙碰撞。

（2）桥接棒即将发生第一次碰撞时的速度 v_1。

（3）桥接棒即将发生第 n 次碰撞时的速度 v_n。

桥接棒与墙的碰撞均为完全弹性的。

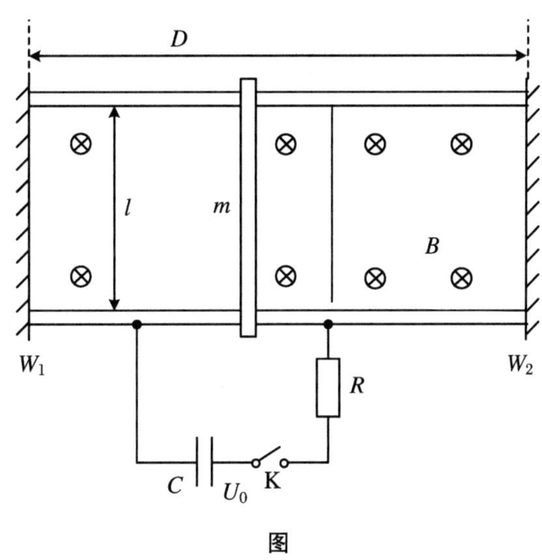

图

解 （1）分析可知导体棒所受安培力向右，故先与右边墙相碰。

（2）稳定运动时，回路中无电流，电容器两端电压与棒上的感应电动势相等，有

$$Blv_1=\frac{CU_0-q}{C} \quad ①$$

其中 q 为通过回路的电量。

再对棒进行分析，由动量定理得

$$\int BIl\mathrm{d}t=Blq=mv_1 \quad ②$$

联立①②解得

$$v_1=\frac{BlCU_0}{CB^2l^2+m}$$

（3）分析第 n 次稳定运动，满足

$$Blv_n=\frac{q_n}{C} \quad ③$$

其中 q_n 为电容所带电量。

与墙完全弹性碰撞后，速度等大反向。第 $n+1$ 次稳定运动，满足

$$Blv_{n+1}=\frac{q_{n+1}}{C} \quad ④$$

假设连续两次稳定运动的速度反向，由动量定理得

$$mv_n - mv_{n+1} = Bl\Delta q = Bl(q_n + q_{n+1}) \quad ⑤$$

由③～⑤得到

$$v_{n+1} = \frac{m - B^2l^2C}{m + B^2l^2C}v_n \quad ⑥$$

由于 $m > B^2l^2C$，故 $v_{n+1} > 0$，连续两次稳定运动的速度反向这一假设成立。

由上述分析可知，棒在两面墙之间来回运动且速度不断衰减。由⑥进一步得到

$$v_n = \left(\frac{m - B^2l^2C}{m + B^2l^2C}\right)^{n-1} v_1 = BlCU_0 \frac{(m - B^2l^2C)^{n-1}}{(m + B^2l^2C)^n}$$

问题 11－5　扔进河里的小球

如图 1 所示，从水面上的点 O 向河里扔进相同的小金属球。无初速度扔进的小球到达点 B，以初速度 v 扔进的小球到达点 C，$BC = L$。求第二个小球到达河底时的水平分速度。假设球在水中运动时受到的阻力与相对速度的大小成正比，方向相反。水流速度不取决于深度，但河底是水平的。忽略浮力。

解　令水速为 u，水深为 h，小球在运动过程中的速度和受力情况如图 2 所示。列出动力学方程

$$k(u - v_x) = m\frac{\mathrm{d}v_x}{\mathrm{d}t} \quad （水平方向）$$

$$mg - kv_y = m\frac{\mathrm{d}v_y}{\mathrm{d}t} \quad （竖直方向）$$

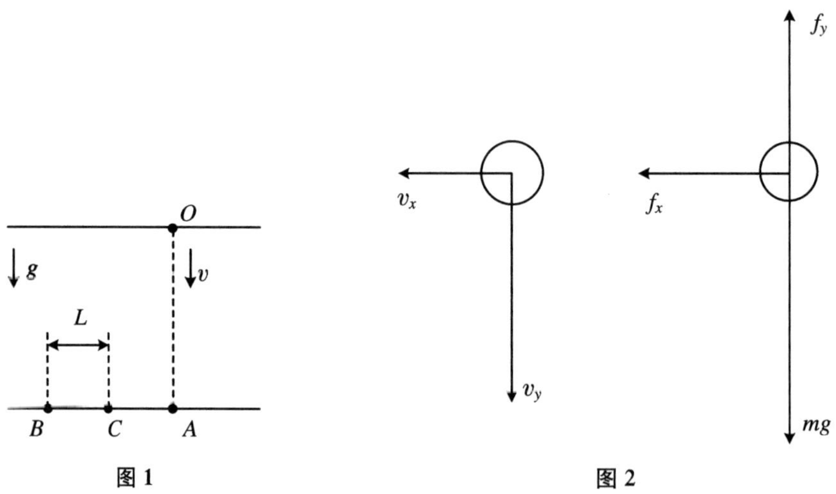

图 1　　　　图 2

对于第一个球，初速度为 0，由上述两方程积分得到速度与时间的关系为

$$v_{x1} = u(1 - \mathrm{e}^{-\frac{kt}{m}}) \quad ①$$

$$v_{y1} = \frac{mg}{k}(1 - \mathrm{e}^{-\frac{kt}{m}}) \quad ②$$

对于第二个球，水平初速度为 0，竖直初速度为 v，由动力学方程积分得到速度与时间的关系为

$$v_{x2} = u(1 - \mathrm{e}^{-\frac{kt}{m}}) \quad ③$$

$$v_{y2} = \frac{mg}{k} + \left(v - \frac{mg}{k}\right)e^{-\frac{kt}{m}} \tag{4}$$

由①②不难看出第一个球运动方向不变，落入水底水平位移

$$x_1 = h\tan\theta$$

其中

$$\tan\theta = \frac{v_{x1}}{v_{y1}} = \frac{uk}{mg}$$

故

$$x_1 = \frac{uk}{mg}h \tag{5}$$

将③④对时间积分得到

$$x_2 = ut - \frac{mu}{k}(1 - e^{-\frac{kt}{m}}) \tag{6}$$

$$y_2 = \frac{mg}{k}t + \frac{m}{k}\left(v - \frac{mg}{k}\right)(1 - e^{-\frac{kt}{m}}) \tag{7}$$

令第二个球触底前运动时间为 t_0，即

$$y_2(t_0) = h \tag{8}$$

$$x_1 - x_2(t_0) = L \tag{9}$$

联立③⑤～⑨得到

$$v_{x_2}(t_0) = \frac{gL}{v}$$

2019 年全俄物理奥林匹克决赛(理论部分)

九年级

问题 9-1　导航

如图 1 所示,一艘邮轮进行匀速直线运动,经过与码头 B 的距离为 $L=5\ \mathrm{km}$ 的点 A。在此经过时间 t 后,两艘小船分别离开邮轮和码头向对方行驶。在答题纸上画图,并使用圆规和没有刻度的直尺求出当小船相遇时邮轮所在的位置,如果已知:

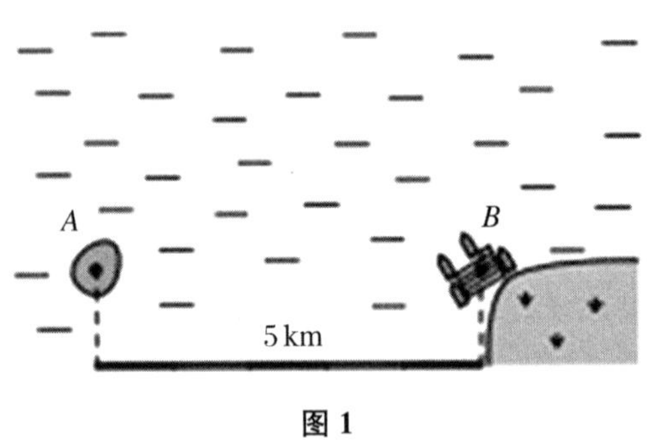

图 1

(1) 小船以相同的速度进行匀速直线运动,且速度是邮轮速度的 3/8。

(2) 小船从出发到相遇的时间也等于 t。

(3) 小船相遇时,邮轮与码头的距离再次等于 L。

说明构造过程,并求出小船在时间 t 内行驶的距离(km)。不考虑风速和水速。

注:图 1 中 AB 被分为 5 段相等的区间。

解　(1) 由于小船相遇时,邮轮与码头的距离再次等于 L,故邮轮位置 K 处于以 B 为圆心、L 为半径的圆 1 上,如图 2 所示。

(2) 由于 $v_{船}=3v_{邮}/8$,故邮轮在时间 t 内行进的距离与两艘小船运行的总距离之比为

$$\frac{v_{邮}\ t}{2v_{船}\ t}=\frac{4}{3}$$

(3) 由于邮轮从到达位置 A 到小船出发的时间间隔与两艘小船相遇时间间隔相同,令小船出发时邮轮的位置为 C,则

$$AC=CK$$

且由(2)知

$$\frac{AC}{BC}=\frac{CK}{BC}=\frac{4}{3}$$

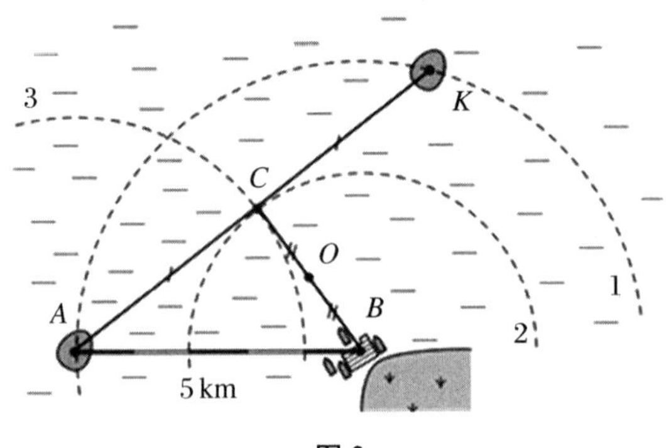

图 2

(4) 由于 C 为 AK 的中点,故 $AC\perp BC$,所以

$$AC^2+BC^2=L^2$$

得到

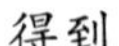

$$AC = 4\ \text{km},\quad BC = 3\ \text{km}$$

以 B 为圆心、3 km 为半径画圆 2；以 A 为圆心、4 km 为半径画圆 3，两圆的交点即为 C 点。

连接 AC 并延长与圆 1 相交，交点 K 即为邮轮所处位置，则小船行驶的距离

$$x = \frac{BC}{2} = 1.5\ \text{km}$$

问题 9－2　安全距离

在一段笔直的道路上，两辆车以相同的速度 v 前后行驶，其中一辆在刹车时的加速度为 a_1，另一辆为 a_2。如果前车司机开始刹车，后车司机不会立刻踩刹车，而是延迟 $\tau = 1.0\ \text{s}$。根据哪辆车在前边，避免碰撞的安全车距等于 $L_1 = 5\ \text{m}$ 或 $L_2 = 40\ \text{m}$。求车行驶的速度。

解　不妨令 $a_2 > a_1$，相对应的两辆车编号分别为 1，2。

第一种情况，v-t 图如图 1 所示。

当 1 车在前、2 车在后，两车距离最短时，两车同速，未减速到 0，这一情况下有

$$\frac{v}{a_1} > \tau + \frac{v}{a_2}$$

即

$$v > \frac{a_1 a_2}{a_2 - a_1}\tau$$

从图 1 和图 2 中可知

$$L_1 = \frac{1}{2}\tau(v - v_1)$$

$$L_2 = v\tau + \frac{v^2}{2a_2} - \frac{v^2}{2a_1} = v\tau + \frac{v^2}{2}\cdot\frac{a_2 - a_1}{a_1 a_2}$$

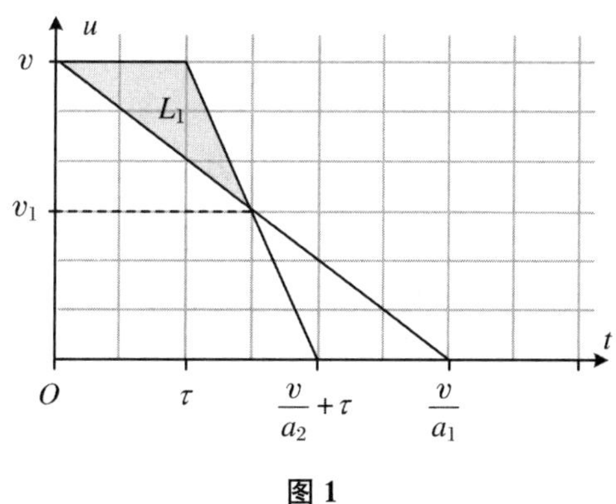

图 1

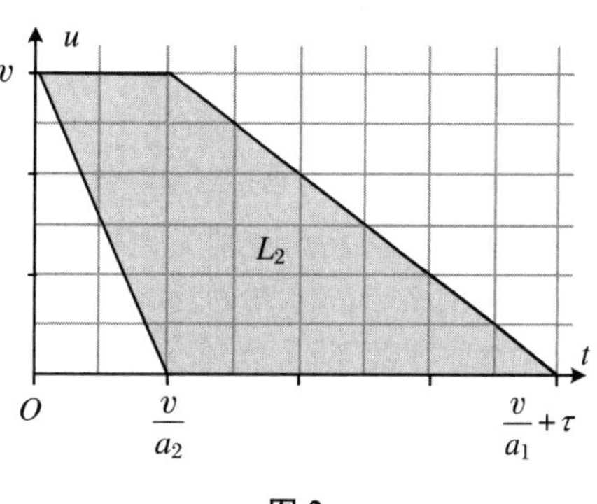

图 2

其中

$$v - v_1 = a_1 t = a_2(t - \tau)$$

得到

$$L_1 = \frac{1}{2}\tau^2\frac{a_1 a_2}{a_2 - a_1}$$

进一步得到

$$L_2 = v\tau + \frac{v^2}{4}\cdot\frac{\tau^2}{L_1}$$

代入数据解得

$$v = 20\ \mathrm{m/s}$$

第二种情况,两种情况下恰好要相撞时均减速为0,即

$$L_1 = v\tau + \frac{v^2}{2a_1} - \frac{v^2}{2a_2}$$

$$L_2 = v\tau + \frac{v^2}{2a_2} - \frac{v^2}{2a_1}$$

此时

$$v \leqslant \frac{a_1 a_2}{a_2 - a_1}\tau$$

解得

$$v = \frac{L_1 + L_2}{2\tau} = 22.5\ \mathrm{m/s}$$

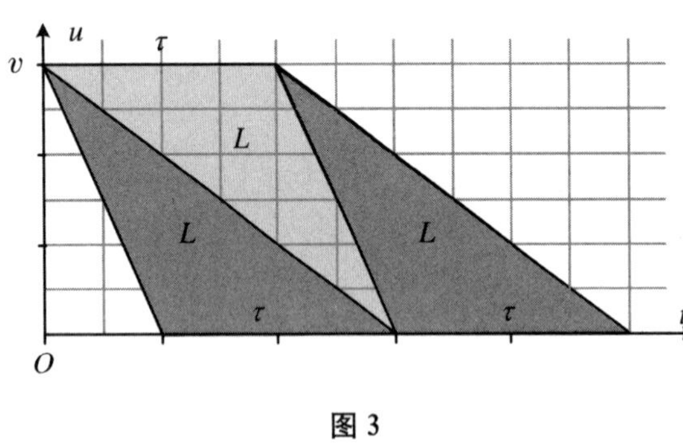

图 3

讨论:对于第二种情况,临界情况如图3所示,此时

$$\frac{L_2}{L_1} = \frac{3}{1}$$

进一步分析可知,第二种情况应满足

$$\frac{L_2}{L_1} \leqslant \frac{3}{1}$$

与题意不符,故 $v = 22.5\ \mathrm{m/s}$ 这一结果应舍去

综上所述,$v = 20\ \mathrm{m/s}$。

问题 9-3 梯子

图1为阶梯式梯子的简化模型,由轻质支撑杆(左)和重的主要部分(右)铰接形成,倾斜的方向与竖直方向夹角分别为 $\beta = 20°$ 和满足 $\tan\gamma = 2\tan\beta$ 的 γ。梯子的质量 $m = 20\ \mathrm{kg}$。求梯子的两部分之间的相互作用力。铰接处无摩擦。地面与两部分之间的摩擦系数均为 μ。当 μ 最小为多少时,梯子不会散架?重力加速度 $g = 10\ \mathrm{m/s^2}$。

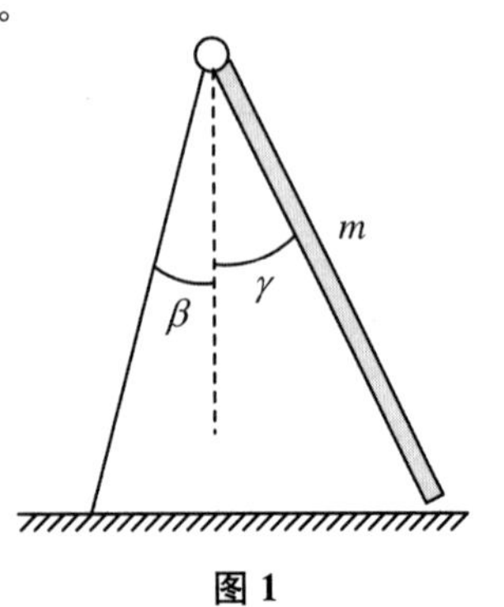

图 1

解 对系统整体分析,受力情况如图2所示。有

$$N_1 + N_2 = mg \quad (\text{竖直方向})$$

$$f_1 = f_2 \quad (\text{水平方向})$$

以左下角支点为参考点,由力矩平衡得

$$mg\left(h\tan\beta + \frac{h}{2}\tan\gamma\right) = N_2(h\tan\beta + h\tan\gamma)$$

解得

$$N_2 = \frac{2}{3}mg$$

$$N_1 = \frac{1}{3}mg$$

如图 3 所示，进一步分析左侧轻质支撑杆，则

$$F = \frac{N_1}{\cos\beta} \approx 71\ \mathrm{N}$$

即梯子两部分之间的相互作用力为 71 N。

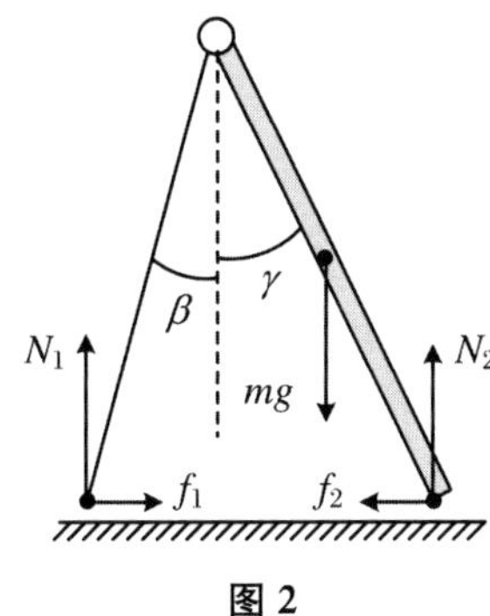

图 2

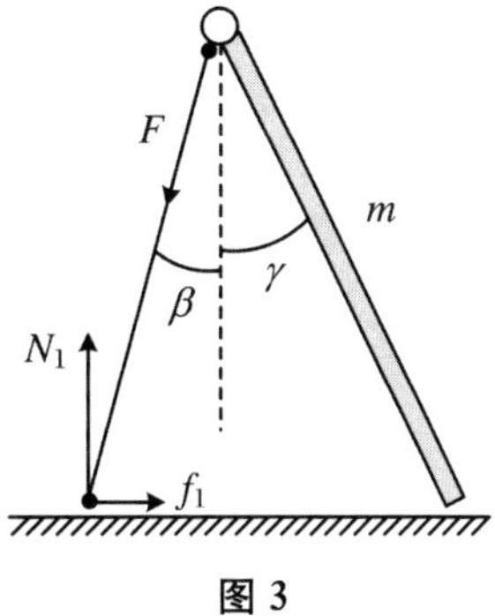

图 3

考虑到两边摩擦因数相同，则

$$f_1 = f_2 = f$$

$$N_2 = 2N_1$$

$$\mu \geqslant \frac{f}{N_1} \quad 且 \quad \mu \geqslant \frac{f}{N_2}$$

故

$$\mu \geqslant \frac{f}{N_1} = \tan\beta \approx 0.36$$

问题 9－4　四圆柱加热

将密度为 ρ_0、质量为 $m_0 = 200$ g 的液体导入圆柱形量热器中，温度为 $t_0 = 0$ ℃。恒温器中有一组用密度为 $\rho = 6\rho_0$、由同一种金属制成的均匀圆柱，温度 T 未知。所有圆柱的直径相同，几乎等于(略小于)量热器的直径。如果将质量为 m 的圆柱浸入量热器中，达到热平衡时，温度为 $t_1 = 10$ ℃。如果将质量为 $1.6m$ 的圆柱浸入量热器中，温度将为 $t_2 = 15$ ℃。如果浸入的是质量为$3m$ 的圆柱，温度将为 $t_3 = 30$ ℃。如果浸入的是质量为$4m$ 的圆柱，温度将为 $t_4 = 40$ ℃。请求出：

(1) 圆柱的温度 T。

(2) 液体占量热器容量的比例 γ。

(3) 第一个圆柱的质量 m。

(4) 液体的比热 c_0和金属的比热 c 之比。

解　当不考虑金属圆柱浸入液体中液体溢出量热器外时，则

$$c_0 m_0 t_0 + cMT = (c_0 m_0 + cM)t$$

其中 M 为放入的金属圆柱的质量。考虑到

$$t = 0\ ℃$$

则

$$\frac{1}{t}=\frac{1}{T}+\frac{c_0m_0}{cTm}\cdot\frac{m}{M}$$

即$\frac{1}{t}$与$\frac{m}{M}$呈线性关系，斜率为$\frac{c_0m_0}{cTm}$，截距为$\frac{1}{T}$。

当考虑金属圆柱浸入液体中液体溢出量热器外时，令未放入金属圆柱时量热器中除液体外的体积为ΔV，浸入金属圆柱后，剩余液体的体积为

$$V=\frac{m_0}{\rho_0}+\Delta V-\frac{M}{\rho}$$

再由能量守恒得

$$cM(T-t)=c_0\rho_0V(t-t_0)$$

整理得到

$$\frac{1}{t}=\frac{1}{T}\left(1-\frac{c_0\rho_0}{c\rho}\right)+\frac{c_0}{c}\cdot\frac{m_0+\Delta m}{Tm}\cdot\frac{m}{M}$$

其中

$$\rho_0\Delta V=\Delta m$$

同理，$\frac{1}{t}$与$\frac{m}{M}$呈线性关系，斜率为$\frac{c_0}{c}\cdot\frac{m_0+\Delta m}{Tm}$，截距为$\frac{1}{T}\left(1-\frac{c_0\rho_0}{c\rho}\right)$。

将题中数据描点作图（见图），从图中可知

$$\frac{k_2}{k_1}=\frac{m_0+\Delta m}{m_0}=\frac{3}{2}$$

$$\Delta m=0.5m_0$$

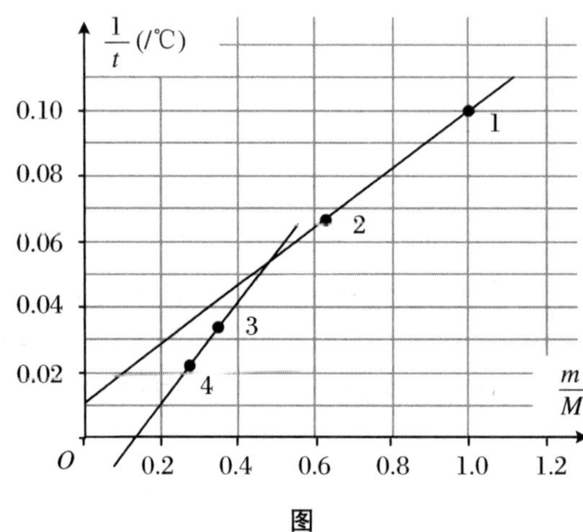

图

液体占量热器容量的比例

$$\gamma=\frac{\frac{m_0}{\rho_0}}{\frac{m_0}{\rho_0}+\Delta V}=\frac{m_0}{m_0+\rho_0\Delta V}=\frac{m_0}{m_0+\Delta m}=\frac{2}{3}$$

结合图像有

$$\frac{1}{T}\approx 0.011\ /^\circ\mathrm{C}$$

则

$$T\approx 90\ ^\circ\mathrm{C}$$

注意到两图线交点的横坐标为0.5，即当$M=2m$时，恰好无液体溢出。即

$$\frac{2m}{\rho}=\frac{\Delta m}{\rho_0}$$

解得

$$m=300\ \mathrm{g}$$

进一步分析图线斜率，有

$$k_{12}=\frac{c_0m_0}{cTm}\approx 0.089$$

代入数据解得

$$\frac{c_0}{c}\approx 12$$

问题9-5　三棱柱

如图1所示的电路为三棱柱形，每个侧面有一条对角线，由相同的电阻$R=12\ \Omega$组成（不论长度）。请求出：

(1) 顶点B和A_1之间的阻值。

(2) 顶点C和A_1之间的阻值。

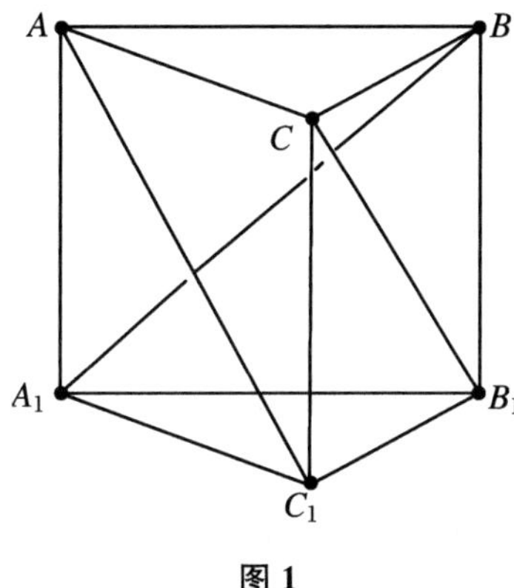

图1

解　(1) A_1，B之间的等效电路如图2所示，进一步等效为图3，则

$$\frac{1}{R_{A_1B}}=\frac{1}{R}+\frac{2}{2R}+\frac{1}{2R+\dfrac{R}{2}}$$

得到

$$R_{A_1B}=5\ \Omega$$

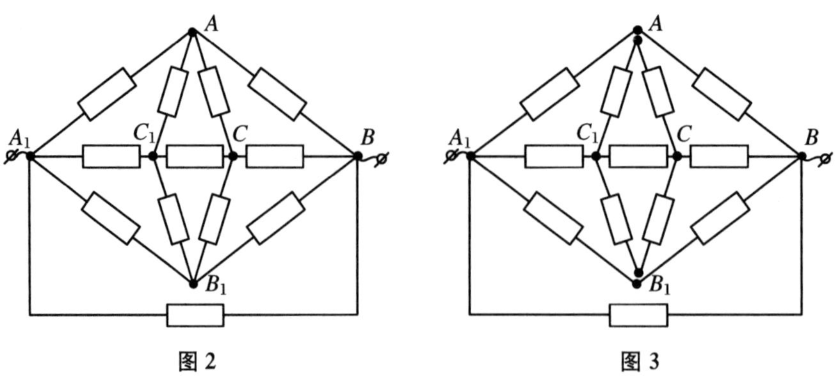

图 2　　　　图 3

(2) A_1,C 之间的等效电路如图 4 所示,形成平衡电桥,则

$$R_{A_1C}=\frac{R}{2}=6\,\Omega$$

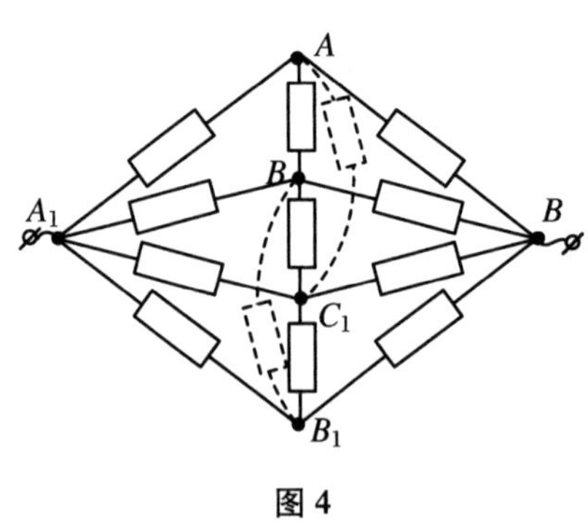

图 4

十年级

问题 10 - 1　哑铃

如图所示,在光滑的水平桌面上放置有“哑铃”,它是由两个质量分别为 m_1 和 m_2 的滑块,用长度为 L 的刚性轻杆连接而成(杆的形变与其大小相比可以忽略)。在 $t=0$ 时刻,对质量为 m_1 的滑块施加大小恒定的力,力的方向与杆的夹角始终为锐角 α。可以认为已知这样的运动的角加速度是恒定的。从开始施加力经过时间 τ,杆有一瞬间是无张力状态(既无压力也无拉力)。

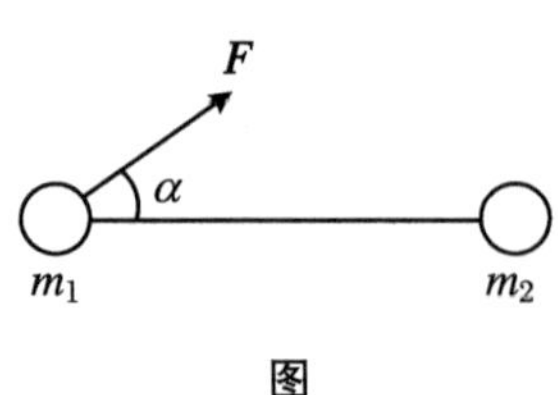

图

(1) 求在时刻 τ 时杆的角速度 ω。

(2) 求杆的角加速度 $\mathrm{d}\omega/\mathrm{d}t$。

(3) 求 τ。

(4) 求在时刻 τ 时杆转动的角度。

解　(1) 当杆上张力为 0 时,m_2 对地的加速度为 0,故 m_1 对地沿杆的加速度即为 m_1 对 m_2 沿杆的加速度,有

$$F\cos\alpha = m_1 L\omega^2$$

解得

$$\omega = \sqrt{\frac{F\cos\alpha}{m_1 L}}$$

(2)（法 1）由题意知，系统的角加速度恒定，当杆上张力为 0 时，m_2 的加速度为 0，系统对 m_2 的角加速度满足

$$F\sin\alpha \cdot L = m_1 L^2 \beta$$

解得

$$\beta = \frac{F\sin\alpha}{m_1 L}$$

（法 2）考虑到在质心系下系统所受惯性力矩为 0，且质心系下角加速度与地面系下角加速度相同，故在质心系下分析较为方便。不难得到，m_1，m_2 距离质心的距离分别为

$$r_1 = \frac{m_2}{m_1 + m_2}L,\quad r_2 = \frac{m_1}{m_1 + m_2}L$$

由质心系下的动量矩定理得

$$F\sin\alpha \cdot r_1 = (m_1 r_1^2 + m_2 r_2^2)\beta$$

其中 $m_1 r_1^2 + m_2 r_2^2$ 为系统对质心的转动惯量，解得

$$\beta = \frac{F\sin\alpha}{m_1 L}$$

(3) $\omega = \beta\tau$，解得

$$\tau = \sqrt{\frac{m_1 L\cos\alpha}{F\sin^2\alpha}}$$

(4)

$$\varphi = \frac{1}{2}\beta\tau^2 = \frac{1}{2}\cot\alpha$$

问题 10－2　沿轨道运动

如图 1 所示，两个小粒子的质量均为 m，分别带电 q 和 $-q$，沿着水平面上狭窄的、互相垂直的通道无摩擦运动。已知在后续运动中，两粒子之间的距离 R 保持不变。求粒子的总动能。

解　如图 2 所示，建立平面直角坐标系，由题意得

$$x^2 + y^2 = R^2$$

即 (x, y) 构成的轨迹为以 O 为圆心、以 R 为半径的圆，进一步分析，由于两粒子间的电势能不变，故两粒子的总动能不变，即

$$\frac{1}{2}mv_x^2 + \frac{1}{2}mv_y^2 = E_0$$

即

$$v_x^2 + v_y^2 = 常量$$

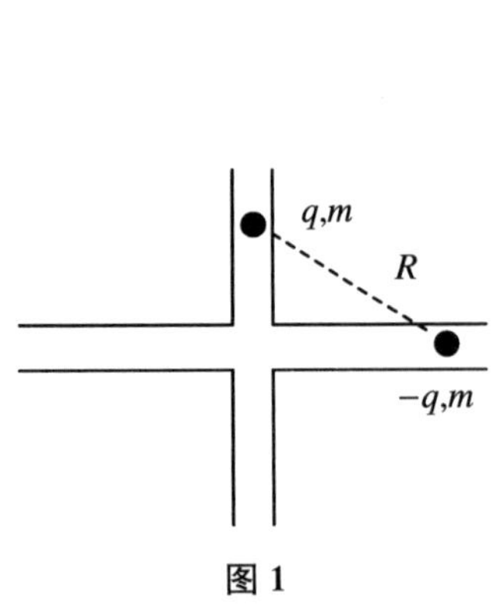

图 1

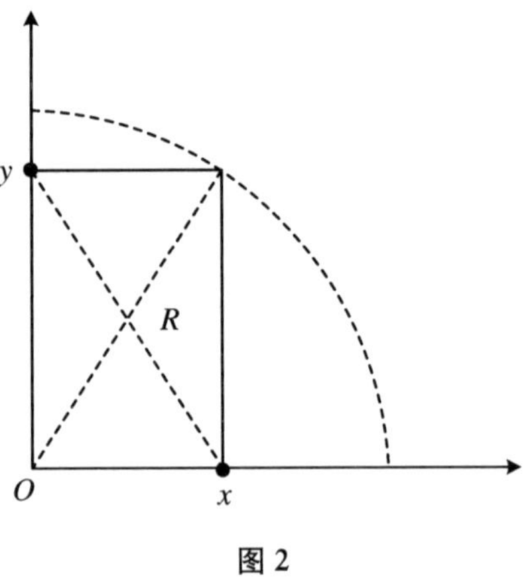

图 2

令 $v_x^2+v_y^2=v^2$，上述过程可与某粒子沿上述圆轨道以速度 v 做匀速圆周运动这一过程进行类比。

再考虑 x 轴上粒子的加速度

$$a_x=-\frac{kq^2x}{mR^3}$$

y 轴上粒子的加速度

$$a_y=-\frac{kq^2y}{mR^3}$$

在此基础上，两粒子的运动过程又可进一步类比为受到指向圆心的库仑力 kq^2/R^2 的作用，质量为 m 的粒子以速度 v 做匀速圆周运动，满足

$$k\frac{q^2}{R^2}=m\frac{v^2}{R}$$

即系统总动能

$$\frac{1}{2}m(v_x^2+v_y^2)=\frac{1}{2}mv^2=k\frac{q^2}{2R}$$

问题 10－3　开尔文男爵的档案

如图 1 所示，人们在开尔文男爵的档案中找到了一张用固定量的理想稀有气体进行的循环过程图。随着时间的流逝，墨水褪色了，部分过程的方向丢失了。关于横轴表示什么信息也丢失了。只知道以下物理量之一用横轴表示：体积、压强、温度、密度，坐标轴的单位为假定单位。纵坐标为气体的摩尔热容量 C。求循环的能量转化效率的最大可能值。

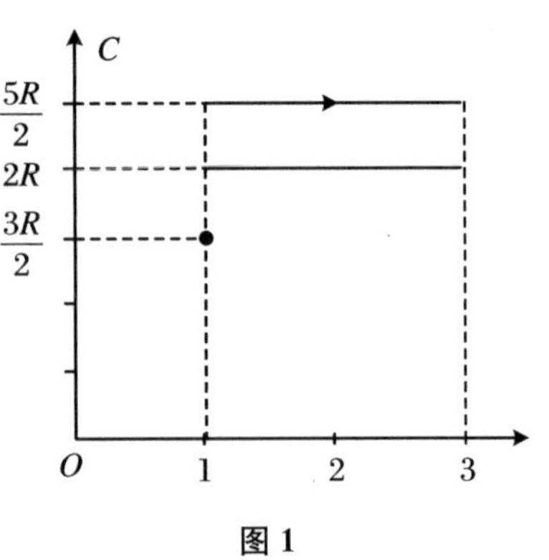

图 1

解　考虑到稀有气体的等体摩尔热容 $C_V=3R/2$，等压摩尔热容 $C_p=5R/2$，正好对应了图中的两个纵坐标，注意到图中满足摩尔热容 $C=3R/2$ 的只有一个点，联系到等体摩尔热容 $C_V=3R/2$。故横坐标可以为体积或者密度，进一步分析 $C=2R$ 的过程，由热容定义

$$C = \frac{dQ}{n dT} = 2R$$

其中

$$dQ = nC_V dT + p dV = \frac{3}{2} nR dT + p dV = \frac{3}{2}(p dV + V dp) + p dV$$

$$dT = \frac{1}{nR}(p dV + V dp)$$

联立解得

$$\frac{p}{V} = \frac{dp}{dV}$$

进一步得到

$$p \propto V$$

再考虑到横坐标的变化范围是1个单位到3个单位，由此可知体积变化是 V_0 到 $3V_0$。在上述分析的基础上可知，以下两个热力学循环均满足条件(见图2和图3所示)。

在此基础之上计算可知两个循环的转换效率分别为1/9和1/8。故能量转化效率的最大可能值为1/8。

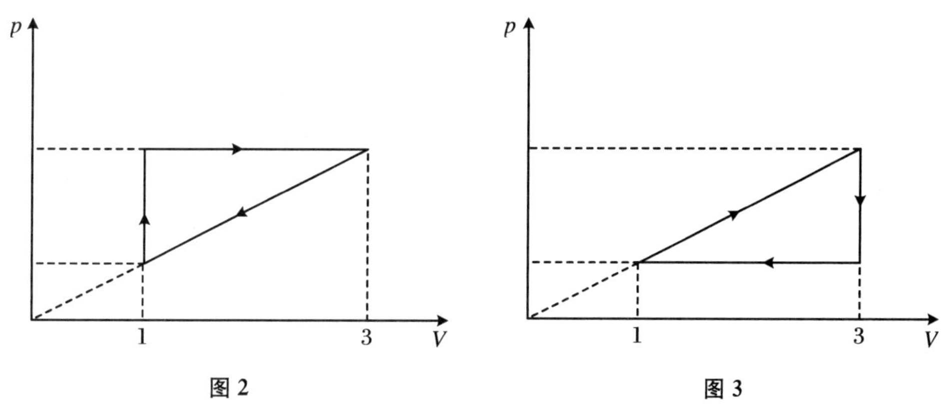

图2　　图3

问题 10 - 4　带电板

如图1所法，菱形的电介质薄平板的边长为 a，锐角为60°，均匀带电，表面电荷密度为 σ。菱形的锐角顶点处的电势为 φ_1，钝角顶点处的电势为 φ_2。用相同的电介质做成正三角形 ABC，边长为 $2a$，表面电荷密度相同(见图2)。

(1) 求三角平板的点 C 处的电势。

(2) 求三角平板的边的中点 D 处的电势。

现在从三角平板 ABC 的中间剪去边长为 a 的正三角形(见图3)。

(3) 求"中空"的平板的点 D' 处的电势。

(4) 求"中空"的平板的点 C' 处的电势。

注：各平板之间互相远离，并远离其他物体。

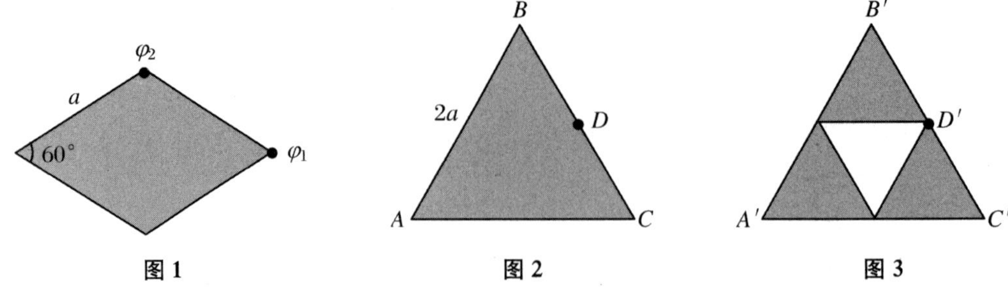

图 1　　　　图 2　　　　图 3

解　(1) 由对称性及电势叠加原理可知,边长为 a 的正三角形薄板顶点处的电势为 $\varphi_2/2$,基于量纲分析有

$$\varphi \propto \frac{Q}{a} \propto \frac{a^2\sigma}{a} \propto a \quad (\text{其中 } \sigma \text{ 为面电荷的密度})$$

故边长为 $2a$ 的正三角形薄板顶点处的电势

$$\varphi_C = 2 \cdot \frac{\varphi_2}{2} = \varphi_2$$

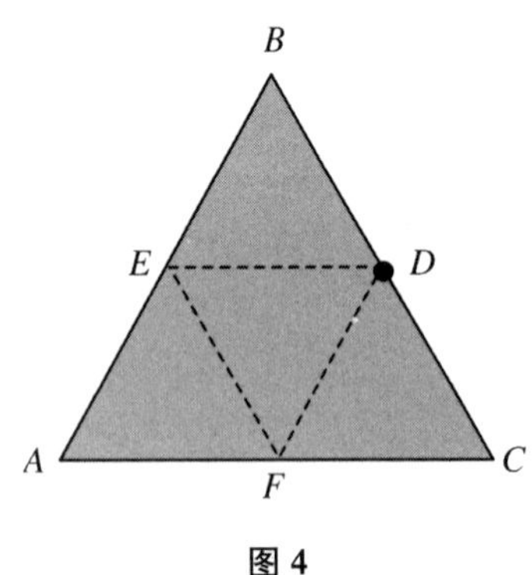

图 4

(2) 如图 4 所示,将△ABC 进行分割,由之前的分析,△BED,△CDF 在 D 点处的电势均为 $\varphi_2/2$,菱形 $AFDE$ 在 D 点处的电势为 φ_1,故

$$\varphi_D = \frac{\varphi_2}{2} + \frac{\varphi_2}{2} + \varphi_1 = \varphi_1 + \varphi_2$$

(3) 基于补偿的思想,$\varphi_{D'}$ 即 φ_D 减去△EFD 在 D'处的电势 $\varphi_2/2$,即

$$\varphi_{D'} = \varphi_D - \frac{\varphi_2}{2} = \varphi_1 + \frac{\varphi_2}{2}$$

(4) $\varphi_{C'}$ 即 φ_C 减去△EFD 在 C'处的电势,而△EFD 在 C'处的电势,即△AEF 在 D'处的电势,△AEF 在 D'处的电势

$$\varphi' = \varphi_{D'} - 2 \times \frac{\varphi_2}{2} = \varphi_1 - \frac{\varphi_2}{2}$$

故

$$\varphi_{C'} = \varphi_C - \varphi' = \frac{3}{2}\varphi_2 - \varphi_1$$

问题 10 - 5　估计与证明

如图 1 所示,无限大的正方形网格由相同的电阻组成。从外部向节点 A 输入电流 I。估计 BC 段中的电流强度,误差不能超过 10%。证明你估计的误差不超过 10%。

解　如图 2 所示,由对称性得

$$I_1 = \frac{I}{4} = 2I_2 + I_3$$

故

$$I_3 = \frac{I}{4} - 2I_2 \tag{①}$$

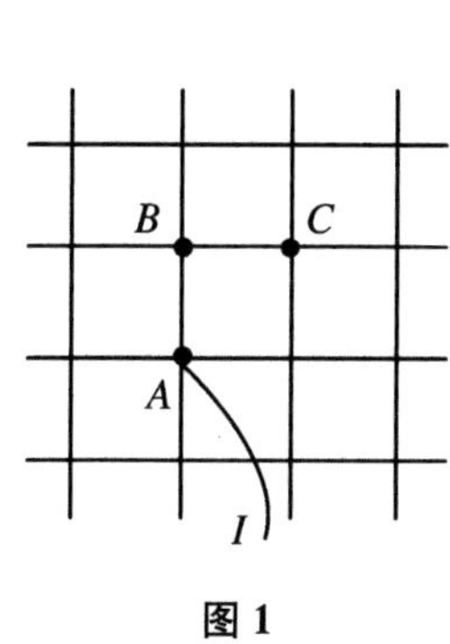

图 1

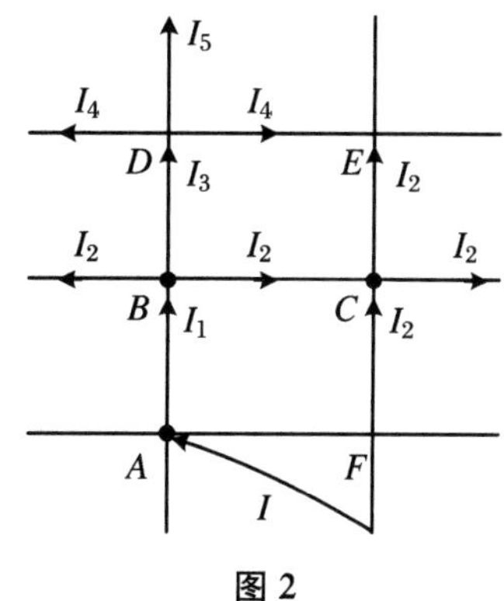

图 2

再考虑到 AC 连线左上方和右下方的电流分布对称，画出节点 C 上的电流，再由基尔霍夫定律得到

$$U_{BDE} = U_{BCE}$$

$$I_3R + I_4R = I_2R + I_2R$$

即

$$I_4 = 2I_2 - I_3 \quad ②$$

再考虑节点 D 有

$$I_3 = 2I_4 + I_5 \quad ③$$

由于 $I_5>0$，故

$$I_3 > 2I_4 \quad ④$$

由②④得到

$$I_3 > 2(2I_2 - I_3)$$

即

$$3I_3 > 4I_2 \quad ⑤$$

由①⑤可得

$$3\left(\frac{I}{4} - 2I_2\right) > 4I_2, \quad 即 \quad I_2 < \frac{3}{40}I$$

再考虑到 $I_4>0$，由②得

$$2I_2 - I_3 > 0$$

再由①得

$$2I_2 - \frac{I}{4} + 2I_2 > 0, \quad 即 \quad I_2 > \frac{1}{16}I$$

综上所述，有

$$\frac{1}{16}I < I_2 < \frac{3}{40}I, \quad 即 \quad \frac{10}{160}I < I_2 < \frac{12}{160}I$$

所以答案为 $I_2 = \left(\frac{11}{160} \pm \frac{1}{160}\right)I$，其相对误差为$\frac{1}{11}\approx 9\% < 10\%$。

十一年级

问题 11－1　两个圆柱

如图 1 所示，底面半径为 R 的固定圆柱的轴 O 水平放置，在里面放入底面半径是它一半的轻圆柱。小圆柱的轴 C 也是水平放置的。质量为 m 的小块重物固定在小圆柱的表面。将小圆柱扶住，使得重物位于大圆柱的轴上，平面 OC（两个圆柱的轴所在的平面）与竖直方向的夹角为 α。

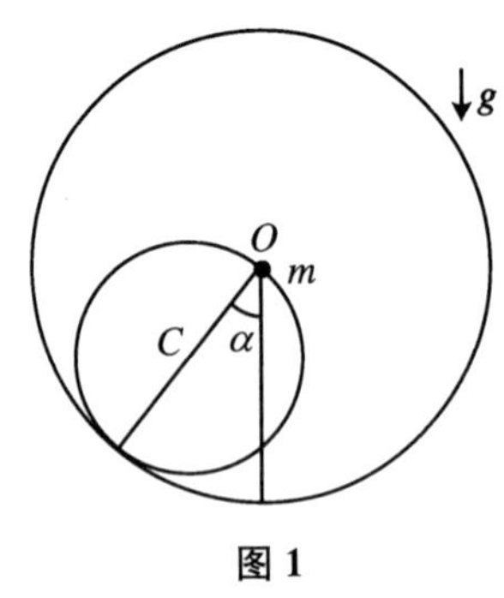

图 1

（1）将小圆柱放开，它开始在大圆柱内部无滑动地滚动。求在刚开始运动的一瞬间，重物的加速度。

（2）求当平面 OC 位于竖直方向的时刻，重物的加速度和速度。可以认为直到这一时刻的运动都不发生滑动。

（3）求圆柱之间的摩擦系数的最小值 $\mu_{\min}$，使得直到平面 OC 位于与一开始关于竖直方向对称的位置时，运动都可以不发生滑动。

（4）若圆柱之间的摩擦系数为给定的数值 μ，求开始发生滑动时重物的速度。

解　首先证明一引理，如图 2 所示，小圆柱运动至某一位置时，重物运动至 E 处。由于是无滑滚动，故

$$\overset{\frown}{AB} = \overset{\frown}{BD}$$

又因为两圆柱半径之比为 2∶1，故

$$\angle OCE = \angle BCD = 2\angle AOB$$

进一步分析得

$$\angle COE = 90^\circ - \frac{1}{2}\angle OCE = 90^\circ - \angle AOB$$

故

$$\angle AOE = \angle AOB + \angle COE = 90^\circ$$

即 $OA \perp OE$，由于上述分析具有一般性，故由分析可知，重物在地面系下做直线运动。

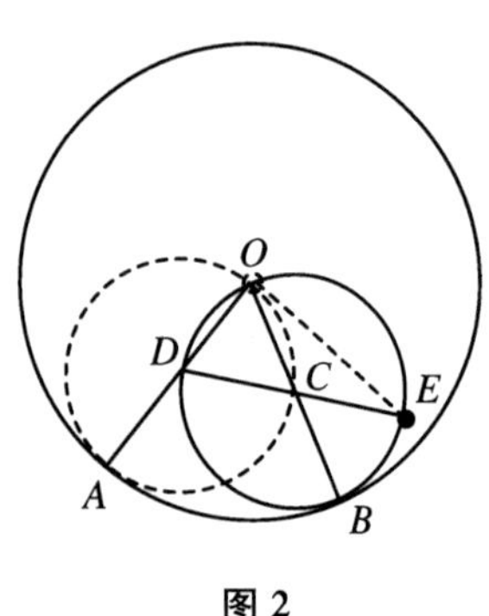

图 2

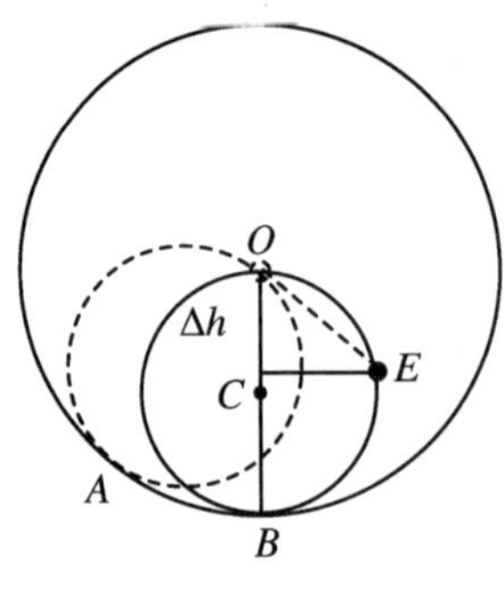

图 3

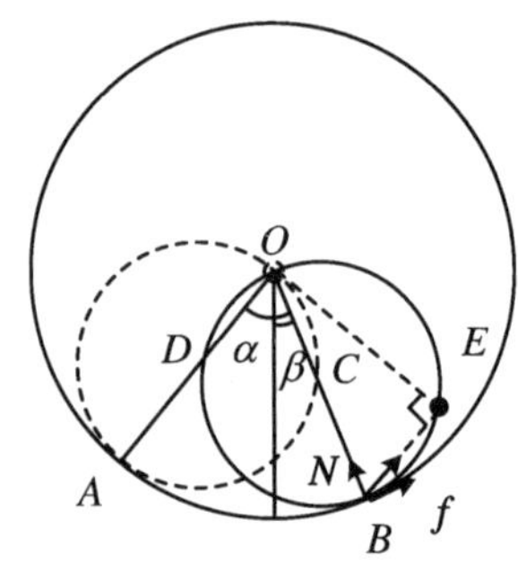

图 4

(1) 当重物从静止开始运动一小段距离 l 时,结合引理,可知其在竖直方向上下降的距离

$$\Delta h = l\sin\alpha$$

由能量守恒得

$$mg\Delta h = \frac{1}{2}mv^2$$

再考虑到

$$v^2 = 2al$$

联立解得

$$a = g\sin\alpha$$

进一步考虑到加速度与距离无关,故可知重物做匀加速直线运动。

(2) 由上一问知 $a = g\sin\alpha$。如图 3 所示,$\angle AOB = \alpha$,即

$$\angle OCE = 2\alpha,\quad OE = R\sin\alpha,\quad v^2 = 2a\cdot OE$$

解得

$$v = \sqrt{2gR}\sin\alpha$$

(3) 分析当 OC 转至与竖直方向成 β 角时,由质点系牛顿第二定律可知,对轻圆柱有

$$F_{合} = ma = mg\sin\alpha$$

注意到其正好是重物重力沿 OE 方向上的分力,在上述基础上分析可知小圆柱所受 N 与 f 的合力应沿 BE 方向。由几何关系

$$\angle OBE = \alpha + \beta$$

得

$$f = N\tan(\alpha + \beta)$$

再考虑到不发生滑动,故

$$\mu \geqslant \frac{f}{N} = \tan(\alpha + \beta)$$

当运动到对称位置时,$\beta = \alpha$,即

$$\mu \geqslant \tan 2\alpha,\quad \mu_{\min} = \tan 2\alpha$$

(4) 结合上一问分析,在临界情况时

$$\mu = \tan(\alpha + \beta)$$

此时

$$l = OE = R\sin(\alpha + \beta)$$

再考虑到其做匀加速运动有

$$v^2 = 2al$$

联立解得

$$v = \sqrt{\frac{2gR\mu\sin\alpha}{\sqrt{1 + \mu^2}}}$$

注意到当重物所在 E 点非常接近大圆柱筒壁时,

$$\alpha + \beta \to 90^\circ,\quad \mu \geqslant \tan(\alpha + \beta) \to \infty$$

故可知重物撞到筒壁前一定已经发生滑动。

问题 11－2　物质 X 和 Y

两个相同的、有活塞的容器里的压强均为 p_A，温度均为 T_A，每个容器都装有物质 X 的固液两相的、质量均为 m 的混合物。另外，其固相时的密度比液相时的密度 ρ_X 大 20%。在不改变外界气压的条件下，将一定的热量 Q_1 缓慢输送给第一个容器。在此过程中，固相的质量减半了。然后在使容器保证可靠的绝热的条件下，少量增加外界气压。称该状态为"B"。对第二个容器的外界影响则以相反的方向进行：首先增加气压，再保持其不变，输送热量 Q_2 使其到达状态 B。

(1) 比较 Q_1 与 Q_2 的大小。

(2) 求状态 B 下的气压 p_B。

(3) 求状态 B 下的温度 T_B。

用两个容器进行相同的实验，这次使用物质 Y 的固液两相的、质量均为 m 的混合物，在初始状态 C，其固相时的密度比液相时的密度 ρ_Y 小 20%。结果 Y 从状态(p_C，T_C)出发，其固相的一半进行等压熔融时需要输送热量 Q_3，而在第二个容器中到达终状态 D 需要的热量为 Q_4。

(4) 比较 Q_3 与 Q_4 的大小。

(5) 求状态 D 下的气压 p_D。

(6) 求状态 D 下的温度 T_D。

解　(1) 对于物质 X，考虑到相变过程为等温过程，故两个等压相变过程均为等温过程。

进一步分析得到，容器一中的逆过程与容器二中的过程可构成卡诺循环，考虑到整个循环过程满足

$$Q_2 - Q_1 = W$$

结合题意，$W>0$，故

$$Q_2 > Q_1$$

(2) 状态 A，B 间的体积差

$$\Delta V = \frac{0.5m}{\rho_X} - \frac{0.5m}{1.2\rho_X} = \frac{m}{12\rho_X}$$

结合图像可知整个循环过程对外做功

$$W = (p_B - p_A)\Delta V = \frac{m}{12\rho_X}(p_B - p_A)$$

再由热力学第一定律知

$$W = Q_2 - Q_1$$

解得

$$p_B = p_A + \frac{12\rho_X}{m}(Q_2 - Q_1)$$

(3) 卡诺循环满足

$$\frac{Q_1}{T_A} = \frac{Q_2}{T_B}$$

可得

$$T_B = \frac{Q_2}{Q_1} T_A$$

(4) 类比物质 X 的分析，物质 Y 满足容器一中的过程和容器二中的逆过程构成卡诺循环。同理有

$$Q_3 - Q_4 = W'$$

其中 $W' > 0$，故

$$Q_3 > Q_4$$

(5) 同样类比物质 X 的分析，状态 C，D 间的体积差

$$\Delta V' = \frac{0.5m}{0.8\rho_Y} - \frac{0.5m}{\rho_Y} = \frac{m}{8\rho_Y}$$

整个循环过程对外做功

$$W' = (p_D - p_C)\Delta V' = \frac{m}{8\rho_Y}(p_D - p_C)$$

再由热力学第一定律知

$$W' = Q_3 - Q_4$$

解得

$$p_D = p_C + \frac{8\rho_Y}{m}(Q_3 - Q_4)$$

(6) 同理，卡诺循环满足

$$\frac{Q_3}{T_C} = \frac{Q_4}{T_D}$$

得到

$$T_D = \frac{Q_4}{Q_3} T_C$$

问题 11 - 3 为何需要二极管

如图 1 所示的电路中有三个电容器 C_1，C_2，C_3（其电容均为 C），电感为 L 的线圈，两个理想二极管，电压为 U_0 的恒定电源和开关 K。一开始，在开关闭合之前，电容器不带电。然后将开关扳至位置 1，达到平衡后扳至位置 2。

(1) 求将开关扳至位置 2 之前，电容器上的电压 U_1，U_2，U_3。

(2) 求将开关扳至位置 2 之后，二极管上的最大电流 I_D。

(3) 求将开关扳至位置 2 之后，各电容器上的电压的变化范围。

(4) 求电感上的电流 I 与时间 t 的关系。

(5) 求电流振荡的周期 T。

电感和导线的电阻可以忽略。

解 (1) 开关扳至位置 1 稳定后，电路等效为三个电容并联，故

$$U_1 = U_2 = U_3 = U_0$$

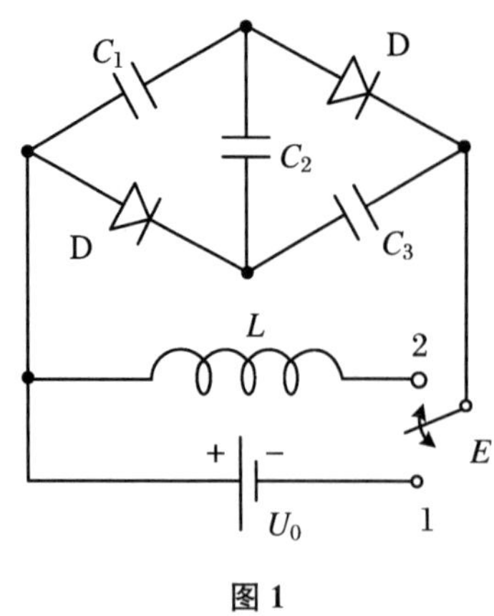

图 1

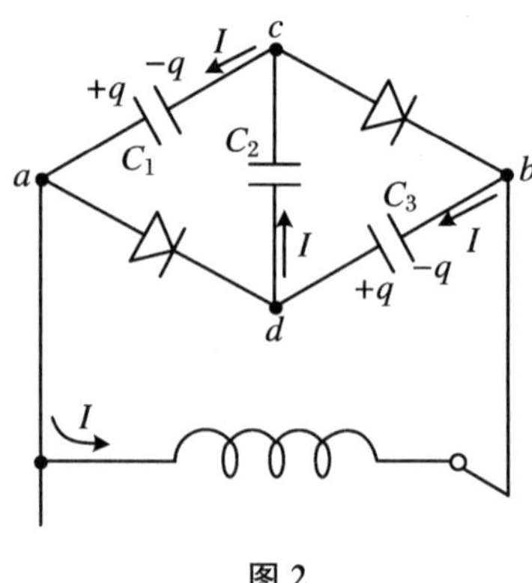

图 2

(2) 考虑到开关扳至位置 2 后,分析可知两二极管均不导通,故电流流向如图 2 所示,令 C_1,C_3 上的电量 $q = q(t)$,已知

$$q(0) = q_0 = CU_0$$

$$\Delta q = q_0 - q(t) \quad (\text{在 } C_1, C_3 \text{ 上})$$

$$q_2 = q_0 + \Delta q = 2q_0 - q(t) \quad (\text{在 } C_2 \text{ 上})$$

由基尔霍夫定律得

$$L\dot{I} = \frac{q(t)}{C} + \frac{2q_0 - q(t)}{C} + \frac{q(t)}{C}$$

考虑到电流以逆时针方向为正,则

$$I = -\dot{q}$$

整理得到

$$L\ddot{q} + \frac{3}{C}\left(q - \frac{2}{3}q_0\right) = 0$$

令 $q_1 = q - \frac{2}{3}q_0$,则

$$L\ddot{q}_1 + \frac{3}{C}q_1 = 0$$

当 $t = 0$ 时,

$$q_1(0) = \frac{q_0}{3}$$

$$q_1(t) = q_1(0)\cos\omega t = \frac{q_0}{3}\cos\omega t$$

其中

$$\omega = \sqrt{\frac{3}{LC}}$$

即

$$q(t) = q_1(t) + \frac{2q_0}{3} = q_0\left(\frac{2}{3} + \frac{1}{3}\cos\omega t\right) \quad ①$$

进一步分析可知，半个周期后，电流反向。而即使电流反向，φ_d 仍大于 φ_a，φ_b 仍大于 φ_c，则二极管仍不导通。故①可代表整个周期，且二极管上始终无电流。在此基础上得到

$$I(t) = -\dot{q} = \frac{\omega q_0}{3}\sin\omega t$$

即

$$I_{\max} = \frac{q_0}{3}\sqrt{\frac{3}{LC}}$$

(3) 由①得到，在 C_1，C_3 上有

$$q_{\max} = q_0 = CU_0$$

$$q_{\min} = \frac{q_0}{3} = \frac{CU_0}{3}$$

故其电压变化范围为 $U_0/3 \sim U_0$。

而在 C_2 上有

$$q_2 = 2q - q(t) = q_0\left(\frac{4}{3} - \frac{1}{3}\cos\omega t\right)$$

即

$$q_{\max} = \frac{5}{3}q_0 = \frac{5}{3}CU_0$$

$$q_{\min} = q_0 = CU_0$$

故其电压变化范围为 $U_0 \sim 5U_0/3$。

(4) 电感上的电流 I 与时间 t 的关系为

$$I(t) = -\dot{q} = \frac{\omega q_0}{3}\sin\omega t$$

(5) 电流振荡的周期

$$T = \frac{2\pi}{\omega} = 2\pi\sqrt{\frac{LC}{3}}$$

问题 11－4　磁力绳

如图 1 所示，用铁磁性材料制成细的、均匀的、不可拉伸的、柔韧的长度为 l 的绳，每一小段的磁矩都沿着绳的方向。将绳的一端固定在与无限长的直导线距离为 $l_1(l_1>l)$的位置，导线中的电流强度为 I。忽略重力和导线产生的磁场。

(1) 求平衡状态下绳的两端之间的距离。

(2) 求此时绳的自由端与导线的距离。

注：绳的长度为 Δl 的元在磁感应强度为 $\boldsymbol{B}$ 的外部磁场中的能量由表达式 $\Delta W = -kB\Delta l\cos\varphi$ 确定，其中 φ 为 $\boldsymbol{B}$ 与绳的方向的夹角，k 为常数系数。

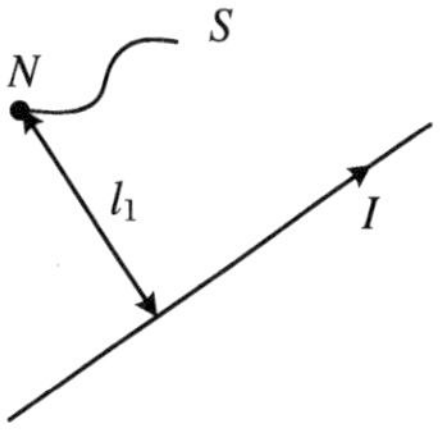

图 1

解　(法 1)由能量最小原理可知，当处于稳定平衡状态时，其总能量最小。

仅考虑绳的一小段微元时，如图 1 所示，有

$$\Delta W = -kB\Delta l\cos\varphi$$

显然当 $\varphi=0$ 时,能量最小,即稳定在该状态。

而考虑整个磁性绳时,由于不同位置 B 不同,故分析变得复杂,进一步由安培环路定理得到

$$B = \frac{\mu_0 I}{2\pi r}$$

其中,r 为绳距导线的距离。在此基础上进一步得到

$$\Delta W = -kB\Delta l\cos\varphi = -\frac{k\mu_0 I}{2\pi}\cdot\frac{\Delta l\cos\varphi}{r}$$

结合图 2 可知 $\Delta l\cos\varphi/r$ 对应该微元相对导线的张角 $\Delta\varphi$,当能量最小时,$\Delta\varphi$ 最大。

基于这一点可知绳应处于与导线相垂直的平面内(见图 3),进一步考虑

$$W = \sum\Delta W = -\frac{k\mu_0 I}{2\pi}\sum\Delta\varphi = -\frac{k\mu_0 I}{2\pi}\alpha$$

所以当 α 最大时,能量最小,显然绳应拉直。故两端之间的距离为 l,那么当绳子拉直时,自由端在如图 3 所示的圆周上。

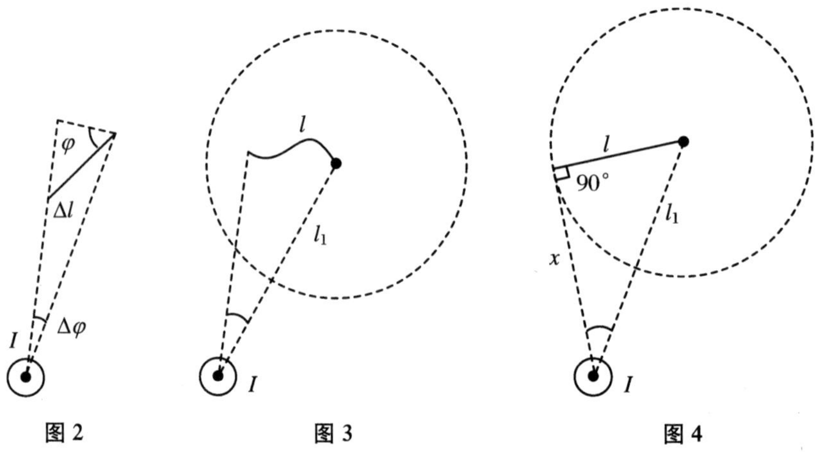

图 2　　图 3　　图 4

显然,当自由端与导线的连线同绳子垂直时,α 最大,此时

$$x = \sqrt{l_1^2 - l^2}$$

(法 2)由题意,元段磁性绳在磁场中的能量

$$\Delta W = -kB\Delta l\cos\varphi$$

与电偶极子在电场中能量形式类似,电偶极子在电场中的能量

$$\Delta W = -\boldsymbol{p}\cdot\boldsymbol{E} = -(q\boldsymbol{l})\cdot\boldsymbol{E} = -qlE\cos\varphi$$

其中 $\boldsymbol{l}$ 为由 $-q$ 指向 $+q$ 的矢量。

所以可将磁性绳等效类比为由众多电偶极子首尾相连而成,如图 5 所示。

考虑到相邻两个电偶极子的 $-q$,$+q$ 可以抵消,故其在电场中的能量又与图 6 等效,只需考虑首尾的 $-q$ 与 $+q$。

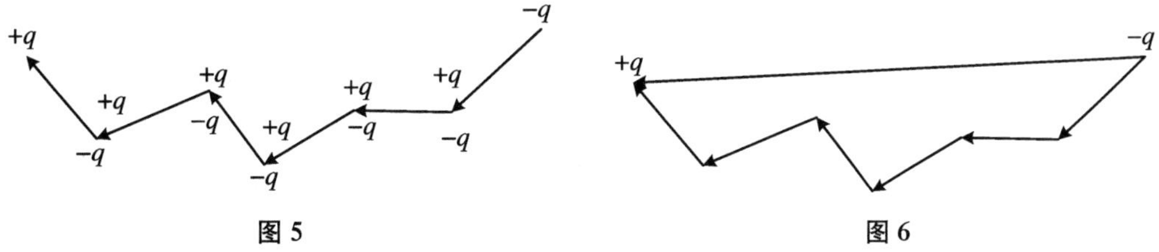

图 5　　　　图 6

在此基础上，易知能量最小即稳定状态为图7，即得到与法1相同的结果。

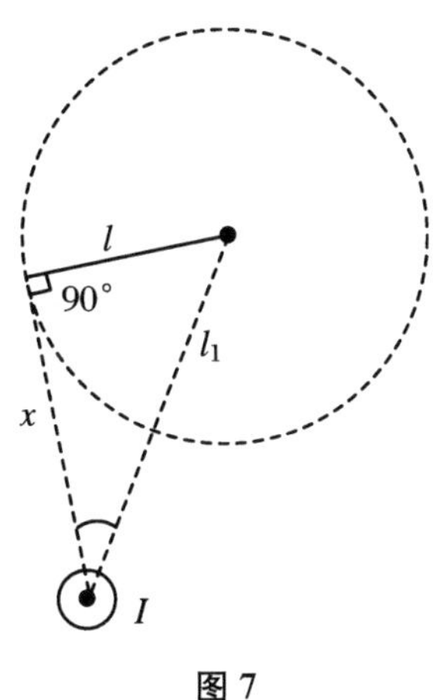

图 7

问题 11－5　小美人鱼①

在海的远处，水是那么蓝，像最美丽的矢车菊花瓣，同时又是那么清，像最明亮的玻璃。然而它很深很深，深得任何锚链都达不到底。要想从海底一直到达水面，必须有许多许多教堂尖塔一个接着一个地连起来才成。海底的人就住在这下面。

——汉斯·克里斯蒂安·安徒生

如图1所示，在月明星稀的夜晚，身高为 $H=1.8\ \mathrm{m}$ 的王子在宁静的太平洋岸上梦想着什么。银色的月光投射在洋面上，形成一条熠熠生辉的银带。王子看着银带，与他最近的水平距离为 $D_{王}=5\ \mathrm{m}$，长度为 $L_{王}=50\ \mathrm{m}$。与此同时，小美人鱼在岸边水下深度为 H 的位置，也梦想着什么。

图 1

（1）求小美人鱼所看到的银带与她最近的水平距离 $D_{鱼}$。

（2）求小美人鱼所看到的银带的长度 $L_{鱼}$。

① 译者注：此题因部分词汇没有找到准确的中文对译，采取变通的描述方式。

可以认为微风在洋面上泛起小的、均匀的涟漪。海水的折射率为 $n=1.35$。可认为月光为平行光。

解 如图2所示,令平行的月光与水平面成 α 角,涟漪的切线与水平方向夹角范围为 0～φ。由几何关系可知,月光的反射光线与水平方向的夹角范围为 $\alpha-2\varphi\sim\alpha+2\varphi$。进一步由几何关系得

$$\tan(\alpha+2\varphi)=\frac{H}{D_{王}}$$

$$\tan(\alpha-2\varphi)=\frac{H}{D_{王}+L_{王}}$$

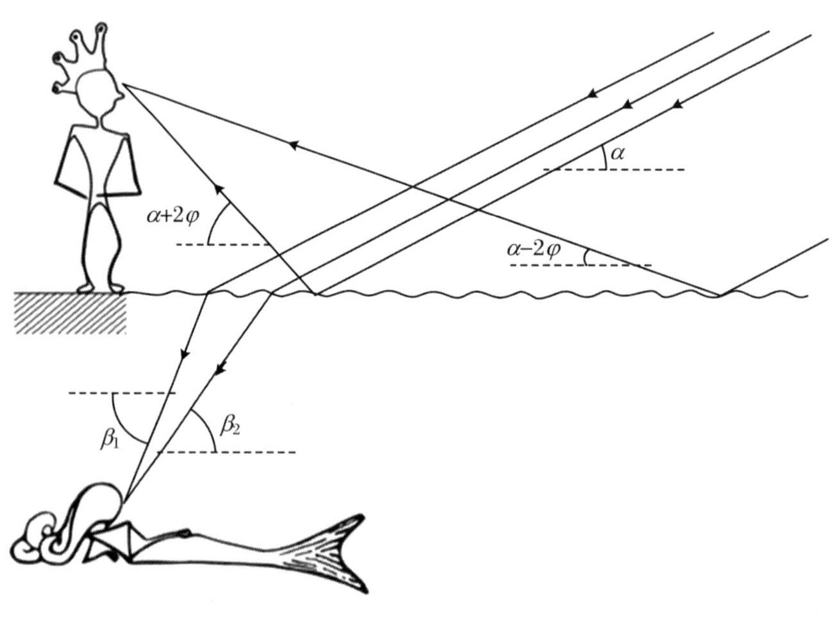

图2

代入数据解得

$$\alpha\approx0.189$$

$$\varphi\approx0.078$$

当月光经水面发生折射时,两临界情况下,令折射光与水平面的夹角分别为 β_1,β_2,由几何关系,分别满足

$$n\cos(\beta_1-\varphi)=\cos(\alpha-\varphi)$$

$$n\cos(\beta_2+\varphi)=\cos(\alpha+\varphi)$$

且

$$D_{鱼}=H\cot\beta_1$$

$$L_{鱼}=H\cot\beta_2-D_{鱼}$$

代入数据解得

$$D_{鱼}\approx1.67\ \text{m}$$

$$L_{鱼}\approx0.48\ \text{m}$$

中国科学技术大学出版社中学物理用书

高中物理学.1/沈克琦

高中物理学.2/沈克琦

高中物理学.3/沈克琦

高中物理学.4/沈克琦

高中物理学习题详解/黄鹏志　李弘　蔡子星

加拿大物理奥林匹克/黄晶　矫健　孙佳琪

美国物理奥林匹克/黄晶　孙佳琪　矫健

俄罗斯物理奥林匹克/黄晶　俞超　申强

中学奥林匹克竞赛物理教程:力学篇(第2版)/程稼夫

中学奥林匹克竞赛物理教程:电磁学篇(第2版)/程稼夫

中学奥林匹克竞赛物理讲座(第2版)/程稼夫

高中物理奥林匹克竞赛标准教材(第2版)/郑永令

中学物理奥赛辅导:热学·光学·近代物理学(第2版)/崔宏滨

物理竞赛真题解析:热学·光学·近代物理学/崔宏滨

物理竞赛专题精编/江四喜

物理竞赛解题方法漫谈/江四喜

奥林匹克物理一题一议/江四喜

中学奥林匹克竞赛物理实验讲座/江兴方　郭小建

国际物理奥林匹克竞赛理论试题与解析(第31—47届)/陈怡　杨军伟

全国中学生物理竞赛预赛试题详解(第1—36届)/张元元

全国中学生物理竞赛复赛试题详解(第13—36届)/张元元

物理学难题集萃.上册/舒幼生　胡望雨　陈秉乾

物理学难题集萃.下册/舒幼生　胡望雨　陈秉乾

大学物理先修课教材:力学/鲁志祥　黄诗登

大学物理先修课教材:电磁学/黄诗登　鲁志祥

大学物理先修课教材:热学·光学·近代物理学/钟小平

强基计划校考物理模拟试题精选/方景贤　陈志坚

名牌大学学科营与自主招生考试绿卡·物理真题篇(第2版)/王文涛　黄晶

重点大学自主招生物理培训讲义/江四喜

高中物理母题与衍生:力学篇/董马云

高中物理母题与衍生：电磁学篇/董马云
物理高考题典：压轴题(第2版)/尹雄杰　张晓顺
物理高考题典：选择题/尹雄杰　张晓顺
高中物理解题方法与技巧/尹雄杰　王文涛
高中物理必修1学习指导：概念・规律・方法/王溢然
高中物理必修2学习指导：概念・规律・方法/王溢然
中学物理数学方法讲座/王溢然
高中物理经典名题精解精析/江四喜
高中物理一点一题型/温应春
力学问题讨论/缪钟英　罗启蕙
电磁学问题讨论/缪钟英

中学生物理思维方法丛书

分析与综合/岳燕宁
守恒/王溢然　徐燕翔
猜想与假设/王溢然
图示与图像/王溢然　王亮
模型/王溢然
等效/王溢然
对称/王溢然　王明秋
分割与积累/王溢然　许洪生
归纳与演绎/岳燕宁
类比/王溢然　张耀久
求异/王溢然　徐达林　施坚
数学物理方法/王溢然
形象、抽象、直觉/王溢然